Volker Malburg

Glauben lernen?!

Inhaltliche Mindestanforderungen
an die Sakramentenkatechese

Verlag Friedrich Pustet
Regensburg

Bibliografische Information der Deutschen Nationalbibliothek

Die Deutsche Nationalbibliothek verzeichnet diese Publikation in der Deutschen Nationalbibliografie; detaillierte bibliografische Daten sind im Internet über http://dnb.d-nb.de abrufbar.

www.verlag-pustet.de

ISBN 978-3-7917-2290-0
© 2010 by Verlag Friedrich Pustet, Regensburg
Umschlag: Martin Veicht, Regensburg
Druck und Bindung: Friedrich Pustet, Regensburg
Printed in Germany 2010

Inhaltsverzeichnis

Einleitung 11

1	Römische Perspektive – Katechese als systematische Glaubensunterweisung 20
1.1	Das *Allgemeine Katechetische Direktorium* 21
1.2	Das Apostolische Schreiben *Evangelii nuntiandi* 27
1.3	Das Apostolische Schreiben *Catechesi tradendae* 36
1.4	Das *Allgemeine Direktorium für die Katechese* 46
1.5	Zusammenfassung: Katechese in der Sicht römischer Dokumente 56

2	Die Entwicklung der Sakramentenkatechese in Deutschland seit der Würzburger Synode 58
2.1	Das Arbeitspapier *Das katechetische Wirken der Kirche* 58
2.2	Der Synodenbeschluss *Schwerpunkte heutiger Sakramentenpastoral* 67
2.3	Das gemeindekatechetische Modell 70
2.4	Deutscher Katecheten-Verein: *Gemeindekatechese an ihren Grenzen* 82
2.5	Deutsche Bischofskonferenz: *Sakramentenpastoral im Wandel* 85
2.6	Die katechetische Neuorientierung seit *Sakramentenpastoral im Wandel* 90
2.6.1	Biographieorientierung der Katechese 90
2.6.2	Differenzierung der Katechese 93
2.6.3	Das familienkatechetische Modell 96
2.7	Deutsche Bischofskonferenz: *Katechese in veränderter Zeit* 106
2.8	Zusammenfassung: Die katechetische Entwicklung in Deutschland 114

3	Empirischer Zugang zur katechetischen Situation in Deutschland 119
3.1	Die Erstkommunionkatechese als Befragungsgegenstand 120
3.2	Das Dekanat Bad Kreuznach 121
3.3	Theoretische Grundlegung der Befragung 127
3.3.1	Säkularisierung oder Transformierung der kirchlichen Religiosität 127

3.3.2	Die Familialisierung der Religion	133
3.3.3	Die Erstkommunion als Fest der Familie und der Kinder	138
3.3.4	Der Bedeutungsverlust der Inhalte der Erstkommunionkatechese	142
3.3.5	Die Bedeutung der katechetischen Gruppe	144
3.3.6	Die Erstkommunionfeier im Schuljahrgang	146
3.3.7	Katechesetypen	148
3.4	Aufbau des Fragebogens zur Erstkommunionkatechese	154
3.5	Auswertung des Fragebogens zur Erstkommunion-katechese	159
3.5.1	Die Fragen zur Person	159
3.5.2	Die einzelnen Elemente	166
3.5.3	Die Inhalte	170
3.5.4	Die Methoden	176
3.5.5	Die Akteure	180
3.5.6	Die Verbreitung der Katechesetypen	184
3.5.7	Die Erstkommunionfeier	188
3.5.8	Die Heilige Messe am Weißen Sonntag	193
3.6	Zusammenfassung: Sakramentenkatechese aus empirischer Sicht	198
4	**Inhaltliche Mindestanforderungen an die Katechese mit Kindern und Jugendlichen**	**202**
4.1	Die Sakramentenkatechese aus Sicht des Kirchenrechts	203
4.1.1	Allgemeine Bestimmungen	203
4.1.2	Die Firmkatechese	207
4.1.3	Die Eucharistiekatechese	210
4.1.4	Zusammenfassung: Inhalte der Sakramentenkatechese aus Sicht des Kirchenrechts	213
4.2	Glaubensweitergabe in der Bibel	215
4.2.1	Religiöses Lernen im Alten Testament	215
4.2.1.1	Religiöses Lernen in der Konzeption des Deuteronomiums	216
4.2.1.2	Religiöses Lernen in der weisheitlichen Konzeption	221
4.2.1.3	Eine kritische Sicht auf die traditionellen Lernkonzepte: Das Buch Kohelet	224
4.2.1.4	Zusammenfassung: Religiöses Lernen im Alten Testament	229
4.2.2	Religiöses Lernen im Neuen Testament	232
4.2.2.1	Jesus als Lehrer	233
4.2.2.2	Die Missionstheologie des Apostels Paulus	237
4.2.2.3	Glaubensbekenntnisse im Neuen Testament	241
4.2.2.4	Zusammenfassung: Religiöses Lernen im Neuen Testament	246
4.3	Die Sakramentenkatechese in der kirchlichen Tradition	249
4.3.1	Die wesentlichen Elemente der Katechese nach Augustinus	249
4.3.1.1	Das Katechumenat im 4./5. Jahrhundert	249
4.3.1.2	Die katechetische Bedeutung des Glaubensbekenntnisses	255

4.3.1.3	Die katechetische Bedeutung des Vaterunsers	262
4.3.1.4	Die katechetische Bedeutung des Dekalogs	266
4.3.1.5	Die katechetische Bedeutung der Sakramente	270
4.3.1.6	Zusammenfassung: Die wesentlichen Elemente der Katechese nach Augustinus	275
4.3.2	Die wesentlichen Elemente der Katechese nach Thomas von Aquin	276
4.3.2.1	Die katechetischen Schriften	276
4.3.2.2	Das Glaubensverständnis	283
4.3.2.3	Die Heilsnotwendigkeit des expliziten Glaubens	286
4.3.2.4	Zusammenfassung: Die wesentlichen Elemente der Katechese nach Thomas von Aquin	290
4.3.3	Die wesentlichen Elemente der Katechese nach Robert Bellarmin	291
4.3.3.1	Die theologische Begründung der vier Hauptstücke der Katechese	291
4.3.3.2	Die beiden Katechismen	297
4.3.3.3	Zusammenfassung: Die wesentlichen Elemente der Katechese nach Robert Bellarmin	305
4.3.4	Joseph Ratzinger: Die vier Hauptstücke als Hilfe zur Überwindung der Krise der Katechese in der Moderne	306
4.3.4.1	Die Bedeutung Joseph Ratzingers für die Katechese	306
4.3.4.2	Die Krise der Katechese seit dem Zweiten Vatikanischen Konzil	308
4.3.4.3	Katechismus und Katechumenat als inhaltlicher und didaktischer Maßstab zur Überwindung der Krise der Katechese	312
4.3.4.4	Zusammenfassung: Die wesentlichen Elemente der Katechese nach Joseph Ratzinger	317
4.3.5	Zusammenfassung: Die Sakramentenkatechese in der kirchlichen Tradition	319
4.4	Zusammenfassung: Inhaltliche Mindestanforderungen an die Katechese mit Kindern und Jugendlichen	321

5	**Die inhaltliche Profilierung der Sakramentenkatechese am Beispiel der Eucharistiekatechese**	**325**
5.1	Die vier Hauptstücke der Katechese als Grundlage der Sakramentenkatechese in der heutigen Zeit	325
5.2	Neue Modelle einer Korrelation von Inhalt und Erfahrung	327
5.3	Die vier Hauptstücke der Katechese – Praktische Konsequenzen für die Eucharistiekatechese mit Kindern	338
5.3.1	Die wesentlichen Elemente der Eucharistiekatechese	338
5.3.1.1	Die katechetische Gruppenstunde als Glaubensunterricht	339
5.3.1.2	Die liturgischen Elemente der Eucharistiekatechese	343
5.3.1.2.1	Das Verhältnis von Katechese und Liturgie	343
5.3.1.2.2	Die Konsequenzen aus der Verbindung von Katechese und Liturgie	348

5.3.1.3	Der Beichtunterricht	354
5.3.2	Die wesentlichen Inhalte der Eucharistiekatechese – Thematischer Modellverlauf	356
5.3.2.1	Der zeitliche Rahmen	357
5.3.2.2	Das Apostolische Glaubensbekenntnis	360
5.3.2.3	Das Vaterunser	366
5.3.2.4	Die Zehn Gebote	370
5.3.2.5	Die Sakramente	374
5.3.2.6	Zusammenfassung: Thematischer Modellverlauf der Eucharistiekatechese	381
5.3.3	Die wesentlichen Methoden der Eucharistiekatechese	383
5.3.4	Die wesentlichen Akteure der Eucharistiekatechese	387
5.3.5	Die Gestaltung der Festmesse am Weißen Sonntag	393

6 Resümee 398

6.1 Zusammenfassung der Ergebnisse 398
6.2 Chancen und Grenzen einer inhaltsorientierten Katechese 410

Abkürzungsverzeichnis 417
Literaturverzeichnis 418
Abbildungs- und Tabellenverzeichnis 447
Anhang 452

Vorwort

Die vorliegende Arbeit wurde im Sommersemester 2009 von der Katholisch-Theologischen Fakultät der Ludwig-Maximilians-Universität München als Dissertation angenommen und für die Drucklegung geringfügig überarbeitet.

Herzlich bedanke ich mich bei Herrn Prof. Dr. Andreas Wollbold für die wissenschaftliche Betreuung dieser Arbeit und das Erstellen des Erstgutachtens. Die Erneuerung der Katechese stellt für meinen Doktorvater einen Schwerpunkt seiner pastoraltheologischen Forschungen dar. Er half mir daher, mich nicht in dem recht weiten Feld der Sakramentenkatechese zu verlieren, sondern diese Arbeit auf die inhaltliche Profilierung der Katechese hin zu konzentrieren. Ich erhielt von ihm immer wieder entscheidende Anregungen für die Realisierung dieser Arbeit, von denen ich lediglich die Hinweise zum katechetischen Wirken Robert Bellarmins ausdrücklich erwähnen will. Die Ermutigungen von Prof. Wollbold in den schwierigen Phasen des Promotionsstudiums waren für mich besonders hilfreich, da er es verstand, mir stets Wege aufzuzeigen, die den Fortgang der Arbeit ermöglichten. Zu danken habe ich ebenso Prof. Winfried Haunerland, der das Zweitgutachten zu dieser Arbeit erstellt hat und darin viele wichtige Anregungen zur Drucklegung gegeben hat.

Zu Dank bin ich Herrn Erzbischof Dr. Reinhard Marx verpflichtet. Ohne den jetzigen Erzbischof von München und Freising und früheren Bischof von Trier wäre diese Arbeit nie entstanden. Zwar habe ich als Vikar der Trierer Innenstadtpfarrei Liebfrauen schon an einem Projekt mitgearbeitet, das versuchte, die Erstkommunionvorbereitung auch inhaltlich wieder neu zu profilieren, aber an eine wissenschaftliche Auseinandersetzung mit diesem Thema hatte ich jedoch nie gedacht. Bischof Dr. Reinhard Marx war es, dem die Erneuerung der Katechese so sehr am Herzen lag, dass er mich mit dieser Themenvorgabe zum Promotionsstudium freistellte. Ihm, Weihbischof Robert Brahm, der als Diözesanadministrator das Bistum Trier während der Vakanz leitete und dem jetzigen Bischof von Trier, Dr. Stephan Ackermann, bin ich für die Unterstützung, die ich von Seiten des Bistums für diese Arbeit empfangen habe, sehr dankbar.

Ein besonderer Dank gebührt Pfarrer i. R. Heinz Brubach. Während meiner Zeit als Vikar hat er mir als Pfarrer der Pfarrei Trier Liebfrauen die Möglichkeit gegeben, viele eigene Erfahrungen auf dem Gebiet der Erstkommunionkatechese zu machen. Zusammen mit Frau Elisabeth Lamberti haben wir ein Konzept der Katechese entwickelt, das die inhaltliche Beschäftigung mit dem Apostolischen Glaubensbekenntnis und dem Vaterunser nicht scheute und zur eucharistischen Anbetung hinführte. Von diesen praktischen Erfahrungen findet sich vieles in der hier vorliegenden Arbeit. Insbesondere für das sorgfältige Korrekturlesen bin ich ihm sehr dankbar. Nicht unerwähnt bleiben darf aber auch die liebevolle Sorge seiner Haushälterin Frau Barbara Pascual, die bei der Promotion stets mein seelisches Wohlbefinden im Blick hatte.

Zu Dank verpflichtet bin ich dem Lehrerkollegium des Bischöflichen Angela-Merici-Gymnasiums in Trier, insbesondere dem ehemaligen Schulleiter Herrn Wolfgang Müller. Von 2003 bis 2007 war ich an dieser Schule als Religionslehrer und Schulpfarrer tätig. Mein Promotionsstudium in München führte zwangsläufig zu vielen Terminüberschneidungen und Interessenkollisionen mit den Aufgaben, die mir die Schule stellte. Schulleitung und Kollegium haben immer großzügig Rücksicht genommen. Ein besonderer Dank gilt Frau Eva Marx, Frau Gisela Still und Herrn Jakob Kalsch, die ebenfalls diese Arbeit Korrektur gelesen haben

Das dritte Kapitel dieser Arbeit stellt eine empirische Untersuchung dar, die ich zur Erstkommunionkatechese im Dekanat Bad Kreuznach durchgeführt habe. Dies wäre ohne entsprechende Hilfe nicht möglich gewesen. Bei der Konzeption des Fragebogens standen mir Dr. Gundo Lames und Dr. Martin Lörsch neben meinem Doktorvater kenntnisreich zur Seite. Den Druck der Fragebögen übernahm großzügigerweise die Druckerei des Bischöflichen Generalvikariats. Die hauptamtlichen Seelsorger und Seelsorgerinnen des Dekanates Bad Kreuznach kümmerten sich um das Verteilen und Einsammeln der Fragebögen. Auch den 428 Teilnehmerinnen und Teilnehmern an dieser Befragung sei hier gedankt, da ohne ihr Mittun ein wichtiger Teil dieser Arbeit nicht zustande gekommen wäre. Die notwendigen Übertragungen von den schriftlichen Fragebögen in das elektronische Statistikprogramm übernahmen Frau Melanie Münster und Herr Tobias Theobald. Das Bistum Trier und das Erzbistum München-Freising unterstützten diese Arbeiten finanziell. Frau Monika Funken hat für den Lehrstuhl für Pastoraltheologie an der Katholisch-Theologischen Fakultät der Ludwig-Maximilians-Universität einen Vergleich verschiedener gängiger Erstkommunionkurse erstellt, die mir für die Auswertung der Fragebögen sehr hilfreich war. Herrn Michael Brüderl sei für seine Dienste bei der Formatierung der Druckvorlage ebenfalls gedankt.

Es gilt den Schwestern des Klosters St. Clara in Trier zu danken, mit denen ich jeden Tag Eucharistie feiern durfte. Sie gaben mir dadurch einen geistlichen Halt, der für die Entstehung dieser Arbeit nicht unerheblich war.

Den größten Rückhalt habe ich immer bei meiner Familie gefunden, gerade auch in der Zeit des Promotionsstudiums. Darum ist meinen Eltern diese Arbeit auch in besonderer Weise gewidmet.

Kaisersesch, im Juni 2010 *Volker Malburg*

Einleitung

Ein persönliches Erlebnis aus der Erstkommunionvorbereitung in der Trierer Innenstadtpfarrei Liebfrauen, in der ich von 1999 bis 2003 als Vikar tätig war, illustriert die gegenwärtige Situation der Sakramentenkatechese mit Kindern und Jugendlichen mit all ihren Schwierigkeiten.

Die Erstkommunionvorbereitung hat im Jahr 2001 im September begonnen. Da sich in der Pfarrei zu wenig Katecheten[1] gefunden hatten, musste ich die Leitung einer Kindergruppe übernehmen, die sich einmal in der Woche im Pfarrheim traf. Acht Erstkommunionkinder sind in der zweiten Gruppenstunde der Erstkommunionvorbereitung dabei, ihre Gruppenkerze, die sogenannte Jesus-Kerze, zu verzieren. Auf der Mitte der Kerze prangt bereits ein Kreuz aus bunten Wachsstreifen. Mit Feuereifer gestalten die Kinder aus Wachs nun ‚ihr' Symbol, das ebenfalls seinen Platz auf der Gruppenkerze erhalten wird. Das Kreuz und die verschiedenen Symbole der Kinder auf dieser Kerze stellen das Grundprinzip der Erstkommunionvorbereitung dar: „Jesus ist unsere Mitte, um die wir eine gute Gemeinschaft bilden!"

Aber so schön, wie sich das anhört, ist das alles an diesem Nachmittag nicht. Basteln mit Kindern fordert den ‚ganzen' Vikar und zudem bin ich, was Basteln anbelangt, nicht gerade sehr geschickt. Zum Glück sind fünf Mädchen in der Gruppe, die mit Sorgfalt einen Vogel, eine Sonne, eine Blume, ein Herz und einen Regenbogen für die „Jesus-Kerze" formen. So kann ich meine ganze Aufmerksamkeit den drei Jungen widmen. Hier gestalten sich die Dinge schwieriger. Johannes hat gerade herausgefunden, dass die Mischung aus grünem, rotem, blauem und braunem Wachs leider nach intensivem Kneten grau ergibt, und ist mit seinem Ergebnis sichtlich unzufrieden. Kevin ist nur schwer davon zu überzeugen, dass ein Vampir mit blutigem Gebiss kein gutes Symbol für unsere Gruppenkerze ist: Wir einigen uns auf eine Fledermaus. Simon ist allerdings auf gar keinen Fall bereit, auf ‚seinen' Dinosaurier zu verzichten. Warum soll ein Vogel besser sein als ein Dinosaurier? Nach einer halben Stunde sind alle Symbole auf der Kerze unter dem Kreuz befestigt, das zudem noch mit leuchtenden Strahlen aus gelbem Wachs verziert wird. Wir stellen uns feierlich im Kreis auf, entzünden die Jesus-Kerze und singen: „Tragt in die Welt nun ein Licht!". Mit diesem Lied geht die zweite Gruppenstunde zu Ende.

Diese ‚typische' Gruppenstunde in der Erstkommunionvorbereitung lässt eine Reihe von Vorzügen erkennen, die zur weiten Verbreitung gemeinde-katecheti-

---

1   Alle männlichen Personen- und Funktionsbezeichnungen in dieser Arbeit beziehen sich, soweit es von der Sache her möglich ist, in gleicher Weise auf Frauen und Männer.

scher und symboldidaktischer Formen in der Sakramentenkatechese geführt haben:
- Kinder, die aus Familien stammen, die am gottesdienstlichen Leben der Pfarrgemeinde nicht oder nur noch selten teilnehmen, werden nicht überfordert.
- Der Gemeinschaftsaspekt hat einen hohen Stellenwert, so dass es gut gelingt, Kinder aus den unterschiedlichsten sozialen Milieus zu integrieren.
- Die vielfältigen methodischen Zugänge lassen bei den Kindern keine Langeweile aufkommen.
- Stilleübungen und meditative Elemente führen zu einer erhöhten Aufmerksamkeit der Kinder.

Trotz dieser Vorteile ließ das eingangs geschilderte Erlebnis schon zu meiner Vikarszeit bei mir die Frage aufkommen, ob diese Art der Sakramentenkatechese mit Kindern und Jugendlichen nicht falsche Prioritäten setzt und dadurch wesentliche inhaltliche Grundlagen des Glaubens vernachlässigt werden. Meditative Elemente, biblische Geschichten, in denen Jesus Menschen heilt, und die Erfahrung der guten Gruppengemeinschaft nehmen in der Eucharistie-katechese einen großen Platz ein. Das Apostolische Glaubensbekenntnis gehört aber nicht zum festen inhaltlichen Bestandteil der Erstkommunionvorbereitung. Die Sakramentenkatechese mit Kindern und Jugendlichen ist immer weniger ein ‚Lernort' des Glaubens.

Die Feststellung, dass Kommunionkinder und Firmlinge heute zu wenig ‚wissen', ist in den letzten Jahren immer öfter zu hören. Dabei handelt es sich nicht um ein Phänomen, das nur Kinder und Jugendliche betrifft, sondern um ein Problem einer Großzahl von Christen in unseren Gemeinden, wie Kardinal Walter Kasper anmerkt: „Man muss es unumwunden sagen: Das Glaubenswissen ist auf einem seltenen Tiefstand angelangt. Viele sind unsicher geworden; sie wissen nicht mehr so recht, was sie glauben sollen und wie sie ihren Glauben artikulieren können."[2] Kasper sieht in diesem Rückgang des Glaubenswissens eine Herausforderung an die Katechese, die einen Paradigmenwechsel notwendig macht.[3] Dieser Paradigmenwechsel hat sich in einer inhaltlichen Neuausrichtung widerzuspiegeln: „Die Katechese muss sich am Credo der Kirche orientieren (CT 28) und den Glauben der Kirche organisch und systematisch vollständig darlegen (CT 30). Wenn sie das nicht tut, verfehlt sie ihr Ziel und führt in eigene private Theorien oder gar Ideologien, statt in den Glauben der Glaubensgemeinschaft Kirche einzuführen (CT 58)."[4]

---

[2] *Walter Kasper*, Warum mir als Bischof die Katechese am Herzen lag, in: ders. / Albert Biesinger / Alois Kothgasser, Weil Sakramente Zukunft haben. Neue Wege der Initiation in Gemeinden, Ostfildern 2008, 12–24, hier 13.
[3] Vgl. ebd. 14
[4] Ebd. 20–21.

Einleitung

Die Forderung an die Katechese, eine systematische und vollständige Einführung in den Glauben zu bieten, kann sich nicht auf die Arbeit mit den Eltern der Erstkommunionkinder und Firmlinge beschränken, so notwendig die vermehrten Anstrengungen in der Erwachsenenkatechese auch sind. Die katechetische Arbeit mit Kindern und Jugendlichen hat sich gleichfalls an diesem Prinzip zu orientieren. Dazu muss zunächst einmal bestimmt werden, was die grundlegenden Glaubensinhalte sind, die in der Katechese mit Kindern und Jugendlichen vermittelt werden müssen.

Die hier vorgelegte Arbeit will zeigen, dass das Apostolische Glaubensbekenntnis, das Vaterunser, die Zehn Gebote und die sieben Sakramente, die in der kirchlichen Tradition als die vier Hauptstücke der Katechese bezeichnet werden, die inhaltlichen Mindestanforderungen an die Sakramentenkatechese mit Kindern und Jugendlichen darstellen und als Grundlage zur Konzeption der Elemente, Themen, Methoden und Akteure der Katechese dienen müssen. Dabei soll die Eucharistiekatechese, die als erste Sakramentenkatechese mit Kindern das Fundament für die weitere kirchliche Glaubensunterweisung legt und in vielen Gemeinden den größten zeitlichen Raum in der katechetischen Arbeit mit Kindern und Jugendlichen einnimmt, sowohl zur empirischen Beschreibung der heutigen Praxis als auch zum Entwurf einer inhaltsorientierten Katechese als Beispiel verwendet werden.

Durch die Konzentration auf die Inhalte der Katechese werden die bleibenden Verdienste der gemeindekatechetischen Entwicklung in Deutschland, die sich im Zuge eine anthropologisch ausgerichteten Theologie vor allem an den Grunderfahrungen des menschlichen Lebens und der Lebenswelt der Kinder ausrichtete, keineswegs in Abrede gestellt. Allerdings gilt auch für den Bereich der Katechetik das, was Rudolf Englert für die Entwicklung der Religionspädagogik feststellt:

„Sehr zugespitzt formuliert, könnte man von daher sagen: War im ersten, sehr ausgedehnten Entwicklungsabschnitt nachreformatorischer Religionspädagogik der sachliche Gehalt der ‚Botschaft' das Kriterium dafür, in welchem Ausmaß den Lebensansprüchen des Subjekts Beachtung zu schenken sei, so ist jetzt offenbar umgekehrt die Hermeneutik der Lebensbedürfnisse von Subjekten das Kriterium für die Berücksichtigung des sachlichen Gehalts religiöser Traditionen." [5]

Die Sakramentenkatechese mit Kindern und Jugendlichen bedarf ebenfalls der kritischen Überprüfung, ob in den letzten Jahrzehnten nicht zu stark das Subjekt im Mittelpunkt der Planung der Katechese stand. Die hier vorgelegte Studie versucht, den Blick wieder neu auf die wesentlichen Inhalte der Katechese zu lenken. Dies bedeutet aber nicht einfach eine Rückkehr zur Sakramentenkatechese der fünfziger und sechziger Jahre des vergangenen Jahrhunderts. Die heutigen gesell-

---

[5] *Rudolf Englert*, Religionspädagogische Grundfragen. Anstöße zur Urteilsbildung (= Praktische Theologie heute Bd. 82), Stuttgart 2007, 303–304.

schaftlichen und kirchlichen Bedingungen, unter denen die Weitergabe des Glaubens geschieht, werden im empirisch ausgerichteten dritten Kapitel dieser Arbeit in besonderer Weise berücksichtigt. Kinder und Jugendliche werden nicht einfach als reine ‚Empfänger' der christlichen Botschaft betrachtet. Ziel der Katechese bleibt es, zu einer persönlichen Aneignung der kirchlichen Glaubensinhalte hinzuführen und die eigene Glaubenserfahrung der Kinder und Jugendlichen zu fördern. Insofern wird der anthropologischen Wende in der Theologie Rechnung getragen. Die neue Schwerpunktsetzung auf die Inhalte der Katechese soll verhindern, dass Katechese zu einem inhaltlich konturlosen und damit wirkungslosen Geschehen wird. Eine Katechese, die nur noch den kindlichen Bedürfnissen oder den Erwartungen der Eltern Rechnung trägt, führt nämlich genauso wenig wie das reine Auswendiglernen von Glaubenssätzen zu einer persönlichen Aneignung des Glaubens: Die Fledermaus auf der „Jesuskerze" begründet noch nicht den Glauben an Jesus Christus.

Dabei muss zunächst untersucht werden, in welchem Ausmaß eine Rückbesinnung auf die wesentlichen Inhalte des Glaubens in der Katechese notwendig ist. Dieser Fragestellung wird auf zwei unterschiedlichen Wegen nachgegangen. Zunächst wird das Katecheseverständnis der römischen Dokumente, die nach dem Zweiten Vatikanischen Konzil zu diesem Thema veröffentlicht wurden, dargestellt. Der dreifache Verweis auf *Catechesi tradendae*, den Kardinal Kasper bei seiner Forderung nach einer inhaltlichen Profilierung macht, legt nahe, dass die römischen Dokumente die vollständige Weitergabe der kirchlichen Glaubenstraditionen in den Vordergrund stellen. Im zweiten Kapitel dieser Arbeit wird die katechetische Entwicklung in Deutschland seit der Würzburger Synode in den Blick genommen und die Auswirkungen einer konsequent anthropologisch ausgerichteten Katechese werden aufgezeigt. Es soll gezeigt werden, wie das römische Katecheseverständnis mit seiner inhaltlichen Ausrichtung helfen kann, die Einseitigkeit der katechetischen Entwicklung in Deutschland auszugleichen.

Im dritten Kapitel dieser Studie wird dann mit Hilfe der empirischen Sozialforschung die katechetische Situation in Deutschland bezüglich der wesentlichen Elemente, der als wichtig erachteten Inhalte, der verwendeten Methoden und der hauptsächlichen Akteure der Eucharistiekatechese beschrieben. Trotz vielfältiger Untersuchungen zum Verhältnis von Familie und Religion ist die Sakramentenkatechese mit Kindern und Jugendlichen bisher kaum Gegenstand der empirischen Sozialforschung.[6] So kommt Martin Friedrich Schomaker, der die Bedeutung der Familie in katechetischen Lernprozessen untersucht, zu dem Schluss: „Es gibt keine empirischen Untersuchungen, die sich systematisch mit den Bedingungen

---

[6] Ein Überblick über die wichtigsten Publikationen zur Katechese in jüngster Zeit findet sich bei *Angela Kaupp*, Religionspädagogisch relevante Publikationen zur Gemeindekatechese, in: RpB 56 (2006), 91–101.

und Wirkungen der katechetischen Lernprozesse befassen."[7] In dieser Arbeit soll ein erster Beitrag dazu geleistet werden, diese wissenschaftliche Lücke zu schließen. Die Eucharistiekatechese wurde deshalb zum Gegenstand der Befragung gemacht, weil sie die erste grundlegende Katechese ist, die mit Kindern und Jugendlichen durchgeführt wird. Zudem ist der zeitliche und personelle Aufwand, mit dem diese Sakramentenkatechese betrieben wird, meist wesentlich höher als bei der Firmkatechese.

Für die empirische Untersuchung zur Eucharistiekatechese wurde die Methode der schriftlichen Befragung mit Hilfe eines Fragebogens gewählt: Die Eltern, Katecheten und Seelsorger des Dekanates Bad Kreuznach im Bistum Trier, die im März 2005 an der Erstkommunionvorbereitung beteiligt waren, wurden befragt. Diese quantitative Methode ermöglicht die schnelle und kostengünstige Befragung einer sehr großen Teilnehmerzahl.[8] Sie eignet sich sehr gut, um Einstellungen und Bewertungen zu einem Thema zu erheben, wenn aufgrund des Forschungsstandes eine Theoriebildung und klare Hypothesenformulierung möglich ist.[9] Der Vorwurf, dass quantitative Methoden ungeeignet seien, um komplexe soziale und religiöse Fragestellungen zu bearbeiten, kann pauschal nicht aufrechtgehalten werden.[10] Mit dieser Methode lassen sich sehr wohl aussagekräftige Ergebnisse erzielen. „Obwohl das berüchtigte Ankreuzen auf dem Fragebogen durchaus etwas ‚schematisch' wirkt, ist es bei ernsthaftem Antworten, das ohne große Mühe zu erledigen ist, keinesfalls beliebig oder informationslos. Zudem liegt es nicht jedem Untersuchungsteilnehmer ‚lange Reden zu halten' oder im Aufsatz die eigenen Gedanken niederzulegen. Fragebogenerhebungen schaffen mehr Distanz zum Forscher und sind anonymer, was besonders bei heiklen Fragestellungen offenes Antworten erleichtert."[11] Ein schriftlicher Fragebogen hat gute Chancen, Eltern zu erreichen, die nicht regelmäßig am kirchlichen Leben teilnehmen, sondern nur aus Anlass der Erstkommunion den Kontakt zu ihrer Pfarrgemeinde suchen. Er bietet einen ‚geschützten Raum', in dem vor allem Eltern anonym bewerten können, was in der fast abgeschlossenen Eucharistiekatechese stattgefunden hat, die ihnen noch deutlich vor Augen steht.

Bei der Befragung im Dekanat Bad Kreuznach sollen die Teilnehmer am Ende der Erstkommunionkatechese bewerten, welche Elemente, Inhalte, Methoden und

---

[7] *Martin Friedrich Schomaker*, Die Bedeutung der Familie in katechetischen Lernprozessen von Kindern. Eine inhaltsanalytische Untersuchung von Konzepten zur Hinführung der Kinder zu den Sakramenten der Beichte und der Eucharistie (= Theologie und Praxis Bd. 2), Münster – Hamburg – London 2002, 314.
[8] Vgl. *Jürgen Bortz / Nicola Döring*, Forschungsmethoden und Evaluation für Human- und Sozialwissenschaftler, 4. überarbeitete Aufl., Heidelberg 2006, 252.
[9] Zur Durchführung einer Befragung mittels schriftlichem Fragebogen vgl. ebd. 252–262.
[10] Vgl. ebd. 302–303.
[11] Ebd. 298.

Akteure für sie wichtig sind und welche nicht. Die These der Befragung lautet, dass in der Eucharistiekatechese nicht die kirchlichen Glaubensinhalte im Vordergrund stehen, sondern soziale und familiäre Werte die Inhalte, Methoden und Akteure bestimmen. Es geht darum nachzuweisen, dass die Familienreligiosität immer stärker den katechetischen Unterricht zur Erstkommunion prägt und die Vermittlung objektiver Glaubensinhalte zurückdrängt. Der Begriff „Familienreligiosität" geht auf Ulrich Schwab zurück und beschreibt den Transformationsprozess der Religiosität in Familien in den letzten Jahrzehnten in Deutschland.

„Aus dem *selbstverständlichen* Verhalten wird so das *selbst entschiedene* Verhalten. Gerade diese Entwicklung ist aber Bestandteil eines längeren Prozesses im Generationenablauf. Kennzeichnend hierfür ist etwa das Legitimationsbedürfnis der eigenen Selbständigkeit gegenüber kirchlichen Traditionen in der Großeltern-Generation, das sich allmählich bis zur Kindergeneration verwandelt in eine *Legitimierungsforderung an die Institution* hinsichtlich ihrer Relevanz für die individuelle Gestaltung des Glaubens. Der Legitimierungsdruck kehrt sich also im Zuge der eigenen Akzeptanz religiöser Selbständigkeit um."[12]

Die quantitative Befragung zur Erstkommunion kann für den Bereich des Dekanats Bad Kreuznach deutlich machen, in welchem Maße familienreligiöse Überlegungen die Eucharistiekatechese mit Kindern bereits prägen: Welche Inhalte und Methoden sind mit der Familienreligiosität kompatibel und welche Inhalte und Methoden geraten unter Legitimationsdruck? Die Ergebnisse der Befragung im Dekanat Bad Kreuznach gewähren somit einen Einblick in die tatsächliche katechetische Situation in Deutschland und lassen die Legitimationsschwierigkeiten deutlicher erkennen, die bei einer Neuausrichtung der Katechese an den vier Hauptstücken der Katechese von Seiten der Eltern auftreten können.

Das vierte Kapitel soll klären, welche inhaltlichen Mindestanforderungen an die Katechese gestellt werden müssen. Dies kann nicht geschehen, ohne die Rechtsnormen des *Codex Iuris Canonici* von 1983 in den Blick zu nehmen, die auf weltkirchlicher Ebene einen verbindlichen Anspruch an die Katechese stellen, der unabhängig von den gesellschaftlichen und kulturellen Bedingungen zu erfüllen ist. Beim Kirchenrecht handelt es sich also in der Tat um Mindestanforderungen an die Katechese. Die kirchenrechtlichen Bestimmungen zur Sakramentenkatechese mit Kindern und Jugendlichen werden daher auf ihre inhaltlichen Vorgaben untersucht und die Übereinstimmung mit den vier Hauptstücken der Katechese aufgezeigt.

Das vierte Kapitel wendet sich nach den kirchenrechtlichen Vorgaben, die einen ersten verbindlichen inhaltlichen Rahmen der Sakramentenkatechese mit Kindern und Jugendlichen abstecken, den biblischen Vorgaben für Katechese zu. In der Untersuchung zum Alten Testament geht es darum, aufzuzeigen, dass die

---

[12] *Ulrich Schwab*, Familienreligiosität. Religiöse Traditionen im Prozeß der Generationen (= Praktische Theologie heute Bd. 23), Stuttgart – Berlin – Köln 1995, 279.

Glaubensweitergabe ein inhaltlicher Prozess ist, der sich an den Geboten der Tora orientiert. Der Frage wird nachgegangen, auf welche Weise Kinder und Jugendliche in die Glaubenstradition des Volkes Israel eingeführt wurden und wie die zentrale Stellung, die dabei die Tora einnahm, begründet wurde. Mit dem Buch Kohelet stellt das Alte Testament selbst eine kritische Anfrage an das klassische Konzept der Glaubensweitergabe in hellenistischer Zeit, die nicht übergangen werden soll. Das Neue Testament ist für die Entwicklung der kirchlichen Katechese von grundlegender Bedeutung, nicht nur im historischen Sinn, sondern auch als bleibender Maßstab, an dem sich die Glaubensweitergabe immer wieder neu ausrichten muss. Es wird der Nachweis erbracht, dass die Grundsätze der alttestamentlichen Glaubensweitergabe auch die Katechese im Neuen Testament prägen. Gleichzeitig werden die wesentlichen Inhalte der neutestamentlichen Katechese herausgearbeitet. Die zentrale Stellung, die Jesus Christus in der neutestamentlichen Glaubensweitergabe einnimmt, wird anhand der vier Evangelien aufgezeigt. Für Paulus scheint auf den ersten Blick die personale Beziehung zu Jesus Christus im Vordergrund zu stehen, während er das Glaubenswissen eher als zweitrangig betrachtet. Der Abschnitt zur Missionstheologie wird darlegen, dass Paulus das Verhältnis von personaler Glaubensbeziehung und kognitivem Glaubenswissen differenzierter sieht und ein Mindestmaß an heilsnotwendigem Wissen fordert, um die Gemeinschaft mit Jesus Christus zu erlangen. Eine Untersuchung der im Neuen Testament enthaltenen Bekenntnisse unterstreicht zum Abschluss noch einmal die Bedeutung des Glaubenswissens für das Christentum, das von Anfang an eine Bekenntnisreligion war.

Der dritte Teil des vierten Kapitels bietet einen Überblick über die geschichtliche Entwicklung und systematisch-theologische Vertiefung der vier Hauptstücke der Katechese. In dieser Studie werden exemplarisch vier Theologen in den Blick genommen, die für ihre kirchengeschichtliche Epoche wesentliche katechetische Impulse gaben, zur theologischen Begründung und praktischen Umsetzung der vier Hauptstücke der Katechese Entscheidendes leisteten und auch heute noch von Bedeutung sind. Ein solch exemplarischer Zugang hat den Nachteil, dass er manche Entwicklungen raffen oder übergehen muss. Der Vorteil liegt aber darin, dass durch die Beschränkung auf die Werke vier bedeutender Theologen das theologisch-systematische Fundament der wesentlichen Inhalte der Katechese in seiner bleibenden Gültigkeit dargelegt werden kann.

Für die Zeit der Spätantike ist es Augustinus, der die Inhalte des christlichen Katechumenats in seinen Schriften theologisch begründet und somit die Voraussetzungen schafft, dass das Apostolische Glaubensbekenntnis, das Vaterunser, die Zehn Gebote und die sieben Sakramente zum inhaltlichen Grundbestand der kirchlichen Katechese bis in jüngste Zeit werden. Thomas von Aquin vertieft im Zeitalter der Scholastik die systematischen Aussagen Augustins zu den wesentlichen Inhalten der Katechese und geht ausführlich der Frage nach, worin das heilsnotwendige Glaubenswissen besteht. Robert Bellarmin wurde als Theologe der frühen Neuzeit ausgewählt, weil er mit seinen beiden Katechismen eine didaktische Umsetzung der vier Hauptstücke der Katechese bietet, die auch für die heutige Zeit wichtige Anregungen liefert. Mit Joseph Ratzinger, dem jetzigen Papst Benedikt XVI., steht der zeitgenössische Theologe im Mittelpunkt, der sich seit den siebziger Jahren am kontinuierlichsten für die Ausrichtung der Katechese an den vier Hauptstücken der Katechese einsetzt und ihre theologische Begründung an den Gegebenheiten der heutigen Zeit ausrichtet. Der dritte Teilabschnitt des vierten Kapitel will so anhand der Aussagen dieser vier bedeutenden Theologen verdeutlichen, dass es sich bei den vier Hauptstücken der Katechese nicht um das bloße Produkt einer kirchengeschichtlichen Entwicklung handelt, die prinzipiell auch zu einem ganz anderen Ergebnis hätte führen können, sondern um die verbindliche Zusammenstellungen der wesentlichen christlichen Glaubensinhalte, die sich aus der inneren Struktur des Glaubens und der christlichen Offenbarung ergeben.

Im fünften Kapitel wird auf der Grundlage dieser Ergebnisse eine Modellkatechese entwickelt: Welche Auswirkungen hat die Konzeption der Sakramentenkatechese anhand der vier Hauptstücke der Katechese auf die Elemente, die Inhalte, die Methoden sowie die Akteure der Katechese und wie sieht eine dementsprechende sakramentale Feier aus? Um die praktischen Konsequenzen der inhaltlichen Neuausrichtung der Katechese so konkret wie möglich aufzuzeigen, wird auch hier die Eucharistiekatechese als Beispiel gewählt. Dadurch können die Ergebnisse der Umfrage im Dekanat Bad Kreuznach in das vorgelegte katechetische Modell mit einfließen. Bevor ein solches Modell im fünften Kapitel dieser Studie entwickelt werden kann, bedarf es noch der Überlegung, wie eine inhaltlich ausgerichtet Katechese der Gefahr entgeht, ‚subjektvergessen' zu werden und die Erfahrungen der Kinder und Jugendlichen völlig auszublenden. Lässt eine Konzeption der Katechese anhand der vier Hauptstücke der Katechese noch Raum für die Eigenständigkeit des Subjekts und die Verbindung des Glaubens mit der eigenen Erfahrung? Wie ist selbstständige Glaubenserfahrung angesichts des Vorrangs der Inhalte möglich? Auf diese Fragen wird zu Beginn des fünften Kapitels eine Antwort gegeben, um dann das Modell einer Eucharistiekatechese zu entwickeln, die sowohl die vollständige Vermittlung der Inhalte als auch als bleibende Frucht der anthropologischen Wende in der Theologie deren erfahrungsmäßige Aneignung im Leben des Glaubensschülers im Blick hat.

Im abschließenden sechsten Kapitel dieser Studie werden die wesentlichen Ergebnisse dieser Arbeit noch einmal zusammengefasst und die Chancen und Grenzen einer inhaltsorientierten Katechese aufgezeigt. Wie zentral eine Erneuerung der Katechese für das kirchliche Leben ist, macht Kardinal Walter Kasper deutlich: „Die Weitergabe des Glaubens und d.h. die Katechese ist der Schlüssel für die Zukunft der Kirche in unserem Land."[13] Die hier vorgelegte Arbeit will dazu beitragen, durch eine Ausrichtung der Sakramentenkatechese mit Kindern und Jugendlichen an den vier Hauptstücken der Katechese die Kirche in Deutschland zukunftsfähiger zu machen, da nur so der vollständige Glaube an die nächste Generation weitergegeben wird.

---

[13] *Kasper*, Bischof, 23.

1 Römische Perspektive – Katechese als systematische Glaubensunterweisung

Was ist Katechese? Auf den ersten Blick eine banale Frage, werden doch allein in Deutschland jedes Jahr Zehntausende von Kindern und Jugendlichen durch entsprechende Kurse auf die Erstkommunion und die Firmung vorbereitet. Man verliert leicht den Überblick bei den unzähligen Arbeitshilfen und Vorbereitungsmappen, die zur Durchführung dieser Katechesen angeboten werden. Das provoziert die Frage, ob etwas so Selbstverständliches, wie es die Katechese zu sein scheint, in seiner grundsätzlichen Bestimmung derart fraglich ist. Ziel dieser Studie ist es, für den Bereich der Sakramentenkatechese mit Kindern und Jugendlichen, den Begriff ‚Katechese' zu definieren und aufgrund dieser Definition ein Modell für die Sakramentenkatechese mit Kindern und Jugendlichen vorzulegen.

Im ersten Teil dieser Studie soll daher aufgezeigt werden, dass es hinsichtlich des Katecheseverständnisses zwischen der lehramtlichen Konzeption von Katechese, wie sie sich in den römischen Dokumenten findet, und der Konzeption von Katechese, wie sie in Deutschland im Anschluss an die Würzburger Synode erfolgte, eine Differenz gibt. Sodann soll auf der Grundlage der verschiedenen Katecheseverständnisse eine eigene Definition von Katechese erfolgen, die in einem systematischen Teil näher zu begründen ist.

Im folgenden Abschnitt werden daher zunächst die wichtigsten päpstlichen Schreiben und Verlautbarungen der römischen Kurie zur Katechese untersucht. Aufgrund des Umfangs der einzelnen Dokumente kann hier keine umfassende Darstellung erfolgen. Von besonderem Interesse sind dabei jedoch diese Aspekte:
- Was versteht das jeweilige Dokument unter Katechese und wie erfolgt eine Abgrenzung zu anderen Begriffen, insbesondere zum Begriff der Evangelisierung?
- Wie werden die wesentlichen Inhalte der Katechese bestimmt?
- Welche methodischen Vorgaben werden gemacht?
- Welche Aussagen werden bezüglich der Sakramentenkatechese von Kindern und Jugendlichen gemacht?

Die Bedeutung dieser Dokumente ergibt sich aus ihrem lehramtlichen Charakter. Ziel aller behandelten Schreiben war es, die Impulse ausführlich darzustellen, die durch das Zweite Vatikanische Konzil und Bischofssynoden für die Katechese gegeben wurden. Dabei wollen diese Dokumente keine weltweit verbindliche Form der Katechese bis ins Detail festschreiben, wohl aber Richtlinien für das Verständnis von Katechese und deren wesentliche Inhalte und Methoden geben.

Die lehramtlichen Dokumente auf weltkirchlicher Ebene sind schon durch ihren normierenden Charakter von entscheidender Bedeutung für die Entwicklung der Katechese. Darüber hinaus bringen sie viele inhaltliche Klärungen und Begriffsbestimmungen hinsichtlich des Wesens der Katechese und das mit einer deutlich anderen Akzentsetzung, als sie die wissenschaftliche Diskussion in Deutschland aufweist.

1.1 Das *Allgemeine Katechetische Direktorium*

Das *Allgemeine Katechetische Direktorium*[14] aus dem Jahr 1971 geht in seiner Entstehung unmittelbar auf einen Beschluss des Zweiten Vatikanischen Konzils zurück. Im Dekret *Christus Dominus* wird die Abfassung eines Direktoriums „für die katechetische Unterweisung des christlichen Volkes, in dem die grundlegenden Prinzipien und die Ordnung dieses Unterrichts sowie die Ausarbeitung einschlägiger Bücher behandelt werden sollen"[15], angeordnet. Das daraufhin entstandene nachkonziliare Dokument zur Katechese hat kaum öffentliche Aufmerksamkeit und Beachtung erfahren, aber alle späteren und bekannteren Verlautbarungen des Apostolischen Stuhls zu diesem Thema beeinflusst.[16]

Das Katecheseverständnis, das daher in diesem Dokument entwickelt wird, bildet die Grundlage für alle weiteren Entfaltungen dieser Thematik durch das römische Lehramt. Das *Allgemeine Katechetische Direktorium* konkretisiert dabei nur das Katecheseverständnis, das sich in Grundzügen schon in den Dokumenten des Zweiten Vatikanischen Konzils findet und die Schrift als primäre Grundlage der Katechese definiert.[17] Daher wird die Katechese als „Dienst am Wort"[18] verstanden, der in der Offenbarung Gottes gründet.[19]

---

14 *Hl. Kongregation für den Klerus*, Allgemeines Katechetisches Direktorium, 11. April 1971, in: Sekretariat der Deutschen Bischofskonferenz (Hg.), Nachkonziliare Texte zu Katechese und Religionsunterricht (= Arbeitshilfen 66), Bonn 1. Mai 1989, 13–116.

15 CD 44. In dieses Direktorium sollten alle Anregungen der Konzilskommisionen und Konzilsväter zur Katechese einfließen, vgl. *Guido Bausenhart*, Theologischer Kommentar zum Dekret über das Hirtenamt der Bischöfe in der Kirche *Christus Dominus*, in: Peter Hünermann / Bernd Jochen Hilberath (Hg.), Herders Theologischer Kommentar zum Zweiten Vatikanischen Konzil Bd. 3, Freiburg i. Br. 2005, 225–313, hier 293.

16 Vgl. *Franz-Peter Tebartz-van Elst*, Gemeindliche Katechese, in: Hans-Georg Ziebertz / Werner Simon (Hg.), Bilanz der Religionspädagogik, Düsseldorf 1995, 467–487, hier 471.

17 DV 24: „Auch der Dienst des Wortes, nämlich die seelsorgliche Verkündigung, die Katechese und alle christliche Unterweisung – in welcher die liturgische Homilie einen hervorragenden Platz haben muß – holt aus dem Wort der Schrift gesunde Nahrung und heilige Kraft." Zur Bedeutung der Schrift als Seele und Fundament der Theologie und der Verkündigung vgl. Helmut Hoping, Theologischer Kommentar zur Dogmatischen Konstitution über die göttli-

1. Katechese als systematische Glaubensunterweisung

„Der Dienst am Wort ist die Mitteilung der Heilsbotschaft: Er bringt den Menschen das Evangelium. Ist das Geheimnis verkündet und weitergegeben, dann erfaßt es jenen Lebenswillen, jene tiefe Sehnsucht des Menschen nach Vollendung und jene Erwartung künftiger Glückseligkeit, die Gott in das Herz eines jeden Menschen eingepflanzt und durch seine Gnade zu übernatürlichem Rang erhoben hat."[20]

Der Dienst am Wort und somit auch die Katechese sind Teil des Offenbarungsgeschehens, indem sie die einmal in Schrift und Tradition ergangene Offenbarung den Menschen weitergeben. Der Dienst am Wort wird als Weiterführung der Geschichte Gottes mit seinem Volk verstanden. Er setzt den Dialog Gottes mit dem Menschen fort.[21]

Das Allgemeine Katechetische Direktorium unterscheidet zwischen der Glaubensverkündigung (evangelizatio), die zur grundsätzlichen Bekehrung hin zum Evangelium und zur globalen Glaubenszustimmung führen will, und der Katechese.[22] „Im pastoralen Tätigkeitsbereich muß jene Form kirchlichen Tuns Katechese genannt werden, die sowohl Gemeinschaften wie einzelne Christen zur Reife des Glaubens führen will."[23] Der reife Glaube zeigt sich im ständigen Hören auf das Wort Gottes und in der Bereitschaft zur Umkehr und Erneuerung.[24] Katechese ist daher wesentlich ein Erlernen des Hörens auf das Wort Gottes, das alle Lebensbereiche umfasst: „Sache der Katechese ist es, diese Aufgabe in das rechte Licht zu rücken; sie muß die Gläubigen anleiten, alles menschliche Geschehen christlich zu verstehen, besonders die Zeichen der Zeit, so nämlich, daß alle ‚alles aus dem umfassenden christlichen Geist zu beurteilen und zu deuten vermögen' (GS 62)."[25] Katechese hat die Aufgabe, den Blick Gottes auf die Welt und das eigene Leben einzuüben. Es geht um einen grundlegenden Transformationsprozess des eigenen Lebens, der aus dem Hören des Wortes Gottes erfolgt.

„Das Wort Gottes wird in der Katechese durch das Menschenwort gegenwärtig. Damit es im Menschen Frucht trage und innerliche Bewegungen auslöse, die die Gleichgültigkeit und die Unsicherheit austreiben und ihn zur Annahme des Glaubens bewegen, muß die Katechese das

---

che Offenbarung *Dei Verbum*, in: Peter Hünermann / Bernd Jochen Hilberath (Hg.), Herders Theologischer Kommentar zum Zweiten Vatikanischen Konzil Bd. 3, Freiburg i. Br. 2005, 695–831, hier 799–800.

[18] AKD Teil II.
[19] Vgl. ebd. 10–16. Dort wird sehr a usführlich das Verhältnis von Offenbarung und Dienst am Wort dargelegt.
[20] Ebd. 16.
[21] Zum Verhältnis von Schrift und Offenbarung vgl. *Joseph Ratzinger*, Ein Versuch zur Frage des Traditionsbegriffs, in: ders., Wort Gottes. Schrift – Tradition – Amt, hg. v. Peter Hünermann / Thomas Söding, Freiburg i. Br. 2005, 37–81, hier 47–48.
[22] Vgl. AKD 18.
[23] Ebd. 21.
[24] Vgl. ebd. 22.
[25] Ebd. 26.

1.1 Das Allgemeine Katechetische Direktorium

Wort Gottes zuverlässig vortragen und in geeigneter Form anbieten. [...] Die Katechese muß daher das Wort Gottes, wie es in der Kirche vorgetragen wird, in die Sprache der Menschen übersetzen, an die es sich richtet (vgl. DV 13; OT 16)."[26]

Im Dialog Gottes mit den Menschen kommt also der Katechese die grundlegende Funktion zu, das Wort Gottes ins Heute zu übersetzen.

Damit kann man das Katecheseverständnis des *Allgemeinen katechetischen Direktoriums* zu Recht als mystagogisch bezeichnen. Andreas Wollbold entwickelt in Anlehnung an Karl Rahner folgenden Begriff von Mystagogie: „Mystagogie begleitet ein lebenslanges Wachstum aus den Vorgaben der christlichen Botschaft, die sich allmählich gegenüber erbsündigen Sinn- und Beziehungsgefügen durchsetzen soll. Denn aus ihnen empfängt der einzelne seine Identität (1.) im Wort Gottes (2.), das von der Erwählung seines Volkes in Jesus Christus erzählt (3.) und darin einen neuen Anfang setzt (4.)"[27] Genau dieser Umwandlung durch das Wort Gottes soll der Prozess der Katechese, wie ihn das *Allgemeine Katechetische Direktorium* beschreibt, dienen. Dabei kommt dem Hören auf Gottes Wort und dem Wahrnehmen von Gottes Handeln im Heute die entscheidende Dimension zu.

Dieses mystagogische Verständnis von Katechese tritt auch in den methodisch-didaktischen Erwägungen des *Allgemeinen Katechetischen Direktoriums* zutage. Hier hat die Kategorie der menschlichen Erfahrung[28] für das Lernen des

---

[26] AKD 32.
[27] *Andreas Wollbold*, Therese von Lisieux. Eine mystagogische Deutung ihrer Biographie (= StSS 11), Würzburg 1993, 62.
Wollbold entwickelt von diesem Ansatz der Mystagogie her eine Pastoraltheologie, die er als kontemplative Pastoral versteht. „Pastoral ist wesentlich kontemplativ. Kontemplativ sei hier jenes spezifisch christliche Tun genannt, Gottes Handeln so wahrzunehmen, dass dadurch das eigene Erkennen und Wollen umgestaltet wird und dass Christus im Heiligen Geist zum Subjekt des Handelns wird" (*Andreas Wollbold*, Kontemplative Pastoral, in: MThZ 56 [2005], 134–147, hier 135; vgl. zu diesem Ansatz auch *ders.*, „Nach den Zeichen der Zeit zu forschen und sie im Licht des Evangeliums zu deuten". Nachfragen zur Methode der Pastoraltheologie in: Bertram Pittner / ders. [Hg.], Zeiten des Übergangs [= FS für Franz Georg Friemel zum 70. Geburtstag {= EThSt 80}], Leipzig 2000, 354–366, hier besonders 361–366).
[28] Der Begriff „Erfahrung" wird in den römischen Dokumenten und in der deutschsprachigen Literatur sehr vielschichtig benutzt. So können damit Alltagserfahrungen von Menschen, ein bedeutendes Erlebnis in einer einzelnen Biographie oder allgemeine, existentielle Grunderfahrungen wie Geburt, Liebe, Freude, Angst, Krankheit, Tod oder Trauer gemeint sein. Eine genaue Definition des Erfahrungsbegriffs findet sich weder in den untersuchten römischen Dokumenten noch in den im zweiten Kapitel dieser Arbeit dargestellten deutschsprachigen Entwürfen zur Sakramentenkatechese mit Kindern und Jugendlichen.
Die Notwendigkeit einer Präzisierung des Erfahrungsbegriffs tritt erst in den letzten Jahren in der Auseinandersetzung um die Korrelationsdidaktik deutlicher zu Tage. Den präzisierten Erfahrungsbegriff der heutigen religionspädagogischen und katechetischen Forschung an die

Glaubens eine entscheidende Bedeutung[29], bleibt aber aufs engste an das Wort Gottes und die Glaubenserfahrung der Kirche gebunden. Es geht um eine „dialogische Passivität"[30], die das Wort der Offenbarung und das Zeugnis der Kirche als die alles bestimmende Kategorie und ordnende Mitte begreift. Auch wenn die Katechese auf induktivem Weg vorgeht, ist die kirchliche Glaubenserfahrung der bestimmende Kompass, der die Richtung vorgibt. „Diese Methode entspricht der Ökonomie der Offenbarung und unter anderem auch jenem grundlegenden Fortschreiten des menschlichen Geistes, der von den sichtbaren Dingen zu den geistigen Erkenntnissen vordringt; sie paßt auch zum charakteristischen Merkmal der Glaubenserkenntnis, die ein Erkennen auf dem Weg über Zeichen ist."[31] In Art. 74 des *Allgemeinen Katechetischen Direktoriums* wird die Verbindung von Erfahrung und Offenbarung in der Katechese ausführlich dargestellt. Die Erfahrung erzeugt Fragen, die im Menschen die Sehnsucht wecken, sein Leben umzugestalten. Sie kann helfen, die christliche Botschaft besser zu verstehen, und ist ihrerseits auf die Deutung durch das Licht der Offenbarung angewiesen.[32] Es besteht also schon eine wechselseitige Bezogenheit von menschlicher Erfahrung und göttlicher Offenbarung. Die Erfahrungen, die Menschen in ihrem Alltag machen, veranlassen sie, nach Gott zu fragen, und helfen ihnen, das Evangelium besser zu verstehen. Gleichzeitig ist es aber erst das Wort des Evangeliums, das die ganze Tiefe menschlicher Erfahrungen erschließt und zu deuten weiß.

Damit eine solche Erschließung der eigenen Lebenserfahrung auf das Wort des Evangeliums hin möglich ist, bedarf es nach Aussage des *Allgemeinen Katechetischen Direktoriums* einer inhaltlichen Prägung der Katechese.

„Da es, wie oben gesagt, Ziel der Katechese ist, sowohl die einzelnen Gläubigen wie auch die Gemeinschaft zu reiferem Glauben hinzuführen, muß sie gewissenhaft dafür sorgen, daß der

---

Dokumente und die katechetische Literatur, die in den ersten beiden Kapiteln dieser Studie untersucht werden, anzulegen, würde lediglich das Defizit der fehlenden Eindeutigkeit aufzeigen. Im fünften Kapitel dieser Studie. (s.u. 327–338) findet allerdings die notwendige inhaltliche Klärung des Erfahrungsbegriffs statt.

[29] *Tebartz-van Elst*, Gemeindliche Katechese, 472, sieht darin bereits eine erste Wertschätzung des lebensgeschichtlichen Ansatzes in der Katechese, der dann in späteren Dokumenten ausführlicher bedacht wird.

[30] *Gotthard Fuchs*, Der bittende Gott und der erhörende Mensch. Das Wirkzentrum im (Re-) Evangelisierungsprozeß, in: LKat 11 (1989), 85–91, hier 86. Fuchs beschreibt damit die entscheidend christliche Erfahrung des Angesprochenseins von Gott, die alles von Grund auf verändert. Allerdings wird die Bindung dieses Angesprochenseins an das geoffenbarte Wort Gottes bei Fuchs nicht deutlich herausgestellt. Fuchs weist aber auf die Gefahr einer zu voreiligen Korrelation von Offenbarung und Erfahrung hin, die diese „dialogische Passivität" übergeht und dann zu einer „ideologischen Verdoppelung des menschlichen Selbstverständnisses" wird (vgl. ebd. 87 Anm. 10).

[31] AKD 72.

[32] Vgl. ebd. 74.

1.1 Das Allgemeine Katechetische Direktorium

ganze Schatz der christlichen Botschaft gewissenhaft ausgebreitet wird. [...] Die Katechese beginnt daher mit einer einfacheren Vorlage einer Gesamtkonzeption der christlichen Botschaft (auch unter Verwendung von summarischen und globalen Formeln), und zwar legt sie diese in einer zu den kulturellen und geistigen Verhältnissen der Glaubensschüler passenden Weise vor. Sie darf aber durchaus nicht bei dieser anfänglichen Vorlage stehenbleiben, sondern sie muß es als Herzensanliegen betrachten, den Inhalt ausführlicher und entwickelter vorzutragen, damit die einzelnen Gläubigen und die christliche Gemeinschaft zu immer tieferer und lebendigerer Anerkennung der christlichen Botschaft gelangen und die konkreten menschlichen Lebensverhältnisse oder Verhaltensweisen im Licht der Offenbarung beurteilen."[33]

Das *Allgemeine Katechetische Direktorium* sieht gerade wegen seines mystagogischen Ansatzes eine starke Notwendigkeit, die Vermittlung des Glaubenswissens zu betonen, das sich an dogmatischen Formeln und am schulischen Unterricht orientiert.[34] Dabei soll der Inhalt jedoch nicht als Fülle von einzelnen, zusammenhanglosen Sätzen vermittelt werden, sondern als organische und lebendige Ein-

---

[33] Ebd. 38.

[34] *Tebartz-van Elst*, Gemeindliche Katechese, 472, bemerkt, dass die Formulierung der verpflichtenden Inhalte der Katechese die geforderte Umsetzung in die Lebenswirklichkeit der Menschen behindert.
Haslinger sieht sogar einen grundsätzlichen Gegensatz zwischen Mystagogie und Glaubenswissen: „Die Inhalte der vom Lehramt vorgegebenen und interpretierten Lehre werden als Glaubens-‚geheimnisse' identifiziert und dementsprechend die Belehrung mit diesen Inhalten, also die ‚Hinführung' zu diesen ‚Geheimnissen', als ‚Mystagogie' bezeichnet. Daß das nicht Mystagogie in unserem Sinn sein kann, liegt auf der Hand. Letztere besteht eben nicht in der Indoktrination von Lehrwissen. [...] Damit unterscheidet sich das ‚Konzept' der ‚Glaubens*weitergabe*' in entscheidenden Punkten von der Mystagogie, in der es ja durchaus auch um den Glauben der Menschen geht, die aber den Glauben nicht als etwas von außen Vorgegebenes, sondern aus der Existenz des Menschen selbst Erschlossenes begreift" [*Herbert Haslinger*, Was ist Mystagogie? Praktisch-theologische Annäherung an einen strapazierten Begriff, in: Stefan Knobloch / ders. (Hg.), Mystagogische Seelsorge. Eine lebensgeschichtlich orientierte Pastoral, Mainz 1991, 15–75, hier 63].
Wollbold zeigt dagegen auf, dass Mystagogie auch in der Sichtweise Karl Rahners immer mit einer inhaltlichen Vorgabe verbunden ist, die erst eine ursprüngliche transzendentale Erfahrung ermöglicht. „Somit gibt es keine Mystagogie ohne die Beheimatung in der Sprache Gottes. Der einzelne empfängt das Wort Gottes in Schrift und Tradition als eine Art Vorgabe, an der er sich vor Gott sammeln und sich auf Gott hin öffnen kann. Die Erfahrung Gottes setzt also die Vorgabe in seinem Wort voraus; der Selbstverwirklichung geht eine Selbstgegebenheit im Wort Gottes voraus" (*Wollbold*, Therese von Lisieux, 58). Wollbold geht bei dieser Darstellung des mystagogischen Ansatzes nach Rahner zunächst davon aus, dass Rahner in der Erfahrung Gottes das Ganze der Offenbarung schon mitgegeben sieht, so dass die einzelnen Inhalte der Offenbarung dieser Gotteserfahrung nachgeordnet zu sein scheinen. In Rahners Überlegungen zu den „Urworten" (vgl. *Karl Rahner*, Priester und Dichter, in: ders., Schriften zur Theologie III, Einsiedeln ⁵1962, 349–375) sieht Wollbold allerdings diese Vorstellung insoweit korrigiert, als hier die Inhalte der ermöglichende Grund der Gotteserfahrung sind (vgl. *Wollbold*, Therese von Lisieux, 55–58).

heit[35], deren Mitte Jesus Christus ist. „Deshalb muß die Katechese notwendig christozentrisch sein."[36] Die Offenbarung durch Jesus Christus wird als Mitte verstanden, die allen anderen Wahrheiten des Glaubens Rang und Gewicht gibt. „Die verschiedenen Seiten des Geheimnisses sind so darzustellen, daß das zentrale Ereignis, Jesus, als das größte Geschenk, das Gott den Menschen gegeben hat, die erste Stelle einnimmt und von ihm her die übrigen Wahrheiten der katholischen Lehre ihren Platz und ihren Rang im Blick auf die Pädagogik ableiten [...]."[37]

Für die Sakramentenpastoral ist von Bedeutung, dass das *Allgemeine Katechetische Direktorium* Aussagen über den zeitlichen Ansatz von Erstkommunion und Firmung macht. Die Katechese wird als lebenslanger Prozess betrachtet, der in jeder Altersstufe einen anderen Schwerpunkt hat. Dabei werden der Empfang der Initiationssakramente und die damit verbundene Sakramentenkatechese als Aufgabe der späten Kindheit betrachtet, die mit der Einschulung des Kindes beginnt.

„Wenn das Kind in die Schule kommt, tritt es in eine Gesellschaft ein, die größer ist als seine Familie, und wird nun gewissermaßen in die Gesellschaft der Erwachsenen eingeführt, in einer so intensiven Weise, die einen großen Teil seiner Kräfte und sorgenvollen Aufmerksamkeit beansprucht und verzehrt. In Gestalt des Unterrichtes erfährt es, was Arbeit ist (vgl. GE 5). Bisher spielte die Familie eine vermittelnde Rolle zwischen dem Kind und dem Volke Gottes. Nun ist es selbst in der Lage, am Leben der Kirche direkt teilzunehmen, und kann zu den Sakramenten zugelassen werden."[38]

Zusammenfassend ist das „mystagogische" Katecheseverständnis des *Allgemeinen katechetischen Direktoriums* hervorzuheben, das die Katechese als Fortführung der göttlichen Offenbarung versteht, die zum Ziel hat, die ganze Existenz von diesem Wort prägen und umgestalten zu lassen. Damit ist Gott der eigentlich Handelnde im katechetischen Prozess, der letztlich nur als Hilfestellung zu diesem Hören auf Gottes Wort verstanden werden darf. Diesem Verständnis entspricht die notwendige Verbindung von menschlicher Erfahrung und inhaltlicher Vorgabe im katechetischen Prozess. Dabei sollen die Inhalte der Katechese, die in Jesus Christus ihre Mitte haben, eine prägende Kraft für das Leben der Glaubens-

---

35 Vgl. AKD 39.
36 Ebd. 40. *Claudia Hofrichter*, Leben – Bewußtwerden – Deuten – Feiern, Rezeption und Neuformulierung eines katechetischen Modells am Beispiel „Taufgespräche in Elterngruppen" (= Glaubenskommunikation Reihe Zeitzeichen Bd. 2), Ostfildern 1997, 43, kritisiert das Fehlen einer echten Elementarisierung der Inhalte. Es wird zwar eine christozentrische Ausrichtung der Katechese gefordert, doch gleichzeitig deren inhaltliche Vollständigkeit verlangt. Hofrichter übersieht dabei, dass sich durch die Ausrichtung auf Jesus Christus als zentraler Mitte eine ‚Hierarchie der Wahrheiten' (UR 11) ergibt, die durchaus eine Elementarisierung zulässt, die aber nicht zu einer Fragmentierung des Glaubens führen darf.
37 AKD 16.
38 Ebd. 79.

schüler entfalten. Mit den Begriffen der ‚Vollständigkeit des Inhalts', der ‚Christozentrik' und der ‚organischen Einheit der Katechese', sowie der Betonung der menschlichen Erfahrung im katechetischen Prozess sind bereits die wesentlichen Leitgedanken, die die römischen Verlautbarungen zum Thema Katechese bis heute bestimmen, genannt.

1.2 Das Apostolische Schreiben *Evangelii nuntiandi*

Papst Paul VI. greift in seinem Apostolischen Schreiben *Evangelii nuntiandi*[39] vom 8. Dezember 1975 die Ergebnisse der Bischofssynode von 1974 „Über die Evangelisierung in der Welt von heute" auf. Der Gedanke der Evangelisierung, der bereits in den Dokumenten des Zweiten Vatikanischen Konzils auftaucht[40], wurde auf dieser Bischofssynode breit entfaltet und bestimmt auch das Apostolische Schreiben Papst Pauls VI. Es wurde in Deutschland wohl durch das zeitliche Zusammentreffen mit den Texten der Würzburger Synode zunächst wenig rezipiert, erhielt jedoch bald den Rang einer „Magna Charta"[41] des Evangelisierungskonzepts.[42]

Von wesentlicher Bedeutung in unserem Zusammenhang ist, dass Papst Paul VI. im zweiten Kapitel von *Evangelii nuntiandi* (EN 17–24) erstmals eine wichtige Differenzierung und Zuordnung der Begriffe ‚Katechese' und ‚Evangelisierung'

---

[39] *Paul VI.*, Apostolisches Schreiben *Evangelii nuntiandi* an den Episkopat, den Klerus und alle Gläubigen der Katholischen Kirche über die Evangelisierung in der Welt von heute, 8. Dezember 1975, in: Sekretariat der Deutschen Bischofskonferenz (Hg.), Nachkonziliare Texte zu Katechese und Religionsunterricht (= Arbeitshilfen 66), Bonn 1. Mai 1989, 117–191.

[40] Vgl. LG 35. Zum Verständnis des Begriffs „Evangelisierung" im Kontext von LG 35 vgl. *Peter Hünermann*, Theologischer Kommentar zur dogmatischen Konstitution über die Kirche *Lumen gentium*, in: ders. / Bernd Jochen Hilberath (Hg.), Herders Theologischer Kommentar zum Zweiten Vatikanischen Konzil Bd. 2, Freiburg i. Br. 2004, 263–582, hier 474.

[41] *Michael Sievernich*, Neue Evangelisierung in der späten Moderne. Zu einem Leitbegriff gegenwärtiger Pastoral, in: LebZeug 56 (2001), 165–175, hier 169. Sievernich stellt in diesem Artikel auch die Entwicklung des Begriffs „Evangelisierung" im 20. Jahrhundert dar, die in EN einen gewissen Abschluss findet.

[42] Inwieweit sich die einzelnen Evangelisierungskonzepte, die sich sehr verschieden darstellen, zu Recht dabei auf EN berufen, ist sehr fraglich.
Zum Begriff „Evangelisierung" vgl. *Ehrenfried Schulz*, Art. Evangelisierung, Evangelisation. Katholisch, in: LexRP Bd. 1 (2001), 529–532; *Dieter Emeis*, Art. Evangelisation, Evangelisierung. III. Praktisch-theologisch, in: LThK³ Bd. 3 (1995), 1035; *Hartmut Heidenreich*, „Evangelisierung in Europa". Zur Thematik der Tagung der Konferenz deutschsprachiger Pastoraltheologen in Wien 1987, in: PThI 8 (1988), 25–39; *Ottmar Fuchs*, Ist der Begriff der ‚Evangelisierung' eine ‚Stopfgans'?, in: KatBl 112 (1987), 498–514; Lebendige Katechese 11 (1989), Heft 2: Evangelisierung; Lebendiges Zeugnis 56 (2001), Heft 3: Evangelisierung im Missionsland Europa.

vornimmt.⁴³ Zunächst gibt er in seinem Apostolischen Schreiben eine grundlegende Bestimmung dessen, was mit Evangelisierung eigentlich gemeint ist. Papst Paul VI. sieht im evangelisierenden Handeln der Kirche ihre eigentliche Aufgabe und tiefste Identität.⁴⁴ Dabei nimmt die Selbstevangelisierung, d.h. die ständige Bekehrung hin zum Evangelium und die Erneuerung durch das Evangelium, den entscheidenden Platz ein und stellt somit die Voraussetzung für die Evangelisierung außerhalb der Kirche dar.⁴⁵ Papst Paul VI. bestimmt die Evangelisierung als vielschichtige und dynamische Wirklichkeit, die sich nicht nur in Predigt, Katechese und Spendung der Sakramente erschöpft.⁴⁶ Ziel der Evangelisierung ist es, „die Frohbotschaft in alle Bereiche der Menschheit zu tragen und sie durch deren Einfluß von innen her umzuwandeln und die Menschheit selbst zu erneuern".⁴⁷ Alle Bereiche des menschlichen Lebens, die im Gegensatz zu Gottes Wort und seinem Heilsplan stehen, sollen von dieser Umwandlung erfasst werden.⁴⁸ Zusammenfassend beschreibt Papst Paul VI. das Wesen der Evangelisierung als volle und umfassende Durchdringung aller menschlichen Kulturen mit dem Evangelium, so dass der „Bruch zwischen Evangelium und Kultur", der als großes Drama unserer Zeit bezeichnet wird, überwunden werden kann.⁴⁹

---

⁴³ *Karl Heinz Schmitt*, Art. Evangelii Nuntiandi, in: LexRP Bd. 1 (2001), 505–506, kritisiert, dass auch dieses Schreiben keine differenzierte Erörterung des Verhältnisses von Evangelisierung und Katechese bietet. Diese Kritik nimmt zu wenig wahr, dass eine Einordnung der Katechese in den Gesamtzusammenhang der Evangelisierung erfolgt, und zwar als lediglich eine Stufe in diesem gesamten Prozess.
⁴⁴ Vgl. EN 14.
⁴⁵ Vgl. ebd. 15.
⁴⁶ Vgl. ebd. 17.
⁴⁷ Ebd. 18.
Ernst Werner, Was besagt Evangelisieren? Elemente der Evangelisierung und ihre katechetische Relevanz, in: LKat 11 (1989), 80–84, hier 81, weist darauf hin, dass *Evangelii nuntiandi* damit ein „kritisches Korrektiv gegenüber einer ‚Erfassungspastoral'" ist, die noch weitgehend die deutsche Situation auch in der Sakramentenpastoral bestimmt. Dieser Aspekt wird aber in der deutschsprachigen Rezeption dieses Dokumentes zu wenig auf seine Bedeutung für die Sakramentenpastoral hin befragt.
⁴⁸ Vgl. EN 19.
⁴⁹ Vgl. ebd. 20.
Peter Scheuchenpflug, Katechese im Kontext von Modernisierung und Evangelisierung. Pastoralsoziologische und pastoraltheologische Analysen ihres Umbruchs in Deutschland vom Ende des Zweiten Weltkrieges bis zur Gegenwart, (= SThPS 57), Würzburg 2003, 334–335, weist darauf hin, dass Papst Paul VI. diesen „Bruch zwischen Evangelium und Kultur" auch in anderen Zeitepochen sieht. Er ist nach EN 20 also kein Spezifikum der Moderne. Der Gegenwart wird somit nicht das verklärte Bild eines vergangenen christlichen Abendlandes gegenübergestellt. Bei allen Schwierigkeiten, die *Evangelii nuntiandi* in der Säkularisierung der Moderne für den Glauben sieht, finden sich doch auch Anknüpfungspunkte in der modernen Welt für die christliche Botschaft (EN 55). Scheuchenpflug betont hier zu Recht, dass es zu keiner Ablehnung oder Abwertung der modernen Welt durch den „Bruch zwischen

1.2 Das Apostolische Schreiben Evangelii nuntiandi

In EN 21–24 wird der Prozess der Evangelisierung als eine Abfolge konkreter Lernschritte, die die innere Dynamik der Glaubensvermittlung deutlich machen, beschrieben.[50] Vorrangige und grundlegende Bedeutung hat das ‚Zeugnis ohne Worte', das in der gelebten Anteilnahme und Solidarität besteht.[51] An dieses „Zeugnis des Lebens" muss sich jedoch eine ausdrückliche Verkündigung des Evangeliums durch Kerygma, Predigt oder Katechese anschließen, da es ohne Wortverkündigung keine wirkliche Evangelisation geben kann.[52] Mit dem Dreischritt ‚Kerygma – Predigt – Katechese' wird schon eine Rangfolge und Zuordnung einzelner Schritte deutlich, durch die die Katechese einen fest umrissenen Platz im Gefüge der Evangelisierung erhält. Die Katechese bildet in diesem Dreischritt den Abschluss und Höhepunkt der Wortverkündigung.[53] In der Wortverkündigung kann der Mensch sich mit seinen offenen Fragen und seinem Lebensalltag in der Schrift wieder finden. Daraus erwächst die „Zustimmung des Herzens"[54] zum Lebensprogramm des Evangeliums, die durch den sichtbaren Eintritt in eine Gemeinschaft von Gläubigen konkret wird und zum Empfang der sakramentalen Initiation führt. In EN 47 wird der Begriff ‚Katechese' eng mit der unmittelbaren Vorbereitung auf den Empfang der Sakramente verbunden. „Doch ist es durchaus wahr, daß ein Sakrament einen großen Teil seiner Wirkung verliert, wenn seiner Spendung nicht eine gründliche Unterweisung über die Sakramente und eine umfassende Katechese vorausgeht."[55] Die Katechese ist also im idealty-

---

Evangelium und Kultur" kommt. Wohl aber wird mit aller Deutlichkeit gefordert, diesen Bruch zu heilen, wozu das Evangelisierungskonzept, das Paul VI. entwickelt, einen entscheidenden Beitrag leisten will.

50 Vgl. *Klemens Armbruster*, Was ist Evangelisierung? Eine fruchtbare Alternative zur herkömmlichen Gemeindepastoral, in: LKat 21 (1999), 126–132. Er unterscheidet sechs Stufen im Evangelisierungsprozess: 1. Zeugnis des Lebens ohne Worte – 2. Zeugnis mit Worten – 3. Zustimmung des Herzens – 4. Eintritt in eine Gemeinschaft von Gläubigen – 5. Sakramentale Gesten – 6. Teilnahme am Apostolat.

51 Vgl. EN 21. *Dieter Emeis*, Grundriss der Gemeinde- und Sakramentenkatechese, München 2001, 16–17, hebt den großen Stellenwert, den das Lebenszeugnis in *„Evangelii nuntiandi"* hat, hervor, betont aber, dass es dabei nicht um eine Abgrenzung der Christen von dem falschen Leben der „Welt" geht, sondern um einen überzeugenden christlichen Lebensstil, der über die allgemein gängigen Werte hinausgeht. Emeis merkt aber auch an, dass durch die lange Wirkungsgeschichte des Christentums in Europa viele christliche Werte Allgemeingut geworden sind und es so schwieriger ist, einen unterscheidend christlichen Lebensstil auszubilden. Sicher nennt Emeis hier einen entscheidenden Grund für die Schwierigkeiten bei der Glaubensweitergabe.

52 Vgl. EN 22.

53 Werner bemerkt, dass der Dreischritt Kerygma – Predigt – Katechese oft mit dem gesamten Vorgang der Evangelisierung gleichgesetzt wird, davon aber nur ein Aspekt ist (*Werner*, Evangelisieren, 82). Dies führt zu begrifflichen Unklarheiten.

54 EN 23.

55 Ebd. 47. Zum engen Zusammenhang von Katechese und Feier der Initiationssakramente vgl. auch *Scheuchenpflug*, Katechese im Kontext, 337.

pischen Evangelisierungsprozess als vorbereitende Unterweisung auf die Initiationssakramente zu verstehen und setzt somit die „Zustimmung des Herzens" und den Anschluss an eine Gemeinschaft von Gläubigen zu einem hohen Grad voraus.[56] Innerhalb der Wortverkündigung haben daher vor allem Kerygma und Predigt die Aufgabe, die „Zustimmung des Herzens" zum Lebensprogramm des Evangeliums herbeizuführen, wobei selbstverständlich die entscheidende Bedeutung des Lebenszeugnisses nicht aus dem Blick geraten darf. Es handelt sich dabei um Formen der Erstverkündigung, in denen der Mensch zu einem anfänglichen Glauben gelangt, der dann in der Katechese reifen kann.[57] Nach dem Empfang der Initiationssakramente ist das Apostolat der „Wahrheitstest"[58] für die Echtheit der Evangelisierung. Jeder, der die Botschaft des Evangeliums wirklich aufgenommen hat, muss seinerseits auch zum Zeugnis bereit sein. Der Prozess des Christ- und Kirchewerdens ist integrativ bezogen auf die Teilhabe am Zeugnis, der Liturgie und der Diakonie der Kirche, die sich in einer Gemeinschaft von Gläubigen konkretisieren muss. Letztendlich muss das Ziel der Katechese diese Befähigung zum Lebenszeugnis sein. Will die Katechese dem Anspruch von *Evangelii nuntiandi* gerecht werden, hat sie eine lebensprägende und lebensgestaltende Wirkung zu entfalten. *Evangelii nuntiandi* lieferte für die nachfolgende Entwicklung der Sakramentenkatechese mit dieser Sichtweise der Evangelisierung als dynamischer, mehrstufiger Prozess einen entscheidenden Beitrag. Die folgende Abbildung soll die Abfolge der einzelnen Stufen innerhalb dieses Prozesses verdeutlichen:

---

[56] Werner stellt fest, dass EN die Katechese nicht am Anfang des Prozesses der Katechese sieht, sondern davon ausgeht, dass „die Adressaten der ausdrücklichen, systematischen Katechese bereits erste, anfängliche Erfahrung mit gelebtem christlichen Glauben mitbringen" (*Werner,* Evangelisieren, 83).
[57] Vgl. EN 51 u. EN 52. *Schmitt,* Evangelii nuntiandi, 506, betont, dass Erstverkündigung und Katechese sich gegenseitig bedingen und nicht voneinander getrennt werden dürfen.
[58] EN 24.

1.2 Das Apostolische Schreiben Evangelii nuntiandi

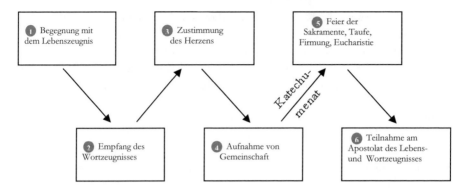

Abbildung 1: Die Stufen des Evangelisierungsprozesses, in: Emeis, Grundriss, 19.

Obwohl das „Zeugnis des Lebens" in *Evangelii nuntiandi*[59] einen hohen Stellenwert einnimmt, bedeutet dies nicht einen Verzicht auf eine ausführliche Darstellung der Inhalte der Evangelisierung. Hier wird wiederum ein Wesensmerkmal aller römischen Dokumente deutlich. Sie sehen keinen Gegensatz zwischen der Betonung des Subjekts und seiner Lebenswirklichkeit, wie dies in der Formulierung „Zeugnis des Lebens" zum Ausdruck kommt, und der Notwendigkeit einer inhaltlichen Prägung des Evangelisierungsprozesses, der am Leben des Einzelnen orientiert ist. So geht Papst Paul VI. im dritten Kapitel (EN 25–39) seines Apostolischen Schreibens ausführlich auf die Inhalte der Evangelisierung ein, die vor allem in der „ausdrücklichen Verkündigung", zu der auch die Katechese zählt, bedeutsam sind.[60] Dabei unterscheidet er zwischen sekundären Elementen, die von den Umständen abhängen und selbst dem Wandel unterworfen sind, und unveränderlichen, wesentlichen Inhalten der Evangelisierung.[61] Zu diesen unveränderlichen Inhalten, die auch die Katechese prägen müssen, gehören:

- das Zeugnis von Gott als Schöpfer und Vater, der uns seine Liebe schenken will[62];
- das Zeugnis von dem in Jesus Christus ergangenen Heilsangebot an alle Menschen, das Grundlage und Höhepunkt aller Evangelisierung ist[63];
- das Zeugnis der christlichen Hoffnung, das dem Menschen deutlich macht, dass sich sein Leben nicht in seiner zeitlichen Gestalt erschöpft, sondern dass er für das ewige Leben bestimmt ist[64];

---

[59] Vgl. EN 21, 41 u. 76, wo dem „Zeugnis des Lebens" eine vorrangige Bedeutung zugeschrieben wird.
[60] Vgl. ebd. 22 u. 42–44.
[61] Vgl. ebd. 25.
[62] Vgl. ebd. 26.
[63] Vgl. ebd. 27.

1. Katechese als systematische Glaubensunterweisung

– das Zeugnis über die Kirche und ihr sakramentales Leben, dessen Höhepunkt die Eucharistie darstellt[65];
– das Zeugnis der Befreiung, da zwischen Evangelisierung, Entwicklung und Befreiung ein anthropologischer und durch die Verbindung von Schöpfung und Erlösung auch theologischer Zusammenhang besteht[66].

In Jesus Christus finden diese unterschiedlichen Inhalte ihre Bündelung und einigende Mitte. *Evangelii nuntiandi* besitzt somit wie das *Allgemeine Direktorium für die Katechese* eine eindeutig christozentrische Prägung. „Die Evangelisierung wird auch immer – als Grundlage, Zentrum und zugleich Höhepunkt ihrer Dynamik – klar verkünden müssen, daß in Jesus Christus, dem menschgewordenen, gestorbenen und auferstandenen Sohn Gottes, das Heil einem jeden Menschen angeboten ist als ein Geschenk der Gnade und des Erbarmens Gottes selbst."[67]

Aus diesem Grund wird dem Zeugnis des Wortes in Predigt, Homilie und Katechese sehr große Bedeutung zugemessen, ja EN 22 spricht sogar von der „Notwendigkeit einer ausdrücklichen Verkündigung".[68] In EN 44 wird der Katechese

---

[64] Vgl. ebd. 28.
[65] Vgl. ebd.
[66] Relativ ausführlich beschäftigt sich Paul VI. mit dem Verständnis des Begriffs „Befreiung". Er wendet sich in EN 30–39 gegen ein Befreiungsverständnis, das diesen Begriff vor allem politisch verstehen möchte, wie dies zum Teil in befreiungstheologischen Ansätzen Lateinamerikas der Fall war.
[67] EN 27.
[68] *Scheuchenpflug*, Katechese im Kontext, 336, sieht darin eine Spannung zum „Zeugnis des Lebens" als dem „wesentlichen Element der Evangelisierung" (EN 21). Er betrachtet das „Zeugnis des Lebens" und die „ausdrückliche Verkündigung" dabei als gegensätzliche Methoden. Dabei beachtet er zu wenig, dass auch die Methoden der Evangelisierung auf das Stufenkonzept in EN 21–24 abgestimmt sind. Zwischen dem Zeugnis des Lebens und der ausdrücklichen Verkündigung einen Gegensatz zu sehen, ist daher nicht notwendig. Vielmehr baut die ausdrückliche Verkündigung auf das Zeugnis des Lebens auf. Wenn EN 41 „das Zeugnis eines echten christlichen Lebens" als „ersten Weg der Evangelisierung" beschreibt, soll damit die Notwendigkeit der Wortverkündigung nicht in Abrede gestellt werden. Vielmehr geht es um eine wirkliche Durchdringung von „Zeugnis des Lebens" und „Zeugnis des Glaubens".
Dies wird ansatzweise deutlich, wenn man die Aussagen von EN 22 und EN 76 in ihrer wechselseitigen Bezogenheit betrachtet. So betont EN 76: „Mehr denn je ist das Zeugnis des Lebens eine wesentliche Bedingung für die Tiefenwirkung der Predigt geworden. Durch diese enge Verbindung sind wir bis zu einem gewissen Grade verantwortlich für den Erfolg des Evangeliums, das wir verkünden." Genauso wie das „Zeugnis des Lebens" der Predigt ihre „Tiefenwirkung" und Echtheit verleiht, bedarf es aber auch der „ausdrücklichen Verkündigung", um seinerseits Wirkung zu entfalten. Dies zeigt EN 22: „Doch ist dieses Zeugnis niemals ausreichend, denn auch das schönste Zeugnis erweist sich auf die Dauer als unwirksam, wenn es nicht erklärt, begründet – das, was Petrus ‚Rechenschaft geben über seine Hoffnung' nennt – und durch eine klare und eindeutige Verkündigung des Herrn Jesus Christus entfaltet wird." Erst in ihrem Bezug aufeinander und in ihrer gegenseitigen Ergänzung und Durch-

1.2 Das Apostolische Schreiben Evangelii nuntiandi

dann ein ganzes Kapitel gewidmet. Die Katechese hat die Aufgabe, die inhaltlichen Elemente der Evangelisierung, die oben beschrieben wurden, zu vermitteln. Die fundamentalen Inhalte des Glaubens sollen dargestellt werden. Stehen dabei zwar notwendigerweise kognitive Aspekte im Vordergrund, so blendet *Evangelii nuntiandi* die affektiven Aspekte, die auch bei der Vermittlung des Glaubenswissens erforderlich sind, dennoch nicht aus. Die Katechese soll versuchen, „die wesentlichen Wahrheiten dem Gedächtnis, dem Verstand und dem Herzen einzuprägen".[69] Es geht bei der Katechese um die Formung des ganzen Lebens durch die christliche Wahrheit, die eben mehr ist als ein Gebäude von Sätzen, das es auswendig zu lernen gilt. Allerdings gehörte diese Vermittlung von inhaltlichem Glaubenswissen wesentlich zur Aufgabe der Katechese. Daher kann nicht jedes evangelisierende Handeln schon als Katechese bezeichnet werden, sondern nur eine planmäßige, inhaltsorientierte Glaubensunterweisung.

„Ein Weg, der bei der Evangelisierung nicht vernachlässigt werden darf, ist der der katechetischen Unterweisung. Der menschliche Verstand, vor allem der der Kinder und Jugendlichen, muß durch eine systematische religiöse Unterweisung die fundamentalen Gegebenheiten und den lebensspendenden Inhalt der Wahrheit zu erfassen lernen, die Gott uns hat überliefern lassen und die die Kirche im Laufe ihrer langen Geschichte auf immer vielfältigere Art auszudrücken suchte. Daß diese Unterweisung dazu dienen soll, christliche Lebensgewohnheiten zu formen und nicht nur Sache des Verstandes zu bleiben, ist unbestritten."[70]

Innerhalb der Stufen der Evangelisierung hat die Katechese somit eine festumrissene und klar definierte Funktion. Sie fällt in die Phase vor den Empfang der Initiationssakramente und soll zur Ausprägung einer christlichen Lebensweise führen. Der anfängliche Glaube, der durch das „Zeugnis der Lebens" und durch erste Formen der „ausdrücklichen Verkündigung" entstanden ist und die „Zustimmung des Herzens" bewirkt hat, erfährt durch die Katechese seine Reifung.[71]

---

dringung können also das „Zeugnis des Lebens" und die „ausdrückliche Verkündigung" ihren Beitrag zur Evangelisierung leisten. Will man einen Gegensatz zwischen beiden konstruieren, geht man an der Aussageabsicht von *Evangelii nuntiandi* vorbei , dass eben beide Wege als gleichermaßen notwendig betrachtet, so dass weder auf das „Zeugnis des Lebens" noch auf die „ausdrückliche Verkündigung" verzichtet werden kann.
Scheidler fasst den Zusammenhang von Lebens- und Wortzeugnis daher so zusammen: „Dieses kerygmatisch-missionarische Bezeugen ist explizite Kommunikation des Evangeliums bzw. eigener Erfahrungen mit dem ‚Wort des Lebens'. Im Wortzeugnis wird das Lebenszeugnis christlich identifiziert und begründet" (*Monika Scheidler*, Religiöse Erziehung als Lebens- und Wortzeugnis, in: LKat 21 [1999], 50–53, hier 52).

69 EN 44.
70 Ebd.
71 Werner bemerkt dazu, dass durch den Ausfall der Erstverkündigung eine systematische Glaubensvertiefung, und als solche betrachtet *Evangelii nuntiandi* die Katechese, nicht geschieht, was oft Probleme in der Katechese verursacht. „In der Reflexion um Stellenwert und Ansätze der Katechese führt diese Spannung zur Auseinandersetzung um das Verhältnis von

Auf Alter, Aufnahmefähigkeit und kulturelles Umfeld ist bei der Auswahl der Methoden der Katechese Rücksicht zu nehmen. Die Katechese darf also nicht ohne Analyse ihres Bedingungsfeldes erfolgen. Nicht nur der Inhalt, sondern auch die Adressaten bestimmen den Verlauf der Katechese.[72] Die Katechese, die als einführende, systematische und grundlegende Glaubensunterweisung definiert wird, richtet sich an alle Lebensalter und hat somit auch die Kinder und Jugendliche im Blick, die sich nach der Taufe auf den Empfang der weiteren Initiationssakramente der Firmung und Eucharistie vorbereiten. Als mögliche Orte dieser Katechese werden neben der Pfarrei die Schulen und die Familien genannt.

Zusammenfassend kann festgestellt werden, dass Evangelii nuntiandi für die Entwicklung der Katechese, speziell für die Sakramentenkatechese mit Kindern und Jugendlichen, drei wichtige Positionen formuliert:

Die Katechese wird in den mehrstufigen Prozess der Evangelisierung eingeordnet. Sie gehört zur „ausdrücklichen Verkündigung" und stellt deren höchste Stufe dar. Katechese setzt schon die „Zustimmung des Herzens" und den „Eintritt in eine Gemeinschaft von Gläubigen" voraus, da sie eine systematische Unterweisung über die Inhalte des Glaubens anstrebt. Ziel ist dabei nicht nur die kognitive Vermittlung von Glaubenswissen, sondern eine gänzliche Umgestaltung des Lebens, die im Apostolat ihren Ausdruck findet. Die Evangelisierung, d.h. die ganze Durchdringung des menschlichen Lebens durch das Evangelium, wird als ein lebenslanger Prozess verstanden, der nie zu einem Abschluss kommt. Die Katechese ist in diesem Prozess lediglich ein Schritt, der im idealtypisch dargestellten Verlauf der Evangelisierung dem Empfang der Initiationssakramente vorausgeht.

Evangelii nuntiandi hebt das „Zeugnis des Lebens" in seiner Bedeutung für die Evangelisierung und damit auch für die Katechese hervor, ohne einen Gegensatz zur Vermittlung von Glaubensinhalten, d.h. der „ausdrücklichen Verkündigung" oder dem „Zeugnis mit Worten", aufzubauen. Damit wird zum einen deutlich, dass die Erfahrung bei der Weitergabe des Glaubens eine entscheidende Rolle spielt.[73] Christsein muss wirklich erlebt werden und Katechese hat immer das

---

Glaubenserfahrung und Glaubenswissen, um die Zuordnung von Inhalt und Methode" (*Werner*, Evangelisieren, 83–84). Werner benennt hier die grundsätzliche Spannung in der Sakramentenpastoral, die *Evangelii nuntiandi* so klar noch nicht beschreibt. Allerdings wird deutlich, dass nach *Evangelii nuntiandi* eine Lösung dieser Spannung nicht in einer Aufgabe der inhaltlichen Prägung der Katechese zugunsten einer reinen biographisch orientierten Katechese enden darf, die sich dann als „Zeugnis des Lebens" versteht.

[72] Diese Orientierung am Bedingungsfeld bedeutet aber keine Zurücknahme der notwendigen Vollständigkeit des Inhalts, wie aus dem Gesamtzusammenhang von EN 44 deutlich wird.

[73] *Armbruster*, Evangelisierung, 129, stellt mit Recht fest, dass viele Christen kein Zeugnis ihres Glaubens geben können, weil sie in ihrem Leben nie eine „Grunderfahrung christlichen Glaubens" gemacht haben. Diese Feststellung Armbrusters zeigt noch einmal, wie wichtig die Verknüpfung von Glaubenserfahrung und Glaubensinhalten ist. Beides muss sich gegenseitig bereichern. Der Ausfall der Erfahrung führt zu einem Verkümmern der Inhalte und ein

Ziel, zu einem wirklichen Leben des Evangeliums, nämlich der Teilnahme am Apostolat, hinzuführen. Zum anderen bedeutet diese Orientierung an der Erfahrung gelebten Christseins keinen Verzicht auf die Vermittlung von Glaubensinhalten in der Katechese. Beide Aspekte haben sich zu ergänzen und gegenseitig zu durchdringen. Insofern kann man auch in Evangelii nuntiandi das „mystagogische" Konzept von Katechese vorfinden, das schon das Allgemeine Katechetische Direktorium prägt.[74]

Im Prozess der Evangelisierung stellt die Zustimmung zur christlichen Lebensweise und die daraufhin erfolgende dauerhafte Bindung an eine christliche Gemeinde oder Gemeinschaft den entscheidenden Wendepunkt von der Erstverkündigung zur Katechese dar. Es ist anzufragen, ob über die entscheidende „Zustimmung des Herzens" in unserer heutigen Sakramentenpastoral nicht zu schnell hinweggegangen wird. Auf eine nicht erfolgte Erstverkündigung versucht man eine Sakramentenkatechese aufzubauen, die dann oft im Vorfeld der Katechese stecken bleibt. Ein umfassende Prägung und Formung des Lebens hin zu einem christlichen Leben, worin ja nach Evangelii nuntiandi die Aufgabe der Katechese besteht, setzt eben voraus, dass mehr geschieht als nur eine erste Erfahrung mit dem Evangelium zu machen. Evangelii nuntiandi mahnt zur Ehrlichkeit und zur Beachtung der Schritte im Evangelisierungsprozess.

Mangel an Inhalt lässt keine Erfahrungen mehr zu. Zu diesem Zusammenhang vgl. *Eberhard Tiefensee*, Religiös unmusikalisch? Folgerungen aus einer weithin krisenfesten Areligiosität, in: KatBl 125 (2000), 88–95.

[74] S.o. 23.

1.3 Das Apostolische Schreiben *Catechesi tradendae*

Papst Johannes Paul II. verarbeitet in diesem Apostolischen Schreiben aus dem Jahr 1979 die Ergebnisse der 4. Generalversammlung der Bischofssynode in Rom, die sich mit dem Thema der Katechese, insbesondere der Kinder- und Jugendkatechese, beschäftigt hatte. Dabei wählt Papst Johannes Paul II. allerdings bewusst Themenbereiche aus, die ihm aktuell und besonders wichtig zu sein scheinen. Mit seinen Ausführungen bleibt er im Rahmen, den das *Allgemeine Katechetische Direktorium* und die Enzyklika *Evangelii nuntiandi* vorgegeben haben.[75] Er nimmt aber wichtige Präzisierungen an den Aussagen dieser Dokumente vor, die das Wesen und die Aufgabe der Katechese eindeutig hervortreten lassen.

Im ersten Kapitel des Apostolischen Schreibens *Catechesi tradendae*[76] wird die christologische Ausrichtung der Katechese hervorgehoben. Christus ist das Zentrum der christlichen Katechese. „Der wesentliche und wichtigste Inhalt der Katechese ist, um einen Ausdruck zu verwenden, der dem heiligen Paulus lieb war, aber auch von der zeitgenössischen Theologie geschätzt wird, ‚das Geheimnis Christi'. Katechisieren heißt in gewisser Weise, jemanden anleiten, dieses Geheimnis in all seinen Dimensionen zu erforschen."[77] Darüber hinaus hat sich die Katechese an der Lehre Jesu zu orientieren, da Jesus Christus selbst der eigentliche Lehrer in der Glaubensunterweisung ist. „Jeder Katechet – welchen Verantwortungsgrad er auch immer in der Kirche haben mag – muß daher ständig darum besorgt sein, durch seinen Unterricht und sein Verhalten die Lehre und das Leben Jesu selber hervortreten zu lassen."[78] Diese Christozentrik der Katechese begründet *Catechesi tradendae* damit, dass sich in Jesus Christus sowohl das wahre Sein Gottes als auch die wahre Bestimmung und das Sein des Menschen offenbart. Alles fragende Suchen des Menschen findet in Jesus Christus sein Ziel. „Alle diese Überlegungen, die sich an die großen Überlieferungen der Kirche anschließen, sollen in uns die Begeisterung für Christus kräftigen, für den Meister, der den Menschen offenbart, wer Gott ist, und auch, wer der Mensch ist."[79] Die christologische Ausrichtung der Katechese, die schon im *Allgemeinen Katechetischen Direktorium*[80] und in *Evangelii nuntiandi*[81] gefordert wurde, erfährt hier eine

---

[75] *Scheuchenpflug*, Katechese im Kontext, 343–344 u. 365–366, sieht dagegen *Catechesi tradendae* weniger in Kontinuität als vielmehr im Gegensatz zu *Evangelii nuntiandi* (s.o. 44).
[76] *Johannes Paul II.*, Apostolisches Schreiben *Catechesi Tradendae* über die Katechese in unserer Zeit, 16. Oktober 1979, in: Sekretariat der Deutschen Bischofskonferenz (Hg.), Nachkonziliare Texte zu Katechese und Religionsunterricht (= Arbeitshilfen 66), Bonn 1. Mai 1989, 193–261.
[77] CT 5.
[78] Ebd. 6.
[79] Ebd. 9.
[80] Vgl. AKD 40.
[81] Vgl. EN 51.

1.3 Das Apostolische Schreiben Catechesi tradendae

noch breitere Entfaltung und wird zur Grundlage und zum Mittelpunkt allen katechetischen Tuns.[82]

Nachdem *Evangelii nuntiandi* die Begriffe ‚Evangelisierung' und ‚Katechese' voneinander unterschieden hat, versucht das Apostolische Schreiben *Catechesi tradendae* zum ersten Mal von Seiten des kirchlichen Lehramts eine umfassende Definition des Katechesebegriffs im Gesamtzusammenhang der seelsorglichen und missionarischen Tätigkeit der Kirche. Der Begriff ‚Evangelisierung' steht weiterhin für den umfassenden Prozess des Christwerdens, während ‚Katechese' einen Schritt in diesem Evangelisierungsprozess darstellt, wie schon *Evangelii nuntiandi* deutlich gemacht hat.[83] Von dieser Abgrenzung her erfolgt die Definition des Begriffs ‚Katechese'.

„Allgemein kann man hier davon ausgehen, daß die Katechese eine Glaubenserziehung von Kindern, Jugendlichen und Erwachsenen ist, die vor allem eine Darbietung der christlichen Lehre umfaßt, wobei man im allgemeinen organisch und systematisch vorgeht, um die Schüler in die Fülle des christlichen Lebens einzuführen."[84]

Damit sind die beiden wesentlichen Aspekte, die nach *Catechesi tradendae* die Katechese bestimmen, genannt: die Vermittlung der „christlichen Lehre" und die „organische und systematische" Gestalt der Katechese. Diese beiden Aspekte stellen eine Zusammenfassung der Anforderungen an die Katechese dar, die schon von *Evangelii nuntiandi* aufgestellt wurden.[85] *Catechesi tradendae* nennt zudem noch weitere Kriterien, die eine systematische Katechese erfüllen muss: Sie muss geplant sein und nach einem festen Programm dargeboten werden; das Wesentliche behandeln, ohne sich in Detailfragen zu verlieren; dennoch eine vollständige Einführung in den christlichen Glauben und in das christliche Leben geben.[86]

Natürlich ergeben sich aus dieser inhaltsorientierten und kognitiv ausgerichteten Definition von Katechese Kritikpunkte, die *Catechesi tradendae* in den Blick nimmt und zu entkräften sucht. So sieht *Catechesi tradendae* selbst in der heutigen Zeit die Schwierigkeit, dass Kinder und Jugendliche zur Katechese kommen, die eigentlich keine ausreichende Erstverkündigung erfahren haben. Hier hat die Katechese dann die Aufgabe, nicht nur eine systematische Vermittlung des Glaubenswissens zu verwirklichen, sondern am Beginn des Evangelisierungsprozesses,

---

[82] *Gottfried Bitter*, Art. Catechesi tradendae, in: LexRP Bd. 1 (2001), 261–162, betont, dass aus diesem christologisch-christozentrischen Konzept ein dynamischer Katechesebegriff erwächst, der offen ist für die Lebenssituationen der Menschen und die Lebensprägung durch Jesus Christus.

[83] Vgl. *Adolf Exeler*, Kommentar, in: Zur Freude des Glaubens hinführen. Apostolisches Schreiben Papst Johannes Pauls II. über die Katechese heute, Freiburg i. Br. 1980, 115–170, hier 133.

[84] CT 18.

[85] Vgl. EN 44. S.o. 32–33.

[86] Vgl. CT 21.

wie ihn *Evangelii nuntiandi* beschreibt, anzusetzen. „Das heißt, die Katechese muß sich oft nicht nur darum kümmern, den Glauben zu lehren und zu vertiefen, sondern ihn mit Hilfe der Gnade auch ständig zu wecken, die Herzen zu öffnen und zu bekehren und alle, die sich noch auf der Schwelle zum Glauben befinden, für ein umfassendes Ja zu Jesus Christus vorzubereiten."[87] Erstmals nennt hier ein lehramtliches Dokument das Hauptproblem der Sakramentenkatechese in heutiger Zeit beim Namen: die ausgefallene Erstverkündigung.[88]

Eine weitere grundlegende Fragestellung, die das Apostolische Schreiben in diesem Zusammenhang behandelt, ist das Verhältnis von Orthopraxie und Orthodoxie, d.h. von „Zeugnis des Lebens" und „ausdrücklicher Verkündigung". Dabei greift Johannes Paul II. das Modell aus *Evangelii nuntiandi* auf, das die gegenseitige Durchdringung dieser beiden Elemente bei der Evangelisierung beschreibt.[89]

„Man sollte auch nicht weiter eine Katechese, die vom Leben ausgeht, gegen eine traditionelle, lehrhafte und systematische Katechese ausspielen. Die echte Katechese ist immer eine geordnete und systematische Einführung in die Offenbarung, die Gott von sich selber dem Menschen in Jesus Christus geschenkt hat, eine Offenbarung, die im tiefen Bewußtsein der Kirche und in der Heiligen Schrift bewahrt und fortwährend durch eine lebendige und aktive ‚traditio' von einer Generation zur anderen weitergegeben wird. Diese Offenbarung ist aber nicht vom Leben losgelöst und auch nicht nur künstlich an seine Seite gestellt."[90]

Das Glaubenswissen, das die Katechese vermittelt, will also kein ‚totes' Wissen sein, sondern das Leben der Glaubensschüler umfassend prägen. Die Katechese hat ihre Inhalte so zu vermitteln, dass sie zu lebensrelevanten Glaubenserfahrungen werden können.

Um dieses Ziel zu erreichen, bedarf die Katechese der engen Verbindung mit den Sakramenten. Die Lebensrelevanz der Katechese bedeutet für *Catechesi tradendae* immer eine Relevanz für den Aufbau eines Lebens in der Gemeinschaft mit der Kirche. Der Erfahrungsbezug der Katechese hat immer ein Bezug zur kirchlichen Glaubenserfahrung zu sein. Darum gehört die Sakramentenkatechese

---

[87] Ebd. 19.
[88] Dieses Grundproblem benennen sehr deutlich, *Pierre Eyt*, Überlegungen von Pierre Eyt, in: Joseph Ratzinger, Die Krise der Katechese und ihre Überwindung. Rede in Frankreich, Einsiedeln 1983, 40–62, hier 59; *Ernst Werner*, Katechese in der Spannung zwischen Offenheit und Identität, in: Franz-Peter Tebartz-van Elst (Hg.), Katechese im Umbruch. Positionen und Perspektiven (= FS für Dieter Emeis), Freiburg i. Br. 1998, 296–306, hier 300. Wollbold stellt dazu fest: „Tatsächlich dürfte der Ausfall einer Erstevangelisierung zu den chronischen Krankheiten europäischen Christseins gehören" (*Andreas Wollbold*, Pfarrgemeinde als Lernort des Christwerdens, in: LS 54 [2003], 54–60, hier 57).
[89] S.o. 32 Anm. 67.
[90] CT 22. Leider wird diese Mahnung häufig außer Acht gelassen und doch immer wieder versucht, einen Gegensatz zwischen Inhaltlichkeit und Erfahrung in der Katechese aufzubauen.

1.3 Das Apostolische Schreiben Catechesi tradendae

auch zum Kernbestand des katechetischen Tuns. „In jedem Fall bleibt die Katechese immer auf die Sakramente bezogen. Einerseits ist eine sehr wichtige Form der Katechese die Vorbereitung auf den Empfang der Sakramente; jede Katechese führt notwendig zu den Sakramenten des Glaubens hin. Andererseits besitzt jede echte Sakramentenpraxis schon von sich aus einen katechetischen Aspekt."[91]

Im vierten Kapitel von *Catechesi tradendae*, das sich mit dem Inhalt der Katechese ausführlich beschäftigt, werden zunächst die Quellen der Katechese genannt. Diese sind die Heilige Schrift und die Überlieferung der Kirche, die ihren vorrangigen Ausdruck im Glaubensbekenntnis findet.[92] Nach dieser allgemeinen Bestimmung erfolgt dann eine detaillierte Aufzählung christologischer, ekklesiologischer und ethischer Aspekte, die in der Katechese unerlässlich sind.[93] *Catechesi tradendae* stellt damit die Vollständigkeit und Integrität der Glaubenslehre in den Mittelpunkt. Die Reduktion auf das Wesentliche, die in der Katechese erfolgen soll, darf nicht zu einer Verkürzung der Inhalte führen. Die immer wieder betonte Vollständigkeit des Inhalts bei der Katechese soll verhindern, dass es zu einer rein subjektiven Auswahl von Glaubensinhalten kommt, die in der Katechese weitergegeben werden. „Daher ist auch kein wahrer Katechet berechtigt, nach eigenem Gutdünken das Glaubensgut aufzuteilen und zu trennen zwischen dem, was er für wichtig hält, und anderem, was ihm unwichtig erscheint, um dann das eine zu lehren und das andere zu unterschlagen."[94] Bei der Auswahl der pädagogischen Methoden und der Einführung neuer Sprachformen ist ebenfalls auf den vollständigen Erhalt des Inhalts zu achten. „Methode und Sprachform, die man verwendet, müssen wirklich Werkzeuge bleiben, um die Gesamtheit und nicht nur einen Teil der ‚Worte des ewigen Lebens' oder von den ‚Wegen des Lebens' mitzuteilen."[95]

In Anlehnung an Evangelii nuntiandi werden als Adressaten der Katechese im fünften Kapitel von Catechesi tradendae alle Altersgruppen genannt. Dabei erfolgt eine Zuordnung von Aufgaben der Katechese für die verschiedenen Lebensphasen. Leider führt die Verwendung des Begriffs ‚Katechese' für alle Altersstufen wieder zu Überschneidungen mit dem Begriff ‚Evangelisierung'. Denn nicht immer besteht die Aufgabe der Katechese, die Catechesi tradendae den verschiedenen Lebensphasen zuspricht, in einer „systematischen" und „vollständigen" Darbietung des Glaubens. Die eigentliche Katechese, die grundlegend in den Glauben einführt, soll im Idealfall in der Kindheit geschehen. In diesem Lebensabschnitt ist die Katechese darauf ausgerichtet, „das Kind organisch in das Leben der Kirche einzuführen und auch unmittelbar auf die Feier der Sakramente

---

[91] CT 23.
[92] Vgl. ebd. 27.
[93] Vgl. ebd. 29.
[94] Vgl. ebd. 30.
[95] Ebd. 31.

vorzubereiten."⁹⁶ Der geeignete Zeitpunkt der Sakramentenkatechese für die Initiationssakramente ist also die Grundschulzeit. Das Jugendalter wird als Zeit der Krise gesehen, die eine Reihe neuer Lebenserfahrungen mit sich bringt, die im Glauben gedeutet werden müssen. Die Lebenswirklichkeit der Jugendlichen spielt dabei eine entscheidende Rolle. Sie soll in Verbindung mit den Inhalten des christlichen Glaubens gebracht werden.⁹⁷ Das Alter der Heranwachsenden wird als Phase gedeutet, in der immer wichtige Entscheidungen im Leben der Jugendlichen anstehen. Die Katechese bereitet hier „auf die entscheidenden christlichen Pflichten des Erwachsenenlebens vor."⁹⁸ Sakramentenkatechese ist somit nicht die Hauptaufgabe der Katechese mit Jugendlichen. Einen großen Schwerpunkt legt Catechesi tradendae auf die Erwachsenenkatechese, die als „hauptsächliche Form" der Katechese bezeichnet wird.⁹⁹ Die Erwachsenenkatechese soll aber nicht die Kinder- und Jugendkatechese verdrängen, sondern dafür sorgen, dass Erwachsene einen gereiften Glauben vorleben, der als Beispiel und Zeugnis für die Katechese mit Kindern und Jugendlichen dienen kann.¹⁰⁰ In unserem Zusammenhang gilt es als wichtigstes Ergebnis dieses Überblicks über die Katechesen der verschiedenen Lebensabschnitte festzustellen, dass die Grundschulzeit als der entscheidende Zeitraum für die Sakramentenkatechese betrachtet wird, die vorrangig die Aufgabe hat, die jeder Katechese zukommt: die vollständige und grundlegende Einführung in den Glauben.

Den Methoden der Katechese wendet sich Catechesi tradendae im siebten Kapitel zu. Generell wird anerkannt, dass die Verschiedenheit der kulturellen, soziologischen und biographischen Situationen, in denen die Katechese erteilt wird, auch eine Vielfalt der Methoden erfordert, die positiv als Zeichen der Lebendigkeit und des Reichtums der Kirche gewertet werden.¹⁰¹ Allerdings darf auch hier die Methodik nicht zu einer Verkürzung oder Verfälschung der Glaubenslehre führen.¹⁰² „Die Katechese soll sich vielmehr an der Offenbarung ausrichten, so wie das universale Lehramt der Kirche sie in feierlicher und gewöhnli-

---

[96] Ebd. 37.
[97] Vgl. ebd. 38.
[98] Ebd. 39.
[99] Vgl. ebd. 43.
[100] Im deutschsprachigen Raum entsteht oft der Eindruck, dass die Erwachsenenkatechese als „hauptsächliche Form" eine Reduzierung der Kinder- und Jugendkatechese erfordern würde. *Catechesi tradendae* deckt diese Sichtweise nicht. Vgl. Die deutschen Bischöfe, Katechese in veränderter Zeit. 22. Juni 2004 (= Hirtenschreiben, Erklärungen 75), Sekretariat der deutschen Bischofskonferenz (Hg.), Bonn 2004, 13.
[101] Vgl. CT 51.
[102] *Joseph Ratzinger*, Glaubensvermittlung und Glaubensquellen, in: ders., Die Krise der Katechese und ihre Überwindung. Rede in Frankreich, Einsiedeln 1983, 13–39, hier 15, spricht in diesem Zusammenhang von einer „Hypertrophie der Methode gegenüber dem Inhalt", die er in der katechetischen Entwicklung nach dem zweiten Vatikanischen Konzil feststellt.

1.3 Das Apostolische Schreiben Catechesi tradendae

cher Form vorlegt."[103] Als konkrete Anregungen für die Methodik der Katechese nennt das Apostolische Schreiben den Einsatz von „Elementen der Volksfrömmigkeit"[104] und die „gedächtnismäßige Aneignung der hauptsächlichen Wahrheiten"[105]. Das Betonen des Auswendiglernens macht erneut den unterweisenden und lehrhaften Charakter der Katechese deutlich. Dabei wird aber nicht einem starren und stupiden Auswendiglernen das Wort geredet. „Es haben sich daher auf der 4. Generalversammlung der Synode sehr gewichtige Stimmen erhoben, um ein wohlüberlegtes Gleichgewicht wiederherzustellen zwischen besonnenem Überlegen und Spontaneität, zwischen Dialog und Schweigen, zwischen schriftlichem Arbeiten und Auswendiglernen."[106] Erzbischof Dermont Ryan erfasst den Sinn des Auswendiglernens in einem Kommentar zu Catechesi tradendae treffend, indem er darin die Einübung in den Wortschatz des Glaubens sieht. Dabei kann nicht schon immer der ganze Sinn des zu Lernenden auf einmal erfasst werden, sondern erschließt sich erst im Laufe des Lebens. „Und ferner gewinnt die Terminologie, die man in der Jugend gelernt hat, im Laufe der Jahre vertiefte Bedeutung. Das religiöse Bewusstsein entwickelt sich, und ein besseres Verständnis ist die Folge. Mehr noch: Worte, die zunächst befremdlich klangen, gewinnen eine persönliche Bedeutung im Auf und Ab des religiösen Lebens."[107]

Papst Johannes Paul II. fordert eine „originale Glaubenspädagogik", die der „grundlegenden Eigenart und Originalität des Glaubens" Rechnung trägt.[108] Nicht allein aus den Humanwissenschaften heraus sollen die Methoden der Glaubensweitergabe entwickelt werden, so wichtig sie auch auf diesem Gebiet sind. Der Papst geht davon aus, dass die Heilsgeschichte Gottes selbst schon eine Pädagogik enthält, die es zu entdecken gilt.[109] Bei der Entscheidung über die richtige Methode und die richtige Pädagogik des Glaubens ist wiederum die unverkürzte Weitergabe der Offenbarung das entscheidende Kriterium. Dies gilt besonders für die Frage nach der angemessenen Sprache in der Katechese. Sie soll der Lebenswelt der Kinder und Jugendlichen entsprechen und gleichzeitig die Treue zur

---

[103] CT 52.
[104] Vgl. ebd. 54.
[105] Vgl. ebd. 55.
[106] Ebd.
[107] *Dermont Ryan*, „Die Lehren aus der Vergangenheit ziehen" (Ps 72,2), in: Joseph Ratzinger, Die Krise der Katechese und ihre Überwindung. Rede in Frankreich, Einsiedeln 1983, 80–98, hier 90.
[108] Vgl. CT 58.
[109] Zu sehr wird immer noch die Glaubensweitergabe als Bildungsprozess wie jeder andere Bildungsprozess auch angesehen, ohne dabei auf die Besonderheiten der Glaubensweitergabe Rücksicht zu nehmen, wie sie sich in den Lernprozessen des Alten und Neuen Testamentes zeigen (vgl. *Andreas Wollbold*, Was ist Katechese. Vortrag zum Silbernen Priesterjubiläum von Bischof Dr. Reinhard Marx am 02. Juni 2004, in: http://www.bistum-trier.de/upload/dokumente/10368.pdf [01.03.2009], 1–17, hier 9–10).

kirchlichen Überlieferung wahren. „In der Katechese ist ebenso wie in der Theologie das Problem der Sprache zweifellos grundlegend wichtig. Es ist jedoch angebracht, auf folgendes hinzuweisen: die Katechese darf keinerlei Sprache zulassen, die, unter welchem Vorwand auch immer, selbst wenn sie sich als wissenschaftlich ausgibt, im Ergebnis den Inhalt des *Credo* entstellen würde."[110] Die „orginale Glaubenspädagogik" denkt also zunächst von den Inhalten der kirchlichen Überlieferung her und versucht diese in angemessener Weise in heutige Sprachformen umzusetzen. Der entscheidende Maßstab bleibt dabei stets die Treue zum kirchlich überlieferten Glauben. Die Inhalte bestimmen die Auswahl der Methoden und sprachlichen Anpassung vor jeder vorschnellen Orientierung an den Adressaten der Katechese und ihren Lebenswelten, so dass man auch im methodischen Bereich von einer inhaltsorientierten Katechese sprechen muss.

Als Orte der Katechese nennt *Catechesi tradendae* die Pfarrei, die Familie, die Schule und die Verbände. Für die Sakramentenkatechese mit Kindern und Jugendlichen ist dabei vor allen Dingen die Aufgabenteilung wichtig, die *Catechesi tradendae* zwischen Pfarrei, Familie und Schule vornimmt. Es wird hervorgehoben, dass „die Pfarrgemeinde Motor und bevorzugter Ort der Katechese"[111] bleiben muss. Jede Pfarrei muss daher einen festen Kreis von verantwortlichen Mitgliedern heranbilden, der sich um alle Belange der Katechese kümmert und Priester, Ordenschristen und Laien umfasst. Dadurch soll sichergestellt werden, dass die Pfarrei zu dem Ort wird, „wo die Getauften und Gefirmten sich bewußt werden, Volk Gottes zu sein"[112]. Das katechetische Wirken der Familie hat seine Hauptaufgabe in der frühesten Glaubenserziehung im Kindesalter. Durch das Lebenszeugnis der Eltern findet in der Familie für die Kinder die entscheidende Erstverkündigung statt. Aufgabe der Familie ist es darüber hinaus, die systematische Katechese durch die Pfarrei und die Schule zu unterstützen und zu begleiten. „Die Familienkatechese geht daher jeder anderen Form der Katechese voraus, begleitet und bereichert sie."[113] Wenn die Katechese zunächst auch eine pfarrliche Aufgabe ist, so wird doch die Schule als wichtiger Kooperationspartner der Pfarrei auf diesem Gebiet gesehen. In der Schule ist es vor allem der Religionsunterricht, der der Kirche Möglichkeiten zum katechetischen Wirken bietet.[114] Der Re-

---

[110] CT 59.
[111] Ebd. 67.
Damit ist nicht gesagt, dass die Pfarrei nun alle Aufgaben der Katechese übernehmen soll. „Ihre Aufgabe besteht darum nicht darin, das gesamte Glaubenlernen an sich zu ziehen, sondern die anderen Orte aus der Gefahr der Nischenbildung herauszuholen. Die Kooperation mit den anderen Orten ist nötig, nicht ihre Ablösung" (*Wollbold*, Pfarrgemeinde 57).
[112] CT 67.
[113] Ebd. 68.
[114] *Bitter*, Catechesi tradendae, 162, kritisiert die unkritische Verknüpfung der beiden Lernorte Schule und Gemeinde, die gleichermaßen als Orte der Katechese benannt werden. Damit wird ein Konzept der Trennung von Katechese und schulischem Religionsunterricht deutlich,

ligionsunterricht soll dabei kein abgehobenes Fach darstellen, sondern sich in die Schulsituation einfügen. „Darum ist es wichtig, daß die Katechese diese Schulsituation in weitem Umfang berücksichtigt, um die anderen Elemente des Wissens und der Erziehung wirklich mitzuerfassen, damit das Evangelium Geist und Herz der Schüler auf der Ebene ihrer Ausbildung erreicht und die Harmonisierung ihrer Kultur im Licht des Glaubens geschieht."[115] In dem so beschriebenen Gefüge von Pfarrei, Familie und Schule kommt der Pfarrei die Schlüsselrolle zu. Hier kann in der Katechese das Gelernte ins Leben umgesetzt werden und die enge Verbindung von Katechese und Liturgie erfolgen.

Zusammenfassend lassen sich in den Darlegungen von *Catechesi tradendae* sechs wesentliche Kriterien für die Sakramentenkatechese aufstellen:
Der Inhalt der Katechese findet in der Person Jesu Christi seine klare Ausrichtung. Die Katechese hat eine eindeutige Christozentrik aufzuweisen und soll dazu dienen, die Person Jesu Christi tiefer zu erkennen und eine lebendige Beziehung zu ihm aufzubauen.

Die Katechese hat einen systematischen Charakter, der sich von der Erstverkündigung unterscheidet, die spontan und in den alltäglichen Lebensvollzügen erfolgt. Die Katechese dagegen besitzt einen lehrhaften Charakter und ist auf die methodisch-didaktisch geplante Vermittlung von Glaubenswissen ausgerichtet.[116]

Die Vollständigkeit des Inhaltes ist für die Katechese von größter Bedeutung. Wenn auch *Catechesi tradendae* davon spricht, dass sich die Katechese auf das Wesentliche beschränken soll, so zeigt doch die ständige Betonung der Vollständigkeit, dass darunter nicht bloß ein exemplarisches Lernen zu verstehen ist, das sich auf wenige grundsätzliche Aspekte des Lebens Jesu oder der Feier der Sakramente beschränkt. Richtschnur für die Vollständigkeit sind das *Credo* und die

---

wie es sich im Anschluss an die Würzburger Synode in Deutschland entwickelte. Dagegen wendet *Exeler*, Kommentar, 140, völlig zu Recht ein, dass sich diese Aussagen von *Catechesi tradendae* mit den Beschlüssen der Würzburger Synode decken. Wie dieses Zusammenspiel von Katechese und schulischem Religionsunterricht aussehen sollte, zeigen *Paul Schladoth*, Katechese und Religionsunterricht. Ansätze und Wege unterschiedlicher Verhältnisbestimmungen heute, in: Franz-Peter Tebartz-van Elst, Katechese im Umbruch. Positionen und Perspektiven (= FS für Dieter Emeis), Freiburg i. Br. 1998, 45–68; *Andreas Wollbold*, Handbuch der Gemeindepastoral, Regensburg 2004, 279–281, der die Katechese als „Heimspiel" und den schulischen Religionsunterricht als „Auswärtsspiel" des Glaubenlernens bezeichnet.

[115] CT 69.
[116] *Hofrichter*, Leben 38, sieht in dieser Betonung ein enges Katecheseverständnis, dem in *Catechesi tradendae* auch ein „weites Katecheseverständnis" gegenübersteht. Durch diesen Begriff hebt sie allerdings die Unterscheidung von Katechese und Evangelisierung, um die sich *Catechesi tradendae* bemüht, wieder auf.

1. Katechese als systematische Glaubensunterweisung

in *Evangelii nuntiandi* 29 genannten Inhalte, die sich auf die Sakramente, die Kirche, die Eschatologie und die christliche Ethik beziehen.[117]

Die Katechese hat eine „originale Glaubenspädagogik" zu entwickeln, die sich in erster Linie an den Inhalten orientieren muss. Die Inhalte der Katechese werden somit zum Maßstab ihrer Methoden. Dies bedeutet nicht, dass es keine Berücksichtigung der Humanwissenschaften und der Lebenserfahrungen der Adressaten bei der Auswahl der Methoden geben darf, solange dies nicht zu einer inhaltlichen Verkürzung der Katechese führt.

Die Pfarrei ist zwar „Motor und bevorzugter Ort" der Katechese, aber nicht ihr einziger Ort. Vielmehr wird die Katechese als ein komplexes Gefüge von Pfarrei, Familie und Schule beschrieben, wobei die Pfarrei und die Schule Orte der „engeren" Katechese sind, die von den oben genannten Prinzipien geprägt ist, während die Hauptaufgabe der Familie in der Erstverkündigung liegt.[118]

Dieses Katecheseverständnis von *Catechesi tradendae* blieb in Deutschland nicht ohne kritische Entgegnungen, die vor allem Anstoß an der Betonung einer inhaltsorientierten und systematischen Katechese nahm. Schon Exeler bemerkte in seinem Kommentar zu *Catechesi tradendae*: „Falls es überhaupt hierzulande anläßlich dieses Schreibens zu einer Auseinandersetzung kommen sollte, wird sich diese – so vermute ich – vor allem an den inhaltlichen Fragen entzünden, vor allem an den Stichworten ‚Vollständigkeit', ‚Integrität' und ‚Systematik'."[119] Dies war dann auch tatsächlich der Fall. So kommt Hofrichter bei der Bewertung der inhaltlichen Forderungen dieses Apostolischen Schreibens zu dem Schluss: „Es ist zu beachten, daß ‚Catechesi tradendae' in solchen Zuspitzungen wohl auch die Absicht verfolgt, das sehr offene Evangelisierungskonzept, das in ‚Evangelii nuntiandi' grundgelegt wurde, auf eine stärker systematisch-inhaltliche Richtung hin zu korrigieren."[120] Scheuchenpflug wirft Papst Johannes Paul II. sogar vor, mit seinem Katecheseverständnis bewusst hinter das Katecheseverständnis von *Evangelii nuntiandi* zurückzugehen. Vor allem die konzeptionelle Unterscheidung von einer „Katechese im engeren Sinn" und eine „Katechese im weiteren Sinn" (CT

---

[117] *Exeler*, Kommentar 150, weist zu Recht darauf hin, dass die Vollständigkeit, von der *Catechesi tradendae* spricht, keine riesige Menge von einzelnen Glaubenssätzen meint, sondern „jenes Gefüge von Glaubensaussagen, jenen ‚nexus mysteriorum', der für ein gereiftes Glaubensbewußtsein wesentlich ist."

[118] Gerade in Deutschland wurde diesem Gefüge durch die einseitige Betonung der Gemeinde zu wenig Bedeutung beigemessen. In den letzten Jahren wird durch das von Albert Biesinger entwickelte Konzept der Familienkatechese hier ein Wandel spürbar (s.o. 96–99). Für den Bereich der Schule fehlt eine solche umfassende Neubewertung ihrer katechetischen Dimension (s.o. 42 Anm. 114).

[119] *Exeler*, Kommentar, 144.

[120] *Hofrichter*, Leben, 39.

1.3 Das Apostolische Schreiben Catechesi tradendae

25) hält er für problematisch, da sie dazu führt, dass Katechese vor allem als inhaltsorientierte „Glaubenserziehung" verstanden wird.[121]

All diese Kritik gründet letztlich in einem Katecheseverständnis, das in der Deutung von Lebenserfahrungen aus dem Glauben die eigentliche Aufgabe der Katechese sieht und diese so weitgehend mit der Erstverkündigung gleichsetzt. Damit kann aber fast jedes kirchliche Tun als katechetisches Tun aufgefasst werden, ohne dass eine Differenzierung möglich wäre. Katechese und Evangelisierung, die ja als grundlegende Aufgabe der Kirche betrachtet wird, werden zu austauschbaren Begriffen.

Catechesi tradendae weist demgegenüber eine hilfreiche Schärfung des Katecheseverständnisses auf, die *Evangelii nuntiandi* keineswegs widerspricht. In CT 20 findet eine „konstruktive Verknüpfung"[122] von Katechese und Evangelisierung statt: „Näherhin ist es Ziel der Katechese im Gesamt der Evangelisierung, die Etappe der Unterweisung und der Reifung zu sein [...]."[123] Diese Eingrenzung bringt der Begriff der „Katechese im engeren Sinn"[124] zum Ausdruck. Durch die Betonung einer systematischen und inhaltsorientierten Katechese werden „Konzentrationspunkte"[125] angeboten, die helfen sollen, dass der weite Begriff der Katechese, der mit dem Begriff der Evangelisierung nahezu identisch ist, nicht zerfließt. Bei aller Nachdrücklichkeit, mit der *Catechesi tradendae* die inhaltliche Füllung der Katechese fordert, darf die christologische Grundorientierung, von der aus der Anspruch auf Vollständigkeit der Inhalte erhoben wird, nicht aus den Augen verloren werden. Es geht letztendlich nicht um das Kennenlernen einer Fülle von Wahrheiten, sondern um die Verbindung des eigenen Lebens mit Jesus Christus. Dies kann aber ohne eine systematische Unterweisung nicht gelingen.[126] Exeler ist daher zuzustimmen, wenn er *Catechesi tradendae* einen „Anstoß zur Öffnung des katechetischen Horizontes" und „ein Plädoyer für die Bedeutung der Katechese im Leben der Kirche" nennt.[127]

---

[121] Vgl. *Scheuchenpflug*, Katechese im Kontext, 365–366.
[122] *Bitter*, Catechesi tradendae, 262.
[123] CT 20.
[124] Ebd. 25.
[125] *Exeler*, Kommentar, 136.
[126] Vgl. *Bitter*, Catechesi tradendae, 262.
[127] *Exeler*, Kommentar, 119.

1. Katechese als systematische Glaubensunterweisung

1.4 Das *Allgemeine Direktorium für die Katechese*

Das *Allgemeine Direktorium für die Katechese*[128] von 1997 versteht sich als Überarbeitung des *Allgemeinen Katechetischen Direktoriums* von 1971. Notwendig wurde dies durch die Weiterentwicklung der lehramtlichen Äußerungen auf dem Gebiet der Katechese, die durch die Schreiben *Evangelii nuntiandi* und *Catechesi tradendae* stattfand, und durch die Veröffentlichung des *Katechismus der Katholischen Kirche*[129], die am 11. Oktober 1992 erfolgte. Die Aufgabe, die das *Allgemeine Direktorium für die Katechese* erfüllen soll, wird in seinem Vorwort folgendermaßen definiert:

„Natürlich musste die neue Fassung des Allgemeinen Direktoriums für die Katechese zwei Hauptforderungen miteinander in Einklang bringen:
- einerseits die von den Schreiben *Evangelii nuntiandi* und *Catechesi tradendae* geforderte Einfügung der Katechese in den Rahmen der Evangelisierung,
- andererseits die Übernahme der vom *Katechismus der Katholischen Kirche* vorgelegten Glaubensinhalte."[130]

Diese Vorgabe führt zu einer nahezu vollständigen inhaltlichen Übereinstimmung zwischen den beiden oben behandelten päpstlichen Schreiben und dem *Allgemeinen Direktorium für die Katechese*. Vor allem das Apostolische Schreiben *Catechesi tradendae* hat bis in die Formulierungen des Textes hinein einen sehr großen Einfluss, so dass man im *Allgemeinen Direktorium für die Katechese* eine Entfaltung und ausführliche Erklärung der Darlegungen Johannes Pauls II. sehen darf. Dies zeigt sich vor allem in folgenden Punkten:
- der Christozentrik der Katechese;
- der Einordnung der Katechese in den gesamten Prozess der Evangelisierung;
- der Betonung der wesentlichen Inhalte und der Vollständigkeit der Katechese;
- des Vorrangs der Inhalte auch bei der methodischen Planung der Katechese:
- der Glaubenspädagogik, die im Erfahrungsraum der Kirche erst wirkliche Glaubenserfahrung ermöglicht;
- der Aufgabenverteilung zwischen Familie, Schule und Pfarrei in der Katechese;
- der Grundschulzeit als bevorzugter Zeitpunkt der Sakramentenkatechese.

Die Aussagen des *Allgemeinen Direktorium für die Katechese* bezüglich dieser Punkte sollen nun näher dargestellt werden.

---

[128] *Kongregation für den Klerus*, Allgemeines Direktorium für die Katechese vom 15. August 1997 (= Verlautbarungen des Apostolischen Stuhls 130), Sekretariat der Deutschen Bischofskonferenz (Hg.), Bonn 1997.
[129] *Ecclesia catholica*, Katechismus der Katholischen Kirche, München u.a. ²2003.
[130] ADK 7.

1.4 Das Allgemeine Direktorium für die Katechese

Die Christozentrik der Katechese wurde schon im *Allgemeinen Katechetischen Direktorium*[131] eingefordert und stellt nun in Anlehnung an *Catechesi tradendae* im *Allgemeinen Direktorium für die Katechese* den Ausgangs- und Zielpunkt aller Überlegungen zur Katechese. Jesus Christus wird als Abschluss der heilsgeschichtlichen Offenbarung und Höhepunkt der Selbstmitteilung Gottes verstanden. Daher muss Jesus Christus auch das Zentrum der Katechese sein.

„Es ist Aufgabe der Katechese aufzuzeigen, wer Jesus Christus ist: sie soll sein Leben und sein Geheimnis und den christlichen Glauben als Nachfolge seiner Person darstellen. […] Die Tatsache, daß Jesus Christus die Fülle der Offenbarung ist, bildet die Grundlage der ‚Christozentrik' der Katechese: In der geoffenbarten Botschaft ist das Mysterium Christi nicht ein zusätzliches Element neben anderen, sondern das Zentrum, von dem her alle anderen Elemente Rang und Licht erhalten."[132]

Das Endziel der Katechese ist die „Lebenseinheit mit Jesus Christus"[133], die durch die Sakramente begründet und unterstützt wird. Um dieses Ziel zu erreichen, hat sich die Katechese vor allem an den Evangelien zu orientieren. „Die Evangelien, die das Leben Jesu erzählen, stehen im Zentrum der katechetischen Botschaft. Da sie selber eine ‚katechetische Struktur' aufweisen, sind sie Ausdruck der Unterweisung, die den ersten Christengemeinden erteilt wurde und die auch das Leben Jesu, seine Botschaft und seine Heilstaten vermittelt."[134]

Die Christozentrik der Katechese darf aber nicht bei der Person Jesu Christi stehen bleiben, sondern muss als „trinitarische Christozentrik" zum Bekenntnis des dreifaltigen Gottes führen.[135] Die christozentrisch-trinitarische Struktur der Katechese zeigt sich darin, dass sie von der Heilsgeschichte her das innere trinitarische Leben Gottes aufzeigt und aus dem inneren Wesen Gottes die Folgerungen für das Leben der Menschen zieht, die in der personalen Freiheit und der geschwisterlichen Gemeinschaft der Menschen untereinander bestehen.[136] Mit dieser Umschreibung der Katechese wird im *Allgemeinen Direktorium für die Katechese* ein Verständnis von Mystagogie deutlich, das auch schon das *Allgemeine katechetische Direktorium* prägte.[137] Der Glaubensschüler entdeckt in der Auseinandersetzung mit Jesus Christus den prägenden Grund seines Lebens und erfährt von daher eine Umgestaltung seiner Existenz. Ausgangspunkt ist dabei das Entdecken Jesu Christi im Zeugnis der Offenbarung.

---

[131] S.o. 26.
[132] ADK 41.
[133] Vgl. ebd. 80.
[134] Ebd. 98.
[135] Vgl. ebd. 99.
[136] Vgl. ebd. 100.
[137] S.o. 23.

1. Katechese als systematische Glaubensunterweisung

Ein ganzes Kapitel widmet das *Allgemeine Direktorium für die Katechese* der Einordnung der Katechese in den Evangelisierungsprozess, wobei wiederum Vorgaben von *Catechesi tradendae* aufgegriffen werden.[138] Die Katechese wird von der Erstverkündigung abgegrenzt, ohne eine ganz scharfe Trennlinie zu ziehen. Während die Erstverkündigung die Aufgabe hat, zur Umkehr zu rufen, soll die Katechese die Bewegung zum Glauben hin festigen und zur Reife bringen. Die Katechese setzt daher die Bekehrung durch die Erstverkündigung voraus. Oft ist diese aber bei Menschen, die zur Katechese kommen, nur unzureichend erfolgt. Hier hat die Katechese die Aufgabe, in einem „Vorkatechumenat" als „kerygmatische Katechese" diese ausstehende Bekehrung noch nachzuholen.[139]

Im Evangelisierungsprozess ist jedoch das eigentliche Ziel der Katechese die Einführung in das christliche Leben. „Die initiatorische Katechese ist somit die notwendige Verbindung zwischen dem missionarischen Wirken, das zum Glauben ruft, und dem pastoralen Wirken, das die christliche Gemeinschaft fortwährend nährt. Sie ist also nicht ein beliebiges Tun, sondern eine grundlegende Tätigkeit für den Aufbau sowohl der Persönlichkeit des Glaubensschülers als auch der Gemeinde."[140] Innerhalb der christlichen Initiation ist daher die Katechese ein grundlegendes Element, da sie dem Glauben zu einer Gestalt verhelfen will, die das ganze Leben des Menschen prägt. Aus dieser Einordnung der Katechese in den Prozess der Evangelisierung zieht das *Allgemeine Direktorium für die Katechese* dann Schlussfolgerungen für die wesentlichen Merkmale der Katechese. Katechese ist eine systematische, organische und grundlegende Bildung des christlichen Glaubens.[141] Katechese ist somit eine geplante Unterweisung im christlichen Glauben, die sich nicht auf zufällige Gelegenheiten beschränkt. Als eine organische Bildung will sie auch mehr sein als ein Unterricht, der nur belehrt, sondern sie möchte in einer umfassenden, alle Lebensbereiche einschließenden Weise zum Glauben erziehen.[142] Als grundlegende Bildung hat sie dabei die Grundwahrheiten des christlichen Glaubens im Blick. Deshalb achtet sie auf die Vollständigkeit und

---

[138] S.o. 37–38.
[139] Vgl. ADK 62.
[140] Ebd. 64.
[141] Vgl. ebd. 67.
[142] Ratzinger macht darauf aufmerksam, dass die Verzahnung von Glaubenswissen und gelebter Glaubenserfahrung schon in der Struktur der Evangelien angelegt ist. „Das Evangelium spricht die Vernunft an; es antwortet auf die Sehnsucht des Menschen, die Welt und sich selbst zu verstehen und die rechte Weise des Menschseins zu kennen. In diesem Sinn ist Katechese Unterricht; die urchristlichen Lehrer sind der eigentliche Anfang des Standes der Katecheten in der Kirche. Weil aber zu dieser Lehre ihr lebendiger Vollzug gehört, weil der menschliche Verstand nur recht sieht, wenn auch das Herz in ihn integriert ist, darum gehört zu diesem Unterricht auch die Weggemeinschaft, das Sich-Einleben in den neuen Lebensstil der Christen" (*Joseph Ratzinger*, Evangelisierung, Katechese und Katechismus, in: ThGl 84 [1994], 273–288, hier 281).

1.4 Das Allgemeine Direktorium für die Katechese

Unversehrtheit der Glaubensbotschaft und trägt der Hierarchie der Glaubenswahrheiten Rechnung.[143] Das folgende Schaubild fasst noch einmal die wesentlichen Unterschiede, die im *Allgemeinen Direktorium für die Katechese* zwischen Erstverkündigung und Katechese gemacht werden, zusammen.

	Erstverkündigung/Kerygma	Katechese
Aufgabe	Verkündigung des Evangeliums und Ruf zur Umkehr	Einführung in das Heilsmysterium und in den christlichen Lebensstil
Wirkung beim Christwerden	Glaube und Umkehr	Aufbau der christlichen Persönlichkeit des Glaubensschülers und der Gemeinde
Methode	einfache, situationsgebundene Verkündigung aller Christen	vollständige, systematische und organische Bildung, die Verstand und praktisches Tun umgreift
Akteure	Jeder Getaufte	Ausgebildete Katecheten

Abbildung 2: Die Unterscheidung von Erstverkündigung und Katechese; vgl. *Wollbold*, Handbuch, 181.

Die Inhalte der Katechese sollen sich am *Katechismus der Katholischen Kirche* orientieren, dessen Veröffentlichung im Jahr 1992 ein entscheidender Grund für die Überarbeitung des *Allgemeinen Katechetischen Direktorium* war.[144] Das *Allgemeine Direktorium für Katechese* versteht sich dabei als Arbeitsinstrument, das die theologisch-pastoralen Grundprinzipien der Katechese darlegt, also mehr die Methodik der Katechese im Blick hat, während der *Katechismus der Katholischen Kirche*, der als authentische Darlegung des Glaubens durch das päpstliche Lehr-

---

[143] Vgl. ADK 97, 111 u. 114.
[144] In Deutschland war die fachtheologische Rezeption des sogenannten Weltkatechismus meist verhalten oder entschieden kritisch. Ablehnend äußerten sich etwa *Herlinde Pissarek-Hudelist*, Ein Katechismus für die Weltkirche? Bemerkungen und Rückfragen zu einem römischen Entwurf, in: HerKorr 44 (1990), 237–242; *dies.*, Ein Einwegmodell von Kommunikation? Zur Stellungnahme Kardinal Ratzingers zum Projekt eines „Weltkatechismus", in HerKorr 44 (1990), 389–388; *Hansjürgen Verweyen*, Zur Hermeneutik des Weltkatechismus, in: ZKTh 115 (1993), 320–326; *ders.*, Der Weltkatechismus. Therapie oder Symptom einer kranken Kirche, Düsseldorf 1993; *Ulrich Ruh*, Der Weltkatechismus. Anspruch und Grenzen, Freiburg i. Br. 1993; *Norbert Scholl*, Der Weltkatechismus – ein brauchbares Instrument für Religionsunterricht und Gemeindekatechese?, in: KatBl 118 (1993), 768–777. Eine differenzierte Bewertung bietet *Ehrenfried Schulz* (Hg.), Ein Katechismus für die Welt. Informationen und Anfragen, Düsseldorf 1994. Eine positive Bewertung findet sich bei *Walter Krieger*, Und er bewegt uns doch. Einführung in den neuen Katechismus der katholischen Kirche, Leipzig 1994.

amt zu verstehen ist, als Maßstab für den Inhalt der Katechese dienen soll.[145] Der *Katechismus der Katholischen Kirche* ist wie das *Allgemeine Direktorium für die Katechese* von einer Christozentrik und einem Verständnis von Mystagogik, das in den bereits dargestellten römischen Verlautbarungen zur Katechese aufgezeigt wurde, geprägt. Im Erfahrungsraum der Kirche will der Weltkatechismus Christus vor Augen stellen und so die entscheidende Lebensprägung ermöglichen.

„Kirche ist der Ort, von dem aus der Katechismus denkt, das gemeinsame Subjekt, das Verfasser und Leser trägt. Aber dieses Subjekt schaut nicht sich selber an. Es ist eben dazu da, daß es uns jene neuen Augen des Glaubens gibt, ohne die wir bloß verzerrte Spiegelungen von Jesus sehen, aber nicht ihn selbst. Kirche ist dazu da, uns Christus sehen und das Evangelium hören zu lassen. Ein letzter Hinweis: Die Christuskatechese des Katechismus ist nie bloß intellektuelle Theorie. Sie zielt auf christliches Leben hin; sie führt – als Voraussetzung für das christliche Leben – auf das Gebet und auf die Liturgie zu."[146]

Inhaltlich zeigt der *Katechismus der Katholischen Kirche* auf, was unter Vollständigkeit der Glaubenslehre zu verstehen ist, die die Katechese vermitteln soll.[147]

Diese Inhalte, die der *Katechismus der Katholischen Kirche* darlegt, bilden den Ausgangspunkt für die Richtlinien zur Methodik im *Allgemeinen Direktorium für die Katechese*. Die besondere Pädagogik des Glaubens, von der *Catechesi tradendae*[148] spricht, wird hier näher entfaltet und konkretisiert. Die Pädagogik des Glaubens zeichnet sich dadurch aus, dass sie ganz vom dialogischen Heilsgeschehen zwischen Gott und den Menschen geprägt ist. Sie betont die göttliche Initiative, von der dieser Dialog ausgeht, den Geschenkcharakter der Zuwendung Gottes und die Aufgabe des Menschen, in diesen Dialog hineinzuwachsen. Die interpersonale Beziehung zwischen Gott und Mensch gibt auch der Glaubenspädagogik ihre dialogische Prägung. Die tragenden Säulen der Glaubenspädagogik sind die zentrale Stellung der Person Jesu und die Verwurzelung in der gemeinschaftlichen Glaubenserfahrung der Kirche.[149] „Der Dialog, den Gott liebevoll mit jedem Menschen führt, wird zu ihrer Inspiration und Norm; die Katechese wird zu seinem unermüdlichen ‚Echo', indem sie ständig nach dem Dialog mit den Menschen sucht, den großen Leitlinien entsprechend, die vom Lehramt der Kirche

---

[145] Vgl. ADK 120. Aus diesem Grund geht ADK 121–130 auch ausführlich auf den *Katechismus der Katholischen Kirche* ein.
[146] *Ratzinger*, Evangelisierung, 288. Zur Christozentrik und Mystagogik des KatKK vgl. auch *Joseph Ratzinger*, Evangelium, Katechese, Katechismus. Streiflichter auf den Katechismus der katholischen Kirche, München 1995.
[147] „Der katechetische Charakter des Buches kommt am deutlichsten zum Vorschein in den kurzen Leitsätzen, die jeweils am Ende einer thematischen Einheit stehen. Der Katechismus selbst sagt darüber, daß ihr Ziel ist, der örtlichen Katechese Hinweise zu geben für synthetische und memorisierbare Kurzformeln (Nr. 22)" (*Ratzinger*, Evangelium, 16).
[148] Vgl. CT 58; s.o. 41.
[149] Vgl. ADK 143.

1.4 Das Allgemeine Direktorium für die Katechese

angeboten werden."[150] Die Glaubenspädagogik versteht sich als Unterstützung der von Gott ausgehenden Initiative und nicht als eigentlicher Initiator der Glaubensunterweisung. Ihr Ziel ist ein gelebter Glaube, „den man kennt, feiert, lebt, betet".[151] Da die Glaubenspädagogik den gleichen Grundsätzen wie die inhaltliche Dimension der Katechese verpflichtet ist, gibt es keine Trennung von Form und Inhalt, sondern beide sind aufs engste aufeinander bezogen.[152] Die Glaubenspädagogik setzt daher nicht bei der menschlichen Erfahrung an, um so die Inhalte der Katechese auszuwählen, sondern nimmt die Glaubenserfahrung der Kirche als Ausgangspunkt. Nur im gelebten Glauben der Kirche ist eine Korrelation von Glauben und Leben möglich und sinnvoll.

Die Einheit von Inhalt und Form in der eigenständigen Glaubenspädagogik zeigt sich im Vorrang der Glaubenserfahrung der Kirche gegenüber den Lebenserfahrungen der Glaubensschüler sowie dem hohen Stellenwert, der dem Katecheten bei der Vermittlung des Glaubens eingeräumt wird. Der gelebte Glaube der Kirche soll dabei auf induktivem Weg vermitteln werden, weil dies eher der Ökonomie der göttlichen Offenbarung entspricht: Von den heilsgeschichtlichen Ereignissen oder den liturgischen Handlungen ausgehend wird deren Bedeutung für den Glauben herausgearbeitet. Dies hat zunächst den Anschein, als ob die induktive Methode nur im Kontext der christlichen Glaubenserfahrung angewandt wird und die biographischen Erfahrungen der Glaubensschüler völlig außer Acht lässt. Allerdings bezeichnet das *Allgemeine Direktorium für die Katechese* die Deutung der menschlichen Erfahrung durch den Glauben als eine „Daueraufgabe" der katechetischen Pädagogik. „Ermöglicht wird diese Aufgabe durch eine korrekte Anwendung der Wechselbeziehung bzw. Wechselwirkung zwischen tiefen menschlichen Erfahrungen und geoffenbarter Botschaft."[153] Damit diese Wechselbeziehungen aber erfahren werden können, bedarf es zunächst einer Verwurzelung im Glauben. Eine induktive Erschließung des kirchlichen Glaubens aus der biblischen Heilsgeschichte und der gefeierten Liturgie heraus ist notwendig, um die eigene Biographie im Licht des Glaubens deuten zu können. Aus diesem Grund wird auch der gedächtnismäßigen Einprägung der wichtigsten For-

---

[150] Ebd. 144.
[151] Ebd. 144.
[152] Ratzinger verdeutlicht die christologische und ekklesiologische Notwendigkeit dieser Einheit von Inhalt und Form: „Das Übergebenwerden in die Lehre hinein ist ein Übergebenwerden in Christus hinein. Wir können sein Wort nicht wie eine Theorie empfangen, etwa wie man mathematische Formeln oder philosophische Meinungen erlernt. Wir können es nur lernen, indem wir die Schicksalsgemeinschaft mit ihm annehmen, und die können wir nur dort erreichen, wo er sich selbst beständig in die Schicksalsgemeinschaft mit den Menschen hineingebunden hat: in der Kirche" (*Ratzinger*, Evangelium, 27).
[153] ADK 153.

meln aus Bibel, Dogma und Liturgie eine große Bedeutung eingeräumt. Dadurch soll der sichere Gebrauch der Sprache des Glaubens erlernt werden.[154]

Der Person des Katecheten wird aufgrund des dialogischen Verständnisses der Katechese eine entscheidende Bedeutung in der Glaubenspädagogik zugesprochen. Im Katecheten verkörpert sich zudem die Einheit von Form und Inhalt in der Katechese.

„Keine, wenn auch noch so bewährte Methode macht die Person des Katecheten in irgendeiner Phase des katechetischen Prozesses entbehrlich. Das ihm vom Heiligen Geist geschenkte Charisma, eine solide Spiritualität und ein klares Lebenszeugnis bilden die Seele jeder Methode, und allein die menschlichen und christlichen Qualitäten bieten Gewähr für die richtige Verwendung der Texte und anderer Arbeitshilfen. Der Katechet ist eigentlich ein Vermittler, der die Kommunikation zwischen den Menschen und dem Geheimnis Gottes sowie der Glaubensschüler untereinander und mit der Gemeinde erleichtert."[155]

Der Katechet muss also fest im kirchlichen Glauben beheimatet sein und ein persönlichen Verhältnis zu seinen Glaubensschülern aufbauen können. Er hat somit eine wichtige Brückenfunktion, um dem Glaubensschüler den Zugang zur lebendigen Glaubenserfahrung zu ermöglichen. Gerade in der Person des Katecheten wird somit deutlich, dass es sich bei der Pädagogik des Glaubens nicht um eine rein kognitive Vermittlung von Glaubenswissen handelt, sondern um eine umfassende, alle Dimensionen des menschliche Lebens erfassende Einführung in den Glauben, die zum gelebten Glauben hinführen soll. Von dieser Zielsetzung her ist es dann selbstverständlich, dass die christliche Gemeinde ebenfalls einen herausgehobenen Platz in dieser Pädagogik des Glaubens hat. „Die katechetische Pädagogik erweist sich in dem Maße als wirksam, wie die christliche Gemeinde konkreter und beispielhafter Bezug für den Glaubensweg der einzelnen wird. Das tritt dann ein, wenn die Gemeinde sich zum Quell, Ort und Ziel der Katechese macht." [156]

Für die Katechese mit Kindern und Jugendlichen entwickelt das *Allgemeine Direktorium für die Katechese* eine ähnliche Aufgabenteilung zwischen Pfarrei, Schule und Familie wie *Catechesi tradendae*.[157] Der Pfarrgemeinde kommt als Ort der Katechese die Hauptverantwortung zu. „Die christliche Gemeinde verfolgt die Entwicklung des katechetischen Prozesses sowohl bei den Kindern wie bei den Jugendlichen oder den Erwachsenen als eine Verpflichtung, die sie unmittelbar angeht und verpflichtet."[158] Die christliche Gemeinde ist nicht nur Trägerin des katechetischen Prozesses, sondern sie ist auch der Ort, an dem die Glaubens-

---

[154] Vgl. ebd. 154.
[155] Ebd. 156.
[156] Ebd. 158.
[157] S.o. 42.
[158] ADK 220.

1.4 Das Allgemeine Direktorium für die Katechese

schüler das Gelernte leben sollen. „Die christliche Gemeinschaft ist Ursprung, Ort und Ziel der Katechese."[159] Damit die Pfarrei die Aufgabe, „Motor und bevorzugter Ort der Katechese"[160] zu sein, erfüllen kann, ist die Bildung einer Kerngemeinde erforderlich, die auch mit seelsorglichen Aufgaben betraut werden kann.[161] Diese starke Verwurzelung der Katechese im Leben der Gemeinde entspricht der Glaubenspädagogik, die die Glaubenserfahrung der Kirche in den Mittelpunkt stellt.[162] Für die Kinder- und Jugendkatechese sind darüber hinaus auch die Familie und die Schule wichtige Orte der Katechese. Die Familie wird im *Allgemeinen Direktorium für die Katechese* als „Hauskirche" bezeichnet, in der sich „die verschiedenen Aspekte oder Funktionen des Lebens der ganzen Kirche wiederfinden sollen: Mission, Katechese, Gebet, Zeugnis usw.".[163] Die religiöse Erziehung in der Familie ist von der Katechese dadurch unterschieden, dass sie die typischen Merkmale der Erstverkündigung aufweist: Sie hat vor allem Zeugnischarakter und ist nicht systematisch. Im schulischen Bereich wird vor allem die katholische Schule als ein bedeutsamer Ort für die Glaubensunterweisung betrachtet und die Wichtigkeit des Religionsunterrichts für die Katechese betont.[164]

Im Zusammenspiel von Familie, Schule und Pfarrei soll die Katechese im Rahmen der Kinder- und Jugendpastoral folgendes leisten: einen „einheitlichen und zusammenhängenden Prozeß der christlichen Initiation für *Kleinkinder, Kinder, Heranwachsende und Jugendliche*, der aufs engste mit den bereits oder noch nicht empfangenen Initiationssakramenten verbunden ist und mit der Erziehungspastoral in Verbindung steht."[165] Katechese für Kinder und Jugendliche hat also in erster Linie Sakramentenkatechese zu sein, die auf grundlegende Weise in den Glauben einführt. Dabei wird vor allem die Kindheit im *Allgemeinen Direktorium für die Katechese* als die eigentliche Altersstufe für die Vollendung der christlichen Initiation betrachtet: „Gemäß einer feststehenden Tradition ist die Kindheit für gewöhnlich die Periode, in der die mit der Taufe begonnene christliche Initiation vollendet wird. Im Blick auf den Empfang der Sakramente ist man auf die erste organische Glaubensbildung des Kindes und auf seine Einführung in das Leben der Kirche bedacht."[166]

---

[159] Vgl. ebd. 254.
[160] CT 67; s.o. 42.
[161] Vgl. ADK 258.
[162] Zur Notwendigkeit der Pfarrgemeinde für die Weitergabe des Glaubens bemerkt Wollbold: „Glaubenserfahrung ist nicht wie aus dem Stand zu machen, sie braucht einen Entdeckungszusammenhang, und das ist in der Regel die gelebte Christlichkeit einer Gemeinde. In ihr sind Erschließungserfahrungen des Glaubens möglich" (*Wollbold*, Pfarrgemeinde, 55).
[163] ADK 255.
[164] Vgl. ebd. 260.
[165] Ebd. 274.
[166] Ebd. 178.

1. Katechese als systematische Glaubensunterweisung

Das *Allgemeine Direktorium für die Katechese* erfährt, wenn ihm im deutschsprachigen Bereich überhaupt eine wissenschaftliche Würdigung zuteil wird, eine ähnlich kritische Bewertung wie *Catechesi tradendae*. So macht Scheuchenpflug eine vermeintliche Verengung der Katechese aus, die durch die Betonung der Vermittlung von Glaubensinhalten und den missionarischen Charakter der Katechese entsteht und die Aufgabe der Selbstevangelisierung der Kirche völlig aus dem Blick verliert.[167] Er sieht in dieser Verengung auf ein formalisiertes und auf inhaltliche Aspekte konzentriertes Konzept von Katechese, das in *Catechesi tradendae* zum ersten Mal entwickelt wird, einen Rückschritt im Vergleich zum weiten Katecheseverständnis von *Evangelii nuntiandi*. Bei diesem Konzept der Katechese werden laut Scheuchenpflug zu wenig die Lebenskontexte der Menschen in den Blick genommen. „Auf dieser Basis erweist sich dann freilich eine enggeführte Konzeption von Katechese, wie sie unter anderem im Allgemeinen Direktorium vorgelegt wird, als völlig unzureichend, um die pluralen katechetischen Prozesse im Kontext des evangelisierenden Handelns adäquat beschreiben zu können."[168]

Scheuchenpflug ist zu widersprechen, wenn er einen Gegensatz zwischen dem Katecheseverständnis von *Catechesi tradendae* und dem *Allgemeinen Direktorium für die Katechese* auf der einen Seite und dem Katecheseverständnis von *Evangelii nuntiandi* auf der anderen Seite ausmachen will. Vielmehr weisen diese drei Dokumente eine große inhaltliche Geschlossenheit auf. Was in *Evangelii nuntiandi* dargelegt wird, findet seine begriffliche Klärung und Entfaltung in den beiden späteren römischen Dokumenten. Schon in *Evangelii nuntiandi* wird nämlich Katechese vor allem als Vermittlung der fundamentalen Glaubensinhalte verstanden, wenn auch noch keine eindeutige Definition des Begriffs erfolgt.[169] *Catechesi tradendae* unterscheidet dann im Evangelisierungsprozess deutlich die Begriffe der Katechese und der Erstverkündigung voneinander, ohne jedoch eine Einengung des Katecheseverständnisses von *Evangelii nuntiandi* vorzunehmen.[170] Die Betonung des Glaubensinhalts durch *Catechesi tradendae* und das *Allgemeine Direktorium für die Katechese* ist vor allem dadurch begründet, dass das Katecheseverständnis vom Offenbarungsbegriff her entwickelt wird. Der Dialog Gottes mit den Menschen, der in der Heilsgeschichte stattfindet und in Jesus Christus seinen Höhepunkt erreicht, setzt sich in der Katechese fort. Notwendig

---

[167] Vgl. *Scheuchenpflug*, Katechese im Kontext, 368.
[168] Ebd. 370.
[169] Die inhaltlich geprägte Katechese wird vom Lebenszeugnis unterschieden; s.o. 33.
[170] So finden sich in EN 44 fast alle Merkmale, die in CT 25 zur Definition der Katechese herangezogen werden, nämlich die Systematik des Unterrichts und die Vermittlung der wesentlichen Inhalte des Glaubens. Zwar wird die Vollständigkeit des Inhalts in EN 44 nicht erwähnt, daraus lässt sich aber schwerlich ein Gegensatz zu CT 25 konstruieren. Nimmt man noch die Ausführungen von AKD 38 hinzu, das auch einen Bezugsrahmen für *Evangelii nuntiandi* bildet, kann man CT 25 nur als eine Zusammenfassung der bisherigen Aussagen über die Katechese verstehen.

1.4 Das Allgemeine Direktorium für die Katechese

für diesen Dialog ist das Erlernen des Glaubenswissens der Kirche, da Glaube nie nur ein persönlicher Akt ist, sondern immer auch ein Mitglauben in der Gemeinschaft der Kirche. Ratzinger verweist daher auf die Notwendigkeit des kirchlichen Glaubens für die Herausbildung des persönlichen Glaubens:

„Wenn ich sage ‚Ich glaube', dann heißt dies eben, daß ich die Grenze meiner privaten Subjektivität überschreite, um in das gemeinsame Subjekt der Kirche wie in ihr die Zeiten und die Grenzen der Zeit überschreitendes Wissen einzutreten. Der Glaubensakt ist immer ein Akt des Beteiligtwerdens an einem Ganzen; er ist ein Akt der Communio, ein Sich-einfügen-lassen in die Communio der Zeugen, so daß wir mit ihnen und in ihnen das Unberührbare anrühren, das Unhörbare hören, das Unsichtbare sehen."[171]

Daher betont das *Allgemeine Direktorium für die Katechese* auch immer wieder den gelebten Glauben als Ziel der Katechese, die mehr sein muss als reine Belehrung.[172] Aus dem lebendigen Zeugnis von Katecheten, die den ganzen Glauben darlegen, soll der Glaubensschüler dessen prägende Kraft erfahren und ebenfalls zum Glaubenszeugen in der Gemeinschaft der Kirche werden. Darin zeigt sich, dass vom Konzept der Evangelisierung nach *Evangelii nuntiandi* nichts zurückgenommen wurde, sondern lediglich eine Präzisierung der Begriffe erfolgte.

---

[171] *Ratzinger*, Glaubensvermittlung, 27.
[172] Gerade im Bezug auf die Initiationskatechese macht dies das ADK 67–68 sehr deutlich.

1.5 Zusammenfassung: Katechese in der Sicht römischer Dokumente

Die Untersuchung der römischen Dokumente zur Katechese hat gezeigt, dass bei aller Entwicklung, die bei einem Zeitraum von über 20 Jahren der Entstehung nicht ausbleiben kann, doch eine große Kontinuität festzustellen ist, was das Verständnis von Katechese, ihrer Inhalte und ihrer Methoden betrifft. Diese grundlegenden Gemeinsamkeiten der römischen Dokumente werden hier nochmals zusammengefasst:

- Die Katechese wird als systematisch strukturierte Einführung in den christlichen Glauben definiert. Wenn damit Katechese natürlich in allen Lebensaltern möglich und sinnvoll ist, so findet doch im idealtypischen Fall das grundlegende Erlernen des Glaubens während der Sakramentenkatechese in der Kindheit statt. Die Katechese ist durch diese Definition klar abgrenzbar von anderen Feldern der kirchlichen Verkündigung, insbesondere von der Erstverkündigung, die als spontanes, ganz situationsgebundenes Glaubenszeugnis verstanden wird. Bei der Katechese handelt es sich dagegen um eine grundlegende Einführung in den christlichen Glauben, die von einer klaren Struktur geprägt sein muss.
- Aus diesem Katecheseverständnis heraus ergibt sich die notwendige inhaltliche Ausrichtung der Katechese. Sie ist geprägt durch eine starke Christozentrik und die Betonung der Vollständigkeit des Inhalts. Während die Erstverkündigung vor allem einen affektiven Zugang zum Glauben erreichen möchte, die zur Bekehrung und Hinwendung zur kirchlichen Gemeinschaft führt, setzt die Katechese den Schwerpunkt auf die verstandesmäßige Aneignung des Glaubens. Das kirchliche Glaubenswissen soll im katechetischen Prozess zum eigenen ‚Lebenswissen' werden, so dass eigene Glaubenserfahrung und persönliches Glaubenszeugnis möglich werden. Daher ist auch die inhaltlich geprägte Katechese ein zutiefst mystagogischer Prozess.
- Ungeklärt ist der Anspruch auf Vollständigkeit des Inhalts und die Forderung nach notwendiger Konzentration auf das Wesentliche, die eine zeitlich befristete Einführung in den Glauben zwangsläufig haben muss. Wege, wie es gelingen kann, eine Konzentration der Inhalte ohne Verlust der Vollständigkeit zu erreichen, zeigen die Christozentrik der Katechese sowie der Verweis auf den Katechismus der Katholischen Kirche und das Credo auf. Hier wäre aber die genauere Bestimmung der wesentlichen Inhalte der Katechese notwendig, um ein schlüssiges katechetisches Konzept zu entwickeln.
- Die römischen Dokumente fordern für die Katechese die Entwicklung einer eigenständigen Glaubenspädagogik, die sich durch eine Einheit von Inhalt und Methode auszeichnet. Die Erfahrung der kirchlichen Gemeinschaft, vor allem in der Liturgie, und das Glaubenszeugnis der Gemeinde und der Katecheten werden zum Ansatzpunkt für die methodische Konzeption der Katechese. Der

1.5 Zusammenfassung: Katechese in der Sicht römischer Dokumente

Schwerpunkt, der in den römischen Dokumenten auf die inhaltliche Ausrichtung der Katechese gelegt wird, führt auf methodischem Gebiet zu einer Aufwertung kognitiver Methoden, was sich in der Hervorhebung des Auswendiglernens deutlich zeigt.
- Die Sakramentenkatechese wird in erster Linie als Aufgabe der Gemeinde betrachtet, die dabei aber von der Familie und der Schule unterstützt werden soll. Es wird nicht streng zwischen schulischem Religionsunterricht und pfarrlicher Katechese unterschieden, sondern lediglich deren gemeinsame Aufgabe in der Glaubensvermittlung betont.
- Als zeitlicher Ansatz für die Katechese zu Firmung und Erstkommunion wird die Kindheit genannt. Die Sakramentenkatechese mit Kindern hat somit in besonderer Weise die Aufgabe zu erfüllen, die jeder Katechese zukommt: eine systematische und grundlegende Einführung in den Glauben zu geben. Mit der Sakramentenkatechese in der Kindheit soll das Fundament für die weitere katechetische Arbeit in den anderen Lebensabschnitten gelegt werden. Hier geht es dann mehr um die Vertiefung und altersgemäße Weiterentwicklung dessen, was in der Katechese anlässlich der Erstkommunion und Firmung vermittelt wurde.
- Aus diesem Verständnis des Begriffs ‚Katechese' ist es möglich, zu definieren, was für die römischen Dokumente die Sakramentenkatechese mit Kindern und Jugendlichen, die der Gegenstand dieser Arbeit ist, ausmacht:

> Sakramentenkatechese ist eine inhaltlich, didaktisch und methodisch geplante Glaubensunterweisung in der Kindheit, die eine grundlegende Einführung in die wesentlichen Inhalte und Vollzüge des kirchlichen Glaubens geben will. Inhaltliche Mitte ist dabei der Glaube an Jesus Christus, wie er im apostolischen Glaubensbekenntnis seinen Ausdruck gefunden hat. Methodisch zeichnet sich die Sakramentenkatechese durch eine Glaubenspädagogik aus, die bei den kirchlichen Glaubenserfahrungen ansetzt, wie sie sich in Liturgie, kirchlicher Verkündigung, Diakonie und dem persönlichen Glaubenszeugnis des Katecheten zeigen, und dadurch eigene Glaubenserfahrungen ermöglicht. Ziel der Katechese ist die Erfahrung der Heilswirklichkeit Christi in der Kirche.

2 Die Entwicklung der Sakramentenkatechese in Deutschland seit der Würzburger Synode

2.1 Das Arbeitspapier Das katechetische Wirken der Kirche

Der Text *Das katechetische Wirken der Kirche*[173] wurde am 22.10.1973 als Arbeitspapier von der Sachkommission I auf der Synode der deutschen Bistümer verab-schiedet und am 06.04.1974 vom Präsidium der Synode zur Veröffentlichung freigegeben. Dass dieser Text nicht zu einem offiziellen Beschluss der Würzburger Synode erhoben wurde, hatte keinen inhaltlichen Grund. Es ging lediglich um eine Reduzierung der Beschlusstexte. Da von den drei Vorlagen, mit denen sich die Kommission befasste, weder auf *Unsere Hoffnung*[174] noch auf *Der Religionsunterricht in der Schule*[175] verzichtet werden konnte und eine Zusammenführung der Vorlagen über schulische und außerschulische Glaubensweitergabe zu umfangreich ausgefallen wäre, wählte man die Form des Arbeitspapiers.[176]

„Das Arbeitspapier war als ‚Programmschrift' für die kirchliche Praxis gedacht und sollte der Koordination und Verstärkung vielfältiger katechetischer Bemü-

---

[173] Arbeitspapier: Das katechetische Wirken der Kirche, in: Ludwig Bertsch u.a. (Hg.), Gemeinsame Synode der Bistümer in der Bundesrepublik Deutschland. Ergänzungsband: Arbeitspapiere der Sachkommissionen. Offizielle Gesamtausgabe II, Freiburg i. Br. 1977, 37–97.

[174] Beschluß: Unsere Hoffnung. Ein Bekenntnis zum Glauben in dieser Zeit, in: Ludwig Bertsch u.a. (Hg.), Gemeinsame Synode der Bistümer in der Bundesrepublik Deutschland. Beschlüsse der Vollversammlung. Offizielle Gesamtausgabe I, Freiburg i. Br. 1976, 84–111.

[175] Beschluß: Der Religionsunterricht in der Schule, in: Ludwig Bertsch u.a. (Hg.), Gemeinsame Synode der Bistümer in der Bundesrepublik Deutschland. Beschlüsse der Vollversammlung. Offizielle Gesamtausgabe I, Freiburg i. Br. 1976, 123–152.

[176] Vgl. *Karl Lehmann*, Einleitung zum Arbeitspapier „Das katechetische Wirken der Kirche", in: Ludwig Bertsch u.a. (Hg.), Gemeinsame Synode der Bistümer in der Bundesrepublik Deutschland. Ergänzungsband: Arbeitspapiere der Sachkommissionen. Offizielle Gesamtausgabe II, Freiburg i. Br. 1977, 31–36, hier 33–34. Eine ausführliche Darstellung der Entstehungsgeschichte des Arbeitspapiers findet sich auch bei *Adolf Exeler*, Das katechetische Wirken der Kirche, in: Dieter Emeis / Burkard Sauermost (Hg.), Synode – Ende oder Anfang. Ein Studienbuch für die Praxis in der Bildungs- und Gemeindearbeit, Düsseldorf 1976, 108–116, hier 108–110.

hung in den Gemeinden dienen."[177] Es entstand auch in der Absicht, das Verhältnis von schulischer und außerschulischer Glaubensunterweisung zu klären. Die Form des Arbeitspapiers erschien geeigneter als ein formeller Beschluss zu sein, um auf die sich ständig verändernde Praxis zu reagieren und die Meinungs- und Konsensbildung bei den Verantwortlichen der Katechese weiter anzuregen. In diesem Sinn sollte es als „Programmschrift"[178] für die Katechese dienen.

Das Arbeitspapier *Das katechetische Wirken der Kirche* hat einen sehr weiten Begriff von Katechese als Grundlage.[179] „Die katechetische Tätigkeit der Kirche ist grundsätzlich den Menschen aller Lebensalter zugeordnet."[180] Katechese versteht sich daher nicht allein als Glaubensunterweisung unmündiger Kinder und Jugendlicher oder noch nicht Getaufter, wie das bis dahin der Fall war.[181] Im Gegensatz dazu betont das Arbeitspapier, dass es keine Lebensphase gibt, in der die Kirche nicht zum katechetischen Handeln an den Menschen herausgefordert wäre. „Zur Katechese gehört daher alles, was im Laufe eines christlichen Lebens für die Förderung eines reflektierten Glaubensbewußtseins und einer diesem Glauben entsprechenden Lebensgestaltung nötig ist."[182] Dabei werden keine scharfen Grenzen zwischen den organisierten Formen des katechetischen Dienstes und den übrigen kirchlichen Grundvollzügen gezogen, so dass auch keine Unterscheidung zwischen Erstverkündigung und Katechese erfolgt. „Aber das nicht Organisierbare – das Gespräch der Eltern mit ihren Kindern, katechetische Aspekte der Jugendarbeit, des Einzelgesprächs usw. – ist mindestens ebenso wichtig. Sowohl der Gottesdienst als auch der diakonische Einsatz haben katechetische Aspekte."[183] Es wird zwar betont, dass es dabei nicht um eine „Vereinnahmung" aller kirchlichen Felder gehe, sondern dass Katechese immer nur die Aufgabe der Hinführung zu den Vollzügen der Kirche – Diakonie, Verkündigung

---

[177] *Karl-Heinz Schmitt*, Katechese im Schwung des Zweiten Vatikanums und der Würzburger Synode. Theologische Erinnerungen und praktische Konsequenzen wider die Resignation, in: Franz-Peter Tebartz-van Elst (Hg.), Katechese im Umbruch. Positionen und Perspektiven (= FS für Dieter Emeis), Freiburg i. Br. 1998, 18–31, hier 19. Schmitt betont, dass das Arbeitspapier eine weitaus größere Auswirkung auf die Pastoral hatte als viele andere Beschlüsse der Synode.

[178] Vgl. *Exeler*, Wirken, 115. Hier ist der Begriff Programmschrift allerdings noch in einem nüchtern beschreibenden Sinn gebraucht, dem sich im weiteren Verlauf der Entwicklung dann immer mehr Pathos beimischte.

[179] Vgl. ebd. Exeler weist darauf hin, dass sich die Arbeitsgruppe und die Kommission erst nach intensiver Diskussion für diesen weiten Katechesebegriff entschieden habe.

[180] Arbeitspapier: Katechetische Wirken, 41.

[181] „Die heute – zumindest im deutschen Sprachraum – vorherrschende Auffassung bestimmt als Empfänger der Katechese ‚noch nicht Getaufte' und ‚religiös noch unmündige Christen'" (*Adolf Exeler*, Wesen und Aufgabe der Katechese. Eine pastoralgeschichtliche Untersuchung, Freiburg i. Br. 1966, 11).

[182] Arbeitspapier: Katechetisches Wirken, 48.

[183] Ebd.

2. Die Entwicklung der Sakramentenkatechese in Deutschland

und Liturgie – habe, dennoch bleibt diese Abgrenzung vage.[184] Der Katechese wird eben doch die Aufgabe zugesprochen, das ganze Leben der Gläubigen und der Kirche zu durchdringen. „Katechetischer Dienst will helfen, aus dem Glauben leben zu lernen. Mit Hilfe der Katechese soll der Glaubenswillige zu einem reflektierten Glauben gelangen können, der das Leben prägt."[185]

Zu Recht weist Hofrichter darauf hin, dass dieser weite Begriff der Katechese „Verwirrung"[186] stiftet und keine eindeutige Bestimmung dessen mehr zulässt, was Katechese ist: „Zugleich erschwert dieser weite Begriff eine differenzierte Abgrenzung gegenüber anderen Formen der Glaubensvermittlung, etwa eine Unterscheidung von Evangelisierung, Verkündigung, Gelegenheitsgesprächen und Katechese, aber auch klare Abgrenzungen zu Feldern wie Erwachsenenbildung oder Religionsunterricht."[187] Exeler stellte bereits 1976 fest, dass das Arbeitspapier keine umfassend reflektierte systematische Theorie des katechetischen Wirkens bietet.[188] Dies zeigt sich sehr deutlich in dem recht weiten Begriff von Katechese, der kaum eine klare Bestimmung zulässt, was denn nun katechetisches Tun der Kirche ist und was nicht, so dass alles Handeln der Kirche als katechetisch betrachtet werden kann. Damit wird das, was die römischen Dokumente unter dem Begriff ‚Evangelisierung' verstehen, nahezu identisch mit dem, was das Arbeitspapier *Das katechetische Wirken der Kirche* als ‚Katechese' bezeichnet. In diesem unklaren Katechesebegriff liegt dann auch der Grund für die Herausbildung recht unterschiedlicher katechetischer Modelle in Deutschland, die sich bezüglich ihrer Ziele, Inhalte und Methoden deutlich voneinander unterscheiden.[189]

---

[184] Vgl. ebd. 48 u. 45–46.
[185] Ebd. 42.
[186] *Hofrichter*, Leben, 40.
[187] Ebd. 41. Scheuchenpflug wendet gegen diese Kritik von Hofrichter ein, dass die anthropologische Fokussierung und die Ausrichtung am Evangelisierungsparadigma diesen weiten Katechesebegriff erfordert, der sich eben nicht mehr an der inhaltlichen Vollständigkeit orientiert, sondern am personalen Kontext (vgl. *Scheuchenpflug*, Katechese im Kontext, 373). Dabei übersieht er aber, dass EN 21–24 im Prozess der Evangelisierung durchaus eine klar begrenzte Phase der Katechese kennt. Das Evangelisierungsparadigma führt also nicht zwangsläufig zu einem weiten Katechesebegriff.
[188] Vgl. *Exeler*, Wirken, 115.
[189] Vgl. Jörn Hauf, Familienbiographische Katechese. Unterwegs mit Familien in der Erziehungsphase (= Glaubenskommunikation Reihe Zeitzeichen Bd. 17), Ostfildern 2004, 27–29. Hauf unterscheidet vier idealtypische Katechesevorstellungen der Gemeindekatechese:
  – die instruktionstheoretische Katechesevorstellung, die die volle materiale Identität des überlieferten Glaubens bewahren will;
  – die spiritualisierte, (psycho-) therapeutische Katechesevorstellung, die mit narrativen Mitteln den nicht artikulieren Glauben zur Sprache bringen will;
  – die an der Erwachsenenbildung orientierte Katechesevorstellung, die auf Grundlage der christlichen Ethik einen Beitrag zur Weltgestaltung bieten möchte, ohne expliziten Anspruch auf die Hinführung zum christlichen Glauben;

2.1 Das Arbeitspapier Das katechetische Wirken der Kirche

Der weite Katechesebegriff ist sicherlich eine Folge des entschieden anthropologischen Ansatzes, der dem Arbeitspapier *Das katechetische Wirken der Kirche* zu Grunde liegt.[190] Katechese wird als Hilfe zum Leben verstanden, die durch das Aufdecken der Gottes- und Glaubenbezüge in den biographischen Erfahrungen der Glaubensschüler zu einem gelungenen und geglückten Leben beitragen will.

„Das oberste Ziel des katechetischen Wirkens besteht darin, dem Menschen zu helfen, daß sein Leben gelingt, indem er auf den Zuspruch und den Anspruch Gottes eingeht. Dabei darf das ‚Gelingen' nicht vordergründig mißverstanden werden. Wie sehr zu ihm auch das Bestehen von Leid und Scheitern gehört, zeigt sich darin, daß wir Christen den Weg des Gekreuzigten als den Weg des Lebens bekennen. Aus einer solchen Perspektive wird deutlich, daß das ‚Gelingen des Lebens' und die ‚Verherrlichung Gottes' nur zwei Aspekte einer und derselben Sache sind."[191]

Scheuchenpflug sieht in diesem anthropologischen Ansatz ein neues Verständnis von Katechese, das nicht mehr auf die Vermittlung von Katechismuswahrheiten abzielt, sondern Lebenshilfe aus dem Glauben geben will und so der Katechese eine durchgängig diakonische Grundhaltung verleiht.[192] Er bewertet daher die anthropologische Fokussierung der Katechese uneingeschränkt positiv. Dagegen wurde schon während der Würzburger Synode Kritik an dieser einseitigen Fokussierung laut. Der Präsident der Synode, Julius Kardinal Döpfner, kritisierte in einem Brief vom 9. Januar 1974, dass gegenüber dem Gelingen des menschlichen Lebens die ‚Kunde von Gott' zu sehr zurücktrete und die Anbetung ebenso verzweckt werde wie die Transzendenzerfahrung.[193] Auch der Religionspädagoge

---

- die lebensweltorientierte Katechese, die Hauf als „mainstream" der Gemeindekatechese bezeichnet und durch die Korrelation von lebensgeschichtlicher Dynamik und sakramententheologischen Inhaltsvorgaben gekennzeichnet sieht.
- *Wollbold*, Katechese, 4, arbeitet ebenfalls vier idealtypische Katechesemodelle heraus:
  - das traditionsauffrischende Katechesemodell,
  - das diakonische Katechesemodell,
  - das gemeindekatechetische Katechesemodell und
  - das eklektische Katechesemodell.

[190] Vgl. *Exeler*, Wirken, 115.
[191] Arbeitspapier: Katechetisches Wirken, 41.
[192] Vgl. *Scheuchenpflug*, Katechese im Kontext, 372; *Peter Scheuchenpflug*, Konturen lebendiger Katechese, in: LS 55 (2004), 188–192, hier 189–190. Auch Hofrichter sieht in dieser neuen Zielbeschreibung der Katechese als Hilfe zu einem gelingenden Leben unter dem Zuspruch und Anspruch Gottes eine der größten Leistungen dieses Arbeitspapiers (vgl. *Hofrichter*, Leben 40).
[193] Vgl. *Exeler*, Wirken 110. Exeler führt allerdings die Kritik von Kardinal Julius Döpfner auf eine flüchtige Lektüre des Entwurfs des Arbeitspapiers zurück und zeigt sich darüber verärgert. Ralph Sauer sieht in dieser Reaktion Exelers berechtigterweise ein Anzeichen dafür, dass ein wunder Punkt der anthropologisch gewendeten Theologie getroffen wurde (vgl. *Ralph Sauer*, Katechese in Deutschland als Spezifikum im Kontext anderer europäischer Kirchen,

Wolfgang Nastainczyk bemängelte die einseitige Akzentuierung auf die menschenfreundliche Seite Gottes. Die beiden Brennpunkte der Katechese müssten entsprechend dem Heilshandeln Jesu die ureigene Ehre und Heiligkeit Gottes und das Glück und Heil der Menschen sein.[194] Trotz dieser Kritik hat das Verständnis von Katechese als „Lebenshilfe durch Glaubenshilfe"[195] in der deutschen Pastoraltheologie und Religionspädagogik fast allgemeine Zustimmung gefunden. Oft wurde bei der Rezeption des Arbeitspapiers *Das katechetische Wirken der Kirche* der dürftige Verweis des Textes auf die „Verherrlichung Gottes" völlig außer Acht gelassen.[196] Mit Ralph Sauer bleibt dagegen festzustellen: „So bedarf der anthropologische Ansatz einer theozentrischen Ergänzung bzw. Relativierung im Sinne der doppelten Treue zu Gott und zum Menschen […]."[197]

Die anthropologische Ausrichtung und Zielsetzung der Katechese als Hilfe zum gelingenden Leben unter dem Zuspruch und Anspruch Gottes hat weitreichende Konsequenzen für die Inhalte der Katechese. „Katechese soll nicht in erster Linie ein Gefüge von Lehren vermitteln. Sie soll helfen, daß der Mensch sich und die Welt getragen wissen kann von der unendlichen Liebe, die Gott selbst ist."[198] Das Dokument betont, in der Katechese seien Transzendenz--erfahrungen und -deutungen zu ermöglichen, die auch unabhängig von der Glaubensgemeinschaft ihren Wert besitzen. Bei jedem Inhalt der Glaubensunterweisung muss daher nach seiner Bedeutung für das Leben gefragt werden.[199] Die ‚Lebensrelevanz' wird so zum entscheidenden Kriterium für die Auswahl der Inhalte der Katechese. Bei der Elementarisierung der Inhalte wird daher nicht mehr vom „depositum fidei" her gedacht und keine „Hierarchie der Wahrheiten"[200] aufgestellt, aus der dann die wichtigsten Inhalte ausgewählt werden, um das Glaubensgut möglichst umfassend zu vermitteln. Entscheidend ist nun vielmehr, welche Glaubensinhalte dem Einzelnen helfen, seine Lebensgeschichte im Lichte Gottes zu deuten und tiefer zu verstehen. Die Korrelationsmöglichkeiten von Glaubenswahrheiten und Erfahrungen in der eigenen Biographie werden zum entscheidenden Auswahlkriterium für die Inhalte der Katechese. Durch die einseitige Fixierung auf die Lebensgeschichte des Glaubensschülers und die darin bereits möglichen Erfahrungen von Transzendenz ist dem Arbeitspapier *Das katechetische Wirken der Kirche* keine inhaltliche Präzisierung und Konturierung der Katechese mehr möglich.

---

in: Franz-Peter Tebartz-van Elst [Hg.], Katechese im Umbruch. Positionen und Perspektiven [= FS für Dieter Emeis], Freiburg i. Br. 1998, 282–295, hier 284).

[194] Vgl. *Wolfgang Nastainczyk*, Katechese: Grundfragen und Grundformen, Paderborn 1993, 41f.
[195] *Dieter Emeis / Karl-Heinz Schmitt*, Grundkurs Gemeindekatechese, Freiburg i. Br. 1977, 30.
[196] Vgl. *Sauer*, Katechese, 284.
[197] Ebd. 285.
[198] Arbeitspapier: Katechetisches Wirken, 42.
[199] Vgl. ebd. 43.
[200] UR 11.

So muss man mit Hofrichter zum folgendem Urteil kommen: „Die stark existentiell ausgerichtete Dimension läßt kaum konkrete Anhaltspunkte für eine inhaltliche Ausgestaltung der Katechese erkennen. Somit fehlt eine Ausrichtung an der organischen Ganzheit, man vermißt die orientierende ‚Mitte' der Glaubensunterweisung."[201]

Die anthropologische Zielsetzung der Katechese bestimmt nicht nur deren Inhalte, sondern hat verständlicherweise auch Auswirkung auf die Methode der Katechese. Die deduktive Methode der Glaubensvermittlung wird zugunsten der induktiven Methode aufgegeben, die bei den Erfahrungen der eigenen Lebensgeschichte ansetzt. „Man sollte darum in der Katechese nicht von vorgegebenen Glaubensinhalten ausgehen, um sie sozusagen nachträglich in ihrer Lebensbedeutung zu erschließen. Es empfiehlt sich in der Regel vielmehr, mit der Situation des Menschen und seinen Problemen zu beginnen, um dann die sich ergebenden Fragen als Fragen nach Gott bewußtzumachen."[202] Obwohl der Begriff nicht ausdrücklich verwendet wird, deutet sich hier ein korrelatives katechetisch-didaktisches Modell an.[203]

Zu dieser Ausrichtung der Katechese passt es, dass der Zusammenhang von Glaube und Tun stark betont wird. Aus der Beschäftigung mit dem Evangelium soll ein gemeinsames Handeln erwachsen, das sich auch auf den gesellschaftlichen und politischen Bereich auswirkt.[204] Erst nach der Formulierung der handlungsorientierten Zielsetzung im außerkirchlichen Bereich wird die Befähigung zur Teilnahme am Leben der Kirche als Ziel der Katechese genannt. Dabei prägt die anthropologische Ausrichtung der Katechese selbst diese Zielsetzung in hohem Maße. So soll die Katechese zu einem „eigenständigen Ausdruck des Glaubens"[205] anregen. Dies gilt sogar für den Bereich der Liturgie, die sich am subjektiven Empfinden des einzelnen Gläubigen ausrichten soll: „Der Wert der liturgischen Feier kann daran gemessen werden, wie weit in ihr der einzelne seinen Glauben zu feiern und zu vertiefen vermag."[206] Hier zeigt sich deutlich die Grenze dieses anthropologischen Ansatzes, der die subjektiven Erfahrungen, Empfindungen und Handlungen so in den Mittelpunkt stellt, dass die Transzendenz Gottes und die kirchliche Verfasstheit des Glaubens aus dem Blick zu geraten drohen. Objektive Glaubensinhalte, die sich im überlieferten Glaubenswissen der Kirche und dem fest gefügten Ritus der Liturgie zeigen, werden für die Katechese zur Nebensache, wenn sie sich nicht mit den Erfahrungen der Glaubensschüler verbinden lassen.

---

[201] *Hofrichter*, Leben, 45.
[202] Arbeitspapier: Katechetisches Wirken, 43.
[203] Vgl. *Hauf*, Katechese, 26.
[204] Vgl. Arbeitspapier: Katechetisches Wirken, 43–45.
[205] Ebd. 46.
[206] Ebd.

Wichtige neue Impulse setzt das Arbeitspapier *Das katechetische Wirken der Kirche* mit seinen Überlegungen zum Träger der Katechese. Im Abschnitt „Die Katechese als Aufgabe der Gemeinde"[207] wird den Gläubigen in ihrer Gesamtheit und nicht nur den Inhabern bestimmter Ämter die Verantwortung für den katechetischen Dienst zugesprochen. Die Bischöfe und Pfarrer haben zwar in der Katechese eine besondere Aufgabe, die in der Förderung und Steigerung der Wirksamkeit der Katechese besteht, aber sie sind nicht deren einzige Träger. Es gilt vielmehr, die vielen katechetischen Charismen zu fördern und eine große Zahl erwachsener und auch jugendlicher Mitarbeiter in diesem Bereich zu gewinnen. Eine „Entprofessionalisierung" der Katechese ist das Ziel, die diese deutlich vom schulischen Religionsunterricht unterscheidet und durch die ehrenamtlichen Mitarbeiter deutlich macht, dass alle Gläubigen zur Katechese berufen sind.[208]

Das Arbeitspapier bestimmt in seinem allgemeinen Teil abschließend das Verhältnis von Religionsunterricht und Katechese. Diese sind nicht als zwei konkurrierende Systeme zu betrachten, sondern sollen sich gegenseitig ergänzen und anregen. Der Unterschied der beiden Formen der Glaubensweitergabe liegt darin, dass der kirchliche Religionsunterricht von der Aufgabe der Schule her konzipiert werden muss, während die Katechese konsequent von der Gemeinde her zu entwickeln ist.[209] Die Katechese wird aus dem Aufgabenfeld der Schule herausgelöst und ganz in die Zuständigkeit der Gemeinde überwiesen, ohne eine strikte Trennung der beiden Bereiche zu propagieren.[210] Erst in dieser Verhältnisbestimmung zum Religionsunterricht verwendet das Arbeitspapier dann ausdrücklich den Begriff „Gemeindekatechese"[211].

Im speziellen Teil des Arbeitspapiers werden die allgemein herausgearbeiteten Grundsätze auf bestimmte Lebensalter angewandt. Ein besonderer Schwerpunkt, der für die Sakramentenkatechese mit Kindern und Jugendlichen von großer Bedeutung ist, wird dabei auf die Gruppe der Eltern gelegt. Als Schwierigkeit der christlichen Erziehung wird genannt, dass viele Eltern der religiösen Erziehung völlig gleichgültig gegen- überstehen oder sie an kirchliche Institutionen delegieren. Dem anthropologischen Ansatz des Arbeitspapiers entsprechend wird daher

---

[207] Vgl. ebd. 49–51.
[208] Vgl. ebd., 49.
[209] Vgl. ebd. 52.
[210] Dennoch wird in der Rezeption des Arbeitspapiers *Das katechetische Wirken der Kirche* recht bald die Gemeinde zum alleinigen Träger der Glaubensvermittlung, wie Zerfaß schon 1974 deutlich werden lässt: „Die Übernahme der Glaubensvermittlung in die (fast) ausschließliche Eigenverantwortung der Kirche steht und fällt mit den Gemeinden. Nur sie sind nahe genug an der Basis gesellschaftlichen Lebens und in sich vielschichtig genug, um die Werte und Verhaltensmuster des Glaubens plastisch zu präsentieren und plausibel erscheinen zu lassen" (*Rolf Zerfaß*, Zum pastoralen Stellenwert der Gemeindekatechese, in KatBl 99 [1974], 136–139, hier 139).
[211] Vgl. Arbeitspapier: Katechetisches Wirken, 52.

2.1 Das Arbeitspapier Das katechetische Wirken der Kirche

die Hauptaufgabe der Katechese für Eltern darin gesehen, ihnen zu verdeutlichen, wie wichtig die Erfahrung von Zuwendung und Geborgenheit für die Glaubensentwicklung des Kindes ist.[212] Als weiteres Ziel wird die Weiterentwicklung des Glaubensverständnisses der Eltern genannt. „Es ist daher gemeinsam mit den Eltern nach einem Glaubensverständnis zu suchen, das frei ist von einengenden und bedrückenden religiösen Vorstellungen, von moralischen Ängsten, von der Nachwirkung von Zwängen aus der eigenen Erziehung, von Fatalismus, Formalismus, magischen Vorstellungen und religiösen Mechanismen."[213] Dies ist dann die Voraussetzung dafür, dass die Eltern mit ihren Kindern Glaubensgespräche führen können, wozu natürlich die Elternkatechese eine Hilfestellung geben soll.[214] Das Arbeitspapier nennt die Eltern die „ersten Katecheten ihrer Kinder"[215] und spricht ihnen eine entscheidende Rolle bei der Kommunionvorbereitung zu: „Vor allem die Hinführung der Kinder zur Eucharistie ist vorrangig eine Angelegenheit der Eltern."[216] Der Gefahr einer „katechetischen Familiarisierung"[217], die aus dieser starken Betonung der Elternrolle erwachsen kann, muss durch die Hinführung der Kinder zum Gemeindeleben und gesellschaftlichem Engagement begegnet werden. Als eigentlicher Träger der Kinderkatechese wird somit die Gemeinde betrachtet, die aber diese Aufgabe im Zusammenwirken mit Schule und Familie zu erfüllen hat.[218]

Die ‚anthropologische Wende' der Katechese findet auch in den speziellen Ausführungen des Arbeitspapiers *Das katechetische Wirken der Kirche* zur Kinder- und Jugendkatechese ihren Ausdruck. Eine ganzheitliche, an der Erfahrung des Kindes orientierte Katechese wird in den Zielsetzungen beschrieben, die von der Korrelation von Lebens- und Glaubenserfahrung geprägt ist.[219] Das Verhältnis von Jugend und Kirche wird als Prozess zunehmender Entfremdung erfahren.[220] In dieser Altersphase lösen sich die Jugendlichen von bisherigen Autoritäten ab. Als entscheidend für die Weitergabe des Glaubens wird daher gesehen, dass der Glaube als Antwort auf die Probleme und Fragestellungen der eigenen Lebenssituation erfahren wird. „Fragen und Probleme aus der Lebenssituation des jungen Menschen müssen darum vorrangige Inhalte der katechetischen Arbeit

---

[212] Vgl. ebd. 60–61.
[213] Ebd., 61.
[214] Vgl. ebd. 62.
[215] Vgl. ebd. 65.
[216] Ebd. 62.
[217] Ebd. 63.
[218] Vgl. ebd. 82.
[219] Vgl. ebd. 80–81.
[220] Vgl. ebd. 83.

sein. Wege müssen aufgewiesen werden, die es jungen Menschen möglich machen, ein eigenständiges Glaubensverständnis zu entwickeln und ihren Lebensentwurf aus dem Glauben zu gestalten."[221] Die anthropologische Orientierung der Katechese findet hier ihre stärkste und konsequenteste Ausprägung.

Im Arbeitspapier *Das katechetische Wirken der Kirche* werden vier Grundprinzipien sichtbar, die in den kommenden Jahrzehnten die katechetische Entwicklung in Deutschland bestimmten:

Das weite, anthropologisch ausgerichtete Katecheseverständnis: Die Katechese wird nicht als klar abgrenzbare, systematische Einführung in den Glauben verstanden, sondern als Ausbildung einer christlichen Lebensgestaltung, die prinzipiell nie zu einem Abschluss kommt. Damit wird beinahe jedes kirchliche Handeln auch zu einem katechetischen Handeln. Begründet ist dieser weite Katechesebegriff im anthropologischen Verständnis der Katechese als Lebenshilfe durch den Glauben. Dadurch lässt sich die Katechese aber nicht mehr auf bestimmte zeitliche Abschnitte begrenzen, sondern wird zum ständigen Anspruch an das kirchliche Handeln im Bezug auf den einzelnen Gläubigen.

Der Vorrang der Lebenserfahrungen des Glaubensschüler: Aus diesem Katecheseverständnis heraus ist die systematische und vollständige Vermittlung der kirchlichen Glaubensinhalte nicht die erste Aufgabe der Katechese. An erster Stelle stehen in der Katechese die Lebenserfahrungen des Einzelnen, die im Licht des Glaubens gedeutet werden sollen. Sie bestimmen letztendlich, welche Glaubensinhalte vermittelt werden. Es handelt sich hierbei um ein relativ naives Verständnis von Korrelation, das davon ausgeht, dass sich jeder Glaubensinhalt ohne Schwierigkeiten mit den Lebenserfahrungen der Glaubensschüler in Beziehung setzen lässt.

Der Vorrang der induktiven Methode in der Katechese: Das anthropologische Katecheseverständnis führt auch bei der Auswahl der Methoden dazu, dass hier induktive Methoden bevorzugt werden, die bei den Erfahrungen des Einzelnen ansetzen, um den Glauben zu erschließen. Kognitive und deduktive Methoden, insbesondere das Auswendiglernen von Grundtexten des Glaubens, geraten oft völlig aus dem Blick.

Die Gemeinde wird zum ‚alleinigen' Ort der Katechese. Schule und Familie erhalten nur noch eine unterstützende Funktion zugesprochen, während die Gemeinde zur eigentlichen Trägerin der Katechese wird und die Katechese zu einer Erneuerung der Gemeinden führen soll.[222] Dies führt in der Folgezeit zu einer

---

[221] Ebd. 85.
[222] Vor einer zu großen Euphorie hinsichtlich der Möglichkeiten der Katechese zur Verlebendigung der Gemeinden warnte 1974 schon Emeis: „Gelegentlich übersehen Hoffnungen auf die kirchenreformerische Kraft der Katechese, daß die Katechese die Gemeinde nicht erneuern kann, ohne daß sie dazu Impulse und Energien aus Gruppen der Gemeinde empfängt, die in ihrem Glaubensleben erneuert sind bzw. sich auf den Weg der Erneuerung eingelassen

scharfen Trennung zwischen gemeindlicher Katechese und schulischem Religionsunterricht.

2.2 Der Synodenbeschluss *Schwerpunkte heutiger Sakramentenpastoral*

Der Synodenbeschluss *Schwerpunkte heutiger Sakramentenpastoral*[223] wurde in der 6. Sitzungsperiode der Synode der Bistümer in der Bundesrepublik Deutschland vom 20.-24. November 1974 verabschiedet.[224] Es werden in diesem Synodenbeschluss vorrangig die Sakramente der Taufe, der Firmung und der Buße behandelt. Ein kleiner Abschnitt findet sich auch zur Hinführung von Kindern auf den erstmaligen Empfang der Eucharistie. Die Beschränkung auf diese drei Sakramente sollte den Umfang dieses Beschlusses reduzieren. So wurden nur die Sakramente in den Blick genommen, die mit besonderer Dringlichkeit einer theologischen und pastoralen Klärung bedurften.[225] Bevor der Synodenbeschluss sich aber diesen drei Sakramenten und ihren Problemen zuwendet, versucht er zunächst eine theologische Grundlegung des sakramentalen Handelns der Kirche zu geben, die sich an den Impulsen des Zweiten Vatikanischen Konzils zur Theologie und Liturgie der Sakramente orientiert. Im Folgenden sollen nun die drei Aspekte be-

---

haben" (*Dieter Emeis*, Das katechetische Wirken der Kirche – Ein Papier und die Praxis, in: KatBl 99 [1974], 130–135, hier 135).

[223] Beschluß: Schwerpunkte heutiger Sakramentenpastoral, in: Ludwig Bertsch u.a. (Hg.), Gemeinsame Synode der Bistümer in der Bundesrepublik Deutschland. Beschlüsse der Vollversammlung. Offizielle Gesamtausgabe I, Freiburg i. Br. 1976, 238–275.

[224] Vgl. *Franziskus Eisenbach*, Einleitung zum Synodenbeschluß „Schwerpunkte heutiger Sakramentenpastoral", in: Ludwig Bertsch u.a. (Hg.), Gemeinsame Synode der Bistümer in der Bundesrepublik Deutschland. Beschlüsse der Vollversammlung. Offizielle Gesamtausgabe I, Freiburg i. Br. 1976, 227–238, hier 229.

[225] Bei der Taufe machten die Veröffentlichung des erneuerten Ritus der Kindertaufe, die Frage nach der Sinnhaftigkeit der Kindertaufe, die Möglichkeit eines Taufaufschubs, die Notwendigkeit eines verbindlichen Taufgesprächs und die ersten Erfahrungen mit dem Erwachsenenkatechumenat eine Behandlung dieses Sakramentes notwendig. Bei der Firmung war die Situation ähnlich. Auch hier war ein neuer Ritus veröffentlicht. Zudem führten die Fragen nach den theologischen und pastoralen Unterschieden zwischen Firmung und Taufe und dem richtigen Firmalter zu heftigen Diskussionen. Im Bereich des Bußsakraments war eine tiefe Verunsicherung zu spüren. Die Zahl der Einzelbeichten nahm immer mehr ab und das Verhältnis zwischen Beichte und der neuen Form der Bußgottesdienste bedurfte einer Klärung (vgl. *Eisenbach*, Einleitung, 227).

nannt werden, die diesen Synodenbeschluss prägen und für die weitere Entwicklung der Sakramentenpastoral entscheidend waren.[226]

In Weiterführung der Ansätze des Zweiten Vatikanischen Konzils werden die Sakramente nicht als Gnadenmittel verstanden, die ‚etwas' bewirken, sondern das Wesen der Sakramente wird definiert als Möglichkeit der Begegnung mit Jesus Christus.[227] Die persönliche Beziehung zwischen dem einzelnen Menschen und Jesus Christus steht im Mittelpunkt dieses Sakramentenverständnisses. Der Glaube ist dabei von entscheidender Bedeutung, um das Beziehungsgeschehen, das sich im Zeichen der Sakramente ereignet, richtig zu erfassen. Zum einen ist das Geschenk des Glaubens Voraussetzung für den Empfang der Sakramente, zum anderen wird der Glaube durch die Sakramente auch gestärkt. „So sind die Sakramente Zeichen des Glaubens in zweifacher Hinsicht: Der gläubige Mensch bezeugt in ihrem Empfang seinen Glauben an die wirksame Hilfe Gottes; durch dieses Wirken Gottes wird ihm gleichzeitig Glaube geschenkt und bestärkt."[228] Führt schon die Beschreibung der Sakramente als Handlungen, in denen sich die personale Begegnung des Menschen mit Gott ereignet, zu einer stärkeren Betonung der anthropologischen Dimension der Sakramente, so wird die ‚anthropologische Wende' im Sakramentenverständnis der Würzburger Synode vor allem durch die Betonung der Relevanz der Sakramente für das alltägliche Leben des Menschen deutlich. „Hier [sc. in den Sakramenten] werden die zentralen Lebensfragen des Menschen aufgegriffen und finden Antwort und Hilfe zu ihrer Bewältigung in der Begegnung mit Christus, die Heil bewirkt."[229] Der Mensch mit seiner Lebenswirklichkeit ist der Ansatzpunkt für die Sakramente. Sie sollen dem Menschen helfen, die Frage nach Sinn, die sich an den wichtigen Knotenpunkten des Lebens stellt, zu beantworten. Die Sakramente sollen daher nicht als ein Sonderbereich des menschlichen Lebens erfahren werden, sondern als Deutungen des menschlichen Alltags sowie wichtiger Lebenssituationen, die die Fragwürdigkeit des menschlichen Lebens besonders offen legen. Die Erfahrungsorientierung der Katechese ist somit in einem Sakramentenverständnis grundgelegt, das in der gläubigen Deutung des eigenen Lebens und im Bewusstwerden der schon immer vorhandenen Gottesbeziehung der eigenen Existenz die Hauptaufgabe der sakramentalen Feier sieht.

Die zweite deutliche Akzentsetzung findet sich im Synodenbeschluss *Schwerpunkte heutiger Sakramentenpastoral* bei der großen Bedeutung, die der Ge-

---

[226] Zum gesamten Text des Synodenbeschlusses vgl. *Peter Hünermann*, Schwerpunkte heutiger Sakramentenpastoral, in: Dieter Emeis / Burkard Sauermost (Hg.), Synode – Ende oder Anfang. Ein Studienbuch für die Praxis in der Bildungs- und Gemeindearbeit, Düsseldorf 1976, 119–137.
[227] Vgl. *Hünermann*, Schwerpunkte, 121.
[228] Beschluss: Sakramentenpastoral, 241.
[229] Ebd. 240.

2.2 Der Synodenbeschluss Schwerpunkte heutiger Sakramentenpastoral

meinde vor Ort innerhalb der Sakramentenpastoral zugesprochen wird. Es sind vor allem die Pfarrgemeinden, die die Aufgabe zugesprochen bekommen, die ekklesiologische Dimension der Sakramente erfahrbar zu machen. Somit sind die Pfarrgemeinden selbst die Subjekte der Sakramentenpastoral, durch die die Menschen zum Empfang der Sakramente eingeladen werden und deren pfarrliches Leben durch die Spendung der Sakramente bereichert wird.[230] „Spendung und Empfang der Sakramente sind auch deshalb wesentliche Lebensfunktionen der Gemeinde."[231] Der Synodenbeschluss *Schwerpunkte heutiger Sakramentenpastoral* macht vor allem in seinen Abschnitten über die beiden Initiationssakramente Taufe und Firmung deutlich, dass die Pfarrgemeinde die eigentliche Trägerin der hinführenden Sakramentenpastoral ist.[232]

Der dritte wichtige Akzent, den der Synodenbeschluss *Schwerpunkte heutiger Sakramentenpastoral* setzt, ist die Förderung der kleinen katechetischen Gruppe als Ort der Katechese. Diese Akzentsetzung findet sowohl bei der Erstkommunionvorbereitung als auch bei der Firmvorbereitung statt. Nur in einem kleinen Abschnitt geht der Synodenbeschluss auf „Die Hinführung der Kinder zur Eucharistie"[233] ein. Trägerin der Vorbereitung ist auch hier die Pfarrgemeinde, die den Religionsunterricht als Ort der Erstkommunionvorbereitung ablöst. Der Religionsunterricht soll nur noch unterstützende Funktion haben und die Zugehörigkeit zu einer Schulklasse[234] nicht mehr das entscheidende Kriterium für den Empfang der Erstkommunion sein. Dem gemeindekatechetischen Modell der Sakramentenvorbereitung wird der Vorrang bei der Erstkommunionvorbreitung eingeräumt: „Bewährt hat sich dabei die Vorbereitung in kleinen Gruppen, die von einzelnen Eltern oder anderen geeigneten Erwachsenen betreut werden."[235] Dieser Kommunionunterricht in kleinen katechetischen Gruppen soll nun nicht mehr bloß Wissen vermitteln, sondern das Kind in das Leben der Kirche einführen. Auch bei der Firmvorbereitung findet eine solche Loslösung der Vorbereitung vom schulischen Religionsunterricht statt: „Träger der Firmvorbereitung ist die Pfarrgemeinde. Auch bei Firmbewerbern im schulpflichtigen Alter soll die Hinführung zur Firmung außerhalb des Klassenverbandes und der Schule stattfinden."[236] Das gemeindekatechetische Modell, das durch die Vorbereitung in kleinen katechetischen Gruppen in das Leben der

---

230 Vgl. *Hünermann*, Schwerpunkte, 134.
231 Beschluss: Sakramentenpastoral, 241.
232 So heißt es bezüglich der Taufe: „Die Eingliederung in die Kirche geschieht konkret in einer Gemeinde" (*Beschluss: Sakramentenpastoral*, 245). Für das Sakrament der Firmung wird festgestellt: „Die Firmung hat ihren Ort in der Gemeinde" (ebd. 247).
233 Ebd. 254.
234 Vgl. ebd. 267.
235 Ebd. 254.
236 Ebd. 256.

70 2. Die Entwicklung der Sakramentenkatechese in Deutschland

Pfarrgemeinde einführen will, wird somit zum Leitbild der Sakramentenpastoral mit Kindern und Jugendlichen.

Auf einen Blick seien hier nochmals die wichtigsten Ergebnisses des Synodenbeschlusses *Schwerpunkte heutiger Sakramentenpastoral* zusammengefasst.

Die Sakramente werden als Feiern an Knotenpunkten des Lebens und als Lebensdeutung aus dem Glauben verstanden. Diese anthropologische Kategorie der Lebensdeutung steht im Vordergrund und verdrängt die theologische Kategorie des gnadenhaften Handelns Gottes am Menschen[237] im Augenblick der Feier des Sakramentes.

Die Gemeinde wird als Ort der Sakramentenpastoral mit Kindern und Jugendlichen in besonderer Weise hervorgehoben. Familie und Schule haben nur noch eine unterstützende Aufgabe.

Die kleine katechetische Gruppe wird als Lernort für die Sakramentenpastoral eingeführt. Damit wird das Modell der ‚Gemeindekatechese' zum Leitbild für die katechetische Arbeit mit Kindern und Jugendlichen bei der Hinführung zur Erstkommunion und zur Firmung.

2.3 Das gemeindekatechetische Modell

Waren in den sechziger Jahren vor allem Adolf Exeler[238], Bruno Dreher[239] und Anton Kalteyer[240] die „Promotoren der Gemeindekatechese"[241], die sich darum bemühten, das vorherrschende statisch-begriffliche Katecheseverständnis aufzubrechen und Katechese in der Gemeinde als „Ereignis von Kirche"[242] zu verstehen, so waren es in den siebziger Jahren des vergangenen Jahrhunderts Dieter

---

[237] Vgl. zu diesem Sakramentenverständnis *Eva-Maria Faber*, Einführung in die katholische Sakramentenlehre, Darmstadt 2002, 59–59.
[238] Vgl. *Exeler*, Wesen, 277–282.
[239] Vgl. *Bruno Dreher*, Katechese im Organismus der Gesamtseelsorge, in: ders. / Adolf Exeler / Klemens Tilmann (Hg.), Katechese und Gesamtseelsorge (= Klärung und Wegweisung 6), Würzburg 1966, 63–101.
[240] Vgl. *Anton Kalteyer*, Katechese in der Gemeinde. Hinführung der Kinder zur Eucharistie. Ein Werkbuch, Frankfurt a. M. 1974. Zur Weiterführung dieses Ansatzes vgl. *Anton Kalteyer*, Katechese in der Gemeinde. Glaubensbegleitung von Erwachsenen, Frankfurt a. M. 1976.
[241] Vgl. *Hofrichter*, Leben, 58–64. Hofrichter stellt in diesem Abschnitt umfassend den Einfluss dieser drei Autoren auf die Gemeindekatechese dar und verwendet dafür den Begriff „Promotor".
[242] Zum ganzen Zusammenhang der Herausbildung eines neuen Katecheseverständnisses vgl. *Tebartz-van Elst*, Gemeindliche Katechese, 478–480.

2.3 Das gemeindekatechetische Modell

Emeis und Karl-Heinz Schmitt[243], die die didaktische und methodische Entfaltung dieses neuen Katecheseverständnisses vorantrieben. Mit ihrem 1977 erschienenen *Grundkurs Gemeindekatechese* erfolgte ein wichtiger Schritt in Richtung der systematischen Entfaltung eines gemeindekatechetischen Ansatzes und seiner didaktischen Aufarbeitung. Dieser Ansatz soll nun ausführlich vorgestellt werden, da er die Entwicklung in Deutschland entscheidend prägte und die beiden Autoren in den letzten Jahren immer wieder auf neue drängende Fragen in der Katechese eingegangen sind und versucht haben, ihr gemeindekatechetisches Konzept den Anforderungen der Zeit anzupassen. Mit den beiden Büchern *Grundkurs Gemeindekatechese* und *Grundkurs Sakramentenkatechese*[244] erfolgte eine theoretische Aufarbeitung der in vielen Pfarreien im Anschluss an die Würzburger Synode begonnenen gruppenorientierten Katechese. Emeis und Schmitt legen neben einer theologischen Grundlegung der gemeindekatechetischen Arbeit auch eine ausdifferenzierte Planung der einzelnen Inhalte, didaktischen Schritte und methodischen Umsetzungen für diese Arbeit vor.

Bei der theologischen Grundlegung der Gemeindekatechese wird deutlich, dass alle entscheidenden Impulse der Würzburger Synode aufgegriffen werden. „Die Gemeinde als konkrete Erfahrbarkeit von Kirche muß die allgemeine kirchliche Sendung so konkretisieren, daß konkrete Menschen in konkreten Hoffnungen und Ängsten erfahren können, wozu sie im Glauben eingeladen sind."[245] In

---

243 Neben Emeis und Schmitt hat auch Günter Biemer entscheidende Impulse für die Gemeindekatechese gegeben. Er entwickelt einen katechetischen Denk- und Handlungsansatz, der von pädagogisch-sozialisatorischen Fragestellungen bestimmt ist. Die gelungene oder ausgefallene Primärsozialisation prägt die Glaubensweitergabe an Kinder und Jugendliche entscheidend. Die Planung des katechetischen Lernprozesses hat auf dieses vorgegebene Bedingungsfeld der Kinder und Jugendlichen zu schauen. Die Katechese ist für Biemer eingebettet in einen umfassenden Sozialisationsprozess (vgl. *Günter Biemer*, Katechetik der Sakramente, Freiburg i. Br. 1983). Fortgeführt wird dieser pädagogische Denk- und Handlungsansatz in *Günter Biemer*, Symbole des Glaubens leben – Symbole des Lebens glauben. Sakramentenkatechese als Lernprozess. Taufe, Firmung, Eucharistie, Ostfildern 1999. Dabei greift Biemer das Lernkonzept der Lernpsychologie auf. Lernen im lernpsychologischen Sinn besteht nicht nur im Memorieren von Inhalten (Gedächtnis), sondern zuvor in der Erweiterung des Verstehenshorizontes (Erwerb neuer kognitiver Strukturen) sowie in der Verbesserung des Gefühlsvermögens (Emotionalität, z.B. durch Verfeinerung der Empathie) und in der Differenzierung der Handlungs- und Verhaltensfähigkeiten (Realisieren).

244 *Dieter Emeis / Karl-Heinz Schmitt*, Grundkurs Sakramentenkatechese, Freiburg i. Br. 1980.

245 *Emeis / Schmitt*, Gemeindekatechese, 21. Die Gefahr dieses sehr einseitigen Kirchenbildes ist, dass die Pfarrgemeinde nicht in ihrer Begrenztheit wahrgenommen wird. Sie ist eben nicht schon Kirche in ihrer Vollform, sondern nur Teil einer Ortskirche, die eben aus vielen Gemeinden und Gemeinschaften besteht. Der Begriff „Gemeinde" hätte zudem sicher in diesem Zusammenhang einer genaueren dogmatischen und kirchenrechtlichen Definition bedurft. Dass dieses Problem auch bei Vertretern der Gemeindekatechese gesehen wird, zeigt eine Äußerung von Schladoth: „Zwar versteht das Konzil unter der Bezeichnung ‚Ortskirche' die Diözese, aber heute, 30 Jahre nach dem Konzil, gilt es, die dort aufgeführte Linie weiter

diesem Satz werden die Kernpunkte des neuen Katecheseverständnisses sichtbar, das sich im Anschluss an die Würzburger Synode herausbildete: die zentrale Bedeutung der Gemeinde und die konsequent anthropologische Ausrichtung der Katechese.

Katechese als eine Form, in der die Sendung der Kirche konkret wird, ist daher Aufgabe der ganzen Gemeinde. Gerade die Katechese als neu entdeckte Aufgabe der Gemeinde soll dazu führen, dass sie von der versorgten zur sorgenden Gemeinde wird. Vor allem durch den Einsatz ehrenamtlicher Mitarbeiter in der Katechese soll das Bewusstsein gefördert werden, dass die Gemeinde als ganze Subjekt ihres Lebens ist.[246] Daher ist auch ein ganzes Kapitel des *Grundkurs Gemeindekatechese* den Mitarbeitern in der Gemeindekatechese gewidmet.[247] Die sich daraus ergebende Gefahr, dass die Aufgabe der Katechese doch wieder an einige wenige Personen delegiert wird und sich die Gemeinde ihrer katechetischen Verantwortung entzieht, wird klar benannt.[248] Dennoch werden zunächst vor allem die großen Chancen wahrgenommen, die die Katechese zur Subjektwerdung und Verlebendigung der Gemeinde bietet.

Gegenüber dem Religionsunterricht grenzt sich die Katechese durch den Bezug auf die Gemeinde sehr stark ab. Während der Religionsunterricht durch die Schule als Ort und Träger bestimmt ist, gilt für die Katechese: „Das Zielspektrum der Gemeindekatechese ist bestimmt durch die weitgehend angestrebte Identität von Lernort und Lernziel. Die Gemeinde in ihren Grundfunktionen ist Träger, Ort und Ziel des katechetischen Wirkens."[249] Die Katechese wird so allen Bereichen des gemeindlichen Lebens, der Liturgie, der Diakonie und der Verkündigung zugeordnet. Ziel der Katechese ist die Teilnahme an allen Grundvollzügen der Gemeinde. Sie geht von diesen gemeindlichen Lebensvollzügen aus und will zu ihnen hinführen. Somit definiert sich die Katechese vollständig über die Ortsgemeinde, die auch eine Personalgemeinde oder geistliche Gemeinde sein kann. Andere mögliche Orte der Katechese, vor allem die Schule und die Familie, werden völlig an den Rand gedrängt, so dass der Gemeinde eine Monopolstellung zukommt.

In Anlehnung an das Synodenpapier *Das katechetische Wirken der Kirche* wird Katechese von Emeis und Schmitt als „Lebenshilfe durch Glaubenshilfe"

‚nach unten' zu ziehen und die Formulierung – ‚In den Einzelkirchen und aus ihnen besteht die eine und einzige katholische Kirche' –, die das Verhältnis der Diözesen zur Gesamtkirche beschreibt, auf das Verhältnis ‚Diözese-Gemeinde' zu übertragen" (*Schladoth*, Katechese, 55 Anm. 31).

[246] Vgl. *Emeis / Schmitt*, Gemeindekatechese, 23.
[247] Vgl. ebd. 95–112.
[248] Vgl. ebd. 103.
[249] Ebd. 45; vgl. *Dieter Emeis*, Die Gemeinde als Voraussetzung und Ziel der Katechese, in: KatBl 101 (1976), 192–197.

definiert. Die Gefahren dieser anthropologischen Ausrichtung der Katechese werden deutlich benannt, allerdings sieht man sie durch Erläuterungen des Synodenpapiers hinreichend gebannt.[250] Als eigentliche Gefährdung der Katechese wird ein statisch-begriffliches Katecheseverständnis gesehen. Jegliche Beschränkung der Katechese auf bloße Inhaltsvermittlung wird daher abgelehnt. Katechese wird als Prozess betrachtet, der die gesamte christliche Lebenspraxis betrifft und sie durch die Botschaft des Evangeliums gestaltet. Die Einbeziehung der eigenen Lebenserfahrungen und ihre Deutung aus dem Glauben werden zu einer entscheidenden Aufgabe der Katechese. Das hat auch Auswirkungen auf die Katecheten, die nicht mehr als Lehrer des Glaubens verstanden werden, sondern als Begleiter auf dem Glaubensweg. Sie selbst erhalten im katechetischen Prozess ebenfalls Lebenshilfe durch Glaubenshilfe und erfahren neue Impulse zur Vertiefung ihres Christseins. „Folgt man dem Ansatz E. Feifels (Erwachsenenbildung, Zürich 1972, 28–30), daß die Aktivierung in den Angelegenheiten des Glaubens nicht nur Kommunikation und Information, sondern auch die Konkretisierung der Mitverantwortung in der *Mitwirkung* erfordert, so ergibt sich daraus, daß in der Katechese auch nach Möglichkeiten gemeinsamen Gestaltens christlicher Praxis gesucht werden muß."[251]

Die anthropologische Ausrichtung der Katechese hat entscheidende Auswirkungen auf deren methodisch-didaktische Konzeption. Im Vordergrund steht bei Emeis und Schmitt dabei die umfassende Analyse der Gemeinde und der Zielgruppe der Katechese. Die Interdependenz zwischen dieser Analyse und den kirchlichen Glaubenstraditionen bestimmt die Inhalte der Katechese: „Das Selbstverständnis der Gemeinde (vgl. Kap. 2) liefert hier die wesentlichen Bedingungsfaktoren für das katechetische Lernfeld."[252] Ziel der Katechese ist es nicht mehr, eine möglichst vollständige Unterweisung in allen Glaubensinhalten zu ge-

---

[250] „Einige Absicherungen *gegen Missverständnisse* sind in das Papier selbst eingebaut:
  – Die Formulierung grenzt sich gegenüber einer *Anthropologisierung* ab, die den Zuspruch und Anspruch Gottes in der Frage nach dem Menschen übergeht.
  – Gegenüber einem vordergründigen *Vitalismus* wird das Wort vom ‚Gelingen des Lebens' durch den Verweis auf die Geschichte und das Geschick Jesu Christi insofern geschützt, als damit auch die liebende und gehorsame Annahme des Dunklen und Unabgeschlossenen der menschlichen Existenz in den Weg des Gelingens einbezogen wird.
  – Gegenüber einer *Anthropozentrik*, in der Gott für das Gelingen des Menschen gleichsam verzweckt erscheinen kann, wird eigens angemerkt, daß der Mensch gerade in der Verherrlichung Gottes zum Gelingen des Lebens findet" (*Emeis / Schmitt*, Gemeindekatechese, 31).
Die Entwicklung der folgenden Jahre hat gezeigt, dass diese Absicherung der Synode nicht ausgereicht hat. Vielmehr kam es zu den angedeuteten Missverständnissen.
[251] Ebd. 42.
[252] Ebd. 73.

währleisten. In der didaktischen Analyse sollen vielmehr die fundamentalen Lerninhalte ausgewählt werden, die eine Bedeutung für das Glaubensleben der Teilnehmer haben, wobei bei dieser Elementarisierung der kirchlichen Glaubensüberlieferung das exemplarische Lernen eine große Bedeutung hat.[253]

Obwohl für Emeis und Schmitt Gemeindekatechese von ihrem Selbstverständnis her mehr ist als eine Sakramentenkatechese für Kinder, bildet diese eben oft einen ersten Ansatzpunkt für ein gemeindekatechetisches Projekt.[254] Dabei zeigt sich bei der Sakramentenkatechese wiederum ein sehr anthropologisch geprägtes Sakramentenverständnis. Sakramente haben demnach ihren Ort an den Knotenpunkten des menschlichen Lebens. „In den einzelnen Sakramenten nun entfaltet sich das sakramentale Wesen der Kirche in konkrete Situationen des menschlichen Lebens hinein, d.h., die *Einzelsakramente* sind besondere Zeichen der Zusage und Zuwendung Gottes in Situationen, wo unser Leben in besonderer Weise beansprucht ist bzw. der Deutung und Sinnorientierung bedarf."[255] Die Sakramentenkatechese hat somit vor allem die Aufgabe der Lebensdeutung zu erfüllen und wird hauptsächlich von ihrem Nutzen für den Menschen her definiert. Das Handeln Gottes, die unmittelbare und völlig neue Begegnung mit ihm im Sakrament, wird nur andeutungsweise wahrgenommen.

Im *Grundkurs Sakramentenkatechese* wird dieses Sakramentenverständnis noch weiter ausgeführt. Selbst wo der christologische Bezug der Sakramentenkatechese betont wird, ist doch der Mensch der eigentlich Aktive, der sich der Begegnung Gottes im Sakrament zu öffnen hat. „Die Sakramentenkatechese muß also die Begegnung mit Jesus Christus im Sakrament so vorbereiten, daß der Christ im Geschehen des Sakramentes ein Bekenntnis seines Glaubens dadurch ablegt, daß er Gott durch Jesus Christus im Heiligen Geist an sich handeln läßt und dieses Handeln Gottes als Geschenk und als Stärkung seines Glaubens wahrnehmen und erfahren kann."[256] Das Entscheidende für die Begegnung mit Gott hat also die Katechese zu leisten, indem sie dem Menschen hilft, sein Leben im Licht des

---

[253] Vgl. ebd. 83.
[254] Schmitt macht sehr deutlich, dass die Gemeindekatechese nicht bei der Sakramentenkatechese mit Kindern stehen bleiben darf, wenn sie ihrem Anspruch gerecht werden will: „Bedeutet unter dieser Rücksicht der weitverbreitete katechetische Ansatz bei den Sakramenten der Buße, Eucharistie und Firmung nicht eine bedenkliche Engeführung des katechetischen Anliegens sowohl hinsichtlich der Zielgruppe (meist Kinder) wie auch der Ansatzpunkte und Inhalte? Sind es denn die Kinder, die vorrangig eine Hilfe aus dem Glauben zur Bewältigung ihres Lebens benötigen? Sind die Zeiten und Anlässe des Sakramentenempfangs wirklich die Situationen im Leben des einzelnen und der Gemeinde, die eine katechetische Hilfe aus dem Glauben notwendig machen?"(*Karl-Heinz Schmitt*, Gemeindekatechese nur Sakramentenkatechese? Anmerkungen zu einem katechetischen ‚Grundprogramm' in den Gemeinden, in: KatBl 101 [1976], 577–584, hier 577).
[255] *Emeis / Schmitt*, Gemeindekatechese, 115.
[256] *Emeis / Schmitt*, Grundkurs Sakramentenkatechese, 20.

2.3 Das gemeindekatechetische Modell

Glaubens zu deuten und damit erst die entscheidenden Voraussetzungen für die Begegnung mit Christus im Sakrament schafft. Ebenso wird bei der Darlegung der ekklesiologischen Dimension der Sakramente deutlich, dass die Sakramente im letzten eigentlich immer anthropologisch verortet werden: „In den Sakramenten feiert die Gemeinde für konkrete Menschen und mit ihnen in ihren Situationen, was sie aus ihrer gemeinsamen Überzeugung heraus für die Menschen und mit ihnen zu leben sucht."[257] Der Lebensbezug der Sakramente bildet den Ausgangspunkt, von dem aus alle übrigen Aspekte der Sakramente abgeleitet werden. Es wird daher nicht so recht deutlich, ob in den Sakramenten eine ganz neue Wirklichkeit von Gott her gesetzt wird oder nur eine Bestätigung dessen stattfindet, was in der Katechese bereits geleistet wurde.

In den folgenden Jahren entwickelte sich die Gemeindekatechese durch die Erfahrungen in der Praxis so weit fort, dass die beiden Autoren Emeis und Schmitt mit dem 1986 erschienenen *Handbuch der Gemeindekatechese*[258] diese als festen Teilbereich innerhalb der Katechetik etablieren konnten. In diesem Handbuch entwickeln die Autoren eine Didaktik der Gemeindekatechese. Es werden Kriterien bezüglich des Lernfeldes, der Ziele, der Inhalte und der Methodik herausgearbeitet, die helfen sollen, die katechetische Arbeit in der Praxis zu planen und zu reflektieren. Dabei werden die grundsätzlichen Erwägungen aus den oben dargestellten Werken der beiden Autoren übernommen und weitergeführt.

Das Konzept der Evangelisierung[259], wie es Papst Paul VI. in seiner Enzyklika *Evangelii nuntiandi* darstellt, wird aufgegriffen und seine grundlegende Bedeutung für die Theorie der Katechese hervorgehoben, da sie nun nicht mehr als Vermittlung von Glaubenswissen, sondern als umfassender Prozess des Christwerdens verstanden wird.[260] Dabei wird die Katechese als ein Schritt im Evangelisierungsprozess verstanden, der der Erstverkündigung durch das Zeugnis des Lebens und das Zeugnis des Wortes folgt.

> „Erst dann kann sich die eigentliche Phase der Katechese im Unterschied zur ersten Verkündigung anschließen. […] Dabei läßt sich dieses Phase noch einmal unterteilen in die Phase der grundlegenden Katechese, die mit der Zeit des Katechumenates gleichzusetzen ist und in der Feier der Initiationssakramente Taufe, Firmung und Eucharistie endet, und die Phase der vertiefenden, der lebensbegleitenden Katechese, in der beispielsweise der einmal vollzogene Eintritt in die Kirche immer neu begangen wird durch die Teilnahme an der Eucharistie und die Feier der Sakramente zu den Lebenswenden."[261]

---

[257] Ebd. 22.
[258] *Dieter Emeis / Karl-Heinz Schmitt*, Handbuch der Gemeindekatechese, Freiburg i. Br. 1986.
[259] S.o. 29–30.
[260] Vgl. *Emeis / Schmitt*, Handbuch, 40–45.
[261] Ebd. 44–45.

Dass in der konkreten Gestaltung der Sakramentenkatechese oft der entscheidende Schritt der Erstverkündigung nachgeholt werden muss, ist Emeis und Schmitt durchaus bewusst. Dies wird als Herausforderungen an die Gemeinden gesehen, sich ihrer evangelisierenden Verantwortung bewusst zu werden und eine differenzierte Begleitung innerhalb des Prozesses der Evangelisierung zu ermöglichen. Bedeutsam ist, dass Emeis und Schmitt die Katechese richtiger Weise als eine zeitlich begrenzte Etappe innerhalb des Prozesses der Evangelisierung einordnen und somit nicht der Kritik vieler deutscher Autoren folgen, die darin eine Verengung des Katechesebegriffs durch die römischen Dokumente sehen.[262] Allerdings betrachten auch Emeis und Schmitt das Evangelisierungskonzept als vollständige Bestätigung ihres gemeindekatechetischen Ansatzes mit der zentralen Stellung der Gemeinde und der anthropologischen Ausrichtung der Katechese.

Die kirchliche Situation Ende der achtziger Jahre in Westdeutschland lässt allerdings schon eine erhebliche Ernüchterung bezüglich der Stellung der Gemeinde innerhalb der Katechese aufkommen.[263] Zwar wird positiv vermerkt, dass im Zuge des Synodenpapieres *Das katechetische Wirken der Kirche* das Wort ‚Gemeindekatechese' zu einem festen Begriff in Praxis und Theorie der Katechese geworden ist[264], dennoch kann von einer Umsetzung der Zielvorstellungen der Gemeindekatechese in der Realität der Gemeinden keine Rede sein. Den Grund dafür sieht man darin, dass die Gemeinden zu sehr „liturgische Gemeinden" sind und zu wenig „Lebens- und Glaubensgemeinschaften".[265] Damit die Gemeinde wirklich ein Lernort des Glaubens werden kann, braucht sie lebendige Gruppen, in denen ein Austausch über das eigene Leben und den eigenen Glauben möglich ist.

„Katechese im Sinne der Einführung in christliche Lebensart kann so als Sache der Gemeinde verwirklicht werden, wenn in der Gemeinde einerseits bestehende Gruppierungen und Treffen zu solchen Erzählgemeinschaften werden und andererseits neue Begegnungen und Erzählräume gesucht und gefunden werden. Die Einsicht in die der Gemeinde gesteckten Grenzen als Lernort des Glaubens macht – vor allem wenn es um Kinder geht – für den Lernort aufmerksam, an dem alltäglich christliches Leben geteilt wird: die Familie."[266]

---

[262] S.o. 37 u. 54.
[263] Vgl. *Karl Heinz Schmitt*, Zur gegenwärtigen Situation der Gemeindekatechese in den Deutschen Bistümern, in: KatBl 105 (1980), 750–760; *ders.*, Die Katechese: Eine Etappe der Evangelisierung. Situation in der gegenwärtigen Katechese, in: LKat 8 (1986), 4–10; *Wolfgang Bartholomäus*, Gemeindekatechese. Eine Problemübersicht, in: ThQ 162 (1982); *Dieter Emeis*, Evangelisierung und Katechese unter dem Zeitdruck „sakramentaler Termine", in: LS 38 (1987), 155–160.
[264] Vgl. *Emeis / Schmitt*, Handbuch, 45.
[265] Vgl. ebd. 46.
[266] Ebd. 47.

2.3 Das gemeindekatechetische Modell

Von der Aufbruchstimmung, die von der Gemeindekatechese ausging und die von der Hoffnung getragen wurde, durch die Katechese, die als Aufgabe der ganzen Gemeinde betrachtet wird, eine Verlebendigung des Gemeindelebens zu erreichen, ist in dieser Analyse nichts mehr zu spüren. Vielmehr wird die Familie als Lernort des Glaubens für die Katechese mit Kindern neu in den Blick genommen.[267] Die Differenzierung der Katechese, wie sie im Zusammenhang der Evangelisierung gefordert wird, und die starke Ausrichtung der Katechese auf die Familie bestimmen dann auch in den folgenden Jahren die katechetische Diskussion.

Emeis und Schmitt entwickeln im *Handbuch der Gemeindekatechese* eine „katechetischen Theologie", die von den Prinzipien der Elementarisierung kirchlicher Glaubensaussagen und der Korrelation bestimmt ist:

Das Spezifische einer katechetischen Theologie ist also das *didaktische* Interesse. Man kann das Anliegen katechetischen Bedenkens theologischer Inhalte auch als Suche danach verstehen, wie bestimmte Menschen durch das Mitglauben mit dem in diesen Inhalten bezeugten Glauben der Kirche ihr Leben lernen können und sollen. Dazu ist eine Sympathie, also eine engagierte Teilnahme an den Freuden und Nöten der Lernenden ebenso wichtig wie die Vertrautheit mit den Inhalten und mit Einsichten in Prozesse menschlichen Lernens."[268]

Bei der Elementarisierung geht es um das Herausarbeiten der grundlegenden Glaubenserfahrungen und Glaubensüberzeugungen, die sich gegen eine kritische Infragestellung als Fundament bewähren und eine differenzierende Orientierung ermöglichen. Der christliche Glaube soll auf wenige, einfache Grundüberzeugungen konzentriert werden, um so exemplarisch zu vermitteln, was „fundamental christlich" ist.[269] Als solche Strukturelemente des christlichen Glaubens betrachten Emeis und Schmitt den Glauben an Gott als Heil für den Menschen, den Glauben an Jesus Christus als wirksames Zeichen des Heilswillens Gottes, den Glauben in der Glaubensgemeinschaft der Kirche und den Glauben an die Vollendung des angebrochenen Heils.[270]

Das Prinzip der Korrelation will in diesem Entwurf einer „katechetischen Theologie" mehr sein als ein Antwort- und Deutungspotential für bereits ohne die Glaubensüberlieferung wahrgenommene Situationen, Probleme und Konflikte. Die Erfahrungen mit Gott in der biblischen Offenbarung und der kirchlichen Tradition sind zum einen ein Anruf zu einer Geschichte mit Gott in der heutigen Lebens- und Glaubenserfahrung, zum anderen fordert aber die heutige Lebens- und Glaubenserfahrung auch zu einem neuen Verständnis der überlieferten Glaubenserfahrung heraus. Es ist also ein wechselseitiger Prozess, der so-

---

[267] Vgl. ebd. 47.
[268] Ebd. 88.
[269] Vgl. ebd. 90.
[270] Vgl. ebd. 91–99.

wohl überlieferte Glaubenserfahrung als auch heutige Lebenserfahrung kritisch hinterfragt und zu einem je neuen Verständnis führt.[271] Für das Gelingen dieses Prozesses der wechselseitigen Korrelation von Glaubenserfahrung und Lebenserfahrung ist der Katechet von entscheidender Bedeutung. „Christliches Leben ergibt sich nicht schon aus der Summe erlernter Glaubenswahrheiten, sondern durch Einführung und Teilhabe an einer christlichen Lebensart. Diese aber wird vor allem in *Begegnung mit Christen* erlebt und erfahren. Die Person des Vermittlers wird somit bedeutsam."[272] Das *Handbuch der Gemeindekatechese* löst sich also von einem einfachen Konzept der Korrelation, das nur von den Alltagserfahrungen auf die Glaubensinhalte schließt. Allerdings kommen auch hier die Unableitbarkeit und Einzigartigkeit des Glaubens zu wenig in den Blick, der sich nicht bloß auf menschliche Grunderfahrungen reduzieren lässt. Dass die Rolle der Katecheten als wesentlich für den Prozess der Korrelation betrachtet wird, ist als entscheidende Erkenntnis dieses neuen Korrelationsverständnisses zu werten, wenn daraus in der Praxis auch noch zu wenig Konsequenzen für die Auswahl der Katecheten gezogen wurden.

In den neunziger Jahren des 20. Jahrhunderts zeigen sich die Schwierigkeiten der Gemeindekatechese im Hinblick auf das Desinteresse der Gemeinden, die Qualifikation der Katecheten und die mangelnde Disposition der Kinder und Jugendlichen zum Empfang der Eucharistie und der Firmung immer deutlicher. Als Konsequenz daraus wird sehr heftig die Debatte geführt, welche Voraussetzungen an religiöser Praxis für die Sakramentenspendung notwendig sind.[273] „Sympathische Pflege des volkskirchlichen Erbes und Sammlung zukunftsfähiger Gemeinden Jesu Christi"[274] – für dieses zweifache Vorgehen plädiert in diesem Zusammenhang Emeis. Diese beiden Grundsätze prägen auch die letzte große Veröffentlichung von Emeis zur Gemeindekatechese. Mit dem *Grundriss der Gemeinde- und Sakramentenkatechese*, der im Jahr 2001 erschien, bietet er nochmals eine Zusammenfassung der wesentlichen Aspekte der Gemeindekatechese. Das Buch versteht sich als Fortführung des *Handbuchs der Gemeindekatechese*

---

[271] Vgl. ebd. 101–102.
[272] Ebd. 125.
[273] Für strengere Zulassungsbedingungen zu den Sakramenten plädieren *Thomas Kopp*, Katechumenat und Sakrament – nicht aber Sakramentenspendung an Ungläubige, in: Anzeiger für die Seelsorge 97 (1988), 35–38; *Lutz Pohle*, Zwischen Verkündigung und Verrat. Zur Gewissenskrise des Priesters heute, in: GuL 60 (1987), 334–354; *Lutz Pohle*, Arkandisziplin und Sakramente, in: LS 38 (1987), 160–166. Gegen eine Verschärfung der Zulassungsbedingungen wenden sich *Dieter Emeis*, Zwischen Ausverkauf und Rigorismus. Zur Krise der Sakramentenpastoral, Freiburg i. Br. 1991; *Stefan Knobloch*, Verschleudern wir die Sakramente? Die Feier der Sakramente als lebensgeschichtliche Mystagogie, in: ders. / Herbert Haslinger (Hg.), Mystagogische Seelsorge. Eine lebensgeschichtlich orientierte Pastoral, Mainz 1991, 126–155.
[274] *Emeis*, Ausverkauf, 38.

und will angesichts der vielen Anfragen an das Konzept der Gemeindekatechese, die sich aus drei Jahrzehnten praktischer Erfahrung stellen, eine grundlegende Orientierung geben.

Trotz aller zu beobachtender Schwierigkeiten bleibt für Emeis die Gemeinde der wichtigste Lernort des Glaubens. Allerdings gewinnt in seinem gemeindekatechetischen Konzept die Familie eine immer größere Bedeutung für Glaubensweitergabe an die nächste Generation, da die frühkindlichen Vertrauenserfahrungen, der elterliche Erziehungsstil und die gesamte Lebensgestaltung der Eltern entscheidend den Glauben eines Kindes prägen.[275] Die Familie kann allerdings nur dort ein wirklicher Lernort des Glaubens sein, wo sie offen ist für die Gemeinschaft mit Christen über die Familie hinaus.[276] Sie braucht die Ergänzung und Weitung durch die Gemeinde, die sich als ganze aber ihrer katechetischen Aufgabe nicht verweigern darf. Emeis beklagt, dass die Aufgabe der Katechese zu oft einfach an ehrenamtliche Katechetinnen und Katecheten delegiert wurde.

„Es ist ein kostbares Geschenk, daß sich seit etwa 25 Jahren Frauen und Männer aus den Gemeinden in der Sakramentenkatechese (insbesondere mit Kindern und Jugendlichen) beteiligen. Zu sehr werden sie allerdings vielerorts noch als Helferinnen und Helfer des Priesters und anderer Hauptamtlicher gesehen und zu wenig als die Menschen, in denen die Gemeinde sich öffnet für Menschen, die Glaubensgemeinschaft suchen. So entstehen in vielen katechetischen Gruppen zwar durchaus Glaubensorte. Oft sind sie aber eher Nebenräume neben dem Leben der Gemeinde als Eingangsräume zu den Glaubensorten in der Gemeinde."[277]

Eine wesentliche Notwendigkeit innerhalb der Weiterentwicklung der Gemeindekatechese sieht Emeis daher vor allem in der Sammlung von Christen in neuen Glaubensmilieus, in denen die Lernorte Familie und Gemeinde neu zusammenfinden können.[278]

Damit dies gelingt, muss sich Katechese vor allem als Mystagogie, als Einführung in das Geheimnis des Lebens, verstehen.[279] „Danach hat eine mystagogische Katechese das Ziel, *Menschen in jenes Geheimnis einzuführen, welches ihr Leben immer schon ist*, nämlich Gottes Liebesgeschichte mit uns Menschen."[280] In der Lebenspraxis der Menschen soll ihre Geschichte mit Gott sichtbar gemacht werden. Das Endziel der Katechese ist dann die Gemeinschaft mit Christus und die Teilhabe an den kirchlichen Grundfunktionen in einer Gemeinde. Die Katechese wird durch diese mystagogische Zielsetzung wiederum vollständig mit dem Beg-

---

[275] Mit der Betonung der Familie wird fortgeführt, was sich in *Emeis / Schmitt*, Handbuch 47, schon andeutete.
[276] Vgl. *Emeis*, Grundriss, 48–52.
[277] *Dieter Emeis*, Sakramentenkatechese, Freiburg i. Br. 1991, 22.
[278] Vgl. *Emeis*, Grundriss, 53–58.
[279] Vgl. ebd. 107–111.
[280] Ebd. 108.

riff der ‚Evangelisierung'[281] gleichgesetzt, wie er in *Evangelii nuntiandi* entwickelt wird. Was die spezifische Aufgabe der ‚Katechese' innerhalb des Evangelisierungsprozesses ist, wird somit nicht mehr recht deutlich.

In der Symboldidaktik[282] sieht Emeis den besten Weg, um eine mystagogische Katechese mit Kindern und Jugendlichen durchzuführen. Emeis versteht die Sakramente als Symbolhandlungen, die den Leib als Realsymbol des Menschen immer miteinbeziehen. Der Leib des Menschen stelle sogar bei allen sakramentalen Handlungen das primäre Symbol dar.[283] Der Symboldidaktik komme so eine Schlüsselfunktion innerhalb der Gemeindekatechese zu. Neben der Fähigkeit, Symbole wahrzunehmen und zu verstehen sowie sich kritisch mit verschiedenen Symbolwelten auseinanderzusetzen, ist es ihr wichtigstes Ziel, die Fähigkeit zu entwickeln, sich selbst symbolisch auszudrücken. „Eine katechetische Symboldidaktik muss hier sehr gezielt *psychomotorische* Intentionen aufnehmen und in ihnen meditativ *üben,* leibhaftige Symbolhandlungen wahrzunehmen und sich selbst in solchen Handlungen auszudrücken." [284]

Zusammenfassend lassen sich folgende Grundelemente in allen Veröffentlichungen von Emeis und Schmitt ausmachen, die dann auch die Praxis der Gemeindekatechese in Deutschland maßgeblich bestimmen:

Die Gemeinde wird Ort und Ziel der Katechese. Katechese ist Aufgabe der ganzen Gemeinde, die sich in allen ihren Grundvollzügen auch immer als Katechese zu verstehen hat. Gleichzeitig muss es Ziel aller katechetischen Bemühungen sein, dass die Katechumenen in die Grundvollzüge der Liturgie, Martyrie und Diakonie eingeführt werden und so am Leben der Gemeinde teilnehmen. Der Begriff ‚Katechese' wird dabei nicht eindeutig gebraucht. Steht dieser Begriff in der Sakramentenkatechese mit Kindern und Jugendlichen in der Regel für die grundlegende Einführung in den Glauben und hat somit eine enggefasste Bedeutung, findet sich an anderen Stellen auch oft ein weiter Katechesebegriff, der ‚Katechese' und ‚Evangelisierung' gleichsetzt.

Die Gemeindekatechese ist anthropologisch ausgerichtet und will „Glaubenshilfe als Lebenshilfe" geben. Die eigene Lebensgeschichte soll im Licht des Glaubens der Kirche gedeutet und der Glaube der Kirche in seiner Bedeutung für die Gegenwart erkannt werden. Damit wird die Erfahrung des Menschen zum entscheidenden Ansatzpunkt für die Katechese, auch wenn Emeis und Schmitt nicht der Versuchung einer bloß einseitigen Korrelation der Lebenserfahrung mit der Glaubenserfahrung erliegen. Dennoch ist damit die Gefahr nicht gebannt, die

---

[281] S.o. 29–30.
[282] Schon in *Emeis,* Sakramentenkatechese, 28–30, wird der gemeindekatechetische Ansatz durch die Symboldidaktik ergänzt.
[283] Vgl. *Emeis,* Grundriss, 154–155.
[284] Ebd. 156. Beispiele für solche Übungen finden sich bei *Dieter Emeis,* Sakramentenkatechese als Symboldidaktik, in: LKat 22 (2000), 1–5, hier 3–5.

2.3 Das gemeindekatechetische Modell

Eigenständigkeit der kirchlichen Überlieferung und ihr kritisches Potential in Bezug auf die Lebenserfahrungen heutiger Menschen aufzugeben. Das Problem, wie Glaubensinhalte zu vermitteln sind, die sich nicht einfach mit heutigen Erfahrungen korrelieren lassen, wird von Emeis und Schmitt nicht gelöst. Gerade für die Sakramentenkatechese mit Kindern und Jugendlichen drängt sich aber die Frage auf, welche Inhalte denn nun vermittelt werden sollen. Hier genügen die allgemeinen Prinzipien der anthropologischen Ausrichtung und der Korrelation kaum.

Die Sakramente werden im Kontext dieses anthropologischen Ansatzes als bewusste Feier dessen verstanden, was in der Katechese als gläubige Deutung des eigenen Lebens erfahren wurde.[285] Dass Gott im Sakrament dem Menschen auf eine ganz andere und ganz neue Art begegnet und so eine Wirklichkeit im Leben des Menschen geschaffen wird, die erst durch das Sakrament selbst zu Stande kommt, tritt in den Hintergrund. Die Sakramente sind vielmehr der krönende Abschluss einer Katechese, die das Handeln Gottes im Leben der Menschen aufgedeckt hat. Eine theozentrische Sicht der Sakramente würde dagegen das völlig einmalige Handeln Gottes am Menschen im Sakrament bedenken, das Neues eröffnet und daher gedeutet werden muss.[286]

Die Rolle der ehrenamtlichen Katechetinnen und Katecheten ist für das gemeindekatechetische Modell von Emeis und Schmitt von großer Bedeutung. Die Katecheten führen durch das Zeugnis ihres Glaubens andere Menschen in den Glauben ein. Die Katecheten machen sichtbar, dass Katechese Aufgabe der ganzen Gemeinde ist. Die kleine katechetische Gruppe wird zur bestimmenden Bezugsgruppe der Katechese und vor allem für die Sakramentenkatechese mit Kindern und Jugendlichen zum prägenden Leitmodell. Allerdings führte diese Form der Katechese nicht zu der erhofften Verlebendigung der Gemeinden.

Eine Bilanz der gemeindekatechetischen Praxis zeigt allerdings eine zunehmend zwiespältige Situation, die sich in zwei Kritikpunkten verdichtet:

---

[285] Vgl. *Dietrich Zimmermann*, Leben – Glauben – Feiern. Dimensionen eines Glaubensweges, in: LS 29 (1978) 148–15. Darin entwickelt Zimmermann in Anlehnung an französische Katechumenatsmodelle den Dreischritt von Leben – Deuten – Feiern. Sakramente werden hier als Feier der gelungenen Lebensdeutung im Licht des Glaubens verstanden. Dieses Modell von Zimmermann hatte auf die deutschsprachige Gemeindekatechese großen Einfluss und wurde von Hofrichter umfassend dargestellt und erweitert (vgl. *Hofrichter*, Leben, 103–133).

[286] Für dieses Sakramentenverständnis sind die mystagogischen Katechesen der alten Kirche ein Beispiel, da sie das Handeln Gottes im Anschluss an die Sakramentenspendung aufgearbeitet haben (vgl. *Cyrill von Jerusalem*, Mystagogicae catechesis / Mystagogische Katechesen. Übersetzt und eingeleitet von Georg Röwekamp [= FC 7], Freiburg i. Br. 1992).

– Da es weitgehend nicht gelungen ist, die ganze Gemeinde zur Trägerin der Katechese[287] zu machen, sind katechetische Gruppen zu „Nebenräumen" des Gemeindelebens geworden, die selbst von der Gottesdienstgemeinde selten wahrgenommen werden.
– In der Sakramentenkatechese mit Kindern und Jugendlichen ist es auch durch die kleinen katechetischen Gruppen und die anthropologische Ausrichtung der Katechese nicht gelungen, das Problem der ausgefallenen Evangelisierung zu lösen. Vielmehr zeigte sich seit Ende der achtziger Jahre immer deutlicher, dass auch eine intensive Sakramentenkatechese bei vielen Kindern und Jugendlichen keine dauerhafte Anbindung an eine Pfarrgemeinde bewirken konnte. Vor allem im Bereich der Liturgie schien hier nur schwer eine Anbindung möglich.

2.4 Deutscher Katecheten-Verein: Gemeindekatechese an ihren Grenzen

Im Jahr 1992 forderte der Vorstand des Deutschen Katecheten-Vereins mit dem Dialogpapier *Gemeindekatechese an ihren Grenzen*[288], an dessen Erarbeitung auch Emeis und Schmitt beteiligt waren, zu einer neuen Standortbestimmung der Gemeindekatechese auf. Dabei werden zunächst die positiven Entwicklungen benannt, die durch die Gemeindekatechese angeregt wurden. Vor allem die vielen ehrenamtlichen Katechetinnen und Katecheten, die sich bei der Weitergabe des Glaubens engagieren, werden als Frucht der gemeindekatechetischen Bemühungen hervorgehoben.[289] Dadurch hat eine Veränderung des Gemeindeverständnisses stattgefunden: von der versorgten hin zur sorgenden Gemeinde.

Im Mittelpunkt der Darlegungen stehen allerdings die bedrängenden Erfahrungen, die in der Gemeindekatechese nach der Würzburger Synode gemacht wurden. Viele Menschen fragen aus volkskirchlicher Prägung und Gewohnheit nach den Sakramenten ohne einen selbstverständlichen Bezug zur Gemeinde.

---

[287] Die Gründe dafür legt Ball sehr präzise dar: „Hier hat die Gemeindekatechese einen wichtigen Anteil zu leisten versucht, mußte aber doch nach einigen Jahren ernüchternd feststellen, daß einerseits die Menschen sich nicht in dieser Weise in und für Gemeinde engagieren wollen. Zum anderen wollten auch viele, die in der Gemeinde leben und sich dort einbringen, trotzdem nicht selbst ganz in die Verantwortung gehen. […] Auch dieser Wunsch ‚bleibender Versorgungsmentalität' gehört zur Umbruchsituation, ist aber auch Ausdruck einer mehr und mehr funktionalen Sichtweise von Kirche, wie sie in gesellschaftlichen Zusammenhängen weithin üblich geworden ist" (*Matthias Ball*, Katechese im Umbruch. Für Dieter Emeis zum 65. Geburtstag, in: Lkat 21 [1999], 30–33, hier 32–33).

[288] *Vorstand des Deutschen Katecheten-Vereins*, Gemeindekatechese an ihren Grenzen? Einladung zum aufrechten und aufrichtenden Dialog, in: Katechetische Blätter 117 (1992), 368–374.

[289] Vgl. ebd. 368.

2.4 DKV: Gemeindekatechese an ihren Grenzen

„Immer dringlicher fragen sich Seelsorger und Seelsorgerinnen in Gemeinden jedoch, inwieweit sie die Erwartungen der Menschen mit dem in Verbindung bringen können, was die Feiern der Sakramente als Feiern des Glaubens ausdrücklich machen."[290] Den Versuch, dieses Defizit an Gemeindebindung und Glaubensleben durch verstärkte und immer längere katechetische Bemühungen auszugleichen, sieht der Vorstand des Deutschen Katecheten-Vereins als gescheitert an. „Eine Zeitlang haben wir auf den Tatbestand, daß viele offensichtlich immer weniger an christlichen Glaubenstraditionen mitbringen, mit einer Intensivierung der Katechese reagiert, um nach- bzw. aufzuholen, was anderweitig nicht oder kaum stattgefunden hat. Damit sind wir an eine Grenze gestoßen."[291]

Die Krise der Gemeindekatechese hat ihren tiefsten Grund im Bedeutungsverlust der Pfarrgemeinde für das Leben der Mehrzahl der Kirchenmitglieder. Daher kommt das Dialogpapier bezüglich der Gemeindekatechese zu dem Schluss: „Von ihr bzw. von der Gemeinde wird nicht erwartet, daß sie wesentlich zur alltäglichen Lebensgestaltung beiträgt. Sie soll lediglich für bestimme Lebenssituationen sakramentale Feiern bereithalten."[292] Diese mangelnde Lebensrelevanz ist im fehlenden lebendigen Glaubenszeugnis begründet. In den Pfarrgemeinden gibt es kaum lebendige Glaubensgemeinschaften und der Sakramentenkatechese gelingt es nur, in den katechetischen Gruppen „saisonale Nebenkirchen"[293] aufzubauen, die zu keiner Beheimatung in den Gemeinden führen. Aus diesen Gründen fordert das Dialogpapier auf, Abschied zu nehmen von der Volkskirche und den herkömmlichen territorialen Gemeindestrukturen.

Diese offene Analyse der Gemeindesituation und der Grenzen der Gemeindekatechese führt allerdings nicht dazu, die theologischen Grundlagen der Gemeindekatechese zu überdenken. Diese werden weiterhin als richtiger Ansatz für die katechetische Vermittlung des Glaubens betrachtet. Ausgangspunkt für die Sakramentenkatechese mit Kindern und Jugendlichen bleibt eine anthropologische Theologie, wie die Bestimmung der wesentlichen Aufgabe der Kirche deutlich macht. „Grundauftrag der Kirche ist es, den Namen Gottes, das Interesse Gottes

---

[290] *DKV*, Gemeindekatechese, 369. Dieses Problem ist auch heute noch die entscheidende Frage in der Sakramentenkatechese. Werner beschreibt dieses Spannungsfeld mit den Begriffen von Offenheit und Identität. Dem Glauben und der Praxis der Kirche, die sich in den Sakramenten ausdrückt, steht zunehmend eine diffuse Religiosität vieler Kirchenmitglieder gegenüber. Die Differenz besteht zwischen dem Verständnis der Sakramente als „kirchlicher Selbstvollzug" oder als „Familienritual" (vgl. *Werner*, Katechese, 296–297).

[291] *DKV*, Gemeindekatechese 369. Aus dieser Einsicht wird aber nicht die Konsequenz gezogen, grundsätzlich zu überlegen, inwieweit Katechese überhaupt ein Lern- und Bildungsprozess ist, der mit anderen kulturellen Lern- und Bildungsprozessen gleichzusetzen ist. Diese Anfrage stellt *Wollbold*, Katechese, 9–10.

[292] *DKV*, Gemeindekatechese, 370.

[293] Vgl. ebd.

am Menschen, in der Kraft seines Geistes gegenwärtig erfahrbar zu halten."[294] Das Leben der Menschen ist Ausgangspunkt und Ziel der Katechese, die weiterhin als „Lebenshilfe durch Glaubenshilfe" verstanden wird. Neu ist allerdings die verstärke Betrachtung der unterschiedlichen und ungleichzeitigen Lebens- und Glaubensgeschichten der Menschen. Daher wird die Forderung nach einer Differenzierung der katechetischen Prozesse erhoben. Dies soll auch in neuen Formen der Feier zum Ausdruck kommen, indem Riten, die sich an den Feiern des Erwachsenenkatechumenats orientieren, entwickelt werden.[295]

Neben der Differenzierung der Katechese ist die Forderung nach einer Verstärkung der Erwachsenenkatechese ein zweiter wichtiger Vorschlag zur Überwindung der Krise der Gemeindekatechese. Nach Ansichten des Dialogpapiers werden zu viele pastorale Ressourcen auf die Arbeit mit Kindern verwandt, so dass die Erwachsenen völlig aus dem Blick geraten. Nur Erwachsene, die aber im Glauben und in der Gemeinde eine wirkliche Beheimatung gefunden haben, können wirklich eine Gemeinschaft bilden, in der der Glaube erlebbar ist. Daher muss der Erwachsenenkatechese Priorität vor der Kinderkatechese eingeräumt werden, um dieses Ziel zu erreichen: „Wir brauchen Menschen, die mit uns eine verbindliche Glaubensgemeinschaft bilden, damit Lebensräume des Glaubens entstehen und erlebt werden können."[296] Solche Menschen können dann auch als ehrenamtliche Katechetinnen und Katecheten Wegbereiter und Wegbegleiter des Glaubens der Kinder sein.

Das Dialogpapier *Gemeindekatechese an ihren Grenzen* stellt das Eingeständnis dar, dass sich viele Hoffnungen, die mit der katechetischen Erneuerung im Anschluss an die Würzburger Synode verbunden waren, nicht erfüllten. Die Lösungsansätze der Differenzierung der katechetischen Wege und der Verstärkungen der Erwachsenenkatechese gewinnen in den folgenden Jahren einen großen Einfluss. Schon im folgenden Jahr greift sie ein Papier der Pastoralkommission der Deutschen Bischofskonferenz zur Sakramentenkatechese auf.

---

[294] Ebd. 371.
[295] Vgl. ebd. 372.
[296] Ebd. 373.

2.5 Deutsche Bischofskonferenz: *Sakramentenpastoral im Wandel*

Zwanzig Jahre nach der Würzburger Synode äußert sich die deutsche Bischofskonferenz mit diesem Schreiben wieder zur Frage der Sakramentenpastoral. Der aktuelle Anlass bestand in der Diskussion um den Zusammenhang von Glaube und Sakramentenspendung. 80 Pfarrer hatten 1990 ein Memorandum an die deutschen Bischöfe unterzeichnet, in dem sie klare Richtlinien für den Sakramentenempfang einforderten. Sie kritisierten die bisherige Praxis als eine Sakramentenspendung an weitgehend Ungläubige und forderten eine Sakramentenpastoral, die strenge Anforderung bezüglich der Glaubenspraxis und der Kirchenbindung stellt. Im „Anzeiger für die Seelsorge" wurde dieses Memorandum dokumentiert.[297]

Die Erklärung der Pastoralkommission *Sakramentenpastoral im Wandel*[298] versteht sich als Antwort auf die Forderung nach klaren Richtlinien in der Sakramentenpastoral. Das Verhältnis von Glaube und Sakramentenpastoral wird als eines der Hauptprobleme der gesamten Pastoral bezeichnet. Allerdings greift nach Ansicht der Pastoralkommission das rigoristische Einfordern strenger Richtlinien zu kurz, da in der heutigen Umbruchssituation zu unterschiedliche Ansätze und Erfahrungen der gemeindlichen Sakramentenpraxis gemacht werden. Daher will dieses Schreiben nur aufzeigen, „[....] wie unter veränderten Bedingungen der notwendige Zusammenhang zwischen Glaube und Sakrament in einzelnen Schritten pastoralen Handelns in den Blick genommen und überzeugend verwirklicht werden kann."[299]

Der Hauptgrund für die Krise in der Sakramentenpastoral wird in der Veränderung der soziologischen Gestalt der Kirche gesehen, die sich im Wandel von der Volkskirche zu einer Struktur von Kirche befindet, in der „ [...] mehr personal, gemeindlich und gruppenmäßig verantwortete und verwurzelte Formen des Glaubens, des kirchlichen Gemeinde- und Gemeinschaftslebens an Bedeutung gewinnen."[300] Dies führt zu Spannungen zwischen dem bisherigen volkskirchlichen und dem neuen basiskirchlich orientierten System, die nicht vorschnell durch eine ausschließliche Option für die „Gemeinde der Entschiedenen"[301] ge-

---

[297] Vgl. Glaubwürdige und fruchtbare Sakramentenpastoral? Eine Anfrage an die deutschen Bischöfe, in: Anzeiger für die Seelsorge 100 (1991), 50–52.
[298] Vgl. *Die deutschen Bischöfe – Pastoralkommission*, Sakramentenpastoral im Wandel. Überlegungen zur gegenwärtigen Praxis der Feier der Sakramente – am Beispiel von Taufe, Erstkommunion und Firmung, (= Erklärungen der Kommissionen Nr. 12), Sekretariat der Deutschen Bischofskonferenz (Hg), Bonn 1993.
[299] Sakramentenpastoral im Wandel, 8.
[300] Ebd. 10
[301] Ebd. 11.

löst werden dürfen. Zusätzlich führt die fortschreitende Individualisierung und Säkularisierung der Gesellschaft zu einer Glaubenskrise, die sich auch auf die Sakramentenpastoral auswirkt. „In unseren Gemeinden finden wir die ganze Bandbreite zwischen einem praktischen Unglauben und einer bewußt gelebten Glaubenspraxis."[302] Dieses Spannungsfeld kann ebenfalls nicht einfach durch einen Rigorismus beim Sakramentenempfang und den radikalen Bruch mit volkskirchlichen Strukturen gelöst werden. „Neue Formen gemeindlicher Kirchlichkeit werden sich weithin entwickeln aus dem volkskirchlichen Erbe und dessen verständnisvoll-kritischer Pflege."[303]

Das volkskirchliche Erbe zeigt sich in der Sakramentenpastoral vor allem im Phänomen der „sakramentalen Religiosität"[304]. Darunter versteht die Erklärung der Pastoral-Kommission die Tatsache, dass viele distanzierte Christen an den Wendepunkten des Lebens rituelle Feiern der Kirche in Anspruch nehmen. Gerade sakramentale Feiern werden so zum fast einzigen Ausdruck der Religiosität, was durchaus kritisch betrachtet wird. „Das Bedürfnis nach der sakralen Dimension als integrierend-stützendem Moment ist ein Bestandteil des Sakramentes, aber nicht dessen christliches Spezifikum."[305] Allerdings sollte durch eine rigorose Verweigerung der Sakramentenspendung nicht vorschnell mit dem volkskirchlichen Erbe gebrochen werden, das sich in dieser „sakramentalen Religiosität" zeigt. Auf die unterschiedlichen Grade des Glaubensbewusstseins und der Kirchen- und Gemeindebindung gilt es, nicht nur mit einem ‚Alles oder Nichts' zu reagieren. Es müssen Riten, Symbole und liturgische Formen entwickelt werden, die zum Ausdruck der Gastfreundschaft und der Annahme des jeweiligen Gläubigen werden können und eine tiefere Auseinandersetzung mit dem Glauben ermöglichen. „Vielmehr ergibt sich aus einer solchen Feier, in der ein anfanghafter Glaube zum Ausdruck kommt, die Einladung zum intensiveren Weitergehen auf dem Glaubensweg [...]."[306]

Die Erklärung *Sakramentenpastoral im Wandel* plädiert daher für eine mystagogische Sakramentenpastoral, die sich an einer anthropologischen Theologie ausrichtet, die in Gott den oft unbewussten Grund jeder menschlichen Lebensgeschichte sieht. „So ist das ganze Leben immer schon umfaßt und durchdrungen vom Geheimnis der gnadenhaften Selbstmitteilung Gottes."[307] Sakramentenpastoral und –katechese haben diese grundlegende Verwurzelung des Menschen in Gott nur offen zu legen und bewusst zu machen. Die Sakramente feiern somit auch keine grundlegend neue Zuwendung Gottes zum Menschen, sondern sind

---

[302] Ebd. 12.
[303] Ebd. 14.
[304] Vgl. ebd. 21.
[305] Ebd. 22.
[306] Ebd. 26–27.
[307] Ebd. 27.

2.5 DBK: Sakramentenpastoral im Wandel

lediglich festliche Bestätigungen und Vergewisserungen dieses Gottesbezuges im Leben des Menschen. „Die Sakramente werden dann im mystagogischen Prozeß als Höhepunkte und Verdichtungen der Geschichte Gottes mit den Menschen zu erschließen sein."[308] Ausgangspunkt der mystagogischen Sakramentenpastoral ist die individuelle Lebensgeschichte, die durch die Heilige Schrift und das kirchliche Leben als Glaubensgeschichte gedeutet werden soll.[309]

Diese Überlegungen führen zu einem Plädoyer für eine starke Differenzierung der Sakramentenpastoral sowie für die Intensivierung von Glaubensgesprächen und katechetischen Angeboten für Erwachsene:

> „Bei einigen – und oft vielen – müssen wir es gut sein lassen, wenn wir ihnen etwas in ihr Leben mitgeben können. In solchen Begegnungen ist der Zeitaufwand und das innere Engagement zu begrenzen im Blick auf das in der jeweiligen Situation Mögliche und Gewollte. Anderen können wir evtl. viel mitgeben. Vielleicht vermögen einzelne sogar ihre Berufung als Mitträger kirchlicher Sendung für unsere Zeit neu und vertieft wahrzunehmen und zu ergreifen. Es wird dann darauf ankommen, mit der nötigen Zeit und Kraft verfügbar zu sein."[310]

Dieser Handlungsansatz einer mystagogischen und differenzierten Sakramentenpastoral wird im Blick auf die Sakramente der Taufe, Erstkommunion und Firmung konkretisiert.

Es wird für eine differenzierte Taufpastoral plädiert, an deren Beginn eine Segnungsfeier als erste katechumenale Feier für alle Kleinkinder stehen könnte. Darauf würde dann je nach Glaubensbewusstsein und kirchlicher Bindung der Eltern die Taufe noch im Kleinkindalter, in der Schulzeit oder zu einem noch späteren Zeitpunkt erfolgen.[311] Ein solch „katechumenaler Weg" bei der Taufe bedarf der intensiven Begleitung der Eltern durch Taufgespräche, an denen sich auch ehrenamtliche Mitarbeiter beteiligen sollten, die in ihren Familien versuchen, bewusst den Glauben an ihre Kinder weiterzugeben.[312]

Die bestehende Praxis der Erstkommunion wird von der Erklärung *Sakramentenpastoral im Wandel* kritisch bewertet. „Die früher weit mehr gegebene wechselseitige Stützung in der Vorbereitung zur Erstkommunion und die Einübung in das eucharistische Leben durch den schulischen Religionsunterricht, das zumindest gewährende Interesse der Eltern und die Gemeindekatechese zerbrechen zunehmend, so daß vor allem die automatische jahrgangsweise Erstkommunion immer fragwürdiger wird."[313] Trotz dieser eindeutigen Analyse soll auch hier das volkskirchliche Erbe gepflegt werden. Aus diesem Grund formuliert man als

---

[308] Ebd. 27.
[309] Vgl. ebd. 29–30.
[310] Ebd. 34.
[311] Vgl. ebd. 41.
[312] Vgl. ebd. 40.
[313] Ebd. 43.

Ziel der Erstkommunionkatechese nicht mehr die „dauerhafte Eucharistiegemeinschaft", sondern „tragende Glaubenserfahrungen" in den kleinen katechetischen Gruppen.[314] Die Differenzierung der Sakramentenkatechese besteht hier in einer Reduzierung der Zielsetzung, die mit allen Teilnehmern an der Erstkommunionvorbereitung erreicht werden soll. Als weiterer Reformvorschlag sollen auch in der Erstkommunionkatechese die Erwachsenen durch Elternabende, katechetische Bemühungen der Eltern mit ihren Kindern und Katechesen speziell für Eltern stärker in den Blick genommen werden.[315]

Die Erklärung *Sakramentenpastoral im Wandel* beschreibt die Situation der Firmpastoral mit sehr drastischen Worten. „Häufig ist die Firmung für die Heranwachsenden das ‚Abschiedsfest' von der Kirche."[316] Um hier eine Veränderung herbeizuführen, ist das Glaubenszeugnis möglichst vieler Erwachsener notwendig, durch das die Gemeinde für die Jugendlichen erst zu einem Lernort des Glaubens werden kann. Entsprechend dem mystagogischen Ansatz von *Sakramentenpastoral im Wandel* bedeutet ‚Lernort' nicht, dass Glaubenswissen vermittelt werden soll, sondern dass der Zusammenhang von christlichem Glauben und alltäglichem Leben den Jugendlichen erschlossen wird.[317] Als Schwerpunkt einer erneuerten Firmpastoral wird wiederum die Elternarbeit genannt. „Vielmehr stellen die Eltern im Rahmen einer neuen Firmpraxis eine wichtige Zielgruppe dar, die in den katechetischen Prozeß selbst einzubeziehen ist."[318]

Zusammenfassend ist zu sagen, dass die Erklärung der Pastoral-Kommission *Sakramentenpastoral im Wandel* eine sehr treffende Analyse der Spannungsfelder bietet, in denen heute die Sakramentenpastoral steht. Die Konflikte, die das volkskirchliche Erbe, die zunehmende Säkularisierung und Individualisierung sowie der Wunsch nach lebendigen Glaubensgemeinschaften und Gemeinden bringen, werden deutlich beschrieben. Der Wandel der volkskirchlichen Gestalt der Kirche wird als relativ unübersichtliche Übergangszeit charakterisiert. Die Frage ist nun, wie man auf die vielfältigen und unterschiedlichen Symptome dieses Übergangs in der Sakramentenkatechese reagiert. *Sakramentenpastoral im Wandel* entscheidet sich hier eindeutig für die „Pflege des volkskirchlichen Erbes" und gegen eine bewusste Forcierung dieses Gestaltwandels durch schärfere Zugangsbedingungen zu den Sakramenten. Für die Sakramentenkatechese bedeutet dies, dass ihre maßgeblichen Prinzipien, die seit der Würzburger Synode für die deutsche Katecheselandschaft bestimmend sind, weiterhin Gültigkeit haben. Allerdings findet eine wichtige Akzentverschiebung statt:

---

[314] Ebd. 40.
[315] Vgl. ebd. 45–46.
[316] Ebd. 48.
[317] Vgl. ebd. 52.
[318] Ebd.

2.5 DBK: Sakramentenpastoral im Wandel

- Die Gemeinde bleibt Trägerin der Sakramentenkatechese. Dieses Prinzip wird vor allem in den katechetischen Gruppen, die von ehrenamtlichen Katechetinnen und Katecheten geleitet werden, verwirklicht. Bei der Zielsetzung der Sakramentenkatechese verliert die Gemeinde jedoch erheblich an Bedeutung. Das Ziel, die Glaubensschüler zu einer Bindung an die Pfarrgemeinde in all ihren Vollzügen – Verkündigung, Liturgie und Diakonie – hinzuführen, wird aufgegeben. Die Glaubenserfahrung in der kleinen katechetischen Gruppe wird nun schon als realistisches Ziel für die Mehrheit der Teilnehmer an katechetischen Kursen zur Vorbereitung auf die Erstkommunion oder die Firmung gesehen.
- Dadurch gewinnt die anthropologische Ausrichtung der Katechese, die in der Deutung des Lebens aus dem Glauben ihre Hauptaufgabe sieht, an Gewicht. Da der Gemeindebezug der Katechese immer mehr abnimmt, wird die kirchliche Glaubensüberlieferung immer weniger zum bestimmenden Referenzpunkt für die Deutung der Lebenserfahrung von Kindern und Jugendlichen. In der Sakramentenkatechese setzt sich daher ein Verständnis von Mystagogie durch, das hauptsächlich in der diakonischen Begleitung des Lebensweges von Kindern und Jugendlichen besteht.[319] Zugleich wird die Unterscheidung von Katechese und Evangelisierung dadurch fast unmöglich.[320]

Die Lösungsansätze, die *Sakramentenpastoral im Wandel* bietet, stellen somit lediglich eine Modifizierung des gemeindekatechetischen Modells dar. Zwei wesentliche Vorschläge werden zur Erneuerung der Gemeindekatechese gemacht:

- Ein neuer Schwerpunkt wird auf die Elternarbeit und die Katechese mit Erwachsenen gelegt.
- Durch eine stärkere Differenzierung der Sakramentenpastoral soll der Einzelne auf seinem Glaubensweg begleitet werden, so dass sowohl das volkskirchliche Erbe gepflegt werden kann als auch die Bildung neuer „kommunikativer Sozialmilieus"[321] möglich ist.

---

[319] Damit nähert sich *Sakramentenpastoral im Wandel* dem diakonischen Mystagogieverständnis von *Haslinger*, Mystagogie 15–75, an. Auch Ottmar Fuchs betont die grundlegende Bedeutung der Diakonie für die Katechese: „Und wie sich die prinzipielle Unvermischtheit der Katechese mit der Diakonie auf der konkreten Zeitachse darin manifestieren kann, daß zeitweise ‚nur' von Gott gesprochen wird, so kann sich die entsprechende Unvermischtheit der Diakonie mit dem Wort konkret darin manifestieren, daß die Orthopraxie zeitweise ohne die Ausdrücklichkeit ihrer selbst im Horizont christlicher Katechese aus- und ankommt! Dies gilt unbeschadet ihrer prinzipiellen (impliziten) wie auch zeitlich zu realisierenden (expliziten) Ungetrenntheit" (*Fuchs*, Evangelisierung, 508).

[320] Ein Beispiel dafür bietet *Martin Moser*, Evangelisierung und Gemeindekatechese. Kriterien zur Gestaltung eines katechetischen Prozesses, in: LKat 11 (1989), 103–108, der anhand mehrerer Beispiele deutlich macht, wie sehr eine evangelisierende Gemeindekatechese aus einer Begleitung der Menschen besteht, die alle Bereiche der Seelsorge umfasst.

[321] *Medard Kehl*, Die Kirche. Eine katholische Ekklesiologie, Würzburg 1992, 199–200.

90   *2. Die Entwicklung der Sakramentenkatechese in Deutschland*

Gerade die konkreten Vorschläge zur Differenzierung der Sakramentenkatechese bleiben jedoch recht vage. Was eine katechetische Gruppe in inhaltlicher und methodischer Hinsicht „tragende Glaubensgemeinschaft"[322] erfahren lässt, wird nicht näher ausgeführt. Es entsteht so der Eindruck, dass die Sakramentenkatechese mit Kindern und Jugendlichen, die zu Erstkommunion und Firmung hinführt, sich im Letzten mit der Zielsetzung der Erstverkündigung[323] begnügt und auf eine systematische Einführung in den kirchlichen Glauben verzichtet.

2.6 Die katechetische Neuorientierung seit *Sakramentenpastoral im Wandel*

Sakramentenpastoral im Wandel versucht auf die Krisenphänomene einer volkskirchlich ausgerichteten Sakramentenpastoral mit einer Intensivierung der Erwachsenenkatechese und einer stärkeren Differenzierung der Katechese zu reagieren. Vorrangig geht es jetzt in der Gemeindekatechese um die Begleitung des persönlichen Glaubensweges, und nicht mehr um den Aufbau einer lebendigen Beziehung zu einer kirchlichen Glaubensgemeinschaft. Damit verlieren auch inhaltliche, objektivierbare Zielsetzungen in der Katechese noch mehr an Gewicht. Diese Vorgaben von *Sakramentenpastoral im Wandel* wurden in der Entwicklung der Katechese in Deutschland auf verschiedene Weise aufgegriffen. Im Folgenden sollen die zwei Prinzipien der Biographieorientierung und der Differenzierung der Katechese, die seit Mitte der neunziger Jahre auch die Sakramentenpastoral mit Kindern und Jugendlichen bestimmen, dargelegt werden. Abschließend wird das familienkatechetische Modell Biesingers, das für die Eucharistievorbereitung eine sehr große Bedeutung gewonnen hat, als Beispiel für die Neuorientierung der Sakramentenpastoral in Deutschland vorgestellt.

2.6.1 Biographieorientierung der Katechese

In einer konsequenten Biographieorientierung der Katechese wird die Chance gesehen, der zunehmenden Spannung zwischen der diffusen Religiosität vieler Menschen, die nach den Sakramenten verlangen, und dem Glauben sowie der Praxis der Kirche gerecht zu werden. Die „Offenheit und Identität"[324] der Katechese soll gewahrt bleiben, indem sie als differenziertes, personales Beziehungsge-

---

[322] Sakramentenpastoral im Wandel, 44.
[323] S.o. 35.
[324] *Werner*, Katechese, 300.

2.6 Neuorientierung seit Sakramentenpastoral im Wandel

schehen verstanden wird. Dabei verliert der Katechet als ‚Lehrer des Glaubens' an Bedeutung und nimmt die Rolle des ‚Glaubensbegleiters' an, die Zimmermann so beschreibt:

„Der Gb. [sc. Glaubensbegleiter] braucht Einfühlungsvermögen in die Lebenssituation des anderen. Er hilft, daß zur Sprache kommen kann, was seinen Gs. [sc. Glaubensschüler] bewegt. Er läßt ihm Freiraum und zwingt ihn nicht. Er läßt ihn bestimmen, wie schnell er auf seinem Weg vorangehen möchte. Er ist bereit, von sich und seinem Glauben zu erzählen und sich von seinem Gs. herausfordern zu lassen. Er ist fähig, Lebenssituationen im Glauben zu deuten. Er öffnet den Weg zur Gemeinde. […] Der Gb. erlebt sich dabei in dem Spannungsfeld zwischen dem Bestreben, menschenfreundliche Beziehungen erfahrbar werden zu lassen, und der nötigen Vermittlung von Glaubensinhalten – etwa im Zusammenhang mit der Hinführung auf ein bestimmtes Sakrament (Sakramentenkatechese)."[325]

Als Ideal dieses personalen Katecheseverständnisses gilt der Erwachsenenkatechumenat, da in der Begegnung mit glaubenserfahrenen Katechetinnen und Katecheten das überlieferte Glaubenswissen der Kirche seine Bedeutsamkeit für das Leben der Glaubensschüler erhält. Hier kommt dem Glaubensbegleiter die Aufgabe zu, auf differenzierte und biographieorientierte Weise einen Erwachsenen in den Glauben einzuführen.[326]

Als Folge dieses personalen Katecheseverständnisses wird die Biographie des Glaubensschülers zum Mittelpunkt, der die Inhalte der Katechese und ihre didaktische Vermittlung bestimmt. Lutz definiert daher ‚Katechese' als „die Gesamtheit aller bewußt initiierten, partnerschaftlich strukturierten, biographisch orientierten, zeitlich begrenzten Lernprozesse im Glauben, die in gemeindlicher Trägerschaft unter Einbezug von ehrenamtlichen KatechetInnen organisiert werden."[327] Somit wird die anthropologische Ausrichtung der Katechese, die mit der Würzburger Synode in Deutschland begann, konsequent zu Ende geführt. Biographieorientierte Katechese versteht sich als „Weg der Glaubensentdeckung in der eigenen Lebensgeschichte"[328], der „initiatorisch-mystagogisch"[329] in das Geheimnis Gottes

---

[325] *Dietrich Zimmermann*, Glaubensbegleiter / Glaubensschüler, in; Gottfried Bitter / Gabriele Miller (Hg.), Handbuch religionspädagogischer Grundbegriffe Bd. 1, München 1986, 42–44, hier 43–44.

[326] Vgl. *Matthias Ball / Franz-Peter Tebartz-van Elst / Artur Waibel / Ernst Werner*, Erwachsene auf dem Weg zur Taufe. Werkbuch Erwachsenenkatechumenat, München 1997.

[327] *Bernd Lutz*, Perspektiven einer lebensbegleitenden Gemeindekatechese, in: Gottfried Bitter / Albert Gerhards (Hg.), Glauben lernen – Glauben feiern. Katechetisch-liturgische Versuche und Klärungen (= Praktische Theologie heute Bd. 30), Stuttgart – Berlin – Köln 1998, 235–252, hier 242.

[328] *Werner*, Katechese, 305. Ernst beschreibt allerdings in diesem Zusammenhang sehr treffend, dass die Katechese nie ein bloßes Tun des Menschen ist, sondern immer Gott der eigentlich Handelnde ist. „Der Vorgang katechetischen Glaubenlernens hat zwar eine äußere und eine innere Seite, aber beide verdanken sich gleichermaßen dem Wirken desselben Geistes; sie haben beide theologische Qualität und sind bei gleichzeitiger Unterschiedenheit dennoch aufei-

einführen will. Dabei bedeutet Mystagogie in diesem Zusammenhang die diakonische Begleitung einzelner Menschen, wodurch deren Lebenserfahrung immer mehr zur Glaubenserfahrung der Nähe Gottes werden soll.[330] Dieses einseitige Verständnis von Mystagogie erschwert der biographie-orientierten Katechese den Zugang zur Liturgie und der kirchlichen Glaubensverkündigung.[331] Für die Sakramentenkatechese mit Kindern und Jugendlichen kann es somit eigentlich keine objektiven, allgemeingültigen inhaltlichen Vorgaben geben, sondern die beteiligten Personen bestimmen durch ihre Lebensgeschichte in jedem katechetischen Prozess neu, welche Inhalte für sie relevant sind.[332]

So positiv es zu bewerten ist, dass die biographieorientierte Katechese sich darum bemüht, die Lebensbedeutung des Glaubens aufzuzeigen und über eine reine Vermittlung von Glaubenswissen hinauszukommen, so negativ ist allerdings der weitgehende Verzicht auf inhaltliche Vorgaben zu sehen. Die Ursache hierfür liegt in einem Verständnis von Mystagogie, das sich einseitig auf die Biographie des Katechumenen konzentriert. Da Gott immer schon im Leben des Einzelnen als tragendes Geheimnis gegenwärtig ist, gilt es nur noch, diese Gegenwart Gottes bewusst zu machen. Glaubensinhalte besitzen dann aber nur noch eine Bedeutung, wenn sie mit der konkreten Lebensgeschichte verbunden werden können. Wollbold macht darauf aufmerksam, dass hier zu wenig die geschichtliche Vermittlung der Gotteserfahrung bedacht wird, die dann eben auch inhaltliche Vorgaben mit einschließt.

---

nander zu beziehen" (ebd.). Für Werner bedeutet aber das Handeln Gottes in der Katechese, das Geheimnis des immer schon anwesenden Gottes im eigenen Leben zu entdecken. Dass die Sakramente und die dazugehörige Katechese auch ein ganz neues Handeln Gottes im Leben des Menschen darstellen, wird nicht in den Blick genommen.

[329] *Bernd Lutz*, Gemeindekatechese zwischen Abbruch und Aufbruch, in: KatBl 128 (2003), 430–437, hier 434.

[330] Die Grundprinzipien dieses Verständnisses von „Mystagogie" finden sich bei *Haslinger*, Mystagogie, 64–71.

[331] Dass dies nicht zwangsläufig mit dem Begriff „Mystagogie" verbunden ist, zeigt Wollbold, der im Anschluss an Karl Rahner folgende Definition entwickelt, die die Notwendigkeit kirchlicher Vorgaben und der persönlichen Umkehr im mystagogischen Prozess herausarbeitet: „Mystagogie geschieht im Dreischritt von Vorgaben, Erfahrung und Erneuerung. Die Erfahrung Gottes ist dabei das Ziel der Selbstgegebenheit aus den Vorgaben und der Ausgangspunkt der Selbstverwirklichung in der Erneuerung. Dabei entfaltet sich das Mehr der Erfahrung gegenüber den Vorgaben dreifach: entgrenzend, erfüllend und konkretisierend. In dieser Bewegung wird die Verschlossenheit von Selbstdarstellung und -behauptung gegenüber Gott allmählich überwunden" (*Wollbold*, Therese Lisieux, 62).

[332] Wie schwer es fällt, bei einer konsequenten Orientierung am Leitbegriff der ‚Erfahrung' die wesentlichen Inhalte einer Sakramentenkatechese mit Kindern und Jugendlichen zu formulieren zeigen *Joachim Theis / Carola Fleck*, Leitlinien für Eucharistiekatechese, in: TThZ 117 (2008), 322–337.

„Das Zeugnis der Kirche ist aber mehr als ein bloßer Spiegel der Subjektivität des einzelnen. Denn Gotteserfahrung bedeutet Selbsttranszendenz, Überwältigung durch das je-größere Geheimnis Gottes, das sich in der Geschichte entfaltet. Die Objektivität der geschichtlichen Offenbarung kann ihm deshalb auch einmal abverlangen, mehr zu glauben, als er verstehen kann. Das Autoritative in der Kirche ist für den Christen ‚eine Größe, die er von sich unabhängig sieht und die er als das nicht von ihm Gefügte, sondern als das über ihn Verfügende Macht gewinnen lassen' kann. So schließt das mystagogisch-anrufende Wort das autoritative Wort nicht aus, sondern ein."[333]

Mystagogie bewegt sich in der Spannung von Subjektivität, die das eigene Leben in den Blick nimmt, und der kirchlichen Objektivität, in deren inhaltlichen Vorgaben der Mensch erst wirklich zur Gottesbegegnung gelangt. Die Inhalte der Katechese ergeben sich nicht einfach aus der Aufarbeitung der Lebens- und Glaubensgeschichte des Einzelnen in der Katechese. Die geschichtlich erfolgte Offenbarung, wie sie sich in den Glaubenssätzen der Kirche und der gefeierten Liturgie zeigt, ist ein ebenso notwendiger Bezugspunkt der Katechese. Die Aufgabe der Katechese liegt gerade darin, beides zusammenzufügen, ohne einen Aspekt zu vernachlässigen. Dem wird die biographieorientierte Katechese mit der reinen Betonung der personalen Dimension der Katechese und der Begleitung des Glaubensschülers durch den Katecheten nicht gerecht.

2.6.2 Differenzierung der Katechese

Durch die vollständige Orientierung der Katechese an der Lebenssituation und der Lebensgeschichte des Glaubensschülers ergibt sich notwendigerweise der Wunsch nach einer stärkeren Differenzierung der Katechese. Dies gilt auch für die Sakramentenkatechese mit Kindern und Jugendlichen, die nicht mehr auf ein allgemein verpflichtendes, einheitliches Kursmodell bestehen darf, sondern verschiedene Wege der Sakramentenvorbereitung anbieten muss, die auf die einzelne religiöse Biographie eingehen. Lutz fasst dieses Anliegen so zusammen: „Insbe-

---

[333] *Wollbold*, Therese Lisieux, 44. Wollbold bezieht sich hier ausdrücklich auf Karl Rahner, der den autoritativen und fordernden Anspruch der Kirche herausstellt. Die Subjektivität des Menschen lässt sich in der Gotteserfahrung nicht gegen die Objektivität der Kirche ausspielen. Beide bedingen sich im Prozess der Mystagogie. „Eben die unvertretbare, unabwälzbare Subjektivität des Menschen verlangt aus ihrem eigenen Wesen heraus, daß ihr eine diese Subjektivität normierende Objektivität entgegenkommt. *Innerhalb* dieser ihr frei personal eingeräumten Möglichkeit muß sie dieser Subjektivität gegenüber normierend auftreten können, muß sie die Religion Gottes und nicht nur eine Explikation meines eigenen Daseinsgefühl sein als eine autoritativ handeln könnende Größe. Das Christentum ist die Religion des fordernden, meine Subjektivität gleichsam aus sich herausrufenden Gottes erst dann, wenn es in einer Kirchlichkeit autoritativer Art mir entgegentritt" (*Karl Rahner*, Grundkurs des Glaubens. Einführung in den Begriff des Christentums, Freiburg i. Br. [6]1976, 334).

sondere ist Abschied zu nehmen von dem Drang, möglichst viel, wenn nicht alles in einen Kurs hineinzupacken (Abschied vom Vollständigkeitsideal), sowie von dem Wunsch, doch irgendwie ein Konzept für alle fahren zu können (Abschied vom Gleichheitsideal und vom Diktat der Arbeitsökonomie)."[334] Die verschiedenen katechetischen Modelle, die zur Vorbereitung auf die Sakramente angeboten werden, richten sich dabei nach der Motivation der Teilnehmer. „Differenzierte Katechese meint vielmehr, dass möglichen Teilnehmenden die unterschiedlichen Ziele so vorgestellt werden, dass sie selbst wählen können, auf welches Angebot sie aufgrund ihrer Glaubensgeschichte zugehen wollen."[335] Dabei ist es wichtig, dass die Teilnehmer der verschiedenen katechetischen Wege nicht bewertet werden. Nicht die Dauer einer katechetischen Begegnung ist entscheidend, sondern die Intensität des Kontakts.[336] Wie eine solche Differenzierung aussehen kann, zeigen Beispiele, die für die Vorbereitung der Erstkommunion[337] und der Firmung[338] bereits in Pfarreien praktiziert werden.

Der Differenzierung der Katechese entspricht dann auch eine Differenzierung der rituellen Vollzüge. Neben den üblichen Feiern der Sakramente werden auch neue Segensfeiern für diejenigen vorgeschlagen, bei denen von ihrer Glaubensgeschichte her die Spendung eines Sakramentes verfrüht wäre. Hier würde man durch die Gestaltung alternativer Feiern deutlich machen, dass noch nicht das

---

[334] *Lutz*, Gemeindekatechese, 432–433.
[335] *Emeis*, Grundriss, 165.
[336] *Bernd Lutz*, Katechese in der Gemeinde, in: Gottfried Bitter u.a. (Hg.), Neues Handbuch religionspädagogischer Grundbegriffe, München 2002, 305–309, hier 309. Der Autor fordert auch dazu auf, in der Katechese punktuelle Kontakte mehr wertzuschätzen. Er möchte daher von der bisherigen „sozialisierenden Katechese", die auf Dauerkommunikation setzt, zu einer „evangelisierenden Katechese" gelangen, die solange Zugang ermöglicht, wie der Betreffende es wünscht.
[337] Vgl. *Gregor Klingenhäger*, Als der Apostel Johannes den Ratsherrn Nikodemus traf ... Kommunionvorbereitung im Seelsorgsbereich Holweide, in: Pastoralblatt für die Diözesen Aachen, Berlin, Essen, Hildesheim, Köln, Osnabrück 54 (2002), 152–156. Hier wird ein Modell für eine differenzierte Erstkommunionvorbereitung vorgestellt, die versucht, den verschiedenen Motiven der Eltern für die Erstkommunion gerecht zu werden. Der Nikodemuskurs (Nikokurs) hat zum Ziel, Kinder für das Thema Fest und Feiern mit seinen unterschiedlichen Dimensionen sensibel zu machen. Er beinhaltet den verpflichtenden Sonntagsmessbesuch ab Aschermittwoch und drei Vorbereitungstreffen zu 3 Stunden. Der Johanneskurs hat zum Ziel, eine intensive Auseinandersetzung mit dem christlichen Glauben und der Gemeinde zu bieten. Der Besuch der Messe ist von Kursbeginn an verpflichtend, es gibt wöchentliche Gruppentreffen und ein Fest der Versöhnung mit Beichte.
[338] Vgl. *Claudia Guggenmos / Stefan Karbach*, Eine halbe Stunde oder ein halbes Jahr. Firmvorbereitung als Bestärkung in der Identitätsfindung Jugendlicher, in: LKat 23 (2001), 28–30. Dieses Firmmodell aus Wernau lässt den Jugendlichen die freie Wahlmöglichkeit, ob sie nur ein persönliches Anmeldegespräch als Vorbereitung auf die Firmung wünschen oder an einem Gruppenprozess auf dem Weg zur Firmung teilnehmen möchten. Die Inhalte der Firmvorbereitung in den Gruppen werden von den Jugendlichen bestimmt.

2.6 Neuorientierung seit Sakramentenpastoral im Wandel

Ganze des christlichen Glaubens erfasst ist.[339] Aus diesem Grund werden auch die jahrgangsweisen Katechesen zur Vorbereitung auf die Erstkommunion und die Firmung in Frage gestellt, da hier bei der gemeinsamen Feier des Sakramentes keine Differenzierung möglich ist.[340]

Aus praktischen Gründen erscheint eine solche Differenzierung allerdings schwerlich durchführbar. Der Aufbau von Parallelstrukturen bei der Erstkommunion- und Firmvorbereitung bindet viele personelle Ressourcen in den Gemeinden. Was nun die Verfügbarkeit von ehrenamtlichen und hauptamtlichen Mitarbeitern und Mitarbeiterinnen betrifft, so stößt die Sakramentenkatechese schon jetzt an ihre Grenzen. Parallele, unterschiedlich intensive Vorbereitungskurse auf die Sakramente stellen damit für viele Pfarreien, Pfarreiengemeinschaften und Seelsorgeeinheiten in der Praxis eine Überforderung dar. Auch für die Teilnehmenden ist die Wahl der Möglichkeiten eher eine Qual. Neben inhaltlichen Gründen und Fragen der eigenen Motivation werden sicherlich auch andere Aspekte bei der Wahl des Kurses eine Rolle spielen. Die Gefahr ist groß, dass sich die Zugehörigkeit zu bestimmten sozialen Milieus dann auch in der Zusammensetzung der Kurse widerspiegelt.[341] Die Differenzierung der Katechese kann leicht zu einer unbeabsichtigten Ausgrenzung gerade sozial schwacher und hilfsbedürftiger Kinder und Familien führen: Kinder von Akademikern wählen den intensiven Kurs, weil das zum sozialen Status passt, während Hartz-IV-Empfänger fast ausschließlich in der weniger intensiven Variante zu finden sind. Die Gefahr einer Zwei-Klassen-Katechese ist damit sehr hoch.[342]

Kritisch ist zudem anzufragen, ob eine rituelle Differenzierung in der heutigen kirchlichen Situation Deutschlands überhaupt schon möglich ist. Eine wirkliche Differenzierung des katechetischen Prozesses, die der im Sakrament gefeierten Glaubenswirklichkeit gerecht werden will, muss aber neben der Sakramentenspendung auch entsprechende Segensfeiern anbieten können. Die Differenzierung auf dem Gebiet der rituellen Feiern bleibt aber bis heute nur ein Deside-

---

[339] Vgl. *Lutz*, Perspektiven, 245. Lutz macht dabei konkrete Vorschläge für Taufe und Firmung, die man leicht durch Segnungen an Lebenswenden ersetzen könnte.

[340] Vgl. ebd. 246.

[341] „Zwischen den Milieus besteht Inkommensurabilität in Bezug auf Werte, Bedeutungen, Stilistik, Sprache und Ästhetik. Durch die hohe Binnenkommunikation reproduziert und verstärkt jedes Milieu seine subkulturelle Logik und Semantik. Ein wirkliches wechselseitiges Verstehen zwischen Menschen aus verschiedenen Milieus ist nicht oder nur begrenzt möglich" (*Carsten Wippermann / Isabel Magalhaes*, Milieuhandbuch „Religiöse und kirchliche Orientierungen in den Sinus Milieus 2005". Ein Projekt der Medien-Dienstleistung GmbH in Kooperation mit der Katholischen Sozialethischen Arbeitsstelle e.V., München 2005, 7). Eine Differenzierung der sakramentenkatechetischen Kurse würde somit in erster Linie zu einer Trennung der verschiedenen sozialen Milieus führen.

[342] Vgl. *Hauf*, Familienbiographische Katechese, 290–291.

rat³⁴³. Das größte Problem besteht dabei darin, dass die ‚treuen Kirchenfernen' wohl weiterhin nach der sakramentalen Feier verlangen werden, weil sie für deren Lebensentwurf von entscheidender Bedeutung sind, wie neuere Untersuchungen zeigen:

„In dem ‚schlichten' Satz ‚Das gehört einfach dazu' – als Ausdruck der persönlichen Motivlage, (ausschließlich) an den Kasualien teilzunehmen – kumuliert die gesamte Orientierung der ‚Kasualienfrommen'. Denn die kirchlichen Kasualien werden, wie andere Elemente des Alltags auch, als üblich und vorgegeben, kurz: als normal, aufgefasst, hinter die mit dem eigenen Lebensentwurf nicht zurückgegangen wird. Von daher ist diese Konstruktion von Normalität nicht etwa Ausdruck von Beliebigkeit oder Gleichgültigkeit, sondern, da die kirchlichen Kasualien als notwendig zur Lebensbewältigung aufgefasst werden, Ausdruck deren alltags- und lebenslaufrelevanter Bedeutung." ³⁴⁴

‚Kirchenferne' Familien entscheiden sich also nicht aus bloßer Gewohnheit oder Unwissenheit für die Erstkommunion oder Firmung ihres Kindes, sondern sehen darin einen bewussten Ausdruck ihrer Religiosität. Auf rituellem Gebiet eine Differenzierung zu erreichen, erscheint auf diesem Hintergrund schwerlich möglich und setzt wohl das endgültige Verschwinden aller volkskirchlichen Strukturen voraus. Damit ist aber in absehbarer Zeit nicht zu rechnen.³⁴⁵

2.6.3 Das familienkatechetische Modell

Den wichtigsten Impuls zur Weiterentwicklung der Sakramentenpastoral mit Kindern und Jugendlichen stellt das familienkatechetische Modell dar, das Albert Biesinger in den neunziger Jahren des 20. Jahrhunderts entwickelt hat und durch das er Eltern zu einer interessanten und lebensfördernden religiösen Erziehung

---

[343] Das einzige Sakrament, das heute differenzierte liturgische Feiern kennt, ist das Sakrament der Buße. Hier bietet man in den Vorbereitungskursen auf die Firmung neben der sakramentalen Beichte häufig hinführende Bußgottesdienste an. Allerdings führt dies zum Verschwinden der sakramentalen Beichte.

[344] *Johannes Först*, Die unbekannte Mehrheit. Sinn- und Handlungsorientierungen „kasualienfrommer" Christ/inn/en, in: ders. / Joachim Kügler (Hg.), Die unbekannte Mehrheit. Mit Taufe, Trauung und Bestattung durchs Leben? Eine empirische Untersuchung zur „Kasualfrömmigkeit" von KatholikInnen- Bericht und interdisziplinäre Auswertung (= Werkstatt Theologie Bd. 6), Berlin 2006, 13–53, hier 50.

[345] Ein Indiz dafür scheint mir zu sein, dass immer wieder Eltern, die beide aus der Kirche ausgetreten sind, wie selbstverständlich die Taufe ihrer Kinder wünschen. Ein Gespräch mit solchen Eltern gestaltet sich nach meiner Erfahrung oft als schwierig, da sie einen vorgeschlagenen Taufaufschub meist nur als Taufverweigerung verstehen. Von einer rituellen Differenzierung ist man also selbst bei solch eindeutigen Fällen noch weit entfernt.

ihrer Kinder anregen und die Glaubenskommunikation innerhalb der Familien fördern will.[346]

Die Grundlagen seines katechetischen Modells finden sich in Lateinamerika in der dort entwickelten ‚catequesis familiar'.[347] Diese lässt sich als Evangelisierungsprogramm für Familien verstehen. Indem die einzelnen Familien ihre Kinder selbst auf die Erstkommunion vorbereiten, soll sowohl der Glaube innerhalb der Familie verlebendigt werden als auch der Aufbau der Gemeinde durch Schaffung basiskirchlicher Gemeinschaften gefördert werden. Die ‚catequesis familiar' steht unter dem Leitbild der Evangelisierung und Solidarisierung. Durch die Vernetzung der an der Katechese beteiligten Familien soll eine neue Solidarität geschaffen werden, die auch gesellschaftsverändernden Charakter hat. Diese Form der Katechese hat daher nicht nur die Kinder im Blick, sondern will vor allem den Glauben der Eltern verlebendigen. In wöchentlichen Elternabenden werden sie auf die Katechesen vorbereitet, die sie dann mit ihren Kindern durchführen sollen. Diese Elterntreffen dienen dem intensiven Glaubensaustausch und der Vertiefung des Glaubenswissens. Religiöse Sprachkompetenz soll so bei den Eltern entwickelt werden, die diese dann in den Katechesen innerhalb der Familien an ihre Kinder weitergeben können. Die ‚catequesis familiar' erstreckt sich über zwei

---

[346] In zahlreichen Veröffentlichungen hat Biesinger dieses Modell immer wieder dargestellt; vgl. *Albert Biesinger*, Kinder nicht um Gott betrügen. Anstiftung für Mütter und Väter, Freiburg i. Br. 1994; *ders.*, Erstkommunion als Familienkatechese. Zur Relevanz von „Catequesis familiar", in: ThQ 174 (1994), 120–135; *ders.*, Gott in die Familie. Erstkommunion als Chance für Eltern und Kinder, München 1996; *ders. / Christoph Schmitt*, Gottesbeziehung. Hoffnungsversuche für Schule und Gemeinde. Handbuch, Freiburg i. Br. 1998; Albert Biesinger, Gott mit Kindern wiederfinden. Ein Leitfaden für Mütter und Väter, Freiburg i. Br. 1998; *ders.*, Auf dem Weg zur Erstkommunion. Leitfaden für Eltern und Paten, Freiburg i. Br. 1998; *ders.*, Chancen der Familienkatechese. 20 Thesen, in: LKat 21 (1999), 33–35; *ders.*, „Kinder nicht um Gott betrügen. Anstiftungen für Väter und Mütter." Was daraus geworden ist, in: LKat 21 (1999), 88–91; *ders. / Herbert Bendel / David Biesinger*, Gott mit neuen Augen sehen. Wege zur Erstkommunion (4 Bände: Für das Leitungsteam – Einführung, Für die Kindertreffen – Leitfaden, Für die Elterntreffen – Leitfaden, Familienbuch), München 1999; *ders. / Herbert Bendel* (Hg.), Gottesbeziehung in der Familie. Familienkatechetische Orientierungen von der Kindertaufe bis ins Jugendalter, Ostfildern 2000; *Herbert Bendel / ders.*, Familienkatechese, in: Gottfried Bitter u.a. (Hg.), Neues Handbuch religionspädagogischer Grundbegriffe, München 2002, 310–313; *ders.*, Katechese in größer werdenden Seelsorgeeinheiten. Wie könnte ein zukunftsfähiges Konzept für unsere Seelsorgeräume aussehen?, in: LS 56 (2005), 2–7; *ders. / Ralph Gaus*, Wie Gemeindekatechese Zukunft hat, in: RpB 56 (2006), 75–82; *ders. / Ralph Gaus / Holger Stroezel*, Erstkommunion als Familienkatechese. Fundierungen, Konkretionen und empirische Ergebnisse, in: Walter Kasper / ders. / Alois Kothgasser (Hg.), Weil Sakramente Zukunft haben. Neue Wege der Initiation in Gemeinden, Ostfildern 2008, 70–95.

[347] Vgl. *Biesinger*, Erstkommunion, 123–124; *Monika Scheidler*, Catequesis Familiar in Peru. Anregungen für differenzierte Wege der Erstkommunionvorbereitung im deutschsprachigen Raum, in: KtBl 124 (1999), 207–216, hier 209–212.

Jahre und wird durch ein dichtes Beziehungsgeflecht unterschiedlicher Gruppen geprägt:
- Leitende Elternpaare und jugendliche Gruppenleiter werden durch ein katechetisches Leitungsteam auf ihre Aufgaben vorbereitet.
- Leitende Elternpaare, die die Elterntreffen vorbereiten und durchführen;
- Eltern, die sich zu wöchentlichen Elternabenden treffen und dann die dort besprochenen Katechesen mit ihren Kindern in der eigenen Familie durchführen;
- die Kinder treffen sich in regelmäßigen Kindergruppen, die von Jugendlichen aus der Gemeinde begleitet werden.

Durch dieses intensive Beziehungsgeflecht wird die Glaubenskommunikation gefördert und der Glaube kann seine Lebens- und Alltagsrelevanz entfalten.

Dieses Modell aus Lateinamerika versucht Biesinger als ‚Familienkatechese' in die Situation der deutschen Gemeinden zu übertragen. Dabei ist das Grundanliegen Glaubensgemeinschaft, nämlich die ‚communio', auf verschiedenen Ebenen anzustiften: zwischen Gott und den Menschen, innerhalb der Familien, aber auch im Sinne basiskirchlicher Gemeinschaften innerhalb der Gemeinden.[348] Familienkatechese versteht sich als geeignetes Mittel zum Gemeindeaufbau, die die Vision einer Gemeinde als Gemeinschaft von Gemeinschaften verfolgt, und ist somit eine Dimension von Gemeindekatechese.[349] Im Mittelpunkt des katechetischen Handelns steht dabei die Familie, und zwar in vierfacher Hinsicht: Die Familie ist Objekt, Ort, Inhalt und tragendes Subjekt der Katechese.[350] Allerdings ist Familienkatechese auch Eltern- und Kinderkatechese. Bei den regelmäßig stattfindenden Elternabenden setzen sich die Eltern mit ihrem eigenen Glauben auseinander und erlangen eine neue Sprachfähigkeit, um auf die religiösen Fragen ihrer Kindern eingehen zu können. Sie nehmen damit ihre Verantwortung wahr, die ersten Glaubenszeugen ihrer Kinder zu sein. In den Familiengesprächen, die im Mittelpunkt der Katechese stehen, wird diese Verantwortung dann konkret.[351] Die bisher die Katechese tragenden Kindergruppen werden weitergeführt. Ihre Aufgabe besteht nun in der Nachbereitung der Familiengespräche. Außerdem haben diese Kindergruppen als Orte des gemeinsamen Lernens unter Gleichaltrigen ihre pädagogische Relevanz. Wo diese Kindergruppen von Jugendlichen aus der Gemeinde geleitet werden, ergibt sich eine gute Vernetzung von Erstkommunionvorbereitung und Jugendarbeit.[352]

---

[348] Vgl. *Herbert Bendel*, „Glaube liegt in der Luft". Kommunionweg als Familienkatechese, in: Albert Biesinger / ders. (Hg.), Gottesbeziehung in der Familie. Familienkatechetische Orientierungen von der Kindertaufe bis ins Jugendalter, Ostfildern 2000, 295–322, hier 296.
[349] Vgl. *Biesinger*, Gott in die Familie, 184.
[350] Vgl. *Bendel*, Glaube, 299–300; vgl. *Biesinger*, Gott in die Familie, 178–179.
[351] Vgl. *Bendel*, Glaube, 297–298.
[352] Vgl. ebd. 299.

2.6 Neuorientierung seit Sakramentenpastoral im Wandel

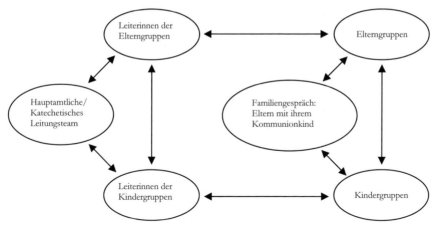

Abbildung 3: Das Beziehungsgeflecht der Familienkatechese in *Biesinger*, Erstkommunion, 124.

Biesinger hat mit einigen seiner Mitarbeiter aus diesen Grundlagen heraus Kursmaterial für die Erstkommunionkatechese entwickelt, das zur großen Verbreitung dieses Ansatzes im deutschsprachigen Raum beiträgt.[353] In Form des „Grundschulwegs" werden bereits Versuche erprobt, die Familienkatechese in Deutschland auf einen längeren Zeitraum auszudehnen, wie es ja auch dem lateinamerikanischen Vorbild entspricht.[354] Auch in theoretischer Hinsicht wird der familienkatechetische Ansatz weiter vertieft. Jörn Hauf entwickelt aus der Familienkatechese Biesingers mit Hilfe des systemtherapeutischen Konzepts eine „familienbiographische Katechese", die auf der paritätischen Kommunikation zwischen Kirche als ‚Hilfe anbietendem System' und Familie als ‚Hilfe suchendem System' gründet.[355] Für Hauf ist von daher die Diakonie eine der wichtigsten Quellen der Katechese, so dass er die Familienkatechese als „diakonagogische Katechese" begreift.[356] Von daher entwickelt er in groben Zügen ein katechetisches Konzept, das die Sakramente der Taufe, Eucharistie und Firmung beinhaltet und als Begleitung von Familien während der Erziehungsphasen gedacht ist.[357]

---

[353] Vgl. *Biesinger / Bendel / D. Biesinger*, Gott mit neuen Augen sehen.
[354] Vgl. *Susanne Walter*, ‚Grundschulweg', Ein sakramentaler Weg mit Kindern im Grundschulalter, in: Albert Biesinger / Herbert Bendel (Hg.), Gottesbeziehung in der Familie. Familienkatechetische Orientierungen von der Kindertaufe bis ins Jugendalter, Ostfildern 2000, 279–286.
[355] Vgl. *Hauf*, Katechese, 284.
[356] Vgl. ebd. Als Folge davon wird die Liturgie als Quelle und Ziel der Katechese zu wenig betrachtet.
[357] Vgl. ebd. 275–307. Hauf sieht in seinem katechetischen Konzept eine thematische und zeitliche Entflechtung vor, die dazu führt, dass die gesamte Katechese der Initiationssakramente in verschiedene „Wegstrecken" aufgeteilt wird. Dabei bestimmen die Familien selbst, welche „Wegstrecken" sie mitgehen und welche nicht. Dies führt dazu, dass nur wenige Inhalte in

Biesingers Entwurf der Familienkatechese hat aber nicht nur eine begeisterte Aufnahme gefunden, sondern führte auch zu einer ganzen Reihe kritischer Anfragen an dieses neue Konzept.[358] Dabei lässt sich die Kritik in folgende fünf Punkte zusammenfassen:

– *Mangelnde Berücksichtigung der unterschiedlichen gesellschaftlichen Situationen* – Die Familienkatechese, die eine umfassende Evangelisierung, gerade auch im gesellschaftlichen Bereich anstrebt, stammt aus Lateinamerika. Die dort existierende Not zwingt zu anderen Formen der Vergemeinschaftung als in Deutschland und macht Solidarität zu einer zwingenden Voraussetzung, um sich gegen ungerechte soziale Strukturen zu wehren. Dort lassen sich auch die gesellschaftlichen Befreiungsprozesse, die notwendig sind, um der Botschaft des Evangeliums gerecht zu werden, relativ einfach bestimmen. In der deutschen Gesellschaft fällt es schwerer, eine Antwort auf die Frage zu geben, welche Befreiungsprozesse bei uns notwendig sind. Dennoch muss sich die Familienkatechese dieser Aufgabe stellen und darf nicht bei einer bloßen Eucharistiekatechese stehen bleiben.[359] Eine einfache Verknüpfung von Katechese und politischem Handeln ist in Deutschland zwar nicht möglich, dennoch müsste dieses Potential der Familienkatechese für eine Gemeindeentwicklung genutzt werden, die gerade die Diakonie besonders im Blick hat und sich gegen Ausgrenzung wendet.

– *Mangelnde Differenzierung hinsichtlich der Sakramentenspendung* – Die Familienkatechese in der Konzeption Albert Biesingers belässt auch im Gegensatz zum lateinamerikanischen Vorbild die Jahrgangskatechese bei der Erstkommunion. In Peru werden alle Eltern mit Kindern zwischen acht und elf Jahren auf den Weg der ‚catequesis familiar' eingeladen.[360] Neben der familienkatechetischen Vorbereitung für jüngere Kinder gibt es für Jugendliche ab dem 13. Lebensjahr die Möglichkeit, sich durch einen katechetischen Kurs, der von Laien geleitet

---

der Katechese wirklich auch für alle verbindlich sind. Bei der Erstkommunion sind es nur die eucharistiekatechetischen Themen und bei der Firmung nur das Credo. Inhaltlich wird also bei dieser Form der Katechese auf die Forderung der Vollständigkeit verzichtet, wenn dies nicht Wunsch der Familie selbst ist.

358 Vgl. ebd. 92–96. Hauf stellt hier die wesentlichen Kritikpunkte dar und versucht sie gleichzeitig zu entkräften. Als die drei Hauptvorwürfe nennt er: die Gefahr einer rigoristischen Verengung; die Überforderung der Eltern; die mangelnde Differenzierung des katechetischen Weges.

359 Vgl. *Werner Tzscheetzsch*, Eucharistiekatechese als Familienkatechese – Kritische Würdigung, in: Günter Biemer, Symbole des Glaubens leben – Symbole des Lebens glauben. Sakramentenkatechese als Lernprozess. Taufe, Firmung, Eucharistie, Ostfildern 1999, 290–294.

360 Scheidler berichtet, dass in einer Pfarrei in der Peripherie von Lima, wo sie zu Gast war, nur 15% der Eltern an der „catequesis familiar" teilnahmen. Weitere 20% ließen ihre Kinder mit 14 Jahren nach Vorbereitung durch Laienkatecheten zur Erstkommunion gehen. 65% der Eltern in dieser Pfarrei verzichteten darauf, ihre Kinder auf den Empfang der Erstkommunion vorbereiten zu lassen (vgl. *Scheidler*, Catequesis, 210).

2.6 Neuorientierung seit Sakramentenpastoral im Wandel

wird, auf die Erstkommunion vorzubereiten. Durch diese Doppelstrategie wird die Katechese dem Anspruch der Spannung von Offenheit und Identität sehr gut gerecht. Man vermeidet sowohl laxistische Kompromisse bei der Familienkatechese als auch einen zu großen Rigorismus, der wegen der hohen Anforderungen bei der ‚catequesis familiar' viele Menschen ausgrenzt. „Durch das Angebot differenzierter Wege der Erstkommunionvorbereitung geht man in Peru strukturell auf die sehr unterschiedlichen Voraussetzungen bei den Kindern und ihren Familien ein und überlässt den Eltern die Wahl desjenigen Weges, der ihren individuellen Möglichkeiten entspricht. Gleichzeitig sind beide Wege darauf ausgerichtet, Menschen anlässlich der Erstkommunion das Hineinwachsen in die Koinonia der Gemeinde zu ermöglichen."[361] In Deutschland ist die Familienkatechese von dieser Differenzierung noch weit entfernt. Die Gemeinden in Deutschland gehen dabei unterschiedliche Wege, um die Spannung zwischen Offenheit und Identität in der Familienkatechese zu lösen. Im Süden Deutschlands mit seinen noch vorhandenen volkskirchlichen Strukturen versucht man durch eine intensive Elternarbeit in der Familienkatechese auch fern stehende Eltern zu integrieren, während im Norden mit seiner Diasporasituation weniger Energie auf die Eucharistiekatechese verwendet wird, sondern das Schwergewicht auf die Bildung identischer christlicher Gruppen nach der Erstkommunion gelegt wird.[362] Gerade Gemeinden, die aus Gründen der Offenheit einen intensiven familienkatechetischen Weg gehen, müssen aber die Frage klären, wie sie mit fehlender Teilnahme von Eltern umgehen und ob sie nicht noch zu sehr dem volkskirchlichen Denken der Erfassungspastoral verpflichtet sind.

– *Mangelnde Inhaltlichkeit der Katechese* – Die Vermittlung von wesentlichen Glaubensinhalten ist nicht die erste Zielsetzung der Familienkatechese und wirft so die Frage nach dem Katecheseverständnis auf. Biesinger sieht in der Katechese vor allem ein diakonisches Handeln der Gemeinde an den Familien. „Und dennoch ist es mir wichtig, auch die Eltern, die weit weg sind und die nur schwer einen Zugang finden nicht auszugrenzen, sondern alle, ausnahmsweise alle einzuladen und entsprechend zu unterstützen. Die einen gehen dann 5 Meter des Weges von 100 Meter mit, andere 50 Meter, andere 80 Meter. Die Eltern selbst entscheiden. Sie haben aber ein Recht darauf, von der Gemeinde entsprechend unterstützt, provoziert und begleitet zu werden."[363] Ganz zu Recht stellt Werner

---

[361] Ebd. 212.
[362] Vgl. *Monika Scheidler*, Eucharistiekatechese als Familienkatechese – zwischen Theorie und Wirklichkeit, in: LKat 25 (2003), 46–50, hier 49.
[363] *Biesinger*, Katechese, 7.
Hauf, Katechese, 280, verdeutlicht, was dies für die thematische Dimension der Katechese bedeutet: „Familienbiographische Katechese *präferiert* in diesem Zusammenhang eine Elementarisierung der biblischen und traditionsgemäßen Inhalte als sinnstiftende und sinnsuchende Ressource und beziehungsideologiekritisches Handlungswissen für die Bewältigung

Tzscheetzsch daher fest, dass das Ziel der Eucharistiekatechese bei diesem Katecheseverständnis nicht klar wird. „Wenn Familienkatechese nicht nur – was schon sehr viel, aber nicht notwendigerweise spezifische Aufgabe der Katechese wäre – einen Gemeindeentwicklungsprozess anregte, dann müsste auch die bildende Kraft der Katechese eigens bedacht werden: Was also soll in den katechetischen Prozessen gelernt werden?"[364] Tzscheetzsch sieht daher die Notwendigkeit, sich über die elementaren Inhalte der Katechese zu verständigen. Da Katechese aber nicht nur über das Paradigma der Zugehörigkeit bestimmt werden darf, wie es Biesinger mit seiner Forderung nach Einbeziehung aller Familien tut, sondern immer mehr durch das Paradigma der Identifizierung bestimmt sein wird, genügt es inhaltlich nicht, allein die Familie im Blick zu haben: „Identifizierung aber geht nur so, dass ich lerne, mit wem bzw. mit was es sich zu identifizieren gilt. Die Aufgabe der Elementarisierung steht für alle katechetischen Lehr- und Lernprozesse an. Elementarisierung ist nicht denkbar, ohne den Streit, welches die elementaren Strukturen und Inhalte der Glaubenseinführung sind."[365]

– *Mangelnder Bezug zur Gemeinde* – Die Fokussierung auf die Familie als hauptsächlicher Ort der Katechese lässt die Bedeutung der Gemeinde für die Glaubensweitergabe zurücktreten. Die Katechese hat vor allem die Aufgabe, deutlich zu machen, dass Glaubensgemeinschaft mehr bedeutet als die Familiengemeinschaft. Der Notwendigkeit dieser Öffnung stimmt Albert Biesinger selbst zu, wenn er den familienkatechetischen Weg als Teil der Gemeindekatechese bezeichnet und feststellt: „Dieser Weg ist gleichzeitig auf allgemeinere Ziele des Gemeindeaufbaus und der Gemeindekatechese ausgerichtet."[366] Allerdings ist die Öffnung auf die Gemeinde eben nur bei den Familien möglich, die am Prozess der Familienkatechese intensiv teilnehmen und ein großes Stück der Wegstrecke mitgehen. Für die Kinder von Familien, die sich nicht so intensiv auf die Famili-

---

von Familienentwicklungsaufgaben und die Förderung gerechter Familienbeziehungen im Horizont einer tragfähigen Gottesbeziehung gegenüber einer antizipierend curricularen Elementarisierung situationsenthobener *allgemeiner* ‚Lebensthemen'." Katechese ist in diesem Verständnis vor allem begleitendes, diakonisches Handeln an den Familien. Allein von ihrer Situation her bestimmen sich die Inhalte und der Weg der Katechese. Damit ist aber jeder planmäßigen Katechese als Einführung in die Gesamtheit des Glaubens eine Absage erteilt.

[364] *Werner Tzscheetzsch*, Von der Mono- zur Polyperspektivität der Katechese: Eindrücke zu Albert Biesingers Plädoyer für die Familienkatechese. Werner Tzscheetzschs Replik auf „Katechese in größer werdenden Seelsorgeeinheiten", in: LS 56 (2005), 8–11, hier 9.

[365] *Tzscheetzsch*, Polyperspektivität, 11. Die gleiche Kritik formuliert auch Dieter Emeis an dem Konzept der Familienkatechese: „Im Unterschied zu Albert Biesinger liegt mir nicht nur an der Offenheit der Katechese, sondern auch daran, identische Glaubensgemeinschaften zu sammeln und zu fördern" (*Monika Scheidler*, Konkurrenz zwischen Gemeindekatechese und Familienkatechese? Monika Scheidler im Gespräch mit Dieter Emeis und Albert Biesinger, in: KatBl 124 [1999], 199–206, hier 206).

[366] *Scheidler*, Konkurrenz, 204.

enkatechese mit ihren Elterngesprächen einlassen, ist es fraglich, ob eine Weitung der Glaubensgemeinschaft über die Familie erfolgt.

– *Mangelnder Blick für die Bedingungen religiöser Kommunikation in Familien* – Die Familienkatechese gründet in der Annahme, dass der Mensch von Natur aus zur religiösen Kommunikation in der Lage ist und dass es nur eines relativ kleinen Anstoßes durch die Familienkatechese bedarf, um entsprechende Kommunikationsformen in der Familie auszubilden.[367] Für Ostdeutschland hat aber Eberhard Tiefensee bereits gezeigt, wie sehr die religiöse Sprachfähigkeit des Menschen davon abhängt, dass dieser Bereich gepflegt und gefördert wird. So kommt Tiefensee bei seinen Untersuchungen zu folgendem Schluss: „Denn eine eigene Sprache für ihre religiösen Erlebnisse oder sogar Erfahrungen können die wenigsten selbst entwickeln, weshalb hier lebendige Traditionen erforderlich sind, in die eingewiesen werden muss."[368] Auch Untersuchungen in Westdeutschland zeigen, dass die Kommunikationsintensität und Kommunikationsfähigkeit bei religiösen Themen gerade in den Familien abnimmt.[369] Zudem ist religiöse Kommunikation in der Familie immer noch vor allem eine Aufgabe der Frauen. Männer sind an der Tradierung von Religiosität weniger beteiligt und unterlaufen oft die Bemühungen ihrer Frauen.[370] Die religiöse Sprachfähigkeit von Männern zu fördern und sie in die religiöse Erziehung einzubeziehen, muss lange gewachsene Verhaltensmuster aufbrechen.[371] Dies alles zeigt, dass die Förderung religiöser

---

[367] Vgl. *Tzscheetzsch*, Polyperspektivität, 10.

[368] *Tiefensee*, Religiös unmusikalisch, 93; vgl. auch *Eberhard Tiefensee.*, Gesellschaft ohne Religion. Das Erbe von 40 Jahren DDR, in: Eckhard Jaschinski (Hg.), Das Evangelium und die anderen Botschaften. Situation und Perspektiven des christlichen Glaubens in Deutschland, Nettetal 1997, 55–86; *ders.*, So areligiös wie Bayern katholisch ist. Zur konfessionellen Lage im Osten Deutschlands, in: Karl Schlemmer (Hg.), Auf der Suche nach dem Menschen von heute. Vorüberlegungen für alternative Seelsorge und Feierformen (= Andechser Reihe Bd. 3), St. Ottilien 1999, 50–66; *ders.*, „Religiös unmusikalisch" – Zu einer Metapher Max Webers, in: Bertram Pittner / Andreas Wollbold (Hg.), Zeiten des Übergangs (= FS für Franz Georg Friemel zum 70. Geburtstag [= EThSt 80]), Leipzig 2000, 119–136; *ders.*, Homo areligiosus, in: LebZeug 56 (2001), 188–2003; *ders.*, Vorsichtige Neugier. Glaubensvermittlung in radikal säkularen Kontexten, in: ThPQ 156 (2008), 159–165. Die Einschätzung Tiefensees zur Situation in Ostdeutschland wird gestützt durch die Untersuchung von *Gert Pickel / Olaf Müller*, Ostdeutschland – entkirchlicht, entchristlicht oder säkularisiert, in: Hans-Georg Zieberts (Hg.), Erosion des christlichen Glaubens?, Münster 2004, 57–69.

[369] Vgl. *Renate Köcher*, Probleme und Chancen religiöser Kommunikation. Erkenntnisse aus Allensbacher Langzeituntersuchungen, in: ComSoc 33 (2000), 276–295, hier 280–281.

[370] Dass hauptsächlich Mütter die Familienkatechese tragen, ergibt sich auch aus den empirischen Untersuchungen, die Biesinger selbst zu dieser Fragestellung durchgeführt hat (vgl. *Biesinger / Gaus / Stroezel*, Erstkommunion, 81–83).

[371] Vgl. *Stephanie Klein*, Religiöse Tradierungsprozesse in Familien und Religiosität von Männern und Frauen, in: RpB 43 (1999), 25–40. Klein nimmt zwar nur einen Bruch der Tradierung der kirchlichen Bindung an, während die religiöse Tradierung weitergeht. Deutlich zeigt

Kommunikation in der Familie sicherlich eine wichtige Errungenschaft der Familienkatechese ist, aber auch leicht zu einer Überforderung der Familien führen kann, da sie oft gar nicht über die nötigen religiösen Sprachmuster verfügen und diese auch nicht einfach durch einige Elterngespräche erwerben können. Ohne religiöse Sprache und religiöse Kommunikationsformen ist aber das Projekt der Familienkatechese kaum durchzuführen, wenn sie die religiöse Kommunikation in den Familien langfristig fördern und nicht nur ein kurzes Strohfeuer entfachen will. Wirklich fruchtbar kann die Familienkatechese daher nur werden, wo religiöse Sprachmuster und Kommunikationsformen nicht ganz neu erworben, sondern nur verlebendigt werden müssen. Die Familienkatechese setzt daher ein noch relativ stabiles religiöses Milieu voraus.[372] Biesinger weist zwar in einer Pilotstudie zur Familienkatechese nach, dass sein katechetisches Modell in verschiedenen Regionen Deutschlands – darunter auch eine Gemeinde in Dresden/Freital – die religiöse Kommunikation in Familien fördert, zeigt aber auch auf, wie sehr Religion und Religiosität in der Kindheit von der Einstellung der Eltern abhängig ist.[373] Er stellt leider nicht dar, inwieweit sich Eltern auf den Weg der Familienkatechese einlassen, die nur noch eine ganz geringe kirchliche Bindung aufweisen, und entkräftet somit nicht die Kritik, dass Familienkatechese eine rudimentäre religiöse Kommunikation in den Familien voraussetzt.[374]

Zusammenfassend ist festzustellen, dass die Familienkatechese einen wichtigen Impuls gibt, um in Deutschland die Familie als Lernort des Glaubens wieder neu in den Blick zu nehmen. Mit der Taufe haben die Eltern die Verpflichtung zur Glaubenserziehung übernommen und sollen erste Glaubenszeugen für ihr Kind sein.[375] Die religiöse Erziehung in den Familien zu fördern und Hilfestellung zu

---

   sie jedoch das Defizit der Männer bei der religiösen Tradierung auf, das dem Projekt der Familienkatechese sicher nicht förderlich ist.
[372] Vgl. *Tscheetzsch*, Polyperspektivität, 11.
   Auch Ball merkt an, dass das Ziel der Familienkatechese, neue religiöse Kommunikationsstrukturen zu schaffen, in der Familienkatechese nicht immer verwirklicht wird. Von daher sieht er im familienkatechetischen Modell Biesingers vor allem eine Fokussierung des gemeindekatechetischen Ansatzes auf die Elternarbeit hin (vgl. *Matthias Ball*, Was ist Familienkatechese?, in: LKat 21 [1999], 77–80, hier 80).
[373] Vgl. *Biesinger / Gaus / Strozel*, Erstkommunion, 88–91.
[374] Wie sehr der Wunsch nach den Sakramenten mit einer starken religiösen Praxis in der eigenen Kindheit verbunden ist, zeigt *Johannes Först / Joachim Kügler (Hg.)*, Die unbekannte Mehrheit. Mit Taufe, Trauung und Bestattung durchs Leben? Eine empirische Untersuchung zur „Kasualfrömmigkeit" von KatholikInnen – Bericht und interdisziplinäre Auswertung (= Werkstatt Theologie Bd. 6), Berlin 2006.
[375] Bei der Tauffeier versprechen die Eltern feierlich, die Aufgabe der Glaubenserziehung zu übernehmen (vgl. Die Feier der Kindertaufe in den katholischen Bistümern des deutschen Sprachgebietes, hg. im Auftrag der Bischofskonferenzen Deutschlands, Österreichs und der Schweiz und des Bischofs von Luxemburg, Einsiedeln u.a. 1971, 30).

2.6 Neuorientierung seit Sakramentenpastoral im Wandel 105

geben, damit Familien den Glauben als hilfreich für ihren Alltag erfahren, stellt eine notwendige Weitung der gemeindekatechetischen Praxis in Deutschland dar, die noch weitgehend auf die Katechese mit Kindern in Kleingruppen fixiert ist. Biesinger will hier den Weg über die Evangelisierung der Familien gehen und setzt daher mehr auf die Elternarbeit als auf die isolierte Katechese mit Kindern. Die Verwendung des Begriffs ‚Evangelisierung' zeigt allerdings, dass es ihm weniger um einen katechetischen Prozess geht, der systematisch angelegt ist und vorgegebene Inhalte vermittelt, als vielmehr um eine Begleitung von Familien, deren religiöse Kommunikation er fördern will. Die Überbetonung der diakonischen Dimension der Katechese führt zu einer Marginalisierung der Inhalte.[376] Das Unterscheidende zwischen Evangelisierung und Katechese wird nicht mehr deutlich, so dass beide Begriffe in der Familienkatechese für dieselbe Sache stehen und nicht mehr zwischen Katechese und Begleitung von Familien unterschieden werden kann. So sehr aber beides ineinander greifen muss, so wenig ist doch beides identisch. Dass neben der Familie und ihren Anliegen auch von der Theologie der Sakramente Anforderungen an die Katechese gestellt werden, gerät aus dem Blick. Hier gibt Biesinger zu Gunsten der Offenheit für alle Familien die Forderung, die einer stärkeren Profilierung der Identität verpflichtet wäre, auf. Die Frage bleibt, warum jede Familie im Modell der Familienkatechese in der gleichen Zeit zum Sakramentenempfang gelangen muss.

---

[376] Dass verbindliche Inhalte auch Bestandteil der Familienkatechese sind, kann nicht geleugnet werden. So weist natürlich auch der Kommunionkurs, den Biesinger mit seinen Mitarbeitern entwickelt hat, einen curricularen Aufbau auf (vgl. *Biesinger / Bendel / D. Biesinger*, Gott mit neuen Augen sehen). Allerdings steht die Vermittlung von Inhalten stark im Hintergrund. Eindeutig wird dies bei der familienbiographischen Katechese von Hauf. Auch er will zwar auf die Aneignung eines „basalen curricularen kirchlichen Grundwissens" nicht verzichten, kann aber die Notwendigkeit dieses Wissens aus dem Ansatz seiner diakonischen und diakonagogischen Katechese, die auf die Begleitung von Familien ausgerichtet ist, kaum begründen. So wirkt diese Forderung Haufs nach einem basalen Grundwissen wie ein Anhängsel an die eigentliche Familienkatechese, das er auch dann selbst wieder relativiert, indem er dieses Grundwissen nicht zum Ziel, sondern zur Voraussetzung der familienbiographischen Katechese macht (vgl. *Hauf*, Familienbiographische Katechese, 280–281). Hier zeigt sich, wie der umfassende Begriff der Evangelisierung dazu führt, das Spezifische der Katechese zu eliminieren. Katechese soll nach dem Evangelisierungskonzept Pauls VI. vor allem in den Glauben und damit auch in das Glaubenswissen einführen. Nun wird diese Einführung zur Voraussetzung der familienbiographischen Katechese erklärt, ohne genau darzulegen, wie denn nun diese Voraussetzung gestaltet werden soll, die doch für die Teilnahme an Liturgie und Verkündigung und somit für eine echte Communio unersetzlich ist.

2.7 Deutsche Bischofskonferenz: *Katechese in veränderter Zeit*

Dreißig Jahre, nachdem in Würzburg das Arbeitspapier *Das katechetische Wirken der Kirche* verabschiedet wurde, möchten die deutschen Bischöfe mit dem Schreiben *Katechese in veränderter Zeit*[377] die missionarische und evangelisierende Dimension des katechetischen Handelns neu betonen. Schon mit dem Wort der deutschen Bischöfe *Zeit zur Aussaat – Missionarisch Kirche sein*[378] aus dem Jahr 2000 war die Notwendigkeit einer „missionarischen Pastoral" gefordert worden, die vor allem auf die Katechese Einfluss haben muss:

„Vermutlich verliert in unserer Generation eine Gestalt des Christwerdens ihre Dominanz: die vornehmlich pädagogisch vermittelte Gestalt der Weitergabe des christlichen Glaubens, die seit dem Beginn der Reformationszeit bzw. der Gegenreformation bestimmend gewesen ist, ähnlich wie seit frühmittelalterlichen Zeiten die ‚soziale' Gestalt der Glaubensvermittlung vorherrschend gewesen war. Wir treten jetzt in eine Zeit ein, in der christlicher Glaube missionarisch-evangelisierend in der Generationenabfolge weitergegeben werden muss."[379]

Schon in diesem Dokument der deutschen Bischöfe werden mit der Betonung des Erwachsenenkatechumenats und der Notwendigkeit des persönlichen Zeugnisses die Elemente der Katechese angesprochen, die dann das Schreiben *Katechese in veränderter Zeit* entscheidend prägen.[380] Damit greift *Katechese in veränderter Zeit* die Entwicklungen auf, die seit Mitte der neunziger Jahre die Katechese prägten und im vorhergehenden Kapitel dieser Arbeit dargestellt wurden. Die wesentlichen Inhalte von *Katechese in veränderter Zeit* lassen sich in sieben Punkten zusammenfassen, die im Folgenden auch schon eine Bewertung erfahren:

– *Katechese als interpersonales Geschehen* – Katechese wird als interpersonales Geschehen verstanden, bei dem alle Beteiligten Handelnde und Teilnehmende zugleich sind und sich jeder mit seinen Erfahrungen und seiner Lebensgeschichte einbringt: „Katechese ist zuerst ein interpersonales Geschehen. Im ganzheitlich verstandenen katechetischen Lernen vermitteln sich sowohl das ‚Was' – die Inhalte – als auch das ‚Wie' – die Methoden – durch die beteiligten Personen in ihrer Bedeutung als Glaubenszeugen."[381]

---

[377] *Die deutschen Bischöfe*, Katechese in veränderter Zeit. 22. Juni 2004 (= Hirtenschreiben, Erklärungen 75), Sekretariat der Deutschen Bischofskonferenz (Hg.), Bonn 2004.
[378] *Die deutschen Bischöfe*, „Zeit zur Aussaat". Missionarisch Kirche sein. 26. November 2000 (= Hirtenschreiben, Erklärungen 68), Sekretariat der Deutschen Bischofskonferenz (Hg.), Bonn 2000.
[379] Zeit zur Aussaat, 33–34.
[380] Vgl. Katechese in veränderter Zeit, 26–27.
[381] Vgl. ebd. 25.

2.7 DBK: Katechese in veränderter Zeit

Diese personale Konzeption von Katechese stellt zunächst einen großen Gewinn für das Katecheseverständnis dar und bietet prinzipiell die Möglichkeiten, den Gegensatz von ‚Inhalt und Methode' zu überwinden. Leider fehlt dazu im Schreiben der deutschen Bischöfe eine eindeutige Akzentsetzung, dass es sich bei der Katechese nicht in erster Linie um ein Geschehen zwischen Glaubensbegleiter und Glaubensschüler handelt, sondern um ein interpersonales Geschehen, in dem Gott die entscheidende Rolle zufällt. Es gelingt nicht, der Katechese eine neue Theozentrik zu geben, die durch die Gemeinde und den Katecheten vermittelt wird. Paul Wehrle ergänzt daher zu Recht diese Dimension im Verständnis der Katechese als personales Geschehen: „Insofern ist Katechese nicht zuerst Übersetzung und Vermittlung, sondern ‚Hören'. Dies setzt nicht zuerst einen Raster oder einen Satz kollektiver kultureller Überzeugungen und Praktiken voraus, sondern die reale Gegenwart Gottes auch in katechetischen Situationen."[382] Ein solches Hervorheben des Handelns Gottes in der Katechese würde zu einer Entlastung der Rolle des Katecheten führen.[383] Das Idealbild eines Katecheten, der dem Glaubensschüler ein authentisches, identisches und verständliches Zeugnis des Glaubens gibt, kann gerade bei ehrenamtlichen Katechetinnen und Katecheten zu einer Überforderung führen. Ein personales Verständnis der Katechese, das das Hören auf Gott im Wort der Heiligen Schrift, den Zeugnissen der kirchlichen Überlieferung und der Feier der Liturgie in den Mittelpunkt stellt, würde hier entlastend wirken.[384]

---

[382] *Paul Wehrle*, Hören auf die Gegenwart Gottes. Zum Text der deutschen Bischöfe „Katechese in veränderter Zeit" (2004), in: LS 56 (2005), 87–94, hier 87. Wehrle weitet hier ein rein horizontales Verständnis von Katechese als personales Geschehen, indem er auf Klaus Hemmerles Konzeption einer tripolaren Spannungseinheit zwischen Ich, Anderen und Sache bei jedem Vermittlungsvorgang zurückgreift. Da beim katechetischen Prozess die Sache, um die es geht, das Evangelium ist, das Evangelium aber Christus selbst ist, haben wir in der Katechese einen dreipoligen personalen Vorgang. „Vermittlung muß gelingen, sie muß sich schenken, sie will letztlich erlitten werden. Anders würde die theologische Qualität von (Glaubens-)Vermittlung, in der Gott allein der führende Part zusteht, anthropologisch oder technisch aufgearbeitet und damit zerstört" (*Klaus Hemmerle*, Propädeutische Überlegungen zur Glaubensvermittlung, in: KatBl 113 [1988], 101–108, hier 106).
[383] Vgl. Katechese in veränderter Zeit, 25–26.
[384] Der hohe Stellenwert, der den Katecheten zugesprochen wird, lässt zudem deutlich zu Tage treten, dass die Praxis der Auswahl von Katecheten in Deutschland zu wünschen übrig lässt. Zu wenig wird hier auf Qualitätsstandards geachtet. Bitter nennt als Qualitätsstandards die Fähigkeit und Bereitschaft zum freimütigen Lebens- und Glaubenszeugnis, persönliche Lebens- und Glaubenskompetenz und gelebte Kirchengemeinschaft. Er kritisiert die häufig anzutreffende Praxis, sich freiwillig meldende Eltern zu Katecheten in der Sakramentenpastoral zu machen, ohne zu überprüfen, ob diese Qualitätsstandards erfüllt sind (vgl. *Erich Garhammer*, Ein Gespräch mit Gottfried Bitter, in: LS 56 [2005], 29–32, hier 32).

– *Katechese als Aufgabe der Kirche* – Relativierung der Gemeinde – Die Ernüchterung, die schon Sakramentenpastoral im Wandel[385] gegenüber der Gemeindekatechese zeigt, verstärkt sich noch im Schreiben Katechese in veränderter Zeit: „Immer seltener führen diese katechetischen Bemühungen zu einem Mitleben mit der Kirche. Die Sakramentenkatechese scheint eher etwas von Sympathiewerbung zu haben oder von dem, was gelegentlich als ‚biografische Ritendiakonie' bezeichnet wird."[386] Eine Folge ist die Relativierung der Gemeinde für den katechetischen Prozess. Deutlicher als bisher wird betont, dass die Kirche als Ganze Trägerin der Katechese ist. „So gehört es wesentlich zur Bestimmung der Kirche, den Glauben, den sie selber lebt, weiterzugeben. Tradierung und Erschließung des Glaubens sind ‚ihrem Wesen nach ein kirchlicher Akt'."[387] Wehrle sieht in der Relativierung der dominanten Stellung der Gemeinde in der Katechese einen großen Gewinn.

„Wenn ich von einer Hypothek für die Gemeindekatechese spreche, dann denke ich an die Tatsache, dass die ekklesiologischen Vorstellungen von ‚Gemeinde' keineswegs so eindeutig waren und dass zurückgefragt werden konnte: Ist das jetzt Katechese der Gemeinde oder die Katechese in der Gemeinde oder (und im Auftrag wessen?) Katechese durch die Gemeinde? Der Ausdruck ‚Pfarrgemeinde' hat sprachlich zusammengezogen, was theologisch (und auch kanonistisch) – Pfarrei und Gemeinde – nicht hinreichend abgeklärt war. Dieser Klärungsprozess verlief vielleicht deshalb so mühsam, weil über Jahre hinweg die Kirche vorrangig als Gemeinde im Blick war und der im wahrsten Sinn des Wortes entlastende größere Zusammenhang von Kirche wenig gesehen bzw. mitbedacht wurde."[388]

Dadurch, dass die Gesamtkirche als Trägerin der Katechese wieder stärker in den Blick kommt, können auch Familie und Schule wieder einen angemessenen Platz im katechetischen Prozess erhalten.[389] Gerade die Betonung der katechetischen Dimension des Religionsunterrichts führt aus einer falschen Verengung der Katechese auf den Bereich der Gemeinde hinaus, die zwar so von den Texten der

---

[385] S.o. 89.
[386] Katechese in veränderter Zeit, 12.
[387] Ebd. 9.
[388] *Paul Wehrle*, Katechese vor neuen Chancen. Zum Text der deutschen Bischöfe „Katechese in veränderter Zeit" (2004), in: LS 56 (2005), 33–38, hier 37. Bitter kritisiert diese Abwendung von der Gemeinde und die stärkere Betonung der gesamten Kirche als Trägerin der Katechese. „Aber die dort zu beobachtende neue Richtung scheint sich doch sehr dezidiert von der begonnenen anthropologisch gewendeten Theologie abzukehren und zu einer Kirchentheologie, die Gemeinde ausblendet, hinzuwenden. Das gefällt mir überhaupt nicht" (*Garhammer*, Gespräch, 30).
Bei dieser Kritik blendet Bitter allerdings aus, dass die Überbetonung der Gemeinde zu einer Abwertung der Schule und der Familie als katechetische Orte geführt hat. Indem die gesamte Kirche als Trägerin der Katechese herausgestellt wird, ist eine neue Verbindung der drei katechetischen Orte – Gemeinde, Schule und Familie – möglich.
[389] Vgl. Katechese in veränderter Zeit, 29–32.

Würzburger Synode nicht gefordert wurde, aber sich faktisch dahin entwickelt hat.[390]

– *Minimalziele in Sakramentenpastoral mit Kindern und Jugendlichen* – *Katechese in veränderter Zeit* sieht die katechetischen Möglichkeiten in der Sakramentenpastoral mit Kindern und Jugendlichen als sehr begrenzt an. Fast schon resignierend wird lediglich die gelungene Erstverkündigung als Ziel formuliert.

„Das, was in der Erstkommunion- oder Firmkatechese häufig geschieht, entspricht kaum dem Auftrag der Katechese im engeren Sinn, sondern eher der Erstverkündigung als erster Stufe der Evangelisierung. Dennoch vermitteln solche ‚katechetischen' Treffen durchaus etwas vom Evangelium und vom christlichen Glauben; es bleibt vielfach die Erinnerung an die Begegnung mit sympathischen Menschen, an das Erleben in der kleinen Gruppe, an gelungene Unternehmungen – auch im religiösen Bereich. So kann eine Sympathie für das erreicht werden, wofür die Kirche steht."[391]

Zwar schließt *Katechese in veränderter Zeit* mit dieser Zielvorgabe nicht aus, dass bei einigen Kindern und Jugendlichen auch eine dauerhafte Einführung in den Glauben erfolgen kann, aber lediglich „Sympathie" für die Kirche ist das allgemein verbindliche Ziel. Wenn *Katechese in veränderter Zeit* auch nicht eindeutig die Reduzierung von zeitlichen und personellen Ressourcen in der Sakramentenpastoral mit Kindern und Jugendlichen fordert, so macht doch diese minimalistische Zielformulierung klar, dass größere Anstrengungen auf diesem Gebiet für aussichtslos gehalten werden. Es wird anscheinend nicht mehr für möglich gehalten, bei der Mehrheit der Kinder und Jugendlichen durch die Katechese zur Erstkommunion und Firmung eine tragfähige Glaubensbasis zu legen. Daher werden weder verbindliche Inhalte für die Sakramentenkatechese formuliert noch Mindestanforderung genannt, die Kinder und Jugendliche für den Empfang von Erstkommunion und Firmung erfüllen müssen. Man gibt sich mit dem minimalistischen Zielen der schönen „Erinnerung" und der „Sympathie" zufrieden.

– *Erwachsene als eigentliche Zielgruppe* – Als Neuansatz einer missionarischen Katechese wird vorgeschlagen, ihr Schwergewicht von den Kinder und Jugendlichen hin zu den Erwachsenen zu verlagern.

„Die wachsende missionarische Herausforderung führt zu einer Akzentverschiebung katechetischen Handelns: die traditionelle Gleichsetzung der Katechese mit der Unterweisung von Kindern und Jugendlichen im Glauben gilt es zu überwinden. [...] Ihre Adressaten sind Menschen,

---

[390] „Deshalb ist heute nach der katechetischen Dimension des Religionsunterrichts und nach dem Verhältnis von Katechese und Religionsunterricht zu fragen" (*Katechese in veränderter Zeit*, 32).
[391] Ebd. 17.

die in die Glaubensgemeinschaft der Kirche hineinwachsen bzw. in sie aufgenommen werden möchten – und zwar Menschen aller Altersstufen."³⁹²

Der Erwachsenenkatechumenat³⁹³ mit seinen Phasen der Erstverkündigung, der grundlegenden Einführung in den Glauben und der mystagogischen Vertiefung nach der Sakramentenspendung wird daher zum Idealtyp der Katechese schlechthin, da er es ermöglicht, die persönliche Lebensgeschichte, das Zeugnis der kirchlichen Tradition und die gottesdienstliche Feier des Glaubens miteinander zu verbinden.

Lutz begrüßt dieses neuerwachte Interesse an der Erwachsenenkatechese und dem Erwachsenenkatechumenat und sieht darin die Möglichkeit, „statt der Sakramentenfixierung wirklich eine lebensbegleitende Katechese"³⁹⁴ zu initiieren. Noch mehr als *Katechese in veränderter Zeit* vernachlässigt Lutz bei diesem Lob, dass die Sakramentenkatechese für Kinder und Jugendliche das weitaus größte katechetische Feld ist. Das Modell des Erwachsenenkatechumenats, das es sehr gut versteht, die Inhaltlichkeit der Katechese mit der Lebenssituation der Glaubensschüler zu verbinden, kann nicht einfach auf die Sakramentenkatechese mit Kindern und Jugendlichen übertragen werden. Zu Recht stellt daher Bitter fest:

„Einen weiteren Mangel dieses Papiers sehe ich darin, dass man die Höchstform der katechetischen Prozesse, den Katechumenat, mehr und mehr als Regelform einführen will. Entweder denkt man hier Jahrzehnte voraus, dann könnte man dies vielleicht rechtfertigen; aber heute, wo wir noch weithin Reste der Volkskirche haben, kann man Katechumenatsstrukturen nicht auf die in verschiedenen Regionen mal stärker oder weniger stark ausgeprägten gemeindlichen Katecheseformen applizieren."³⁹⁵

– *Differenzierende Katechese* – Für die Sakramentenkatechese wird weiterhin aufgrund der nüchternen Situationsanalyse eine „'differenzierende' Katechese"³⁹⁶ vorgeschlagen. Menschen, die ihr Glaubensleben bewusst vertiefen wollen, sollen dazu die Gelegenheit erhalten, während für andere die Katechese lediglich eine punktuelle Begegnung mit dem Glauben darstellt. „Die Entscheidung für den jeweiligen Weg und die Verantwortung dafür muss von den Teilnehmenden selbst getragen werden."³⁹⁷ Trotz der angestrebten Differenzierung soll eine „Zweiklas-

---

[392] Ebd. 13.
[393] Die Konzentration auf den Erwachsenenkatechumenat als Paradigma der Katechese findet sich in der neueren katechetischen Diskussion häufig. Eine gute Zusammenstellung der wichtigsten Beiträge findet sich bei *Scheuchenpflug*, Katechese im Kontext, 391–396.
[394] Vgl. *Lutz*, Überlegungen, 40.
[395] *Garhammer*, Gespräch, 31.
[396] Katechese in veränderter Zeit, 20.
[397] Ebd.

sen-Katechese"³⁹⁸ vermieden werden, indem jeder katechetische Weg zur Sakramentenspendung führt und Jesus Christus zum Ziel hat.

Wie schon in einem vorangehenden Kapitel³⁹⁹ dargelegt, ist eine solche Differenzierung ein sehr diffiziler Prozess, der aus soziologischen Gründen leicht zu einer „Zweiklassen-Katechese" führt. Es fehlt zudem an konkreten Vorschlägen, wie solche differenzierten Katechesewege aussehen könnten, welche Inhalte alle katechetischen Kurse verbindlich behandeln müssten und welche Möglichkeit es für differenzierte liturgische Feiern auf diesen verschiedenen katechetischen Wegen gäbe. Die Forderung nach einer differenzierten Katechese erscheint so als wenig durchdachter Versuch, den personellen und zeitlichen Aufwand für die Sakramentenkatechese auf ein Minimum zu reduzieren, um so genügend Kapazitäten für eine Verstärkung der Erwachsenenkatechese zu erhalten. Im Zusammenhang mit der minimalen Zielsetzung der Sakramentenpastoral mit Kindern und Jugendlichen drängt sich die Vermutung auf, dass unter „differenzierender Katechese" Folgendes verstanden wird: eine „symphatische" Erstverkündigung als Vorbereitung für alle auf die Sakramentenspendung und ein systematischer katechetischer Kurs für diejenigen, die für ihr Glaubensleben eine breitere Grundlage wünschen.

– *Wiederentdeckung der Liturgie als Quelle der Katechese* – Der Liturgie als Quelle der Katechese wird in *Katechese in veränderter Zeit* ein großer Stellenwert eingeräumt. Der Kirchenraum⁴⁰⁰ wird in seiner katechetischen Bedeutung neu entdeckt⁴⁰¹ und die Verwiesenheit von Katechese und Liturgie neu ins Bewusstsein gehoben. „Für die Mitfeier der Liturgie ist es von großer Bedeutung, die liturgischen Symbolhandlungen durch einen bewussten und ganzheitlichen Vollzug so zur Geltung kommen zu lassen, dass sie aus sich selbst sprechen. Zugleich gilt es, den Symbolwert der Liturgie katechetisch zu erschließen, sei es in der vorbereitenden Hinführung oder in der nachträglichen Vertiefung."⁴⁰² Daher wird eine Belebung der Liturgiekatechese gefordert, wobei die mystagogische Katechese der Alten Kirche als Vorbild dienen soll.⁴⁰³ Dabei wird aus dem Schreiben der deutschen Bischöfe allerdings nicht deutlich, welchen Stellenwert der sonntäglichen Eucharistiefeier nun im Rahmen der Katechese zukommen soll. Die Formulierungen von *Katechese in veränderter Zeit* lassen sowohl eine Intensivierung der Katechese innerhalb der Eucharistiefeier zu als auch mehr symboldidaktisch

---

[398] Ebd.
[399] S.o. 95.
[400] Zur Kirchenraumpädagogik vgl. *Claudia Gärtner*, Kirchen – Räume für Religionsunterricht und Katechese, in: LS 56 (2005), 17–22.
[401] Vgl. Katechese in veränderter Zeit, 35.
[402] Ebd. 33–34.
[403] Vgl. ebd. 34.

orientierte Hinführungen zu den Sakramenten außerhalb der Eucharistiefeier.[404] In den letzten Jahren ist zu beobachten, dass die Anregungen der deutschen Bischöfe zu einer stärkeren Einbeziehung der Liturgie in die Katechese immer mehr aufgegriffen werden.[405]

– *Ungeklärtes Katecheseverständnis* – Die deutschen Bischöfe unternehmen mit den Schreiben *Katechese in veränderter Zeit* den Versuch, die Katechese gegenüber anderen Dimensionen des kirchlichen Handelns abzugrenzen:

„Die Katechese ist als eigenes Handlungsfeld von anderen Bereichen kirchlichen Handelns zu unterscheiden. Sie ist Ort organisierten Glaubenlernens, charakterisiert durch die Bedingungsfaktoren didaktisch-methodischer Lernprozesse: Lehrende und Lernende, Lerngruppen, Inhalte, Methoden und Ziele, strukturierte Lernschritte, organisatorische Rahmenbedingungen, verantwortliche Träger, Arbeitshilfen und –materialien usw."[406]

Katechese in veränderter Zeit entwickelt aber nicht nur dieses enge Katecheseverständnis, dass „organisiertes Glaubenlernen" inhaltlich geprägt ist. Immer wieder wird die begleitende Dimension der Katechese betont, die sich an der Lebensgeschichte des Glaubensschülers zu orientieren hat.[407] Dieser biographieorientierten Katechese liegt aber ein sehr weiter Katechesebegriff zugrunde, der eine eindeutige Definition des katechetischen Handlungsfeldes erschwert.[408]

---

[404] Matthias Kaune sieht durch *Katechese in veränderter Zeit* vor allem die Liturgiekatechese außerhalb der Messfeier gefördert: „Das ist ausdrücklich kein Plädoyer für eine extensive Feier der Eucharistie. Gerade Suchende sind oft überfordert mit der Komplexität und der Fülle der Eucharistiefeier. Eine mystagogische und missionarische Katechese kann den ‚Vorraum' der Sakramente viel stärker nutzen" (*Matthias Kaune*, Katechese in veränderter Zeit – missionarisch und mystagogisch, in: Pastoralblatt für die Diözesen Aachen, Berlin, Essen, Hildesheim, Köln, Osnabrück 60 [2008], 99–106, hier 104).

[405] Vgl. *Der Bischof von Hildesheim* (Hg.), Optionen für eine mystagogische Sakramentenpastoral. Orientierungsrahmen für die Sakramentenpastoral im Bistum Hildesheim, Hildesheim 2003; *Christian Hennecke*, Mystagogie konkret. Gedanken zu neuen/alten Wegen in der Sakramentenpastoral, in: Gd 38 (2004), 9–11; *Winfried Haunerland / Alexander Saberschinsky* (Hg.), Liturgie und Mystagogie, Trier 2007; *Doris Gilgenreiner*, Ein Fenster zum Himmel. Symbolische Gestaltungen von Elementen aus der Eucharistiefeier für Schule und Kindergruppen, in: KatBl 133 (2008), 189–193.

[406] Katechese in veränderter Zeit, 39.

[407] Vgl. ebd. 19–20.

[408] Vgl. *Scheuchenpflug*, Katechese im Kontext, 400–402. Scheuchenpflug betont, dass Katechese im Kontext der modernisierten Gesellschaft als Dimension des evangelisierenden Handelns der Kirche verstanden werden muss. Dies beschreibt Scheuchenpflug so: „Denn das Ziel katechetischer Bemühungen kann unter den Bedingungen des Pluralismus weder die Erzeugung einer ‚christlichen Massenkultur', noch eines Wissensvorrats, der nicht individuell eingebunden ist, sein. Da die Moderne in erster Linie als ‚Freiheitskultur' bestimmt werden kann, muss eine diakonal und dialogisch ausgerichtete Katechese darauf abzielen, eine pluralistische Kultur von individuell verantworteten christlichen Lebensentwürfen zu fördern, die dann insgesamt gesehen zu einer Bereicherung des Erscheinungsbildes von Christsein und

2.7 DBK: Katechese in veränderter Zeit

Diese definitorische Unklarheit führt zu sehr verschiedenen Anforderungen an die Katechese, die sich in der Praxis kaum verbinden lassen. Einerseits soll Katechese prozesshaft begleitend sein und somit die Anliegen einer biographieorientierten Katechese aufgreifen.[409] Andererseits werden mit dem Apostolischen und dem Großen Glaubensbekenntnis von Nizäa und Konstantinopel verbindliche inhaltliche Vorgaben gemacht.[410] Die Widersprüchlichkeit dieser Anforderungen an die Katechese wird zwar gesehen, aber nicht gelöst:

> „Es gibt Situationen in der Katechese, in denen das Glaubensbekenntnis in seiner Bedeutung für Menschen heute in allen seinen Teilen erschlossen und besprochen werden kann. Es gibt aber auch Situationen, in denen dies von der verfügbaren Zeit und anderen fehlenden Voraussetzungen her nur bedingt möglich ist. Doch grundlegende Aussagen der Glaubensverkündigung kann die Katechese nicht übergehen."[411]

Es wird nicht deutlich, ob in jedem katechetischen Prozess die vollständige Vermittlung des Inhalts anzustreben ist oder die einzelnen Teilnehmer am katechetischen Prozess durch ihre Lebensgeschichte und ihre Lebenssituation die Inhalte bestimmen.[412] Die Spannung zwischen einem weiten Katechesebegriff, der sich von dem Begriff *Evangelisierung* kaum unterscheiden lässt, und einem engen Katechesebegriff, der Katechese als organisierten Prozess des Glaubenlernens, der auch inhaltliche Konkretisierungen mit einschließt, wird im Schreiben *Katechese in veränderter Zeit* nicht gelöst. Somit bleibt eine wesentliche Frage zur Weiterentwicklung katechetischer Konzepte in Deutschland, gerade für Kinder und Jugendliche, ungeklärt.

Mit dieser Zusammenfassung des Schreibens *Katechese in veränderter Zeit* in sieben Punkten ist deutlich geworden, worin die Bedeutung, aber auch die Begrenzung dieser Äußerung der deutschen Bischöfe zur Katechese besteht: Die Inhalte der Katechese gewinnen an Bedeutung, ohne dass die prinzipiell anthropo-

---

zur Steigerung seiner Attraktivität führen kann." (ebd. 401–402). Katechese ist somit aber von Evangelisierung nicht mehr zu unterscheiden, und für Scheuchenpflug werden somit die Formen dieser evangelisierenden Katechese so vielfältig, dass von eindeutig bestimmbaren Prozessen nicht mehr die Rede sein kann. Denn die Begleitung des Einzelnen in seinem Glaubensleben kann nicht eindeutig definiert werden.

[409] Vgl. Katechese in veränderter Zeit, 21–22.
[410] Vgl. ebd. 23.
[411] Ebd.
[412] Dieser Ansicht ist auch Lutz: „Völlig offen bliebt jedoch, welches die ‚grundlegenden Aussagen' sind, die ‚die Katechese nicht übersehen' darf (23)? Unklar bleibt auch, wie weitgehend die gleichfalls geforderte Biographieorientierung in diesem Zusammenhang gehen darf. Genau darüber aber entsteht der Streit um die Inhalte mit seinen zum Teil ehrverletzende, wechselseitigen Vorwürfen des Minimalismus und Rigorismus, die bis zum Absprechen der Katholizität führen." (*Lutz*, Überlegungen, 41–42).

logische Ausrichtung der Katechese neu gewichtet oder aufgegeben wird. Aus der fehlenden Grundentscheidung, ob Katechese nun der „Ort organisierten Glaubenlernens"[413] mit verbindlichen Lerninhalten oder „sympathische" Erstverkündigung ist, die sich mehr als spirituell diakonische Begleitung der Teilnehmer versteht, erwächst die immer wieder feststellbare Widersprüchlichkeit von *Katechese in veränderter Zeit.* Der Wunsch nach einer inhaltlichen Profilierung der Katechese, die wieder eine inhaltliche, kirchlich geprägte Grundlegung des Glaubens vermitteln soll, ist spürbar, aber die große Skepsis, ob dies mit der Mehrheit der heutigen Kinder und Jugendlichen in der Sakramentenkatechese zu erreichen ist, führt zu einer Fortführung einer biographieorientierten Katechese, die sich mit dem Ziel der Erstverkündigung zufrieden gibt. Die Forderung nach einer „differenzierenden Katechese" ist letztlich nur ein Versuch, diese grundsätzliche Schwierigkeit der Sakramentenkatechese in der heutigen Zeit zu verdecken.

2.8 Zusammenfassung: Die katechetische Entwicklung in Deutschland

Die Untersuchung der katechetischen Entwicklung in Deutschland seit der Würzburger Synode lässt sich in folgenden Punkten zusammenfassen:
– Die katechetische Diskussion in Deutschland ist geprägt von einem weiten Katechesebegriff. Anders als die römischen Dokumente, die unter Katechese lediglich den organisierten Prozess des Glaubenslernens, der sich um eine vollständige Einführung in den Glauben bemüht, verstehen, wird in Deutschland Katechese als ein lebenslanger Prozess zur Erlangung eines reflektierten Glaubensbewusstseins betrachtet. Ziel der Katechese ist es somit nicht nur, eine erste Grundlegung des Glaubens zu ermöglichen, sondern zu einer persönlichen Aneignung und Durchdringung des Glaubens zu führen. Dieser weite Katechesebegriff ist nahezu mit dem Verständnis von Evangelisierung identisch, das Papst Paul VI. in seiner Enzyklika *Evangelii nuntiandi* entwickelt. Er führt dazu, dass eine Abgrenzung des katechetischen Handelns gegenüber anderen Feldern der Seelsorge nicht mehr möglich ist. Denn jedes kirchliche Handeln ist ein evangelisierendes Handeln, das katechetische Komponenten hat.
– Dieses weite Verständnis von Katechese begünstigt die anthropologische Ausrichtung der Katechese, die in Deutschland dominiert, während inhaltliche Gesichtspunkte in den Hintergrund treten. Für die persönliche Aneignung des Glaubens ist die Verbindung der Glaubensinhalte mit der eigenen Lebensgeschichte entscheidend. Dabei wird in der deutschsprachigen katechetischen Forschung der

---

[413] Katechese in veränderter Zeit, 39.

2.8 Zusammenfassung

persönlichen Lebensgeschichte der Vorrang eingeräumt, und die Inhalte der Katechese werden aufgrund der Lebensrelevanz und subjektiven Bedeutsamkeit ausgewählt. Katechese wird als interpersonales Geschehen zwischen Glaubensbegleiter und Glaubensschüler gesehen, das auf vielfältige Weise stattfindet und sich kaum inhaltlich oder methodisch festschreiben lässt, weil es sich letztlich ganz an der Biographie der Teilnehmer orientieren muss.

– Die inhaltliche Seite der Katechese bleibt dadurch relativ abstrakt und konturlos. Die allgemeinen Prinzipien der Elementarisierung und Korrelationsdidaktik prägen die inhaltliche Bestimmung der Katechese und führen somit zu einem weitgehenden Verzicht auf die Festlegung allgemein verbindlicher Inhalte für die Sakramentenkatechese mit Kindern und Jugendlichen. Dies ist eine Folge des sehr weiten Katecheseverständnisses und der anthropologischen Ausrichtung der Katechese, die nicht die Einführung in den Glauben und das Glaubenlernen in den Mittelpunkt stellen, sondern die persönliche Aneignung des Glaubens und die Glaubensreflexion. Im Schreiben *Katechese in veränderter Zeit* wird die Notwendigkeit verbindlicher Inhalte wieder hervorgehoben, ohne jedoch zu einer grundsätzlichen Neuausrichtung der Katechese zu gelangen.

– Bei der methodischen Aufarbeitung der Katechese ist in der deutschsprachigen Forschung eine Reserviertheit gegenüber allen Methoden zu erkennen, die eine kognitive Ausrichtung haben, wozu die Methoden der Texterschließung, vor allem aber das Auswendiglernen gehören. Es werden dagegen Methoden bevorzugt, die aktive Teilnahme der Glaubensschüler ermöglichen, dem partizipatorischen Charakter der Katechese gerecht werden und der eigenen Lebenserfahrung Ausdrucksmöglichkeiten geben. Die Kleingruppe wird in Deutschland zur bestimmenden Sozialform der Katechese, weil sie in besonderer Weise diesen Anforderungen entspricht und eine begleitende Form der Katechese ermöglicht, in der der Einzelne seine Erfahrungen einbringen kann. Größere katechetische Gruppen werden dagegen mit einer Verschulung der Katechese und einer Dominanz der Inhalte gleichgesetzt, die keinen Raum für die persönliche Aneignung des Glaubens lassen.

– Ehrenamtliche Katechetinnen und Katecheten werden im Zuge der Würzburger Synode und der nachfolgenden Entwicklung zu wesentlichen Akteuren der Katechese. Die Gewinnung ehrenamtlicher Katecheten sollte die Katechese als Aufgabe der ganzen Gemeinde bewusst machen und zu einer umfassenden Verlebendigung der Pfarrgemeinden führen, was jedoch so nicht gelang. In der katechetischen Forschung des deutschsprachigen Raumes rücken daher zunehmend die Qualifikationen und die Qualifizierungsmöglichkeiten von ehrenamtlichen Katechetinnen und Katecheten in den Mittelpunkt des Interesses. Da Katechese als interpersonales Geschehen verstanden wird, gewinnt der ehrenamtliche Katechet an Bedeutung, so dass er zur Schlüsselfigur der gesamten Katechese wird und die

2. Die Entwicklung der Sakramentenkatechese in Deutschland

Inhalte und Methoden in der katechetischen Kleingruppe selbstständig bestimmen muss.

– Im Anschluss an die Würzburger Synode wurde die Gemeinde zum bevorzugten Ort der Katechese. Die übrigen katechetischen Orte, wie Schule und Familie, geraten fast völlig aus dem Blick. Die Gemeindekatechese wurde zur bestimmenden Form der Sakramentenkatechese im deutschsprachigen Raum. Seit einigen Jahren gewinnt die Familie als Ort der Katechese zunehmend an Bedeutung. Die Schule als Ort der Sakramentenkatechese und ihr Verhältnis zur Gemeindekatechese ist dagegen selten Gegen- stand der katechetischen Forschung der letzten Jahrzehnte. Es ist zu beobachten, dass die Gemeinde als Lernort hinter die katechetische Gruppe zurücktritt, die ein immer größeres, eigenständiges Gewicht gewinnt.

– Motor der katechetischen Entwicklung in Deutschland während der letzten dreißig Jahre waren vor allem Grenzerfahrungen und das Scheitern katechetischer Konzepte, die mit großen Hoffnungen verbunden waren. So konnte die Gemeindekatechese nicht das Ziel erreichen, die Gemeinde als Ganze zur Trägerin der Katechese zu machen, so dass sich alle Gemeindemitglieder für die Durchführung der Katechese verantwortlich fühlten. Die Gemeindekatechese hatte zwar einige Erfolge, was die Gewinnung ehrenamtlicher Katechetinnen und Katecheten anbelangt, die positiven Auswirkungen blieben aber doch weitgehend auf diesen Kreis beschränkt. Immer deutlicher wurden dagegen die Probleme, die sich aus mangelnder Motivation der Teilnehmer zum Aufbau einer engen Gemeindebeziehung ergaben. Die Lösung wird in einer weitgehenden Differenzierung der katechetischen Angebote gesehen, die praktisch dem Einzelnen überlässt, wie intensiv er sich auf den Empfang der Initiationssakramente vorbereitet. Die Qualität der Begegnung in der Katechese wird höher bewertet als die vermittelten Inhalte.

Wie bei den römischen Dokumenten[414] soll auch für die katechetische Entwicklung in Deutschland in Form einer Definition dargelegt werden, was unter Sakramentenkatechese mit Kindern und Jugendlichen zu verstehen ist:

Sakramentenkatechese ist ein Teil des lebenslangen katechetischen Prozesses, der die Bedeutsamkeit der Glaubensinhalte für das eigene Leben bewusst und erfahrbar machen will und so „Glaubenshilfe als Lebenshilfe" gibt. Inhalte und Methoden der Sakramentenkatechese werden daher weitgehend von den Lebenserfahrungen und der Lebensgeschichte der teilnehmenden Kinder und Jugendlichen bestimmt. Dem Katecheten kommt die Aufgabe zu, den katechetischen Prozess zu begleiten und entsprechend dem Verlauf Inhalte und Methoden auszuwählen. Ihm kommt die Hauptaufgabe in der Verbindung von kirchlichen Glaubensinhalten und Erfahrungen der teilnehmenden Kinder und Jugendlichen zu. Das Ziel der Sakramentenkatechese mit Kindern und Jugendlichen ist es, das

---

[414] S.o. 57.

interpersonale Geschehen der Katechese so zu gestalten, dass es als positiv erfahren und der Glaube als hilfreich für das eigene Leben bewertet wird.

Ein Vergleich dieser Definition von Sakramentenkatechese mit der Definition, die aus den römischen Dokumenten gewonnen wurde,[415] lässt deutlich zwei Differenzen erkennen: die unterschiedliche Gewichtung der Inhaltlichkeit und Vollständigkeit der Katechese sowie die unterschiedliche Abgrenzung zu anderen Stufen im Prozess der Evangelisierung. Der weite Katechesebegriff, der die deutschsprachige katechetische Forschung bestimmt, misst dem personalen Aspekt und der Lebensrelevanz der Katechese eine große Bedeutung bei. Allerdings läuft dieser weite Katechesebegriff Gefahr, selbst unbedingt notwendige inhaltliche Grundlagen aus dem Blick zu verlieren und Erstverkündigung schon mit Katechese gleichzusetzen. Hier liegt die Stärke der präzisen Definition der römischen Dokumente: Sie ermöglicht eine genaue Abgrenzung zwischen Erstverkündigung und Sakramentenkatechese und garantiert eine systematische Einführung in die wesentlichen Inhalte des Glaubens. Die Schwäche der römischen Definition von Sakramentenkatechese liegt darin, dass unzureichend geklärt ist, was unter „Vollständigkeit der Glaubensinhalte" zu verstehen ist. Die Frage, welche wesentlichen Inhalte vermittelt werden müssen, um die Vollständigkeit der Katechese zu garantieren, erweist sich somit als Kernfrage für die Neugestaltung der Katechese.

Die ‚römischen Impulse' der klaren Abgrenzung und inhaltlichen Ausrichtung der Katechese können für die Entwicklung in Deutschland allerdings nur hilfreich sein, wenn sie nicht als Gegensatz zur Biographie- und Erfahrungsorientierung der deutschsprachigen Katecheseforschung betrachtet werden. Systematik und Inhaltlichkeit der Katechese können nur zu wirklichen Glaubenserfahrungen führen, wenn sie das Leben der Glaubensschüler im Blick haben. Letztendlich ist das Ziel der Katechese, so wie es die römischen Dokumente beschreiben, die Begegnung mit Jesus Christus in der Kirche. Dies ist aber ein zutiefst personales Geschehen, das an der Biographie der teilnehmenden Glaubensschüler nicht vorbeigehen kann. Auch die römischen Dokumente weisen daher dem Katecheten als Glaubenszeugen eine starke Stellung zu. Er eröffnet mit seinem gelebten Glaubenszeugnis den Erfahrungsraum, der die Bedeutsamkeit des Glaubens für das Leben sichtbar macht. Im Glaubenszeugnis des Katecheten und der Gemeinde können Biographieorientierung und Inhaltlichkeit der Katechese eine Einheit bilden. Wie dies gelingen kann, stellt die zweite entscheidende Frage für die Erneuerung der Sakramentenkatechese dar, die im weiteren Verlauf der Arbeit beantwortet werden soll.

Die hier zusammengefassten Ergebnisse zum Katecheseverständnis in den römischen Dokumenten und der deutschsprachigen Forschung haben deutlich gemacht, wie die Definition dessen, was Katechese ist, den Verlauf und die Ziel-

[415] S.o. 57.

setzung der Sakramentenkatechese prägt. Die Katechese steht im Spannungsfeld verschiedener Pole: Erstverkündigung gegen systematische Einführung in den Glauben; Vollständigkeit des Glaubenswissen gegen Biographieorientierung und Begleitung; Inhaltlichkeit gegen Methodik. Die Unterschiede in der Theorie der Katechese wurden in den ersten beiden Kapiteln dieser Arbeit dargestellt. Erstaunlich ist, dass es keine empirische Untersuchung gibt, die aufzeigt, wie sich diese verschiedenen katechetischen Ansätze in der Praxis auswirken und die Durchführung der Sakramentenkatechese prägen. Dominiert hier ein weiter oder enger Katechesebegriff? Legt die Katechese den Schwerpunkt mehr auf die Vermittlung von Glaubenswissen oder steht die am Lebensweg der Kinder und Jugendlichen orientierte Begleitung im Vordergrund? Welche Inhalte werden vermittelt? Welche Methoden werden angewandt? Wie sieht die Organisationsform der Katechese aus? Die Beantwortung all dieser Fragen, die in der wissenschaftlichen Diskussion, wie gezeigt, ausführlich behandelt werden, ist aber ohne eine genaue Kenntnis der wirklichen katechetischen Praxis schwer möglich. Man begnügt sich mit den eigenen Erfahrungen und den Berichten hauptamtlicher Seelsorgerinnen und Seelsorger, ohne auf breites Datenmaterial zurückgreifen zu können.

Daher soll nun im dritten Kapitel dieser Arbeit ein Versuch unternommen werden, die tatsächliche Praxis der Katechese in den Blick zu nehmen und die aufgezeigten Spannungsfelder, die sich aus unterschiedlichen Katechesebegriffen ergeben, näher zu beleuchten. Dazu wird eine Umfrage unter Eltern und Katechetinnen und Katecheten in der Erstkommunionvorbereitung 2004/2005 im Dekanat Bad Kreuznach, Bistum Trier, dargestellt. Wenn die Ergebnisse dieser Befragung auch nicht den Anspruch erheben können, für ganz Deutschland repräsentativ zu sein, so geben sie doch durch die Breite der Ergebnisse wichtige Anhaltspunkte für die tatsächliche katechetische Situation in unserem Land.

3 Empirischer Zugang zur katechetischen Situation in Deutschland

Im ersten und zweiten Kapitel dieser Untersuchung wurde herausgearbeitet, dass den römischen Dokumenten und der katechetischen Entwicklung in Deutschland ein unterschiedliches Katecheseverständnis zugrunde liegt. Während die römischen Dokumente einen engen Katechesebegriff vertreten, der stark inhaltlich geprägt ist, ist die wissenschaftliche Diskussion in Deutschland durch einen weiten Katechesebegriff gekennzeichnet, der sich vor allen an den Erfahrungen der Teilnehmer orientiert. Der Blick auf die katechetische Entwicklung hat in Deutschland schon die Schwächen des weiten Katechesebegriffs zu Tage treten lassen: die fehlende Festlegung auf verbindliche Inhalte und die mangelnde Unterscheidung zwischen Erstverkündigung und Katechese. Das Katecheseverständnis der römischen Dokumente wurde als hilfreich gesehen, hier neue Lösungswege zu finden. Wichtig ist es jedoch, nicht allein die theoretische Reflexion, die in den letzten Jahrzehnten über Katechese stattgefunden hat, in den Blick zu nehmen, sondern auch die Wirklichkeit der sakramentenkatechetischen Praxis in Deutschland zu berücksichtigen.

Erstaunlich ist es, dass es zu den Fragen der Sakramentenpastoral kaum empirische Forschungen gibt, die die Elemente sakramentenkatechetischer Kurse mit Kindern und Jugendlichen auf bevorzugte Inhalte und Methoden hin untersuchen, um so Aussagen zu treffen, welches Katecheseverständnis in der Praxis dominiert und wie die Spannung zwischen Inhaltlichkeit und Biographieorientierung sowie systematischem Unterricht und begleitender Erstverkündigung gelöst wird. Aus diesem Grund wurde im März und April 2005 im Dekanat Bad Kreuznach eine Umfrage mit Eltern, Katecheten und Seelsorgern durchgeführt, die an der Erstkommunionkatechese 2005 beteiligt waren. Die Ergebnisse dieser Umfrage, an der 428 Personen teilnahmen, sind zwar nicht im strengen Sinne repräsentativ, geben aber in Verbindung mit anderen sozialwissenschaftlichen Untersuchungen zu ähnlichen Fragestellungen wichtige Einblicke in Erwartungen, die an die Sakramentenkatechese, speziell an die Erstkommunionkatechese, gerichtet werden. Bevor die Ergebnisse dieser Umfrage dargestellt werden, sollen das Dekanat Bad Kreuznach, der Aufbau des Fragebogens und die Vorgehensweise der Befragung beschrieben werden.

3.1 Die Erstkommunionkatechese als Befragungsgegenstand

In den ersten beiden Kapiteln dieser Arbeit wurde das Katecheseverständnis der lehramtlichen römischen Dokumente und der wissenschaftlichen Forschung in Deutschland untersucht, ohne näher zu spezifizieren, um welche Form von Sakramentenkatechese es sich handelt. Nun wird bei der Befragung im Dekanat Bad Kreuznach lediglich die Erstkommunionkatechese[416] in den Blick genommen. Die Taufkatechese und die Firmkatechese mit Kindern und Jugendlichen werden außer Acht gelassen. Warum diese Konzentration auf die Eucharistiekatechese? Mehre Gründe sprechen für diese Konzentration:
– Die Erstkommunion gilt heutzutage als das religiöse Fest der Kindheit und Jugend schlechthin, das mit vielen unterschiedlichen Erwartungen und Ansprüchen verbunden ist.[417] Dies führt dazu, dass die Anzahl der katholisch getauften Kinder, die dieses Sakrament empfangen, immer noch sehr hoch ist, während sie bei der Firmung, je nach volkskirchlicher Prägung einer Pfarrei, zwischen 20 und 80 Prozent schwankt.[418] Die Erstkommunion als religiöser Festtag gehört zum „volkskirchlichen Erbe"[419], das auch in unseren Tagen eine große Lebendigkeit aufweist und an Attraktivität die Firmung um ein Vielfaches übertrifft. Eine Umfrage zur Erstkommunionkatechese kann daher besser als eine Umfrage zur Firmung die vielfältigen Erwartungen und Spannungsfelder der Katechese darstellen, da hier die ganze Bandbreite an unterschiedlichen kirchlichen Sozialmilieus gegeben ist. An der Firmvorbereitung nehmen dagegen vermehrt Jugendliche aus Familien mit festerer kirchlicher Bindung teil, da dieses Sakrament nicht mit so hohen Erwartungen in Bezug auf die Familie und die Feierkultur verbunden ist.
– Die Erstkommunion ist die erste grundlegende Katechese für die daran beteiligten Kinder. Im Kindergartenalter hat meist nur eine punktuelle Glaubensunterweisung stattgefunden, meist zu besonderen Festen im Kirchenjahr. Mit der Erstkommunion beginnt in der Mehrzahl der Pfarreien die gezielte katechetische Arbeit mit Kindern. Hier erfolgt die Hinführung zum Gottesdienst, zum ersten Mal wird bedacht, was ein Sakrament ist, Grundgebete der Liturgie können eingeübt werden. Es geschieht also die Einführung in die zentralen kirchlichen Vollzüge, die für das ganze Leben als katholischer Christ entscheidend bleiben. So lässt sich an der Erstkommunionkatechese sicherlich am deutlichsten ablesen, ob

---

[416] Im dritten Kapitel dieser Arbeit wird anstelle des Begriffs ‚Eucharistiekatechese' der Begriff ‚Erstkommunionkatechese' verwendet, da dies für die Eltern im Dekanat Bad Kreuznach die gängige Begrifflichkeit darstellt. Beide Begriffe werden in dieser Arbeit synonym gebraucht.
[417] Vgl. *Emeis*, Grundriss, 193.
[418] Vgl. ebd. 183.
[419] Vgl. *Emeis*, Ausverkauf, 38.

3.1 Die Erstkommunion als Befragungsgegenstand

Katechese im Allgemeinen als vollständige Einführung in den Glauben oder als Erstverkündigung mit stark begleitendem Charakter verstanden wird.

– In wenigen Pfarreien des Bistums Trier wird das Sakrament der Firmung jährlich gespendet, dagegen findet in jedem Jahr die Vorbereitung auf die Erstkommunion statt. Die Erstkommunionkatechese ist somit die jährlich wiederkehrende ‚Standardkatechese', die oft über Jahre hinweg die gleichen inhaltlichen Themenschwerpunkte und methodischen Zugänge aufweist. Die Firmkatechese wird dagegen als immer wieder „neues Projekt"[420] gesehen, bei dem es häufiger zum Wechsel der Katechesekonzeptionen kommt. Das Konzept der Erstkommunionkatechese ist somit eher im Bewusstsein der Gemeinde verankert, so dass sich damit konkretere Vorstellungen und Erwartungen verbinden.

– Während die Firmtermine durch die Bindung an die bischöflichen Spender oft wechseln und damit die Firmvorbereitung immer zu unterschiedlichen Zeiten im Kirchenjahr stattfindet, ist die Erstkommunionkatechese terminlich auf den Zeitraum von Herbst bis Frühjahr festgelegt. Die Erstkommunionkatechese hat somit meist ein festes Gefüge an Terminen und Veranstaltungen, die das Leben der Gemeinde prägen und im allgemeinen Bewusstsein ihren Platz haben. Außerdem erleichtert diese zeitliche Fixierung der Erstkommunionkatechese die Durchführung der Befragung.

3.2 Das Dekanat Bad Kreuznach

Das Bistum Trier gliedert sich nach einer umfassenden Reform im Jahr 2004 in 35 Dekanate.[421] Das Dekanat Bad Kreuznach wurde aus den beiden ehemaligen De-

---

[420] „Angesichts sich rasch verändernder Jugendszenen muss sich Firmvorbereitung immer neu auf die Jugendlichen einstellen. Erschwerend kommt die Distanz zwischen Kirche und Jugend hinzu. Diese Situation macht es für die Gemeinden mühsam und reizvoll zugleich, angemessene Wege der Firmvorbereitung zu überlegen. Dabei findet die Entwicklung von innovativen Modellen und Konzepten gegenwärtig großes Interesse" (*Claudia Hofrichter / Barbara Strifler*, Firmvorbereitung mit Esprit. Bd. 1 Grundlegung [= Feiern mit der Bibel Bd. 12], Stuttgart 2001, 7).

[421] Vgl. *Bischof Reinhard Marx*, Dekret über die Aufhebung der Regionen im Bistum Trier v. 15. März 2004, in: Kirchliches Amtsblatt für das Bistum Trier 148 (2004), 110; ders., Dekret über die Aufhebung der Dekanate im Bistum Trier v. 15. März 2004, in: Kirchliches Amtsblatt für das Bistum Trier 148 (2004), 110. Vor dieser Reform war das Bistum Trier in sieben Regionen und 75 Dekanate untergliedert. Durch die Neustrukturierung im Jahr 2004 wurden die Regionen vollständig aufgelöst und die Zahl der Dekanate dadurch verkleinert, dass zwei bis drei benachbarte „alte" Dekanate nun zu einem neuen Dekanat zusammengelegt wurden. Mit dem Jahr 2004 gliedert sich das Bistum Trier in die drei Ebenen Pfarrei / Pfarreiengemeinschaft – Dekanat – Bistum.

3. *Empirischer Zugang zur Situation in Deutschland*

kanaten Bad Kreuznach[422] und Bad Sobernheim[423] sowie sieben Pfarreien aus dem ehemaligen Dekanat Ruppertsberg[424] durch Urkunde vom 15. März 2004[425] am 01. April 2004 errichtet. Es grenzt an die Bistümer Speyer und Mainz und bildet den östlichen Abschluss des Bistums Trier. Das Dekanat Bad Kreuznach ist weitgehend deckungsgleich mit dem Landkreis Bad Kreuznach, zu dem aber auch Pfarreien in den Bistümern Mainz und Speyer gehören. Außerdem gehören einige Pfarreien des Dekanats Bad Kreuznach zum Landkreis Mainz-Bingen. Im Jahr 2005 waren die 40 Pfarreien des Dekanats Bad Kreuznach in zwei Seelsorgebezirke nach c. 517 § 1, neun Pfarreiengemeinschaften[426] und eine Einzelpfarrei geordnet.

Die beiden Seelsorgebezirke nach c. 517 § 1 sind:

---

[422] Das ehemalige Dekanat Kreuznach bestand aus den Pfarreien: St. Franziskus / Bad Kreuznach; Hl. Kreuz / Bad Kreuznach; St. Nikolaus / Bad Kreuznach; St. Wolfgang / Bad Kreuznach; Maria Himmelfahrt / Bad Münster am Stein-Ebernburg; St. Josef / Braunweiler; Maria Geburt / Bretzenheim; St. Jakobus d. Ältere / Guldental (Heddesheim); St. Martin / Guldental (Waldhilbersheim); St. Johannes d. Täufer / Langenlonsheim; Kreuzerhöhung / Norheim; St. Sebastian / Roxheim; St. Laurentius / Rümmelsheim; Kreuzauffindung / Schöneberg; Maria Himmelfahrt / Spabrücken; St. Laurentius / Wallhausen; St. Marien / Windesheim.

[423] Das ehemalige Dekanat Bad Sobernheim bestand aus den Pfarreien: Maria Himmelfahrt / Becherbach; St. Josef Calasanza / Kirnsulzbach; St. Pankratius / Kirn; St. Georg / Lauschied; St. Martin / Martinstein; St. Antonius von Padua / Meisenheim; St. Karl Borromäus / Merxheim; Maria Himmelfahrt / Oberhausen; St. Maria vom Siege / Daubach; St. Laurentius / Seesbach; St. Matthäus / Bad Sobernheim; St. Martin / Sponheim; St. Johannes d. Täufer / Staudernheim; St. Bartholomäus / Waldböckelheim; Herz Jesu / Weinsheim a. d. Nahe; St. Franz Xaver / Bruschied.

[424] Die sieben Pfarreien, die früher zum Dekanat Rupertsberg gehören sind: St. Rupert u. St. Hildegard / Bingerbrück; Maria Geburt / Daxweiler; Maria Himmelfahrt / Dörrebach; St. Peter u. Paul / Münster-Sarmsheim; St. Jakobus d. Ältere / Stromberg; St. Dionysius / Waldalgesheim; St. Maria Magdalena / Weiler.

[425] Vgl. *Bischof Reinhard Marx*, Dekret über die Errichtung des Dekanates Bad Kreuznach – Bad Sobernheim v. 15. März 2004, in: Kirchliches Amtsblatt für das Bistum Trier 148 (2004), 120.

[426] Pfarreiengemeinschaften besitzen im Bistum Trier noch keine verbindliche Ordnung. Automatisch werden im Bistum Trier zwei Pfarreien, die vom selben Pfarrer geleitet werden, als Pfarreingemeinschaft bezeichnet, unabhängig vom Grad der wirklichen Zusammenarbeit zwischen diesen Pfarreien. Die weitestgehende Zusammenarbeit zwischen den Pfarreien einer Pfarreiengemeinschaft im Jahr 2005 bestand in der Bildung eines gemeinsamen Pfarrgemeinderates, dem „Pfarreienrat".
Die Pfarreiengemeinschaften haben im Bistum Trier keine festgelegten Namen, werden aber meist, um nicht alle beteiligten Pfarreien jedes Mal nennen zu müssen, nach dem Dienstsitz des zuständigen Pfarrers benannt. Dieser Regelung schließt sich auch der Autor dieser Arbeit an. In der Aufzählung der Pfarreiengemeinschaft wird daher immer ein Name angegeben, der aber nicht offiziell ist.

3.2 Das Dekanat Bad Kreuznach

- die Stadt Bad Kreuznach[427] mit den Pfarreien Hl. Kreuz (Dienstsitz des Seelsorgebezirks), St. Franziskus, St. Nikolaus und St. Wolfgang und einer Gesamtkatholikenzahl von 12649 Personen;[428]
- die Verbandsgemeinden[429] Bad Sobernheim und Meisenheim mit den Pfarreien St. Matthäus / Bad Sobernheim (Dienstsitz des Seelsorgebezirks), St. Georg / Lauschied, St. Martin / Martinstein, St. Antonius von Padua / Meisenheim, St. Karl Borromäus / Merxheim, St. Maria vom Siege / Daubach, St. Laurentius / Seesbach, St. Johannes d.Täufer / Staudernheim und einer Gesamtkatholikenzahl 6454 Personen.[430]

Die neun Pfarreiengemeinschaften setzen sich folgendermaßen zusammen:
- die Pfarreien der Stadt Kirn und der Verbandsgemeinde Kirn-Land bilden eine Pfarreiengemeinschaft mit 4773 Katholiken, bestehend aus den Pfarreien St. Pankratius / Kirn (Dienstsitz) Maria Himmelfahrt / Becherbach, St. Josef Calasanza / Kirnsulzbach, Maria Himmelfahrt / Oberhausen und St. Franz Xaver / Bruschied;[431]
- die Pfarreiengemeinschaft Langenlonsheim hat insgesamt 3727 Katholiken und besteht aus den Pfarreien St. Johannes d. Täufer / Langenlonsheim (Dienstsitz), Maria Geburt / Bretzenheim und St. Laurentius / Rümmelsheim;[432]
- die Pfarreien St. Peter u. Paul / Münster-Sarmsheim (Dienstsitz), St. Rupert u. St. Hildegard / Bingerbrück, St. Dionysius / Waldalgesheim und St. Maria Magdalena / Weiler, die vormals zum Dekanat Rupertsberg gehörten, bilden die Pfarreiengemeinschaft Münster-Sarmsheim mit 6680 Katholiken;[433]
- die drei übrigen Pfarreien, die vor 2004 zum Dekanat Rupertsberg gehörten, Maria Geburt / Daxweiler und Maria Himmelfahrt / Dörrebach und St. Jakobus d. Ältere / Stromberg (Dienstsitz) bilden die Pfarreiengemeinschaft Stromberg mit 3450 Katholiken;[434]

---

[427] Zur Geschichte des Seelsorgebezirks Bad Kreuznach vgl. *Martin Lörsch*, Kirchen-Bildung. Eine praktisch-theologische Studie zur kirchlichen Organisationsentwicklung (= SThPS 61), Würzburg 2005.
[428] Vgl. *Bischöfliches Generalvikariat Trier (Hg.)*, Personalschematismus und Anschriftenverzeichnis des Bistums Trier für das Jahr 2006, Trier 2006, 137.
[429] In Rheinland-Pfalz bilden die Verbandsgemeinden eine mittlere Ebene zwischen dem Landkreis und den einzelnen Ortsgemeinden. Jeweils mehrere Gemeinden eines Kreises sind zu einer Verbandsgemeinde zusammengeschlossen, die für die Ortsgemeinden weitestgehend die Aufgaben der Verwaltung übernimmt.
[430] Vgl. *Generalvikariat Trier*, Schematismus 2006, 138.
[431] Vgl. ebd. 138.
[432] Vgl. ebd. 139.
[433] Vgl. ebd.
[434] Vgl. ebd. 140.

- die Pfarreien Maria Himmelfahrt / Bad Münster am Stein-Ebernburg und Kreuzerhöhung / Norheim (Dienstsitz) bilden die Pfarreiengemeinschaft Norheim mit 1828 Katholiken;[435]
- die Pfarreien Kreuzauffindung / Schöneberg und Maria Himmelfahrt / Spabrücken (Dienstsitz) bilden die Pfarreiengemeinschaft Spabrücken mit 2154 Katholiken;[436]
- die Pfarreien St. Martin / Sponheim, St. Bartholomäus / Waldböckelheim (Dienstsitz) und Herz Jesu / Weinsheim-Nahe bilden die Pfarreiengemeinschaft Waldböckelheim mit 2921 Katholiken;
- die Pfarreien St. Josef / Braunweiler und St. Laurentius / Wallhausen (Dienstsitz) bilden die Pfarreiengemeinschaft Wallhausen mit 2555 Katholiken, die im Jahre 2005 vakant war und vom Pfarrer der Pfarreiengemeinschaft Spabrücken verwaltet wurde;
- die Pfarreien St. Jakobus d. Ältere / Guldental-Heddesheim, St. Martin / Guldental-Waldhilbersheim und St. Marien / Windesheim bilden die Pfarreiengemeinschaft Windesheim mit 2846 Katholiken.
- Die Pfarrei St. Sebastian / Roxheim mit 3439 Katholiken ist noch nicht mit einer anderen Pfarrei zu einer Pfarreiengemeinschaft zusammengeschlossen.[437]

Das Dekanat Bad Kreuznach besteht zum großen Teil aus ehemaligen Herrschaftsgebieten, in denen im 16. Jahrhundert die Reformation eingeführt wurde.[438] Daher befinden sich die Katholiken in vielen Dörfern und Städten in der Minderheit und es herrscht eine große konfessionelle Durchmischung vor. Der Anteil der Katholiken an der Gesamtbevölkerung beträgt im Dekanat Bad Kreuznach etwa ein Drittel.[439] Damit ist der Anteil der Katholiken im Dekanat Bad Kreuznach in etwa so hoch, wie der der Katholiken im gesamten Bundesgebiet.[440]

---

[435] Vgl. ebd. 139.
[436] Vgl. ebd. 140.
[437] Vgl. ebd. 139.
[438] Zur verworrenen Konfessionsgeschichte des Landkreises Bad Kreuznach vgl. *Friedrich Schmitt*, Der Raum des heutigen Landkreises Bad Kreuznach vor 1815, in: Beiträge zur Geschichte des Landkreises Bad Kreuznach (= Heimatkundliche Schriftreihe des Landkreises Bad Kreuznach Bd. 31), Bad Kreuznach 2000, 37–117, hier besonders 101–103.
[439] Im Dekanat Bad Kreuznach lebten im Jahr 2005 nach Angaben der Deutschen Bischofskonferenz 53476 Katholiken (vgl. *Sekretariat der Deutschen Bischofskonferenz – Referat Statistik*, Kirchliches Leben 2005 im Bistum Trier. Dekanatstabelle, Bonn 14.07.2006). Der Landkreis Bad Kreuznach, der fast deckungsgleich ist mit dem Dekanat Bad Kreuznach, hatte im Jahr 2005 eine Gesamtbevölkerung von 158746 Einwohnern (vgl. *Statistisches Landesamt Rheinland-Pfalz*, Kreisfreie Städte und Landkreise in Rheinland-Pfalz. Ausgabe 2005. Ein Vergleich in Zahlen, Bad Ems 2005, 12).
[440] Vgl. *Sekretariat der Deutschen Bischofskonferenz* (Hg.), Katholische Kirche in Deutschland. Statistische Daten 2003 (= Arbeitshilfen 193), Bonn März 2003, 6.

3.2 Das Dekanat Bad Kreuznach

Dabei schwankt jedoch diese Verteilung zwischen Pfarreien mit einem Katholikenanteil von über Zweidritteln der Bevölkerung wie St. Laurentius / Wallhausen, St. Laurentius / Rümmelsheim, St. Josef / Braunweiler, St. Franz Xaver / Burschied, Kreuzauffindung / Schöneberg und St. Maria Magdalena / Weiler b. Bingen und Pfarreien mit einem Katholikenanteil von 10 bis 15 Prozent, wie St. Karl Borromäus / Merxheim, Maria Himmelfahrt / Becherbach und Maria Himmelfahrt / Bad Münster am Stein-Ebernburg. Die folgende Tabelle zeigt den Katholikenanteil in den einzelnen Seelsorgebezirken, Pfarreiengemeinschaften und Pfarreien.[441]

Katholikenanteil	Seelsorgebezirk/Pfarreiengemeinschaft/ Pfarrei
Über 20 %	Seelsorgebezirk Bad Sobernheim; Pfarreiengemeinschaft Norheim
Über 25 %	Seelsorgebezirk Bad Kreuznach; Pfarreiengemeinschaft Kirn
Über 45 %	Pfarreiengemeinschaft Langenlonsheim; Pfarrei Roxheim; Pfarreiengemeinschaft Waldböckelheim
Über 50 %	Pfarreiengemeinschaft Stromberg; Pfarreiengemeinschaft Windesheim
Über 55 %	Pfarreiengemeinschaft Münster-Sarmsheim
Über 60 %	Pfarreiengemeinschaft Spabrücken
Über 75 %	Pfarreiengemeinschaft Wallhausen

Abbildung 4: Katholikenanteil in den Pfarreiengemeinschaften

Die sich hier spiegelnden Mischung zwischen fast geschlossen katholischen Pfarreiengemeinschaften, solchen, in denen ein fast ausgewogenes Verhältnis zwischen Katholiken und Protestanten besteht, und solchen, in denen sich die Katholiken in einer Diasporasituation befinden, ist für das überwiegend katholische Bistum Trier ungewöhnlich. Dies macht das Dekanat Bad Kreuznach besonders geeignet für eine Untersuchung zur Erstkommunion, da hier auf engstem Raum vielfältige kirchliche Situationen bestehen. Die Ergebnisse der Befragung zur Erstkommunion in diesem Dekanat lassen dadurch bessere Rückschlüsse auf die allgemeine

---

441 Um den Anteil der Katholiken an der Gesamtbevölkerung zu erfassen, wurden die Katholikenzahlen aus den statistischen Angaben der Deutschen Bischofskonferenz in Beziehung gesetzt zu den Einwohnerzahlen der zugehörigen kommunalen Gemeinden, die im Internet zugänglich sind (vgl. http://www.infothek.statistik.rlp.de./lis/MeineRegion/ index.asp [01.03.2009]).

katechetische Situation in Deutschland zu, ohne den Anspruch zu erheben, im strengen Sinn repräsentativ zu sein.

Neben der konfessionellen Struktur des Dekanates Bad Kreuznach spricht als zweiter Grund die gute Verteilung von städtischen und ländlichen Räumen für die Durchführung der Befragung in diesem Dekanat. Generell ist das Bistum Trier weitgehend ländlich strukturiert, was sich schon darin zeigt, dass knapp 40 % der Katholiken in Pfarreien leben, zu denen weniger als 1000 Mitglieder gehören.[442] Im Dekanat Bad Kreuznach dagegen ist mit Bad Kreuznach eine Mittelstadt vorhanden, in der im Jahr 2005 insgesamt 43764 Menschen lebten und die von der Nähe zum Ballungszentrum des Rhein-Main-Gebietes geprägt ist.[443] Diese Stadt weist eine wirtschaftliche Mischstruktur auf, in der klein- und mittelständige Unternehmen dominieren. Daneben sind viele Schulen, Behörden und staatliche Dienststellen vorhanden sowie ein ausgeprägter Schwerpunkt im Gesundheitsbereich, der sich in mehreren Krankenhäusern, Kur- und Fachkliniken niederschlägt.[444] Zum Dekanat Bad Kreuznach gehören außerdem die Kleinstädte Meisenheim, Stromberg, Kirn und Bad Sobernheim mit weniger als 10000 Einwohnern. Neben dem städtischen Zentrum Bad Kreuznach finden sich gerade in den Gebieten, die geographisch zum Hunsrück gehören, sehr ländliche Pfarreien, wie z.B. die Pfarreiengemeinschaften Spabrücken, Wallhausen und Windesheim. Diese differenzierte Struktur des Dekanates Bad Kreuznach mit einem Nebeneinander von städtischen und ländlichen Gebieten und seiner konfessionellen Komplexität macht es zu einem der am besten geeigneten Dekanate für empirische Untersuchungen im Bistum Trier. Die Zahl der Gottesdienstbesucher im Dekanat Bad Kreuznach, die mit 13,1% im Jahr 2005 dem Durchschnittswert im Bistum von 13,2% fast entspricht, unterstreicht die gute Repräsentativität dieses Dekanats.[445] Die Anzahl der an der Erstkommunion teilnehmenden Kinder lag im Jahr 2005 im Dekanat Bad Kreuznach bei 527.[446]

---

[442] Vgl. *Sekretariat der Deutschen Bischofskonferenz – Referat Statistik* (Hg.), Kirchliches Leben 2005 im Bistum Trier, Bonn 14.07.2006, Strukturdaten-Blatt 1.
[443] Vgl. http://www.infothek.statistik.rlp.de./lis/MeineRegion/index.asp (01.03.2009).
[444] Vgl. *Lörsch*, Kirchen-Bildung, 61.
[445] Vgl. *Sekretariat der Deutschen Bischofskonferenz*, Kirchliches Leben, Dekanatstabelle. Auch in Bezug auf einige wichtige statistische Eckdaten befindet sich das Dekanat Bad Kreuznach im rheinlandpfälzischen Durchschnitt und bietet somit gute Voraussetzungen für eine Befragung. So liegt der Ausländeranteil der Bevölkerung im Landkreis Bad Kreuznach bei 7,9 % (vgl. *Statistisches Landesamt Rheinland-Pfalz*, Kreisfreie Städte und Landkreise, 12). Das verfügbare Einkommen liegt mit 16 291 Euro im Jahr fast beim rheinland-pfälzischen Durchschnittswert von 16 263 Euro. (*Statistisches Landesamt Rheinland-Pfalz*, Kreisfreie Städte und Landkreise, 116)
[446] Vgl. *Sekretariat der Deutschen Bischofskonferenz*, Kirchliches Leben, Dekanatstabelle.

3.3 Theoretische Grundlegung der Befragung

3.3.1 Säkularisierung oder Transformierung der kirchlichen Religiosität

Bei jeder empirischen Untersuchung zu religiösen Themen ist die Deutung der Beziehung von Religion und gegenwärtiger Kultur von großer Wichtigkeit. Für den Bereich der Katechese gilt dies im besonderen Maße, da hier das Katecheseverständnis von der Beurteilung der Stellung und der Zukunft von Religion in den modernen europäischen Gesellschaften bestimmt wird. So tritt z.B. Scheuchenpflug mit Vehemenz für einen weiten Katechesebegriff ein, weil er nicht Katechese auf den Hintergrund des Säkularisierungsparadigmas betreiben möchte, sondern in der modernen Gesellschaft vielfache Anknüpfungspunkte für religiöse Themen sieht, da die Religion eben keineswegs am Verschwinden sei.[447] Die Frage nach Stellenwert und Zukunft der Religion in der gesellschaftlichen Entwicklung Deutschlands kann also nicht außer Acht gelassen werden, auch wenn keine ausführliche Darstellung der religionssoziologischen Diskussion der letzten Jahre an dieser Stelle erfolgen soll.[448] Dennoch müssen thesenartig die beiden wichtigsten Modelle zur Beschreibung des Verhältnisses von Religion und moderner Gesellschaft dargelegt werden.

Bis in die neunziger Jahre war das Säkularisierungsparadigma für die religionssoziologische Diskussion prägend, dessen entschiedenste Vertreter sogar mit der weiteren Entfaltung der Moderne ein völliges Verschwinden der Religion voraussagten.[449] Nach Ansicht einiger Soziologen beginnt diese Säkularisierung, in der die mythische Welt durch eine aufgeklärte Rationalität entzaubert wird, bereits mit der Renaissance oder der Reformation, setzt jedoch nach allen Säkularisierungstheorien spätestens mit der Aufklärung ein. Immer mehr Glaubensinhalte werden von dieser Zeit an „entmythologisiert" und es findet eine zunehmende Privatisierung und Individualisierung der Religion statt.[450]

---

[447] *Scheuchenpflug*, Katechese im Kontext, 234–237.
[448] Vgl. ebd. 206–234. Scheuchenpflug wendet sich hier sehr eindeutig gegen das Säkularisierungsparadigma und sieht die Beziehung von Religion und Kultur weitgehend durch die Kategorien der Pluralisierung und Individualisierung bestimmt (vgl. ebd. 231). Eine ebenfalls gute Zusammenfassung bietet: *Karl Gabriel*, Neue Nüchternheit. Wo steht die Religionssoziologie in Deutschland?, in: HerKorr 54 (2000), 581–586.
[449] Vgl. *Bryan R.. Wilson*, Contemporary Transformation of religion, Oxford 1976.
[450] Vgl. *Hans-Georg Ziebertz / Stefan Heil / Andreas Prokopf*, Gewagte Hypothesen – Abduktion in der Religionspädagogik, in: dies. (Hgg.), Abduktive Korrelation. Religionspädagogische Konzeption, Methodologie und Professionalität im interdisziplinären Dialog, Münster - Hamburg – London 2003, 11–31, hier 18.

3. Empirischer Zugang zur Situation in Deutschland

In den neunziger Jahren wurde heftiger Widerspruch gegen dieses Säkularisierungsparadigma formuliert. So wendet sich Thomas Luckmann gegen die Annahme, dass Religion in den spätindustriellen Gesellschaften verschwinden werde. Er sieht vielmehr einen tief greifenden Wandel in der Sozialform der Religion. Das christlich geprägte Modell von Religion als spezifische, gesellschaftlich fest etablierte und institutionalisierte Form der Transzendenzerfahrung verliert immer mehr an Geltung. Dagegen kommt es zu einer Privatisierung der Religion.

„Die Sozialstruktur hat aufgehört, auf eine zusammenhängende und verbindliche Weise zwischen dem subjektiven Bewußtsein und seinen Erfahrungen der Transzendenz, den kommunikativen Rekonstruktionen dieser Erfahrungen und konkurrierenden Versionen ‚heiliger Universa' zu vermitteln. Jedenfalls läßt sich Privatisierung als vorherrschende moderne Sozialform der Religion eher durch etwas charakterisieren, was sie nicht ist, als durch das, was sie ist: Sie zeichnet sich durch das Fehlen allgemein glaubwürdiger und verbindlicher gesellschaftlicher Modelle für dauerhafte, allgemein menschliche Erfahrungen der Transzendenz aus. Will man das, oder das zusammen mit der Schwächung oder Eliminierung spezifisch und traditionell religiöser Legitimationsbedürfnisse des Gefüges von Institutionen als Säkularisierung bezeichnen, soll es mir recht sein. Dann bezeichnet das Wort aber nicht das Ende der religiösen Grundfunktion, sondern deren Privatisierung."[451]

Die These Luckmanns, dass sich lediglich die institutionalisierte Form von Religion immer mehr privatisiert und somit die Kirchlichkeit in westlichen Gesellschaften, aber nicht die Religion selbst verschwindet, wurde in den neunziger Jahren des 20. Jahrhunderts von einer großen Zahl von Religionssoziologen übernommen.[452]

Gegen die Auffassung, dass sich die Religiosität in der Gegenwart nur in einem Transformierungsprozess befindet, wendet sich in der deutschen Religionssoziologie mit Vehemenz Detlef Pollack. Bei seinen Untersuchungen zur religiösen Situation in Ostdeutschland kommt er zu dem Ergebnis, dass mit dem Rückgang der Kirchlichkeit, also der institutionalisierten Religiosität, auch ein Rückgang von Religiosität überhaupt einhergeht.

„Selbst dort, wo man eine weite Definition von Religion zuläßt und danach fragt, ob man etwa ‚Staunen über die Wunder der Natur' oder ‚frohe Zuversicht ohne äußeren Grund' oder ‚innere Zwiesprache halten' oder ‚Ergriffenheit beim Hören von bestimmter Musik' oder ‚Erfahrung von Gemeinschaft' mit Religion assoziiert, sind es wiederum eher die Kirchennäheren, die eine solche Assoziation herstellen können, als die kirchlich Distanzierten und Konfessionslosen

---

[451] *Thomas Luckmann*, Privatisierung und Individualisierung. Zur Sozialform der Religion in spätindustrieller Gesellschaft, in: Karl Gabriel / Hans-Richard Reuter (Hg.), Religion und Gesellschaft, Paderborn u.a. 2004, 136–148; hier 148.
[452] Vgl. *Gabriel*, Nüchternheit, 582; *Hans-Joachim Höhn*, Krise der Säkularität. Perspektiven einer Theorie religiöser Dispersion, in: Karl-Gabriel / ders. (Hg.), Religion heute. Öffentlich und politisch. Provokationen, Kontroversen, Perspektiven, Paderborn u.a. 2008, 37–57, hier 43.

3.3 Theoretische Grundlegung der Befragung

(Studien- und Planungsgruppe der EKD 1993: 12). Ein weiteres Mal zeigt sich: Religiosität und Kirchlichkeit hängen, auch wenn sie nicht identisch sind, sehr eng miteinander zusammen."[453]

Aus diesem Grund möchte Pollack auch weiterhin das Säkularisierungsparadigma für ganz Deutschland und die Länder Westeuropas anwenden. Er folgt aus den Ergebnissen seiner Untersuchung in Ostdeutschland für die Religionssoziologie:

„Das heißt, die These Thomas Luckmanns (1967), daß zwar die Bedeutung der institutionalisierten Sozialform der Religion, nicht aber die der subjektiven Religiosität abnehme, muß in ihrer Gültigkeit stark eingeschränkt werden. Natürlich finden sich Formen gelebter Religiosität – christlicher und außerchristlicher – auch außerhalb der Kirchen, dominant aber ist die Tendenz, derzufolge mit dem Rückgang der institutionalisierten Religionsformen auch die Bedeutung der individuell konstituierten Religiosität sinkt."[454]

Die Privatisierung und Individualisierung von Religion ist für Pollack also nicht Ausdruck eines Transformationsprozesses der Form von Religiosität, sondern eine Vorstufe für deren völliges Verschwinden im Säkularisierungsprozess. Pollack warnt daher davor, das Säkularisierungsparadigma vorschnell als „Mythos der Moderne" zu bezeichnen und allzu leicht mit der Rede von der Wiederkehr der Religionen ein Gegenbild zu schaffen, das sich empirisch nur schwer belegen lässt.[455]

Trotz der aufgezeigten Differenzen ist festzustellen: In der Religionssoziologie herrscht darüber Konsens, dass eine zunehmende funktionale Differenzierung in den westlichen Industriegesellschaften zu einem Zurückdrängen der institutionalisierten Religion führt.[456] Gabriel kommt daher in seinem Überblick über die Ent-

---

[453] *Detlef Pollack*, Der Wandel der religiös-kirchlichen Lage in Ostdeutschland nach 1989. Ein Überblick, in: ders. / Gert Pickel (Hg.), Religiöser und kirchlicher Wandel in Ostdeutschland 1989–1999 (= Veröffentlichungen der Sektion „Religionssoziologie" der Deutschen Gesellschaft für Soziologie Bd. 3), Opladen 2000, 18–47, hier 40.

[454] Ebd. 40 Anm. 18.

[455] Vgl. *Detlef Pollack*, Säkularisierung – ein moderner Mythos, Tübingen 2003, 1–27 u. 132–148.

[456] Den Rückgang der institutionalisierten Religion in Deutschland belegen neuere Untersuchungen recht gut. So kommt die Sinus-Milieu-Kirchenstudie zu dem Ergebnis, dass die katholische Kirche hauptsächlich in den traditionellen Milieus der „Konservativen" und „Traditionsverwurzelten" beheimatet ist und auch das Milieu der „Bürgerlichen Mitte" und der „Postmateriellen" mit einigen Angeboten noch erreicht. In den übrigen sechs Milieus, vor allem in den Milieus, denen hauptsächlich jüngere Menschen angehören, spielt die katholische Kirche für die Gestaltung des alltäglichen Lebens zwar keine Rolle, es gibt aber durchaus eine Ansprechbarkeit für religiöse Themen und Sinnfragen in diesen Milieus (vgl. *Wippermann / Magalhaes*, Sinus-Milieu-Kirchenstudie, 11–21).Diese Studie hat mit ihren Ergebnissen, die auf eine Milieuverengung in der katholischen Kirche Deutschlands hinweisen, ein breites Echo ausgelöst; vgl. Lebendige Seelsorge 57 (2006), Heft 4, „Kirche in (aus) Milieus"; *Ralf Miggelbrink*, Milieutranszendenz. Eine praktische Forderung aus der Sinus-Milieu-Studie, in: LS 58 (2007), 260–264; *Michael N. Ebertz / Hans-Georg Hunstig* (Hg.), Hinaus ins Weite.

wicklung der Religionssoziologie in Deutschland zu dem Schluss: „Konsens unter den Religionssoziologen besteht nach wie vor insoweit, als moderne Gesellschaften als funktional differenzierte, institutionell segmentierte Gesellschaften zu begreifen sind und damit Säkularisierung als Ablösung der übrigen Institutionsbereiche unvermeidlich mit modernen gesellschaftlichen Strukturen verbunden ist. Kontrovers bleibt, ob funktionale Differenzierung notwendig mit der Zurückdrängung der Religion auch auf der Ebene der individuellen Lebensführung und -orientierung verbunden sei bzw. strukturell notwendig verbunden sein müsse."[457]

Bei aller empirischen Stringenz, die die Untersuchungen Pollacks für Ostdeutschland aufweisen, scheint jedoch das rein lineare Kausalmodell der Säkularisierung das Verhältnis von moderner Gesellschaft und Religion nicht hinreichend zu klären. Aber auch die These Luckmanns, dass Religiosität heute so individualisiert ist, dass eine genaue Beschreibung kaum möglich ist, erscheint wenig geeignet, die religiöse Entwicklung in Deutschland darzustellen.[458] Eine Betrachtung von Religion, die über empirische Befunde hinaus kulturethnologisch ansetzt, kann helfen, das Verhältnis von Religion und moderner Gesellschaft angemessen zu verstehen.

Bei dieser Betrachtungsweise von Religion lautet eine Grundannahme: Es gibt ein kulturelles Gedächtnis, die Basis für die Existenz einer menschlichen Gemeinschaft, gleichsam ein Archiv des Vergessens und Erinnerns. „Dieses Archiv enthält die Abbrüche von Traditionen, die Wiederkunft versunkener Traditionen, die Durchbrüche neuer Traditionen, also die gesamte Kontinuität und Diskontinuität im Verlauf der Geschichte."[459] Dieses kulturelle Gedächtnis hat eine sprachlich-narrative Seite, durch die Gelerntes und Eingeprägtes zugänglich gemacht wird und zur Interpretation von eigenen Erfahrungen zur Verfügung steht. Die zweite Seite ist das visuell-szenische Gedächtnis, das vor allem durch emotionale Eindrücke geprägt ist und tief in bewusstseinsferne Schichten der Persönlichkeit hinab-

---

Gehversuche einer milieusensiblen Kirche, Würzburg 2008. Zu ähnlichen Ergebnissen kommt der Religionsmonitor der Bertelsmannstiftung, der feststellt, dass in der deutschen Gesellschaft Religiosität durchaus vorhanden ist, aber nicht in einer konfessionell eindeutigen und festgelegten Form. „Unser empirisches Material zeigt aber, dass innerhalb des Religionssystems gewissermaßen *unorganisierte* und *unorganisierbare* Formen religiösen Erlebens sich etablieren – auch bei denjenigen, denen intensives religiöses Erleben alles andere als fremd ist" (*Armin Nassehi*, Erstaunliche Religiöse Kompetenz. Qualitative Ergebnisse des Religionsmonitors, in: Bertelsmann Stiftung [Hg.], Religionsmonitor 2008, Gütersloh 2007, 113–132, hier 130).

[457] *Gabriel,* Neue Nüchternheit, 583.
[458] Vgl. *Tiefensee,* Religiös unmusikalisch, 93. Er wirft dem funktionalistischen Religionsbegriff, den auch Luckmann verwendet, vor, den substantiellen Religionsbegriff so zu entleeren, dass es zu einer Beurteilung vieler Handlungsweisen (Jugendweihe, Einkaufsbummel am Sonntag) als religiös kommt, die von den Betroffenen gar nicht so wahrgenommen werden.
[459] Ziebertz / Heil / Prokopf, Hypothesen, 19.

3.3 Theoretische Grundlegung der Befragung

reicht. Auf der Grundlage dieses Modells haben Danièle Hervieu–Legér[460] und Grace Davie[461] aufgezeigt, dass es sich bei europäischen Gesellschaften um „amnestic societies"[462] handelt, die immer weniger fähig sind, ihr kulturelles Gedächtnis zu pflegen.

„Die modernen Gesellschaften sind nicht deshalb a-religiös, weil sie in idealtypischer Weise rational sind. Vielmehr: Weil sie an *Amnesie* leiden, sind sie Gesellschaften, in denen sich mit der wachsenden Unfähigkeit, ein kollektives, die Sinnhaftigkeit der Gegenwart und die Orientierungen für die Zukunft in sich tragendes Gedächtnis lebendig zu erhalten, ein fundamentaler Defekt entwickelt hat." [463]

Die europäischen Gesellschaften verfügen somit nicht über alternative Formen von Religion, die die angestammten Formen ersetzt haben, sondern leben zum Teil in praktizierender Verbindung mit den überlieferten religiösen Institutionen und Formen, zum Teil in lockerer Verbindung oder von ihnen getrennt. Das Paradox der Moderne besteht nach Davie darin, dass religiöse Erinnerungsbestände korrodieren, während andererseits Bereiche eröffnet werden, die nur mit Religion gefüllt werden könnten. Dieser Bedarf an Religion wird aber durch die historischen Religionen nicht hinreichend gedeckt. Es besteht also die Gefahr, dass dieses Bedürfnis nach einer religiösen Zukunft eine Utopie bleibt und es in Europa tatsächlich zu einem vollständigen Gedächtnisverlust in religiöser Hinsicht kommt.[464]

Ausgehend von diesen kulturtheoretischen Überlegungen möchte Hans-Georg Ziebertz für die deutsche Gesellschaft von einem vielschichtigen Verhältnis von Kultur und Religion ausgehen. In Form von Inhalten, Symbolen, Mythen, Ästhetik und Ritualen sind religiöse Traditionsbestände auf vielfältige Weise vorhanden. Überall dort, wo religiöse Semantiken vorgefunden werden, können strukturelle Verbindungen zur überlieferten, substanziell christlichen Religion vorliegen. Zwar besteht eine Trennung zwischen moderner Gesellschaft und institutionalisierter Religion, die auch Ziebertz nicht leugnen will, aber diese Trennung ist nicht radikaler Natur. Es geht nicht um Glaube oder Unglaube, wie es das Säkularisierungsparadigma nahe legt, sondern um eine komplexe Beziehung. „Es lässt sich somit festhalten, dass es faktisch einen Graben gibt, der sich zwischen der 2000 Jahre alten Überlieferung und dem modernen Selbstbewusstsein auftut. Aber dieser ‚Graben' gleicht vielmehr eher einer Flusslandschaft mit vielen Verzwei-

---

[460] Vgl. *Danièle Hervieu–Legér*, La religion pour mémoire, Paris 1993.
[461] Vgl. *Grace Davie*, Religion in modern Europe. A memory mutates, Oxford 2000.
[462] Ebd. 30.
[463] *Danièle Hervieu–Legér*, Pilger und Konvertit. Religion in Bewegung (= Religion in der Gesellschaft 17), Würzburg 2004, 44.
[464] Vgl. *Davie*, Religion, 30–31.

gungen, Biotopen, Zuflüssen und toten Armen, als einer tiefen Schlucht, durch die Glauben und Unglauben getrennt werden."[465]

Hans-Joachim Höhn möchte aufgrund der gegenläufigen und widersprechenden Erfahrungen bezüglich des Verhältnisses von Religion und moderner Gesellschaft von „religiöser Dispersion" sprechen.

„Dispersionsfarben enthalten im Wasser verdünnbare Farbpigmente und bilden nach dem Trocknen einen nahezu wasserunlöslichen Anstrich. Lässt man sich von diesen Assoziationen inspirieren, dann wird deutlich, was auch ‚religiöse Dispersion' meint: die Brechung und Zerlegung religiöser Gehalte beim Auftreffen auf säkulare Felder, ihre Vermischung mit anderen Mustern der Weltdeutung und -gestaltung, ihre Überführung in andere Formen und Formate, die nicht restlos rückgängig gemacht werden können."[466]

Mit der Theorie der „religiösen Dispersion" möchte Höhn die undialektischen Thesen vom Ende oder der Wiederkehr der Religionen überwinden, die säkularen Destruktionen und nicht-religiösen Verzweckungen religiöser Praktiken und Ausdrucksformen aufzeigen und die Frage nach dem Eigenwert der Religion neu stellen.[467] Wie Ziebertz sieht damit Höhn Religion und Gesellschaft in einem vielfältigen Beziehungsgeflecht, dessen weitere Entwicklung sich nicht mit letzter Sicherheit vorhersagen lässt.

Für die Erarbeitung des Fragebogens und dessen Auswertung scheint die von Ziebertz und Höhn vertretene Verhältnisbestimmung von moderner Gesellschaft und kirchlich verfasstem Glauben hilfreich zu sein. Sie nimmt die Trennungen und bestehenden Spannungen genügend wahr, ohne sie zu verabsolutieren. Daraus folgen für die Befragung zur Erstkommunion im Dekanat Bad Kreuznach folgende Annahmen:

---

[465] Ziebertz / Heil / Prokopf, Hypothesen, 22.
Einen ähnlichen Standpunkt vertritt Franz-Xaver Kaufmann, der zwar das Ende eine starken „Verkirchlichung des Christentums", die für den nachreformatorischen Katholizismus typisch war, gekommen sieht, nicht aber das Ende des Christentums überhaupt. Er empfiehlt eine „schöpferische Ratlosigkeit", um dieser Situation pastoral zu begegnen. „Die Empfehlung der Ratlosigkeit meint zunächst das Eingeständnis, daß das Zeitalter des nachreformatorischen Katholizismus, des barocken Paternalismus und der engen Amalgamierung von Priesterreligiosität und Volksreligiosität in weiten Teilen Europas endgültig vorbei ist. Indem ich das so formuliere, suggeriere ich zugleich ein Ernstnehmen der Geschichtlichkeit des Christentums und damit seiner wahrscheinlich in vielerlei Hinsicht noch unbestimmten Zukunft. Verändern wird sich weniger der Inhalt der Glaubenstraditionen denn ihre Akzentuierung und Interpretation in Reaktion auf sich verändernde soziale und kulturelle Kontexte" (*Erich Garhammer*, Ein Gespräch mit Franz-Xaver Kaufmann, in: LS 57 [2006], 239–241, hier 240). Eine ausführliche Darlegung dieses Gedankenganges findet sich in *Franz-Xaver Kaufmann*, Wie überlebt das Christentum?, Freiburg i. Br. 2000.
[466] *Höhn*, Krise, 47–48.
[467] Vgl. ebd. 56–47.

- Die vielfältigen Formen von Religiosität sind auch im Dekanat Bad Kreuznach anzutreffen, so dass neben traditioneller Kirchlichkeit auch sehr lockere kirchliche Bindungen und sogar religiöses Desinteresse zu finden sind.
- Die Tendenz zur Abnahme kirchlicher Bindungen findet sich auch im Dekanat Bad Kreuznach, was aber nicht zwangsläufig auch eine Abnahme an Religiosität bedeutet.

Diese Grundthesen im Verhältnis von Religion und moderner Gesellschaft gilt es aber noch in Bezug auf Familien für die Befragung im Dekanat Bad Kreuznach zu spezifizieren.

3.3.2 Die Familialisierung der Religion

Das Verhältnis von Religion und Familie scheint auf den ersten Blick angesichts des Rückgangs des Gottesdienstbesuches, der sinkenden Zahlen bei Taufen und Trauungen und der Pluralisierung der Lebensformen von einer zunehmenden Entkirchlichung und Säkularisierung der Familien geprägt zu sein.[468] Damit wäre aber das Verhältnis von Religion und Familien zu einseitig beschrieben, wie die Kritik am Säkularisierungsparadigma zeigt. In Anlehnung an Thomas Luckmann möchte Friedrich Schweitzer auch die Familienreligiosität als eine Form der „unsichtbaren Religion" bezeichnen.[469] Er erkennt bei jungen Familien nicht ein Fehlen an Religion, sondern eine sehr starke Privatisierung und Individualisierung. Zwar ist ein genereller Rückgang an religiösen Praktiken zu beobachten, aber der Wunsch nach religiöser Erziehung der eigenen Kinder ist selbst bei heutigen Jugendlichen relativ stark.[470] Es zeigt sich also auch in Bezug auf die Familienreligiosität, dass eine eindeutige Interpretation des sich spürbar vollziehenden Wandels nicht möglich ist. Unstrittig ist jedoch, dass die kirchlich institutionalisierte Reli-

---

[468] Vgl. *Christof Wolf*, Religion und Familie in Deutschland, in: ZEE 47 (2003), 53–71. Er sieht den Prozess der Entkirchlichung der Familie immer mehr voranschreiten, wenn er auch eine sehr enge Verbindung von Kirche und Familie sieht. „Auf Seiten der (potentiellen) Eltern der heutigen Jugendlichen und Kinder hängt die Chance für einen Kontakt zur Kirche mit dem familialen Charakter der Haushalte zusammen. Menschen des mittleren Erwachsenenalters kommen umso häufiger mit Kirche in Berührung, je eher sie mit Kindern und weiteren Familienangehörigen zusammenleben. Familienorientierung und Kirchennähe stehen somit in einem engen Verhältnis. Trotz dieses zunächst positiven Befundes sollte nicht vergessen werden, dass der Prozess der Entkirchlichung nicht vor dieser Gruppe Halt gemacht hat" (vgl. *ebd.*, 68).

[469] Vgl. *Friedrich Schweitzer*, Unsichtbare Religion. Die Tradierung von Religion in den ersten Lebensjahren wird zunehmend privatisiert, in: Zeitzeichen 5 Heft 7 (2004), 18–21, hier 19.

[470] Vgl. *Werner Fuchs-Heinz*, Religion, in: Deutsche Shell (Hg.), Jugend 2000. Band 1, Opladen 2000, 157–180, hier 171–173.

gion für das Leben der Familien an Bedeutung verliert, wenn dieser Prozess auch sehr differenziert zu betrachten ist.[471]

Der Trendmonitor „Religiöse Kommunikation 2003" stellt fest, dass immer weniger Katholiken in einem religiös geprägten Elternhaus aufwachsen, wenn der Rückgang sich auch in den letzten Jahren zu stabilisieren scheint (1999 bezeichnete 38% aller Befragten ihr Elternhaus als „sehr religiös, 2002 39%). Bei der jüngeren Generation, die die jetzige und zukünftige Elterngeneration bildet, ist allerdings der Anteil derjenigen, die ihr Elternhaus als „sehr religiös" bezeichnen, unterdurchschnittlich (16–29jährige 21%; 30–44jährige 28%).[472] So kommt Renate Köcher bei der Auswertung der vorhergehenden Untersuchung zur religiösen Kommunikation aus dem Jahr 2000 zu dem Ergebnis: „Die Elternhäuser verlieren als religiöse Sozialisationsinstanz an Bedeutung in mehrfacher Hinsicht: Immer weniger Eltern können als Vorbild Glaubensüberzeugungen vorleben und auf selbstverständliche Weise mit der religiösen Praxis vertraut machen; während die Kommunikationsfähigkeit der Familien tendenziell wächst, vermindert sich die Kommunikationsintensität und -fähigkeit bei religiösen Themen."[473] Diese Einschätzung wird bestätigt durch den Verlust an religiöser Sach- und Glaubenskompetenz, der der heutigen Elterngeneration bescheinigt werden muss. In der Altergruppe unter fünfzig Jahren glauben signifikant weniger Menschen an Gott als bei den Senioren.[474] Ihr religiöses Grundwissen (z.B. Kenntnis der Zehn Gebote, der Bergpredigt, Vaterunser) schätzen die Deutschen zudem sehr niedrig ein.[475]

Mit dem Rückgang der religiösen Prägung der Elternhäuser und einer gelungenen religiösen Kommunikation ist aber nicht ein Rückgang des Wunsches nach religiöser Erziehung verbunden. Obwohl sich die kirchliche Bindung in den letzten Jahrzehnten zunehmend abgeschwächt hat, ist hier eine hohe, konstante Wertschätzung zu verzeichnen. Zwei Drittel aller Katholiken (68%) halten eine religiöse Erziehung für wichtig; bei katholischen Familien mit Kindern liegt diese Wertschätzung sogar bei 75%.[476] Bei den Zielen der religiösen Erziehung zeigt sich eine deutliche Ablehnung einer Wertevermittlung, die aus Ver- und Geboten

---

[471] Auf diesen religiösen Pluralismus weist auch die jüngste Untersuchung zur Religion in Deutschland hin, die feststellt, dass ein pantheistisches, dem Christentum eher fernstehendes Religiositätsmuster auch in den Reihen der Kirchenmitglieder zu finden ist (vgl. *Karl Gabriel*, Religiöser Pluralismus. Die Kirchen in Westdeutschland, in: Religionsmonitor 2008, Gütersloh 2007, 76–84).

[472] Vgl. *Institut für Demoskopie Allensbach*, Trendmonitor 'Religiöse Kommunikation 2003'. Bericht über eine repräsentative Umfrage unter Katholiken zur medialen und personalen Kommunikation (Kommentarband), München 2003, 36.

[473] Köcher, Probleme, 280–281.

[474] Vgl. *Hanspeter Oschwald / Klaus M. Lange*, Glaube in Deutschland (FOCUS Fakten), Mannheim u.a. 2001, 10–11.

[475] Vgl. ebd. 19–20.

[476] Vgl. *Allensbach*, Trendmonitor, 37.

mit dem Androhen von Sanktionen besteht.[477] Vielmehr sind eine Hilfestellung für die individuelle Gewissensbildung und der Aufbau einer religiösen Bindung erwünscht. Die Vermittlung von „festem Glauben, fester religiöser Bindung" wird immerhin von 41% der Katholiken für besonders wichtig gehalten.[478] Religion wird nicht als ein System von Glaubensaussagen, Geboten und Pflichten verstanden, sondern es wird in der Religion vor allem Halt und Geborgenheit gesucht. Als Gesamtergebnis bleibt der paradoxe Befund, dass Eltern zwar immer noch religiöse Erziehung sehr schätzen, diese Aufgabe aber gern an die „Experten" der Kirche delegieren, ohne darauf zu verzichten, das Maß dieser religiösen Erziehung selbst zu bestimmen.[479]

Michael Ebertz möchte in diesem Zusammenhang von der „Familialisierung" der Religion sprechen.[480] Er begründet seine These vor allem damit, dass die meisten Familien die rituellen Angebote sehr selektiv nutzen und mit Inhalten füllen, die kaum mit den offiziellen kirchlichen Zielsetzungen dieser Riten in Verbindung stehen. Immer mehr Familien werden so zu „Kirchenkunden", die die personelle und rituelle Infrastruktur der Kirche an den normativen Lebenswenden „subsidiär", wenn nicht sogar „parasitär", nutzen und somit eine neue Form von gemeindeunabhängiger Kirchenmitgliedschaft darstellen.[481] Gestützt wird diese Analyse durch die Studie der EKD „Fremde Heimat Kirche"[482], die bei der Kindertaufe einen starken Anstieg von Begründungsmustern verzeichnet, die die Familie ins Zentrum rücken. Die größten Steigerungsraten hatten daher die Aussagen „Die Taufe ist vor allem eine Familienfeier" (Zuwachs von 40% auf 62%)

---

[477] Vgl. ebd. 39.
[478] Vgl. ebd. 38.
[479] Vgl. *Michael N. Ebertz*, ‚Heilige Familie' – ein Auslaufmodell? Religiöse Kompetenz der Familie in soziologischer Sicht, in: Albert Biesinger / Herbert Bendel (Hg.), Gottesbeziehung in der Familie. Familienkatechetische Orientierungen von der Kindertaufe bis ins Jugendalter, Ostfildern 2000, 16–43, hier 38.
Wie sehr Eltern heute jeden Zwang in der religiösen Erziehung vermeiden wollen, zeigt *Martin Engelbrecht*, Pforten im Niemandsland? Die Kasualien als brüchiges Band an die Kirchen im Lichte älterer und neuerer Ritualtheorien, in: Johannes Först / Joachim Kügler (Hg.), Die unbekannte Mehrheit. Mit Taufe, Trauung und Bestattung durchs Leben? Eine empirische Untersuchung zur „Kasualfrömmigkeit" von KatholikInnen – Bericht und interdisziplinäre Auswertung (= Werkstatt Theologie Bd. 6), Berlin 2006, 55–76, hier 68–69. Stephanie Klein beschreibt den Erziehungsstil heutiger Familien so: „Dabei hat sich auch die Art verändert, den Glauben zu leben und weiterzugeben: Die Eltern erziehen heute nicht mehr zu Glaubensgehorsam und zu Kirchlichkeit, sondern zur eigenen religiösen Entscheidungsfindung" (*Stephanie Klein*, Das Lebenszeugnis als Glaubenszeugnis, in: ThPQ 156 [2008], 123–131, hier 126).
[480] Vgl. *Ebertz*, Heilige Familie, 38.
[481] Vgl. *Michael. N. Ebertz*, Erosion der Gnadenanstalt? Zum Wandel der Sozialgestalt von Kirche, Freiburg i. Br. 1998, 286.
[482] EKD (Hg.), Fremde Heimat Kirche. Ansichten ihrer Mitglieder, Hannover 1993.

und „Mit der Taufe wird der Beginn des Lebensweges gefeiert" (Zuwachs von 56% auf 72%). Der Kommentar der EKD-Studie stellt bezüglich der Kindertaufe fest: „Sie bleibt zwar zuallererst der Aufnahmeritus der Kirche, doch ist sie zugleich erheblich mehr: Familienfest und Feier des Lebens, Voraussetzung für religiöse Begleitung an lebensgeschichtlichen Übergängen, Schutzritual zur Abwehr bedrohlicher Schicksalsmächte."[483]

Was hier für den Bereich der evangelischen Kirche dargestellt wird, trifft auch für die katholische Kirche zu. Johannes Först legt in der Auswertung einer qualitativen Studie zur „Kasualienfrömmigkeit" von Katholiken dar, dass ein Hauptgrund für die Taufe von Kindern darin besteht, die eigene Familie in den größeren Zusammenhang der Familientradition zu stellen, um so in unserer komplexen Welt die Erfahrung von Geborgenheit und Sinn zu machen.[484] „Zusammenfassend ist demnach auf das Begründungsmuster zu verweisen, sich mit lebenden und bereits verstorbenen Personen aus dem eigenen Familien- und Verwandtenkreis zu identifizieren. Dieser Identifikationsprozess, nicht etwa sozialer Druck, wird von vielen als Begründung geltend gemacht, sich für die Teilnahme an den Kasualien entschieden zu haben."[485]

Diese beiden empirischen Untersuchungen bestätigen die These von Ebertz, dass Familien zunehmend die kirchlichen Riten nutzen, um die familialen Bindungen zu stärken und die Familie als „Transzendenz im Diesseits" zu bestätigen.[486] Die Kirche wird so zu einem passagenrituellen Dienstleistungsbetrieb, den die Familien als Kunden nutzen, ohne sich verpflichtet zu fühlen, alle offiziellen kirchlichen Erwartungen zu erfüllen, die mit diesen Sakramenten verbunden sind. Die Kirche wird von den Familien genutzt, weil sie immer noch über eine Monopolstellung bei familienbezogenen Riten (Taufe, Erstkommunion, Hochzeit, Beerdigung) verfügt. Gleichzeitig bedarf aber die Kirche der Familien, da nur sie die wichtigen Leistungen der Reproduktion und der primären Sozialisation erbringen können. Konnte die Kirche im 19. Jahrhundert dieses Verhältnis noch so gestalten, dass es zu einer immer größeren Verkirchlichung der Familien kam, so kehrt sich diese Beziehung in den letzten Jahren immer mehr zu einer „Familialisierung

---

[483] Ebd. 10. Auch für die Konfirmation gewinnt der Aspekt der Familienfeier immer mehr an Gewicht, vgl. ebd. 18–19.
[484] Vgl. *Först*, Unbekannte Mehrheit, 30–33.
[485] Ebd. 32.
[486] Vgl. Ebertz, Heilige Familie, 38; *Michael. N. Ebertz*, Zerstörung der ganzen Gesellschaft? Das Bündnis von Kirche und Familie könnte ein Auslaufmodell sein, in: Zeitzeichen 3 Heft 7 (2002), 36–38; hier 38. Auch Gerhard Marschütz stellt fest, dass partnerschaftliche Liebe und Familie zur „irdischen Religion" geworden sind. Er möchte diese Ansprüche jedoch nicht einfach erfüllen, sondern das befreiende Angebot christlicher Heilsdifferenz einbringen (vgl. *Gerhard Marschütz*, Zur Zukunft der Familie. Soziologische Befunde – theologische Herausforderungen, in: ThPQ 149 [2001], 57–65, hier 65).

3.3 Theoretische Grundlegung der Befragung

der Kirche" um.[487] Um die Familien in einer Beziehung zur Kirche zu halten, muss diese bei ihren rituellen und sakramentalen Vollzügen zu immer größeren Zugeständnissen bereit sein. „Aus einer religiösen Herrschafts- bzw. Autoritätsbeziehung von Geistlichen über Laien scheint faktisch immer mehr ein marktähnliches Verhältnis zu werden, in dem die religiöse Nachfrage und damit auch das religiöse Angebot weitgehend durch den Eigensinn der Familie bestimmt wird."[488] Diese „Familialisierung der Kirche" zwingt zu Zugeständnissen an eine Familienreligiosität, die von Seelsorgern oft als „heidnisch" bewertet wird.[489]

Die Beobachtungen von Ebertz finden in der Sinus-Milieu-Kirchenstudie in jüngster Zeit eine weitere Bestätigung. Diese Studie zeigt, dass es vor allem das nach Harmonie und sozialer Etablierung strebende Milieu der „Bürgerlichen Mitte" ist, das am stärksten eine Familialisierung der Kirche wünscht und betreibt. Kirchliche Rituale werden von ihnen dort akzeptiert, wo die katholische Kirche das Dorf- und Vereinsleben mitprägt, aber insgesamt erodiert in diesem Milieu der Einfluss der Kirche auf die Fragen nach Sinn und Moral sehr stark. „Eine Chance hat die katholische Kirche in diesem Milieu, wenn sie sich als familiäre Nahwelt positioniert und als fortschrittliche Religionsgemeinschaft präsentiert."[490] Ebertz bezeichnet das Auswahlkriterium für die kirchlichen Angebote, das dieses der Kirche noch relativ eng verbundene Milieu anlegt, als „Familialismus": „Familiengottesdienste – aber bitte nicht jeden Sonntag!- sind dieses Milieus liebstes Kind: mit dem Kind in der Mitte der Kirchengemeinde. Dieses Milieu ist (nur) dann zur Gottesdienststelle, wenn es um die Familie geht: Kindergottesdienste, Jugendgottesdienste, Weihnachtsgottesdienste, Gottesdienste im Park mit kindgerechten Gestaltungselementen und Ablenkungsmanövern und anschließendem Grillen und Kinderbetreuungsangeboten, damit den Erwachsenen Zeit bleibt, sich über Erziehungsthemen zu unterhalten."[491] Somit ist die Familialisierung von Kirche und Religion nicht nur ein Zugeständnis an Familien, die der Kirche fernstehen, sondern bestimmt auch einen relativ großen Teil der Menschen, die das Leben der Pfarrgemeinden in Deutschland tragen und prägen.

---

[487] Vgl. *Ebertz*, Heilige Familie, 38.
[488] *Ebertz*, Zerstörung, 38.
[489] Vgl. ebd. Ebertz weist darauf hin, dass diese Zugeständnisse auch zu einer neuen Prioritätensetzung führen müssen. „Wenn allerdings die qualitative, also sozialisatorische Koalition der Familien mit der Kirche zum Minderheits-, wenn nicht zum Auslaufmodell wird, ist die Kirche herausgefordert, Prioritäten zugunsten solcher Familien zu setzen, welche ausdrücklich die christlichen Transferaufgaben zwischen den Generationen zu übernehmen bereit sind" (ebd.).
[490] *Wippermann / Magalhaes*, Sinus-Milieu-Kirchenstudie, 18; vgl. *Carsten Wippermann*, Lebensweltliche Perspektiven auf Kirche, in: LS 57 (2006), 226–234.
[491] *Michael N. Ebertz*, Hinaus in alle Milieus? Zentrale Ergebnisse der Sinus-Milieu-Kirchenstudie, ders. / Hans-Georg Hunstig (Hg.), Hinaus ins Weite. Gehversuche einer milieusensiblen Kirche, Würzburg 2008, 17–34, hier 24.

Aus dem hier dargestellten Verhältnis von Familie und Religion ergeben sich folgende Annahmen, die durch die Befragung zur Erstkommunion im Dekanat Bad Kreuznach verifiziert oder falsifiziert werden sollen:
- Familien haben immer noch den Wunsch nach religiöser Erziehung, sind aber immer weniger in der Lage, diese Aufgabe selbst zu erfüllen, sondern möchten sie an religiöse Experten delegieren. Die Erstkommunionkatechese wird dabei als eine besonders wichtige Form der Delegation der religiösen Erziehung angesehen. Die Eltern betrachten daher die Erstkommunionkatechese nicht primär als ihre Aufgabe.
- Inhaltlich steht für die Eltern bei der Erstkommunionkatechese der Erwerb eines „festen Glaubens" als „feste religiöse Bindung" im Vordergrund. Glaube wird hier als emotionale Größe und Beziehungsgeschehen verstanden, nicht als Glaubenswissen, das vorwiegend aus kognitiven Inhalten besteht. Für die Eltern hat also die „fides qua" einen viel größeren Stellenwert als die „fides quae". Das primäre Ziel der Erstkommunion ist das Gefühl einer Verbundenheit mit Gott.
- Bei der Erstkommunionkatechese und der Erstkommunionfeier handelt es sich um eine punktuelle Nutzung des Ritenangebots der Kirche durch viele Familien. An erster Stelle stehen die Erwartungen der „Familienreligiosität" an die Erstkommunion. Der Bezug zur Gemeinde, die vertiefte Bindung an Jesus Christus und die Vermittlung grundlegender Glaubensinhalte spielen für viele Familien eine untergeordnete Rolle. Die Erstkommunion wird vornehmlich aus der Kundenperspektive betrachtet.

3.3.3 Die Erstkommunion als Fest der Familie und der Kinder

Die Familialisierung der Religion zeigt sich am deutlichsten bei der Feier kirchlicher Riten und Kasualien. Mit der Feier des Weißen Sonntags[492] ist für viele Familien das eigentliche Ziel der Erstkommunion erreicht. Somit scheint es für die Befragung zur Erstkommunionkatechese im Dekanat Bad Kreuznach notwendig zu sein, die Bedeutung der kirchlichen Feier der Erstkommunion für die Familien näher in den Blick zu nehmen.

---

[492] Der Begriff „Weißer Sonntag", der der klassische Name für den zweiten Sonntag der Osterzeit ist, wird vom Autor in dieser Arbeit generell als Bezeichnung für den Tag der Erstkommunionfeier verwendet, auch wenn diese in vielen Pfarreien nicht mehr am zweiten Sonntag der Osterzeit stattfindet, sondern an einem anderen Sonntag oder sogar am Ostermontag oder an Christi Himmelfahrt. Der Autor dieser Arbeit wählt die volkstümliche Begriffsbezeichnung „Weißer Sonntag" in dieser Studie, um bei der Durchführung der Befragung im Dekanat Bad Kreuznach gerade bei kirchenfernen Familien keine unnötigen fachsprachlichen Barrieren aufzubauen.

3.3 Theoretische Grundlegung der Befragung

Die Familie erfährt unter den heutigen gesellschaftlichen Bedingungen einen gewaltigen Bedeutungsgewinn, gerade für jüngere Menschen. So bemerkt Gabriel bereits 1994: „Der Bereich Familie ist inzwischen an die Spitze der Lebensziele der Jüngeren gerückt."[493] Diese hohe Wertschätzung der Familie hat ihre Ursache in der Auflösung von Sinnhorizonten und Orten von Geborgenheit in der modernen Gesellschaft. Die Familie mit der Intimität der Privatatmosphäre wird so zum vornehmlichen Ort der Sinngenerierung und übernimmt somit eine Funktion der klassischen Religion, nämlich „aus dem Chaos der Welt einen durchschaubaren und bewohnbaren Ort der Beheimatung zu machen."[494] Die Familie wird zum „modernen Heiligtum"[495], das aber im Bereich der Riten und Feste auf Anleihen bei der institutionalisierten Religion angewiesen ist. Gerade bei den sogenannten Passage- oder Übergangsriten, Taufe, Hochzeit, Erstkommunion oder Konfirmation sowie Beerdigung, greift man daher gerne auf das rituelle kirchliche Angebot zurück und stellt es in den Dienst der „Familienreligion".

Bei der Erstkommunion hat dies zur Folge, dass nicht der kirchliche Inhalt des Sakraments, die Gemeinschaft mit Jesus Christus in der Eucharistie, gefeiert, sondern die emotionale Wirkkraft des Ritus genutzt wird. „Durch das von der Praxis des Alltagslebens Abweichende, Außergewöhnliche und Feierliche des Ritus kommt es zu einem denkwürdigen Ereignis; ohne diese Qualitäten wäre die Hervorhebung der Gliederung des Lebens kaum erkennbar und damit auch die gesellschaftliche Wahrnehmung bzw. Anerkennung fraglich."[496] Das Ritual der Erstkommunion dient dazu, der Familie eine Feier zu ermöglichen, die den Alltag

---

[493] *Karl Gabriel*, Familie im Überdruck gesellschaftlicher Erwartungen, in: Arbeitsgemeinschaft der katholischen Verbände für Erziehung und Schule (Hg.), Zukunft bejahen – Erziehung wagen, Bonn – Bad Godesberg, 1994, 4–12, hier 5.

[494] Ebd. 7. Vgl. auch *Norbert Mette*, Art. Familie (Elternhaus), in: LexRP Bd. 1 (2001), 542–548, hier 546; *Ralph Sauer*, Die Familie – eine „Kirche im Kleinen"?, in: Pastoralblatt für die Diözesen Aachen, Berlin, Essen, Hildesheim, Köln, Osnabrück 53 (2001), 227–238, hier 233.

[495] *Sauer*, Familie, 233. Auch Bucher betont, dass die Familie für die erstaunliche Mehrheit der Jugendlichen und Erwachsenen zum „Heiligtum" geworden ist; vgl. *Anton Bucher*, Religion in der Kindheit, in: Gottfried Bitter u.a. (Hg.), Neues Handbuch religionspädagogischer Grundbegriffe, München 2002, 194–198, hier 195.
Dass die Familie mittlerweile zu dem bedeutendsten Heiligtum der Deutschen geworden ist, belegt eine Untersuchung der Stiftung für Zukunftsfragen aus dem Jahr 2008: „Die Familie ist den Deutschen heilig. Fast drei Viertel der Deutschen (71%) empfinden die eigene Familie als ‚die' Glaubensgemeinschaft, während die Zugehörigkeit zur Kirche beinahe in die Bedeutungslosigkeit versinkt (10% – Jugendliche: 1%)" *(Stiftung für Zukunftsfragen*, Forschung aktuell, Ausgabe 209, 29.Jg. [17.10.2008], in: http://www.stiftungfuerzukunftsfragen.de/de/forschung/aktuelle-untersuchungen [01.03.2009]).

[496] *Hugo Bogenberger*, Warum fragen Menschen nach Sakramenten?, in: LKat 14 (1992), 85–90, hier 88.

unterbricht und Möglichkeiten gemeinsamer familiärer Erinnerungen bietet.[497] Es trägt zur Herstellung und Aufrechterhaltung des kollektiven Gefühls einer Familie bei und stiftet so Familienidentität.[498] Daher bilden bei der Feier der Erstkommunion auch nicht so sehr die universale Gemeinschaft der Christen oder die Pfarrgemeinde den Bezugsrahmen, sondern die bei der Feier des Ritus anwesenden, versammelten Personen.[499] In der Regel ist bei der Erstkommunion die Familie der Kreis der Mitfeiernden. Die sich an die Eucharistiefeier des Erstkommuniontags anschließende Familienfeier gewinnt meist eben solches Gewicht wie die liturgische Feier.[500] Die Befragung im Dekanat Bad Kreuznach zur Erstkommunion will aufzeigen, wie stark die Tendenz, die Erstkommunion als feierliches ‚Familienfest' zu betrachten, mittlerweile ausgeprägt ist.[501]

Bei dieser ‚Inszenierung' der Familie, die am Weißen Sonntag stattfindet, steht das Kind in besonderer Weise im Mittelpunkt. Daher ist die Stellung des Kindes innerhalb der Familie noch einmal besonders in den Blick zu nehmen. Hatten Kinder in früheren Zeiten auch immer eine wirtschaftliche Bedeutung für die Familie, so dienen sie heute weitgehend der Befriedigung emotionaler Bedürfnisse.[502] Bernhard Nauck stellt dazu fest, dass gerade in Deutschland der „emotionale Nutzen von Kindern den ‚frame' von generativem Verhalten und Generationsbeziehungen in außerordentlich starkem Maße"[503] dominiert. Kinder haben al-

---

[497] Vgl. *Hubertus Brantzen*, Das Leben anhalten und deuten. Feste in der Familie, in: LS 40 (1989), 272–276, hier 273. Der Autor weist darauf hin, dass Familienfeiern sehr viel über die Kultur des Feierns und die Kommunikationsstrukturen einer Familie aussagen. Er plädiert für eine Stärkung der Feierkultur in den Familien, da er darin eine Voraussetzung für die Feier der kirchlichen Riten sieht. Gleichzeitig wird dabei natürlich auch deutlich, wie wichtig die Feierkultur in den Familien für die liturgische Feier geworden ist.

[498] Die Stiftung von Familienidentität ist eine wesentliche Aufgabe solcher Rituale, wie sie die Erstkommunion darstellt, Kirchliche Rituale werden nur dann in Anspruch genommen, wenn sie diese stützen und stabilisieren (vgl. *Michael Domsgen*, Familie und Religion, Grundlagen einer religionspädagogischen Theorie der Familie [= Arbeiten zur praktischen Theologie 26], Leipzig 2004, 148)

[499] Vgl. *Bogenberger*, Menschen, 88.

[500] Vgl. *Adelheid Wiedemer / Gottfried Wiedemer*, Der Weiße Sonntag in der Familie, in: LS 40 (1989), 277–280. In diesem Artikel schildern die beiden Autoren eindrücklich, welchen Stellenwert die Feier im Familienkreis und die Kleidung am Erstkommuniontag haben. Wenn es sich auch um einen persönlichen Erfahrungsbericht handelt, dürfte er doch die allgemeine Entwicklung der Erstkommunion zur Familienfeier gut widerspiegeln.

[501] *Josef Müller*, Sakramente im Lebenszusammenhang, in: LKat 14 (1992), 100–104, hier 100. Der Autor wendet sich aber gegen eine Abqualifizierung der Wünsche der Menschen, da er neben dem Wunsch nach „Feierlichkeit" auch eine tiefe Sehnsucht nach Bleibendem und Ganzem als Motiv für die Frage nach den Sakramenten sieht. Daher wendet er sich gegen eine „Beurteilungspastoral" und möchte dem Heilsverlangen der Menschen mehr zutrauen.

[502] Vgl. *Domsgen*, Familie, 44.

[503] *Bernhard Nauck*, Der Wert von Kindern für ihre Eltern. ‚Value of Children' als spezielle Handlungstheorie des generativen Verhaltens und von Generationsbeziehungen im interkul-

3.3 Theoretische Grundlegung der Befragung

so primär die Aufgabe, ihren Eltern Glück, Geborgenheit und Sinn zu schenken. Im Leben mit und Erleben des eigenen Kindes liegt dessen höchster Wert. Das Glück des Kindes wird so zum eigenen Glück. „Kinder sollen aber nicht nur glücklich sein, sie sollen auch glücklich machen. Es gibt – vor allem unter den Intellektuellen, aber m.E. nicht nur dort – einen Trend, das Kind als Lebenserfüllung, vielleicht sogar als Sinnersatz zu erleben angesichts einer Welt, in der Sinnlichkeit sonst wenig Platz hat und Sinnfindung zunehmend schwerer wird."[504]

Diese besondere Funktion des Kindes für die Eltern zeigt sich natürlich auch bei der Nutzung der rituellen Angebote der Kirche. So ist zum Beispiel die Tendenz zu beobachten, den Tag der Einschulung immer aufwändiger und festlicher zu gestalten. Der Gottesdienst zur Einschulung gewinnt an Gewicht, was sich z.B. an den mitfeiernden Großeltern zeigt, die an diesem „Familienritual" teilnehmen wollen.[505] Die Einschulung wird so zu einem „Passageritus", der einen entscheidenden Übergang von der Familie in den Bereich der Erwachsenenwelt und der Leistungsgesellschaft darstellt und daher auch rituell begangen wird. Die Kindheit gewinnt dadurch an Struktur: Das eigene Kind wird in besonders festlicher Weise erlebt. Was für den Tag der Einschulung gilt, spiegelt sich auch bei der Feier der Erstkommunion wider. Die Erstkommunion wird als „eine Art allgemeine Kinder- bzw. Jugendweihe verstanden"[506]. Sie steht als rituelle Feier am Ende der Kindheit und ermöglicht den Eltern noch einmal, ihr Kind als Kind zu erleben und so ihre emotionalen Grundbedürfnisse zu stillen.

Bei der Befragung im Dekanat Bad Kreuznach zur Erstkommunionkatechese soll daher bezüglich des Weißen Sonntags überprüft werden, ob folgende Hypothesen zutreffen:

– Der Wunsch nach ‚Inszenierung' und ‚Darstellung' der eigenen Familie ist zu einem entscheidenden Moment bei der Feier der Erstkommunion geworden ist. Die Familien nutzen die kirchlichen Riten, um der Familie selbst ‚Feierlichkeit' zu verleihen.

---

turellen Vergleich, in: KZfSS 53 (2001), 407–435, hier 429. Nauck bezieht sich dabei auf die Ergebnisse des sogenannten ‚value-of-children-approach', wonach sich der Wert von Kindern daraus ergibt, dass sie auf vielfältige Weise zur Erfüllung der Grundbedürfnisse ihrer Eltern dienen können.

504 *Veronika Grüneisen*, Familien gestern und heute – Wunsch und Wirklichkeit, in: Wege zum Menschen 53 (2001), 86–97, hier 93.

505 Vgl. *Domsgen*, Familie und Religion, 125–126. „Das Kind, oft Wunschkind, dem bis zu diesem Zeitpunkt ein hohes Maß an Zuwendung und Förderung entgegengebracht worden ist, wird im Sog des Schulanfangs zum besonderen Hoffnungsträger." (*Michael Böhme*, Einschulung. Anmerkungen zu einem Statusübergang aus der Sicht der Seelsorge, in: ders. u.a. [Hg.], Entwickeltes Leben. Neue Herausforderungen für die Seelsorge, Leipzig 2002, 263–281, hier 264).

506 *Bogenberger*, Menschen, 88.

– Die Erstkommunion wird als ‚Fest des Kindes' verstanden und die Familie möchte ‚ihr Kind' an diesem Tag in besonderer Weise in den Mittelpunkt stellen.

3.3.4 Der Bedeutungsverlust der Inhalte der Erstkommunionkatechese

Der Blick auf die theologische Forschung in Deutschland hat gezeigt, dass die inhaltlichen Aspekte der Katechese eine untergeordnete Rolle spielen.[507] Auch die „Familienreligiosität" hat kaum Interesse an der Vermittlung von Glaubenswissen. Daher soll im Rahmen der Befragung zur Erstkommunion im Dekanat Bad Kreuznach untersucht werden, welchen Stellenwert der Inhaltlichkeit der Katechese zukommt. Ein Blick in die gängigen Arbeitsmaterialien zur Erstkommunionkatechese kann helfen, entsprechende Thesen zu diesem Themenbereich zu entwickeln.[508]

Matthias Ball weist in einem Beitrag über die Christuskatechesen in vier marktgängigen Arbeitshilfen zur Erstkommunionkatechese auf eine generelle Unachtsamkeit gegenüber dem Christuskerygma hin.[509] Aus den Darstellungen des Lebens Jesu wird kaum ersichtlich, dass Jesus mehr war als ein gewöhnlicher Mensch. Er wird vor allem als Bruder und Freund dargestellt, seine Reich-Gottes-Botschaft und sein messianischer Anspruch werden kaum thematisiert und es herrscht eine große Scheu davor, christologische Titel einzubringen. Ball kommt somit zum Ergebnis, dass die Christuskatechesen inhaltlich ganz erhebliche Mängel aufweisen. Eine kurze Darstellung von vier Arbeitsmaterialien zur Erstkommunionkatechese soll diese verdeutlichen.

In der Handreichung zum Kommunionkurs „Tut dies zu meinem Gedächtnis" wird die inhaltlichen Zielsetzungen folgendermaßen bestimmt:

„Erfahrungswelt und Glaubenswelt sind also engstens aufeinander bezogen, ja hängen voneinander ab und durchdringen sich gegenseitig. Daran orientiert sich auch das Werkbuch. Es will den Kindern Möglichkeiten bieten, eigene Erfahrungen mit allen Sinnen zu machen, aufmerksam zu sein, vieles selber auszuprobieren, selber Zusammenhänge zu erkunden, im Miteinander der Gruppe sich selbst und den anderen genauer oder neu wahrzunehmen und zu achten. Die alltäglichen Erfahrungen der Kinder werden dabei in Beziehung zu Gott, zu Jesus, zu biblischen Erzählungen, zur christlichen Tradition und zur Liturgie gedeutet. Bewusst fehlen Lehr- und

---

[507] S.o. 114–118.
[508] Frau Monika Funken hat für den Lehrstuhl für Pastoraltheologie an der Katholisch-Theologischen Fakultät der Ludwig-Maximilians-Universität einen Vergleich verschiedener gängiger Erstkommunionkurse erstellt, der dem Autor für die Erarbeitung dieses Kapitels sehr hilfreich war.
[509] Vgl. *Matthias Ball*, Jesus Christus in der Eucharistiekatechese – eine kritische Sicht, in: LKat 20 (1998), 130–135.

3.3 Theoretische Grundlegung der Befragung

Merksätze, weil ein anderer Lernprozess in Gang gesetzt werden soll: das Miteinander und Aufeinanderhören, das Miteinander-Bedenken, das Stillwerden und Lauschen, das Miteinander-Tun, das Miteinander-Beten und Feiern."[510]

In diese grundsätzliche Skepsis gegenüber dem Nutzem von erlernbarem Glaubenswissen passt dann auch der Verzicht auf Vollständigkeit bezüglich des Glaubenswissens. Nur das soll an Inhalten in der Erstkommunionkatechese vermittelt werden, was sich den Kindern von ihrer Lebenswirklichkeit her leicht erschließt. Vor allem werden daher Glaubensinhalte in der Eucharistiekatechese behandelt, die sich mit einem Gemeinschaftserlebnis verbinden lassen.[511] Gemeinschaft wird somit zum zentralen Thema der Katechese, obwohl so nicht alle Aspekte der Eucharistielehre erfasst werden und vor allem der Opferbegriff völlig fehlt.

Der Kommunionvorbereitungskurs „Für euch – für dich – für alle"[512] wertet ebenfalls die wissensmäßige Aneignung des Glaubens ab. Glaube soll erlebt und nicht erlernt werden.[513] Dieser Ansatz wird konsequent auf die Sakramente der Buße und der Eucharistie angewandt, so dass auf die Vermittlung von Begrifflichkeiten, Abläufen und grundlegenden Glaubenstexten kein großer Wert gelegt wird. Zum Ablauf der Beichte heißt es: „Dieses Erleben bedarf keiner langen Deutung mehr. Es ist nicht wichtig, dass das Kind vom Betreten des Beichtzimmers (Beichtstuhls) bis zum Abschied am Schluss mit allen Einzelheiten vertraut gemacht wurde. Wichtig allein ist die Erfahrung: Gott hat mich lieb, so wie ich jetzt bin, auch mit aller Schuld, die ich habe. Ich bin jetzt wieder ganz Sohn, ganz Tochter Gottes."[514] Auch in der Eucharistiekatechese wird die eigene Erfahrung zur bestimmenden Dimension und das Tun erhält den Vorrang vor einer ausführlichen Reflexion der Inhalte.[515]

Am deutlichsten wendet sich der Kommunionkurs „Shalom!"[516] von einer inhaltlichen Ausrichtung der Erstkommunionkatechese und einem damit verbundenen kognitiven Anspruch ab: „‚Kopflastige' Stunden, in denen Kinder viel schreiben und lesen sollen, allenfalls ein Bild malen können, machen weder den Kindern noch den Katecheten Spaß und führen kaum zu dem ‚Lernerfolg', der in diesen Stunden erreicht werden soll. Das vorliegende Katechetenbuch bezieht viele Elemente der Gestaltpädagogik und Erlebnispädagogik mit ein und gibt der Phantasie, der Kreativität, dem Erzählen und dem praktischen Tun einen breiten

---

510 *Hermine König / Karl Heinz König / Karl Joseph Klöckner*, Tut dies zu meinem Gedächtnis. Handreichungen für Katechetinnen und Katecheten. Neuausgabe, München 2005, 29.
511 Vgl. ebd., 27.
512 *Anton Kalteyer / Rainer Stephan / Gabriele Werner*, Kommunionkurs „Für euch – für dich – für alle". Kursleiterbuch, Mainz ²2003.
513 Vgl. ebd. 21.
514 Ebd. 22.
515 Vgl. ebd. 21.
516 *Annegret Pietron-Menges*, Kommunionkurs „Shalom!", Düsseldorf 2001.

Raum. Solche Stunden sind kein ‚graues Gelerntes', sondern ihre Geschichten bekommen eine ‚Gestalt', Farbigkeit und Lebendigkeit."[517] Emotionen und Erlebnisse gewinnen hier endgültig die Oberhand über eine verstandesmäßige Aneignung des Glaubens, die sich an Inhalten orientiert. Was vermittelt wird, erscheint zweitrangig, Hauptsache, es kommt keine Langeweile auf.[518]

Dieser kurze Überblick über drei gängige Kommunionkurse bezüglich des Stellenwerts, den sie der Vermittlung von Glaubenswissen beimessen, macht deutlich, wie sehr dieser Aspekt in Deutschland in den Hintergrund getreten ist. Gerade die Christologie der Arbeitsmaterialien lässt zudem erkennen, dass die Auswahl der Inhalte recht einseitig ist. Auch im Hinblick auf die Entfaltung der Lehre von der Eucharistie weisen viele Erstkommunionkurse Defizite auf, vor allem was das christliche Verständnis von ‚Gedächtnis' und den Opfercharakter der Heiligen Messe betrifft.[519] Je besser sich ein Glaubensinhalt mit Erfahrungen der Kinder und Gruppenerlebnissen verbinden lässt, um so eher wird er auch als Inhalt der Katechese aufgenommen. Zwar erhebt der hier gemachte Überblick keinen Anspruch auf Vollständigkeit, zeigt aber eine Tendenz auf, die sicherlich Auswirkungen auf das Katecheseverständnis der Eltern hat.

So liegen der Befragung zur Erstkommunionkatechese in Bad Kreuznach folgende Thesen zugrunde, die verifiziert oder falsifiziert werden sollen.
- Es wird kein großes Gewicht auf die Vermittlung von Inhalten in der Erstkommunionkatechese gelegt. Sie soll nicht in erster Linie eine systematische Darlegung des Glaubens sein, die einen kognitiven Anspruch erhebt, sondern sich an den kindlichen Erfahrungen orientieren und vor allem Gruppenerlebnisse ermöglichen. Der Begriff der ‚guten Gemeinschaft' wird zum Schlüsselbegriff der Erstkommunionkatechese.
- Wichtig ist in der Erstkommunionkatechese die Darstellung Jesu als Freund und Helfer der Menschen. Christologische Titel sind dagegen unwichtig.
- In Bezug auf die Feier der Heiligen Messe steht auch hier in der Erstkommunionkatechese der Aspekt der Gemeinschaft im Vordergrund.

3.3.5 Die Bedeutung der katechetischen Gruppe

Die Methoden und Sozialformen der Erstkommunionkatechese sind ebenfals Gegen- stand der Befragung im Dekanat Bad Kreuznach. Die Würzburger Synode sah in der Großgruppe noch eine gleichberechtigte Organisationsform der

---

[517] Vgl. ebd. 7.
[518] Dies führt dann dazu, dass die angegeben Backrezepte (vgl. *Pietron-Menges*, Kommunionkurs, 76) weit ausführlicher sind als die Darstellung des Aufbaus der Hl. Messe (vgl. ebd. 89).
[519] Vgl. *Christine Lambrich*, Erstkommunionkurse – quer gelesen, in: KatBl 133 (2008), 199–204, hier 201–203.

3.3 Theoretische Grundlegung der Befragung

Kinderkatechese neben der kleinen katechetischen Gruppe.[520] Im Laufe der gemeindekatechetischen Entwicklung in Deutschland setzte sich aber die von ehrenamtlichen Katecheten geleitete Kleingruppe als ‚die' Organisationsform der Katechese durch, so dass diese Sozialform sogar zu einem Ziel der Gemeindekatechese erklärt wurde: „Die Gruppe der Kinder ist nicht nur als Medium katechetischen Lernens zu verstehen, sondern auch als dessen Ziel; denn für den christlichen Glauben ist Glaubensgemeinschaft (nicht zuletzt als Gemeinschaft des Feierns) und deren Auswirkung in einem gütigen Umgang miteinander fundamental."[521] Daher schlägt die Mehrzahl der gängigen Arbeitsmaterialien zur Erstkommunionvorbereitung die Durchführung der Katechesen in Kleingruppen unter Leitung ehrenamtlicher Katecheten vor.[522] Aus der ‚Monopolstellung' der kleinen katechetischen Gruppe als Sozialform der Erstkommunionkatechese erwächst die Notwendigkeit einer großen Zahl von ehrenamtlichen Katecheten, denen in der theoretischen Grundlegungen der Gemeindekatechese eine großer Stellenwert zugesprochen wird.[523] Die jüngsten Stellungnahmen der deutschen Bischöfe zur Katechese bringen diese hohe Wertschätzung der ehrenamtlichen Katecheten erneut zum Ausdruck.[524] Die kleine katechetische Gruppe unter Leitung eines ehrenamtlichen Katecheten erscheint somit auch dem deutschen Episkopat als die beste Form der Erstkommunionvorbereitung.

Dies hat in Verbindung mit der vermuteten Geringschätzung der Vermittlung von Glaubenswissen Auswirkungen auf die Methoden der Erstkommunionkatechese. Während die kognitive Auseinandersetzung mit dem Glauben hauptsächlich als Aufgabe des Religionsunterrichts betrachtet wird, der in großen Gruppen erteilt wird, wird die katechetische Kleingruppe als Ort der Erfahrung der emotionalen Seite des Glaubens gesehen. Wollbold fasst diesen Gegensatz so zusammen: „Hier wird gedacht, dort gekuschelt, hier gelernt, dort erlebt, hier eine Leistungsschule, dort eine ‚Muttikirche'? Das schadet beiden Seiten."[525] In der katechetischen Kleingruppe werden daher Methoden bevorzugt, die das eigene Erle-

---

520 Vgl. Arbeitspapier: Katechetisches Wirken, 83.
521 *Emeis / Schmitt*, Handbuch, 216.
522 Vgl. *Hermann-Josef Frisch*, Kommunionkurs „Gemeinschaft mit Jesus", Düsseldorf 1987, 24; *Meinulf Blechschmidt / Esther Kaufmann / Marianne Fackler*, Heute noch muß ich in deinem Haus zu Gast sein. Kommunionkurs für Kinder und Gemeinde. Teil II – Katechesen, Landshut ³1992, 15; *H. König / K. H. König / Klöckner*, Gedächtnis, 48; *Pietron-Menges*, Kommunionkurs, 6; *Kalteyer / Stephan / Werner*, Kommunionkurs, 45.
523 Vgl. *Emeis / Schmitt*, Handbuch, 117–154. Ein ganzes Kapitel dieses Handbuchs ist allein den ehrenamtlichen Katechetinnen und Katecheten gewidmet. Die Aufgabe der hauptamtlichen Seelsorger und Seelsorgerinnen in der Katechese wird gerade von diesen ehrenamtlichen Mitarbeiterinnen und Mitarbeitern her definiert, weniger von den Adressaten der Katechese her.
524 Vgl. Katechese in veränderter Zeit, 38.
525 Vgl. *Wollbold*, Handbuch, 279

ben in den Vordergrund rücken, der Kreativität breiten Raum geben und die Möglichkeit geben, die eigenen Gefühle auszudrücken. Kognitive Methoden, die sich um die systematische Aneignung des Glaubenswissens bemühen, treten dagegen in den Hintergrund.

Die Thesen zu den Sozialformen und der Methodik der Erstkommunionkatechese, die bei der Befragung im Dekanat Bad Kreuznach auf ihre Richtigkeit hin überprüft werden sollen, lauten:
- Die Mehrheit der Eltern setzt die Erstkommunionkatechese mit der Sozialform der kleinen katechetischen Gruppe gleich.
- Ehrenamtliche Katechetinnen und Katecheten gehören für die Mehrheit der Eltern zu den wichtigen Akteuren der Katechese.
- Die Arbeit in Großgruppen, die eher an schulische Unterrichtsformen erinnert, wird abgelehnt.
- In der Erstkommunionkatechese werden vor allem Methoden, die die kindliche Kreativität, das eigene Erleben und den Ausdruck eigener Gefühle in den Vordergrund stellen, bevorzugt.
- Kognitive Methoden werden in der Erstkommunionkatechese als unpassend abgelehnt.

3.3.6 Die Erstkommunionfeier im Schuljahrgang

Die gemeinsame Hinführung von Kindern zur Erstkommunion an einem besonders ge- stalteten Tag wurde seit dem 17. Jahrhundert von den Jesuiten im Zusammenhang mit Volksmissionen praktiziert und setzte sich in der Zeit der Aufklärung allgemein durch.[526] Die allgemeine Schulpflicht und die zunehmende Verlagerung der Eucharistiekatechese in den Religionsunterricht führten im 19. Jahrhundert dazu, dass die gemeinsame Hinführung eines Schuljahrgangs zur Erstkommunion zur allgemeinen Praxis wurde.[527] Bereits 1808 sorgte der Konstanzer Generalvikar Ignaz Heinrich von Wessenberg durch einen Erlass für die Ver-

---

[526] Vgl. *Andreas Heinz*, Art. Erstkommunion II. Liturgisch, in LThK³ Bd. 3 (1995), 835. Für die ehemalige Diözese Konstanz liegt eine Darstellung dieser Erstkommunionfeiern, die die Jesuiten durchführten, vor bei *Klaus Peter Dannecker*, Taufe, Firmung und Erstkommunion in der ehemaligen Diözese Konstanz. Eine liturgiegeschichtliche Untersuchung der Initiationssakramente (= LWQF 92), Münster 2005, 453–462. Der Weiße Sonntag als Termin für die Erstkommunion setzte sich im Bistum Konstanz allgemein erst mit der Kommunionverordnung Wessenbergs von 1808 durch (vgl. ebd. 480–482).

[527] Vgl. *Josef Andreas Jungmann*, Katechetik. Aufgabe und Methodik der religiösen Unterweisung, Freiburg i. Br. ²1955, 240 u. 246–250; *Günter Biemer / Bernhard Kraus*, Eucharistiekatechese. Hinführung zum Geheimnis der Eucharistie in der jüngeren Katechesegeschichte, in: KatBl 112 (1987), 392–397, hier 393; *Dieter Emeis*, Art. Erstkommunion I. Pastoral, in LThK³ Bd. 3 (1995), 834–835.

3.3 Theoretische Grundlegung der Befragung

kopplung von Schulentlassung und Erstkommunion.[528] Die aus diesem Erlass erkennbare Tendenz zu einem relativ späten Empfang der Erstkommunion ist noch ganz dem Ideal der Aufklärung verpflichtet, die ein möglichst umfassendes Glaubenswissen zur Voraussetzung für dem Empfang der Erstkommunion machte.[529] Erst mit dem Kommuniondekret *Quam singulari*[530] von 1910 begann sich die Erstkommunion im Kindesalter durchzusetzen. Bemerkenswert ist dabei, wie schleppend sich der Prozess der Herabsetzung des Alters der Erstkommunion in Deutschland gestaltet, so dass auch noch um 1930 in Deutschland Kinder erst bei der Schulentlassung zur Erstkommunion geführt wurden.[531] Die heute fast überall übliche Praxis der jahrgangsweisen Erstkommunion im dritten Schuljahr kann also erst auf eine verhältnismäßige kurze Geschichte zurückblicken. Eine längere, volkskirchlich fest verankerte Tradition hat hingegen die Feier des Weißen Sonntags als Festtag der Kommunionkinder eines Schuljahrgangs mit den Festelementen der Kerzen, der weißen Kleider, des feierlichen Einzugs und der Erneuerung des Taufversprechens.[532]

Schon die Würzburger Synode kritisiert die jahrgangsweise Hinführung der Kinder zu den Sakramenten der Buße und der Eucharistie, ohne daraus allerdings Konsequenzen zu ziehen: „All dies zeigt klar, daß der Zeitpunkt für den ersten Empfang des Bußsakramentes – und gleiches gilt für den ersten Empfang der Eucharistie – in unserer gesellschaftlichen Situation nicht mehr ohne weiteres vom Lebensalter oder der Schulklasse bestimmt werden kann. Entscheidend ist die konkrete Glaubenssituation des Kindes und vor allem seiner Familie."[533] Das Papier der Pastoralkommission der deutschen Bischofskonferenz *Sakramentenpastoral im Wandel* widmet sich ausführlich der Fragestellung, ob ein Schuljahrgang in der heutigen gesellschaftlichen und kirchlichen Situation noch so selbstverständlich Ausgangspunkt der Eucharistiekatechese sein kann, lässt aber deutlich das Bemühen erkennen, diese volkskirchliche Struktur noch weitestgehend aufrecht zu erhalten.[534] Als Argumente für die jahrgangsweise Erstkommunionkatechese werden immer wieder die große Bedeutung der Klassengemeinschaft[535] für die Kinder und die Zurückdrängung von Individualisierungstendenzen[536] bei

---

528 Vgl. *Erwin Keller*, Die Konstanzer Liturgiereform unter Heinrich Ignaz von Wessenberg (= Freiburger Diözesanarchiv 85), Freiburg i. Br. 1965, 334; *Dannecker*, Taufe, 91–92.
529 Vgl. *Biemer / Kraus*, Eucharistiekatechese, 393.
530 Vgl. *Hl. Sakramentenkongregation*, Dekret „Quam singulari" v. 8. August 1910, in: AAS 2 (1910), 577–583.
531 Vgl. *Biemer / Kraus*, Eucharistiekatechese, 397 Anmerk. 8.
532 Vgl. *Jungmann*, Katechetik, 246–247; *Heinz*, Erstkommunion, 835.
533 Beschluss: Sakramentenpastoral, 267.
534 Vgl. Sakramentenpastoral im Wandel, 47.
535 Vgl. *Claudia Hofrichter*, Jahrgangsweise Hinführung zur Erstkommunion – ein Weg für die Zukunft?, in: LKat 22 (2000), 22–25, hier 24.
536 Vgl. Hofrichter, Hinführung, 24; Sakramentenpastoral im Wandel, 47.

der Feier der Sakramente genannt. Viele pastoraltheologische Veröffentlichungen der letzten Jahre lassen dagegen den Wunsch nach einer stärkeren Differenzierung durch Abschaffung der Jahrgangskatechese erkennen.[537]

Trotz aller Kritik an der jahrgangsweisen Erstkommunionkatechese im dritten Schuljahr und der damit verbundenen gemeinsamen Feier des Weißen Sonntags bleibt es wohl bei einem Festhalten an dieser volkskirchlichen Struktur der Sakramentenvorbereitung. Ohne die Zustimmung der Eltern und der Gemeinde scheint ein Abrücken von der Hinführung aller Kinder des dritten Schuljahrs am Weißen Sonntag zur Erstkommunion schwer möglich. „Entscheidend für die Beibehaltung, die Öffnung oder die Abschaffung des Jahrgangs wird die Machbarkeit innerhalb der eigenen Gemeinde sein. Das bedeutet für hauptberufliche Mitarbeiter/innen, Eltern und Katechet/innen verhandeln, abwägen, ausloten."[538]

Die Meinung der Eltern zur Feier des Weißen Sonntags und der jahrgangsweise Hinführung ihrer Kinder zur Erstkommunion scheint für die Klärung dieser Frage von großer Wichtigkeit zu sein. Daher soll bei der Befragung im Dekanat Bad Kreuznach, die Bedeutung der gemeinsamen Erstkommunionkatechese und –feier eines Schuljahrgangs betrachtet werden. Die Thesen der Befragung, die auf ihre Richtigkeit hin überprüft werden sollen, lauten:

– Die Erstkommunion ist durch die volkskirchliche Tradition wirklich zum „Fest eines Schuljahrgangs" geworden und auf die jahrgangsweise Erfassung der Kinder wird großes Gewicht gelegt.
– Der Weiße Sonntag, als gemeinsame Feier der Erstkommunion, wird nicht in Frage gestellt.
– Die traditionelle Gestaltung des Weißen Sonntags mit seinen prägenden Festelementen der Festtagskleidung erfährt eine hohe Wertschätzung.

3.3.7 Katechesetypen

Die bisher aufgestellten Thesen für die Befragung zur Erstkommunionkatechese im Dekanat Bad Kreuznach gehen davon aus, dass ein katechetischer Ansatz, der sich an den Leitbegriffen ‚Gemeinschaft', ‚Erlebnis' und ‚Begleitung' orientiert, in der Praxis dominiert. Sicherlich werden sich in den Gemeinden aber auch andere Entwürfe von Katechese finden. So ließ der Vergleich zwischen der katecheti-

---

[537] Vgl. *Hofrichter*, Hinführung, 25. Sehr deutlich erfolgt die Ablehnung der Jahrgangskatechese durch Lutz, der in dieser Form der Katechese ein Hindernis für eine wirkliche Differenzierung und Biographieorientierung der Katechese sieht (vgl. *Lutz*, Perspektiven, 246; *ders.*, Gemeindekatechese, 432–433). Allerdings bleibt es bei dieser Forderung, ohne Wege aufzuzeigen, wie dieser Abschied von der volkskirchlichen Struktur der Jahrgangskatechese gelingen soll.
[538] *Hofrichter*, Hinführung, 25

3.3 Theoretische Grundlegung der Befragung

schen Forschung in Deutschland und den Darlegungen römischer Dokumente schon verschiedene theoretische Konzeptionen von Katechese erkennen.[539] Andreas Wollbold macht in Deutschland vier katechetische Idealtypen aus und unterscheidet zwischen einem diakonischen, einem gemeindekatechetischen, einem traditionsauffrischenden und einem eklektischen Ansatz in der Katechese.[540] Adolf Exler[541], Udo Schmälzle[542] und Jörn Hauf[543] unterscheiden jeweils ähnliche Idealtypen in der Katechese und stützen somit den Ansatz von Wollbold, der die theoretische Grundlage für diesen Teil der Befragung bildet.

Für den diakonischen Ansatz ist nach Wollbold typisch, dass er das Christentum als Lebenswissen ohne letzten Wahrheitsanspruch formuliert und somit die Glaubensinhalte den Lebenserfahrungen der Glaubensschüler unterordnet.[544] Katechese, die sich diakonisch versteht, ist vor allem an den Grundwerten der Toleranz und Selbstverantwortung orientiert und will zur Identitätsfindung verhelfen.[545] Exeler bezeichnet diesen Katechesetyp als „Richtung der antiinstitutionellen Innovation"[546], der die grundsätzliche Spannung zwischen dem Evangelium Jesu Christi und der Organisation der Kirche herausstellt und die Verleben-

---

[539] S.o. 117. Scheuchenpflug beschreibt das Katecheseverständnis der römischen Dokumente als systematisch und inhaltsorientiert, während die Entwicklung der Katechese in Deutschland von einer starken Wahrnehmung der Lebenskontexte geprägt ist (vgl. *Scheuchenpflug*, Katechese im Kontext, 370).

[540] Vgl. *Wollbold*, Katechese, 4. Schon früher hat Wollbold eine solche Beschreibung von Idealtypen für das Taufgespräch und die Taufkatechese versucht. Er macht dabei sechs idealtypische Ansätze der Taufpastoral aus: das Instruktionsmodell, das Modell „Hauskirche", das gemeindekatechetische Modell, das Modell des katechumenalen Weges nach dem Beispiel des Erwachsenenkatechumenats, das Modell der mystagogischen Seelsorge und das Modell der Kasualpraxis. Da die Umfrage den Blick auf die Erstkommunionvorbereitung fokussiert, sollen diese Modelle der Taufpastoral nicht näher betrachtet werden. (vgl. *Andreas Wollbold*, Sakrament des Anfangs. Eine Zwischenbilanz zur Taufpastoral, in: TThZ 104 [1995], 256–271, hier besonders 257–263).

[541] Vgl. *Adolf Exeler*, Gemeindekatechese – Verschiedene Konzeptionen, in: KatBl 99 (1974), 140–145.

[542] Vgl. *Udo Friedrich Schmälzle*, Von der Vermittlung zur Aneignung. Überlegungen zum Paradigmenwechsel in der Katechese, in: Franz-Peter Tebartz-van Elst (Hg.), Katechese im Umbruch. Positionen und Perspektiven (= FS für Dieter Emeis), Freiburg i. Br. 1998, 32–44.

[543] Vgl. *Hauf*, Katechese, 28–30

[544] Vgl. *Wollbold*, Katechese, 7–8.

[545] Vgl. ebd. Peter Scheuchenpflug beschreibt die Grundstruktur einer dialogischen und diakonischen Katechese folgendermaßen: „Auf dieser Basis orientiert sich katechetisches Handeln deshalb nicht in erster Linie an einem Katalog vorgegebener Inhalte, sondern an den jeweiligen Lebenskontexten der Individuen mit ihren spezifischen Anfragen und Anforderungen. Aus dem Blickwinkel von Modernisierung und Individualisierung erweist sich Katechese damit als Vorgang, der in ein Begegnungs- oder Beziehungsgeschehen eingebunden ist." (*Scheuchenpflug*, Konturen, hier 190).

[546] Vgl. *Exeler*, Gemeindekatechese, 142.

digung der Kirche sowie ein großes gesellschaftliches Engagement der Christen erreichen will.[547] Jede Verschulung der Katechese wird abgelehnt und die kleine katechetische Gruppe als Organisationsform bevorzugt, da sie große Möglichkeiten zur Einbeziehung der eigenen Lebenserfahrung in die Katechese bietet.[548] Schmälzle spricht in diesem Zusammenhang von einem vermittlungstheologischen Denkmodell oder kritisch-emanzipatorischem Vermittlungsmodell, das „Befreiung und Freiwerden des Menschen" als Zentrum der Katechese betrachtet.[549] Die Gesellschaftskritik und die Ausrichtung der Katechese auf gesellschaftliches und soziales Handeln gemäß der Befreiungstraditionen der Bibel werden so zum wesentlichen Kennzeichen dieses Katechesetyps. Hauf benennt zwei Typen, die eine diakonische Ausrichtung der Katechese besitzen: „spiritualisierte, (psycho-)therapeutisch akzentuierte"[550] Katecheseformen, die die eigene Glaubensgeschichte der Teilnehmer aufarbeiten wollen, und „‚(erwachsenen)-katechetische' Bildungs-Bemühungen"[551], die Menschen dazu anregen, die Welt im Sinne christlich-humanistischer Wertvorstellungen zu gestalten.[552]

Der gemeindekatechetische Ansatz besteht für Wollbold darin, Lernorte des Glaubens herauszubilden, in denen durch den christlichen Glauben eine gruppenspezifische Identität gestiftet wird.[553] Der nichtschulische Charakter der Katechese wird betont und die Gemeinde als Beziehungsgeschehen verstanden, so dass ‚Beziehung' und ‚Erlebnis' zu den entscheidenden Kategorien der Katechese werden, die Inhalte des Glaubens zurücktreten und die methodische Vermittlung einen hohen Stellenwert erhält.[554] Für Exeler es ist bei diesem Ansatz vor allem entscheidend, dass die Kirche in ihrer „Vorläufigkeit gegenüber dem Reich Gottes" gesehen und als „lebendige Gemeinschaft von Glaubenden" verstanden wird, die „sich vom Evangelium angesprochen und beansprucht wissen, und die versuchen aus dem Evangelium zu leben."[555] Als maßgeblicher Impuls zur Erneuerung der Kirche wird dabei die „Menschenfreundlichkeit" des Evangeliums gesehen.[556] Schmälzle nimmt zur Beschreibung dieses Modells, das er als an- thropologisches Denkmodell[557] bezeichnet, die personale Ausrichtung des Lernprozesses in den Blick. Nach diesem Modell genügt es in der katechetischen und religionspädagogischen Vermittlung nicht mehr, allein vom Inhalt her zu denken, sondern die In-

---

[547] Vgl. ebd.
[548] Vgl. ebd. 143.
[549] Vgl. *Schmälzle*, Vermittlung, 36.
[550] *Hauf*, Katechese, 29.
[551] Ebd.
[552] Vgl. ebd.
[553] Vgl. *Wollbold*, Katechese, 8.
[554] Vgl. ebd. 8–9.
[555] *Exeler*, Gemeindekatechese, 144.
[556] Vgl. ebd. 144.
[557] Vgl. *Schmälzle*, Vermittlung, 36.

halte sind von den Alters- und Lebensbezügen der Kinder und Jugendlichen her zu erschließen. Dieses anthropologische Denkmodell betont auch die personale Dimension in der Gottesbeziehung und fragt, „was der Mensch eigentlich im Angesicht Gottes ist".[558] Hauf fasst die unterschiedlichen Blickrichtungen von Exeler und Schmälzle gut zusammen, wenn er von lebensweltorientierter Gemeindekatechese spricht.[559] Sie möchte zu einer christlichen Lebensführung hinführen und betrachtet dazu die communiale Verbundenheit mit Gott und den Menschen in der Kerngemeinde als wesentliche Voraussetzung. Die lebensweltorientierte Katechese versucht, die eigenen Lebenserfahrungen und Stationen der individuellen Glaubensentwicklung mit den vorgegebenen dogmatischen Inhalten zu korrelieren. Grundlage für diese Korrelation ist die inhaltliche Elementarisierung der Vorgaben der Glaubenslehre.[560]

Der traditionsauffrischende Katechesetyp nutzt nach Wollbold die noch vorhandene Monopolstellung der Kirche bei der Sakramentenspendung, um christliche Inhalte zu vermitteln.[561] Dieser Katechesetyp betont bewusst die kognitive Seite der Glaubensvermittlung und scheut auch nicht vor Inhalten zurück, die sich kaum mit der Lebenswelt der Gemeinde oder der Lebenserfahrung der Kinder und Jugendlichen verbinden lassen.[562] Nach Exeler hat diese „Richtung der Reproduktion"[563] als Hauptziel die Erhaltung und Stützung des bisherigen kirchlichen Systems. Sie legt Wert auf die Vermittlung einer eindeutigen kirchlichen Lehre, eindeutiger moralischer Normen und Formen kirchlichen Verhaltens und vermittelt dieses Glaubenswissen in satzhafter Prägung. Die Kirche wird verstanden als „weltweite, hierarchisch straff geleitete und in sich geschlossene Organisation" und bei der Sakramentenspendung steht das „Moment des Gnadenempfangs" im Vordergrund.[564] Schmälzle betont bei seiner Definition des dogmatischen Denkmodells dessen theozentrischen Charakter und stellt fest: „Nicht die Strukturen und Konstitutionsbedingungen menschlicher Existenz stehen im Mittelpunkt, sondern eben diese Bedingungen werden im Horizont des Glaubens reflektiert. Im Mittelpunkt steht dabei die absolute Subjekthaftigkeit Gottes."[565] Hauf beschreibt die „instruktionstheoretische Katechesevorstellung" als „Vermittlungstheorie und -praxis des kirchlich festgeschriebenen Glaubenswissens", die die „volle materiale Identität des Überlieferten" gegenüber allen Anfragen nach der Lebensrelevanz dieses Glaubenswissens für die beteiligten Kinder

---

558 Vgl. ebd.
559 Vgl. *Hauf*, Katechese, 29
560 Vgl. ebd. 29–30.
561 Vgl. *Wollbold*, Katechese, 9.
562 Vgl. ebd. 9.
563 *Exeler*, Gemeindekatechese, 142.
564 Ebd.
565 *Schmälzle*, Vermittlung, 35.

und Jugendlichen bewahren will.⁵⁶⁶ Dabei gibt es durchaus eine Offenheit bei der Wahl der Träger, Vermittlungsformen und Lernorte der Katechese, solange nur der kirchliche Glaube als Materialobjekt der Katechese den absoluten Vorrang vor jeder Frage der Vermittlung behält.

Den eklektischen Katechesetyp beschreibt Wollbold als eine Weiterentwicklung des gemeindekatechetischen Typs, der der Entwicklung Rechnung trägt, dass heute vielfach die Pfarrgemeinden nicht mehr als Ganzes den Glauben weitergeben. Mit vielfältigen Methoden wird werbend die Attraktivität erhöht.⁵⁶⁷ Bei der Mischung der unterschiedlichen Elemente der Katechesetypen wird sehr stark auf die zu erzielende Wirkung bei Eltern und Kindern geachtet und eine möglichst „kundenorientierte" Differenzierung der Katechese angestrebt.⁵⁶⁸ Exeler und Schmälzle kennen diesen Katechesetyp nicht, weil bei ihnen die gemeindekatechetische Entwicklung noch nicht so weit vorangeschritten ist. Hauf unterlässt diese Differenzierung des gemeindekatechetischen Typs, weil in seiner Katechesekonzeption der eklektische Typ die folgerichtige Fortführung der Gemeindekatechese ist.

Die Befragung zur Erstkommunionkatechese im Dekanat Bad Kreuznach nimmt die so beschriebenen vier Idealtypen von Wollbold mit den Ergänzungen der anderen Autoren als theoretischen Ausgangspunkt, um zu überprüfen, ob sich auch in der katechetischen Praxis diese vier Typen finden lassen. Das Schaubild fasst die vier Katechesetypen mit ihren wesentlichen Merkmalen zusammen:

---

566   *Hauf*, Katechese, 28.
567   Vgl. *Wollbold*, Katechese, 9.
568   Vgl. *Lutz*, Gemeindekatechese, 436.

3.3 Theoretische Grundlegung der Befragung

Typen der Katechese / Kriterien der Zuordnung	Traditionsauffrischend	gemeindekatechetisch	eklektisch	diakonisch
Inhalt	Vollständiger Kanon des Glaubenswissens der Kirche	Kirchlich-christliche Glaubensvollzüge, die sich aus menschlichen Grunderfahrungen herleiten lassen (Korrelation und inhaltliche Elementarisierung)	Kirchlich-christliche Glaubensvollzüge mit hohe Attraktivität (Familienreligiosität)	Grundbedürfnis der menschlichen Existenz nach Freiheit und Annahme
Methode	Kognitive Methoden (Auswendig-lernen, Lesen, Schreiben etc.)	Ganzheitlicher Zugang durch Erlebnis und Beziehung; Korrelationsdidaktik	Kreative Methoden (Musizieren, Malen, Basteln, Backen etc.)	Austausch der eigenen Lebens- und Glaubenserfahrungen; Korrelationsdidaktik
Ziel	Reproduktion des kirchlichen Systems	Einbeziehung in das Leben einer Gemeinde	Werbung für die Teilnahme an Angeboten der Gemeinde	Befreiung des Menschen; Identitätsfindung
Kirchen-Bild	Hierarchisch geleitete, weltweite Kirche	Gemeinde als lebendige Gemeinschaft von Glaubenden (communio)	Differenzierte, plurale Gemeinde	Spannungsverhältnis zwischen Kirche und Reich Gottes

Abbildung 5: Synopse der Katechesetypen

3.4 Aufbau des Fragebogens zur Erstkommunionkatechese

Die im vorangehenden Abschnitt dargelegten theoretischen Grundlagen der Befragung zur Erstkommunion im Dekanat Bad Kreuznach bestimmen den Aufbau des Fragebogens.[569] Er ist in drei Teile untergliedert. Im ersten Abschnitt werden Angaben zur Person, zur Ausbildung und zum Einkommen gemacht. So können Aussagen darüber gemacht werden, wie die Verteilung der Konfessionen in dieser Umfrage ist und ob sich Angehörige aller sozialen Schichten an dieser Befragung beteiligt haben. Von besonderer Wichtigkeit sind dabei die Fragen zur Bewertung der eigenen Religiosität, zur Kirchenbindung und zum Gottesdienstbesuch. Dieser kleine Fragenkomplex bietet die Möglichkeit, Aussagen über die Selbsteinschätzung in Glaubensfragen zu machen[570], so dass erste Rückschlüsse über den Grad der Familialisierung von Religion im Dekanat Bad Kreuznach gezogen werden.

Der zweite Teil des Fragebogens enthält Fragen zur Erstkommunionkatechese. Hier wird zuerst erfragt, wie wichtig Eltern und Katecheten die einzelnen Elemente der Erstkommunionvorbereitung sind, angefangen vom ersten Elternabend bis zur Festmesse am Weißen Sonntag. Anhand der Antworten auf diese Fragen lassen sich Rückschlüsse ziehen über die Bedeutung der Erstkommunion als Familienfeier und Fest der Kinder sowie den Stellenwert der Pfarrgemeinde in der Vorbereitung und bei der Feier der Erstkommunion. Es sind zudem Aussagen über die Bedeutung der Inhaltlichkeit der Erstkommunion und die bevorzugten Sozialformen möglich.

Um die Richtigkeit der Thesen zu Inhalt, Methode, Sozialformen und Akteuren der Erstkommunionkatechese überprüfen zu können, werden diese Themen in jeweils eigenen Fragekomplexen behandelt. Die Antworten zu Inhalt, Methode, Sozialformen und Akteuren der Katechese dienen zum Nachweis der vier Kate-

---

[569] Der Fragebogen findet sich in der Fassung, die an die Teilnehmer ausgegeben wurde im Anhang der Arbeit.

[570] Vgl. *Hubert Knoblauch / Bernt Schnettler*, Die Trägheit der Säkularisierung und die Trägheit des Glaubens. Der „Trendmonitor Religiöse Kommunikation 2003" und die Kommunikation über Religion heute, in: Hans-Georg Ziebertz (Hg.) Erosion des christlichen Glaubens? Umfragen, Hintergründe und Stellungnahmen zum „Kulturverlust des Religiösen" (= Wissenschaft aktuell Theologie Bd. 4), Münster 2004, 5–14.
Die beiden Autoren kritisieren in ihrem Aufsatz, dass die öffentliche Diskussion über Religion in unserer Gesellschaft weitgehend von einer rein statistischen Betrachtung der Kirchlichkeit anhand des Gottesdienstbesuches und ähnlicher Faktoren bestimmt ist. Auch der „Trendmonitor Religiöse Kommunikation 2003" setzt Religion mit Kirchlichkeit gleich und übersieht viele Formen religiöser Kommunikation. Die Frage nach der eigenen Einschätzung der Wichtigkeit von Glaube und Religion versucht, diesem Unterschied zur Kirchlichkeit Rechnung zu tragen.

chesetypen nach Wollbold. Aufgrund der charakteristischen Merkmale[571] der vier Idealtypen wird zu bestimmten Aussagen des Fragebogens eine hohe Zustimmung erwartet.

Der diakonische Typus zeichnet sich daher durch eine hohe Zustimmung zu folgenden Fragen aus:

Inhaltlich:
- In der Erstkommunion wird das soziale Verhalten der Kinder (Sinn für Gemeinschaft, Streitkultur, Hilfsbereitschaft) als Grundvoraussetzung für jede weitere inhaltliche Arbeit betrachtet.
- In der Erstkommunionvorbereitung erzählen die Kinder sehr viel von ihrem Leben und ihren eigenen Erfahrungen in Familie, Freundeskreis und Schule.
- Die Erstkommunionvorbereitung betont, dass Jesus ein Mensch ist, und spricht nur von ‚Jesus‘.
- Die Erstkommunionvorbereitung stärkt den Zusammenhalt der eigenen Familie.

Methodisch:
- Die Vorbereitung beinhaltet fast ausschließlich kreative Elemente (Malen, Spielen, Basteln, Backen, Singen, Aktionen).
- Die Vorbereitung findet in Kleingruppen (6–10 Kinder) statt.

Akteure:
- Ehrenamtliche Katecheten/Katechetinnen übernehmen den größten Teil der Erstkommunionvorbereitung.
- Die Eltern übernehmen die Aufgabe der Vorbereitung ihrer Kinder zum größten Teil selbst.

Dem gemeindekatechetischen Katechesetyp sind folgende Fragen bezüglich Inhalt, Methode und Akteure zugeordnet, bei denen eine hohe Zustimmung erwartet wird:

Inhaltlich:
- Während der Erstkommunionvorbereitung lernen die Kinder alle wichtigen Personen und Gruppen der Pfarrei kennen.
- Die Erstkommunionvorbereitung bindet die Kinder und ihre Familien eng an die Pfarrgemeinde.
- Die Erstkommunionvorbereitung stellt Jesus als Freund und Helfer der Menschen dar.

---

[571] S.o. 153.

- Die Kinder gestalten während der Erstkommunionvorbereitung die Gottesdienste aktiv mit (Fürbitten, Lieder, Anspiele, Gebete etc.).
- Die Kinder verstehen die Messe als Mahl, das Gemeinschaft unter den Menschen stiftet.

Methodisch:
- Die Vorbereitung stellt eine ausgewogene Mischung aus kreativen Methoden (Spielen, Basteln, Musizieren, sonstige Projekte) und Methoden, die hauptsächlich den Verstand ansprechen (Lesen, Schreiben), dar.
- Der Besuch von Gruppen der Pfarrei (Messdienergruppen, Kinderchor, Pfadfinder, Seniorengruppen) ist eine bevorzugte Methode der Erstkommunionvorbereitung.

Akteure:
- Ehrenamtliche Katecheten/Katechetinnen übernehmen den größten Teil der Erstkommunionvorbereitung.
- Pfarrer, Pastoralreferenten/-tinnen, Gemeindereferenten/-tinnen, ehrenamtliche Katecheten/Katechetinnen und Eltern übernehmen zu gleichen Teilen die Vorbereitung der Kinder auf die Erstkommunion.

Für den traditionsauffrischenden Katechesetyp wird eine hohe Zustimmung zu folgenden Aussagen vermutet:

Inhaltlich:
- Die Erstkommunionvorbereitung ist geprägt von biblischen Geschichten, die wesentliche Ereignisse aus dem Leben Jesu berichten.
- Der Beichtunterricht ist ein verbindlicher Bestandteil der Erstkommunionvorbereitung.
- Die Erstkommunionvorbereitung betont, dass Jesus der Sohn Gottes ist, und spricht oft von „Jesus Christus".
- Die Kinder lernen wichtige Gebete in der Erstkommunionvorbereitung auswendig.
- Der regelmäßige Besuch der Sonntagsmesse ist Bestandteil der Erstkommunionvorbereitung.

Methodisch:
- Die Vorbereitung hat einen stark schulischen Charakter.
- In der Erstkommunionvorbereitung ist das Auswendiglernen eine wichtige Methode.
- Die Vorbereitung findet in einer Großgruppe (über 10) statt.

3.4 Aufbau des Fragebogens

Akteure:
- Die Erstkommunionvorbereitung ist hauptsächlich Aufgabe des Pfarrers.
- Pastoralreferenten/-tinnen oder Gemeindereferenten/-tinnen führen die Erstkommunionvorbereitung hauptsächlich durch.

Der eklektische Katechesetyp ist als eine Weiterentwicklung des gemeindekatechetischen Typs schwer von diesem abzugrenzen. Der eklektische Katechesetyp versucht, die Attraktivität der Katechese zu erhöhen, so dass vor allem Inhalte und Methoden ausgesucht werden, die auf eine breite Akzeptanz bei Eltern und Kindern stoßen und werbenden Charakter haben. Zu folgenden Aussagen wird hier eine hohe Zustimmung erwartet:

Inhaltlich:
- Die Erstkommunionvorbereitung ist geprägt von biblischen Geschichten, die wesentliche Ereignisse aus dem Leben Jesu berichten.[572]
- In der Erstkommunionvorbereitung erzählen die Kinder sehr viel von ihrem Leben und ihren eigenen Erfahrungen in Familie, Freundeskreis und Schule.
- Die Erstkommunionvorbereitung stellt Jesus als Freund und Helfer der Menschen dar.
- Die Interessen der Kinder bestimmen die Inhalte der Erstkommunionvorbereitung.

Methodisch:
- Die Methoden der Erstkommunionvorbereitung orientieren sich ganz an den Kindern und ihren Interessen.
- Die Vorbereitung findet in Kleingruppen (6–10 Kinder) statt.

Akteure[573]:
- Ehrenamtliche Katecheten/Katechetinnen übernehmen den größten Teil der Erstkommunionvorbereitung.
- Pfarrer, Pastoralreferenten/-tinnen, Gemeindereferenten/-tinnen, ehrenamtliche Katecheten/Katechetinnen und Eltern übernehmen zu gleichen Teilen die Vorbereitung der Kinder auf die Erstkommunion.

---

572 Diese Aussage scheint eher zum traditionsauffrischenden Ansatz zu gehören. Aber gerade das Auswählen verschiedener Aspekte macht das Wesen des Eklektizismus aus. Eltern legen heute verstärkt Wert auf biblische Geschichte und Erzählungen. Sie liegen wieder im Trend. Ein Beleg dafür sind die vielen Kinderbibeln, die gerade in den letzten Jahren erschienen sind (vgl. *Philipp Wegenast*, Neue Bibeln für Kinder und Jugendliche, in: KatBl 130 [2005], 128–131).
573 Bei den Akteuren ist kein Unterschied zu dem gemeindekatechetischen Modell gegeben, da es sich ja um eine Weiterentwicklung dieses Ansatzes handelt.

Den dritten Teil des Fragebogens bilden Fragen zur Feier des Weißen Sonntags selbst. Hintergrund dieser Fragen ist die Annahme, dass es den Eltern bei diesem Festtag in erster Linie um die Familie und die Präsentation ihres Kindes geht.[574] Die Dimensionen der Gemeindezugehörigkeit und der Verbindung mit Jesus Christus treten in den Hintergrund. Aus diesem Grund sollen die Teilnehmer Aussagen zur Erstkommunion bewerten, die diese als Fest der Familie, des Kindes, des Glaubens und der Pfarrgemeinde beschreiben. Auch die Einschätzung der Erstkommunion als Fest eines Schuljahrgangs wird erfragt.[575] Bei den Fragen zur Gottesdienstgestaltung geht es noch einmal darum, den Stellenwert der Erstkommunion als Eingliederung in eine christliche Gemeinde und als Familienfest deutlich zu machen und herauszufinden, welche Inhalte bei der Feier des Weißen Sonntags von Bedeutung sind. Daher wurden Items über die Gestaltung des Gottesdienstes am Weißen Sonntag entwickelt.

Dieser Fragebogen wurde am 14. Februar 2005 in einer Dekanatskonferenz des Dekanates Bad Kreuznach den hauptamtlichen Seelsorgerinnen und Seelsorgern vorgestellt und diese wurden um Mitarbeit bei der Verteilung der Fragebögen an die Katecheten und Eltern gebeten. Die Katecheten erhielten in den folgenden beiden Wochen ihre Fragebögen bei den Katechetentreffen. An die Eltern wurden die Bögen durch die Katecheten über die Erstkommunionkinder in den Kleingruppen oder bei Elternabenden ausgegeben. Die Rückgabe der Bögen erfolgte in geschlossenen Briefumschlägen, wobei Vater und Mutter eines Kindes ihre Fragenbögen in einem gemeinsamen Umschlag abgeben sollten, so dass es möglich ist, unterschiedliche Bewertungen in einer Familie festzustellen. Die Umschläge mit den Fragebögen wurden in den jeweiligen Pfarrämtern gesammelt. Bis Mitte Mai 2005 waren alle ausgefüllten Fragebögen zurückgegeben worden.

---

[574] Vgl. *Ebertz*, Heilige Familie, 38–39. Zu der hier beschriebene Familialisierung der Kirche und ihrer Riten s.o. 142.
[575] S.o. 148.

3.5 Auswertung des Fragebogens zur Erstkommunionkatechese

3.5.1 Die Fragen zur Person

Insgesamt konnten 428 Fragebögen bei der Umfrage im Dekanat Bad Kreuznach zur Erstkommunionkatechese ausgewertet werden.[576] 306 Bögen stammen von Eltern (145 männlich/155 weiblich), 89 von Katecheten (6 männlich/83 weiblich), zwei von hauptamtlichen Seelsorgern, einer von einer hauptamtlichen Seelsorgerin und drei von Priestern und Diakonen. 27 Personen gaben zwar einen Fragebogen ab, machten aber auf diesem keinerlei Angaben. Bei 527 Kindern, die im Jahr 2005 im Dekanat Bad Kreuznach zur Erstkommunion geführt wurden, kann man von einer Rücklaufquote von ca. 40 % ausgehen.[577]

Die geringe Zahl von Diakonen und Priestern sowie hauptamtlichen Seelsorgern und Seelsorgerinnen, die sich an der Befragung beteiligt haben, lässt es nicht zu, Unterschiede zur Gruppe der Eltern und Katecheten herauszuarbeiten. Es wäre allerdings sehr hilfreich zu erfahren, wo Erwartungen und Bewertungen der hauptamtlichen Seelsorger von denen der Eltern und Katecheten stark abweichen. In den unterschiedlichen Erwartungen und Bewertungen hinsichtlich der Erstkommunionvorbereitung und der Erstkommunionfeier liegt sicherlich eine entscheidende Quelle für die Unzufriedenheit, die sich während der Erstkommunionvorbereitung bei den hauptamtlichen Seelsorgern einstellt.[578] Eine Untersuchung mit Hilfe qualitativer Interviews könnte hier wichtige Erkenntnisse zu Tage bringen.

Es erstaunt eigentlich nicht, dass Frauen die überwiegende Zahl von Katecheten stellen und Männer kaum vertreten sind. Dies deutet darauf hin, dass die religiöse Erziehung weitgehend doch als Aufgabenfeld der Frauen betrachtet wird.[579] Erfreulich ist dagegen, dass sich bei der Gruppe der Eltern fast eine gleich große Zahl von Frauen und Männern an der Umfrage beteiligt haben.

---

[576] Die Ergebnisse der Umfrage finden sich im Anhang der Arbeit. Zu den Fragen zur Person s.u. 465–470 (Tab. A 1–Tab. A 14).

[577] Da die Bögen von Ehepaaren in einem Umschlag abgegeben wurden, lässt sich ungefähr angeben, wie viele Familien von Kommunionkindern sich beteiligt haben. Die Angaben sind nicht ganz genau, weil nicht erfragt wurde, welche Katecheten auch ein eigenes Kind auf die Erstkommunion vorbereitet haben. Selbst wenn man davon ausgeht, dass alle Katechetinnen und Katecheten keine eigenen Kinder vorbereitet haben, ergibt sich aber ein Rücklauf von 37 % der Familien von Erstkommunionkindern im Dekanat Bad Kreuznach im Jahr 2005.

[578] Vgl. *Emeis*, Grundriss, 162–163. Hier wird die Spannung zwischen Offenheit und Identität beschrieben, die diese unterschiedlichen Erwartungen und Bewertungen auslösen.

[579] Vgl. *Klein*, Tradierungsprozesse, 28–30.

Die Beteiligung der einzelnen Pfarreien an der Umfrage ist sehr unterschiedlich. Während sich der Seelsorgebezirks Bad Kreuznach, gemessen an seinem Anteil an den Katholiken im Dekanat, mit 14,8% unterdurchschnittlich an der Befragung beteiligt, sind die Pfarreiengemeinschaft Langenlonsheim und Wallhausen mit über 11% an der Gesamtzahl der zurückgekommenen Fragebögen deutlich überrepräsentiert.[580] In den Pfarreiengemeinschaften Münster-Sarmsheim, Spabrücken, Stromberg, Windesheim und Kirn und der Pfarrei Roxheim liegt der Teilnahme an der Befragung über dem Anteil an der Gesamtkatholikenzahl. Der Seelsorgebezirk Bad Sobernheim[581] (1,9%) und die Pfarreiengemeinschaft Waldböckelheim (0,5%) fallen bei der Befragung fast vollständig aus. Daraus ergibt sich ein Schwerpunkt bei der Teilnahme an der Befragung im alten Dekanat Bad Kreuznach, wie es vor der Neugliederung der Dekanate im Bistum Trier im Jahr 2004 bestand. Das alte Dekanat Bad Sobernheim ist in dieser Umfrage unterrepräsentiert. Ebenso ist der ländliche Raum in dieser Befragung stärker gewichtet als die Stadt Bad Kreuznach. Die Beteiligung in den konfessionell ausgeglichenen oder überwiegend katholischen Gebieten ist deutlich stärker als in den Diasporagebieten. Dies erklärt zum Teil auch den hohen Anteil von Katholiken bei der Befragung. Mit 84,2% liegt dieser Anteil für ein stark gemischt konfessionelles Gebiet wie Bad Kreuznach äußerst hoch. Auch sonst zeigen sich die Befragten im Vergleich zur Gesamtbevölkerung des Gebiets als relativ homogene Gruppe. Der Anteil der Alleinerziehenden ist mit 10,6% sehr gering[582] und der Ausländeranteil ist mit 3,5% ebenfalls um die Hälfte niedriger als der eigentliche Anteil der Ausländer an der Bevölkerung.[583] Dies lässt sich damit erklären, dass viele Ausländer als Nicht-Christen nicht an der Erstkommunion beteiligt sind. Was Schulabschluss, Ausbildung, Arbeitsverhältnis und Nettoeinkommen[584] betrifft, sind keine besonderen Auffälligkeiten zu verzeichnen. Trotz mancher Einschränkungen be-

---

[580] In beiden Pfarreiengemeinschaften hatten zur Zeit der Befragung mit Pfarrer Thomas Müller und Vikar Markus Eiden Priester die Leitung, die zum gleichen Weihejahrgang wie der Autor der Arbeit gehören. Aus dieser Verbindung mit ihnen erklärt sich die höhere Motivation zur Mitarbeit, die sich dann auch in einer überdurchschnittlichen Teilnahme der Eltern und Katecheten ausdrückt.

[581] Der Seelsorgebezirk Bad Sobernheim befand sich in der Zeit der Befragung in der Gründungsphase und der neue Moderator des Seelsorgebezirks war erst unmittelbar vorher eingeführt worden. Aus verständlichen Gründen erhielt diese Befragung daher keine vorrangige Priorität.

[582] Auffällig ist, dass viele Befragte zu ihrem Familienstand keine Angaben machen. Die Gesamtzahl liegt bei 33,6 %. Dies könnte damit zusammenhängen, dass der Fragebogen an dieser Stelle unübersichtlich war, so dass viele einfach vergessen haben, ihren Familienstand anzugeben.

[583] S.o. 126.

[584] Beim Haushaltseinkommen haben 33,4% der Befragten allerdings keine Angaben gemacht. Sie empfanden die Frage nach ihren wirtschaftlichen Verhältnissen wohl als zu persönlich.

züglich der vorhandenen Streuung und der konfessionellen Zusammensetzung lässt die Befragung aufgrund der hohen Zahl der Teilnehmer doch Schlüsse über das ganze Dekanat in seiner jetzigen Form zu. Die folgende Abbildung zeigt das Verhältnis von Gesamtkatholikenzahl und abgegebenen Fragebögen in den einzelnen Seelsorgebezirken, Pfarreiengemeinschaften und der Pfarrei Roxheim.

3. Empirischer Zugang zur Situation in Deutschland

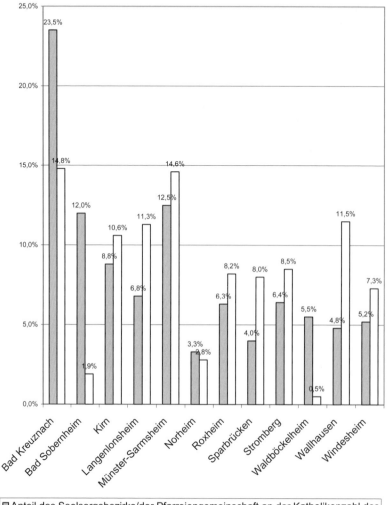

Abbildung 6: Diagramm über den Anteil der Seelsorgebezirke und Pfarreiengemeinschaften an der Katholikenzahl des Dekanats und an der Befragung

3.5 Auswertung des Fragebogens

Sehr aufschlussreich ist der kleine Fragekomplex zu Religion und Kirchlichkeit in diesem ersten Teil der Befragung.[585] Hier bestätigt sich die von der Religionssoziologie wahrgenommene Differenz zwischen privater Religiosität und kirchlicher Bindung.[586] Beides kann nicht einfach gleichgesetzt werden.[587] Während für 77% der Befragten das Thema Glaube/Religion wichtig oder sehr wichtig ist, schätzen nur 35,3% ihre kirchliche Bindung als eng oder sehr eng ein. Betrachtet man nur die Eltern, sind es sogar nur 27,3%, die eine enge oder sehr enge Kirchenbindung angeben. Das Interesse an Religion hat also nicht automatisch eine enge kirchliche Bindung zur Folge. Dennoch ist ein sehr hoher Prozentsatz für religiöse Themen ansprechbar, wenn dieses Interesse für Religion auch nicht zwangsläufig die Bindung an eine Pfarrgemeinde oder kirchliche Gemeinschaft zur Folge hat. Die Antworten der befragten Eltern scheinen die oben aufgestellte These zu bestätigen, dass die Trennung zwischen moderner Gesellschaft und christlicher Religion nicht radikal verläuft, sondern die christliche Glaubenstradition immer noch die Bezugsgröße darstellt, von der aus dann sehr differenzierte und komplexe Verhältnisse von Nähe und Distanz zum kirchlichen Glauben und zu kirchlichen Institutionen möglich sind.[588] Dies wird auch durch den „Religionsmonitor 2008" der Bertelsmannstiftung bestätigt, der in der deutschen Bevölkerung immer noch ein hohes Maß an „religiöser Formensprache" feststellt und Religiosität für gesellschaftlich „anschlussfähig" hält, wenn dies auch nicht mehr mit entsprechend hoher Kirchlichkeit und konfessioneller Eindeutigkeit verbunden ist.[589] Hier scheint sich die Generation der heutigen Eltern wenig von der Generation der heutigen Jugendlichen zu unterscheiden.[590] Zu dieser schwach vorhandenen kirchlichen

---

[585] S.u. 465–470 (Tab. A 1–Tab. A 14).

[586] S.o. 129–130.
Diese Unterscheidung zwischen Religiosität und Kirchlichkeit wird selbstverständlich in den großen neueren Studien zum Thema Religion zur Grundlage gemacht; vgl. *Thomas Gensicke*, Jugend und Religiosität, in: Shell Deutschland Holding (Hg.), Jugend 2006. Eine pragmatische Generation unter Druck, Frankfurt a.M. 2006, 203–239, hier 204–207.

[587] Vgl. *Hans-Georg Ziebertz / Ulrich Riegel / Boris Kalbheim*, Religiöse Signaturen heute. Ein religionspädagogischer Beitrag zur empirischen Jugendforschung unter Mitarbeit von Andreas Prokopf, Gütersloh 2003, 70–75. In dieser Untersuchung der Religiosität Jugendlicher wird deutlich, dass im alltäglichen Sprachgebrauch eine Identität von Kirche und Religion gegeben ist, die bei den Jugendlichen erst bei der Reflexion über den eigenen Glauben aufgebrochen wird. Wenn auch keine umfassende Reflexion über den eigenen Glauben wie in dieser zitierten Befragung möglich ist, so soll doch auch in der Umfrage zur Erstkommunion im Dekanat Bad Kreuznach auf diese Erkenntnis Rücksicht genommen werden.

[588] S.o. 129–130.

[589] Vgl. *Nassehi*, Kompetenz, 131–132.

[590] Vgl. *Gensicke*, Jugend, 220–221. Ziebertz stellt in einer Studie fünf verschiedene Typen von Religiosität bei Jugendlichen fest: den kirchlich-christlichen Typ (16,7 % der Jugendlichen), den christlich-autonomen Typ (27,4% der Jugendlichen), den konventionell-religiösen Typ (20,6% der Jugendlichen), den autonom-religiösen Typ (20,0% der Jugendlichen) und den

Bindung der meisten Eltern passt auch, dass nur 10,1% sich ehrenamtlich in einer Pfarrei engagieren. Nur ein knappes Drittel (29,3%) der Eltern besucht mehrmals im Monat oder jeden Sonntag den Gottesdienst. Auch dieser Wert zeigt, dass die kirchliche Bindung der Eltern sehr stark von Autonomie geprägt ist. Von einer wirklichen ‚Sonntagspflicht' kann bei den Eltern der Erstkommunionkinder im Dekanat Bad Kreuznach keine Rede mehr sein. Überraschend ist dennoch die Tatsache, dass die Zahl der Eltern, die mindestens einmal im Monat den Sonntagsgottesdienst besuchen, bei 40,4% liegt.[591]

Die Katechetinnen und Katecheten schätzen zu 60,2% ihre kirchliche Bindung als eng oder sehr eng ein. Allerdings besuchen auch nur 16,9% der Katecheten jeden Sonntag die Hl. Messe. Die enge Kirchenbindung wird nicht unbedingt mit der Erfüllung der Sonntagspflicht gleichgesetzt. 26,9% der Katecheten nehmen nicht regelmäßig am Sonntagsgottesdienst teil. Für eine Katechese, die Kinder zur Teilnahme an der sonntäglichen Messe hinführen will, stellt sich die Frage, wie realistisch diese Zielsetzung ist, wenn die Mehrheit der Eltern und ein Viertel der Katecheten diese Verpflichtung in ihrer eigenen religiösen Praxis nicht mehr als verbindlich ansehen. Da der Wert des persönlichen Zeugnisses in der Katechese von großer Bedeutung ist, müsste hier versucht werden, durch die Katecheten und Katechetinnen ein wirkliches Vorbild zu geben.[592] Die folgende Abbildung veranschaulicht die kirchliche Praxis von Eltern und Katecheten:

---

nicht-religiösen Typ (15,3% der Jugendlichen) (vgl. *Ziebertz / Riegel / Kalbheim*, Signaturen, 390–413). Diese fünf Typen differenzieren sich in dem Spannungsfeld: Religiös – nicht religiös – Kirchenbindung – religiöse Selbstbestimmung (vgl. *Ziebertz / Riegel / Kalbheim*, Signaturen, 404– 407). Die Umfrage im Dekanat Bad Kreuznach legt den Schluss nahe, dass die Ergebnisse dieser Studie von Ziebertz auch auf die heutige Elterngeneration übertragbar sind.

Diese Übertragbarkeit scheinen auch die Ergebnisse des „Religionsmonitors 2008" nahezulegen, die keinen Tradierungsbruch zwischen der Generation der heutigen Jugendlichen und ihren Eltern erkennen lassen (vgl. *Hans-Georg Ziebertz*, Gibt es einen Tradierungsbruch? Befunde zur Religiosität der jungen Generation, in: Bertelsmann Stiftung [Hg.], Religionsmonitor 2008, Gütersloh 2007, 44–63).

[591] Dieser hohe Wert lässt sich nur dadurch erklären, dass sich die Eltern, die wenigstens hin- und wieder einen Gottesdienst besuchen, stärker an dieser Umfrage beteiligt haben als die Eltern, die nie den Gottesdienst besuchen. Dies ist ja auch durchaus verständlich, wenn man den zeitlichen Aufwand für das Ausfüllen der Fragebögen betrachtet. Hier muss schon ein gewisses Interesse an der Kirche vorliegen, das sich eben auch im Gottesdienstbesuch ausdrückt.

[592] Vgl. *Lutz*, Gemeindekatechese, 434. Lutz betont, dass Katecheten glaubwürdige Zeugen der Botschaft des Evangeliums sein müssen.

3.5 Auswertung des Fragebogens 165

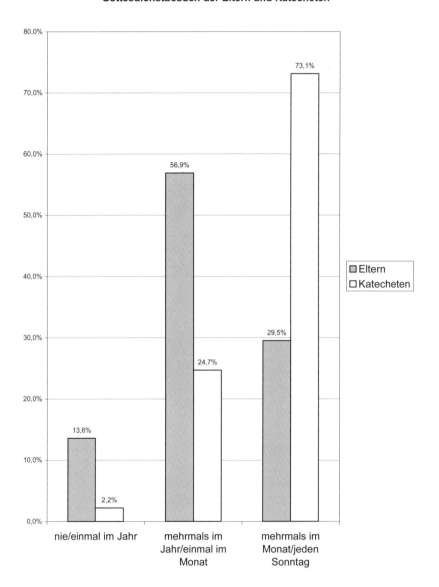

Abbildung 7: Diagramm über den Gottesdienstbesuch von Eltern und Katecheten

3.5.2 Die einzelnen Elemente

Katecheten und Eltern zeigen in der Beurteilung der Wichtigkeit der einzelnen Elemente der Erstkommunionvorbereitung keine grundsätzlichen Unterschiede.[593] Allerdings halten die Katecheten durchweg alle Elemente für wichtiger als die Eltern. Eine Ausnahme stellt lediglich das Wochenende für Kommunionkinder dar, das von 54% der Eltern als ‚wichtig' bzw. ‚sehr wichtig' bezeichnet wird, wohingegen nur 51,1% der Katecheten dieser Meinung sind. Die Befragung im Dekanat Bad Kreuznach ergibt folgende Rangfolge bezüglich der Elemente der Erstkommunionkatechese (Prozentangabe der Bewertung mit ‚wichtig' und ‚sehr wichtig'):
- Gruppenstunden der Kommunionkinder (98,6%)
- Hl. Messe am Tag der Erstkommunion (97,4%)
- Feier im Familienkreis (93,3%)
- Arbeitsmappe für Kinder (90,7%)
- Elternabend zu Beginn der Erstkommunionvorbereitung (89,6%)
- Sternsingeraktion und andere ähnliche Kinderaktionen (84,8%)
- Angebote kirchlicher Jugendarbeit (Messdiener / Kinderchor / Gruppenstunde für Kinder) nach der Erstkommunion (81,9%)
- Besondere Veranstaltungen für alle Kommunionkinder (79,6%)
- Katechetenrunden (78,1%)
- Gottesdienstbesuch am Sonntag (71,9%)
- Weitere Elternabende zu wichtigen Inhalten der Erstkommunionvorbereitung (71,3%)
- Erstbeichte (64,9%)
- Vorstellung von Gruppen, die in der Pfarrei aktiv sind (59,3%)
- Wochenende für Kommunionkinder (51,7%)
- Besuch der Eltern durch Seelsorger (32,3%)
- Glaubensgespräche für Eltern zum persönlichen Austausch über eigene Glaubensfragen (21,0%)

Abbildung 8 fasst die Ergebnisse der Befragung im Dekanat Bad Kreuznach zu den Elementen der Erstkommunionkatechese graphisch zusammen.

---

[593] Bezüglich der Elemente der Erstkommunionkatechese s.u. 471–476 (Tab. A 15–Tab. A 30).

3.5 Auswertung des Fragebogens

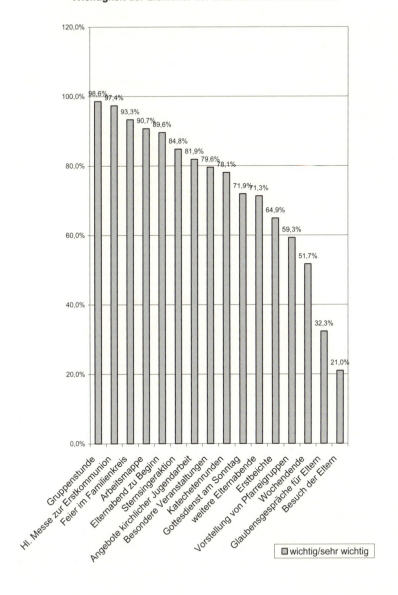

Abbildung 8: Diagramm über die Wichtigkeit der Elemente der Erstkommunionkatechese

Aus dieser Rangfolge der Elemente wird sichtbar, welche Schwerpunkte Eltern und Katecheten innerhalb der Erstkommunionkatechese setzen. Die Gruppenstunden und die dafür benötigten Arbeitsmaterialien werden als außerordentlich wichtig betrachtet. Die hohe Akzeptanz der Gruppenstunden zeigt, wie sehr hier die von der Gemeindekatechese geforderte Sozialform der kleinen katechetischen Gruppe zum Regelfall der Erstkommunionkatechese geworden ist: Erstkommunionvorbereitung heißt Gruppenstunde.[594] Dies scheint zur allseits akzeptierten katechetischen Regel geworden zu sein. Hierin zeigt sich ein Erfolg der gemeindekatechetischen Arbeiten der vergangenen Jahrzehnte, die dieses Element eingeführt hat und dadurch die schulische Vorbereitung auf die Erstkommunion ablöste.[595] Die große Zustimmung zu den Gruppenstunden beruht nicht nur auf dem Wohlfühlfaktor der „Muttikirche"[596], den die Sozialform der kleinen katechetischen Gruppe besitzt, sondern auch in der Wertschätzung der Katechese als wichtigem Element der religiösen Erziehung. Darauf deutet die hohe Zustimmung zur Wichtigkeit von Arbeitsmappen hin. In der Erstkommunionvorbereitung wird die religiöse Unterweisung erwartet, die viele Familien wünschen, aber so nicht mehr leisten können.[597] Die Gruppenstunden und die Arbeitsmaterialien sollen ein Mindestmaß an religiöser Erziehung garantieren, wenn auch die inhaltlichen Vorstellungen der Eltern nicht auf eine vollständige Vermittlung des christlichen Glaubens abzielen, wie die weiteren Ergebnisse zeigen werden.

Die Elemente der Elternkatechese, wie Besuch des Seelsorgers und Glaubensgespräche, werden dagegen sehr wenig geschätzt. Die Eltern möchten während der Erstkommunionkatechese ihrer Kinder nicht ihren eigenen Glauben thematisieren. Auch dies bestätigt wiederum die These, dass die Eltern in erster Linie die Erstkommunionvorbereitung als kirchliche Dienstleistung sehen, die die gewünschte religiöse Erziehung der Kinder gewährleistet. Die Eltern delegieren diese Aufgabe an die kirchliche Katechese, ohne jedoch selbst den Wunsch nach einer Vertiefung ihres Glaubens und ihrer kirchlichen Bindung zu hegen. Sie werden zu Kunden, die den Service der Katechese in Anspruch nehmen.[598] Erstkom-

---

[594] S.o. 144–146.
[595] Vgl. *Schmitt*, Katechese, 18–31.
[596] Vgl. *Wollbold*, Handbuch, 279.
[597] Vgl. *Knoblauch / Schnettler*, Trägheit, 9. Als ein Ergebnis der besprochenen Untersuchung wird festgehalten, dass die Eltern eine religiöse Erziehung für wichtig halten, aber immer weniger dafür tun. Die Autoren sprechen von einer stellvertretenden Religiosität, die die kulturelle Bedeutung von Religion anerkennt, aber die Verpflichtung zur Weitergabe von Religion delegiert.
[598] Das Kirchenmitglied, das sich als Kunde versteht, gestaltet seine Beziehung zur Kirche in Form eines selbst bestimmten Tauschverhältnisses, das von Leistung und Gegenleistung geprägt ist. Der Kunde lässt sich seine Kirchenmitgliedschaft etwas kosten, wahrt aber ansonsten eine Distanz zum kirchlichen Leben, insbesondere zum Leben einer Pfarrgemeinde. Vor allem zu den Lebenswenden erwartet das Kirchenmitglied, das sich als Kunde versteht, aller-

munionvorbereitung ist somit für die Mehrzahl der Eltern religiöse Erziehung und Unterweisung für Kinder, nicht für Erwachsene, so könnte die kurze Zusammenfassung dieser Ergebnisse der Umfrage lauten.[599]

Neben der Gruppenstunde kann ein weiterer Schwerpunkt der Erstkommunionvorbereitung mit dem Stichwort ‚Fest' gekennzeichnet werden. Der Tag der Erstkommunion hat durch den Gottesdienst und die Feier im Familienkreis die Dimension des Festes. Dies ist für eine überaus große Zahl der Befragten von entscheidender Bedeutung.[600] Die These von der Familialisierung der Religion und der Entwicklung einer eigenen Familienreligiosität[601] scheint hier eine erste Bestätigung zu erfahren.

Für eine Mehrheit von über 60% der Befragten gehören der regelmäßige Besuch der Sonntagsmesse und die Erstbeichte zu den wichtigen Bestandteilen der Erstkommunionvorbereitung. Für eine Sakramentenkatechese, die das gottesdienstliche Element der Vorbereitung auf die Erstkommunion und die Erstbeichte verstärken möchte, ergeben sich damit gute Anknüpfungspunkte bei den Wünschen und Vorstellungen vieler Eltern, wenn auch die Wertschätzung der liturigschen Elemente deutlich hinter der Wertschätzung der Gruppenstunde als Element der Katechese zurückbleibt. Die Tatsache, dass etwa ein Drittel der Befragten die Erstbeichte und rund 30% den Gottesdienstbesuch am Sonntag für einen unwichtigen oder weniger wichtigen Bestandteil der Erstkommunionvorbereitung halten, kennzeichnet diese Elemente als zweitrangig und stellt eine erhebliche Anfrage an die Eucharistiekatechese dar. Die Beichte und die Mitfeier der Eucharistie sind ja gerade die sakramentalen Vollzüge, auf die die Kinder während der ganzen Zeit vorbereitet werden. Es besteht somit ein nicht geringes Spannungspotential zwischen den Prioritäten, die ein Drittel der Eltern bei der Erstkommunionvorbereitung setzen, und der kirchlichen Zielsetzung der Katechese. Die These, dass immer mehr Menschen die Kirche als Dienstleistungs- und religiöse Versorgungsorganisation begreifen, und es zu einer Familialisierung der Sakramente kommt, wird hierdurch erneut bestätigt. Nicht mehr Beichte und Eucharistiefeier als Vermittlung göttlicher Gnade stehen im Vordergrund, sondern die Nutzung des kirchlichen Ritus der Erstkommunionfeier am Weißen Sonntag zur Präsentation der eigenen Familie. Für etwa 20% der Eltern, die sich eindeutig

---

dings entsprechende rituelle Leistungen der kirchlichen Gemeinschaft (vgl. *Ebertz*, Erosion, 283–286)

[599] Dies bedeutet vor allem ein Hindernis für die familienkatechetischen Modelle, wie sie vor allem Albert Biesinger in den letzten Jahren entwickelt hat (s.o. 96–99). Eine Schwierigkeit dieses Konzepts liegt darin, dass Biesinger zu schnell davon ausgeht, dass alle Eltern zur religiösen Kommunikation bereit sind (s.o. 103–104). Die Befragung im Dekanat Bad Kreuznach zeigt deutlich, dass dies so nicht der Fall ist.

[600] S.o. 138–142.

[601] S.o. 133–138.

während der Erstkommunion als Kunde begreifen, bietet die Erstkommunionvorbereitung und vor allem die kirchliche Feier des Weißen Sonntags den äußeren Rahmen, der dann von den Familien mit den Lebensinhalten gefüllt wird, die für sie Sinn und Halt bedeuten.[602] „Familialismus und Biographismus scheinen ihnen zugleich eine persönlich wichtige Quelle ihres Lebenssinnes zu liefern, den ‚Glaube und Religion' offensichtlich gar nicht (mehr) ‚bewässern' können, was auch die Rangordnung der zentralen Lebensinhalte in der Bevölkerung nahelegt [...]."[603]

Die mangelnde Akzeptanz der Erstbeichte innerhalb der Erstkommunionvorbereitung macht natürlich auch noch einmal deutlich, in welcher Krise dieses Sakrament insgesamt in der seelsorglichen Praxis in Deutschland steht. Dass die Einschätzung der Bedeutung des Besuchs der Sonntagsmesse nicht weit dahinter liegt, deutet generell auf einen Rückgang des sakramentalen Bewusstseins hin. Dies stellt für die inhaltliche Vermittlung innerhalb der Katechese eine große Herausforderung dar. Die nun folgende Darstellung der Bewertung der Inhalte der Erstkommunionkatechese durch die Teilnehmer an der Befragung im Dekanat Bad Kreuznach wird darüber noch näheren Aufschluss geben.

3.5.3 Die Inhalte

Die Befragung im Dekanat Bad Kreuznach führte zu folgender Rangfolge bezüglich der Inhalte[604] der Erstkommunionkatechese (Prozentangaben für die Bewertung mit ‚wichtig' oder ‚sehr wichtig'):
- Die Erstkommunionvorbereitung stellt Jesus als Freund und Helfer der Menschen dar (96,5%).
- In der Erstkommunionvorbereitung wird das soziale Verhalten der Kinder (Sinn für Gemeinschaft, Streitkultur, Hilfsbereitschaft) als Grundvoraussetzung für jede weitere inhaltliche Arbeit betrachtet (93,2%).
- Die Erstkommunionvorbereitung ist geprägt von biblischen Geschichten, die wesentliche Ereignisse aus dem Leben Jesu berichten (92,8%).

---

[602] 22,7% der Befragten bewerten den regelmäßigen Gottesdienstbesuch am Sonntag als unwichtig oder weniger wichtig, aber die Feier der Hl. Messe am Weißen Sonntag und die anschließende Feier im Familienkreis als wichtig oder sehr wichtig. Hier ist also eindeutig das Muster des Kunden erfüllt, der für den persönlich wichtigen Wert der Familie und die festliche Gestaltung der eigenen Biographie das kirchliche Angebot nutzt, aber ansonsten keine Teilnahme am kirchlichen Leben sucht und dies auch nicht für wichtig hält.

[603] *Ebertz*, Erosion, 286. Die Untersuchung von Först zur Kasualienfrömmmigkeit kommt zum selben Ergebnis (vgl. *Först*, Unbekannte Mehrheit, 48–51).

[604] Bezüglich der Elemente der Erstkommunionkatechese s.u. 476–481 (Tab. A 31–A 46).

3.5 Auswertung des Fragebogens

- Die Kinder gestalten während der Erstkommunionvorbereitung die Gottesdienste aktiv mit (Fürbitten, Lieder, Anspiele, Gebete, etc.) (90,6%).
- Die Kinder verstehen die Messe als Mahl, das Gemeinschaft unter den Menschen stiftet (87,0%).
- In der Erstkommunionvorbereitung erzählen die Kinder sehr viel von ihrem Leben und ihren eigenen Erfahrungen in Familie, Freundeskreis und Schule (81,2%).
- Die Erstkommunionvorbereitung betont, dass Jesus der Sohn Gottes ist, und spricht oft von „Jesus Christus" (80,9%).
- Während der Erstkommunionvorbereitung lernen die Kinder alle wichtigen Personen und Gruppen der Pfarrei kennen (75,8%).
- Die Erstkommunionvorbereitung betont, dass Jesus ein Mensch ist, und spricht nur von „Jesus" (75,2%).
- Die Erstkommunionvorbereitung stärkt den Zusammenhalt der eigenen Familie (74,1%).
- Der regelmäßige Besuch der Sonntagsmesse ist Bestandteil der Erstkommunionvorbereitung (73,6%).
- Die Interessen der Kinder bestimmen die Inhalte der Erstkommunionvorbereitung (69,0%).
- Die Kinder lernen wichtige Gebete in der Erstkommunionvorbereitung auswendig (68,4%).
- Die Erstkommunionvorbereitung bindet die Kinder und ihre Familien eng an die Pfarrgemeinde (66,2%).
- Der Beichtunterricht ist ein verbindlicher Bestandteil der Erstkommunionvorbereitung (59,3%).

Die folgende Abbildung stellt dieses Ergebnis der Befragung bezüglich der Wichtigkeit der Inhalte der Erstkommunionkatechese graphisch dar.

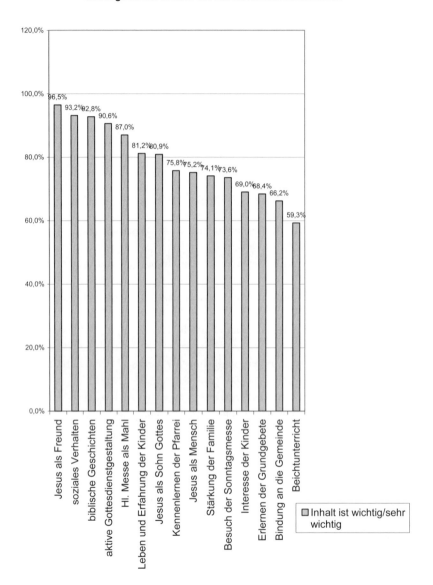

Abbildung 9: Diagramm über die Wichtigkeit der Inhalte in der Erstkommunionkatechese

3.5 Auswertung des Fragebogens

Diese Rangliste verdeutlicht, in welchem Sinne die Eltern eine religiöse Erziehung ihrer Kinder wünschen, was die hohe Wertschätzung der Gruppenstunden und der Arbeitsmaterialen nahe legt.[605] Ihnen geht es bei der religiösen Unterweisung ihrer Kinder in erster Linie um die emotionalen und sozialen Aspekte des Glaubens, nicht um die Vermittlung eines umfassenden kirchlichen Glaubenswissens. Andere empirische Untersuchungen zeigen ähnliche Ergebnisse. Der Trendmonitor zur religiösen Kommunikation aus dem Jahr 2003 zeigt, dass Eltern die religiöse Erziehung ihrer Kinder zwar für wichtig halten, aber darunter vor allem die Vermittlung von Halt und Geborgenheit verstehen.[606] Alles, was mit der Vermittlung religiöser Verpflichtungen zu tun hat, tritt in den Hintergrund.[607] Die Sinus-Milieu-Kirchenstudie kennt das Milieu der „Bürgerlichen Mitte", das nach Harmonie und sozialer Anpassung strebt und sich Kirche als „familiäre Nahwelt" wünscht.[608] Dieses Milieu ist dagegen wenig an rituellen Formen und fest fixierten theologischen Inhalten interessiert.[609] Die Mehrheit der Teilnehmer an der Befragung im Dekanat Bad Kreuznach dürfte wohl diesem Milieu angehören.

Aus der Befragung im Dekanat Bad Kreuznach lässt sich dieser Glaube, der auf Geborgenheit und Gemeinschaft ausgerichtet ist, noch näher beschreiben. So wird Jesus eben vor allem als der gute Freund gesehen, der einen auf dem eigenen Lebensweg begleitet und immer zur Seite steht. Der Wert der Gemeinschaft steht beim Jesusbild an erster Stelle, ebenso wie bei dem Verständnis der Eucharistie. Die individuelle Gewissensbildung ist durchaus erwünscht, wie der hohe Wert für die Vermittlung sozialer Kompetenzen zeigt. Die Gemeinde ist aber nicht unbedingt der Ort, wo man diese Kompetenzen weiterhin einbringen will. Der christliche Glaube und die Vorbereitung auf die Erstkommunion sollen die Vermittlung eines gesellschaftlich allgemein akzeptierten Wertekanons sicherstellen. Glaubenshilfe wird hier in einem praktischeren Sinn zur Lebenshilfe, als es die Protagonisten der Gemeindekatechese im Sinn hatten. Diesem Bild eines inhaltlichen diffusen, vor allem auf Geborgenheit, Gemeinschaft sowie emotionale und soziale Werte ausgerichteten Glaubens scheint die hohe Bewertung für die biblischen

---

[605] S.o. 168.
[606] Vgl. *Institut für Demoskopie Allensbach*, Trendmonitor, 36. Den Wunsch nach religiöser Erziehung haben Eltern auch schon in vorangehenden Studien geäußert. Hier scheint der Bedarf nach wie vor ungebrochen (vgl. *Bernhard Grom*, Religiöse Sozialisation in der Familie. Zur Bedeutung eines unterschätzten Lernorts, in: StZ 214 [1996], 601–610, hier 605–606).
[607] „Das Ziel der religiösen Erziehung ist es heute meist nicht mehr, zur Kirchlichkeit, sondern zu einem eigenständigen und selbstentschiedenen Glauben zu erziehen. [...] Viele Eltern sind bemüht, Religiosität als einen Halt in Krisenzeiten des Lebens und als Quelle einer gelungenen Lebensbewältigung weiterzugeben" (*Stephanie Klein*, Religiöse Erziehung in der Familie, in: Gottfried Bitter u.a. [Hg.], Neues Handbuch religionspädagogischer Grundbegriffe, München 2002, 295–300, hier 296–297).
[608] Vgl. *Wippermann / Magalhaes*, Sinus-Milieu-Kirchenstudie, 18.
[609] Vgl. *Ebertz*, Milieus, 24.

Geschichten als inhaltliches Element der Erstkommunionvorbereitung zunächst zu widersprechen. Die Vermutung liegt jedoch nahe, dass auch hier wieder vor allem Erzählungen der Evangelien zum Einsatz kommen, die die Themen Gemeinschaft, Heilung, Geborgenheit und Freundschaft in den Vordergrund stellen. Es geht nicht um die Vermittlung eines systematischen Wissens über den Glauben, sondern um das Lesen, Hören und Erfahren schöner Geschichten, bei denen die emotionale Seite des Glaubens herausgearbeitet werden kann. Rund ein Drittel der Befragten hält darum auch das Auswendiglernen grundlegender Gebet für einen ‚unwichtigen' oder ‚weniger wichtigen' Inhalt der Erstkommunionvorbereitung. Diese relativ breite Ablehnung einer systematischen Vermittlung von Glaubenswissen wird sich sicherlich nicht nur auf den Bereich des Gebets beziehen. Es ist davon auszugehen, dass bei der Erstkommunionkatechese von den Eltern in erster Linie nicht die Vermittlung kognitiver Inhalte gewünscht wird.

Bereits bei der Bewertung der Wichtigkeit der einzelnen Elemente der Erstkommunionvorbereitung wurden die Erstbeichte und der regelmäßige Besuch der Sonntagsmesse von einem Großteil der Befragten als ‚unwichtig' oder ‚weniger wichtig' eingestuft. Dies wiederholt sich nun bei den Bewertungen der Inhalte. Die Geringschätzung des Beichtunterrichts ist in der Beichterfahrung der befragten Eltern und in der Rückläufigkeit der Beichtpraxis überhaupt begründet. Das Beichtsakrament und der regelmäßige Gottesdienstbesuch stehen für einen stark kirchlich orientierten Glauben, der auch von den entsprechenden Inhalten geprägt ist.[610] Mit dem Beichtunterricht und dem regelmäßigen Gottesdienstbesuch werden zudem zwei ausgesprochen liturgische Inhalte der Erstkommunionkatechese in ihrer Wichtigkeit niedrig bewertet. Dass die Feier der Liturgie untrennbar zur Erstkommunionvorbereitung gehört, erschließt sich einem Viertel der befragten Eltern im Dekanat Bad Kreuznach nicht. Die Aufgabe einer erneuten Verbindung von Katechese und Liturgie stellt sich so dringlich.[611]

---

[610] Die Verbindung von Kirchlichkeit und Gottesdienstbesuch zeigt sich schon in dieser Unfrage, wie die Ergebnisse auf S. 142–144 zeigen. Die enge Verbindung von Kirchgangshäufigkeit und Kirchlichkeit bestätigt auch *Wolf*, Religion, 55–56 u. 66. Ebenso ist für Pollack der Kirchgang ein wichtiger Indikator traditionaler Kirchlichkeit (vgl. *Pollack*, Säkularisierung, 163).

[611] Die Notwendigkeit einer neuen Verbindung von Katechese und Liturgie wird immer mehr erkannt. So stellt Ralph Sauer fest: „Es fällt auf, dass in den meisten Handbüchern zur Religionspädagogik die Liturgie nicht mehr eigens als Lernort des Glaubens erwähnt wird, obgleich sie doch zu den zentralen Lebensvollzügen der Kirche zählt. ‚Mehr als ein Pfarrer erzieht die Liturgie', hat einmal der frühere Münchner Religionspädagoge Th. Kampmann gesagt. Davon wollen jedoch die meisten Religionspädagogen nichts wissen" (*Ralph Sauer*, Traditionelle und neue Lernorte des Glaubens, in: Bertram Pittner / Andreas Wollbold [Hg.], Zeiten des Übergangs [= FS für Franz Georg Friemel zum 70. Geburtstag {= EThSt 80}], Leipzig 2000, 308–314, hier 309). Ähnlich kritisch sehen das Verhältnis von Katechese und Liturgie in heutiger Zeit *Albert Gerhards*, Katechese und Liturgie – ein schwieriges Verhält-

3.5 Auswertung des Fragebogens

Auch die Gemeindebindung wird von einem Drittel der Befragten für ein unwesentliches Element der Erstkommunionvorbereitung gehalten. Damit wird ein wichtiges Ziel der Gemeindekatechese als zweitrangig bezeichnet.[612] Die Erstkommunionvorbereitung soll nach Ansicht vieler Eltern nicht mehr zu einer verstärkten Beheimatung in der Pfarrgemeinde führen.

Zusammenfassend ist festzustellen, dass die Bewertung der Inhalte der Erstkommunionkatechese die diesbezüglich aufgestellten Thesen[613] bestätigt und auf die Familialisierung der Erstkommunion hindeutet. Nicht die Vermittlung von Glaubenswissen oder die Herausbildung einer ausgeprägten Kirchlichkeit werden als wichtigste Inhalte der Erstkommunion betrachtet, sondern solche Inhalte, die die emotionale Seite des Glaubens betonen und für das Leben der Familie besonders nützlich sind, weil sie wichtige soziale Kompetenzen vermitteln. Alle stark verpflichtenden Inhalte, die eine engere Anbindung an das kirchliche Leben zum Ziel haben, werden äußerst kritisch betrachtet.[614] Eine vollständige Einführung in das kirchliche Leben, die die Dimensionen des Glaubenswissens, der rituellen Vollzüge und der emotionalen und sozialen Komponenten des Glaubens umfasst, wird nicht erwartet, ja sogar von etwa einem Viertel der Befragten als unwichtig betrachtet.

Mit 88,0% gaben die Befragten an, dass sich ihre Erwartungen bezüglich der Inhalte der Erstkommunion ‚erfüllt' bzw. ‚völlig erfüllt' haben. Dies ist für die Erstkommunionvorbereitung in diesem Dekanat ein hoher Wert. Insgesamt scheint die Zufriedenheit mit der Erstkommunionvorbereitung groß zu sein. Dabei ist kein signifikanter Unterschied zwischen den Eltern und den Katecheten festzustellen, was das Maß dieser Zufriedenheit betrifft. Die hohe Quote der Erwartungserfüllung bestätigt eine Auffassung, die Ebertz sehr pointiert so formuliert: „Immer weniger scheinen es die offiziellen Vertreter der Kirchen zu sein, die den Familien theologisch-konfessionelle Relevanzen auferlegen. Es verhält

---

nis?, in: Gottfried Bitter / ders. (Hg.), Glauben lernen – Glauben feiern. Katechetisch-liturgische Versuche und Klärungen (= Praktische Theologie heute Bd. 30), Stuttgart – Berlin – Köln, 1998, 258–269; *Klemens Richter*, Katechese und Liturgie, in: Franz-Peter Tebartz-van Elst (Hg.) Katechese im Umbruch. Positionen und Perspektiven (= FS für Dieter Emeis), Freiburg i. Br. 1998, 194–208; für eine neue Verbindung von Katechese und Liturgie plädiert *Gottfried Bitter*, Welche Katechese hat Zukunft? Praktisch-theologische Mutmaßungen, in: Joachim Theis (Hg.), Die Welt geht rascher als die Kirche (= FS für Wolfgang Lentzen-Deis), Trier 2004, 212–223.

612 Dies bestätigt die Erfahrungen, die seit über einem Jahrzehnt gemacht werden, dass die Gemeindekatechese an ihre Grenzen gestoßen ist und ihr eigentliches Ziel oft nicht erreicht. „Von ihr [sc. der Katechese] bzw. von der Gemeinde wird nicht erwartet, dass sie wesentlich zur alltäglichen Lebensgestaltung beiträgt. Sie soll lediglich für bestimme Lebenssituationen sakramentale Feiern bereithalten." (*DKV*, Gemeindekatechese, 370).
613 S.o. 144.
614 Dies bestätigt auch *Engelbrecht*, Pforten, 68–69.

sich eher umgekehrt: Die Familien sind es, die den Kirchenleuten praktische Präferenzen setzen bzw. in Eigenregie die kirchlichen Angebote nutzen, den Bedürfnissen, Interessen und der relativen Autonomie der Familien entsprechend, was ihnen – in ihren eigenen Augen – ‚nutzt und frommt'."[615]

3.5.4 Die Methoden

Die Befragung im Dekanat Bad Kreuznach führte zu folgender Rangfolge bezüglich der Wichtigkeit der Methoden[616] in der Erstkommunionkatechese (Prozentangaben für die Bewertung mit ‚wichtig' oder ‚sehr wichtig'):
- Die Vorbereitung findet in Kleingruppen (6–10 Kinder) statt (93,3%).
- Die Vorbereitung stellt eine ausgewogene Mischung aus kreativen Methoden (Spielen, Basteln, Musizieren, sonstige Projekte) und Methoden, die hauptsächlich den Verstand ansprechen (Lesen, Schreiben), dar (87,3%).
- Die Vorbereitung beinhaltet fast ausschließlich kreative Elemente (Malen, Spielen, Basteln, Backen, Singen, Aktionen (68,9%).
- Die Methoden der Erstkommunionvorbereitung orientieren sich ganz an den Kindern und ihren Interessen (68,8%).
- Der Besuch von Gruppen der Pfarrei (Messdienergruppen, Kinderchor, Pfadfinder, Seniorengruppen) ist eine bevorzugte Methode der Erstkommunionvorbereitung (36,1%).
- Die Vorbereitung hat einen stark schulischen Charakter (26,7%).
- In der Erstkommunionvorbereitung ist das Auswendiglernen eine wichtige Methode. (21,5%)
- Die Vorbereitung findet in einer Großgruppe (über 10) statt (7,6%).

Die folgende Abbildung stellt dieses Ergebnis graphisch dar.

---

[615] *Ebertz*, Heilige Familie, 38.
[616] Bezüglich der Methoden der Erstkommunionkatechese s.u. 481–484 (Tab. A 47–Tab. A 55).

3.5 Auswertung des Fragebogens

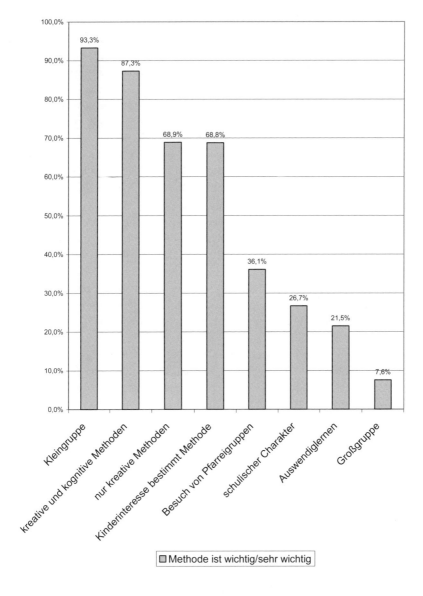

Abbildung 10: Diagramm über die Wichtigkeit der Methoden in der Erstkommunionkatechese

Bei der Bewertung der Methoden durch die Befragten zeigt sich eindeutig eine Abwertung aller Methoden, die eine Assoziation zur Schule aufkommen lassen. Die Bedeutung der Großgruppe (7,6%), des Auswendiglernens (21,5%) und des schulischen Charakters der Erstkommunionkatechese (26,7%) ist für die meisten Eltern und Katecheten sehr gering. Diese Methoden dienen in erster Linie der Vermittlung von Glaubenswissen und sind kognitiv ausgerichtet. Gerade die römischen Dokumente, die die Katechese als systematische Einführung in den christlichen Glauben verstehen, fördern die Methode des Auswendiglernens, damit Kinder und Jugendliche sich wichtige Formeln des Glaubens aneignen können.[617] Auch methodisch wird somit die Erstkommunionkatechese vom Kreis der Befragten nicht als Wissensvermittlung verstanden. Darüber kann auch nicht hinwegtäuschen, dass 87,3% der Befragten eine Mischung von kreativen und kognitiven Methoden als ‚wichtig' oder ‚sehr wichtig' bezeichnen. Ein Lernen im strengen Sinn, das dem Lernen in der Schule gleichkäme, ist mit dieser Mischung sicherlich nicht gemeint. Denn die Ablehnung kognitiver Methoden, die zur systematischen Vermittlung von Inhalten einfach notwendig sind, ist sogar noch größer als die Ablehnung, die die Vermittlung von Glaubenswissen auf der inhaltlichen Seite erfährt.[618] Die Trennung von Katechese und Religionsunterricht, die seit der Würzburger Synode[619] in Deutschland entschieden betrieben wurde, hat dazu geführt, dass Gemeindekatechese und schulischer Religionsunterricht als zwei getrennte Wirklichkeiten be-griffen werden, die methodisch keine Berührungspunkte haben. Die Würzburger Synode war dabei eigentlich von einer Ergänzung der beiden Bereiche ausgegangen. Methodisch scheint von der überwältigenden Mehrheit der befragten Eltern und Katecheten die Erstkommunionkatechese als „Muttikirche"[620] gewünscht zu sein, in der man nicht versteht und lernt, sondern kuschelt und emotionale Geborgenheit erfährt.

93,9% der Befragten bewerten die Durchführung der Erstkommunionkatechese in Kleingruppen (6–10 Kinder) als ‚wichtig' oder ‚sehr wichtig'. Diese hohe Wertschätzung der kleinen katechetischen Gruppe, die in der Regel von Katechetinnen und Katecheten geleitet wird, ist der deutlichste Erfolg der Gemeindekatechese.[621] Das Ziel der gemeindekatechetischen Erneuerung war es, die Katechese wieder neu ins Leben der Gemeinde zu integrieren, indem nun nicht

---

[617] Vgl. CT 55; ADK 154–155.
[618] S.o. 171.
[619] Vgl. Beschluss: Sakramentenpastoral, 254.
[620] Vgl. *Wollbold*, Handbuch, 279.
[621] Vgl. *Emeis / Schmitt*, Handbuch, 82–83. Hier beschreiben Emeis und Schmitt das Ideal einer katechetischen Gruppe, in der sich Erfahrung, Zusage und Feier der Gemeinschaft des Glaubens gegenseitig ergänzen. Dieses hohe Ideal wurde zwar in der Sakramentenkatechese kaum erreicht, aber die katechetische Gruppe als Organisationsform und der Vorrang der Gemeinschaftserfahrung vor Inhalt und kognitiven Methoden haben sich durchgesetzt.

3.5 Auswertung des Fragebogens

mehr der Pfarrer in der Schule, sondern ehrenamtliche Katecheten in Kleingruppen die Vorbereitung auf die Erstkommunion durchführten.[622] Die Befragung im Dekanat Bad Kreuznach zeigt allerdings, dass dieses wichtige Ziel nicht erreicht wurde. Den Besuch von Gruppen in der Pfarrei (Messdiener, Kinderchor, Pfadfinder, Seniorengruppe) schätzen nur 36,1% als ‚wichtig' oder ‚sehr wichtig' ein. Ein großes Interesse, am Leben der Gemeinde teilzunehmen, war schon bei den Inhalten der Erstkommunionkatechese nicht festzustellen. Dies wiederholt sich nun noch drastischer bei der Bewertung der Methoden. Bei der Erstkommunionkatechese wird somit kein intensiver Kontakt zum Leben der Gemeinde gesucht.

Die Bewertungen zu Inhalt und Methode legen es nahe, die kleinen katechetischen Gruppen mit Dieter Emeis als „Nebenräume"[623] zum eigentlichen Leben der Pfarrgemeinde zu bezeichnen. Emeis hat allerdings die Hoffnung, dass aus diesen katechetischen „Nebenräumen" des Gemeindelebens echte Glaubensorte werden, die das Gemeindeleben befruchten. Die Befragung im Dekanat Bad Kreuznach zeigt, dass diese Hoffnung bei einer Vielzahl von Kindern und Eltern trügerisch ist. Das Nebeneinander von katechetischer Gruppe und eigentlichem Gemeindeleben ist von vielen Eltern gewünscht, um nicht in zu engen Kontakt mit der Gemeinde und einer als fordernd und verpflichtend empfundenen Kirchlichkeit zu kommen. Die kleine katechetische Gruppe, die sich unabhängig vom gottesdienstlichen Leben der Pfarrgemeinde organisiert, erscheint als der ideale Ort, um eine Stärkung der emotionalen und sozialen Aspekte des christlichen Glaubens, die für die Familie sehr wichtig sind, zu erfahren und alle Versuche einer kirchlichen Rekrutierung abzuwehren.

Mit 89,0% bewerten die Befragten ihre methodischen Erwartungen als ‚erfüllt' bzw. ‚völlig erfüllt'. Dies ist wie bei den Inhalten ein hoher Wert der Zustimmung und drückt eine weitgehende Zufriedenheit aus.

---

[622] Hauf sieht gerade in der Konzentration auf die Kleingruppe ein wesentliches Merkmal der gemeindekatechetischen Entwicklung im Anschluss an die Würzburger Synode. „Neben der Erwachsenenkatechese stellte insbesondere die Erneuerung und Ausdehnung der Sakramentenkatechese in ihrer theologischen und soziologischen Brückenfunktion als Kulminierungen christlich-kirchlicher Lebensvollzüge, sowie als Kleingruppengeschehen inmitten der Gemeinde für viele *das* adäquate Sozialisationsinstrument dar, den schleichenden Ausfall von Familie, katholischem Milieu und Religionsunterricht als christliche Sozialisationsinstanzen zu kompensieren" (*Hauf*, Katechese, 27).

[623] Den Begriff der „Nebenräume" hat Emeis entwickelt (vgl. *Emeis*, Sakramentenkatechese, 22). Er sieht den Grund für die Abgrenzung dieser katechetischen Nebenräume vor allem im mangelnden Interesse der Gemeinden. Die Untersuchung zur Erstkommunion im Dekanat Bad Kreuznach zeigt allerdings, dass auch von Seiten der Eltern der Wunsch nach einer solchen Abgrenzung gegeben ist. Schmitt spricht in diesem Zusammenhang vom „Insel-Dasein", das die katechetische Arbeit in den Gemeinden im Anschluss an die Würzburger Synode führte, da eine Verknüpfung mit anderen Feldern der Gemeindearbeit ausblieb (vgl. *Schmitt*, Katechese, 19).

180   3. Empirischer Zugang zur Situation in Deutschland

Zusammenfassend ist festzustellen, dass die Ergebnisse der Umfrage im Dekanat Bad Kreuznach bezüglich der Methoden der Erstkommunionkatechese die Schlussfolgerungen bestätigen, die schon bezüglich der Inhalte aus dieser Befragung gezogen wurden. Die Erstkommunionkatechese soll vor allem die sozialen und emotionalen Aspekte des Glaubens in den Vordergrund stellen. Das Interesse an der Vermittlung von Glaubenswissen und damit an kognitiven Methoden ist äußerst gering. Ebenso wird die Anbindung an das pfarrliche Leben methodisch als unwichtig erachtet. Die Sozialform der Erstkommunionkatechese ist die kleine katechetische Gruppe, da sie den Wunsch nach Halt, Geborgenheit und sozialem Lernen am besten erfüllt und eine kirchliche Vereinnahmung verhindert. Die Thesen, die der Befragung im Hinblick auf die Methoden zu Grunde lagen, haben sich somit voll bestätigt.[624]

3.5.5 Die Akteure

Die Befragung im Dekanat Bad Kreuznach führt zu folgender Rangfolge bezüglich der Akteure[625] in der Erstkommunionkatechese (Prozentangaben für die Bewertung mit ‚stimme zu' oder ‚stimme völlig zu'):
– Ehrenamtliche Katecheten/Katechetinnen übernehmen den größten Teil der Erstkommunionvorbereitung (70,0%).
– Pfarrer, Pastoralreferenten/-tinnen, Gemeindereferenten/-tinnen, ehrenamtliche Katecheten/Katechetinnen und Eltern übernehmen zu gleichen Teilen die Vorbereitung der Kinder auf die Erstkommunion (69,3%).
– Pastoralreferenten/-tinnen oder Gemeindereferenten/-tinnen führen die Erstkommunionvorbereitung hauptsächlich durch (49,6%).
– Die Erstkommunionvorbereitung ist hauptsächlich Aufgabe des Pfarrers (42,7%).
– Die Eltern übernehmen die Aufgabe der Vorbereitung ihrer Kinder zum größten Teil selbst (20,1%).
Die folgende Abbildung stellt dieses Ergebnis graphisch dar:

---

[624] S.o. 146.
[625] Bezüglich der Akteure der Erstkommunionkatechese s.u. 484–486 (Tab. A 56–Tab A 62).

3.5 Auswertung des Fragebogens

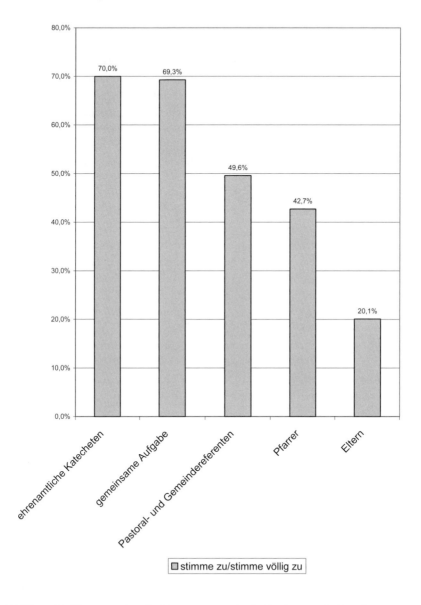

Abbildung 11: Diagramm über die Verantwortung für die Erstkommunionkatechese

Bei dieser Rangfolge der Akteure in der Erstkommunionkatechese zeigt sich erneut die prägende Kraft, die die Gemeindekatechese bei den Sozialformen der Katechese entfalten konnte. Der Aussage, dass ehrenamtliche Katecheten den größten Teil der Erstkommunionvorbereitung übernehmen, stimmen 70,0% der Befragten zu oder völlig zu. Einen ähnlich hohen Prozentsatz der Zustimmung 69,3% erhält die Aussage, dass die Erstkommunionvorbereitung eine gemeinschaftliche Aufgabe von Pfarrer, hauptamtlichen Seelsorgern und ehrenamtlichen Katechetinnen und Katecheten ist. Hier wird die hohe Akzeptanz des seit der Würzburger Synode geförderten gemeindekatechetischen Modells deutlich, das aus kleinen Gruppen unter der Leitung ehrenamtlicher Katecheten besteht. Dennoch überraschen die niedrigen Werte, die Eltern, Pfarrer und hauptamtliche Seelsorger von den Befragten als Hautpverantwortliche der Erstkommunionkatechese erhalten.

Eindeutig werden nicht die Eltern als diejenigen gesehen, die hauptsächlich ihre Kinder auf die Erstkommunion vorbereiten. 79,9% aller Befragten stimmen dieser Aussage nicht oder nur weniger zu. Die geringe Bedeutung, die Mütter und Väter damit sich selbst in der Erstkommunionvorbereitung zusprechen, bestätigt die Annahme, dass Eltern zwar eine religiöse Erziehung ihrer Kinder wünschen, aber diese Aufgabe gerne an haupt- und ehrenamtliche kirchliche Mitarbeiter delegieren.[626] Die Einführung eines familienkatechetischen Modells, wie es Albert Biesinger und andere entwickelt haben, stellt damit ein schwieriges Unterfangen dar.[627] Die notwendige Akzeptanz dafür ist im Dekanat Bad Kreuznach nicht einfach gegeben, sondern müsste erst in einem längeren Prozess erarbeitet werden.[628] Eine kritische Anfrage stellt dieses Ergebnis aber auch an die Taufpastoral. Im Ritus der Kindertaufe werden die Eltern ausdrücklich auf ihre Verpflichtung zur religiösen Erziehung ihrer Kinder hingewiesen.[629] Ziel des Taufgesprächs müsste es eigentlich sein, den Eltern diese Aufgabe, die sie bei der Taufe übernehmen, bewusst zu machen und in ihrer Bedeutung auch konkret werden zu lassen. Wenn aber 79,9% die Erstkommunionvorbereitung zu einer Aufgabe deklarieren, mit der die Eltern nichts oder nur wenig zu tun haben, dann darf man daran zweifeln, ob ihnen ihre Verantwortung für die religiöse Erziehung ihrer Kinder überhaupt

---

[626] S.o. 134; vgl. *Knoblauch / Schnettler*, Trägheit, 9.
[627] S.o. 96–99.
[628] Die empirischen Ergebnisse, die Biesinger selbst mit seinem Mitarbeitern zur Familienkatechese veröffentlicht hat, lassen keine Widerstände der Eltern erkennen, sondern zeigen eine hohe Akzeptanz dieses Modells und deuten nicht auf eine Überforderung der Eltern hin (vgl. *Biesinger / Gaus / Stroezel, Erstkommunion*, 85–88). In den ausgewählten Pfarreien war allerdings die Familienkatechese schon vorher eingeführt.
[629] Vgl. Taufrituale 1971, 30.

bewusst ist. Damit stellt sich die Frage nach einer intensiveren Taufpastoral, die dafür ein Bewusstsein zu schaffen sucht.[630]

Die Erstkommunion wird nicht als hauptsächliche Aufgabe der Pfarrer und hauptamtlichen Seelsorger gesehen. Nur 42,7% der Befragten sprechen dem Pfarrer in der Erstkommunionkatechese die Hauptverantwortung zu. Bei den Pastoral- und Gemeindereferenten liegt der Prozentsatz immerhin bei 50,4%. Damit hat sich die Rangfolge der Akteure vertauscht, wenn man bedenkt, dass der Pfarrer in den sechziger Jahren des 20. Jahrhunderts der Alleinverantwortliche für die Erstkommunionkatechese war. Zu dieser Veränderung des Bewusstseins hat die flächendeckende Einführung der Gemeindekatechese beigetragen.[631] Die Aufgabe der Pfarrer und der hauptamtlichen Seelsorger besteht in der Erstkommunionvorbereitung nach Ansicht der Befragten nicht mehr in der Arbeit mit den Erstkommunionkindern, sondern in der Begleitung der Katecheten. 66,0% der Befragten stimmen der Aussage zu, dass die Leitung der Katechetenrunden Aufgabe der Pfarrers ist. 56,7% sehen darin eine Aufgabe für die Berufsgruppe der Pastoral- und Gemeindereferenten. Auffallend ist, dass sich in der Gruppe der Katecheten diese Werte umkehren. Hier betrachten 65,4% die Leitung der Katechetenrunde als eine Aufgabe der Pastoral- und Gemeindereferenten und nur 54,7% als eine Aufgabe des Pfarrers. Dies lässt sich am besten dadurch erklären, dass die Katecheten bei der Befragung die tatsächliche Situation wiedergeben, während die Eltern eher unabhängig von der konkreten Aufgabenverteilung in der Pfarrei ihre Meinung äußern.[632] Da die Qualifizierung und Begleitung ehrenamtlicher Katecheten bis in die jüngste Zeit von der katechetischen Forschung in Deutschland als Hauptaufgabe der hauptamtlichen Seelsorger gesehen wurde, wird auch hier die prägende Kraft der Gemeindekatechese sichtbar.[633] Die Umfrage im Dekanat

---

[630] Vorschläge dazu macht *Wollbold*, Sakrament, 268–271.

[631] Vgl. *Emeis/Schmitt*, Gemeindekatechese, 103. In diesem für die theoretische Grundlegung und Entwicklung der Gemeindekatechese wichtigen Buch wird die Bedeutung der ehrenamtlichen Katechetinnen und Katecheten unterstrichen.

[632] Bei Eltern, die keine enge kirchliche Bindung haben, ist zudem damit zu rechnen, dass ihnen einfach der Begriff Pfarrer vertrauter ist. Das Berufsbild der Pastoral- und Gemeindereferenten wird ihnen dagegen weniger bekannt sein. Die Katecheten werden aber mit diesen Bezeichnungen konkrete Aufgaben verbinden, die bei Gemeindereferenten oft im Bereich der Sakramentenpastoral liegen.

[633] So sieht Lutz die Aufgabe der hauptamtlichen Seelsorger vor allem im Entdecken der katechetischen Charismen der Gemeinde und in deren Förderung, Qualifizierung und Begleitung (vgl. *Lutz*, Katechese, 307). Die gleiche Ansicht vertritt *Barbara Strifler*, Hauptberufliche und ehrenamtliche MitarbeiterInnen in der Katechese, in: LKat 25 (2003), 50–53, hier 52.
Eine Kurskorrektur wird dagegen in der jüngsten Veröffentlichung der Deutschen Bischofskonferenz zum Thema Katechese vorgenommen. Hier wird zwar die Förderung und Befähigung ehrenamtlicher Katecheten als eine wesentliche Aufgabe hauptamtlicher Seelsorger genannt. Sie sollen aber auch an den Prozessen der Glaubensweitergabe beteiligt sein. Gerade

Bad Kreuznach wirft die kritische Frage auf, ob nicht auch Pfarrer und hauptamtliche Seelsorger einen größeren Anteil an der konkreten katechetischen Arbeit übernehmen müssten, um in diesem wichtigen kirchlichen Handlungsfeld für die Eltern wirklich präsent zu sein.

Zusammenfassend kann als Ergebnis der Befragung im Dekanat Bad Kreuznach im Blick auf die Akteure der Katechese festgehalten werden, dass die kleine katechetische Gruppe unter Leitung eines ehrenamtlichen Katecheten zur beherrschenden Sozialform der Katechese geworden ist. Aufgabe der hauptamtlichen Seelsorger ist die Leitung der Katechetenrunden, also deren fachliche Qualifikation und Begleitung. Die Rolle des Pfarrers wird zudem von den ehrenamtlichen Katecheten als eher marginal betrachtet. Die Eltern werden nicht als verantwortlich für die Erstkommunionkatechese wahrgenommen. Diese Thesen zu Sozialformen und Akteuren haben sich somit bestätigt.[634]

3.5.6 Die Verbreitung der Katechesetypen

Die in Kapitel 3.3.7 dargestellten Idealtypen der Katechese[635] lassen sich in der beschriebenen Form im Dekanat Bad Kreuznach nicht feststellen, da kaum ein Fragebogen die erwarteten Muster der Antworten[636] aufweist. Dennoch stellen die idealtypischen Katecheseformen wichtige Hilfen zur Deutung des Datenmaterials zur Verfügung. Die bereits dargestellten Ergebnisse zu Elementen, Inhalten, Methoden und Akteuren der Erstkommunionkatechese helfen, sich auf die wichtigsten Merkmale der einzelnen Katechesetypen zu konzentrieren. Für den Typ der diakonischen Katechese sind folgende Aussagen besonders signifikant:
– In der Erstkommunion wird das soziale Verhalten der Kinder (Sinn für Gemeinschaft, Streitkultur, Hilfsbereitschaft) als Grundvoraussetzung für jede weitere inhaltliche Arbeit betrachtet.
– In der Erstkommunionvorbereitung erzählen die Kinder sehr viel von ihrem Leben und ihren eigenen Erfahrungen in Familie, Freundeskreis und Schule.
– Die Vorbereitung beinhaltet fast ausschließlich kreative Elemente (Malen, Spielen, Basteln, Backen, Singen, Aktionen).

In allen drei Aussagen steht das Moment der Begleitung innerhalb der Erstkommunionkatechese im Vordergrund. Nicht ein vorgegebener Kanon von Inhalten prägt die Vorbereitung auf die Erstkommunion, sondern die persönliche Erfahrung der Kinder, die sich an den Leitthemen ‚Gemeinschaft' und ‚Identi-

---

den Pfarrern wird die Mitarbeit in der Katechese in allen Bereichen ans Herz gelegt (vgl. *Katechese in veränderter Zeit*, 39).
[634] S.o. 146.
[635] S.o. 148–153.
[636] S.o. 155–157.

tätsfindung' orientiert. 54,4% aller Befragten im Dekanat Bad Kreuznach bewerten diese drei Aussagen als ‚wichtig' oder ‚sehr wichtig' und stellen damit die soziale Komponente der Erstkommunionkatechese in den Mittelpunkt.

Für den gemeindekatechetischen Typ sind besonders Aussagen von Bedeutung, die die Erstkommunionkatechese inhaltlich und methodisch am Leben der Gemeinde ausrichten wollen:
– Während der Erstkommunionvorbereitung lernen die Kinder alle wichtigen Personen und Gruppen der Pfarrei kennen.
– Die Erstkommunionvorbereitung bindet die Kinder und ihre Familien eng an die Pfarrgemeinde.
– Der Besuch von Gruppen der Pfarrei (Messdienergruppen, Kinderchor, Pfadfinder, Seniorengruppen) ist eine bevorzugte Methode der Erstkommunionvorbereitung.

Lediglich 7,7% der Befragten bewerten alle diese Aussagen als ‚wichtig' oder ‚sehr wichtig' und möchten damit das Leben der Pfarrgemeinde zu einem zentralen inhaltlichen und methodischen Bestandteil der Erstkommunionvorbereitung machen. Die bisherigen Ergebnisse der Umfrage haben gezeigt, dass die Gemeindekatechese in der Praxis zwar einen großen Einfluss auf die Sozialformen und Akteure der Katechese ausgeübt hat, aber ihr eigentliches Ziel, nämlich die Verlebendigung der Pfarrgemeinden, nicht erreichen konnte. Dies bestätigt nun auch die Auswertung zur Verbreitung der Katechesetypen. Die konkrete Pfarrgemeinde spielt in der Wahrnehmung der Befragten für die Erstkommunionkatechese kaum eine Rolle. Katechese und konkretes Gemeindeleben werden als zwei getrennte Wirklichkeiten gesehen, die nicht unbedingt miteinander verbunden sein müssen.

Für den traditionsauffrischenden Katechesetyp sind folgende Aussagen des Fragebogens, der im Dekanat Bad Kreuznach verwendet wurde, besonders charakteristisch:
– Der Beichtunterricht ist ein verbindlicher Bestandteil der Erstkommunionvorbereitung.
– Die Kinder lernen wichtige Gebete in der Erstkommunionvorbereitung auswendig.
– In der Erstkommunionvorbereitung ist das Auswendiglernen eine wichtige Methode.

Prägend für diesen Katechesetyp ist zunächst das Festhalten am Beichtunterricht innerhalb der Katechese. Das Sakrament der Beichte kann als Ausdruck einer Kirchlichkeit gesehen werden, die sich stark an den Vorgaben der Tradition orientiert und versucht, diese neu zu beleben.[637] Als zweites Merkmal dieses Typus

---

[637] Fundamentalistische Strömungen im Katholizismus versuchen, durch eine starke Betonung des Bußsakramentes die Ritualisierung des Alltags zu erreichen und so das katholische Milieu wieder neu zu beleben (vgl. *Karl Gabriel*, Christentum zwischen Tradition und Postmoderne, Freiburg i. Br. 1992, 179–180). Ebertz sieht im Rückgang der Beichte das deutlichste Zei-

kann das Auswendiglernen von Glaubensformeln und Gebeten betrachtet werden, um so das Glaubenswissen zu festigen.[638] Mit 16,8 % ist der Anteil der Befragten, der diese beiden Schwerpunktsetzungen für ‚wichtig' oder ‚sehr wichtig' hält, überraschend groß. Das traditionsauffrischende Katechesemodell genießt eine breitere Zustimmung als das gemeindekatechetische Modell, das in den letzten Jahrzehnten in Deutschland sehr gefördert wurde. Glaubenswissen scheint für eine relativ große Gruppe der Eltern und Katecheten immer noch von entscheidender Bedeutung zu sein, auch wenn die überwiegende Mehrheit eine solche Profilierung der Katechese natürlich nicht fordert.

Da keiner der katechetischen Idealtypen in seiner Vollform nachweisbar war, sondern nur durch die Konzentration auf die in diesem Kapitel dargestellten Aussagen, darf man den eklektischen Katechesetyp als den Katechesetyp schlechthin bezeichnen. Nicht eine alles prägende Leitidee, wie die sozialen Kompetenz, die Gemeinde oder die Glaubenstradition bestimmt die Eucharistiekatechese, sondern das jeweils Interessanteste und Einsichtigste wird für die Katechese als wichtig erachtet. Dies führt zu einer diffusen und manchmal widersprüchlichen Gestalt der Katechese, etwa wenn Katechese als die religiöse Erziehung schlechthin betrachtet wird, die aber außer ein paar biblischen Geschichten kaum Glaubenswissen vermitteln und auf kognitive Methoden weitestgehend verzichten soll. Allerdings liegt darin auch eine große Chance zur Weiterentwicklung der Katechese. Da keine festen Erwartungen vorhanden sind, können neue Schwerpunkte gesetzt werden, die sich dann aber in der Praxis bewähren müssen. Die Möglichkeiten zur Profilierung der Katechese sind also gegeben. Das folgende Diagramm veranschaulicht noch einmal die Verteilung der Katechesetypen anhand der in diesem Kapitel genannten charakteristischen Aussagen:

---

chen für „die Auflösung der basalen Voraussetzung des Gesamtgefüges der katholischen Gnadenanstalt, nämlich des ‚Anstaltsgehorsams', sowie die verbreitete Indifferenz auch und gerade der Mitglieder der Kirche gegenüber ihrer Anstaltsgnade, also auch das Desinteresse an ihr als Gnadenanstalt" (*Ebertz*, Erosion, 195). Gerade die Wiederbelebung der Beichte steht somit für eine Wiederbelebung der kirchlichen Tradition, wie sie für das katholische Milieu typisch ist.

[638] Das Auswendiglernen wird gerade in den römischen Dokumenten zur Katechese immer wieder hervorgehoben (vgl. CT 55 und ADK 154–155).

3.5 Auswertung des Fragebogens

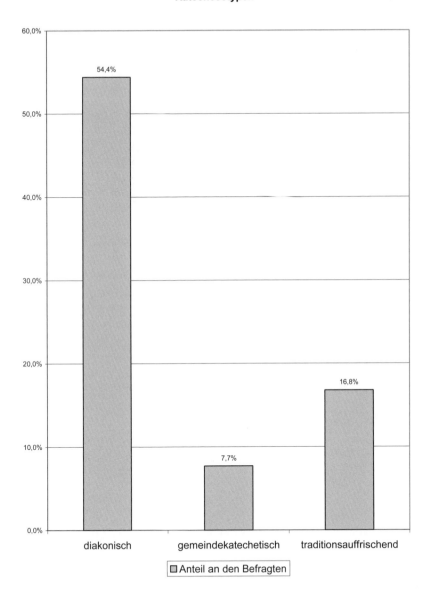

Abbildung 12: Diagramm über die Verbreitung der Katechesetypen

3.5.7 Die Erstkommunionfeier

Die Befragung im Dekanat Bad Kreuznach führt zu folgender Rangfolge bezüglich der vorgegebenen Aussagen zur Erstkommunionfeier[639] (Prozentangaben für die Bewertung mit ‚stimme zu' oder ‚stimme völlig zu').
- Die Erstkommunion ist das Fest des Glaubens (93,4%).
- Die Erstkommunion ist das Fest der Kinder (92,2%).
- Die Erstkommunion ist das Fest der Familie (79,1%)
- Die Erstkommunion ist die feierliche Aufnahme in die Gemeinde, die sich sonntags zum Gottesdienst versammelt (76,8%).
- Die Erstkommunion ist der feierliche Abschluss der Vorbereitungszeit (76,3%).
- Die Erstkommunion ist das Fest der Pfarrgemeinde (52,2%).
- Die Erstkommunion ist das Fest eines Schuljahrgangs (22,5%).

Die folgende Abbildung stellt dieses Ergebnis graphisch dar:

---

[639] Bezüglich der Aussagen über die Erstkommunionfeier s.u. 487–489 (Tab. A 63–Tab. A 69).

3.5 Auswertung des Fragebogens

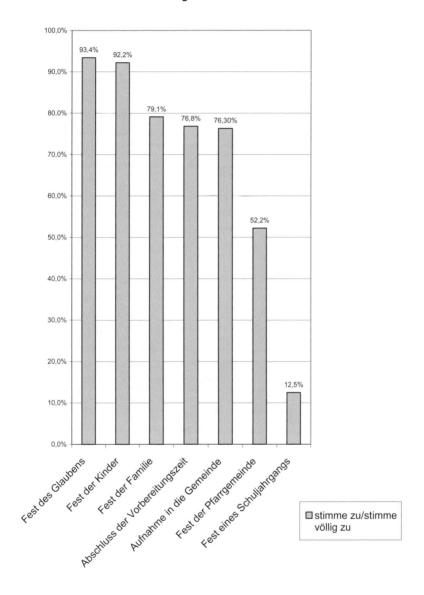

Abbildung 13: Diagramm über die Bedeutung der Erstkommunionfeier

Dass 93,4% der Befragten die Erstkommunion als „Fest des Glaubens" bezeichnen, scheint zunächst eine reine Selbstverständlichkeit zu sein, da es sich dabei um ein kirchliches Sakrament handelt. Allerdings darf der Begriff ‚Glaube' nicht einfachhin im Sinne des kirchenamtlichen Glaubens verstanden werden, der beim Fest der Erstkommunion die Lehre von der Eucharistie in den Mittelpunkt stellen würde. Wie bereits die Ergebnisse der Befragung zu den Inhalten der Katechese zeigen, verbindet sich der Glaube vor allem mit dem Bereich der Emotionen und der sozialen Kompetenz.[640] Der Gottesdienstbesuch und die Bindung an die Pfarrgemeinde erfahren dagegen als Elemente eines kirchlich geprägten Glaubens nur eine sehr geringe Zustimmung. Um ein genaues Bild von dem zu gewinnen, was unter der Erstkommunion als „Fest des Glaubens" verstanden wird, muss man die übrigen Ergebnisse zu den Aussagen über die Erstkommunionfeier mit berücksichtigen.

Zunächst einmal ist die geringe Kirchlichkeit des Glaubensfestes der Erstkommunion auffallend. Dass die Erstkommunion nur von 52,2% der Befragten als Fest der Pfarrgemeinde betrachtet wird, bestätigt die Tendenzen, die schon bei Inhalt und Methodik der Katechese sichtbar wurden. Die Pfarrgemeinde ist nicht mehr eine bestimmende Dimension für die Erstkommunionkatechese und die Feier der Erstkommunion. Die ekklesiale Bedeutung der Sakramente, die sich ja in einem Verständnis der Erstkommunion als Fest der Pfarrgemeinde ausdrücken würde, bleibt unterbelichtet. Die „sakramentale Religiosität", die die Pastoralkommission der deutschen Bischöfe in *Sakramentenpastoral im Wandel* 1993 beschreibt, kann als überwiegende Form der Religiosität betrachtet werden: „Im Zusammenhang der wichtigsten Wendepunkte des Lebens (Geburt, Wachstum, Heirat, Krankheit, Tod) suchen auch distanzierte Christen in der institutionalisierten Religion Vergewisserung, Deutung, Beistand, Segen und rituelle Feier."[641]

Zwar sehen 76,8% der Befragten in der Erstkommunion die feierliche Aufnahme in die Gemeinde, die sich sonntags zum Gottesdienst versammelt, doch steht hier weniger der Verpflichtungscharakter dieser Aussage als ihr Feiercharak-

---

[640] S.o. 171.
[641] *Sakramentenpastoral im Wandel*, 21. Diese „sakramentale Religiosität" sucht aber keine feste Bindung an eine Pfarrgemeinde und führt auch nicht zu einer regelmäßigen Teilnahme am Gottesdienst, selbst wenn es hier große Bemühungen in Form von Familiengottesdiensten gibt. Först begründet dies in seiner Untersuchung zur Kasualienfrömmigkeit damit, dass der regelmäßige Besuch des Sonntagsgottesdienstes nicht in das „Relevanzgefüge von Lebensbewältigung, Biographie und Ritual" (*Först*, unbekannte Mehrheit, 49) passt.
Wie prekär diese mangelnde Bindung an die Pfarrgemeinde und den Gottesdienst mittlerweile geworden ist, zeigt ein Appell des Trierer Bischofs Reinhard Marx in seiner Silvesterpredigt am 31.12.2006: „Aber wir müssen immer wieder in der Katechese deutlich machen, auch den jungen Familien: zum Sonntag gehört der Gottesdienstbesuch, zum Sonntag gehört die Feier der Eucharistie." (*Reinhard Marx*, Kirche – als Volk Gottes auf dem Weg, in: Paulinus 133 Nr. 2 (14. Januar 2007], 8).

ter im Vordergrund. Die Pfarrgemeinde wird als „- situativ und fallweise, vor allem rituell und caritativ genutzte – Dienstleistungs- und religiöse Versorgungsorganisation"[642] begriffen. Jeglicher Verpflichtungscharakter der „Gnadenanstalt" tritt in den Hintergrund. Die Familien feiern daher am Weißen Sonntag nicht den kirchlich-dogmatischen Glauben, der die allsonntägliche Mahlgemeinschaft mit Jesus Christus in den Mittelpunkt stellt.

Welcher ‚Glaube' wird nun aber bei der Erstkommunion gefeiert? Aufschlussreich zur Beantwortung dieser Frage sind die Bewertungen der beiden folgenden Aussagen:
- 92,2% der Befragten stimmen der Aussage zu, dass die Erstkommunion ein Fest der Kinder ist.
- 79,1% der Befragten stimmen der Aussage zu, dass die Erstkommunion ein Fest der Familie ist.

Die Erstkommunion wird als Glaubensfest in enger Beziehung zum Kind und zur Familie gesehen. Das eigene Kind und die eigene Familie wird gefeiert und der Glaube vor allem in seiner sinnstiftenden Dimension für das Leben des Kindes und der Familie geschätzt. Der Ritus der Erstkommunion dient zur Darstellung der Familie als „modernes Heiligtum", die wegen des Riten- und Feiermonopols der Kirche dazu auf das Angebot der Kirche zurückgreift: „Gerade an den Knotenpunkten menschlicher Existenz, die immer auch als Bedrohung und Unbehaustsein empfunden werden, macht man gern Gebrauch von den kirchlichen Riten und Symbolhandlungen, die der Familienreligiosität einverleibt werden."[643] Der Knotenpunkt des menschlichen Lebens, den die Erstkommunion in den Blick nimmt, ist das Ende der Kindheit und der Übergang in das Jugendalter. Mit diesem Übergang ist auch eine wachsende Loslösung von der Familie gegeben, die durch andere Gruppen, vor allem die Gemeinschaft mit Gleichaltrigen, an Bedeutung verliert. Die Erstkommunion ist somit die letzte Gelegenheit, die Familie vor der Pubertät des Kindes als ‚heilige Familie' zu inszenieren und den scheinbar unbeschwerten Lebensabschnitt der Kindheit zu feiern. Das Kind darf und soll im Mittelpunkt stehen und die Eltern wollen den „Erlebnisfaktor Kind"[644] noch einmal in vollen Zügen genießen, bevor dies im beginnenden Jugendalter durch die zunehmende Eigenständigkeit der Kinder schwieriger wird. Die Familien nutzen also das rituelle Angebot der Kirche, um die eigene Lebenswirklichkeit zu transzendieren und mit Sinn zu füllen. Diese These von der Familialisierung der Religion findet eine weitere Bestätigung. Die Erstkommunion feiert den ‚Glauben' an die Familie und das eigene Kind.[645]

---

[642] *Ebertz*, Erosion, 289.
[643] *Sauer*, Familie, 234.
[644] *Biesinger*, Gott in die Familie, 36.
[645] S.o. 142.

Die These, dass die langjährige Praxis der jahrgangsweisen Erstkommunion dazu geführt hat, dass dieses Fest als „Fest eines Schuljahrgangs" betrachtet wird,[646] wird dagegen durch die Ergebnisse der Befragung im Dekanat Bad Kreuznach widerlegt. Nur 12,5% der Befragten stimmen der Aussage zu, dass die Erstkommunion das Fest eines Schuljahrgangs ist. Sicher ist dies ein Verdienst der Gemeindekatechese, die zu einer Unterscheidung der beiden Lernorte Schule und Gemeinde geführt hat. Der Schuljahrgang scheint nur noch als Organisationshilfe wahrgenommen zu werden, aber nicht mehr als wesentlicher Bestandteil der Erstkommunionkatechese. Die hohe Ablehnung der Erstkommunion als das Fest eines Schuljahrganges stellt die bisherige Praxis der jahrgangsweisen Erstkommunionvorbereitung in Frage. Die Bindung der Erstkommunion an ein bestimmtes Schuljahr scheint nicht so unverrückbar zum volkskirchlichen Erbe zu gehören, wie angenommen.[647] Die Klassengemeinschaft wird in ihrer Bedeutung wohl immer mehr durch den Freundeskreis ersetzt. Die hohen Werte, die die gute Gemeinschaft und die soziale Kompetenz als Inhalte der Erstkommunionvorbereitung erhalten, sind ein Indiz dafür, dass die Kinder in der vertrauten Gemeinschaft ihrer Freunde auf dieses Fest zugehen sollen. Hier zeigt sich ein Trend zur Individualisierung, der ja auch in anderen Bereichen des gesellschaftlichen Lebens festzustellen ist. Nicht mehr die Institutionen, wie Schule, Klassenverband oder Pfarrgemeinde, stehen im Mittelpunkt, sondern die privaten sozialen Beziehungen, wie Familie und Freunde.

Die Befragung im Dekanat Bad Kreuznach ermutigt dazu, Alternativen zur jahrgangsweisen Erstkommunion im dritten Schuljahr zu suchen. Dieses volkskirchliche Erbe ist nicht mehr so fest verankert, wie es die allgemeine Praxis vermuten lässt. Differenzierungen und Veränderungen scheinen bei einer guten Aufklärungsarbeit, die auf die Bedenken der Eltern eingeht, durchaus möglich. Dies lässt dann Katechesewege zu, die sich nicht mehr bloß am Geburtsdatum des Kindes orientieren, sondern dessen kirchliche Bindung und die religiöse Entwicklung in den Blick nehmen. Bei den Eltern scheint jedenfalls die Akzeptanz für eine solche Differenzierung größer als vermutet.

---

[646] S.o. 148.
[647] Vgl. *Hofrichter*, Hinführung, 25. Hofrichter zeigt hier die Argumente für und gegen die Abschaffung der Jahrgangskatechese auf und plädiert für differenzierte Entscheidungen, die die jeweilige Situation berücksichtigen. Dabei wird aber auch in ihrem Artikel deutlich, dass viele Eltern und Katechetinnen und Katecheten ein Abweichen von der jahrgangsweisen Erstkommunion begrüßen. Sie sieht darin auch einen Trend zur Individualisierung religiöser Vollzüge.
Ganz eindeutig für die Abschaffung der Jahrgangskatechese für Eucharistie und Firmung plädiert Lutz. Er sieht darin eine nicht mehr zeitgemäße Form der volkskirchlichen Erfassungspastoral (vgl. *Lutz*, Gemeindekatechese, 433; *ders.*, Perspektiven, 246).

3.5.8 Die Heilige Messe am Weißen Sonntag

Die Befragung im Dekanat Bad Kreuznach führte zu folgender Rangfolge bezüglich der Aussagen zur Gestaltung der Heiligen Messe am Weißen Sonntag[648] (Prozentangaben für die Bewertung mit ‚wichtig' oder ‚sehr wichtig'):
- Die Kinder stehen in der Hl. Messe am Weißen Sonntag im Mittelpunkt (98,1%).
- Die Hl. Messe am Weißen Sonntag ist ein besonders festlicher Gottesdienst (96,6%).
- Die Kinder sind in der Hl. Messe am Weißen Sonntag aktiv beteiligt (95,2%).
- Die Hl. Messe am Weißen Sonntag wird mit Symbolen/Themen gestaltet, die eng mit der Messfeier in Verbindung stehen (Brot, Wein, Ähren, Trauben, Kelch, Einladung durch Jesus, Gemeinschaft etc.) (92,7%).
- Die Hl. Messe am Weißen Sonntag steht unter einem besonderen Thema, das den ganzen Gottesdienst bestimmt (84,9%).
- Die Eltern und Katecheten sind an der Vorbereitung der Hl. Messe am Weißen Sonntag beteiligt 77,6%).
- Die Menschen, die auch sonst regelmäßig die Sonntagsmesse der Gemeinde besuchen, sind bei der Hl. Messe am Weißen Sonntag anwesend (68,8%).
- Die Hl. Messe am Weißen Sonntag findet zur üblichen Zeit der Sonntagsmesse statt (35,8%).
- Die Hl. Messe am Weißen Sonntag unterscheidet sich nicht von übrigen Festgottesdiensten in dieser Gemeinde (31,8%).
- Die Hl. Messe am Weißen Sonntag wird mit Symbolen/Themen gestaltet, die als schön empfunden werden, ohne eine enge inhaltliche Verbindung zur Messfeier aufzuweisen (26,0%).

Die folgende Abbildung stellt dieses Ergebnis graphisch dar:

---

[648] Bezüglich der Gestaltung der Heiligen Messe am Weißen Sonntag s.u. 489–492 (Tab. A 70–Tab. A 79).
Der Begriff „Weißer Sonntag", der der klassische Name für den zweiten Sonntag der Osterzeit ist, wird vom Autor in dieser Arbeit generell als Bezeichnung für den Tag der Erstkommunionfeier verwendet, auch wenn diese in vielen Pfarreien nicht mehr am zweiten Sonntag der Osterzeit stattfindet, sondern an einem anderen Sonntag oder sogar am Ostermontag oder an Christi Himmelfahrt. Der Autor dieser Arbeit wählt die volkstümliche Begriffsbezeichnung „Weißer Sonntag" in dieser Studie, um bei der Durchführung der Befragung im Dekanat Bad Kreuznach gerade bei kirchenfernen Familien keine unnötigen fachsprachlichen Barrieren aufzubauen.

194 3. Empirischer Zugang zur Situation in Deutschland

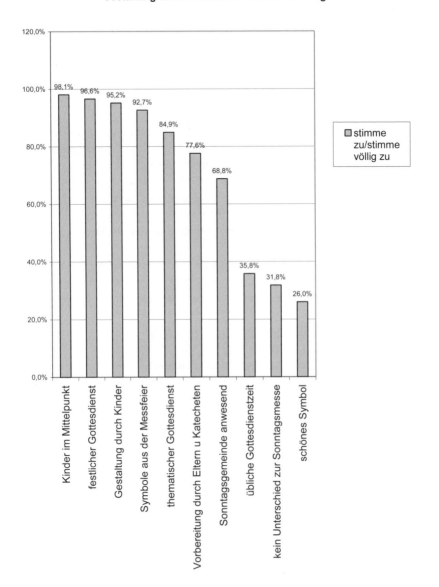

Abbildung 14: Diagramm über Elemente der Gestaltung der Hl. Messe am Weißen Sonntag

3.5 Auswertung des Fragebogens

Wie in einem Fokus bündeln sich die bisherigen Ergebnisse der Befragung zur Erstkommunionkatechese in den Antworten zur Messfeier am Weißen Sonntag. Auch bei der Gestaltung der Messfeier am Weißen Sonntag ist eine Familialisierung dieser sakramentalen Feier zu beobachten. Die Erstkommunion wird zum Fest der Kindheit, an dem die Familie ihr Kind in besonderer Weise erleben möchte.[649] Durch, in und für das Kind und die Familie wird in der Feier der Heiligen Messe eine Transzendenzerfahrung gesucht und das Angebot der Kirche dazu als Serviceleistung genutzt.[650] Den höchsten Wert der Zustimmung erhält daher mit 98,1% die Aussage, dass die Kinder in der Heiligen Messe am Weißen Sonntag im Mittelpunkt stehen. Mit dem dritthöchsten Wert der Zustimmung von 95,2% der Befragten wird die aktive Beteiligung der Kinder in der Heiligen Messe am Weißen Sonntag bedacht. Sicherlich spielt bei dieser Aussage auch der Wunsch eine Rolle, dass die Kinder die Liturgie nachvollziehen können.[651] Hauptsächlich geht es aber um den „Erlebnisfaktor Kind".[652] Das eigene Kind soll im sakralen Rahmen eine Gelegenheit zur Selbstdarstellung bekommen und Beachtung finden.

Die Dimension des Festes spielt für die Befragten bei der Gestaltung des Gottesdienstes am Erstkommuniontag ebenfalls eine sehr wichtige Rolle, da 96,6% der Befragten wünschen, dass die Heilige Messe am Weißen Sonntag ein besonders festlicher Gottesdienst ist. Die religiösen Komponenten dieses Festes werden durchaus bejaht, da sie der Heiligung der eigenen Familienwirklichkeit dienen und die Erfahrungen von Schutz und Geborgenheit gewähren.[653] Das Kind kann sich mit seinen Fähigkeiten in festlichem Rahmen präsentieren, aber auch erfahren, dass sein Leben von Gott getragen ist. Die heile Welt, die das Fest der Erstkommunion darstellen soll, ist der Ausdruck einer wirklichen Sehnsucht nach Heilserfahrung. Das religiöse Fest wird gesucht als Ort der Transzendenzerfahrung und als Möglichkeit zur Feier der eigenen Familie und des eigenen Kindes. „Auch Kirchenmitglieder handeln, wenn sie Religiöses tun, nicht nur kirchlich bzw. christlich. Sie bedienen unter Umständen eine ganz andere ‚Religion', nämlich ihre eigene, ihre ‚Familienreligion'.[654]

---

[649] S.o. 142.
[650] Vgl. *Ebertz*, Heilige Familie, 38.
[651] Das Anliegen kind- und familiengerechter Gottesdienste wird generell in der Erstkommunionvorbereitung stark aufgegriffen. Besonders deutlich stellt Biesinger die Notwendigkeit einer familiengerechten Liturgie heraus, die sich ganz an den Kindern orientiert (vgl. *Albert Biesinger*, „Herr Pfarrer, jetzt haben wir Familienkatechese gemacht, jetzt halten Sie am Sonntag den Gottesdienst aber auch so, dass wir mit unseren Kindern kommen können.", in: LS 56 [2005], 12–16, hier 14).
[652] *Biesinger*, Gott in die Familie, 36.
[653] Vgl. *Ebertz*, Heilige Familie, 38; vgl. *Sauer*, Familie, 234.
[654] *Ebertz*, Heilige Familie, 38

Aus theologischer Sicht ist diese Familialisierung der Heiligen Messe am Weißen Sonntag äußerst problematisch. Aus kirchenamtlicher Sicht steht das Pascha-Mysteriums Jesu Christi und nicht die Inszenierung von Kindern und Familien im Mittelpunkt der Eucharistiefeier.[655] Hier zeigt sich eine deutliche Spannung zwischen der offiziellen kirchlichen Lehre und den Ansprüchen und Bedürfnissen der Familien der Erstkommunionkinder. Natürlich kann man mit einer „sympathischen Pflege des volkskirchlichen Erbes"[656] diese unterschiedlichen Positionen überspielen. Allerdings gerät man so in die Falle einer „Als-Ob-Pastoral"[657], die sich mit vordergründigen und oberflächlichen Gemeinsamkeiten zufrieden gibt, dabei aber die eigenen Glaubensüberzeugungen nicht ernst nimmt. Aufgabe der Sakramentenpastoral müsste es sein, ohne Rigorismus, hier ein schärferes Profil herauszuarbeiten, indem die genuinen Inhalte der Liturgie wieder stärker die Katechese prägen.

Zur Wesen des Festes gehört, dass es den Alltag unterbricht und ein herausgehobenes Moment im Lauf eines Jahres oder der eigenen Biographie bildet. Es ist etwas Besonderes und Einzigartiges. Daher wird nicht das alltägliche Leben mit der Gemeinde gesucht, sondern der besondere Höhepunkt im Leben des Kindes, der sich in einem ganz einzigartigen Gottesdienst ausdrückt. Auf diesem Hintergrund ist es nicht verwunderlich, dass Aspekte der Heiligen Messe am Weißen Sonntag, die den Bezug zur Gemeinde betonen, als unwichtig bewertet werden. Nur für 31,8% der Befragten ist es wichtig, dass die Hl. Messe am Weißen Sonntag sich nicht von den übrigen Festgottesdiensten der Gemeinde unterscheidet, und nur 35,8% halten es wichtig, dass die Heilige Messe am Weißen Sonntag zu den üblichen Zeiten der Sonntagsmesse stattfindet. Beide Elemente versuchen eine Einbindung der Erstkommunion in das normale gottesdienstliche Leben der Gemeinde. Zwar halten es immerhin 68,8% der Befragten für ‚wichtig' oder ‚sehr wichtig', dass bei der Eucharistiefeier am Weißen Sonntag die Sonntagsgemeinde anwesend ist, um somit der Aufnahme in die Gottesdienstgemeinde Ausdruck zu geben, doch ist dies insgesamt betrachtet ein relativ niedriger Wert. Die Bindung an die Gemeinde steht bei der Gestaltung des Weißen Sonntags nicht im Vordergrund.

---

[655] „In der Liturgie der Kirche bezeichnet und verwirklicht Christus vor allem sein Pascha-Mysterium. Indem er den Aposteln den Heiligen Geist spendete, gab er ihnen und ihren Nachfolgern die Vollmacht, das Heilswerk zu vollziehen – und zwar durch das eucharistische Opfer und die Sakramente, in denen er selbst wirkt, um den Gläubigen aller Zeiten und in aller Welt seine Gnade mitzuteilen" (*Ecclesia catholica*, Katechismus der Katholischen Kirche. Kompendium, München 2005, Nr. 222).

[656] *Emeis*, Ausverkauf, 38.

[657] *Karl-Heinz Menke*, Gemeinsames und besonderes Priestertum, in: IkaZ 28 (1999), 330–345, hier 335–336.

3.5 Auswertung des Fragebogens

In den letzten Jahren ist es zur üblichen Praxis geworden, die Eucharistiefeier am Weißen Sonntag mit Hilfe eines Symbols thematisch zu gestalten.[658] Dies führt natürlich dazu, dass von den vorgegebenen Texten der Liturgie an diesem Sonntag abgewichen wird. Ein Symbol wird zum tragenden Thema des ganzen Gottesdienstes am Erstkommuniontag und ermöglicht so scheinbar leichter die Korrelation mit der Erfahrungswelt der Kinder.[659] Solche thematischen Gottesdienste finden mit 84,9% eine breite Zustimmung unter der Befragten im Dekanat Bad Kreuznach. Die Kinder stehen so im Mittelpunkt des liturgischen Geschehens, da die thematisch orientierten Gottesdienstmodelle oft ausformulierte Sprechtexte für eine sehr große Gruppe von Kindern enthalten.[660] Für viele Eltern und Katecheten ist damit die thematische Gestaltung der Heiligen Messe durch ein Symbol gleichbedeutend mit einer aktiven Beteiligung (fast) aller Kommunionkinder an der Gestaltung dieses Gottesdienstes am Weißen Sonntag. Das Symbol ermöglicht sowohl, dass das eigene Kind in diesem Gottesdienst erlebt werden kann, als auch dass dieser Gottesdienst etwas ganz Besonderes und Einzigartiges wird, eben ein ganz individuelles Fest.

Auffallend ist, dass der Bezug zur Messfeier bei dem Thema oder dem Symbol, das zur Gestaltung benutzt wird, deutlich werden soll. Für 92,7% der Befragten ist das ‚wichtig' oder ‚sehr wichtig'. Ebenso deutlich fällt die Ablehnung

---

[658] Die Vielzahl der Bücher, die Vorschläge für solche thematischen Gottesdienste am Weißen Sonntag bieten, lässt deutlich erkennen, wie sehr hier von einer fast flächendeckenden Praxis gesprochen werden kann. An dieser Stelle kann nur eine Auswahl aufgeführt werden: *Heriburg Laarmann*, Wir feiern Erstkommunion. Gottesdienstmodelle, Freiburg i. Br. 1988; *Willi Hoffsümmer*, Zwölf Erstkommunionfeiern. Festgottesdienst, Andacht und Dankmesse unter einem Symbol, Aachen ²1992; *ders.*, Zehn weitere Erstkommunionfeiern. Festgottesdienst, Andacht und Dankmesse unter einem Symbol, Aachen 1996; *Norbert Possmann*, Erstkommunion feiern mit Symbolen. Vorbereitung – Gottesdienst – Nachbereitung. Mit katechetischen Bildern von Gudrun Klöckner, Kevelaer 1998; *Wolfgang Geis*, Erstkommunion feiern. Vorbereitungsfeiern, Festgottesdienste, Dankandachten, Freiburg i. Br. 2004; *Beate Brielmaier*, Die Feier der Erstkommunion, Stuttgart 2006; *Petra Focke*, Vom Brot, das wir teilen, Freiburg i. Br. 2007.

[659] „Wenn sie [sc. die Kinder] in den Kommunionunterricht kommen, dann ist es oft so, daß sie in einen unvertrauten Raum eintreten, in dem sie nur wenig Erfahrungen gemacht haben. In einen Raum, der auch nicht sonderlich interessant scheint, denn meist wissen sie durch ihre Eltern nur, daß Kirche etwas Nebensächliches ist, daß es um ein großes Fest geht, daß bis dahin noch wahnsinnig viel zu tun ist. [...] Die Kommunionvorbereitung soll den Kindern helfen, mit Gott leben zu lernen auf ganz einfache und spontane Weise. Sie sollen an ihre Kommunion und an die Vorbereitung darauf immer wieder erinnert werden – durch die vielen alltäglichen Symbole, die in den vorliegenden Modellen herangezogen werden, und durch das Kreuz, das sie begleiten soll auf ihrem Lebensweg mit Gott" (*Possmann*, Erstkommunion, 9).

[660] Hier sind vor allem die Vorlagen von Hoffsümmer zu nennen, dem bei seinen Gottesdienstmodellen die Beteiligung sehr vieler Kinder ein sehr großes Anliegen ist (vgl. *Hoffsümmer*, Zwölf Erstkommunionfeiern; *ders.*, Zehn Erstkommunionfeiern).

von Themen und Symbolen aus, die zwar schön sind, aber diesen Bezug vermissen lassen. Diese Symbole wurden nur von 26,0% der Befragten als ‚wichtig' oder ‚sehr wichtig' bewertet. Durch das eindeutig religiöse Symbol, das aus der Messfeier stammt, wird die Erstkommunion als kirchlich-rituelles Fest gekennzeichnet und von anderen Festen unterscheidbar gemacht. Man greift ganz bewusst auf ein kirchliches Ritual zurück, das die Familien entsprechend ihrem Wunsch nach Heiligung ihres eigenen Familienalltags und des Lebens ihres Kindes adaptieren und transformieren, aber nicht von allen kirchlichen Bezügen befreien wollen. Eine Nutzung der Erstkommunionfeier für die eigene Familienreligiosität ist schließlich nur dann möglich, wenn das Ritual einen deutlichen Bezug zur transzendenten Welt behält. Dafür stehen die Symbole der Messfeier, die verwendet werden sollen, um dieses Fest unverwechselbar als Fest des Glaubens zu kennzeichnen.

Die große Akzeptanz der Heiligen Messe am Weißen Sonntag als kirchliches Ritual ist zunächst einmal ein Anknüpfungspunkt für die Sakramentenkatechese. Die Fokussierung dieses Rituals auf ein Fest der Kinder und die Trivialisierung der Liturgie durch eine symbolisch-thematische Gestaltung gilt es dabei zu überwinden. Aufgabe der Sakramentenkatechese wäre es, die Verbindung von kirchlichem Ritual und Handeln Gottes neu in den Blick zu nehmen. In diesem Sinne müsste Sakramentenkatechese wieder mystagogisch werden, um diese Tiefendimension der Liturgie zu erschließen und nicht oberflächlich bei einem Symbol, das dann eben gar keines ist, zu verharren.

3.6 Zusammenfassung: Sakramentenkatechese aus empirischer Sicht

Die wichtigsten Ergebnisse der Befragung zur Erstkommunionkatechese im Dekanat Bad Kreuznach sollen thesenartig zusammengefasst werden:
– Die Erstkommunionfeier und die Erstkommunionkatechese sind ein fester Bestandteil der Familienreligiosität. Dieser Begriff erfasst die Spannung zwischen dem ungebrochenen Wunsch vieler Eltern nach der Erstkommunion ihres Kindes und der abnehmenden Bereitschaft zur kirchlichen Bindung und zur Übernahme kirchlicher Glaubensvorstellungen besser als das Sprechen vom ‚volkskirchlichen Erbe'. Damit wird nämlich assoziiert, dass es sich bei der Erstkommunion um eine absterbende Tradition handelt, die im Verschwinden begriffen ist. Die Auswertung der Befragung hat aber gezeigt, dass die Erstkommunion durchaus ein sehr lebendiger und angefragter ritueller Vollzug ist, nur eben kein lebendiger Vollzug des kirchlichen Glaubens, sondern der Familienreligiosität. Das ‚Heiligtum' der eigenen Familie und des eigenen Kindes soll rituell gefeiert werden.

3.6 Zusammenfassung

- Wichtiger als die Erstkommunionkatechese ist daher auch die Erstkommunionfeier. Die Dimension des Festes spielt für die Befragten eine große Rolle. Es geht dabei durchaus um ein religiöses Fest, das aber synkretistisch von den Formen der Familienreligiosität durchzogen ist. Gerade in der Feier der Heiligen Messe am Weißen Sonntag wird die Verbindung von Familie und Transzendenz besonders deutlich. Hier ergeben sich wichtige Ansatzpunkte für die Erstkommunionvorbereitung, da in der Heiligen Messe am Weißen Sonntag eine echte Transzendenzerfahrung gemacht wird, die aber geläutert und weiterentwickelt werden muss.
- Bei vielen Befragten ist in Bezug auf die Erstkommunionvorbereitung und die Feier der Erstkommunion die Kundenperspektive vorherrschend. Die Eltern betrachten sich als Kunden der Pfarrgemeinde, die für ihre Kinder von der Gemeinde die Dienstleistung der religiösen Erziehung und der rituellen Feier erwarten. Dies führt dazu, dass der Kontakt zur Pfarrgemeinde von vorneherein als zeitlich begrenzt betrachtet wird.
- Die Erstkommunionvorbereitung wird als wichtiger Bestandteil der religiösen Erziehung betrachtet, die die befragten Eltern aber zu einem großen Teil an die Pfarrgemeinde delegieren möchten. Bei der Erstkommunionkatechese sprechen sie die Kompetenz für die religiöse Erziehung den haupt- und ehrenamtlichen Mitarbeitern der Pfarrgemeinde zu, mit deren Leistung sie sehr zufrieden sind. Die Erstkommunionvorbereitung wird nicht als mögliche Aufgabe der Eltern wahrgenommen. Familienkatechetische Modelle haben daher zunächst eine große Überzeugungsarbeit zu leisten und müssen damit rechnen, dass sich ein erheblicher Teil der Eltern zunächst überfordert fühlt.
- Die Erstkommunionkatechese betont vor allem den sozialen und emotionalen Aspekt des Glaubens und verzichtet weitgehend auf die Vermittlung von Glaubenswissen. Dies ist in der Funktion der Erstkommunionvorbereitung innerhalb der Familienreligiosität begründet: Geborgenheit, Gemeinschaft und Vertrauen sollen durch die Erstkommunionfeier in der Familie gestärkt werden. Kirchliche Glaubensinhalte bleiben dabei zweitrangig.
- Die Erstkommunionkatechese und die Erstkommunionfeier sind überaus stark auf die Kinder zentriert. Die Erstkommunion wird zum ‚Fest der Kinder', denen man ein ganz besonderes Erlebnis vermitteln will und die man in einem besonderen Rahmen erleben möchte. Die Orientierung am Kind wird zum Leitbild der Erstkommunion in der Katechese und in der liturgischen Feier. Dagegen treten die Orientierung an anderen möglichen Leitbildern wie Einführung in die Liturgie, Vermittlung von Glaubenswissen oder Bindung an die Pfarrgemeinde in den Hintergrund.
- Die Erstkommunionkatechese und die Feier der Sonntagsmesse werden von einer großen Mehrheit der Befragten als selbstständige und unabhängige Größen betrachtet. Die eigentliche Erstkommunionvorbereitung besteht für die Befragten

in den Gruppenstunden, die als verbindliches Element eine überwältigende Akzeptanz genießen. Die regelmäßige Mitfeier der Sonntagsmesse wird dagegen nicht als unbedingt notwendiges Element der Vorbereitung angesehen. Ein beträchtlicher Teil der Befragten glaubt, hierauf verzichten zu können. Die gefeierte Liturgie gehört somit nicht zum Kernbestand der Erstkommunionkatechese.
– Das Ziel der gemeindekatechetischen Erneuerung, durch die Erstkommunionvorbereitung eine stärkere Anbindung an die Gemeinden zu ermöglichen, wurde nicht erreicht. Gerade die Bindung an eine Gemeinde wird von den Eltern der Erstkommunionkinder im Dekanat Bad Kreuzbach als unwichtig angesehen.
– Die katechetische Kleingruppe ist zur bestimmenden Sozialform der Katechese geworden, ja die Erstkommunionvorbereitung wird mit den Gruppenstunden gleichgesetzt. Die große Gruppe wird als Organisationsform betrachtet, die zu wenig auf die Kinder eingeht und zu sehr die Wissensvermittlung in den Vordergrund stellt. Der Gemeindekatechese der letzten Jahre ist es gelungen, die ehrenamtlichen Katechetinnen und Katecheten so stark in die Erstkommunionvorbereitung einzubinden, dass sie als die eigentlichen Träger der Katechese angesehen werden.
– Die in sechziger Jahren des 20. Jahrhunderts noch sehr enge Verbindung von Schule und Erstkommunion hat sich fast vollständig aufgelöst. Die Erstkommunion wird nicht mehr als „Fest eines Schuljahrgangs" betrachtet und deutlich dem kirchlichen Bereich zugeordnet. Dies lässt es als möglich erscheinen, von der Praxis der jahrgangsweisen Erstkommunion abzuweichen.

Die ersten beiden Kapitel dieser Arbeit haben das unterschiedliche Katecheseverständnis der römischen Dokumente und der katechetischen Entwicklung in Deutschland seit der Würzburger Synode herausgearbeitet. Dabei wurde deutlich, dass der Katechesebegriff der deutschen katechetischen Forschung einer Ergänzung und Korrektur durch das römische Katecheseverständnis, das die Inhaltlichkeit und Vollständigkeit der Katechese betont, bedarf, um dem Anspruch einer Einführung in den Glauben gerecht zu werden. Die Befragung zur Erstkommunionkatechese im Dekanat Bad Kreuznach zeigt das inhaltliche Defizit der Katechese nun auch von empirischer Seite auf. Die Erstkommunionkatechese und die Feier der Erstkommunion werden immer mehr von einer „Familienreligiosität" dominiert, die wenig Interesse an kognitiven Glaubensinhalten zeigt und vor allem die soziale und emotionale Dimension des Glaubens nutzt, um die eigene Familienwirklichkeit mit Sinn zu erfüllen und religiös zu überhöhen. Die Chance dieser Familialisierung liegt in der großen Anschlussfähigkeit, die die Katechese dadurch erhält. Die große Mehrheit der Befragten im Dekanat Bad Kreuznach sieht in der Eucharistiekatechese eine wünschenswerte Form der religiösen Erziehung und ist mit der Durchführung äußerst zufrieden. Die Problematik der Familialisierung liegt im Verlust der Inhaltlichkeit der Katechese. Sie bietet keine grundlegende Einführung in die christliche Lebensweise und wird dem Anspruch der gespende-

3.6 Zusammenfassung

ten Sakramente nicht mehr gerecht. So stellt sich von Seiten der Empirie ebenfalls die Frage nach der Inhaltlichkeit der Katechese. Welches sind die grundlegenden Inhalte jeder Sakramentenkatechese mit Kindern und Jugendlichen, die unbedingt vorhanden sein müssen und nicht einfach einer Familialisierung der Katechese geopfert werden dürfen?

Aus dem hier Dargelegten ergeben sich zwei weitere Fragen, die im systematischen Teil der Arbeit näher untersucht werden sollen:

– *Welche Inhalte sind notwendiger Bestandteil der Sakramentenkatechese mit Kindern und Jugendlichen?* – Die Vermittlung von Glaubenswissen tritt in Deutschland in der Sakramtenkatechese mit Kindern und Jugendlichen in den Hintergrund. Dennoch ist ein gewisses Maß an Wissen über den Glauben notwendig, um die Sakramente empfangen zu können. Worin hat die Tradition dieses unbedingt notwendige Wissen gesehen? Welches Glaubenswissen und welche rituellen Kompetenzen sind zum Empfang der Eucharistie unbedingt notwendig? Genügt eine reine Begleitung des Glaubensschülers, die nur das vermittelt, was sich gerade mit seiner Lebenserfahrung korrelieren lässt, oder gibt es doch einen festen Kanon von Inhalten, der zu jeder Katechese gehört?

– *Wie ist das Verhältnis von Katechese und Liturgie?* – Die Befragung im Dekanat Bad Kreuznach macht die Trennung deutlich, die zwischen Erstkommunionkatechese und Liturgie herrscht. Die Liturgie wird nicht als wesentlicher Bestandteil der Katechese betrachtet. Dass die Katechese ja gerade auf eine liturgische Feier vorbereiten will, nämlich auf den Empfang eines Sakraments, gerät völlig aus dem Blick. Im systematischen Teil der Arbeit ist daher zu fragen, welche innere Verbindung zwischen Katechese und Liturgie besteht und inwieweit sich diese beiden Bereiche durchdringen können, ohne ihr eigenes Profil zu verlieren. Es ist darzulegen, welche rituellen Kompetenzen die Sakramentenkatechese vermitteln muss und welche Beziehungen zwischen der Teilnahme an der Liturgie und der inneren Disposition zum Empfang eines Sakraments bestehen.

Zur Beantwortung dieser beiden Fragen werden zunächst die Bestimmungen des Kirchenrechts zur Sakramentenkatechese mit Kindern und Jugendlichen in den Blick genommen, um einen allgemeinverbindlichen Rahmen für die notwendigen Inhalte bezüglich des Glaubenswissens und der liturgischen Vollzüge zu erhalten. Es schließt sich dann einer Untersuchung der biblischen und kirchlichen Tradition an, um die inhaltlichen und liturgischen Mindestanforderungen an die Katechese zu formulieren, auf deren Grundlage dann die Konzeption einer inhaltsorientierten Eucharistiekatechese als Beispiel für die Sakramentenkatechese mit Kindern und Jugendlichen erfolgen soll.

4 Inhaltliche Mindestanforderungen an die Katechese mit Kindern und Jugendlichen

Der Vergleich des Katecheseverständnisses der römischen Dokumente mit der katechetischen Entwicklung in Deutschland sowie die Umfrage im Dekanat Bad Kreuznach werfen die Frage nach dem inhaltlichen Profil der Katechese mit Kindern und Jugendlichen auf. Während die weltkirchlichen Stellungnahmen unter Katechese in erster Linie eine umfassende Unterweisung in Glaube, Liturgie und Moral der Kirche verstehen und dabei stark den kognitiven Aspekt betonen, wird in Deutschland Katechese eher als Begleitung des Glaubensschülers gesehen, der dadurch den Glauben für sein Leben als hilfreich erfahren soll. Dabei steht weniger die Vollständigkeit in der Unterweisung als vielmehr die gelungene Korrelation von Glauben und Leben im Vordergrund. Die Befragung zur Erstkommunionkatechese im Dekanat Bad Kreuznach hat gezeigt, dass die Sakramentenkatechese als Begleitung der Kinder und Hinführung zu einer Familienreligiosität sehr hohe Akzeptanz erfährt, wichtige Inhalte der Glaubensunterweisung aber ausfallen und eine Gemeindebindung nur bei einem geringen Teil der Erstkommunionkinder und ihrer Familien erreicht wird.

Für die Durchführung der Sakramentenkatechese mit Kindern und Jugendlichen stellt sich daher die Frage, welche Inhalte notwendigerweise behandelt werden müssen, um eine systematische und grundlegende Einführung in den Glauben zu gewährleisten. Der römische Katechesebegriff, der damit zur Grundlage der Sakramentenkatechese mit Kindern und Jugendlichen gemacht wird, läuft Gefahr, durch eine Fülle von Inhalten die Elementarisierung dieser Lerninhalte und die Korrelation mit der Lebenserfahrung der Glaubensschüler zu vernachlässigen. Es bedarf somit einer präzisen Bestimmung der notwendigen inhaltlichen Mindestanforderungen, die die Katechese mit Kindern und Jugendlichen dann auch methodisch und organisatorisch prägen. Die Frage nach den inhaltlichen Mindestanforderungen an die Sakramentenkatechese mit Kindern und Jugendlichen entfaltet sich im Blick auf die *im Allgemeinen Direktorium für die Katechese* genannten Aufgaben der Katechese [661] in vier Richtungen:
- Welches Glaubenswissen hat die Sakramentenkatechese mit Kindern und Jugendlichen auf jeden Fall zu vermitteln?

---

[661] Vgl. ADK 85. Dort werden folgende Aufgaben der Katechese genannt: Die Förderung der Kenntnis des Glaubens, die liturgische Erziehung, die sittliche Bildung und das Lehren des Betens.

- Welche grundlegenden rituellen und spirituellen Befähigungen müssen in der Sakramentenkatechese erworben werden?
- Welches Maß der Teilnahme an gottesdienstlichen Veranstaltungen und dem Gemeindeleben soll verbindlich sein?
- Welche Grundsätze einer christlichen Ethik sind zu behandeln und einzuüben?

Um inhaltliche Mindestanforderungen für die Sakramentenkatechese zu erstellen, sollen zunächst die kirchenrechtlichen Festlegungen dargestellt werden, die der CIC von 1983 bezüglich der Firmkatechese und der Eucharistiekatechese mit Kindern und Jugendlichen macht. Diese rechtlichen Bestimmungen, die für die Sakramentenkatechese in allen Ländern bindend sind, dienen als Grundlage für die folgende Untersuchung der Heiligen Schrift und der Theologiegeschichte, die darstellt, was die kirchliche Tradition als wesentliche Bestandteile der Saramentenkatechese betrachtet. Es gilt also, eine Art ‚Kerncurriculum' für die Katechese mit Kindern und Jugendlichen zu entwickeln, das neben den inhaltlichen Aspekten auch Konsequenzen für die Methoden und die Organisation der Katechese hat.

4.1 Die Sakramentenkatechese aus Sicht des Kirchenrechts

4.1.1 Allgemeine Bestimmungen

Der CIC/1983 behandelt die Katechese in einem eigenen Kapitel in den cc. 773–780. Die grundlegende Norm für die Katechese findet sich dabei in c. 773, den Christoph Ohly in seiner Habilitationsschrift zur Gestalt von Predigt und Katechese im Kanonischen Recht entsprechend ausführlich darlegt.[662] C. 773 nennt zunächst die besondere Verantwortung der Seelsorger, die „eine eigene und schwere Pflicht" („proprium et grave officium") zur Sorge für die Katechese haben. Die Katechese muss durch „die Unterweisung in der christlichen Lehre" („doctrinae institutio") und „die Erfahrung christlichen Lebens" („vitae christianae experientia") geprägt sein und hat das dreifache Ziel, den Glauben der bereits Getauften lebendig werden zu lassen, zu entfalten und zur Tat zu bringen („viva fiat, explicita atque operosa"). Ohly betont, dass diese kirchenrechtliche Norm die Katechese deutlich vom Katechumenat abgrenzt. Geht es beim Katechumenat, das der CIC/1983 in c. 788 grundlegend behandelt, um die Unterweisung und Einübung von Ungetauften in den christlichen Glauben, so wendet sich die Kate-

---

[662] Vgl. *Christoph Ohly*, Der Dienst am Wort. Eine rechtssystematische Studie zur Gestalt von Predigt und Katechese im kanonischen Recht (= MThS.K 63), St. Ottilien 2008, 684–695.

chese an bereits Getaufte, wie es die Verwendung des Begriffs „fideles" in c. 773 erkennen lässt.[663] Eine Abgrenzung der Katechese erfolgt im CIC/1983 allerdings nicht nur vom Katechumenat, sondern auch von der liturgischen Verkündigung, dem schulischen Religionsunterricht, der Glaubensunterweisung in den Familien und der Vermittlung des Glaubens durch Kunst, Kultur und Medien.[664]

Der Dreischritt „lebendiger Glaube – sich entfaltender Glaube – tätiger Glaube" lässt als Ziel der Katechese erkennen, die Berufung zur Heiligkeit und die Teilhabe am Priestertum Christi, die in der Taufe geschenkt wurden, zu vertiefen und zu fördern. Dieses Ziel der katechetischen Unterweisung soll sowohl durch einen entsprechenden Unterricht in der Lehre als auch durch Erfahrung des christlichen Lebens erreicht werden. In der Katechese darf es somit nicht zu einem Gegensatz zwischen Orthodoxie (Glaubenslehre) und Orthopraxie (Glaubenspraxis) kommen, sondern sie hat eine Synthese anzustreben, die sich in einem „tätigen Glauben" zeigen muss, der auf einem breiten Fundament ruht. „Das bedeutet: die Katechese ist als herausragendes Mittel der Verkündigung der christlichen Lehre als umfassende Erziehung und Hineinführung des Menschen in das Christusmysterium zu verstehen. Sie kann weder die (systematische) Unterweisung in der Lehre noch die (konkrete) Anweisung der Lehre für das praktische Handeln des Christen vernachlässigen oder ganz aus dem Auge verlieren."[665]

Zur genaueren Definition dessen, was c. 773 unter Katechese versteht, greift Ohly auf das Apostolische Schreiben *Catechesi tradendae* von Johannes Paul II. aus dem Jahr 1979 und auf das *Allgemeine Direktorium für die Katechese* aus dem Jahr 1997 zurück. In CT 21 nennt Johannes Paul II. vier Kriterien, die die Katechese näher bestimmen: die Vertiefung des Glaubens, der bereits angenommen ist; eine systematische, vollständige und organische Darlegung der christlichen Lehre; das Stattfinden dieser Unterweisung außerhalb der Liturgie und des schulischen Religionsunterrichts; die Erteilung dieser katechetischen Unterweisung durch dazu beauftragte Glieder der Kirche. *Das Allgemeine Direktorium für die Katechese* sieht die Aufgabe der Katechese darin, „das Geheimnis Christi zu erkennen, zu feiern, zu leben und zu betrachten"[666], und lässt damit die Förderung der Kenntnis des Glaubens, die liturgische Bildung, die sittliche Erziehung und den Aufbau des Gebetslebens als Ziel der Katechese erkennen. Mit Hilfe die-

---

[663] Vgl. ebd. 685–686. Andere Autoren nehmen diese klare Trennung von Katechumenat vor der Taufe und Katechese nach der Taufe nicht vor, sondern sehen „Katechese" als einen alles umfassenden Oberbegriff (vgl. *Peter Krämer*, Kirchenrecht I. Wort – Sakrament – Chrisma [= Kohlhammer-Studienbücher Theologie Bd. 24,1], Stuttgart – Berlin – Köln 1992, 50; *Ilona Riedel-Spangenberger*, Art. Katechese, in: LKStKR II [2002], 388–390).

[664] Vgl. *Ohly*, Dienst, 688–692.

[665] Ebd. 694.

[666] ADK 85.

4.1 Die Sakramentenkatechese aus Sicht des Kirchenrechts

ser näheren Bestimmung durch die genannten römischen Dokumente definiert Ohly die in c. 773 geforderte katechetische Unterweisung folgendermaßen:

„Katechese (i. S. v. Katechetischer Unterweisung) ist die systematische, vollständige und organische Glaubensunterweisung von Gläubigen durch Kleriker oder Laien, die im Auftrag der zuständigen kirchlichen Autorität vornehmlich außerhalb der Liturgie und der Schule vollzogen wird. Der Kirche kommt das Recht und die Pflicht zur Erteilung katechetischer Unterweisung zu, aus der sich das Recht des Gläubigen auf ihren Empfang ableitet. Ihr Ziel ist es, das Verständnis für das Christusmysterium zu entfalten, zur Feier der christlichen Mysterien zu befähigen und durch vertiefte Einübung in das christliche Leben zur beständigen Nachfolge Christi im Leben der Kirche zu gelangen."[667]

Die Katechese hat somit die Aufgabe, sowohl auf kognitive Weise Glaubenswissen zu vermitteln als auch zur Umsetzung dieses Wissens in das alltägliche Leben der Gläubigen beizutragen. Sie darf sich dabei nie mit Teilaspekten des Christseins begnügen, sondern muss die ganze christliche Lehre und die ganze christliche Existenz im Blick haben. Die Themenfelder der Katechese erstrecken sich somit auf die christliche Glaubenslehre, die Liturgie, die christliche Ethik und das Gebetsleben und umfassen sowohl theoretische als auch praktische Kenntnisse und Fähigkeiten. Mit dieser allgemeinen Definition der Katechese sind schon wesentliche Mindestanforderungen an die katechetische Unterweisung genannt, die aber für die Sakramentenkatechese von Kindern und Jugendlichen im CIC/1983 noch spezifiziert werden.

Dies geschieht zunächst in c. 777, der dem jeweiligen Pfarrer kraft Amtes in besonderer Weise die Sorge für die Durchführung solcher Katechesen aufträgt. Die Sakramentenkatechese mit Kindern und Jugendlichen gehört damit zu den dienstlichen Verpflichtungen des Pfarrers und ist nicht einfachhin in dessen Belieben gestellt. C. 777 n. 2 u. n. 3 nennen als besondere katechetische Verpflichtungen des Pfarrers:

„2° daß die Kinder, mittels einer sich über einen bestimmten Zeitraum erstreckenden katechetischen Unterweisung, ordnungsgemäß auf die Erstbeichte und die Erstkommunion und auf die Firmung vorbereitet werden;

3° daß sie nach Empfang der Erstkommunion eine weitere vertiefte katechetische Bildung erhalten".[668]

---

[667] Ohly, Dienst, 693.
[668] C. 777 n. 2 et n. 3: „ 2° ut pueri, ope catecheticae institutionis per congruum tempus impertitae, rite praeparentur ad primam receptionem sacramentorum paenitentiae et sanctissimae Eucharistiae necnon ad sacramentum confirmationis;
3° ut iidem, prima communione recepta, uberius ac profundius catechetica efformatione excolantur;"

Mit dem Begriff „puer" bezeichnet der CIC/1983 ein Kind, das das siebte Lebensjahr vollendet hat und somit zum Vernunftgebrauch gelangt ist.[669] Für Kinder unter sieben Jahren gebraucht der CIC/1983 das Wort „infans". Die Sakramentenkatechesen für Erstkommunion, Erstbeichte und Firmung werden in relativ dichter zeitlicher Folge gesehen.[670] Der Begriff „congruum tempus" in c. 777 n. 2 macht deutlich, dass bei diesen drei speziellen Sakramentenkatechesen nicht an eine einmalige Katechese durch den Pfarrer gedacht ist, sondern eine katechetische Unterweisung gefordert wird, die sich über einen bestimmten Zeitraum erstreckt.[671] Dies macht auch der Wunsch nach einer nachbereitenden Katechese[672], die der Erstkommunion folgen soll, in c. 777 n. 3 deutlich. Die Sakramentenkatechese für Erstkommunion, Erstbeichte und Firmung sowie die vorgeschriebene nachbereitende Katechese wird somit als katechetischer Prozess vorgestellt, der mehr als einige Wochen umfasst. Der längere Zeitraum lässt auf eine grundlegende Einführung in den Glauben im Kindesalter schließen, die mit den in c. 777 n. 2 u. n. 3 genannten Katechesen beabsichtigt ist.

In inhaltlicher Hinsicht ergeben sich aus diesem Kanon keine konkreten Vorgaben für die Katechesen zur Erstkommunion und zur Firmung. Es wird vielmehr das bestätigt, was sich aus der allgemeinen Definition von Katechese in c. 773 ergibt. Die Sakramentenkatechese mit Kindern und Jugendlichen soll als systematische, vollständige und organische Glaubensunterweisung zu einem vertieften Glaubensleben hinführen. Durch den Verweis auf die Erstbeichte als unbedingt durchzuführende Spezialkatechese in c. 777 n. 2 findet allerdings eine für Deutschland wichtige Vorgabe statt. Wie die Umfrage zur Erstkommunion im Dekanat Bad Kreuznach gezeigt hat, wird gerade die Erstbeichte als Bestandteil der Erstkommunionvorbereitung stark in Frage gestellt.[673] Hier macht der CIC/1983 deutlich, dass die Sakramentenkatechese mit Kindern keine ‚blinden Flecken' haben darf und umfassend in das sakramentale Leben der Kirche einzu-

---

[669] Vgl. c. 97 § 2.
[670] Die enge Verbindung der Sakramentenkatechesen von Erstkommunion und Firmung ergibt sich aus c. 842 § 2, der Taufe, Firmung und Eucharistie als eng miteinander verbundene Sakramente bezeichnet, da sie zur vollen christlichen Initiation notwendig sind: „Sacramenta baptismi, confirmationis et sanctissimae Eucharistiae ita inter se coalescunt, ut ad plenam initiationem christianam requirantur."
Diese enge Verbindung der drei Initiationssakramente durchzieht alle Aussagen des CIC/1983 zur katechetischen Unterweisung bezüglich dieser Sakramente.
[671] Vgl. *Winfried Aymans*, Kanonisches Recht. Lehrbuch aufgrund des Codex Iuris Canonici. Begründet von Eduard Eichmann, fortgeführt von Klaus Mörsdorf, neu bearbeitet von Winfried Aymans. Bd. III, Verkündigungsdienst und Heiligungsdienst, Paderborn 2007, 80.
[672] „Sie ist wichtig zur Vertiefung und hat ihre praktische Bedeutung vor allem darin, daß sie nach dem bewegenden Ereignis mit seinen Begleiterscheinungen in seelisch ruhigeren Umständen durchgeführt wird und deshalb die wesentliche Erfahrung stärken kann" (ebd. 81).
[673] S.o. 166 u. 171.

führen hat. Die Beichte darf trotz aller katechetischen Schwierigkeiten nicht ausgeklammert werden. Nicht allein die Wünsche der Familienreligiosität, für die das Beichtsakrament keine besondere Bedeutung hat, dürfen befriedigt werden.

4.1.2 Die Firmkatechese

Spezielle Normen zur Firmkatechese mit Kindern und Jugendlichen finden sich in den cc. 889 und 890. C. 889 nennt als die Voraussetzungen für den gültigen Empfang der Firmung, dass der zu Firmende bereits getauft und das Sakrament der Firmung noch nicht empfangen hat. Beide Voraussetzungen ergeben sich aus der Natur der Sache, da die Taufe als Eingangstor erst den Weg zu den übrigen Sakramenten eröffnet und durch die Firmung ein „character indelebilis" verleihen wird, der eine wiederholte Spendung unmöglich macht.[674] Unterlag daher c. 889 § 1 bei der Codex-Reformkommission keiner nennenswerten Erörterung, so wurde über die persönlichen Voraussetzungen, die in c. 889 § 2 genannt werden, eingehend beraten.[675]

C. 889 § 2 nennt als Voraussetzungen für die erlaubte Spendung der Firmung an alle, die zum Vernunftgebrauch gelangt sind, also das 7. Lebensjahr[676] vollendet haben:
– der Empfänger muss geeignet vorbereitet („apte institutus") sein;
– der Empfänger muss richtig disponiert („rite dispositus") sein;
– der Empfänger muss in der Lage sein, die Taufversprechen zu erneuern („promissiones baptismales renovare valeat").

Aus diesen drei Bedingungen zur erlaubten Spendung der Firmung ergeben sich nun direkte Konsequenzen für die katechetische Vorbereitung und Unterweisung.

C. 889 § 1 spricht selbst mit der Formulierung „apte institutus" die Notwendigkeit eines Firmunterrichts an, der dann in c. 890 eigens vorgeschrieben wird. Althaus stellt aber fest, dass c. 889 § 1 keine konkreten Vorschriften bezüglich Inhalt und Organisationsform dieser Sakramentenkatechese nennt, so dass hier das Partikularrecht entsprechende Vorschriften zu treffen hat.[677] Aymans möchte dagegen den Begriff der gehörigen Unterrichtung dennoch inhaltlich etwas gefüllter

---

[674] Zur Theologie der Firmung vgl. *Manfred Hauke*, Die Firmung. Geschichtliche Entfaltung und theologischer Sinn, Paderborn, 1999. Hier wird ausführlich die geschichtliche Entwicklung der Firmung dargestellt und die Fragen des passenden Firmalters und des Spenders der Firmung behandelt.

[675] Vgl. *Rüdiger Althaus*, Kommentar zu cann. 834–1045, in: Münsterischer Kommentar zum Codex Iuris Canonici unter besonderer Berücksichtigung der Rechtslage in Deutschland, Österreich und der Schweiz. Bd. 4 (cann. 834–1310). Hg. v. Klaus Lüdicke, Loseblattwerk, Essen 1986ff., 36. Lfg., Dezember 2002 , 889/1.

[676] Vgl. c. 97 § 2.

[677] Vgl. *Althaus*, Münsterischer Kommentar, 889/3.

sehen. Er versteht darunter eine Unterweisung über die Bedeutung des Firmsakramentes.[678] Dem schließt sich auch Hierold an, der die in c. 889 § 2 geforderte Unterweisung als Katechese über Sinn und Bedeutung der Firmung bestimmt.[679]

Als zweite Voraussetzung für die erlaubte Firmung wird in c. 889 § 2 die rechte Disposition („rite dispositus") genannt.[680] Damit ist die innere Haltung des Empfängers, sofern sie offenkundig nach außen erkennbar ist, gemeint. Aymans definiert diese innere Haltung folgendermaßen: „Den Kern der Disposition bildet der ausreichende, auf das sakramentale Geschehen bezogene Glaube, um dessen Weckung die mit der Vorbereitung Betrauten bemüht sein müssen."[681] Althaus weist darauf hin, dass im Verständnis der Codex-Reformkommission der Begriff „rite dispositus" auch die Bereitschaft zu einer christlichen Lebensführung mit einschließt. „Wie der Firmbewerber zum Erfordernis *rite dispositus* hingeführt werden soll, hätte das Partikularrecht näher festzulegen: z.B. Empfang des Bußsakramentes, Verrichten guter Werke, Gottesdienstbesuch." [682] Die rechte Disposition für den Empfang der Firmung ist somit ohne eine anfanghafte Einführung in den christlichen Glauben und die christliche Lebensführung kaum denkbar.

Das Vermögen zur Erneuerung der Taufversprechen („promissiones baptismales") wird als dritte Bedingung zur erlaubten Firmspendung genannt. Die Pluralform ist hier wohl ganz bewusst in Anlehnung an die Überschrift „renovatio promissum baptismalium" im lateinischen Firmritus gewählt.[683] Dort wird unter den Taufversprechen die einmalige Absage an den Teufel und das viermaliges Bekenntnis zu Gott auf der Grundlage des Glaubensbekenntnisses verstanden. Es geht hier zunächst um ein lehrmäßiges Versprechen, das aber mehr verlangt als

---

[678] Vgl. *Aymans*, Kanonisches Recht, 219.
[679] Vgl. *Alfred E. Hierold*, Taufe und Firmung, in: HdbKathKR², 807–823; hier 822.
[680] Die rechte Disposition wird in c. 843 § 1 als wesentliche Voraussetzung jedes Sakramentenempfangs genannt. Althaus versucht im Münsterischen Kommentar zum CIC eine genauere Umschreibung des Begriffs „rite dispositus", der in c. 843 § 1 verwendet wird. Dabei stellt er drei Kriterien auf:
 – die hinreichende Kenntnis über die Bedeutung des Sakramentes, die für die Firmung im c. 889 § 2 und für die Eucharistie in den cc. 913 und 914 näher dargelegt wird;
 – der Wunsch, das Sakrament zu empfangen, wenigstens jedoch die Bereitschaft, der Wirkung des Sakramentes kein Hindernis entgegenzusetzen;
 – die Würdigkeit des Empfängers, die jedoch offenkundig und sicher nicht gegeben sein muss, um eine Sakramentenspendung zu verweigern (vgl. Althaus, Münsterischer Kommentar, 843/3–4[39. Lfg., Juli 2005]).
[681] *Aymans*, Kanonisches Recht, 220.
[682] *Althaus*, Münsterischer Kommentar, 889/4.
[683] Vgl. Ordo confirmationis. Editio typica, Vaticano 1973, n. 23; Die Feier der Firmung in den katholischen Bistümern des deutschen Sprachgebietes, hg. im Auftrag der Bischofskonferenzen Deutschlands, Österreichs und der Schweiz und der Bischöfe von Bozen-Brixen und von Luxemburg, Einsiedeln u.a. 1973, Ziff. 6.

die rein physische Fähigkeit, die Worte ‚ich widersage' und ‚ich glaube' auszusprechen. Hinter diesem äußeren Versprechen muss eine entsprechende willentliche Haltung stehen.[684] Es geht also um eine Aneignung des Glaubensbekenntnisses, die Konsequenzen für die eigene Lebensgestaltung hat. „Da das Taufversprechen sich auf die Entfaltung des in der Taufe grundgelegten Glaubenslebens in der sakramentalen Gemeinschaft der Kirche bezieht, geht es bei der Erneuerung darum, dieses in eigener Person zu bekräftigen."[685] Das setzt natürlich zunächst eine Kenntnis des Glaubens voraus, den das Glaubensbekenntnis darlegt. Schließlich kann eine willentliche Verpflichtung nur dort erfolgen, wo ein Mindestmaß an Wissen gegeben ist.

Aus diesem Grund verpflichtet c. 890 Eltern und Seelsorger dazu, für die gebührende Vorbereitung auf die Firmung und ihren rechtzeitigen Empfang Sorge zu tragen. Dass auch die Eltern Normadressaten dieses Kanons sind, zeigt, dass hier der Idealfall von Kindern aus katholisch sozialisierten Familien vor Augen steht, die von ihren Eltern möglichst bald nach dem 7. Lebensjahr zur Firmung geführt werden.[686] Die Verpflichtung zur Unterrichtung der Firmbewerber richtet sich aber in erster Linie an alle Seelsorger, insbesondere die Pfarrer. Der Begriff „pastores animarum" ist dabei ziemlich weit zu fassen.[687] Als besondere Dienstverpflichtung des Pfarrers ist die Firmkatechese ja schon in c. 777 n. 2 genannt. Wie und in welcher Form die Firmbewerber gebührend unterrichtet („rite instruantur") werden sollen, wird in c. 890 nicht näher dargelegt. Implizit ergeben sich aber aus c. 889 § 2 inhaltliche und methodische Vorgaben, die dann das Partikularrecht näher zu bestimmen hätte.

Zusammenfassend kann man aus den cc. 889 § 2 und 890 folgende Schlussfolgerungen für die Firmkatechese ziehen:

– Die Firmkatechese muss eine Einführung in die christliche Lebensführung ermöglichen, um die rechte Disposition für das Firmsakrament, die die Bereitschaft zu einem christlichen Leben einschließt, gewährleisten zu können. Es geht bei der Firmkatechese mit Kindern und Jugendlichen nicht nur um eine Aneignung von Glaubenswissen, sondern um eine Einführung in die Lebenspraxis des Glaubens, wozu die Feier des Gottesdienstes, das Beten und die ethischen Konsequenzen des Glaubens gehören. Das Fehlen konkreter inhaltlicher

---

[684] Vgl. *Althaus*, Münsterischer Kommentar, 889/4.
[685] *Aymans*, Kanonisches Recht, 220.
[686] Vgl. *Althaus*, Münsterischer Kommentar, 890/2.
[687] Der Begriff „pastores animarum" schließt nach Auffassung von Althaus sämtliche Priester, denen die Seelsorge für eine bestimmte Personengruppe anvertraut ist, sowie Diakone, Pastoral- und Gemeindereferenten, Religionslehrer und Katecheten als zuständig für die Firmkatechese mit ein (vgl. ebd. 890/2–3). Natürlich hat der Pfarrer dabei eine besondere Stellung, wie c. 777 n. 2 zeigt.

Vorgaben entbindet nicht von der grundsätzlichen Verpflichtung der Firmkatechese, eine solche systematische Einführung in das christliche Leben anzubieten.
- Das Glaubensbekenntnis muss den bestimmenden Inhalt der Firmkatechese bilden. Eine wirkliche Erneuerung der Taufversprechen ist nur auf der Grundlage einer echten Kenntnis und eines tieferen Verstehens des Glaubensbekenntnisses möglich.
- Insgesamt jedoch bleiben die Vorgaben, die das Kirchenrecht für die Firmkatechese macht, recht spärlich. Keinesfalls lassen sich schon aus den Vorgaben des CIC/1983 die inhaltlichen Grundzüge der Firmkatechese entnehmen. Allerdings werden mit der Einführung in die christliche Lebensführung und der Hervorhebung des Glaubensbekenntnisses doch zwei entscheidende inhaltliche Schwerpunkte genannt.

4.1.3 Die Eucharistiekatechese

Für die Eucharistiekatechese sind es die cc. 913 und 914, aus denen sich Maßgaben für die Inhalte dieser Katechese ableiten lassen. Als Mindestvoraussetzung für den Empfang der Eucharistie bei Kindern, die sich nicht in Todesgefahr befinden, nennt c. 913 § 1, dass sie das Geheimnis Christi („mysterium Christi") gemäß ihrer Fassungskraft begreifen und den Leib des Herrn gläubig und ehrfürchtig („cum fide et devotione") empfangen können.

Der Begriff „mysterium Christi" wird im CIC/1983 sonst nur noch in c. 760 gebraucht.[688] Dort wird damit in bisher kodikarisch noch nicht gekannter Weise die grundlegende Aufgabe des Dienstes am Wort beschrieben.[689] Die kirchliche Verkündigung erhält durch den Begriff „mysterium Christi" eine objektive Zielsetzung, die christologisch geprägt ist. Durch die Entstehungsgeschichte der Norm von c. 760 und einen Vergleich mit römischen Dokumenten zur Verkündigung, die ebenfalls diesen Begriff verwenden, möchte Ohly der Wendung „mysterium Christi" folgende Bedeutung zusprechen:

„Allein die Lehre Christi, die als Wahrheit er selbst ist, kann und darf demnach Inhalt und bestimmende Form der Verkündigung sein. Mit anderen Worten: das Mysterium Christi fordert aus sich heraus sowohl eine *Vollständigkeit* als auch eine *Treue* im Rahmen der Verkündigung ein, die preiszugeben aufgrund des Gesandtseins (vgl. Mt 28,19 f.) niemand befugt ist. Sie entsprechen beide dem damit verbundenen Recht aller Christgläubigen, das Wort Gottes unverfälscht, unverkürzt und unverstellt zu empfangen (vgl. c. 213 CIC; c. 16 CCEO)."[690]

---

[688] Vgl. *Xaverius Ochoa*, Index verborum ac locutionum Codicis Iuris Canonici. Editio secunda et completa, Rom – Vatikan ²1984, 287.
[689] Vgl. *Ohly*, Dienst, 100.
[690] *Ohly*, Dienst, 101.

4.1 Die Sakramentenkatechese aus Sicht des Kirchenrechts

Natürlich bedeutet diese Vollständigkeit der Glaubensinhalte keine ausführliche Auflistung aller möglichen Glaubenswahrheiten, sondern die systematische Verkündigung des Geheimnisses Christi gemäß der „Hierarchie der Wahrheiten" (UR 11).[691]

Der Begriff „mysterium Christi" darf in der Eucharistiekatechese also nicht allein auf die Lehre von der Realpräsenz Christi in der Eucharistie verengt werden, sondern möchte die Fülle des christlichen Glaubens, die in Jesus Christus ihre Mitte hat, bezeichnen.[692] Althaus ist darum zuzustimmen, wenn er den Begriff „mysterium Christi" als Wissen über „zentrale Glaubenswahrheiten in den Bereichen Christologie, Eucharistielehre und Ekklesiologie"[693] definiert. Damit legt das kirchliche Recht einen inhaltlichen Katechesebegriff zugrunde, der wie *Catechesi tradendae* und das *Allgemeine Direktorium für die Katechese* in der Person Christi Ausgangspunkt, Mitte und Ziel der Katechese sieht.[694] Allerdings fehlt eine genauere Bestimmung dessen, was denn zum „mysterium Christi" gehört.

Die Unterweisung im Geheimnis Christi soll nach c. 913 § 1 dem geistigen Fassungsvermögen der Kinder entsprechen, so dass eine inhaltliche und methodische Aufbereitung dieser zentralen Glaubenswahrheiten in der Eucharistiekatechese notwendig ist. Die Einführung in das „mysterium Christi" beschränkt sich zudem nicht auf das kognitive Glaubenswissen. Vielmehr ist eine Einübung in die Glaubenspraxis anzustreben, die eine Hinführung zur aktiven Teilnahme („participatio actuosa") an der Eucharistiefeier zum Ziel hat. Schließlich strebt c. 913 § 1 eine bewusst spirituelle Ausrichtung der Eucharistiekatechese an. „Ausdrückliches Ziel der Unterweisung ist, den Leib des Herrn und damit die Kommunion *cum fide et devotione* zu empfangen, so daß neben der kognitiven und praktischen Ausrichtung eine geistliche Haltung anzuzielen ist, die der Bedeutung der Kommunion entspricht."[695] Ein solch ehrfurchtsvoller Umgang mit der Eucharistie setzt außer der Einführung in die Feier der Liturgie auch eine Einübung in das christliche Beten voraus. Eine grundlegende Gebetserziehung ist somit ebenfalls Aufgabe der Eucharistiekatechese, da nur so ein Zugang zur Eucharistie eröffnet wird, der der Forderung von c. 913 § 1 nach einer entsprechenden Verehrung des Leibes Christi bei seinem Empfang gerecht wird. Der Kodex schreibt allerdings nicht die Hinführung der Kinder zur anbetenden Verehrung des Altarsakramentes als verpflichtend vor.

C. 914 trägt die Sorge für die sorgfältige Vorbereitung der Kinder auf die Erstkommunion den Erziehungsberechtigten, in erster Linie den Eltern, und dem

---

[691] Vgl. ebd.
[692] Vgl. *Reinhild Ahlers*, Art. Erstkommunion, in: LKStKR I (2000), 618.
[693] *Althaus*, Münsterischer Kommentar, 913/3 (Lfg. 38, Juli 2004).
[694] Vgl. CT 5 und ADK 98.
[695] *Althaus*, Münsterischer Kommentar, 913/3.

jeweiligen Pfarrer auf.[696] Darüber hinaus werden auch zwei weitere Vorgaben in diesem Kanon gemacht, die für die Gestaltung der Erstkommunionkatechese von Bedeutung sind.

C. 914 schreibt den Empfang des Bußsakramentes als Vorstufe des Empfangs der Erstkommunion verbindlich vor. Dies bedeutet gleichsam eine Erweiterung der Abfolge der Initiationssakramente, wie sie in c. 842 § 2 aufgeführt werden.[697] Alle Experimente, die Beichtkatechese und die Erstbeichte erst nach der Erstkommunion anzusetzen, sind damit rechtlich nicht mehr gedeckt.[698] Mit dem Vernunftgebrauch erlangt das Kind auch die Fähigkeit zur Unterscheidung von bösem und gutem Handeln und die Einsicht in die eigene Schuld. Von daher ist die Möglichkeit zur sakramentalen Beichte gegeben. Die Einübung in den Empfang des Bußsakramentes vor dem Empfang der Erstkommunion entspricht den Maßgaben von c. 916.[699] Die Katechese zur Erstkommunion hat daher als integralen Bestandteil eine Katechese zum Bußsakrament aufzuweisen. Beide Sakramentenkatechesen werden durch den CIC/1983 aufs engste miteinander verknüpft.

Als Ziel der Erstkommunionvorbereitung nennt c. 914 die Stärkung des Kindes durch die göttliche Speise. Der Gesetzgeber wählt diese unjuridische Terminologie, um die geistliche Dimension der Erstkommunionvorbereitung und des Sakramentenempfangs hervorzuheben. „Damit wird der Blick auf einen fruchtbaren Empfang dieses Sakramentes gerichtet, zu dem die Vorbereitung letztlich hinzuführen hat."[700] Die Erstkommunionvorbereitung soll zu einer christlichen Lebenspraxis führen, in der die Eucharistie ihre Wirkung entfalten kann und das gesamte Leben durch diese Verbindung mit Jesus Christus gestärkt und geprägt wird.

Zusammenfassend lassen sich die Schlussfolgerungen aus den Normen des CIC/1983 für die Erstkommunionkatechese mit Kindern so formulieren:
– Die Erstkommunionkatechese hat die wesentlichen Glaubenswahrheiten, ausgehend von ihrer christologischen Mitte, darzulegen, was durch den Begriff „mysterium Christi" ausgedrückt wird. Allerdings ist dieser Begriff sehr weit gefasst, so dass eine genaue inhaltliche Bestimmung der Katechese dadurch nicht erfolgt.
– Die Erstkommunionkatechese hat weiterhin in ganz praktischem Sinn Liturgiekatechese zu sein, die zur tätigen Mitfeier der Hl. Messe hinführt.

---

[696] Vgl. *Aymans*, Kanonisches Recht, 268.
[697] Vgl. *Althaus*, Münsterischer Kommentar, 914/4.
[698] Zur Diskussion in Deutschland über den zeitlichen Ansatz der Erstbeichte und die entsprechenden rechtlichen Verordnungen vgl. *Ilona Riedel-Spangenberger*, Art. Erstbeichte, in: LKStKR I (2000), 616–617, hier 617.
[699] Vgl. *Althaus*, Münsterischer Kommentar, 914/4.
[700] Vgl. ebd.

- Die Erstkommunionkatechese hat eine geistliche Dimension, die sich in einer Gebetserziehung widerspiegeln muss, die zu einem andächtigen und ehrfurchtsvollen Empfang der Hl. Eucharistie hinführen soll.
- Der Beichtunterricht ist integraler Bestandteil der Erstkommunionkatechese und darf nicht von ihr getrennt werden. Damit gehören auch die Fragen nach einer christlichen Lebensführung zu den Inhalten der Erstkommunionkatechese.
- Die Erstkommunionkatechese hat eine umfassende Einführung in das christliche Leben zu leisten, so dass die Hl. Eucharistie wirklich als Stärkung erfahren werden kann, die Konsequenzen für das alltägliche Leben hat. Hier wird wiederum die ethische Dimension der Sakramentenkatechese sichtbar.

4.1.4 Zusammenfassung: Inhalte der Sakramentenkatechese aus Sicht des Kirchenrechts

Der CIC/1983 enthält nur wenige Normen, die Inhalte, Ziele, Methoden und Organisationsform der Sakramentenkatechese mit Kindern und Jugendlichen betreffen. Gerade diese wenigen Vorgaben müssen aber daher als Mindestanforderungen verstanden werden, die jede Katechese unbedingt zu erfüllen hat. Folgende Schlussfolgerungen lassen sich daher aus der Untersuchung der einschlägigen Normen des CIC/1983 ableiten:

- Der CIC/1983 zeigt ein Katecheseverständnis, das von einem Ausgleich zwischen Orthodoxie und Orthopraxie geprägt ist. Die Sakramentenkatechese mit Kindern und Jugendlichen ist als Glaubensunterweisung auf Systematik und Vollständigkeit angelegt und verbindet theoretisches Wissen mit praktischen Fähigkeiten. Ziel ist die Förderung und Vertiefung des Glaubens, der sich als „tätiger Glaube" erweisen soll. Daher hat sich die Katechese immer auf die Bereiche der Glaubenslehre, der christlichen Ethik, der christlichen Liturgie und des Gebetslebens zu beziehen.
- Der CIC/1983 geht davon aus, dass die Kinder im Grundschulalter an mehreren Katechesen teilnehmen, die einen längeren Zeitraum in Anspruch nehmen. Diese Katechesen sind: die Firmkatechese, die Beichtkatechese und die Katechese zur Erstkommunion. Auch wird eine nachbereitende Katechese zu diesen Sakramentenkatechesen gefordert, die die grundlegende Einführung in das christliche Leben vertieft.
- Ziel jeder Sakramentenkatechese muss die rechte Disposition des Empfängers sein. Der CIC/1983 macht allerdings deutlich, dass die rechte Disposition nur mit einer entsprechenden christlichen Lebensführung gegeben ist, ohne diese jedoch genauer zu beschreiben. Damit ergibt sich für den objektiven Bereich der Inhalte der Sakramentenkatechese zur Firmung, Erstbeichte und Erstkommunion, dass

diese eine grundlegende Einführung in die christliche Lebensweise zu gewährleisten hat.

– Zur grundlegenden Einführung in die christliche Lebensweise gehören ein Mindestwissen im Bereich der Glaubens- und Sittenlehre, die Mitfeier des Gottesdienstes, das Gebet und die Teilnahme am Leben einer christlichen Gemeinde.

– Der CIC/1983 bestimmt das Mindestwissen in Glaubensfragen näher, indem er für die Eucharistiekatechese eine Einführung in das „mysterium Christi" verlangt und für die Firmkatechese das Glaubensbekenntnis zum inhaltlichen Maßstab macht. In beiden Normen wird deutlich, dass es um eine möglichst vollständige Einführung in den Glauben geht, die sich an der Gestalt Jesu Christi und am Glaubensbekenntnis orientiert. Allerdings handelt es sich hierbei um recht weit gefasste inhaltliche Grundzüge der Sakramentenkatechese, die noch einer genaueren Ausformulierung bedürfen.

– Die spirituelle Dimension der Sakramentenkatechese wird vor allem bei der Erstkommunionkatechese betont, die zu einer andächtigen Verehrung des Leibes Christi führen soll. Dies ist nur möglich, wenn die Sakramentenkatechese auch eine Gebetskatechese ist, die zu grundlegenden Formen des Gebetes und eben auch zur Anbetung hinführt.

Überblickt man diese Anforderungen des CIC/1983 an die Katechese, lassen sich vier große Bereiche ausmachen, die als Anforderungen an die Katechese gestellt werden:

– das Glaubenswissen, das vermittelt werden soll, und mit dem Begriff „mysterium Christi" bei der Eucharistiekatechese und dem Glaubenbekenntnis bei der Firmkatechese näher beschrieben wird;
– die christliche Lebensführung, die auf die rechte Disposition schließen lässt und zum fruchtbaren Empfang der Sakramente notwendig ist. Hier zeigt sich neben der Teilnahme am Gemeindeleben vor allem die Notwendigkeit einer ethischen Ausrichtung der Sakramentenkatechese mit Kindern und Jugendlichen, die die wesentlichen Aspekte der christlichen Moral einübt;
– die Feier der Sakramente selbst, also die liturgische Kompetenz, die die Katechese vermitteln muss, damit überhaupt das Sakrament gespendet werden kann;
– das Gebet als wichtige spirituelle Grundhaltung des Christen wird vor allem in der Eucharistiekatechese in den Vordergrund gestellt. Sie soll zur anbetenden Verehrung des Altarsakramentes hinführen.

Diese vier inhaltlichen Bereiche, die der CIC/1983 als Mindeststandards der Katechese beschreibt, lassen eine große Nähe zu den vier „Hauptstücken der Katechese" erkennen, die über Jahrhunderte als Gliederungselemente der katechetischen Unterweisung dienten: das Apostolische Glaubensbekenntnis als grundlegende Zusammenfassung der kirchlichen Glaubenslehre, der Dekalog als Einführung in die ethischen Grundlagen des Christentums, die Sakramente als Höhepunkte des kirchlichen Lebens und das Vaterunser als die Gebetsschule der

Christen.[701] Das Kirchenrecht greift somit für die inhaltliche Bestimmung der Katechese unausgesprochen auf die kirchliche Tradition zurück, wie es ausdrücklich der Katechismus der Katholische Kirche tut, der ebenfalls nach diesen vier „Hauptstücken" gegliedert ist.[702] Im Folgenden sollen diese vier „Hauptstücke der Katechese" näher untersucht werden, um somit Kriterien zu gewinnen, wie eine Vermittlung einer grundlegenden Einführung in die christliche Lebensweise in der heutigen Zeit aussehen kann. Dabei sollen zunächst die bestimmenden inhaltlichen Aspekte der Glaubensweitergabe im Alten und Neuen Testament erhoben werden. Es soll gezeigt werden, dass sich hier die entscheidenden Grundlagen für die Entwicklung der vier Hauptstücke der Katechese finden. Anschließend werden die Aussagen der kirchlichen Tradition zu diesen vier Kernelementen der Katechese gesichtet.

4.2 Glaubensweitergabe in der Bibel

4.2.1 Religiöses Lernen im Alten Testament

Die vier Hauptstücke der Katechese – Apostolisches Glaubensbekenntnis, Vaterunser Dekalog und sieben Sakramente – lassen sich außer dem Dekalog inhaltlich natürlich nicht direkt aus dem Alten Testament ableiten. Allerdings werden Wesensmerkmale des religiösen Lernens im Alten Testament sichtbar, die in formaler und inhaltlicher Hinsicht zu Wegbereitern der vier Hauptstücke der Katechese wurden. Zwei Gründzüge prägen dabei in besonderer Weise das religiöse Lernen im Alten Testament: die Theonomie und die praktische Ausrichtung.
Im Vergleich der griechischen mit der hebräischen Pädagogik arbeitet Ralf Koerrenz heraus, dass in Griechenland das Lernen vom Paradigma der Autonomie, des auf sich selbst verwiesenen Menschen, bestimmt ist, während die Pädagogik des Alten Testamentes von der Maßgabe der Theonomie geprägt wird. „Aus Gründen der Vernunft die Relativität derselben einzusehen, dabei jedoch nicht skeptisch zu verharren, sondern sich mit hörendem Herzen einer höheren Vernunft der Geschichte unter- bzw. einzuordnen – dieser Prozeß der Theonomie ist für das Verständnis von Pädagogik und Erziehung, von Lehren und Lernen äußerst folgenreich."[703] Das Hören auf den Willen Gottes, wie er sich in der biblischen Überlie-

---

[701] Vgl. *Gerhard J. Bellinger*, Art. Katechismus. I. Begriff – II. Geschichte – III. K. in der Glaubensverkündigung, in: LThK³ Bd. 5 (1996), 1311–1315, hier 1312.
[702] Vgl. KatKK, 40–41.
[703] *Ralf Koerrenz*, Das hebräische Paradigma der Pädagogik, in: EvErz 50 (1998), 331–342, hier 332.

ferung zeigt, ist die Mitte des religiösen Lernens im Alten Testament und führt den Menschen in die Gemeinschaft mit Gott ein, der der eigentliche Lehrer ist.

Norbert Lohfink sieht einen weiteren Grundzug des religiösen Lernens im Alten Testament in der praktischen Ausrichtung des Lernens. Nicht theoretische Aussagen über den Glauben stehen im Mittelpunkt, sondern konkrete Anweisungen und Gebote für die Gestaltung des menschlichen Zusammenlebens.

„Für uns Christen besteht der ‚Glaube' aus Theoremen über Gott, Christus, Kirche, Eschata – man denke an unser Glaubensbekenntnis. Das, was der Jude lernt und rezitiert, ist nicht eigentlich von dieser Art. Es dient in immer feinerer Verästelung allein der Aneignung des rechten menschlichen Verhaltens. Es geht auf ‚Willen Gottes': auf Sozialordnung, Ritual und Mitmenschlichkeit."[704]

Aus diesem Grund sind „Jahwewissen" und „Jahweerkenntnis" keine rein theoretischen Begrifflichkeiten, „sondern meinen oft sogar schlicht die Praxis des jahwegläubigen Israeliten selbst."[705] Lernen bedeutet demnach den Willen Gottes so sehr zu verinnerlichen, dass er zur prägenden Gestalt des eigenen Lebens wird.

Im Folgenden soll nun beschrieben werden, wie sich diese beiden Grundzüge im Lernkonzept des Deuteronomiums und dem Lernkonzept der weisheitlichen Tradition darstellen. Als kritische Stimme im Alten Testament, die die überlieferten weisheitlichen Traditionen in Frage stellt und sich stark den griechisch-hellenistischen Einflüssen öffnet, soll das Buch Kohelet nach seiner Konzeption des religiösen Lernens befragt werden. Abschließend sollen die wesentlichen Aspekte religiösen Lernens im Alten Testament zusammengefasst werden, so dass sichtbar wird, dass die Einführung in das grundlegende Glaubenswissen, die Einübung einer dem Glauben entsprechenden Lebensweise und die Hinführung zur Liturgie und zum Gebet entscheidend für die Glaubensweitergabe waren und zu den vier Hauptstücken der Katechese hinführen.

4.2.1.1 Religiöses Lernen in der Konzeption des Deuteronomiums

Das Buch Deuteronomium befasst sich wie kein anderes Buch des Alten Testamentes mit der Weitergabe des Glaubens an die nächste Generation. Lohfink sieht in der deuteronomischen Reform unter König Joschija und dem damit verbundenen Entstehungsprozess des Buches Deuteronomium den ersten wirklich greifbaren Versuch, den Glauben Israels durch systematisches Lernen stark zu

---

[704] *Norbert Lohfink*, Der Glaube und die nächste Generation. Das Gottesvolk der Bibel als Lerngemeinschaft, in: ders., Das Jüdische am Christentum. Die verlorene Dimension, Freiburg i. Br. 1987, 144–166, hier 144–145.
[705] Ebd. 145.

4.2 Glaubensweitergabe in der Bibel

machen und an die nächste Generation weiterzugeben.⁷⁰⁶ Zu den wichtigsten Textstellen dieses Buches, die sich mit der Glaubensweitergabe an Kinder beschäftigen, gehören Dtn 4,9f., Dtn 6,7 und Dtn 6,20–25, Dtn 31,12f. und Dtn 32,46.

In Dtn 4,9f. ergeht die Aufforderung an die Israeliten, ihren Kindern und Kindeskindern die Horebereignisse zur Kenntnis zu bringen (ידע hif.). Als Ziel dieser Belehrung wird aber nicht nur eine bloßes „Faktenwissen" über die geschichtlichen Ereignisse am Horeb und die dort ergangenen Weisungen Gottes angestrebt. Karin Finsterbusch legt in ihrer Analyse von Dtn 4,10 überzeugend dar, dass die Jahwefurcht als weiteres Lernziel angestrebt wird.⁷⁰⁷ Der Horeb ist für Israel der „Urlernort" der Jahwefurcht. Durch das Erzählen der Ereignisse am Horeb sollen die Kinder in diese religiöse Grundhaltung der Israeliten eingeführt werden.

„Da Jhwhfurcht am Horeb im Zusammenhang mit einem besonderen *Erleben* (der Audition) gelernt wurde, ist nur eine Möglichkeit vorstellbar: Die Eltern müssen ihren Kindern dieses Erleben so nahebringen, dass in ihnen Jhwhfurcht als Reaktion erzeugt wird. Die Kinder müssen also in die Situation versetzt werden, als Teil des Volkes vor Jhwh am Horeb zu stehen und seine Worte zu hören."⁷⁰⁸

Als Methode nimmt Finsterbusch ein intensives Erzählen der Horebereignisse an. Im Lernprozess selber soll so die Gegenwart Jahwes erfahrbar werden und zur Haltung der Ehrfurcht führen. Gott selbst wird zum eigentlichen Subjekt des Lehrens, das nicht ein Faktenwissen vermittelt, sondern zu einer Haltung führt, die das ganze Leben prägt und formt.

In Dtn 6,4–9 finden wir einen „Schlüsseltext zum Glaubenlernen"⁷⁰⁹, der alle Israeliten auffordert, die Worte, die Gott befohlen hat, „auf dem Herzen geschrieben" zu haben. Mit dieser Wendung ist zunächst sicherlich die konkrete Aufforderung zum Auswendiglernen der Gebote, d.h. des ganzen deuteronomischen Gesetzes, gegeben.⁷¹⁰ Im Alten Testament ist „das Herz" Ausdruck für das

---

706 Vgl. ebd. 150. Neben Lohfink haben sich nur wenige Exegeten ausführlich mit dem Thema des religiösen Lernens von Kindern im Buch Deuteronomium beschäftigt: vgl. *Georg Braulik*, Das Deuteronomium und die Gedächtniskultur Israels. Redaktionsgeschichtliche Beobachtungen zur Verwendung von למד, in: ders., Studien zum Buch Deuteronomium (= SBS 24), Stuttgart 1997, 119–146; *Karin Finsterbusch*, Die kollektive Identität und die Kinder. Bemerkungen zu einem Programm im Buch Deuteronomium, in: JBTh 17 (2002), 99–120; *dies.*, Das Kind als Teil der Gemeinde im Spiegel des Deuteronomiums, in: Matthias Augustin / Hermann Michael Niemann (Hg.), Basel und Bibel (= Beiträge zur Erforschung des Alten Testaments und des Antiken Judentums 51), Frankfurt a. M. u.a., 2004, 71–81.
707 Vgl. *Finsterbusch*, Identität, 101–102; *dies.*, Kind, 77–78.
708 *Finsterbusch*, Identität, 102.
709 *Lohfink*, Glaube, 154.
710 Vgl. ebd. 154–155.

4. Inhaltliche Mindestanforderungen an die Katechese

Personzentrum des Menschen mit allen seinen geistigen und seelischen Fähigkeiten, so dass sicherlich mit dem Auswendiglernen der Gebote eine existentielle Aneignung einhergehen soll, die dazu führt, dass Gottes Gebot zu einem Teil des eigenen menschlichen Wesens wird.[711] In Dtn 6,7 wird nun explizit auch eine Unterweisung der Kinder geboten, indem der Lernstoff den Kindern[712] solange vorgesprochen wird, bis sie ihn wohl durch das Nachsprechen einzelner Textpassagen auswendig gelernt haben.[713] In der Exegese ist es umstritten, ob nur das permanente Rezitieren der Gebote gefordert wird, oder in Dtn 6,7 den Eltern zusätzlich aufgetragen wird, im Alltag mit ihren Kindern über die Gebote zu reden und ihnen so deren Sinn zu erklären.[714] Allerdings spricht viel für die Deutung von Finsterbusch, die in diesem Vers einen Auftrag zur Belehrung der Kinder sehen möchte. Wie dieses Reden über die Gebote auszusehen hat, lässt sich aus Dtn 6,20–25 erschließen.

In der „Kinderkatechese"[715] in Dtn 6,20–25 wird ein fragendes Kind vorgestellt, dass den Sinn der Gesetze und Rechtsvorschriften erklärt haben will. Die

---

[711] Vgl. *Beate Ego*, Zwischen Aufgabe und Gabe. Theologische Implikationen des Lernens in der alttestamentlichen und antik-jüdischen Überlieferung, in: dies. / Helmut Merkel (Hg.), Religiöses Lernen in der biblischen, frühjüdischen und frühchristlichen Überlieferung (= WUNT 180), Tübingen 2005, 1–26, hier 1.

[712] Wenn auch im hebräischen Text nur von Vätern und Söhnen die Rede ist, so ist doch aus dem Zusammenhang heraus davon auszugehen, dass auch Mütter und Töchter in das Lehr- und Lerngeschehen miteinbezogen waren. Auch die Mädchen sollten die Gebote Gottes lernen (vgl. *Finsterbusch*, Kind, 78).

[713] Vgl. *Finsterbusch*, Identität, 103.

[714] *Georg Fischer / Norbert Lohfink*, Diese Worte sollst du summen. Dtn 6,7 w^edibbartā bām – ein verlorener Schlüssel zur meditativen Kultur in Israel, in: ThPh 62 (1987), 59–72, möchten in Dtn 6,7 die Forderung zu einem ständigen Vorsichhersagen der Gebote sehen. „Das dabei ständig weiter geführte Rezitieren des Glaubenstextes wird recht bald den Charakter des gleichsam schulischen Lernens verlieren und zu einem gemeinsamen lauten Meditieren werden, dem mittelalterlichen Rosenkranzbeten vergleichbar, dem Aufsagen der 99 Namen Allahs bei den Mohammedanern oder dem Psalmenaufsagen der frühen ägyptischen Mönche beim Mattenflechten" (*Lohfink*, Glaube, 155). Mit der älteren Exegese möchte Finsterbusch die Wendung ודברת בם als Aufforderung zum Reden über die Gebote im Sinne einer Belehrung der Kinder verstehen (vgl. *Finsterbusch*, Identität, 104–107). Die von Finsterbusch vorgebrachten Argumente gegen die Deutung von Fischer und Lohfink erscheinen plausibel. Das Reden über die Gebote und die Weitergabe des Glaubens soll nach Dtn 6,7 überall geschehen und zum festen Bestandteil des täglichen Lebens werden. Finsterbusch nimmt daher an, dass Dtn 6,7 den Eltern folgende Aufgabe zuweist. „Es ist vielmehr anzunehmen, dass sie in ihrem täglichen Leben, in das die Kinder wohl überwiegend einbezogen waren, sich *auch* Zeit für die Lehre der Kinder nehmen sollten, und dass sie diese Lehre *bewußt* in den Alltag integrieren sollten" (*Finsterbusch*, Identität, 107).

[715] In Dtn 6,20–25 ist wie in Dtn 6,7 nur von „Söhnen" und „Vätern" die Rede. Dennoch ist anzunehmen, dass auch hier die Töchter in die Belehrung mit eingeschlossen sind und dass auch die Mütter diese Belehrung erteilen sollen, wenn sie gefragt werden (vgl. *Finsterbusch*, Kind, 79).

4.2 Glaubensweitergabe in der Bibel

Belehrung der Kinder erschöpft sich somit nicht nur in einem ständigen Vorsprechen der Gebote. Das Deuteronomium geht vielmehr davon aus, dass Gesetze Kindern auch Anlass zur Frage geben können und man sich diesen Fragen zu stellen hat. Die Belehrung der Kinder über die Gebote soll vor allem deren (heils)geschichtlichen Hintergrund vermitteln.[716] Die Kinderkatechese in Dtn 6,20–25 will dabei jedoch mehr sein als die reine Vermittlung von faktischem Wissen über die Heilgeschichte Israels. Das fragende Kind in Dtn 6,20 weiß um Jahwe als „unseren Gott" und hat auch schon einen Begriff vom dtn Gesetz, dessen tieferer Sinn ihm aber noch nicht aufgegangen ist, so dass eine Distanz zu diesen Geboten besteht, die in der Formulierung „auf die der Herr euch verpflichtet" hat zum Ausdruck kommt. Bei der Antwort, die die Eltern auf diese Frage geben sollen, fällt der „transhistorische" Gebrauch der 1. Person Pl. In Dtn 6,21–25 auf.

„Im Hinblick auf den ‚transhistorischen' Gebrauch der 1. Person Pl. In V. 21–25 sind noch zwei Dinge festzuhalten: Erstens erzählen die Eltern die wunderbaren Taten Jhwhs als *selbst gesehen*, seine heilvolle Zuwendung als *an sich selbst erfahren* und sein Gebot, das Gesetz zu tun, *als an sie selbst ergangen*. Diese Art und Weise der Erzählung ist eine wesentliche Voraussetzung dafür, dass diese religiöse Tradition von der nächsten Generation als glaubwürdig, als bleibend aktuell und als unmittelbar angehend wahrgenommen werden kann. Zweitens erzählen, wie aus der kollektiven Redeweise (‚wir') hervorgeht, die Eltern nicht als Privatpersonen, sondern als *Repräsentanten des Jhwh-Volkes Israel*. Dies ist die Voraussetzung dafür, dass die Kinder religiöse Tradition als die Gemeinschaft des Jhwhvolks konstituierendes Wissen ansehen und sich selbst als Teil dieser religiösen Gemeinschaft begreifen lernen."[717]

Die Kinderkatechese will zu einer Erfahrung führen, die die unmittelbare und verpflichtende Gegenwart Jahwes spüren lässt. Eine existentielle Aneignung des Glaubenswissens aus lebendiger Gotteserfahrung ist das Ziel der Katechese, damit das Kind sich als Teil des Gottesvolkes begreift. Dazu ist das Glaubenszeugnis der Eltern notwendig, die das Kind an ihrem eigenen Glauben an die helfende Gegenwart Jahwes teilhaben lassen. Der Glaube der Eltern gründet letztlich in der heilsgeschichtlichen Erfahrung Israels, in die hinein das Kind durch die Eltern gestellt wird.

In Dtn 31,10–13 wird daher konsequenterweise diese Form der intensiven Belehrung, die in die Erfahrung der Gegenwart Jahwes einführt, vom familiären Bereich auf die gesamte Gemeinschaft des Volkes Israel ausgedehnt. Am Laubhüttenfest eines jeden Sabbatjahres, also alle sieben Jahre, soll eine öffentliche Toraverlesung vor dem ganzen Volk stattfinden. Dabei wurde der Toratext wohl von

---

[716] Finsterbusch kommt bei einer Durchsicht des Deuteronomiums auf folgende geschichtlichen Ereignisse, die Inhalt einer „Kinderkatechese" in Bezug auf die Gebote sein konnten: Der Auszug aus Ägypten, der in Dtn 16,3 kurz erwähnt wird, die Entstehung des Königtums in Israel, von dem in Dtn 17,14 die Rede ist, der Bau des Tempels, den Dtn 12 mehrfach erwähnt (vgl. *Finsterbusch*, Identität, 107).
[717] *Finsterbusch*, Identität, 111.

den levitischen Priestern und den Ältesten vorgesprochen und dann von der gesamten Volksversammlung im Chor wiederholt.[718] Lohfink spricht von einem „festlichen Lernritual", das Israel im Rahmen eines rauschenden Festes mit Essen, Trinken, Musik und Tanz in die Ursprungssituation am Horeb hineinführt. „Mitten darin ereignet es sich dann: In einem öffentlichen Lernritual steht Israel als ‚Versammlung' wieder am Horeb, und die Gesellschaft Jahwes wird im kollektiven Bewußtsein neu geboren."[719] Finsterbusch möchte aus der Analyse von Dtn 31,12f. für die Kinder, die bei der Volksversammlung anwesend sind, je nach Alter zwei unterschiedliche Lernziele annehmen. Für Kinder unter sieben Jahren, die somit zum ersten Mal an diesem öffentlichen Lernritual teilnehmen, steht das Wiederholen des deuteronomischen Gesetzes durch Tausende von Israeliten, also ein gewaltiges Hörerlebnis, im Vordergrund. Durch ein solch überwältigendes religiöses Erlebnis soll die Jahwefurcht in ihnen geweckt werden. Kinder über sieben Jahre sollen wie die Erwachsenen die Toragebote auswendiglernen. Mit dem Alter von sieben Jahren beginnt somit das systematische Lehren und Lernen der deuteronomischen Gebote.[720]

In Dtn 32,46f. wird abschließend die Wichtigkeit des Tuns der Tora hervorgehoben. Es geht bei der Belehrung der Kinder nicht um die Vermittlung eines theoretischen Glaubenswissens, das für das alltägliche Leben ohne Belang wäre. Die Eltern sollen dafür Sorge tragen, dass ihre Kinder auch wirklich alle Toragebote tun und in ihrem Leben erfüllen.[721] Glaubenswissen und Glaubensleben bilden eine Einheit, die sich auch im katechetischen Prozess wiederfinden muss.

Zusammenfassend lässt sich feststellen, dass im Buch Deuteronomium zwar keine ausgearbeitete Katechese für Kinder entwickelt wird, sich aber doch ein katechetisches Programm findet, dass für Jungen und Mädchen aller Schichten Israels verbindlich sein soll. Ziel ist eine Verinnerlichung der grundlegenden (Heils-)Geschichte Israels, der Jahwefurcht und des Gesetzes, die zu einer umfassenden Prägung des Lebens führen soll.[722] Die Eltern und die Volksgemeinschaft haben die Aufgabe, den Kindern ein lebendiges Glaubenszeugnis zu geben. Als Methoden der Katechese dienen das Auswendiglernen, das Gespräch über die Gebote und das intensive religiöse Erlebnis. Durch diese umfassende „religiöse Erlebnispädagogik" sollen die Kinder zur Erfahrung der unmittelbaren Gegenwart Jahwes geführt werden, der so zum eigentlichen Lehrer wird.

---

[718] Vgl. *Braulik*, Gedächtniskultur, 135.
[719] *Lohfink*, Glaube, 159. Auch Braulik spricht vom Horeb als „archetypischem Ort" dieser Versammlung, an den Israel zurückgeführt werden soll, um erneut Jahwes Gegenwart als Gott des Bundes zu erfahren und ihn zu fürchten (vgl. *Braulik*, Gedächtniskultur, 134).
[720] Vgl. *Finsterbusch*, Kind, 80; *dies.*, Identität, 113–115.
[721] Vgl. ebd. 116–119. Aufgrund des Sprachgebrauchs im Dtn entscheidet sich Finsterbusch an dieser Stelle für die Übersetzung: „damit sie darauf achten, alle Worte dieser Tora zu tun."
[722] Vgl. ebd. 120.

4.2.1.2 Religiöses Lernen in der weisheitlichen Konzeption

Während in der prophetischen Tradition eine skeptische Haltung vorliegt, was die Fähigkeit Israels anbelangt, den göttlichen Willen zu erfassen und die Gebote zu erfüllen, wie z.b. der sogenannte Verstockungsauftrag in Jes 6,9f. zeigt,[723] findet sich in der weisheitlichen Tradition nach dem Exil wieder eine Konzeption des religiösen Lernens, die ein positives Bild von der Lernfähigkeit des Menschen in religiöser Hinsicht zeichnet und gerade auch Kinder und Jugendliche im Blick hat. Dabei greift die weisheitliche Lernkonzeption durchaus die Kritik der Propheten auf, da Hören und Umkehren die entscheidenden Momente am Beginn des Lernprozesses sind. Anhand des Buches der Sprichwörter lassen sich die wesentlichen Merkmale des weisheitlichen Lernkonzepts gut veranschaulichen. Hier zeigt sich deutlich, wie sehr das deuteronomische Konzept der Tora-Befolgung und des Tora-Lernens seinen Niederschlag in der Weisheitsliteratur gefunden hat.

„Wie im Deuteronomium die Liebe zu Jahwe durch die Gebotsbeobachtung verwirklicht wird – auch das ‚Lernen' der Tora in Dtn 6,6–9 ist die erste Anwendung des Liebesgebotes von Dtn 6,5 –, so faßt analog dazu die Weisheitsgestalt in Spr 1–9 die Rolle Jahwes und (indirekt) die der Gebote in sich zusammen. Mit der impliziten Gleichsetzung von Gesetz und Weisheit hat Spr 1–9 eine Denkstruktur übernommen, die bereits in Dtn 4,6–8 vorgezeichnet ist."[724]

In Spr 1,20–33 wird die Weisheit als Person vorgestellt, die aktiv um die Menschen wirbt: „Die Weisheit ruft laut auf der Straße, auf den Plätzen erhebt sie ihre Stimme. Am Anfang der Mauern predigt sie, an den Stadttoren hält sie ihre Reden" (Spr 1,20f.). In dieser Personifikation der Weisheit sieht Ludger Schwienhorst-Schöneberger mehr als ein poetisches Stilmittel. In dieser Metapher drückt sich ein wesentlicher Aspekt der Konzeption des religiösen Lernens im Buch der Sprichwörter aus. „Beim Lernen im Buch der Sprichwörter geht es letztlich nicht um den aus einer autonomen Subjektivität heraus gesteuerten Zugriff auf eine stofflich neutrale Wirklichkeit, sondern um das Hören eines Rufes." [725] Entschei-

---

[723] Vgl. *Ego*, Aufgabe, 3–5. *Ralf Koerrenz*, Prophetie und Lernen, in: EvErz 52 (2000), 21–31, arbeitet zwar eine Konzeption des prophetischen Lernens heraus, betont aber dabei gerade die negativen Erfahrungen der Sozialkritik der Propheten und der Erfahrung der Differenz von Gott und Mensch als Anregungen für heutiges religiöses Lernen. Auf die Skepsis der Propheten gegenüber der Lernfähigkeit der Menschen in Bezug auf Gottes Gebot geht er dabei jedoch nicht ein.

[724] *Georg Braulik*, Das Deuteronomium und die Bücher Ijob, Sprichwörter, Rut. Zur Frage früher Kanonizität des Deuteronomiums, in: Erich Zenger (Hg.), Die Tora als Kanon für Juden und Christen (= Herders Biblische Studien Bd. 10), Freiburg i. Br. 1996, 61–138, hier 104. Zum engen Verhältnis von Weisheit und Tora im Buch der Sprichwörter vgl. auch *Gerlinde Baumann*, Die Weisheitsgestalt in Proverbien 1–9. Traditionsgeschichtliche und theologische Studien (= Forschungen zum Alten Testament 16), Tübingen 1996, 294–300.

[725] *Ludger Schwienhorst-Schöneberger*, Den Ruf der Weisheit hören. Lernkonzepte in der alttestamentlichen Weisheitsliteratur, in: Beate Ego / Helmut Merkel (Hg.), Religiöses Lernen in

dend ist, dass der junge Mensch sich vom Lockruf der Frevler (Spr 1,10–14), die mit attraktiven Angeboten werben, abwendet und bereit ist, der Weisheit zu folgen. Die Rede der Weisheit ist daher als prophetische Mahnrede[726] gestaltet und will zur Umkehr rufen. Nur in Hör- und Umkehrbereitschaft ist religiöses Lernen möglich. Das Verhältnis von Schüler und Weisheit hat dabei von Anfang an eine personal-kommunikative Struktur. Die Weisheit ruft nicht nur den Schüler, ihr zu folgen, sondern sie selbst ist auch die letzte und höchste Instanz im Prozess des Lernens. „Die wahre Größe eines Lehrers zeigt sich also darin, dass er seine Aufgabe als etwas Vorletztes versteht. Sie hat ihr Ziel erreicht, wenn der Schüler *selbst* den Ruf der Weisheit hört und von ihr so ergriffen ist, dass er ohne sie nicht mehr leben kann."[727] Letztlich ist es Jahwe selbst, der dem Schüler den unmittelbaren Zugang zur Weisheit verschafft. Der Lehrer ist dabei nur äußeres Werkzeug: „Denn der Herr gibt Weisheit, aus seinem Mund kommen Erkenntnis und Einsicht" (Spr 2,6). Aufgrund dieses Verständnisses des Lernens als Beziehungsgeschehen zwischen der Weisheit und ihrem Schüler geht das Buch der Sprichwörter auch von einem lebenslangen Lernprozess aus. Es gibt wohl ein vorläufiges, intuitives Erfassen des Ganzen, aber der Lernende kann immer tiefer in das Geheimnis der Weisheit eindringen.[728]

Auf den ersten Blick scheint es diesem Beziehungsgeschehen zu widersprechen, dass als bevorzugte Methode des Lernens auch im Buch der Sprichwörter das Auswendiglernen angesehen wird. Nili Shupak stellt fest, dass die verschiedenen hebräischen Verben für den Prozess des Lernens in der weisheitlichen Tradition ein Voranschreiten von bloßem Auswendiglernen, über ein wirkliches Verständnis des Gelernten hin zu einer persönlichen Auseinandersetzung mit der Tradition, die auch eine Erweiterung und Neuinterpretation der bisherigen Lehre mit einschließt, erkennen lassen.[729] Allerdings wird vom Glaubensschüler zu Beginn dieses Lernprozesses gefordert, dass er Dinge auswendig lernt, die er noch nicht verstanden hat.[730] Ziel des Auswendiglernens ist dabei nicht nur die kognitive Aneignung von Wissen, wie die Formulierungen in Spr 3,1; Spr 4,2–5 und

---

der biblischen, frühjüdischen und frühchristlichen Überlieferung (= WUNT 180), Tübingen 2005, 68–82, hier 72.

[726] Vgl. *Otto Plöger*, Sprüche Salomos (proverbia) [= BK.AT 17], Neukirchen-Vluyn 1984, 20.
[727] Schwienhorst-Schönberger, Ruf, 75.
[728] Vgl. ebd. 75–76.
[729] Vgl. *Nili Shupak*, Learning methods in ancient Israel, in: VT 53 (2003), 416–426.
[730] „Hier zeigt sich meines Erachtens auch noch einmal eine Diskrepanz zwischen einem verbreiteten zeitgenössischen Lernverständnis und demjenigen des Sprüchebuches. Um es einmal etwas pointiert zu formulieren: Wir wollen erst verstehen, anschließend sind wir eventuell bereit, das ein oder andere auch zu lernen, gegebenenfalls auch auswendig zu lernen. In stärker traditionsbestimmten Kulturen ist es umgekehrt: Erst wird gelernt, auswendig gelernt, eingeübt und anschließend wird nach und nach auch verstanden" (*Schwienhorst-Schönberger*, Ruf, 76).

7,1–3 belegen. Es geht in diesen Stellen darum, sich die Gebote „im Herzen zu bewahren", sich die Worte „zu Herzen zu nehmen" oder die Lehre auf die „Tafel des Herzens zu schreiben". Durch das Auswendiglernen einer inhaltlich begrenzten Lehre soll es zu einer innerlichen Vertiefung und Aneignung kommen, die den ganzen Menschen prägt. „Vor allem das Auswendiglernen ist die Voraussetzung dafür, dass Texte wirken können. Die einschlägigen Texte im Buch der Sprichwörter signalisieren, dass das Auswendiglernen hier ein ‚learning by heart' ist: ein Sich-zu-Herzen-Nehmen, eine innere, tiefe Aneignung des Stoffes, damit sein Gehalt alle Fasern des Fühlens, Denkens und Handelns durchformen kann. Es geht um Internalisierung und eine damit einhergehende Ausbildung eines Habitus, um Formung in einem ganz elementaren Sinn."[731]

Der Höhepunkt dieser weisheitlichen Konzeption des Lernens wird im Tora-Psalm 119 erreicht, wo das Auswendiglernen der Tora quasi-sakramentale Züge erhält und zum Ort der Gottesbegegnung schlechthin wird.

„Sich mit der Tora beschäftigen bedeutet dann, sich in den durch die Tora konstituierten Raum von göttlicher Lebensmacht zu stellen. Torafrömmigkeit wird so zum ‚Lebenselixier' und zu einem quasi-sakramentalen Geschehen. Das Lesen des ‚Tora-Psalms' 119 will dazu befähigen, hinter und in den Worten der schriftlich fixierten Tora dem Toralehrer JHWH selbst zu begegnen – als dem inmitten einer chaotischen Welt ‚Erquickung' und Kraft schenkenden Gott."[732]

Zwei Dinge sind auf diesem Hintergrund an der Methode des Auswendiglernens besonders bemerkenswert. Zum einen gewinnt das Lernen einen rituellen, liturgischen Charakter. Es wird zu einem Geschehen, das durch das kognitive Erfassen der Lehre hindurch zur Erfahrung der göttlichen Größe der weisheitlichen Lehre führen möchte, ja zur Erfahrung der Gegenwart Jahwes selbst.[733] Zum anderen gewinnt die Praxis im Lernprozess eine große Bedeutung, da sich die Verinnerlichung des Auswendiggelernten in der Gestaltung des konkreten Lebensalltags

---

[731] Schwienhorst-Schönberger, Ruf,. 78.
[732] *Erich Zenger*, JHWH als Lehrer des Volkes und der Einzelnen im Psalter, in: Beate Ego/Helmut Merkel (Hg.), Religiöses Lernen in der biblischen, frühjüdischen und frühchristlichen Überlieferung (= WUNT 180), Tübingen 2005, 46–67, hier 63.
[733] Im rabbinischen Judentum wird die liturgische Dimension des Lernens vollends deutlich, wenn das Lernen der Kinder an die Stelle des Opferdienstes im Tempel tritt (vgl. *Günter Stemberger*, Kinder lernen Tora. Rabbinische Perspektiven, in: JBTh 17 [2002], 121–137). Auch Dieter Vetter weist auf die rituelle Bedeutung des Lernens im talmudischen Schrifttum hin. „Man studiert die Tora nicht allein als die Grundlage halakhischer Entscheidungen; das Lernen geschieht auch um seiner selbst willen: Es verbindet den Lernenden mit Gott (II, 8), der selbst – nach einer rabbinischen Legende (b Aboda Sara 3b) – durch seine tägliche Beschäftigung mit der Tora seinem Volk Vorbild ist" (*Dieter Vetter*, Lernen und Lehren. Skizze eines lebenswichtigen Vorgangs für das Volk Gottes, in: Rainer Albertz / Friedemann W. Golka / Jürgen Kegler [Hg.], Schöpfung und Befreiung [= FS für Claus Westermann zum 80. Geburtstag], Stuttgart 1989, 220–232, hier 227–228).

zeigen muss. Das Auswendiglernen fordert so zwingend den Praxisbezug des Gelernten.

4.2.1.3 Eine kritische Sicht auf die traditionellen Lernkonzepte: Das Buch Kohelet

Mit dem Buch der Sprichwörter wurde die weisheitliche Konzeption des religiösen Lernens dargestellt, die dazu aufruft, an traditionellen Werten und Normen festzuhalten, und das Lernen eng mit der Autorität der Tora verknüpft. Das religiöse Lernen wird zu einem quasi-sakramentalen Akt, der mit Gott verbindet. Diese weisheitliche Konzeption, die auch das Buch Jesus Sirach prägt, ist zwar für das spätere Judentum[734] von entscheidender Bedeutung geworden, blieb aber im Alten Testament nicht ohne Widerspruch, der sich am deutlichsten im Buch Kohelet zeigt.

Kohelet wendet sich gegen eine religiöse Überhöhung der Weisheit und des Erlernens religiöser Traditionen. Er kritisiert eine einseitige dogmatische Verfestigung der Tora durch das weisheitliche Lernkonzept und setzt den Akzent seiner Darlegungen vor allem auf den Erfahrungsbezug.[735] Immer wieder überprüft er empirisch Aussagen der Weisheitstradition und zeigt deren Widersprüchlichkeit zur Wirklichkeit auf. Diese kritische Auseinandersetzung mit Spruchweisheiten, die das klassische religiöse Lernen prägten, findet sich in Koh 6,11–9,6.[736] Zentral für die Kritik an der Weisheitskonzeption des Buches der Sprichwörter ist Koh 7,23–24: „Auf allen Wegen habe ich es mit dem Wissen versucht. Ich habe gesagt:

---

[734] Vgl. *Hanan A. Alexander*, Lernen aus jüdischer Sicht, in: EvErz 51 (1999), 366–377; *Annette M.. Böckler*, Beten als Lernen – Lernen als Mitzwa. Das Gebetbuch als Lernbuch im Judentum, in: Beate Ego / Helmut Merkel (Hg.), Religiöses Lernen in der biblischen, frühjüdischen und frühchristlichen Überlieferung (= WUNT 180), Tübingen 2005, 157–173; *Günter Stemberger*, „Schaff dir einen Lehrer, erwirb dir einen Kollegen" (mAv 1,6) – Lernen als Tradition und Gemeinschaft, in: Beate Ego / Helmut Merkel (Hg.), Religiöses Lernen in der biblischen, frühjüdischen und frühchristlichen Überlieferung (= WUNT 180), Tübingen 2005, 141–155.

[735] Vgl. *Thomas Krüger*, Kohelet (Prediger) (= BK.AT XIX [Sonderband]), Neukirchen-Vlyn 2000, 45. Die Distanz zum Weisheitskonzept des Buches der Sprichwörter stellen auch dar *Ludger Schwienhorst-Schönberger*, Kohelet (= HThK.AT 29), Freiburg i. Br. 2004, 397–398; *Franz Josef Backhaus*, „Es gibt nichts Besseres für den Menschen" (Koh 3,22). Studien zur Komposition und Weisheitskritik im Buch Kohelet (= BBB 121), Bodenheim 1998, 291–296. Gegen diese Abgrenzung des Buches Kohelets von der Weisheitstheologie der nachexilischen Zeit wendet sich in der neueren deutschsprachigen Koheletforschung nur *Renate Brandtscheidt*, Weltbegeisterung und Offenbarungsglaube. Literar-, form- und traditionsgeschichtliche Untersuchung zum Buch Kohelet (= TThSt 64), Trier 1999, 476 Anm. 629.

[736] Hier wird in Frage gestellt, ob Weisheit und Bildung wirklich ein langes Leben garantieren (Koh 7,11–18) und das Tun-Ergehen-Prinzip tatsächlich Geltung beanspruchen kann (Koh 8,5–15).

Ich will lernen und dadurch gebildet werden. Aber das Wissen blieb für mich in der Ferne. Fern ist alles, was geschehen ist, und tief, tief versunken – wer könnte es wiederfinden?" Kohelet muss feststellen, dass das Wissen, gemeint ist hier die Weisheit, sich ihm entzieht und ihm fern bleibt. Diese Weisheitskritik steht im Kontrast zum Bild der Weisheit, das das Buch der Sprichwörter und Jesus Sirach vermitteln. In Spr 8,17 verheißt die Weisheit, dass jeder sie findet, der sie sucht. In Sir 51,13–30 wird die Suche nach Weisheit als mühevoller Prozess für den jungen Menschen dargestellt, der aber nicht vergeblich ist. Kohelets Suche nach Weisheit bleibt ohne Erfolg. Er kann diese optimistische Sicht der Weisheit nicht teilen und ist skeptisch gegenüber der grundsätzlichen Fähigkeit des Menschen, Weisheit zu erlagen.[737]

Franz Josef Backhaus möchte über diese allgemeine Kritik hinaus in Koh 7,23–24 einen dezidierten Gegenentwurf zu Spr 1–9 sehen. Im Buch der Sprichwörter wird die Weisheit personifiziert und erhält eine quasi göttliche Autorität.[738] Dies macht sich im Verhältnis von Weisheit und Gottesfurcht sichtbar.

„Während die Gottesfurcht in der sogenannten ‚älteren' Weisheit die *conditio sine qua non* aller Erfahrungsweisheit, aller Ordnungsfindung darstellt, ihr also vorgeordnet ist, ergibt sich in der Spruchsammlung Spr. 1–9 die Gottesfurcht vielmehr als Folge der von Gott gegebenen Weisheit (Spr. 2,6; 3,7; 8,22.35), ja an einigen Stellen (Spr. 1,29; 9,10) ergibt sich inhaltlich eine Synonymität zwischen Gottesfurcht und menschlicher Erkenntnis. Daran zeigt sich, daß diese Weisheit zu Gott hinführen will und damit rücken JHWH-Religion und Weisheit sehr eng zusammen."[739]

Kohelet negiert nun in Koh 7,23–24 grundsätzlich eine solche Weisheitsgestalt. Er sieht die Gefahr, dass die enge Beziehung zwischen der personifizierten Weisheit und Jahwe die Grenzen zwischen der immanenten Schöpfungsweisheit und Jahwes Weisheit verwischt, so dass Gott schließlich zu einem Bestandteil eines weisheitlich-theologischen Lehrsystems wird. Demgegenüber betont Kohelet die Transzendenz Gottes, die sich menschlichem Erkennen entzieht und auch durch eine personifizierte Weisheit als Offenbarungsmittlerin nicht erschlossen werden kann.[740] Anders als in der weisheitliche Konzeption des religiösen Lernens wird somit das Auswendiglernen der religiösen Traditionen nicht mehr als Weg zur Gottesbegegnung verstanden. Die spirituelle Überhöhung der Glaubensweitergabe wird von Kohelet abgelehnt und die kritische Überprüfung der Traditionen an der Wirklichkeit gefordert. Der religiöse Lernprozess bleibt für ihn somit ein menschliches Tun und Aufgabe der menschlichen Weisheit.[741]

---

[737] Vgl. *Schwienhorst-Schönberger*, Kohelet, 397–398.
[738] Vgl. *Backhaus*, Studien, 266–267.
[739] Ebd. 267.
[740] Vgl. ebd. 268–269.
[741] Vgl. *Krüger*, Kohelet, 46–47.

Eng mit dieser ablehnenden Haltung gegenüber der Weisheitsgestalt ist bei Kohelet eine kritische Haltung gegenüber der Tora verbunden. Während in Spr 1–9 eine Gleichsetzung von Weisheit und Tora erfolgt, die dazu führt, dass die rechte Gottesbeziehung nur durch eine strenge Observanz der Tora möglich ist und das Studium der Tora somit zum Gottesdienst wird, relativiert Kohelet die Bedeutung der Tora.[742] Thomas Krüger fasst das Toraverständnis Kohelets daher so zusammen:

„Das Koheletbuch rezipiert die Tora nicht als ‚kanonischen' Text, sondern als ‚klassischen' Text. Darin stimmt es mit einem Großteil der zeitgenössischen spätisraelitischen bzw. frühjüdischen Literatur überein. Die Eigenart seiner Rezeption der Tora in diesem theologiegeschichtlichen Umfeld scheint v.a. darin zu bestehen, daß er gegenüber der Tora nicht nur ein gewisses Maß an kreativer Freiheit praktiziert, sondern diese Freiheit auch explizit für sich in Anspruch nimmt, begründet und kritisch reflektiert."[743]

Kohelet wird damit zum biblischen Modell eines kanonkritischen Umgangs mit religiösen Traditionen. Das Erlernen der Tora hat somit keinen gottesdienstlichen Charakter mehr. Gottesfurcht und Toraobservanz bilden für Kohelet keine untrennbare Einheit.[744] Das Hinterfragen und kritische Überprüfen der Toragebote an der Wirklichkeit gehören für ihn, neben dem Auswendiglernen der Gebote, untrennbar zum religiösen Lernprozess hinzu. Auf den ersten Blick scheint die streng theonom ausgerichtete weisheitliche Lernkonzeption bei Kohelet durch das griechisch-hellenistische Paradigma ergänzt zu werden, das zur Autonomie des Subjekts erziehen will.[745]

Die These einer autonomen Konzeption des religiösen Lernens nach griechisch-hellenistischem Vorbild bei Kohelet übersieht jedoch, dass er mit seiner Theologie die Transzendenz Gottes betonen will. Kohelet geht es darum, Gott nicht zu einem Bestandteil eines weisheitlich-theologischen Lehrsystems zu machen, das durch die strenge Toraobservanz geradewegs zur Gottesbegegnung und

---

[742] Kohelet bestätigt zwar in Koh 5,3f. die Forderung aus Dtn 22,23–24, Gelübde sofort zu erfüllen, begründet dies aber nicht mit der Wertschätzung der Tora, sondern mit der Vernünftigkeit dieses Gebots. In Koh 5,5 wendet sich Kohelet sogar ausdrücklich gegen eine Verharmlosung von Schuld als Versehen, wie es die kultischen Bestimmungen von Lev 4f. und Num 15,22–31 nahelegen. Koh 4,17 beinhaltet eine massive Kritik an der Praxis von Schlachtopfern, die ja fester Bestandteil des Opferkultes im Tempel sind, den die Tora vorschreibt. Eine ausführliche Darlegung der Torakritik Kohelets findet sich bei *Thomas Krüger*, Die Rezeption der Tora im Buch Kohelet, in: Ludger Schwienhorst-Schönberger (Hg.), Das Buch Kohelet. Studien zur Struktur, Geschichte, Rezeption und Theologie (= BZAW 254/1997), 303–325. Dieser Darstellung folgt im Wesentlichen *Backhaus*, Studien, 293–296.
[743] *Krüger*, Rezeption , 321–322.
[744] Vgl. Schwienhorst-Schönberger, Kohelet, 99.
[745] Vgl. *Koerrenz*, Paradigma, 332.

erfolgreichen Lebensgestaltung gelangen möchte.[746] Es möchte nicht die Theonomie des Lernprozesses zugunsten der Autonomie des Subjekts zurückdrängen, sondern die Größe und Unverfügbarkeit Gottes sicher stellen. Der Begriff der Gottesfurcht ist dabei für das Verständnis des religiösen Lernens bei Kohelet von entscheidender Bedeutung.

Dies zeigt sich in Koh 7,15–18, wo die Gottesfurcht zum Maßstab für die Auslegung der Tora und das rechte ethische Verhalten wird. Kohelet zeigt zwei Extrempositionen auf. Da ist zum einen der Gerechte, der sich streng an alle Gebote der Tora hält, und zum andern der Frevler, der das Gesetz überhaupt nicht beachtet. Kohelet plädiert für einen Umgang mit der Tora, der diese beiden Extreme meidet, und sieht in der Gottesfurcht die rechte Haltung, die den Menschen auf diesen Weg führt. Sie vermeidet sowohl die „selbstgerechte Überheblichkeit" des Menschen, der von seiner eigenen Gesetzestreue völlig eingenommen ist, als auch die „verantwortungslose Unbedachtheit" des Frevlers, der jedes Gebot außer Acht lässt, und gewinnt so einen „ethisch-sittlichen Sinn".[747] Damit wird der Begriff der Gottesfurcht zum Schlüssel für das hermeneutische Verständnis der Tora bei Kohelet.

„Mit Gottesfurcht wird dann jene Haltung gemeint sein, aus der heraus Tora überhaupt erst vernommen und recht verstanden werden kann. Kohelet scheint die Gottesfurcht einer eng verstandenen Toraobservanz vorzuordnen. Damit dürfte er in einer gewissen Distanz zu jener Tendenz stehen, die die Gottesfurcht mit der Toraobservanz einfachhin identifizierte (vgl. Sir 1,26 f.)."[748]

In Koh 8,12–13 verteidigt der Autor des Koheletbuches noch einmal das von ihm als richtig erkannte Verständnis von Gottesfurcht, indem er sich gegen eine strenge Tora-obervanz wendet, die dem Gottesfürchtigen nach dem Tun-Ergehen-Zusammenhang eine Erfolgsgarantie gibt. Da auch der Gottesfürchtige im innerweltlichen Alltag scheitern kann, empfiehlt Kohelet die Gottesfurcht als ethisch-sittliche Haltung, weil er zutiefst von der Gerechtigkeit Gottes überzeugt ist.[749]

Für die Glaubensweitergabe bedeutet dies, dass die Tora auch für Kohelet erlernt werden muss, jedoch immer in einer Haltung, die sich der Transzendenz Gottes bewusst ist: Nicht schon das genaue Erlernen und Halten der Tora führt zur Gerechtigkeit. Die Gebote bedürfen immer einer Anwendung in der Haltung der Gottesfurcht, die eben auch einmal ein Abgehen von den Geboten ermöglicht, jedoch nicht zu einer völligen Missachtung der Tora führt. Die Gottesfurcht

---

[746] Vgl. *Franz Josef* Backhaus, „Denn Zeit und Zufall trifft sie alle". Studien zur Komposition und zum Gottesbild im Buch Qohelet, (= BBB 83), Frankfurt a. M. 1993, 360.
[747] Vgl. *Andreas Vonach*, Nähere dich um zu hören. Gottesvorstellungen und Glaubensvermittlung im Koheletbuch (= BBB 125), Berlin – Bodenheim 1999, 79.
[748] Schwienhorst-Schönberger, Kohelet, 99.
[749] Vgl. *Vonach*, Nähere dich, 83.

4. Inhaltliche Mindestanforderungen an die Katechese

hat für Kohelet, ähnlich wie bei modernen Ethikern und Moraltheologen, die Funktion, die Toragebote kritisch zu analysieren und auf der Grundlage einer Schöpfungstheologie rational zu begründen.[750]

> „Gottesfurcht bezeichnet bei Kohelet nie eine konkrete kultisch-gottesdienstliche Praxis und wird auch nie als mystisch-religiöse Privatangelegenheit betrachtet, sondern sie ist terminus technicus für eine durch die Anerkennung des Wirkens Gottes und seiner Souveränität motivierte Grundhaltung, die im alltäglichen Leben sichtbar werden muß. Gottesfurcht ist bei Kohelet ‚gelebter Glaube', aber nicht im Sinne der Einhaltung gottesdienstlicher Pflichten, sondern in seiner sozial und gesellschaftlich wahrnehmbaren Komponente."[751]

Nimmt man die Aspekte, die Kohelet mit den Begriff der Gottesfurcht verbindet, in den Blick, kann man von einer Neuinterpretation des weisheitlichen Lernkonzepts sprechen, das sich gegen eine nomistische und traditionalistische Erstarrung wendet, die zu Selbstgerechtigkeit und dem völligen Ausblenden der Erfahrungswelt neigt. Kohelet betont demgegenüber die Transzendenz Gottes und die Notwendigkeit einer die Erfahrung einbeziehenden Weisheit, die sich ihrer menschlichen Grenzen bewusst ist. Im Begriff der „Gottesfurcht" findet diese Haltung ihren Ausdruckt. Sie wird bei Kohelet der grundlegende Maßstab zur Interpretation der Tora, die aber weiterhin die Grundlage für seine Ethik und Theologie bleibt. „Die Kritik des Wissens führt also bei Kohelet nicht zum Abbruch der Lernens, sie führt nicht zu einem kognitiven Nihilismus, sondern sie vollzieht sich selbst im Modus der Lehrens und Lernens."[752] Bei diesem Lernen und Lehren bleiben natürlich die Grundsätze des Lernens und Lehrens im Alten Testament erhalten und werden durch die für Kohelet wichtigen Aspekte der Erfahrung und der Gottesfurcht erweitert. Das religiöse Lernen bleibt so auch bei ihm ein theonom bestimmter und an die Tora gebundener Prozess, aber anders als beim weisheitlichen Lernkonzept in Form der „via negativa". Der Mensch erkennt seine Begrenztheit und Verschiedenheit im Angesicht der Größe Gottes und seiner Schöpfung. Kohelet wendet sich gegen zu euphorische und dogmatische Versuche, die glauben, mit dem Erlernen der religiösen Tradition schon Gott selbst gefunden zu haben.

---

[750] Vgl. *Ludger Schwienhorst-Schönberger*, „Nicht im Menschen gründet das Glück" (Koh 2,24) Kohelet im Spannungsfeld jüdischer Weisheit und hellenistischer Philosophie (= Herders Biblische Studien Bd. 2), Freiburg i. Br. 1994, 323.
[751] *Vonach*, Nähere dich, 85.
[752] Schwienhorst-Schönberger, Ruf, 80.

4.2.1.4 Zusammenfassung: Religiöses Lernen im Alten Testament

Mit diesem knappen Blick auf die wichtigsten Konzeptionen des religiösen Lernens im Alten Testament lassen sich drei wesentliche Gemeinsamkeiten ausmachen, die auch für die christliche Sakramentenkatechese von Bedeutung sind:
– Das Auswendiglernen ist das zentrale Mittel zur Aneignung von religiösen Traditionen und grundlegendem religiösen Wissen. Wichtiger als ein völliges Verstehen der religiösen Traditionsstoffe ist die einübende Verinnerlichung. Der Lernstoff wird nicht als objektives Wissen betrachtet, das sich der Lernende aneignet, um es dann zu beherrschen. Es ist vielmehr umgekehrt. Die biblischen Texte werden auswendig gelernt, damit sie den Lernenden prägen und dessen Leben bestimmen können. Den biblischen Texten und heilsgeschichtlichen Ereignissen, die gelernt werden, wird eine innere Kraft zugesprochen, die sich nicht erst durch ihre Erklärung entfaltet, sondern a priori gegeben ist. Diese prägende Kraft kann das traditionelle Glaubenswissen aber nur entfalten, wenn es wirklich verinnerlicht wird, indem man es auswendig lernt. Die Annahme der religiösen Traditionen durch das Auswendiglernen dieser Traditionen zieht sich wie ein roter Faden durch das Alte Testament. Selbst das Buch Kohelet mit seiner kritischen Sichtweise auf die religiösen Traditionen der Tora hält am Erlernen der Tora, als „klassischem Text", fest. Die Verinnerlichung einer festumrissenen Glaubenstradition gehört zum Wesen des religiösen Lernens im Alten Testament und bildet eine wichtige Grundlage für die Herausbildung der vier Hauptstücke der Katechese in der kirchlichen Tradition.
– Das Erlernen der Tora sollte nicht nur zu einer Kenntnis der Gebote, sondern auch der heilsgeschichtlichen Bedeutung Jahwes für das Volk Israel führen. Insbesondere die Anweisungen des Buches Deuteronomiums für die religiöse Unterweisung der Kinder legen auf dieses grundlegende Glaubenswissen großen Wert. Hier wird ein Bezug zum Apostolischen Glaubensbekenntnis deutlich, das die wesentlichen Ereignisse der Heilsgeschichte zusammenfasst und aus diesem Grund zu den vier Hauptstücken der Katechese gehört.
– Das Lernen hat eine praktische Ausrichtung. Religiöses Lernen im Alten Testament ist nie auf die Vermittlung bloß kognitiver Inhalte ausgerichtet, sondern möchte zu einer entsprechenden Lebensgestaltung führen. Das religiöse Lernen hat erst dann sein Ziel erreicht, wenn der Glaubensschüler das Glaubenswissen in seinem Alltag anwendet. Religiöses Lernen ohne Praxisbezug ist damit im Alten Testament undenkbar. Daraus ergibt sich wiederum eine starke soziale Dimension dieses Lernens. In Bezug auf den Inhalt zeigt sich das an der Vielzahl der Gebote, die sich mit dem Verhalten gegenüber dem Nächsten beschäftigen. In formaler Hinsicht wird dies an der großen Bedeutung deutlich, die das religiöse Lernen als gemeinschaftliches Tun inmitten des ganzen Volkes, der Familie oder der kleinen Gruppe einnimmt. Man lernt nicht allein, sondern in Gemeinschaft. Sowohl die praktische, auf die Gestaltung des alltäglichen Lebens ausgerichtete, als auch die

soziale Dimension des religiösen Lernens von Kindern und Jugendlichen zeigen den hohen Stellenwert der Ethik und des rechten Tuns in der Glaubensweitergabe des Alten Testaments. Die praktisch-ethische Ausrichtung des religiösen Lernens im Alten Testament findet in der christlichen Katechese ihre Fortsetzung in der hohen Wertschätzung des Dekalogs, der zu einem Element der vier Hauptstücke der Katechese wird.

– Mit der Methode der Verinnerlichung des Lernstoffes durch Auswendiglernen hängt die quasi-sakramentale Struktur des Lernens eng zusammen. Der Lernstoff kann eine solch prägende Kraft im Leben des Glaubensschülers entfalten, weil man dabei Jahwe selbst begegnet. Beim religiösen Lernen lernt man nicht „etwas" über Jahwe, man eignet sich nicht ein reines Wissen über die Gebote und die Heilsgeschichte an, sondern der Glaubensschüler wird zur existentiellen Begegnung mit Jahwe geführt. Religiöses Lernen ist das Hören auf Jahwe. Er ist der eigentliche Lehrer. Seine Gegenwart zu erfahren und dadurch zur Jahwefurcht zu gelangen, ist das entscheidende Ziel des religiösen Lernens, vor allem im Blick auf die Kinder. Das religiöse Lernen der Kinder und der Erwachsenen ist somit ein theonom bestimmter Prozess, der eine kommunikativ-personale Struktur besitzt. Am Beginn des religiösen Lernens stehen immer die Umkehr und die Hinkehr zu Jahwe, die erst das Hören auf Jahwe im Wort der biblischen Offenbarung ermöglichen. Hier zeigt sich deutlich die spirituelle Dimension der Glaubensweitergabe im Alten Testament, die religiöses Lernen als Gottesbegegnung versteht. Eine Katechese, die biblisch fundiert sein will, darf mit Blick auf das Alte Testament die Gottesbegegnung, wie sie sich in Gebet und Liturgie ausgedrückt, nicht ausklammern, sondern findet gerade hierin ihr eigentliches Ziel und ihre tiefste Erfüllung. In der kirchlichen Tradition stehen hierfür das Vaterunser und die sieben Sakramente als Bestandteile der vier Hauptstücke der Katechese.

Neben der biblischen Fundierung der grundlegenden inhaltlichen Aspekte der Katechese, wie sie im Alten Testament deutlich wird, stellt sich die wesentliche Frage für ihre inhaltliche Bestimmung, wie mit religiösen Traditionen überhaupt umgegangen wird. Das Alte Testament legt nahe, kritisch zu überprüfen, ob in der heutigen Sakramentenkatechese die Dimension des Hörens auf die ergangene Offenbarung als Weg zur lebendigen Gotteserfahrung nicht zu sehr vernachlässigt wird. Das Lernen von religiösen Traditionen, Gebeten, liturgischen Vollzügen und fundamentalen Glaubensinhalten hat nicht erst einen Wert, wenn diese Inhalte völlig verstanden werden, sondern eröffnet einen Raum der Gottesbegegnung, der dem Verstehen vorausgeht. Religiöses Lernen ist dann ein Vertraut- und Heimischwerden in diesem ‚Raum der Tradition', der den Menschen formt und immer mehr zum Geheimnis Gottes hinführt. Sehr schön drückt dieses Spezifikum einer Katechese, die von der Wurzel des Alten Testaments getragen wird, das Arbeitsinstrument der französischen bischöflichen Kommission für Katechese und Katechumenat *Aller au coeur de la foi* aus: „Hören ist etwas anderes als Lernen. Immer wenn man hört, tritt man in einen Prozess der Veränderung ein. Man versucht nicht, etwas zu finden, was man schon kennt. Man hört, um sich an dem zu orientieren, was man vernimmt. Derjenige der hört, akzeptiert, dass seine Perspektive verändert wird und er sich innerlich erneuert. Er stimmt zu, sich zu wandeln durch die Kraft des Hörens."[753] Dem Hören-auf und dem Auswendiglernen von religiösen Grundlagentexten ist daher in der Sakramentenkatechese wieder neu Raum zu schenken.

Eng verbunden mit der Dimension des Hörens ist im religiösen Lernen die Dimension der „Jahwefurcht". Die Erfahrung der Gegenwart Jahwes im Lernprozess soll zur Haltung der Ehrfurcht und der Frömmigkeit führen. Selbst im Buch Kohelet, in dem religiöse Traditionen auch kritisch bewertet werden, bleibt doch die „Gottesfurcht" die entscheidende Haltung, in der das religiöse Lernen vollzogen werden muss. Im gesamten Alten Testament ist nur so eine wirkliche Lebensprägung möglich, die nicht nur oberflächlich bleibt. Gerhard Marschütz definiert Ehrfurcht folgendermaßen: „Im theol. Kontext gründet E. [sc. Ehrfurcht] im Ergriffensein v. Gott als dem liebenden Geheimnis aller Wirklichkeit. So erweist sich E. [sc. Ehrfurcht] als in der Liebe verwurzelt, weil Gott selbst v. Anfang an in liebender E. [sc. Ehrfurcht] seiner Schöpfung gegenübersteht. Zugleich kommt auch die Grunderfahrung des kreatürl. Menschen z. Ausdruck, in der ihm seine Nähe u. Distanz, seine Ähnlichkeit u. Unähnlichkeit z. Schöpfer bewußt wird."[754] In der Sakramentenkatechese wird heute die Dimension der Ähnlichkeit und Nähe Gottes stark betont, was zum Beispiel in der Darstellung Jesu als Freund deutlich zum Ausdruck kommt.[755] Dagegen tritt der Aspekt des Geheimnisses Gottes deutlich zurück. Ehrfurcht als eine wichtige Grundlage jeglicher religiöser Praxis geht verloren. Die Katechese verliert an Tiefe und bleibt an der Oberfläche des immer schon Erfahrbaren und Gewussten. Die Entdeckung Gottes als des „ganz Anderen" kann nicht gemacht werden. Hier führt der Blick auf das Alte Testament erneut zu einer Profilschärfung der christlichen Sakramentenkatechese. Der Aspekt des ‚Heiligen' und des ‚Mysteriums Gottes' darf nicht ausgeblendet werden. Die Vermittlung dieser Wirklichkeit Gottes hatte im Alten Testament vor allem seinen Platz in der Liturgie, wie Dtn 31,10–13 zeigt. Daraus ergibt sich als Forderung an die heutige Katechese mit Kindern eine stärkere Berücksichtigung des liturgischen Elements. Nur hier können die grundlegenden re-

---

[753] „Écouter, c'est autre chose qu'étudier. Quand on écoute, on entre dans un processus de transformation. On ne cherche pas à retrouver ce qu'on connaît déjà. On écoute pour se nourrir de ce qu'on entend. Celui qui écoute accepte d'être déplacé dans son regard, renouvelé au-dedans. Il consent à devenir différent à force d'écouter" (*Commision épiscopale de la catéchèse et du catechuménat*, Aller au coeur de la foi. Questions d'avenir pour la catéchèse, Paris 2003, 43). Es handelt sich um eine Übersetzung des Autors.
[754] *Gerhard Marschütz*, Art. Ehrfurcht, in: LThK³ Bd. 3 (1995), 512–513, hier 512.
[755] S.o.171.

ligiösen Erfahrungen gemacht werden, die ähnlich wie die Liturgie des Laubhüttenfestes zu wichtigen Gotteserfahrungen werden können.

4.2.2 Religiöses Lernen im Neuen Testament

Das Neue Testament steht, was die Glaubensweitergabe und die Konzeption des religiösen Lernens betrifft, in sehr enger Verbindung zum Alten Testament. Lernen ist auch hier ein theonom bestimmter Prozess, der zu einer umfassenden Lebensprägung führen will. Die Verknüpfung von Altem und Neuem Testament in Bezug auf das Erlernen des Glaubens macht Gerhard Lohfink deutlich, wenn er das Judentum als „Katechumenat der Urkirche" bezeichnet:

„Die zur Taufe kommen – seien es nun Juden oder gottesfürchtige Heiden – wissen längst, daß zum Glauben der Herrschaftswechsel von den Göttern zum wahren Gott gehört und die Abkehr von der heidnischen Lebensweise zu einem Leben in Gerechtigkeit. Sie brauchen nicht erst zu lernen, was die richtige Art zu beten und was Gottesdienst ist. Sie haben jeden Tag in der *Tefillah*, dem jüdischen Grundgebet, um das Kommen des Messias und um die endzeitliche Sammlung Israels gebetet. Sie haben jeden Sabbat in der Synagoge die Tora gehört und die Verheißungen der Propheten. Sie kennen die Geschichte Gottes mit seinem Volk seit Abraham."[756]

Bleibend für das Erlernen des Glaubens im Neuen Testament sind die Umkehr und die Verinnerlichung der biblischen Offenbarung. Religiöses Lernen ist kein bloßes Unterrichtetwerden über Sachwissen, sondern die Umformung des eigenen Lebens durch Gott.[757]

Trotz dieses jüdischen Wurzelbodens, der die Art, wie Jesus und die frühe Kirche den Glauben lehrte, entscheidend prägt, lassen sich doch auch charakteristische Eigenarten der neutestamentlichen Glaubensweitergabe erkennen, die im Folgenden dargestellt werden sollen. Dabei wird die Rolle Jesu als Lehrer und die Missionstheologie des Paulus näher in den Blick genommen. Abschließend sollen die Ursprünge der christlichen Bekenntnisbildung im Neuen Testament dargestellt werden, die zum Ausgangspunkt für die Entstehung des Apostolischen Glaubensbekenntnisses wurden. Wiederum geht es bei diesem Blick auf die Glaubensweitergabe im Neuen Testament darum, aufzuzeigen, dass die vier Hauptstücke

---

[756] *Gerhard Lohfink*, Braucht Gott die Kirche? Zur Theologie des Volkes Gottes, Freiburg i. Br. 1998, 329.

[757] Diese entscheidende Gemeinsamkeit zwischen dem religiösen Lernen in der Sicht des Alten und Neuen Testamentes stellt auch Klaus Wegenast heraus. Er bemerkt zu diesem gemeinsamen Konzept des religiösen Lernens in Israel zur Zeit Jesu: „Nicht Kennen und Wissen ist das Ziel des Lernens, sondern ein Leben im Gehorsam gegen Gottes Willen" (*Klaus Wegenast*, Lehren und Lernen in den synoptischen Evangelien – Anleitung für religiöse Bildung im 3. Jahrtausend oder historische Spurensuche?, in: EvErz 53 [2001], 133–144, hier 135).

4.2 Glaubensweitergabe in der Bibel

der Katechese ihre feste Verwurzelung im Neuen Testament haben und welche inhaltlichen Vorgaben aus der biblischen Tradition für die heutige Sakramentenkatechese mit Kindern und Jugendlichen erwachsen.

4.2.2.1 Jesus als Lehrer

Dass Jesus lehrt, wird von allen Evangelien berichtet (z.B. Mk 1,21; 10,1; Mt 4,23; Lk 4,15; Joh 6,59 u.ö.). Jesus tritt dort als Lehrer auf, wo dies auch andere jüdische Lehrer taten: in der Synagoge (Mk 1,21; Mt 4,23; Lk 4,15 u.ö.) und im Tempel (Mk 11,15ff: Mt 21,23; Lk 21,37; Joh 7,14 u.ö). Er wird daher auch immer wieder in den Evangelien als Lehrer (διδάσκαλος) oder Rabbi (ῥαββί/ῥαββουνί) angeredet. Allerdings haben die vier Evangelien bei der Lehrer-Bezeichnung eine unterschiedliche Akzentsetzung.[758]

Im Markus- und Johannesevangelium werden die Titel Lehrer (διδάσκαλος) und Rabbi (ῥαββί/ῥαββουνί) problemlos auf Jesus übertragen.[759] Anders verhält es sich im Matthäus- und Lukasevangelium. Dort wird Jesus nur von Außenstehenden als Lehrer angeredet, während die Jünger selbst Jesus „Meister" oder „Herr" nennen. So ersetzt Lukas das markinische ῥαββί bzw. διδάσκαλος durch den Ausdruck „Meister" (ἐπιστάτης) (Lk 9,33 par Mk 9,5; Lk 8,24 par Mk 4,38; Lk 9,49 par Mk 9,38), während Matthäus mehrmals anstelle der Lehrer-Anrede bei Markus die Bezeichnung „Herr" (κύριος) verwendet (Mt 17,4 par Mk 9,5; Mt 20,33 par Mk 10,51; Mt 8,25 par Mk 4,38). Bei Matthäus sind es nur Außenstehende aus dem jüdischen Volk, die Jesus mit ῥαββί bzw. διδάσκαλος anreden, so ein Schriftgelehrter (Mt 8,19), ein Pharisäer (Mt 9,11) und der reiche Jüngling (Mt 19,16). Dies ist vor allem deshalb auffällig, weil gerade das Matthäusevangelium in einer ganz bewussten und durchdachten Tendenz Jesus als Lehrer darstellt. Die theologische Absicht des Matthäus, die aus dieser Darstellung Jesu als Lehrer, bei

---

[758] Zu diesen verschiedenen Konzeptionen vgl. *Rainer Riesner*, Jesus als Lehrer. Eine Untersuchung zum Ursprung der Evangelien-Überlieferung (= WUNT II/7), Tübingen ³1988, 246–253; *Samuel Byrskog*, Das Lernen der Jesusgeschichte nach den synoptischen Evangelien, in: Beate Ego / Helmut Merkel (Hg.), Religiöses Lernen in der biblischen, frühjüdischen und frühchristlichen Überlieferung (= WUNT 180), Tübingen 2005, 191–209, hier 193–202.

[759] Im Markusevangelium begegnet uns die Anrede διδάσκαλε bei Anhängern Jesu (Mk 4,38; 9,38; 10,35; 13,1) und bei Außenstehenden (Mk 9,17; 10.17.20; 12.14.19.32), während ῥαββί / ῥαββουνί nur Petrus (Mk 9,5; 11,21), Judas (Mk 14,45) und der blinde Bartimäus (Mk 10,51) gebrauchen. Nur für Jesus werden im Markusevangelium diese Titel verwendet.
Im Johannesevangelium wird Jesus von seinen Jüngern, den Johannesjüngern, Nikodemus, Maria von Magdala und den Menschen, die an der wunderbaren Speisung teilgenommen haben, mit ῥαββί / ῥαββουνί angeredet (Joh 1,38; 1,49; 3,2; 3,26; 4,31; 6,25; 9,2; 11,8; 20,16). Die Anrede διδάσκαλος spielt dagegen eine untergeordnete Rolle, wogegen der Begriff διδάσκαλος im Johannesevangelium zwar für Jesus verwendet wird, meist aber verbunden mit der Anrede ῥαββί (Joh 1,38; 3,2; 3,10; 8,4; 11,28; 13,13; 13,14; 20,16).

gleichzeitigem Verzicht auf die Lehrer-Anrede durch die Jünger, deutlich wird, erhellt grundsätzlich, wie alle Evangelien Jesus als Lehrer verstehen, und soll daher näher dargelegt werden.

Das Jesusbild des Matthäusevangeliums weist sehr stark didaktische Züge auf. Zu Beginn der Bergpredigt (Mt 5,1f.) wird Jesus in der typischen Weise eines Lehrers beschrieben, indem er sich setzt, die Jünger zu ihm kommen und er sie unterrichtet. Am Ende staunt das Volk über seine Lehre (Mt 7,28). Die Bergpredigt ist das Herzstück der Lehre Jesu, die er als Unterricht für die Jünger, die in Zukunft Lehrer sein sollen (Mt 5,19), versteht. Jesus wird aber im Laufe des Evangeliums immer wieder als Lehrer dargestellt: In Mt 10 und Mt 18 finden sich große Reden zur Belehrung der Jünger; Mt 12,1–16,1 und Mt 21,1–25,26 sind geprägt von der Auseinandersetzung des Lehrers Jesus mit seinen Gegner. Auf dem Höhepunkt dieser Konfrontation erfolgt in Mt 23,8–10 eine Verdichtung aller didaktischen Dimensionen des Evangeliums auf Jesus hin: „nur einer ist euer Lehrer, Christus" (Mt 23,10). Am Ende des Evangeliums erteilt Jesus seinen Jüngern den Auftrag, die Völker zu lehren und somit sein Wirken fortzusetzen (Mt 28,19f.). Sie sollen aber jetzt nicht Jünger für sich gewinnen, sondern die Menschen zu Jüngern Jesu machen. Jesus erhält damit im Matthäusevangelium als Lehrer einen exklusiven Rang.[760]

Dies erklärt nun auch, warum Matthäus die Lehreranrede bei den Jüngern Jesu so konsequent vermeidet und sie durch die Anrede „Herr" (κύριος) ersetzt. Jesus ist eben nicht irgendein Lehrer, wie die übrigen jüdischen Lehrer, und die Jünger sind auch nicht mit den Schülern der Rabbinen vergleichbar. Die Rabbinenschüler hatten nicht nur die Pflicht, das Wissen ihres Lehrers zu erlernen, sondern es auch kritisch zu reflektieren und schließlich selbst zum Rabbi zu werden. Das Wechseln von einem Lehrer zu einem anderen war üblich, um eine breitere Kenntnis der Schrift und der Überlieferung zu erhalten.[761] Jesus ist dagegen der einzige Lehrer seiner Jünger, die immer seine Schüler bleiben und nach der Auferstehung alle Menschen zu Schülern/Jüngern Jesu machen sollen. Diese Einmaligkeit des Lehrers Jesus kommt in der Anrede (κύριος) seiner Jünger zum Ausdruck: Lehrer ist der Herr![762]

---

[760] Zur didaktischen Dimension des Matthäusevangeliums vgl. *Byrskog*, Lernen, 197–198.

[761] Zum Lernen im rabbinischen Judentum vgl. *Stemberger,* Lehrer, 141–155. Ein prägnanter Vergleich zwischen Jesus und den rabbinischen Lehrern findet sich auch bei *Anne-Dore Bunke*, Lehren und Lernen als Thema der Evangelien, in: EvErz 53 (2001), 126–132, hier 128–129.

[762] Vgl. *Byrskog*, Lernen, 199. Ein weiterer Grund für die Vermeidung der Anrede Jesu mit ῥαββί durch seine Jünger liegt nach Ansicht des Autors darin, dass gerade diese Anrede zur Zeit der Entstehung des Matthäusevangeliums zu einem besonders bedeutungsvollen Titel für jüdische Lehrer wurde, der dann letztendlich ausschließlich für sie verwendet wurde. Bei Markus war dieser Prozess der exklusiven Verwendung des Titels Rabbi für jüdische Lehrer

4.2 Glaubensweitergabe in der Bibel

Zu diesem außergewöhnlichen Bild des Lehrers Jesus gehört, dass auch sein Wirken als Prediger und Wundertäter in eine enge Beziehung zum Lehren Jesu gesetzt wird. Dabei steht das Lehren immer programmatisch an erster Stelle (Mt 4,23; 9,35; 11,1). Diese Einheit von Jesus als Lehrer, Prediger und Wundertäter macht den Lehrer selbst zum Objekt der Verkündigung. „Die Jesuserzählung ist das Evangelium. Das heißt, der Unterricht Jesu ist nicht von der Erzählung über ihn zu unterscheiden. Das Lernen ist das Lernen der kerygmatischen Jesusgeschichte. Er ist Lehrer und Prediger; und er ist gleichzeitig das, was man lernt und das, was man predigt."[763]

Jesus zum Lehrer zu haben bedeutet schließlich für seine Jünger eine ganz spezielle Form des Unterrichts, die sich wesentlich von anderen Formen des damaligen Schulbetriebs unterscheidet.

„Die Konstituierung eines Schülerkreises ist zweifellos eines der wesentlichen Merkmale, die zum Bild des Lehrers Jesus gehören. Ebenso deutlich ist jedoch, daß das Verhältnis Jesu zu seinen Schülern eher mit Hilfe der Analogie des vollmächtig in die Nachfolge rufenden Propheten und dessen Nachfolgern zu erfassen ist, als mit dem Modell einer philosophischen oder religiösen Schule."[764]

Matthäus verbindet mit dem Verb ἀκολουθεῖν einen umfassenden Lernprozess, der aus dem Hören, Beobachten und Nachahmen des Lehrers besteht.[765] Hören und Tun werden so zu den bestimmenden Dimensionen im Lernkonzept des Matthäusevangeliums. Dieses Hören muss nicht unbedingt wie in der rabbinischen Praxis mit Auswendiglernen gleichgesetzt werden. Bedeutsam ist aber, dass das Matthäusevangelium auf ein Verstehen des Gehörten Wert legt. Das Verstehen wird als Gabe begriffen, die nur in der Nachfolge Jesu zu erreichen ist und dem Herzen, als Zentrum des Menschen, geschenkt wird (Mt 13,11.15.19).[766] Das Ziel der Nachfolge ist das Tun. Erst in der Nachahmung des Verhaltens Jesu zeigen sich die Echtheit der Nachfolge und das wahre Verstehen der Lehre. Der eigentliche Vorgang des Lehrens und Lernens umfasst somit nicht nur das Vortragen der Lehre, deren Hören und Verstehen, sondern schließt als zentralen Bestandteil das Handeln mit ein. Ohne die Umsetzung der Lehre in die Praxis hat

---

noch nicht abgeschlossen. Die Anrede ῥαββί konnte generell für hochgestellte Persönlichkeiten verwendet werden und hatte die Bedeutung von „mein Gebieter" (vgl. ebd. 199–200).

[763] Ebd. 200–201.
[764] *Jens Schröter*, Jesus als Lehrer nach dem Zeugnis des Neuen Testaments, in: EvErz 53 (2001), 107–115, hier 113.
[765] Vgl. *Byrskog*, Lernen, 204. Zur Bedeutung des Verbs ἀκολουθεῖν *Hans Dieter Betz*, Nachfolge und Nachahmung Jesu Christi im Neuen Testament (= BHTh 37), Tübingen 1967.
[766] Vgl. *Byrskog*, Lernen, 205. Byrskog möchtes im Betonen des Verstehens bei Matthäus eine Kritik an der rabbinischen Praxis sehen, Worte des Lehrers zu memorieren, ohne sie richtig verstanden zu haben.

man gar nicht gelernt, wie das Beispiel des törichten Mannes in Mt 7,24–27 zeigt, der das Wort Jesu zwar hört, aber nicht tut.[767]

Weil Matthäus die didaktischen Züge Jesu am deutlichsten und umfassendsten herausgearbeitet hat, kann man bei ihm von einer „didaktischen Christologie"[768] sprechen. Er hebt jedoch nur Aspekte des Jesusbildes hervor, die auch bei den anderen Evangelisten im Ansatz vorhanden sind, wie die Verwendung der Anrede „Lehrer" im Bezug auf Jesus zeigt. Als Ergebnis dieser Untersuchung über die Darstellung Jesu als Lehrer im Matthäusevangelium lassen sich drei für die Sakramentenkatechese wichtige Punkte festhalten:

- Religiöses Lernen und Offenbarung lassen sich in den Evangelien nicht trennen. Jesus ist das Subjekt und das Objekt der Lehre. Lernen bedeutet nichts anderes als das Lernen der Jesusgeschichte und ist somit christozentrisch geprägt.[769] Hier erfolgt eine inhaltliche Bestimmung, die für die heutige Katechese eine Ausrichtung am christologischen Bekenntnis, wie es sich auch im Apostolischen Glaubensbekenntnis findet, nahelegt. Dieses wichtige „Hauptstück der Katechese" hat also in den Evangelien, die Jesus als ‚den' Lehrer des Glaubens darstellen, seine neutestamentliche Grundlage.

- Das Lernen der Jesusgeschichte ist nicht nur ein passives Rezipieren der wichtigen Ereignisse und Lebensdaten Jesu, sondern ein aktives Lernen, das zu einer lebendigen Beziehung mit Jesus Christus führt. Im Lernen der Jesusgeschichte ist der Herr selbst als Lehrer gegenwärtig. Hier wird die spirituell-sakramentale Dimension der Glaubensweitergabe sichtbar, die sich dann in der kirchlichen Tradition in der Behandlung der Sakramente und des Vaterunsers in der Katechese niederschlägt. Die Glaubensweitergabe will zur Christusbegegnung in den Sakramenten und im Gebet führen.

- Mit dem Begriff der Nachfolge im Matthäusevangelium wird das Tun als entscheidende Dimension des Lernens deutlich gemacht. Religiöses Lernen zielt auf ein Handeln nach dem Beispiel des Lehrers Jesus, also auf eine Veränderung der Lebensgestaltung. Die einzigartige Beziehung zum Lehrer Jesus muss auch im alltäglichen Verhalten sichtbar werden. Hier wird die praktisch-ethische Dimension der Katechese deutlich, die sich dann in der späteren katechetischen Tradition in der Behandlung des Dekalogs als Anleitung zu einer christlichen Lebensgestaltung ausdrückt.

---

[767] Vgl. *Byrskog*, Lernen, 205–206.
[768] Ebd. 202. Byrskog nennt als Argument die Gebote Jesu, das betonte ἐγὼ δὲ λέγω der Antithesen, die Allusion an Schᵉmabekenntnis in dem dreifachen εἷς in Mt 23,8–10 und die funktionale Beziehung zur göttlichen Weisheit in Mt 8,19f.; 11,19.25–30; 12,42; 13,54.
[769] Die eindeutige Christozentrik, die die römischen Dokumente zur Katechese immer wieder einfordern, ist also aufs Beste durch die Sichtweise der Evangelien gedeckt (vgl. AKD 40; EN 51; CT 5; ADK 41).

4.2.2.2 Die Missionstheologie des Apostels Paulus

Wie die Missionspredigt aussah, mit der der Apostel Paulus eine Gemeinde gründete und in den wesentlichen Grundzügen des christlichen Glaubens unterwies, lässt sich anhand des 1. Thessalonicherbriefes besonders gut ablesen. Paulus schrieb diesen Brief an die noch junge Gemeinde, um sie im Glauben, den sie erst kurz zuvor angenommen hatte, zu bestärken. Dabei beschreibt er in 1 Thess 1,9–10 das Bekehrungsgeschehen, wodurch Rückschlüsse auf die urchristliche Missionspredigt möglich sind:

> „Denn man erzählt sich überall, welche Aufnahme wir bei euch gefunden haben und wie ihr euch von den Götzen zu Gott bekehrt habt, um dem lebendigen und wahren Gott zu dienen und seinen Sohn vom Himmel her zu erwarten, Jesus, den er von den Toten auferweckt hat und der uns dem kommenden Gericht Gottes entreißt."

Die erste Forderung der frühchristlichen Missionspredigt bestand in der Abkehr von den Götzen und in der Bekehrung hin zum lebendigen und wahren Gott, wie ihn das Alte Testament bezeugt. Für diesen Prozess der Umkehr genügt nicht eine theoretische Einsicht in die Richtigkeit des Monotheismus. Notwendig ist vielmehr eine umfassende Hinwendung zum wahren Gott, um ihm zu dienen. „Daß damit der umfassende, mit dem Leben vollzogene Gottesdienst gemeint ist, kann nicht zweifelhaft sein; und ebensowenig, daß – nicht nur von Paulus, sondern auch von denen, in deren Namen er formuliert – an den Dienst des in Christus erfahrenen Gottes gedacht ist."[770] In Vers 10 wird die Christologie in ihrer eschatologischen Bedeutung entfaltet.[771] Wer sich dem Gott zuwendet, den Paulus verkündet, der gewinnt die heilsgewisse Erwartung der eschatologischen Rettung durch den Gottessohn Jesus Christus, der durch seine Auferweckung von den Toten schon zur Vollendung gelangt ist. Die Abkehr von den toten Götzen und die Hinkehr zum wahren Gott, der in Jesus Christus die Rettung schenkt, sind die entscheidenden Grundpfeiler der frühchristlichen Verkündigung im heidnischen Thessalonich. Es gilt, das ganze Leben in diesem Umkehrprozess neu auszurichten.

In 1 Thess 4,1–7 findet sich dann eine nähere inhaltliche Füllung der Belehrung, die Paulus den Thessalonichern gegeben hat. Wenn es sich dabei auch nicht um eine vollständige und systematische Unterweisung über die christliche Lebensführung handelt, so wird doch eine Form von Katechismusunterweisung sichtbar,

---

[770] *Traugott Holtz*, Der erste Brief an die Thessalonicher (= EKK 13), Zürich u.a. 1986, 61. Zur bestimmenden Dimension der Umkehr in der paulinischen Missionspredigt vgl. auch *Eduard Lohse*, Paulus. Eine Biographie, München 1996, 103–105.

[771] *Joachim Gnilka*, Paulus von Tarsus, Apostel und Zeuge (= HThK Suppl. 6), Freiburg i. Br. 1996, 131, weist darauf hin, dass die paulinische Missionsbewegung sich als eschatologische Erweckungsbewegung darstellt und dieser Zug in der späteren Gemeindeunterweisung zurückgedrängt wurde.

die auf der gemeinsamen Grundlage urchristlicher und jüdischer Paränese beruht.[772] Die Weisungen, die Paulus der Gemeinde gibt, haben ihre Geltung, weil er sie im Auftrag des Herrn spricht. In ihnen wird der Wille Gottes sichtbar. Dabei will Paulus in 1 Thess 4,3 den „Willen Gottes" nicht umfassend definieren. Er greift aber mit dem Begriff „Wille Gottes" jüdischen Sprachgebrauch auf, wie auch seine Verwendung in Röm 2,18 zeigt. Unter der Formel „Wille Gottes" ist dann die in der jüdischen Tora fixierte Weisung zu verstehen, die die Lebensgestaltung der Gemeinde prägen und zur Heiligung führen soll.[773] Die Heiligung wird dabei nicht als Folge der Erfüllung der Tora gesehen, sie ist das Werk Gottes, aber die Normen der Tora bilden die Grundlage des Lebens der Gemeinde. „Zwar ist die ‚Heiligung' durch das Heilshandeln Gottes grundlegend, aber sie wird aufgenommen durch das eigene Handeln des ‚Geheiligten', der so sein Sein realisiert, indem er es in die Ebene des Handelns, das Gottes Willen entspricht, transponiert."[774] Die Warnung vor Unzucht und Habgier erfolgt dann im Anschluss an diese grundsätzliche Aussage, um beispielhaft das ganze Feld des menschlichen Handelns zu bezeichnen, in dem die Entscheidung für ein Leben gemäß dem Willen Gottes erfolgt.[775] Aus 1 Thess 4,1–7 wird erkennbar, dass in der frühchristlichen Katechese, auch bei Paulus, der Tora eine zentrale Bedeutung beigemessen wurde.

Renate Kirchhoff geht aufgrund dieser exegetischen Befunde davon aus, dass Paulus bei seiner Missionstätigkeit zwei unterschiedliche Lernziele mit verschiedenem Inhalt hatte. Für die Juden und Proselyten, die mit dem jüdischen Monotheismus und der Tora vertraut waren, bestand der entscheidende Lerninhalt in der heilsgeschichtlichen Bedeutung Jesu und aus den Konsequenzen, die für Paulus daraus folgten, nämlich eine Teilhabe der Heiden an der Heilsgemeinschaft des Gottesvolkes ohne vorherige Beschneidung der Männer (vgl. Gal 2f.). Die Heiden, die mit dem Judentum noch nicht vertraut waren, mussten neben der grundlegenden Heilsbedeutung Jesu Christi auch in der Ausschließlichkeit der Verehrung des einen Gottes und dem daraus resultierenden Verhalten unterwiesen werden. Sie mussten die grundlegenden Weisungen der Tora im sexuellen und materiellen Bereich erlernen, wie 1 Thess 4,1–7 zeigt. Es bedurfte also einer radikalen Umkehr und des Erlernens völlig neuer Verhaltensweisen. Diese Aufgabe kam vor

---

[772] Vgl. *Holtz*, 1. Thessalonicher, 167–169.
[773] Vgl. ebd. 155.
[774] Ebd.
[775] Vgl. ebd., 168–169. In den urchristlichen und jüdischen Paränesen, die zur selben Tradition wie diese Stelle des ersten Thessalonicherbriefes gehören, wird oft noch der Götzendienst als drittes Laster in die Warnung mit aufgenommen. Vgl. bei Paulus auch 1 Kor 5,10; 6,9f. und Röm 1,29–31.

allem der christlichen Gemeinde zu, in der die neue Lebensform als Christ gelernt und auch praktisch eingeübt werden musste.[776]

Macht 1 Thess 4,1–7 die bleibenden alttestamentlichen Grundlagen der urchristlichen Katechese sichtbar, so wird in Phil 3,1–21 ein Bruch zum jüdischen Verständnis religiösen Lernens deutlich. Paulus scheint an dieser Stelle seine jüdische Herkunft und die Erziehung im jüdischen Gesetz abzuwerten und einen Glauben zu propagieren, der sich allein auf die Beziehung zu Jesus Christus stützt. Es ist jedoch zu beachten, dass Paulus keineswegs seiner jüdischen Vergangenheit jeglichen Wert abspricht. Paulus nennt in Phil 3,5–6 neben der Beschneidung weitere ethnische (Abstammung aus dem Geschlecht Israel, Zugehörigkeit zum Stamm Benjamin, Hebräer aus Hebräern) und religiös-kulturelle Merkmale (Leben als Pharisäer, Verfolgung der Kirche, untadelige Gerechtigkeit nach dem Gesetz), die seinen religiösen Werdegang ausmachen und die für ihn einst ein Gewinn waren. Paulus beschreibt hier eigentlich den traditionellen Weg religiöser Erziehung, bei der ein Kind in eine Religionsgemeinschaft hineingeboren wird und dann von den Eltern den religiösen Wissensschatz vermittelt bekommt. Martin Faßnacht möchte hier von einer „kulturellen Formation" von Religion sprechen, der Paulus dann in Phil 3,7–11 eine „personale Formation" von Religion gegenüberstellt.[777] Jetzt sind nicht mehr die Geburt und die von der jeweiligen Kultur geprägte religiöse Erziehung konstitutiv für den Zugang zum Gott Israels, sondern es ist die Beziehung zu Jesus Christus. Das Sein in Christus (ἐν αὐτῷ [Phil 3,8]) eröffnet nun einen neuen Lebensbereich, der auf eine grenzüberschreitende Rettungsinitiative Gottes zurückgeht und nun auch den Heiden die Zugehörigkeit zum Gott Israels ermöglicht. Der Glaube an Jesus Christus, der diese „personale Formation" von Religion begründet, ist eng verbunden mit der Wissensebene, denn es geht vor allem um die Erkenntnis Christi (Phil 3,8), genauer um die Erkenntnis der Macht seiner Auferstehung und die Gemeinschaft mit seinen Leiden (Phil 3,10). Paulus spricht hier von einem Wissen mit sotereologischer Relevanz, das ein Verhältnis zur Retterfigur und damit eine neue Existenz ermöglicht. „Für die Philipper – und überhaupt für Menschen –, die keine persönliche Begegnung mit der Person Jesu hatten, ist dies die einzige Möglichkeit, ihr Verhältnis zu ihm und zu Gott zu konstituieren. Christus, die Kraft seiner Auferste-

---

[776] Vgl. *Renate Kirchhoff*, Was lernten die verschiedenen Anfängerinnen und Anfänger im Glauben bei Paulus, in: EvErz 53 (2001), 153–161, hier 158–160.

[777] Vgl. *Martin Faßnacht*, Das paulinische Wissenskonzept und seine sotereologische Relevanz, in: Karl Löning / ders. (Hg.), Rettendes Wissen. Studien zum Fortgang weisheitlichen Denkens im Frühjudentum und im frühen Christentum (= AOAT 300 [= Veröffentlichungen des Arbeitskreises zur Erforschung der Religions- und Kulturgeschichte des Antiken Vorderen Orients und des Sonderforschungsbereichs 493 Bd. 3]), Münster 2002, 185–227, hier 197. Faßnacht greift mit dem Begriff „kulturelle Formation" eine Definition von Jan Assmann auf (vgl. *Jan Assmann*, Das kulturelle Gedächtnis. Schrift, Erinnerung und politische Identität in frühen Hochkulturen, München ²1997, 139).

hung und die Gemeinschaft seiner Leiden sind durch Offenbarung bekanntes apokalyptisches Wissen, das verkündet werden kann. Es ermöglicht Vertrauen, Treue und Glauben (Pistis). In diesem Sinn ist es geboten, von ‚erlösendem Wissen' zu sprechen."[778] Für Paulus ist somit in Bezug auf Jesus Christus nicht nur die „fides qua" bestimmend, sondern eben auch die „fides quae". Nur durch das Wissen um die sotereologische Bedeutung Jesu Christi ist es möglich, eine Beziehung im Glauben zu ihm aufzubauen.[779]

Folgende Punkte lassen sich somit als Grundzüge der Glaubensweitergabe bei Paulus erkennen:

- Nach der Ausweitung der frühchistlichen Mission auf die Heiden gehörte die Bekehrung zum Monotheismus zum wesentlichen Bestandteil des religiösen Lernens bei Paulus und in seinen Gemeinden. Am Anfang der Glaubensweitergabe stand die Hinkehr zum einen und wahren Gott Israels, der die Welt erschaffen und sich in Jesus Christus auf einmalige Weise offenbart hat. Das Bekenntnis zum Schöpfergott, wie es sich am Beginn des Apostolischen Glaubensbekenntnisses findet, gehört also für Paulus wesentlich zur christlichen Glaubensweitergabe.

- Wie in den Evangelien wird die personale Beziehung zu Jesus zum entscheidenden Punkt der Existenz des Paulus und eines jeden Christen. Nur durch das Sein in Christus gewinnt der Mensch den Zugang zur Heilsgemeinschaft mit Gott. Diese personale Beziehung zu Jesus Christus im Glauben ist nur durch das entsprechende Wissen möglich. Der Gläubige muss um die Heilsbedeutung Jesu Christi, seines Todes und seiner Auferstehung wissen. Auch bei Paulus bleibt der Glaube ganz auf die Biographie Jesu Christi bezogen. Das Glaubenswissen verschafft erst einen lebendigen Zugang zu Jesus Christus. Die Glaubensweitergabe ist daher auch bei ihm christozentrisch geprägt und hat ihre Mitte in dem, was das Apostolische Glaubensbekenntnis später an Aussagen über Jesus Christus machen wird.

- Diese neue Lebensgemeinschaft mit Jesus Christus führt zu einer radikalen Umkehr des Lebens. Es gilt gerade für Heidenchristen, dass sie, wenn sie in den

---

[778] *Faßnacht*, Wissenskonzept, 201.

[779] Anton Dimpflmaier möchte demgegenüber die dialogische Struktur des Glaubenswissens bei Paulus in den Vordergrund stellen: „Die verschiedenen christologischen Aussagen sind unter anderem deshalb so einmalig, weil sie auf eine bestimmte Gemeinde hin formuliert sind. Das Einheits-Bekenntnis ist nicht der Normalfall christlichen Glaubens, sondern seine Ausnahme, weil es keine Einheits-Gemeinde und deshalb keine eindeutig funktionierende Glaubensüberlieferung gibt, die sich auf ein geschichtsloses Bekenntnis stützt" (*Anton Dimpflmaier*, Neues Testament und Glaubensweitergabe. Zum Problem der Begründung theologischer Inhalte in der Religionspädagogik [= STP 43], St. Ottilien 1993, 76–77). Dagegen bleibt mit Fastnacht festzustellen, dass es für den Apostel Paulus einen Kernbestand von „rettendem Wissen" in bezug auf Jesus Christus gibt, der unabhängig von der jeweiligen Gemeindesituation ist.

neuen Lebensraum in Jesus Christus eintreten, ihr alltägliches Leben verändern müssen, so dass es der neuen Gemeinschaft mit Gott entspricht. Glaubenlernen hat bei Paulus somit immer eine praktische, das eigene Leben verändernde, soziale und ethische Ausrichtung.
- Für diesen Prozess der Umkehr bleibt für Paulus die jüdische Tora von entscheidender Bedeutung. Sie gehört wesentlich zum Prozess des Glaubenlernens dazu. Paulus steht hier mit seiner Verkündigung auf einem breiten Fundament jüdischer und frühchristlicher Tradition. Der Dekalog als Kernelement der christlichen Katechese findet somit in der Missionspredigt des Apostels Paulus eine wichtige Grundlage.

4.2.2.3 Glaubensbekenntnisse im Neuen Testament

Der Blick auf die Glaubensweitergabe in den Evangelien und auf das missionarischen Wirken des Apostels Paulus und seiner Gemeinden hat gezeigt, dass sich, bei aller Unterschiedlichkeit, doch immer wieder der Rückbezug auf feste Bekenntnisse und Glaubensformeln findet, die eine inhaltliche Bestimmung der neutestamentlichen Katechese zulassen und daher abschließend zusammenfassend dargestellt werden sollen. In diesen Formeln und Bekenntnissen wird sehr gut ersichtlich, worin der inhaltliche Kern der neutestamentlichen Glaubensweitergabe bestand, der auch als Maßstab für die inhaltliche Orientierung der heutigen Sakramentenkatechese mit Kindern und Jugendlichen dienen kann.

Die Bekenntnisbildung im Neuen Testament setzt die alttestamentlich-frühjüdischen Bekenntnisse zum Gott Israels, wie wir sie im Sch^emabekenntnis (Dtn 6,4–9) und im ‚kleinen geschichtlichen Credo' (Dtn 26,5–9) finden, voraus und fügt als eigenen Glaubensinhalt das Heilshandeln des Gottes Israels im Leben und Wirken des Jesus von Nazareth ein.[780] In einer großen Fülle von Kurzformeln begegnet uns im Neuen Testament das Bekenntnis zum auferweckten Jesus Christus, das häufig mit dem monotheistischen Bekenntnis zum einen Gott Israels verbunden ist, so dass man schon von Anfang an das Christentum eine „Credoreligion" nennen kann.[781]

Im Neuen Testament lassen sich verschiedene Formen von Bekenntnissen ausmachen, die sich sowohl von ihrem Inhalt, ihrer Funktion als auch von ihrem Bezug zu den drei göttlichen Personen strukturieren lassen.[782] Während John

---

[780] Vgl. *Knut Backhaus*, Art. Glaubensbekenntnis. II. Biblisch. 3. Neues Testament, in: LThK³ Bd. 4 (1995), 702–703, hier 702.
[781] Vgl. *Bernhard Lang*, Glaubensbekenntnisse im Neuen Testament, in: Conc (D) 14 (1978), 499–503, hier 501.
[782] Vgl. zu den Bekenntnisformen *John Norman D. Kelly*, Altchristliche Glaubensbekenntnisse. Geschichte und Theologie, Göttingen 1972, 20–30; *Ferdinand Hahn*, Bekenntnisformeln im Neuen Testament, in: Johannes Brantschen / Pietro Selvatio (Hg.), Unterwegs zur Einheit (=

Norman D. Kelly zwischen eingliedrigen, rein christologischen Bekenntnissen, zweigliedrigen Bekenntnisformeln, die sich auf Gott und Jesus Christus beziehen, und trinitarischen Formeln unterscheidet, orientiert sich Ferdinand Hahn mehr an der Verwendung der Bekenntnisse im Leben der Gemeinde und differenziert zwischen einteiligen und zweiteiligen Bekenntnissen, die eine akklamatorische Funktion haben, Glaubensformeln, die eine explikative Funktion besitzen, und Hymnen mit doxologischer Funktion. Der funktionale Ansatz von Ferdinand Hahn hat den Vorteil, weniger die spätere dogmatische Entwicklung in den Glaubensformeln des Neuen Testamentes sondern eher deren ‚Sitz im Leben' der Gemeinde wahrzunehmen. Deshalb soll sein Ansatz einer Systematisierung nun näher dargestellt werden.

Bei den einteiligen, ausschließlich auf Christus bezogenen Bekenntnissen geht es um das unterscheidend Christliche, so dass diese Bekenntnisform das abgeschlossene Wirken Christi einschließlich seines Todes und seiner Auferstehung voraussetzt.[783] „Es begegnet uns im Sinn der akklamatorischen ‚Homologie' in drei Grundformen: ‚Jesus ist der (unser) Herr', ‚Jesus ist der Messias (Christus)' und ‚Jesus ist der Sohn Gottes'. Mit dem Jesusnamen verbindet sich also ein Hoheitstitel, und auf beiden Elementen liegt dabei der Ton: einerseits soll mit den Hoheitstiteln zum Ausdruck gebracht werden, daß sich Heilserwartung erfüllt, andererseits soll unverrückbar festgehalten werden, daß diese erfüllte Heilserwartung an die geschichtliche Person Jesu gebunden ist."[784] John Norman D. Kelly sieht viele dieser eingliedrigen Bekenntnisse im liturgischen Leben der frühchristlichen Gemeinde, vor allem bei der Taufe, beheimatet.[785]

In 1 Kor 8,6 ist uns das älteste zweiteilige Bekenntnis[786] des Neuen Testamentes überliefert: „So haben doch wir nur einen Gott, den Vater. Von ihm stammt alles, und wir leben auf ihn hin. Und einer ist der Herr: Jesus Christus. Durch ihn ist alles, und wir sind durch ihn." Hier wird das Bekenntnis zum Herrn Jesus Christus also erweitert durch ein Bekenntnis zum einen Gott, dem Schöpfer der Welt. Als die urchristliche Mission sich immer stärker dem heidenchristlichen Bereich zuwandte, konnte das für Judenchristen selbstverständliche monotheistische

---

FS für Heinrich Stirnimann), Freiburg i. d. Schweiz – Freiburg i. Br. – Wien 1980, 200–214; *Gerda Riedl*, Hermeneutische Grundstrukturen frühchristlicher Bekenntnisbildung (= Theologische Bibliothek Töpelmann 123), Berlin – New York 2004, 163–183.

[783] Dass diese Bekenntnisse natürlich in vorösterlicher Zeit ihren Ursprung haben, hat jüngst Papst Benedikt XVI. in seinem Jesusbuch wieder betont (vgl. *Joseph Ratzinger/Benedikt XVI.*, Jesus von Nazareth. Erster Teil. Von der Taufe im Jordan bis zur Verklärung, Freiburg i. Br. 2007, 367–407).

[784] *Hahn*, Bekenntnisformeln, 206. Eine ausführliche Darstellung findet sich in: *ders.*, Christologische Hoheitstitel. Ihre Geschichte im frühen Christentum, 5. erweiterte Aufl., Göttingen 1995.

[785] Vgl. *Kelly*, Glaubensbekenntnisse, 22–23.

[786] Zum zweiteiligen Bekenntnis in 1 Kor 8,6 vgl. *Hahn*, Bekenntnisformeln, 202–205.

4.2 Glaubensweitergabe in der Bibel

Glaubensbekenntnis nicht mehr einfach vorausgesetzt werden. Aus dieser sachlichen Notwendigkeit heraus entstand das zweiteilige Bekenntnis in 1 Kor 8,6. „Die soteriologische Komponente im Bekenntnis zu dem einen Gott und Schöpfer, die schon im Alten Testament erkennbar wird, findet ihre Konkretisierung in Jesu Person und Handeln. Von daher ergibt sich die innere Einheit des zweiteiligen Bekenntnisses in 1 Kor 8,6."[787] Das Bekenntnis hat dabei nicht nur privaten und persönlichen Charakter. Es ist vielmehr ein öffentliches Bekennen, durch das die Herrschaft des einen Gottes und Schöpfers und des einen Herrn Jesus Christus der Welt bekannt gemacht werden soll. Diese Herrschaft soll sich unter den Menschen durchsetzen und widergöttlichen Mächten Einhalt gebieten. „Das ‚Bekenntnis', die ὁμολογία, ist für antikes Verständnis ein öffentlicher Akt. Er trägt den Charakter einer Akklamation und hat als eine so geartete Deklaration Rechtsfunktion. Es bestimmt Wesen und Wirklichkeit unserer Welt. Denn wo ich öffentlich das Bekenntnis von 1 Kor 8,6 spreche, unterstelle ich mich dem einen Gott und dem einen Kyrios."[788] Die Funktion der einteiligen und zweiteiligen Bekenntnisse liegt also nicht primär in der Glaubensunterweisung, sondern im öffentlichen und rechtlich verbindlichen Bekennen der Verbindung zum Schöpfergott Israels und dem Herrn Jesus Christus. Dieses Bekenntnis bezieht sich daher stets auf den lebendigen und erhöhten Herrn in seiner gegenwärtigen Stellung und ist daher im Präsens formuliert.[789]

Anders verhält es sich dagegen bei Glaubensformeln, die in der Vergangenheit formuliert sind und auf das Heilsgeschehen zurückblicken. Diese Glaubensformeln haben einen explikativen Charakter und sind nicht nur Ausdruck eines bereits vorhandenen Glaubens, sondern auch katechetische Hinführungen zum Glauben.

„Das Bekenntnis mit seinem proklamatorischen und rechtsverbindlichen Charakter erhält mit der Glaubensformel eine konkrete inhaltliche Füllung, eine spezifische Näherbestimmung. In der Glaubensformel geht es um das, was Gott in Christus zu unserem Heil getan hat und noch tun wird. Im Zentrum steht dabei das Osterereignis in Verbindung mit dem Sterben Jesu; um dieses Zentrum Tod und Auferstehung stehen dann gleichsam wie bei konzentrischen Kreisen die Aussagen über die Sendung und Menschwerdung Jesu und über Jesu Wiederkunft."[790]

Die vielleicht bedeutendste Glaubensformel dieser Art findet sich im vorpaulinischen Auferstehungs-Kerygma in 1 Kor 15,3–5.[791] Schon von Paulus selbst

---

[787] Ebd. 205.
[788] *Hahn*, Bekenntnisformeln, 203.
[789] Vgl. ebd. 207.
[790] Ebd. 208.
[791] Zu 1 Kor 15,3–5 vgl. *Riedl*, Grundstrukturen, 180–181; *Hahn*, Bekenntnisformeln, 208–209. Weiterführende Literatur findet sich bei *Jakob Kremer*, Das älteste Zeugnis von der Auferstehung Christi (= SBS 17), Stuttgart 1966; *Karl Lehmann*, Auferweckt am dritten Tag

wird dieser Text als Kurzfassung des gesamten Evangeliums und Grundlage der missionarischen Botschaft begriffen, wie seine Einleitung in 1 Kor 15,1 deutlich macht: „Ich erinnere euch, Brüder, an das Evangelium, das ich euch verkündet habe. Ihr habt es angenommen; es ist der Grund, auf dem ihr steht." Darüber hinaus muss diese Glaubensformel auch durch ihr Alter eine solche Autorität besessen haben, dass sie gemeinsames Gut der palästinisch-judenchristlichen und hellenistisch-heidenchristlichen Gemeinden war und somit auch Paulus und die anderen in Korinth verkündigenden Apostel einte. „Ob nun ich verkündige oder die anderen: das ist unsere Botschaft, und das ist der Glaube, den ihr angenommen habt." (1 Kor 15,11). In 1 Kor 15,3–5 begegnet uns daher eine viergliedrige Glaubensformel, die als Fundament der frühchristlichen Glaubensverkündigung betrachtet werden kann:

„Christus ist für unsere Sünden gestorben, gemäß der Schrift, und ist begraben worden. Er ist am dritten Tag auferweckt worden, gemäß der Schrift, und erschien dem Kephas, dann den Zwölf."

Diese Glaubensformel, die sich mit Jesu Tod und Auferstehung auf den Kern der christlichen Botschaft konzentriert, wird wohl vor allem für katechetische Zwecke und für die Predigt verwendet worden sein.[792] Das Auferstehungs-Kerygma in 1 Kor 15,3–5 hat eine geschichtstheologische Grundstruktur, die sich auch in anderen glaubensbekenntnisähnlichen Texten des Neuen Testamentes findet und nicht an Tod und Auferstehung Jesu gebunden ist.[793] Ähnliche heilsgeschichtliche Glaubensformeln finden sich etwa in Gal 4,3–5; 1 Tim 3,16 und 1 Petr 3,18–22.

Eine besondere Form von Glaubensformeln stellen die urchristlichen Hymnen dar, wie wir sie in Phil 2,6–11 und 1 Tim 3,16 finden. „Es handelt sich um ausgebaute, rhythmisch durchstrukturierte Glaubensformeln."[794] Sie verbinden die explikative Darlegung der Heilsgeschichte in Jesus Christus mit dem akklamatorischen Bekenntnis zu diesem Herrn Jesus Christus, zu dem sie die Gemeinde hinführen möchten.[795] Allerdings bleibt festzuhalten, dass es sich auch hierbei noch nicht um vollständige Glaubensbekenntnisse handelt, sondern um Glaubensformeln, die immer nur einige Aspekte der Heilsgeschichte zum Ausdruck bringen. „Ohne die Fülle der formelhaften Elemente innerhalb des Neuen Testaments zusammenzustellen, ist deutlich, daß neben der Zweiteiligkeit des Bekenntnisses zu Gott und Christus auch das Christusbekenntnis selbst zwei- und mehrgliedrig sein kann. Aber zusammenfassende Bekenntnistexte wie im christo-

---

nach der Schrift (= QD 38), Freiburg i. Br. ²1969; *Wolfgang Schrage*, Der erste Brief an die Korinther. 4. Teilband. 1 Kor 15,1–16,24 (= EKK 7.4), Zürich u.a. 2001.

[792] Vgl. *Kelly*, Glaubensbekenntnisse, 24.
[793] Vgl. *Riedl*, Grundstrukturen, 181–182.
[794] *Hahn*, Bekenntnisformeln, 210.
[795] Vgl. ebd. 211–212.

logischen Teil des späteren Symbolum Romanum oder Apostolicum gibt es noch nicht."[796]

Die Fülle der Bekenntnisse und Glaubensformeln im Neuen Testament macht deutlich, dass das Erklären, Erlernen und Sprechen von Bekenntnissen und Glaubensformeln zum festen Bestandteil der christlichen Glaubensunterweisung von Anfang an gehörte. Zum Abschluss soll noch einmal ein Blick auf den Anlass der Entstehung dieser Bekenntnisse zeigen, wie stark auch hier die Verbindung zwischen missionarischer Predigt, katechetischer Unterweisung und sakramentaler Initiation sichtbar wird: „Die Bekenntnistexte dienten als gottesdienstliches Lied, als Ruf oder Taufcredo, wiesen der Predigt den Weg und machten den wesentlichen Inhalt der Glaubensunterweisung aus."[797] Für unseren Zusammenhang sind vor allem die Taufe und die der Taufe vorausgehende katechetische Unterweisung von besonderem Belang. Kelly hat darauf hingewiesen, dass die Katechese vor der Taufe und der missionarischen Predigt eine günstige Ausgangslage für die Ausbildung von Glaubensbekenntnissen schuf.[798] Wie ein Blick auf die Apostelgeschichte zeigt, in der sich mehrere große frühchristliche Missionspredigten[799] finden, sind diese durch christologische Glaubensformeln geprägt, die von Tod, Auferweckung und Erhöhung Jesu Christi sprechen.

„Die älteste christliche Missionspredigt, die uns zugänglich ist, orientierte sich an einem christologischen Credo und war in ihrer Substanz Credo-Predigt. Das christologische Bekenntnis erhält je nach Zuhörerschaft eine andere Einleitung. Vor jüdischen Zuhörern beginnt die Predigt mit Abraham und dem Exodus (Apg 13,16–41), vor heidnischen mit der Erschaffung der Welt (Apg 17,24), also jeweils mit besonderen Themen des vorchristlichen Credos."[800]

Die Missionspredigt der Apostelgeschichte setzt also von Anfang an auf die inhaltliche Verkündigung des christlichen Glaubens, deren Kern sie in der Auferweckung Jesu von den Toten sieht. Diese Verkündigung geschieht mit Hilfe von festen Glaubensformeln, die sich dem Zuhörer leicht einprägen. Auf die besondere Situation der Zuhörerschaft wird insofern Rücksicht genommen, als für Heidenchristen nicht die Heilsgeschichte des Volkes Israels als Ausgangspunkt genommen wird, sondern der monotheistische Glaube an den Schöpfergott. Schließlich mussten Heiden ja erst zu diesem monotheistischen Bekenntnis hingeführt werden. Das Bekenntnis, das die Missionspredigt bestimmte, prägte dann den katechetischen Unterricht. „Vorerst war es wichtig, den bekenntnismäßigen

---

[796] Ebd. 210.
[797] *Lang*, Glaubensbekenntnisse, 501.
[798] Vgl. *Kelly*, Glaubensbekenntnisse, 20.
[799] Vgl. Apg 2, 14–36; Apg 3,11–26; Apg 4,8–12; Apg 5,29–33; Apg 10,34–43; Apg 13,16–41; Apg 17,22–31.
[800] *Lang*, Glaubensbekenntnisse, 502.

Kern der Predigt im Unterricht zu vermitteln."[801] Hierzu verwendete man ebenfalls Bekenntnisse mit einem festen Wortlaut, wie 1 Kor 15,1–5 zeigt. Nicht nur die Predigt war also „Credo-Predigt", sondern auch die Glaubensunterweisung „Credo-Katechese". Dabei prägte der ‚Sitz im Leben' auch die Form dieser Bekenntnisse, da „einer katechetischen Unterweisung eine trockene Aufzählung der Heilstaten Christi angemessen war"[802], wie wir sie in den christologischen Glaubensformeln finden.

Als Ergebnis der Untersuchung der Bekenntnisse und Glaubensformeln im Neuen Testament lässt sich zusammenfassen:
– Die Bekenntnisse im Neuen Testament sind zutiefst christologisch geprägt. Sie sind Ausdruck der Verbindung zum Herrn Jesus Christus und sollen dessen heilsgeschichtliche Bedeutung erklären.
– Es besteht eine enge Verbindung zwischen dem gottesdienstlichen Leben der Gemeinden und der Herausbildung und Verwendung von Bekenntnisformeln.
– Die neutestamentlichen Bekenntnisformeln sind wichtige Ausgangstexte für die Entwicklung der kirchlichen Glaubensbekenntnisse. Das Apostolische Glaubensbekenntnis als eines der vier Hauptstücke der Katechese hat in ihnen seine neutestamentliche Grundlage.
– Schon die neutestamentlichen Bekenntnisformeln waren Bestandteil der frühchristlichen Katechese und sind zum Teil für die katechetische Verwendung entwickelt worden. Die Notwendigkeit der missionarischen Predigt und der Glaubensunterweisung spielte gerade bei der Entstehung der Glaubensformeln, die die heilsgeschichtlichen Ereignisse erklären und zusammenfassen, eine entscheidende Rolle. Dies macht deutlich, wie sehr die Katechese in neutestamentlicher Zeit von diesen Bekenntnissen geprägt war. Glaubensunterweisung bedeutete, diese Glaubensformeln vorzulegen, zu erklären und sie auswendiglernen zu lassen.

4.2.2.4 Zusammenfassung: Religiöses Lernen im Neuen Testament

War für das Alte Testament die Theozentrik der Glaubensweitergabe kennzeichnend, so ist das Charakteristikum des religiösen Lernens im Neue Testament dessen Christozentrik. Die Untersuchung der Glaubensweitergabe im Neuen Testament zeigt darüber hinaus noch weitere Grundzüge auf, die auch für die heutige Sakramentenkatechese mit Kindern und Jugendlichen unverzichtbar sind:
– Jesus ist die Mitte der Katechese. Die Kenntnis des Lebens Jesu Christi und seiner Heilsbedeutung ist für die gesamte Glaubensweitergabe im Neuen Testament von entscheidender Bedeutung. In den Evangelien führt das Lernen der Je-

---

[801] Vgl. ebd.
[802] *Kelly*, Glaubensbekenntnisse, 21

susgeschichte zu einer persönlichen Beziehung zu Jesus Christus, in der Jesus der eigentliche Lehrer wird. Kognitives Wissen und vertrauensvoller Glaube werden nicht als Gegensätze gesehen, sondern das Glaubenswissen ist der Weg zu einer lebensprägenden Beziehung mit Jesus Christus. Auch der Apostel Paulus versteht den Glauben nicht als ein reines Beziehungsgeschehen, sondern verweist auf die enge Verbindung von Glauben und Wissen. Der Katechumene muss Jesus und die heilsgeschichtliche Bedeutung seines Todes und seiner Auferstehung kennen, um gerettet zu werden. Erst dieses Wissen um Jesus ermöglicht die rettende Glaubensbeziehung. Im Neuen Testament führt dieses Glaubensverständnis zur Bildung heilsgeschichtlicher Glaubensformeln, die der katechetischen Unterweisung dienen und Grundlage dafür sind, dass sich das Apostolische Glaubensbekenntnis zu einem „Hauptstück der Katechese" entwickelt.

– Der zweite entscheidende Punkt für die Glaubensweitergabe im Neuen Testament ist die Umkehr. Christwerden bedeutet, das ganze Leben von der Beziehung zu Jesus Christus prägen zu lassen. Es geht um eine Veränderung der bisherigen Lebenspraxis, zu der der Glaubensschüler bereit sein muss. Der Glaube an Jesus Christus hat Konsequenzen für den Alltag. Somit hat jede katechetische Unterweisung immer eine praktische Ausrichtung, die die Lebenswirklichkeit des Glaubensschülers in den Blick nimmt, um sie im christlichen Sinn zu verändern.

– Aus diesem Grund hat die Ethik in der Glaubensunterweisung des Neuen Testamentes einen gewichtigen Stellenwert. Die ethischen Vorgaben der jüdischen Tora sind dabei von bleibender Bedeutung. Auch Paulus nimmt das jüdische Gesetz nicht aus der Glaubensunterweisung heraus, sondern revidiert nur die Heilsbedeutung der jüdischen Tora. Als Kern der christlichen Katechese, die den Weg zur Umkehr und rechten Lebensführung weist, lässt er sie weiter bestehen. Diese praktisch-ethische Ausrichtung der Katechese wird zum Kern für die spätere Orientierung am Dekalog als einem weiteren „Hauptstück der Katechese".

– Umkehr und persönliche Hinwendung zu Jesus Christus sind nur möglich, wenn es dem Glaubensschüler gelingt, eine tragfähige Beziehung zu Jesus Christus aufzubauen. Von daher hat die Glaubensweitergabe im Neuen Testament immer auch eine stark spirituelle Dimension, die sich in dieser Betonung der Christusgemeinschaft zeigt. Das Gebet, als ein wesentliches Kernelement der kirchlichen Katechese, hat hier den neutestamentlichen Wurzelgrund. Aktualisiert der Christ doch immer wieder neu im Gebet seine Beziehung zu Jesus Christus und heiligt er so den Alltag.

– Der Blick auf die Entstehung der Glaubensformeln im Neuen Testament hat gezeigt, dass die christliche Liturgie, vor allem die Feier des Herrenmahles und der Taufe, dabei eine entscheidende Rolle spielten. Glaubensformeln, Liturgie und christliche Katechese waren schon in neutestamentlicher Zeit eng miteinander verbunden. Hier findet die Behandlung der Sakramente als letztes „Hauptstück der Katechese" seine neutestamentliche Begründung. Zudem wird das „neue Sein

in Christus", das für die christliche Missionstheologie des Neuen Testamentes bestimmend war, gerade in den Sakramenten gegenwärtig. Ihre Feier, vor allem die Taufe, bot so die erste Grundlage für eine christliche Katechese.
– Die Glaubensweitergabe ist im Neuen Testament immer auf ein Leben in einer Gemeinschaft von Christen ausgerichtet. Gerade bei Paulus wird deutlich, dass wirkliche Umkehr und Prägung des Lebens ohne Bezug zu einer Gemeinschaft von Christen nicht möglich ist.

Die Ansatzpunkte für die spätere Entwicklung die vier Hauptstücke der Katechese finden sich in den Formen der Glaubensweitergabe des Neuen Testaments. Die christliche Katechese ruht schon hier auf der Vermittlung eines christlichen Glaubenswissens, das sein Zentrum im heilsgeschichtlichen Wirken der Person Jesu Christi hat, einer Ethik, die auf den Vorgaben der alttestamentlichen Tora, insbesondere des Dekalogs gründet, und einer christlichen Spiritualität, die sich um eine intensive Beziehung zu Jesus Christus durch die Feier der Sakramente und das Gebet bemüht. Diese drei Bereiche bedeuten eigentlich nur eine christologische Neuinterpretation dessen, was auch schon für die Glaubensweitergabe im Alten Testament bestimmend war.[803] Es handelt sich somit um grundlegende biblische Vorgaben, die jede christliche Katechese und somit auch die Sakramentenkatechese mit Kindern und Jugendlichen erfüllen muss.

Nachdem die biblische Grundlage der vier Hauptstücke der Katechese aufgezeigt wurde, soll nun deren weitere Entwicklung in der kirchlichen Tradition dargestellt werden. Dies soll anhand von vier großen Theologen geschehen, die für ihre Epoche und weit darüber hinaus wesentliche Impulse für die inhaltliche Entwicklung der Katechese gegeben haben. Für die Antike sollen daher die vier Hauptstücke der Katechese anhand der Theologie des Kirchenvaters Augustinus dargestellt werden. Für das Mittelalter schließt sich eine Untersuchung der Schriften Thomas von Aquins zu diesem Thema an. Für die Zeit der Reformation und Gegenreformation werden die katechetischen Schriften Robert Bellarmins befragt und in der Neuzeit ist es Joseph Ratzinger, der am entschiedensten für die Beibehaltung der vier Hauptstücke der Katechese eintritt.

---

[803] S.o. 229–232.

4.3 Die Sakramentenkatechese in der kirchlichen Tradition

4.3.1 Die wesentlichen Elemente der Katechese nach Augustinus

4.3.1.1 Das Katechumenat im 4./5. Jahrhundert

Der Wandel des Verhältnisses zwischen römischem Staat und christlicher Religion durch Kaiser Konstantin (270/288 – 337 n. Chr.) hatte einschneidende Konsequenzen für das kirchliche Katechumenat. Diese Form der Vorbereitung Erwachsener auf die christliche Initiation hatte sich im 2. und 3. Jahrhundert herausgebildet.[804] In der *Traditio apostolica* 15–21[805] findet sich eine Beschreibung des Katechumenats, die mit Blick auf die weitere Entwicklung als Hochform bezeichnet werden kann: Drei Jahre lang wurden die Taufbewerber von sogenannten „doctores" in Katechumenatsgruppen in der Glaubens- und Sittenlehre unterrichtet und nahmen verpflichtend am Wortgottesdienst der sonntäglichen eucharistischen Gemeindeversammlung teil. Mit dem Wegfall der staatlichen Verfolgung und der aktiven Förderung der Christen durch Kaiser Konstantin zu Beginn des 4. Jh. wuchs zwar das Interesse am Christentum, viele zögerten aber nun die definitive Entscheidung zum Empfang des Taufsakramentes hinaus, so dass oft Jahre und Jahrzehnte zwischen der Aufnahme unter die Katechumenen und der eigentlichen Taufe vergingen.[806] Durch diese oft lebenslang dauernde Katechumenatszeit – viele ließen sich wie Kaiser Konstantin erst auf dem Sterbebett taufen – war natürlich eine intensive Vorbereitung wie im 2. und 3. Jh., in der in kleinen Gruppen zwei bis drei Jahre hindurch eine klar umrissene Glaubensunterweisung stattfand, nicht mehr möglich.

---

[804] Zum vornizänischen Katechumenat vgl. *Georg Kretschmar*, Die Geschichte des Taufgottesdienstes in der alten Kirche, in: Karl Ferdinand Müller / Walter Blankenburg (Hg.), Leiturgia. Handbuch des evangelischen Gottesdienstes, Bd. 5: Der Taufgottesdienst, Kassel 1970, 63–86; *Michel Dujarier*, A history of the catechumenate. The first six centuries, New York 1979, 29–76; *Peter Stockmeier*, Frühchristliche Taufkatechese, in: LKat 9 (1987), 12–15; *Bruno Kleinheyer*, Sakramentliche Feiern I. Die Feiern der Eingliederung in die Kirche (= GdK Bd. 7/1), Regensburg 1989, 35–45; *Franz-Peter Tebartz-van Elst / Balthasar Fischer*, Art. Katechumenat. I. Historisch, in: LThK³ Bd. 5 (1996), 1318–1321; *Reinhard Messner*, Der Gottesdienst in der vornizänischen Kirche, in: GCh Bd. 1, Altertum 1. Die Zeit des Anfangs (bis 250), Freiburg i. Br. 2003, 340–441, hier 410–412.

[805] Vgl. *Traditio apostolica / Apostolische Überlieferung* übersetzt und eingeleitet von Wilhelm Geerlings, in: Didache / Zwölf-Apostel-Lehre. Traditio apostolica / Apostolische übersetzt und eingeleitet von ders. / Georg Schöllgen (= FC 1), Freiburg i. Br. 1991, 141–313, hier 244–270.

[806] Vgl. *Kleinheyer*, Sakramentale Feiern I, 64–66.

4. Inhaltliche Mindestanforderungen an die Katechese

Es gab im 4. und 5. Jh. jedoch immer noch einen offiziellen Beginn der Katechumenatszeit, der katechetisch und liturgisch geprägt war. Augustinus hat in seiner Schrift *De catechizandis rudibus*[807] für einen Diakon in Karthago namens Deogratias ein methodisches und inhaltliches Programm für diese Eingangskatechese beigefügt. Er liefert in dieser Schrift eine längere und eine kürzere Musterkatechese, deren zentraler Verkündigungspunkt „die zuvorkommende Liebe Gottes zu den Menschen seit Anbeginn der Welt, mit ihrem Höhepunkt in der Menschwerdung seines Sohnes, der im Doppelgebot der Liebe neue Ziele setzt", ist.[808] Die Musterkatechesen gehen sehr stark auf die Lebenssituation des Glaubensschülers ein und haben einen werbenden Charakter, der zur eigenen Glaubensentscheidung einlädt.[809] Der Bewerber musste dem Inhalt der Anfangskatechese ausdrücklich zustimmen und wurde durch ein Exorzismusgebet, die Bezeichnung mit dem Kreuz und die Darreichung von Salz in den Kreis der Katechumenen aufgenommen.[810] Er durfte nun am Gottesdienst der Gemeinde teilnehmen, wo er die Schriftlesungen und die Homilie hörte und danach entlassen wurde. Eine zusätzliche christliche Unterweisung erfolgte während dieser Katechumenatszeit nicht. „Doch kann man diesen u. U. jahrelangen Kontakt mit der Gemeinde im Wortgottesdienst nicht mehr einen Katechumenat im früher üblichen Sinn nennen. Die eigentliche Bildung geschieht jetzt in der Kompetenzzeit."[811]

---

[807] Vgl. CCL 46,115–178. Eine deutsche Übersetzung bietet: *Aurelius Augustinus*, Vom ersten katechetischen Unterricht. Neu übersetzt von Werner Steinmann, bearbeitet von Otto Wermelinger (= Schriften der Kirchenväter Bd. 7), München 1985. Zu Inhalt und Aufbau von *cat. rud.* vgl. *Cornelius Mayer*, Art. Cathecizandibus rudibus (De-), in: AugL Bd. 1 (1986–1994), 794–806,

[808] *Otto Wermelinger*, Erläuterungen zum Autor und zum Text, in: Aurelius Augustinus, Vom ersten katechetischen Unterricht. Neu übersetzt von Werner Steinmann, bearbeitet von Otto Wermelinger (= Schriften der Kirchenväter Bd. 7), München 1985, 95–122, hier 119–120.

[809] Eine sehr ausführliche Darstellung des pädagogischen Konzepts, das Augustinus hier verfolgt, findet sich in *Elisabeth Reil*, Aurelius Augustinus. De catechizandis rudibus. Ein religionsdidaktisches Konzept (= SPTh 33), St. Ottilien 1989. Allerdings versucht die Autorin zu sehr, Gemeinsamkeiten zwischen Augustinus und der Didaktik Wolfgang Klafkis aufzuzeigen: „Im VIII. und IX. Kapitel von cat. rud. wird besonders deutlich, daß der augustinischen Unterweisung ein nach heutiger Terminologie kategoriales Bildungsverständnis zugrunde liegt, bei dem die dingliche und geistige Wirklichkeit der Bibel für den Menschen erschlossen wird, er aber gleichzeitig jene Einsichten gewinnt, die sowohl seine intellektuellen Kräfte, als auch seine moralische Persönlichkeit fördern. Dieser Entfaltung der subjektiven Persönlichkeit entspricht nach Klafki das ‚Gewinnen von Kategorien auf der Seite des Subjekts'" (ebd. 210). Reils These lautet, dass es Augustinus nie um Vermittlung von systematischem Glaubenswissen geht, sondern dass er bei der Wahl von Inhalt und Methode immer den Glaubensschüler mit im Blick hat. Sie möchte damit Augustinus aber nicht jegliches Interesse an der Vermittlung von Glaubenswissen absprechen, sondern nur einen materialen Bildungsbegriff, der lediglich die zu vermittelnden Inhalte im Blick hat.

[810] Vgl. *cat. rud.* XXVI,50 (= CCL 46,173).

[811] *Kleinheyer*, Sakramentale Feiern I, 66.

4.3 Die Sakramentenkatechese in der kirchlichen Tradition

Die Entscheidung, wann ein Katechumene wirklich die Initiationssakramente empfing, lag bei jedem einzelnen selbst. Er musste sich dafür vor Beginn der Vorbereitungszeit auf Ostern zur Taufe anmelden. Diese Einschreibung zur Taufe wurde „nomendatio" genannt und bestand darin, dass man während eines Gottesdienstes seinen Namen in die Liste der Taufbewerber selbst eintrug oder eintragen ließ.[812] Diesen ernsthaften Taufbewerbern, die man in der Westkirche als „electi" oder „competentes", in der Ostkirche als „Photizomenen" bezeichnete, wandte die Kirche im 4. und 5. Jh. ihre eigentliche pastorale Aufmerksamkeit zu, indem sie ihnen die notwendige katechetische und liturgische Unterweisung zukommen ließ.[813]

Mehrmals in der Woche unterrichtete nun der Bischof selbst oder einer seiner Presbyter die Kandidaten in der Glaubens- und Sittenlehre der Kirche. Dabei standen die wichtigsten Glaubenslehren im Mittelpunkt, vor allen diejenigen, die unmittelbar mit der Initiation in Zusammenhang standen. Ambrosius[814] beschreibt in seinem Werk *Expositio evangelii secundum Lucam* den Inhalt dieser Glaubensunterweisung und legt den Schwerpunkt auf die Darlegung der Erlösung durch das Kreuzesopfer Jesu.[815] Die Katechese über die Sittenlehre fand bei Ambrosius in öffentlich gehaltenen Predigten statt, die an Schriftlesungen aus der Patriarchengeschichte und dem Buch der Sprichwörter anknüpften.[816] In Jerusalem fanden zur Zeit Cyrills die Katechesen für die Taufbewerber ebenfalls in Form von Predigten statt, die als Themen die Buße, die Taufe und die Artikel des Glaubensbekenntnisses behandelten.[817] Johannes Chrysostomus unterwies seine Taufbewerber in Predigten während der Fasttage, wobei sich der Großteil der von ihm erhaltenen vorösterlichen Katechesen mit Ermahnungen zur christlichen Lebensführung beschäftigt.[818]

Die intensive katechetische Vorbereitung der Taufbewerber fand auch in der Liturgie der Vorbereitungszeit auf Ostern ihren besonderen Ausdruck. In Skrutiniengottesdiensten wurden die Taufbewerber darüber geprüft, inwieweit das Böse

---

[812] Vgl. ebd. 68.
[813] Vgl. ebd. 65–66.
[814] Zur Vorbereitung der Katechumenen auf die christliche Initiation zur Zeit des Bischofs Ambrosius in Mailand vgl. *Josef Schmitz*, Einleitung, in: *Ambrosius*, De sacramentis / Über die Sakramente. De mysteriis / Über die Mysterien. Übersetzt und eingeleitet von Josef Schmitz (= FC 3), Freiburg i. Br. u.a. 1990, 7–68.
[815] Vgl. *in Luc.* 6,107–109 (= CCL 14,213–214).
[816] Vgl. *Schmitz*, Einleitung, 21.
[817] Vgl. *Georg Röwekamp*, Einleitung, in: Cyrill von Jerusalem, Mystagogicae catechesis / Mystagogische Katechesen. Übersetzt und eingeleitet von Georg Röwekamp (= FC 7), Freiburg i. Br. 1992, 7–91, hier 16–17.
[818] Vgl. *Reiner Kaczynski*, Einleitung, in: Johannes Chrysostomus, Catecheses Baptismales/Taufkatechesen. Erster Teilband, übersetzt und eingeleitet von Reiner Kaczynski (= FC 6/1), Freiburg i. Br. 1992, 9–104, hier 75–76.

noch Macht über sie hatte, und gleichzeitig durch einen Exorzismus bei der Überwindung des Bösen von der Kirche unterstützt.[819] Die Übergabe des Glaubensbekenntnisses (Symbolum)[820] und des Vaterunsers waren zwei weitere wichtige liturgische Vollzüge, die vor Ostern der Vorbereitung auf den Empfang der Taufe dienten.[821] Bei der rituellen Übergabe dieser Texte stand nicht so sehr die Geheimhaltung aufgrund der sogenannten Arkandisziplin[822] der Alten Kirche im Vordergrund als vielmehr der Wunsch, die kirchliche Eingliederung der Taufbewerber durch gottesdienstliche Zeichen zum Ziel zu führen. „Diese Riten der Übergabe der Glaubensformeln, der sogenannten traditiones, waren die ersten Schritte auf das Ziel hin, das dann mit der Einweihung in die Mysterien erreicht wurde."[823]

Wie diese Übergabe des Glaubensbekenntnisses in Mailand geschah, lässt sich sehr gut anhand der Mitschrift der Predigt *Explanatio symboli* darstellen, die Bischof Ambrosius zu diesem Zweck gehalten hat.[824] Die Übergabe fand am Sonntag vor Ostern statt. Ambrosius rezitiert in dieser Predigt drei Mal vor den Taufbewerbern das Glaubensbekenntnis, erklärt die Bedeutung der einzelnen Glaubenssätze und fordert zum Schluss die Taufbewerber auf, das Symbolum auswendig zu lernen und häufig zu wiederholen.[825] Diese Übergabe des Glaubensbekenntnisses hatte für Ambrosius eine doppelte Bedeutung[826]: Sie vermittelte eine kurze Zusammenfassung des Glaubensinhalts[827], die sich leicht behalten ließ und ein Vergessen wesentlicher Glaubensstücke verhinderte, und sie stellte ein „starkes Schutzmittel"[828] zur Verfügung, das den Taufbewerber vor Versuchungen im Vorfeld der Taufe bewahrte. Über die Rückgabe des Symbolums, die sicherlich vor der Taufe an Ostern erfolgte, macht Ambrosius keine genauen Angaben.[829]

Von einer Übergabe des Vaterunsers berichtet uns Ambrosius nichts. Diese dürfte in Mailand auch nicht stattgefunden haben. In Rom und Nordafrika exis-

---

[819] Vgl. *Kleinheyer*, Sakramentale Feiern I, 68–69.
[820] Zur Bezeichnung des Glaubensbekenntnisses mit dem Begriff Symbolum vgl. *Markus Vinzent*, Art. Symbolum, in: LThK³ Bd. 9 (2000), 1164–1165.
[821] Vgl. Michael Max, Die Weitergabe des Glaubens in der Liturgie. Einr hidtorisch-theologische Untersuchung zu den Übergaberiten des Katechumenats (= Studien zur Pastoralliturgie 20), Regensburg 2008, 19–76.
[822] Vgl. *Christoph Jacob*, ‚Arkandisziplin', Allegorese, Mystagogie. Ein neuer Zugang zur Theologie des Ambrosius von Mailand (= Theopaneia 32), Frankfurt a. M. 1990.
[823] *Kleinheyer*, Sakramentale Feiern I, 69.
[824] Vgl. CSEL 73,1–12
[825] Vgl. *Schmitz*, Einleitung, 25–26.
[826] Vgl. ebd. 27.
[827] Vgl. *symb.* 4; 7 (= CSEL 73,6; 10).
[828] *Symb.* 2 (= CSEL 73,3–4).
[829] Vgl. *Schmitz*, Einleitung, 27–28.

4.3 Die Sakramentenkatechese in der kirchlichen Tradition

tierte ein solcher Ritus aber.[830] „Die Übergabe des Credo geschah drei Wochen vor Ostern, die des Pater am folgenden Sonntag, an dem auch schon die Wiedergabe (redditio) des Credo erfolgte."[831] Das Vaterunser war schon seit den Anfängen der christlichen Gemeinde ein Grundtext der Verkündigung, der Katechese und des gemeinsamen Betens und wurde daher auch von einer Vielzahl christlicher Autoren ausgelegt.[832]

Mit der Spendung der Sakramente der Taufe, der Firmung und der Eucharistie in der Osternacht[833] war die katechetische Unterweisung der Taufbewerber aber noch nicht abgeschlossen, sondern setzte sich in den sogenannten mystagogischen Katechesen[834] fort, welche die Neugetauften in die an ihnen vollzogenen kirchlichen Mysterien einführen wollten. Diese Katechesen nutzen den unmittelbaren Eindruck, den die Neugetauften noch von der Feier ihrer christlichen Initiation hatten. „Voraussetzung für diese mystagogische Nachbereitung ist die Einsicht, daß aus der Erfahrung des sakramentalen Geschehens erhöhte Aufgeschlossenheit entsteht, die im Zuge der Unterweisung zu vertieftem Verständnis führt."[835] Katechese und liturgische Feier der Sakramente sind hier aufs engste verzahnt. Bei der Feier der Sakramente steht dabei zunächst ganz das Handeln Gottes im Mittelpunkt, das jedes menschliche Erklären und Deuten übersteigt. Erst danach wird dieses göttliche Wirken im Leben des Menschen durch das Sakrament deutend vertieft.

Dieser kurze Überblick über das Katechumenat im 4. und 5. Jh. lässt klar die wesentlichen Elemente der Sakramentenkatechese während der Vorbereitungszeit auf Ostern erkennen:

- Am Beginn der katechetischen Vorbereitung stand die ethische Unterweisung der Taufbewerber im Vordergrund, die sich vor allem an Texten des Alten Testamentes, besonders dem Dekalog und der Patriarchengeschichte, orientierte.

---

[830] Vgl. *Robert Wentz*, Art. Vaterunser. III. Liturgisch, in: LThK³ Bd. 10 (2001), 549–550.
[831] *Kleinheyer*, Sakramentale Feiern I, 70.
[832] Vgl. *Gottfried Bitter / Guido Hunze*, Art. Vaterunser. II. Historisch-Theologisch, in: LThK³ Bd. 10 (2001), 548–549.
[833] Zur liturgischen Gestaltung der christlichen Initiation vgl. *Kleinheyer*, Sakramentale Feiern I, 70–77.
[834] Wichtige Katechesen dieser Art sind überliefert von Ambrosius und Cyrill von Jerusalem: vgl. *Ambrosius,* De sacramentis, in: ders., De sacramentis / Über die Sakramente. De mysteriis / Über die Mysterien, übersetzt und eingeleitet von Josef Schmitz (= FC 3), Freiburg i. Br. 1990, 75–203; *ders.*, De mysteriis, in: ders., De sacramentis / Über die Sakramente. De mysteriis / Über die Mysterien, übersetzt und eingeleitet von Josef Schmitz (= FC 3), Freiburg i. Br. 1990, 205–255; *Cyrill von Jerusalem*, Mystagogicae catechesis / Mystagogische Katechesen. Übersetzt und eingeleitet von Georg Röwekamp (FC 7), Freiburg i. Br. 1992.
[835] *Stockmeier*, Taufkatechese, 15.

- Das Glaubensbekenntnis bildete einen weiteren inhaltlichen Schwerpunkt des Katechumenats. Seine Erklärung, Übergabe und Wiedergabe prägte die unmittelbare Vorbereitung auf die Taufe. Es musste auswendig gelernt werden.
- Neben dem Glaubensbekenntnis kam dem Vaterunser eine entscheidende Rolle zu. Dieses Gebet stand für das christliche Beten schlechthin. Es wurde den Taufbewerbern feierlich übergeben und musste ebenfalls auswendig gelernt werden.
- Nach der Taufe stand die Erklärung der Initiationssakramente im Vordergrund. Die mystagogischen Katechesen bildeten den vierten Schwerpunkt der Sakramentenkatechese.

Diese vier Schwerpunkte lassen sich leicht in das Schema der vier Hauptstücke der Katechese einordnen. Sie bestimmen somit schon das Katechumenat der Kirche im 4. und 5. Jh. Anhand ausgewählter Schriften des heiligen Augustinus, des bedeutendsten Kirchenvaters des Westens,[836] wird nun die Bedeutung dieser vier „Hauptstücke" für die Sakramentenkatechese dargestellt. Dabei sollen diese vier Elemente nicht in der Reihenfolge erörtert werden, wie sie das Katechumenat im 4. und 5. Jh. vorsah. Vielmehr wird die Systematik zugrundegelegt, die Augustinus selbst in seiner Schrift *Enchiridion ad Laurentium de fide, spe et caritate*[837] entwickelt. Darin bezeichnet er das Glaubensbekenntnis als den grundlegenden Ausdruck der Tugend des Glaubens, während er das Vaterunser den Tugenden der Hoffnung und der Liebe zuordnet.[838] Augustinus behandelt daher zuerst das Glaubensbekenntnis, dann das Vaterunser und schließlich auch noch die Gebote als Hinführung zur Liebe.[839] Das Glaubensbekenntnis dient also als Fundament des Christseins, während das Vaterunser und die Gebote zum weiteren Aufbau notwendig sind. Wie grundlegend er die Bedeutung des Glaubensbekenntnisses und des Vaterunsers für die Katechese der Initiationssakramente einschätzt, wird auch daran deutlich, dass er sie in einer Osterpredigt schon zur Spendung des Taufsakramentes rechnet und unter Verwendung eines weiten Sakramentenbegriffs von dem „sacramentum symboli" und „sacramentum orationis dominicae" spricht.[840] Im Folgenden soll daher zunächst die Bedeutung des Glaubensbe-

---

[836] „Die abendländische Theologiegeschichte besteht aus einer Reihe von Fußnoten zu Augustin" (*Wilhelm Geerlings*, Augustinus. Lehrer der Gnade, in: ders. [Hg.], Theologen der christlichen Antike. Eine Einführung, Darmstadt 2002, 148–167, hier 148). Geerlings bietet auch einen guten ersten Überblick über Leben und Werk Augustins.

[837] CCL 46,21–114.

[838] Vgl. *enchir.* I ,7 (= CCL 46,51).

[839] Vgl. *enchir.* XXXI,117–XXXIII,122 (= CCL 46,111–114).

[840] *S.* 228, 3. Eine textkritische Ausgabe dieser Predigt findet sich in *Augustinus von Hippo*, Predigten zum österlichen Triduum (Sermones 218 – 229/D). Einleitung, Text, Übersetzung und Anmerkungen, hg. v. Hubertus R. Drobner (= Patrologia XVI), Frankfurt a. M. u.a. 2006, 436.

kenntnisses und des Vaterunsers in der Katechese dargestellt werden. Anschließend wird versucht aufzuzeigen, wie der Dekalog als Grundlagentext der Sittenlehre durch die Schrift *Enchiridion ad Laurentium de fide, spe et caritate* von Augustinus in die Katechese eingeführt wird. Die Sakramente, die Augustinus im Zusammenhang mit den drei theologischen Tugenden nicht erwähnt, werden anhand einiger Osterpredigten in ihrer katechtischen Bedeutung dargestellt.

4.3.1.2 Die katechetische Bedeutung des Glaubensbekenntnisses

Augustinus hat dem Glaubensbekenntnis eine hohe Bedeutung beigemessen, so dass sich neben den Schriften, die sich ausdrücklich mit dem Glaubensbekenntnis beschäftigen, eine Vielzahl von anderen Schriften findet, die auf das Glaubensbekenntnis verweisen.[841] Für die Aufgabe des Glaubensbekenntnisses in der Katechese sollen in diesem Abschnitt drei Schriften näher betrachtet werden: das Werk *De fide et symbolo*[842], der Sermo 212[843], den Augustinus wohl bei der Übergabe des Glaubensbekenntnisses gehalten hat, und das bereits erwähnte *Enchiridion ad Laurentium de fide, spe et caritate*.

De fide et symbolo geht auf eine Predigt zurück, die Augustinus als Presbyter auf Wunsch der Bischöfe am 8. Oktober 393 vor dem afrikanischen Plenarkonzil in der Basilika Pacis in Hippo Regius hielt.[844] Augustinus legt seinen Ausführungen das Taufsymbol, also das Apostolische Glaubensbekenntnis, zugrunde. Allerdings gebraucht er nicht die afrikanische Form, sondern die römische oder mailändische, die ihm von seiner Taufe her geläufig war.[845] Augustinus bietet in diesem Werk, anders als in den überlieferten Symbolumspredigten, eine stark systematisch geprägte Zusammenfassung des Glaubens, geht aber auch auf die Bedeutung des Symbols für die Taufe und die Katechese ein.[846]

Schon in der Einleitung wird deutlich, dass Augustinus das Symbol als Basistext der Katechese ansieht, der alles Wesentliche für den Glauben enthält:

---

[841] Zum Vorkommen des Glaubensbekenntnisses in den Schriften Augustins vgl. *Caelestis Eichenseer*, Das Symbol apostolicum beim heiligen Augustinus. Mit Berücksichtigung des dogmengeschichtlichen Zusammenhangs (= Kirchengeschichtliche Quellen und Abhandlungen 4), St. Ottilien 1960, 146–154.
[842] CSEL 41,3–32.
[843] SC 116,174–185.
[844] Zur Entstehung und wesentlichen Inhalten dieser Schrift vgl. *Alfred Schindler*, Art. Fide et symbolo (De -), in: AugL Bd. 2 (1996–2002), 1311–1317. Einen ausführlichen Kommentar bietet *Eginhard P. Meijering*, Augustine, De fide et symbolo. Introduction, translation, commentary, Amsterdam 1987.
[845] Vgl. *Schindler*, Fide et symbolo, 1315. Zum genauen Wortlaut des von Augustinus verwendeten Bekenntnisses vgl. *Mejering*, Augustine, 8–12.
[846] Vgl. *Schindler*, Fide et symbolo, 1312.

„Es wird aber der katholische Glaube im Symbolum den Gläubigen, in so knapper Weise wie es dem Gegenstand angemessen ist, bekannt gemacht und dem Gedächtnis anvertraut, damit den Anfängern und Säuglingen, die in Christus wiedergeboren, aber noch nicht gestärkt sind, durch gewissenhafte geistliche Darlegung und Erwägung der göttlichen Schriften das, was man glauben muss, in wenigen Worten zusammengestellt wird, was denen mit vielen Worten dargelegt werden muss, die Fortschritte machen und mit sicherer Festigkeit der Demut und der Liebe zur göttlichen Lehre aufsteigen."[847]

Das Apostolische Glaubensbekenntnis ist für Augustinus die entscheidende Kurzformel des Glaubens, die alles Notwendige enthält, was der Christ braucht, um das ewige Heil zu erlangen. Daher muss es auswendig gelernt werden („memoriaeque mandata").[848] Erst wenn der Glaubensschüler sich das Symbolum als Grundlagentext angeeignet hat, ist eine tiefere und eingehendere Beschäftigung mit der christlichen Lehre möglich.[849] Dass das Glaubensbekenntnis zum unverzichtbaren Bestand der Vorbereitung auf die Initiationssakramente gehört, macht Augustinus am Bild des Säuglings („lactentibus") deutlich. Er spielt damit auf 1 Kor 3,3 und Hebr 5,12–14 an, wo mit dem Bild der Milch das Anfangsstadium des Glaubens und die Erklärung der grundsätzlichen Glaubenswahrheiten bezeichnet wird. Für Augustinus ist das Glaubensbekenntnis die unersetzliche Nahrung, die der Glaubensschüler in der Katechese erhalten muss.[850]

Daher besteht Augustinus darauf, dass in der Taufkatechese die erklärende Auslegung des Glaubens nicht das Bekenntnis selbst ersetzen darf: „Die Darlegung des Glaubens vermag das Symbolum zu schützen: Sie darf aber nicht anstelle des Symbolums denen, die der göttlichen Gnade nachfolgen, zum Auswendiglernen gegeben werden […]."[851] Die Katechese hat sich nicht mit theologischen Spekulationen zu befassen, sondern soll jenes fundamentale Wissen liefern, das zum Heil notwendig ist. Nur das Apostolische Glaubensbekenntnis soll daher auswendig gelernt werden.[852] Es geht Augustinus bei der katechetischen Behand-

---

[847] *Fid. et symb.* I,1 (= CSEL 41,3–4) : „est autem catholica fides in symbolo nota fidelibus memoriaeque mandata quanta res passa est breuitate sermonis: ut incipientibus atque lactentibus eis, qui in Christo renati sunt, nondum scripturam diuinarum dilligentissima et spiritali tractione atque cogitatione roboratis paucis uerbis credendum constitueretur, quod multis uerbis exponendum esset proficientibus et ad diuinam doctrinam certa humilitatis atque caritatis firmitate surgentibus." Die Übersetzung stammt vom Autor dieser Arbeit.
[848] Vgl. *Mejering*, De fide et symbolo, 17.
[849] Vgl. *trin.* X,1,1 (= CCL 50,311–312). Hier legt Augustinus dar, dass nur dann, wenn der Glaubensschüler eine kurze Zusammenfassung des christlichen Glaubens hat, auch ein Verlangen aufkommen kann, mehr über diesen Glauben zu erfahren.
[850] Vgl. *Mejering*, De fide et symbolo, 18.
[851] *Fid. et symb.* I,1 (= CSEL 41,4) : „sed tractatio fidei ad muniendum symbolum ualet: non ut ipsa pro symbolo gratiam Dei consequentibus memoriae mandanda et reddenda tradatur […]." Die Übersetzung stammt vom Autor dieser Arbeit.
[852] Vgl. *Mejering*, De fide et symbolo, 23.

lung des Symbolums zunächst nicht um eine tiefe intellektuelle Durchdringung des Glaubens, auch nicht um eine existentielle Aneignung aller Glaubensinhalte, sondern um einen grundlegenden Überblick durch das Auswendiglernen dieser überlieferten Glaubensformel. „Glaubensreflexion steht nicht über dem Symbolum, sondern dient ihm. Das im Taufbekenntnis gegebene Glaubenswissen hat Vorrang gegenüber allen theologischen Theorien, Hypothesen und Erklärungen."[853]

Diese katechetische Aufgabe des Symbolums als „Inbegriff und Kurzformel des überlieferten Glaubens" und „katechumenales Basiswissen"[854] wiederholt Augustinus am Schluss seiner Schrift *De fide et symbolo* und gibt dem Apostolischen Glaubensbekenntnis zugleich die Aufgabe der geistlichen Vertiefung des Lebens der Gläubigen, die zum Gehorsam gegenüber Gott, rechter Lebensführung und wahrer Glaubenserkenntnis führen soll. „Dies ist der Glaube, der mit wenigen Worten im Symbolum den neuen Christen gegeben wird. Diese wenigen Worte sind den Gläubigen bekannt, damit sie sich durch Glauben Gott unterordnen, als sich Gott Unterordnende recht leben, als recht Lebende das Herz reinigen und mit gereinigtem Herzen das, was sie glauben, erkennen."[855] Das Apostolische Glaubensbekenntnis begleitet den Lebensweg des Christen, der über die Initiationskatechese, in der es um ein erstes grundlegendes Verständnis des Glaubens geht, zur christlichen Lebensführung und zu einem immer tieferen Verständnis des christlichen Glaubens führt und der letztlich erst im ewigen Leben an sein Ziel kommt.[856]

„Ungewöhnlich ist innerhalb der westlichen Symbolum-Auslegungen, wie sehr A. [sc. Augustinus] das Ganze der christlichen Theologie in dieser Formel angelegt sieht und sie dementsprechend als kurzen, leicht memorierbaren Auszug aus der Hl. Schrift versteht, der deshalb für das Fortschreiten vom Glauben zum Erkennen eine ideale Basis bildet und die Einheit von Schriftauslegung und ‚Spekulation' begründet."[857]

Die Aussagen, die Augustinus in dieser frühen Schrift über die katechetische Bedeutung des Symbolums macht, erfahren in den späteren Schriften keine grundlegende Veränderung, sondern nur eine Vertiefung. In den Predigten, die bei Übergabe des Glaubensbekenntnisses vor Ostern gehalten wurden, wird noch klarer sichtbar, welche Aufgaben das Symbolum in der Katechese der Initiationssakra-

---

[853] *Michael Fiedrowicz*, Theologie der Kirchenväter. Grundlagen frühchristlicher Glaubensreflexion, Freiburg i. Br. 2007, 196.
[854] Vgl. ebd.
[855] *Fid. et symb.* X,25 (= CSEL 41,32): „Haec est fides, quae paucis uerbis tenenda in symbolo nouellis christianis datur. quae pauca uerba fidelibus nota sunt, ut credendo subiugentur Deo, subiugati recte uiuant uiuendo cor mundent, corde mundato quod credunt intellegant." Die Übersetzung stammt vom Autor dieser Arbeit.
[856] Vgl. *Mejering*, De fide et symbolo, 159.
[857] *Schindler*, Fide et symbolo, 1314–1315.

4. Inhaltliche Mindestanforderungen an die Katechese

mente hatte: Das Apostolische Glaubensbekenntnis soll den Prozess des Glaubens und der Vermittlung des sakramentalen Heiles initiieren. Dass Augustinus das Glaubensbekenntnis als entscheidenden Beginn des Heilswegs begreift, wird daran ersichtlich, dass er in fast allen Predigten zum Symbolum auf Röm 10,9–14 verweist, wo der Apostel die Heilsnotwendigkeit des Bekenntnisses zu Jesus Christus betont.[858] Von daher ist es verständlich, warum Augustinus in diesen Predigten so darauf drängt, dass die Taufbewerber das Apostolische Glaubensbekenntnis ständig aufsagen sollen, wenn sie durch die Stadt gehen, auf ihrem Bett, beim Aufstehen und beim Schlafengehen.[859] Dadurch sollen die Taufbewerber das Symbolum so gut auswendig lernen, dass es zum Fundament ihres Glaubens werden kann.

Anhand von Sermo 212 soll dies verdeutlicht werden. Seine Entstehung fällt in die Jahre zwischen 410 und 412 und er ist somit zeitlich ungefähr in der Mitte zwischen *De fide et symbolo* und dem *Enchiridion ad Laurentium de fide, spe et caritate* anzusetzen.[860] Es handelt sich dabei um eine relativ kurze Predigt, die Augustinus zum Symbolum hält.[861] Ihr liegt das Apostolische Glaubensbekenntnis in seiner afrikanischen Form zugrunde, wie es in Hippo und auch in Karthago verwendet wurde.[862] Diese Predigt ging der Übergabe des Glaubensbekenntnisses voraus.[863]

Gleich zu Beginn des Sermo 212 werden die zwei wichtigsten Bedeutungen, die das Apostolische Glaubensbekenntnis für Augustinus im katechetischen Prozess hat, genannt. Es ist eine Zusammenfassung des Glaubens und hilft dem Menschen zur umfassenden Heiligung seines Lebens, die ihn zu seinem eigentlichen Ziel führt. „Es ist Zeit, dass ihr das Symbolum empfangt, in dem kurz gefasst alles enthalten ist, was geglaubt wird, um das ewige Heil zu erlangen."[864] Nach dieser Einleitung und einer kurzen Erklärung des Begriffs Symbolum folgt im ersten Teil der Predigt eine Darlegung der Inhalte des Symbolums, die deutlich

---

[858] *Suzanne Poque*, Introduction. La prédication pascale, in: Augustin d'Hippone, Sermons pour la pâque. Introduction, texte critique, traduction, notes et index, hg. v. Suzanne Poque (= SC 116), Paris ²2003, 9–143, hier 60.
In *fid. et symb.* I,1 (= CSEL 41,3) findet sich ebenfalls ein Verweis auf Röm 10,9–14.
[859] Vgl. *s.* 215,1 (= PL 38,1072) und *s.* 58,13 (= PL 38,399).
[860] Vgl. *Eichenseer*, Symbolum, 147.
[861] Vgl. *Poque*, Introduction, 59 Anm. 3.
[862] Vgl. ebd. 62–63. In anderen Predigten benutzt Augustinus das apostolische Glaubensbekenntnis in seiner römisch-mailändischen Form, wie er es von seiner eigenen Taufe her kannte. Die Abweichungen sind relativ geringfügig.
[863] Vgl. *Eichenseer*, Symbolum, 136 u. 146. Bei den anderen Predigten zu diesem Anlass erfolgte die Übergabe vor der Predigt.
[864] *S.* 212,1 (= SC 116,174): „Tempus est ut symbolum accipiatis quo continetur breuiter, propter aeternam salutem, omne quod creditur." Die Übersetzung stammt vom Autor dieser Arbeit.

antiarianische Züge trägt und die Trinitätslehre betont.[865] Im kurzen zweiten Teil der Predigt fordert Augustinus die Taufbewerber auf, das Glaubensbekenntnis nicht aufzuschreiben, sondern durch Hören und ständiges Wiederholen auswendig zu lernen („memoria semper tenere atque recolere").[866] Eichenseer begründet das Verbot des Aufschreibens des Apostolischen Glaubensbekenntnisses mit der Arkandisziplin, die diesen Text vor der nichtchristlichen Öffentlichkeit schützen möchte.[867] Bei Augustinus erhält aber die Mahnung zum Hören, ständigen Wiederholen und Auswendiglernen des Symbolums eine tiefere geistliche Dimension. Er verweist auf die Verheißung des Neuen Bundes in Jer 31,31, wo Gott verspricht, sein Gesetz in die Herzen der Menschen zu schreiben. Für Augustinus ist das Glaubensbekenntnis dieses neue Gesetz, das alles Wesentliche des Glaubens zusammenfasst und das die Gläubigen daher auswendig im Herzen bewahren sollen. „Um dieser Verheißung willen wird das Symbolum durch das Hören nicht auf Tafeln oder auf irgendein anderes Material geschrieben, sondern in die Herzen."[868] Das Apostolische Glaubensbekenntnis kann als Mitte der Katechese verstanden werden, das die Inhalte der vorausgehenden Glaubensunterweisung, die von der Bibel („scripturas") und der gottesdienstlichen Predigt („sermones ecclesiasticos") geprägt war, bestimmt hat und abschließend zusammenfasst. Das Symbolum gibt den Taufbewerbern die Möglichkeit, den Glauben klar zu bekennen und seine wesentlichen Inhalte tiefer zu durchdringen, so dass der Glaube zur prägenden Gestalt ihres Lebens werden kann. „Dies also ist das Symbolum, das durch die Schriften und die kirchlichen Predigten euch schon als Katechumenen anvertraut wird, aber in dieser kurzen Form von allen Gläubigen zu bekennen und zum Glaubensfortschritt zu nutzen ist."[869]

Das Apostolische Glaubensbekenntnis als die katechetische Kurzformel des Glaubens, die die gesamte biblische Offenbarung zusammenfasst – diese Sichtweise prägt auch das Spätwerk, in dem sich Augustinus ein letztes Mal mit der Auslegung des Symbolums befasst. Das *Enchiridion ad Laurentium de fide, spe et caritate* dürfte nach dem Tod des Hieronymus (419/420 n.Chr.) zwischen 420 und 422 n. Chr. entstanden sein und geht auf die Bitte eines gebildeten Christen namens Laurentius zurück, der sich stark für theologische Fragen interessiert und von Augustinus ein Handbuch wünscht, das den christlichen Glauben zusammen-

---

[865] Vgl. *Eichenseer*, Symbolum, 147.
[866] Vgl. s. 212,2 (= SC 116,182).
[867] Vgl. *Eichenseer*, Symbolum, 135. Zur Kritik an der Vorstellung von einer sogenannten Arkandisziplin in der Alten Kirche vgl. *Jacob*, Arkandisziplin.
[868] *S.* 212,2 (= SC 116,184): „Huius rei significandae causa, audiendo symbolum, non in tabulis uel in ulla alia materia sed in cordibus scribitur." Die Übersetzung stammt vom Autor dieser Arbeit.
[869] *S.* 212,2 (= SC 116,184): „Hoc est ergo symbolum quod uobis per scripturas et sermones ecclesiasticos iam catechuminis insinuatum est, sed sub hac breui forma fidelibus confitendum et proficiendum est." Die Übersetzung stammt vom Autor dieser Arbeit.

fasst.[870] Augustinus orientiert sich in dieser Schrift, die man als Übersicht über sein ganzes theologisches System[871] betrachten kann, an den theologischen Tugenden Glaube, Liebe und Hoffnung, in denen alle Elemente der rechten Gottesverehrung enthalten sind.[872] Dabei bildet der Glaube die notwendige Grundlage für Hoffnung und Liebe.[873] Ziel aller drei Tugenden ist die Schau Gottes. Am Beginn des Weges zur Schau Gottes steht der Glaube, so dass dessen Darlegung auch den Großteil[874] dieses Werkes einnimmt. Augustinus bezieht sich bei seiner Auslegung auf das Symbolum in seiner römisch-mailändischen Form.[875]

Wieder stellt er die Kürze des Apostolischen Glaubensbekenntnisses heraus, die dazu führt, dass es leicht behalten und auswendig gelernt werden kann. Im Glaubensbekenntnis, ergänzt durch das Vaterunser, besitzen die Christen daher schon eine gute Zusammenfassung des Glaubens, wie er gegenüber Laurentius betont. „Siehe, du kennst das (Apostolische) Glaubensbekenntnis und das Herrengebet. Was kann man Gedrängteres hören oder lesen? Was läßt sich leichter behalten?"[876] Augustinus greift auf diese beiden Grundtexte zurück, um zu erklären, was Glaube, Hoffnung und Liebe letztlich bedeuten. „In diesen beiden Stücken (Gebet und Glaubensbekenntnis) kommen jene drei zur Anschauung: Der Glaube glaubt, Hoffnung und Liebe beten. Aber die beiden letzten können ohne den Glauben nicht bestehen, und deshalb betet auch der Glaube."[877] Da der christliche Glaube die unabdingbare Voraussetzung für Hoffnung und Liebe ist und seinen vollständigen Ausdruck im Glaubensbekenntnis findet, wird dieser Text zum Fundament des Christseins schlechthin. Ohne diesen Basistext ist ein christliches Leben, das von den theologischen Tugenden geprägt ist, nicht möglich. Das Symbolum begleitet daher den Christen auf allen Stationen seines Glaubensweges.

---

[870] Vgl. *Eugene TeSeele*, Fide spe et caritate (De -), in: AugL Bd. 2 (1996–2002), 1323–1330, hier 1323–1324; *Joseph Barbel*, Einleitung, in: Aurelius Augustinus, Enchiridion de fide, spe et caritate / Handbüchlein über Glaube, Hoffnung und Liebe. Text und Übersetzung mit Einleitung und Kommentar, hg. v. Joseph Barbel (= Testimonia Bd. 1), Düsseldorf 1960, 5–20, hier 5–7.

[871] Vgl. *Eichenseer*, Symbolum, 150; *TeSeele*, Fide spe et caritate, 1324.

[872] Vgl. *enchir.* I,1–2 (= CCL 46,49).

[873] Vgl. *enchir.* I,5 (= CCL 46,50).

[874] Vgl. *enchir.* II,7–XXIX,113 (= CCL 46,51–110).

[875] Vgl. *TeSeele*, Fide spe et caritate, 1326.

[876] *Enchir.* II,7 (= CCL 46,51): „Nam ecce tibi est symbolum et dominica oratio. Quid breuius auditur aut legitur? Quid facilius memoriae commendatur?" Die Übersetzung ist entnommen *Aurelius Augustinus*, Enchiridion de fide, spe et caritate / Handbüchlein über Glaube, Hoffnung und Liebe. Text und Übersetzung mit Einleitung und Kommentar, hg. v. Joseph Barbel (= Testimonia Bd. 1), Düsseldorf 1960, 29.

[877] Ebd.: „In his duobus tria illa intuere: fides credit, spes et caritas orant. Sed sine fide esse non possunt, ac per hoc et fides orat." Die Übersetzung ist entnommen *Barbel*, Übersetzung, 31.

4.3 Die Sakramentenkatechese in der kirchlichen Tradition 261

Aus diesem Grund dient das Apostolische Glaubensbekenntnis sowohl zur katechetischen Unterweisung der Anfänger im Glauben als auch zur spekulativen Durchdringung des Glaubens durch die, die schon auf ihrem Glaubensweg größere Fortschritte gemacht haben. „Aus diesem Glaubensbekenntnis, wie es kurz im Symbolum enthalten ist, und das, fleischlich aufgefaßt, Milch für die Kleinen, im Geiste tiefer erfaßt und durchdrungen, Nahrung für die Starken ist, wird die gute Hoffnung der Gläubigen geboren, der die heilige Liebe Gesellschaft leistet."[878] Das Glaubensbekenntnis ist somit das ‚Grundnahrungsmittel' der Christen in jeder Phase der Glaubensentwicklung. Der Anfänger im Glauben („‚lac parvulorum") benötigt das Symbolum als erste Grundlage für sein Heil.[879] Aber auch der Christ, der weitere geistliche Fortschritte machen will, kann auf das Glaubensbekenntnis nicht verzichten. Das Apostolische Glaubensbekenntnis ist das Fundament des Glaubens, das man nie hinter sich lassen kann, mit dem man sich ständig beschäftigen muss und mit dessen Durchdringung man an kein Ende kommt. Die Kürze („breviter") des Symbolums enthält eben die Fülle des gesamten Glaubens, was Augustinus durch die ausführliche Erklärung dieses Bekenntnisses aufzeigt.[880]

Die Untersuchung ausgewählter Schriften aus allen Schaffensperioden des Kirchenvaters Augustinus zum Apostolischen Glaubensbekenntnis hat die überragende Bedeutung dieses Textes deutlich gemacht, die ihm in der Katechese zukommt:

- Das Apostolische Glaubensbekenntnis ist die Kurzformel des Glaubens, die die gesamte biblische Offenbarung zusammenfasst.
- Es ist der katechetische Basistext, der den Glauben begründet und auswendig gelernt werden muss. Das Apostolische Glaubensbekenntnis ist das „Grundnahrungsmittel" des Glaubens.
- Jede Katechese, auch wenn sie biblisch ausgerichtet ist, hat sich auf diesen Text zu beziehen und sich inhaltlich an den Themen des Glaubensbekenntnisses zu

---

[878] *Enchir.* XXX,114 (= CCL 46,110): „Ex ista fidei confessione, quae breuiter symbolo continetur, et carnaliter cogitata lac paruulorum est, spiritaliter autem considerata atque tractata cibus est fortium, nascitur spes bona fidelium, cui caritas sancta comitatur." Die Übersetzung ist entnommen *Barbel*, Übersetzung, 189 u. 191.

[879] Dieses Bild gebraucht Augustinus auch in *fid. et symb.* I,1 (=); s.o. 256.

[880] „Alles fügt sich zwanglos in den Rahmen des Symbolums ein. Dabei liegt überall eine innere Verbindung und ein innerer Zusammenhang mit den verschiedenen Artikeln vor. [...] Zur Darstellung bemerkt Kattenbusch treffend, daß sie aus einer Totalanschauung schöpft, die man eine gleich unmittelbar ‚biblische' wie ‚symbolische' nennen müsse" (*Eichenseer*, Symbolum, 150–151). Bei Augustinus führt diese zentrale Stellung des apostolischen Glaubensbekenntnisses nicht zu einem Gegensatz zwischen biblischer Theologie und systematischer Darstellung des Glaubens, sondern beide befruchten sich gegenseitig. Das Apostolische Glaubensbekenntnis dient dabei als Basistext und Richtschnur, die die Fülle der biblischen Offenbarung erst erschließt.

4.3.1.3 Die katechetische Bedeutung des Vaterunsers

Das Vaterunser bildet die zweite Säule der katechetischen Vorbereitung der Taufbewerber vor dem Osterfest: Eine Woche nach dem Glaubensbekenntnis wurde es an die Katechumenen übergeben.[881] Auch zur Übergabe (und Rückgabe, je nachdem für welche zeitliche Abfolge man sich entscheidet,) des Herrengebets sind uns mehrere Predigten von Augustinus überliefert. Es handelt sich dabei um die Sermones 56 bis 59[882]. Üblicherweise werden in diesen Predigten die einzelnen Bitten des Vaterunsers oder das Evangelium Mt 6,7–14, das eine biblische Überlieferung des Vaterunsers darstellt, ausgelegt.[883] Augustinus kommt dabei auch immer auf die katechetische Bedeutung des Vaterunsers zu sprechen. Diese soll anhand von Sermo 59 dargestellt werden, der wohl vor dem Jahr 410 entstanden sein dürfte, da sich in ihm keine antipelagianischen Tendenzen feststellen lassen.[884]

Zunächst macht Augustinus unter Bezugnahme auf Röm 10,14 die enge Verbindung zwischen Glaubensbekenntnis und Herrengebet deutlich. Nur wer den Glauben ganz kennt, ist auch in der Lage, Gott im Gebet anzurufen. Die Kenntnis des Symbolums, als prägnante Zusammenfassung des ganzen christlichen Glaubens, ist somit die notwendige Voraussetzung dafür, dass das Herrengebet an die Taufbewerber weitergegeben werden kann. Hier wird der „ordo aedificatio-

---

[881] Der Zeitpunkt der Übergabe lässt sich nicht genau bestimmen. *Eichenseer*, Symbolum, 142–143, schlägt folgenden Ablauf vor:
- Samstag vor dem 4. Fastensonntag: *traditio symboli*;
- Samstag vor dem 5. Fastensonntag: (prima) redditio symboli und traditio orationis dominicae;
- Samstag vor Palmsonntag: (altera) redditio symboli und redditio orationis dominicae;
- Karsamstag (Osternacht): endgültige feierliche *redditio symboli*.

Poque, Introduction, 59 u. 65, geht von einer anderen Abfolge aus:
- Samstag vor dem 5. Fastensonntag: *traditio symboli*;
- Samstag vor Palmsonntag: redditio symboli und traditio orationis dominicae;
- Karsamstag: *redditio orationis dominicae* außerhalb der Osternacht und endgültige feierliche *redditio symboli* in der Osternacht.

[882] S. 56 = PL 38,377–386; s. 57 = PL 38, 386–393; s. 58 = PL 38,393–400; s. 59 = SC 116,186–199.
[883] Vgl. *Poque*, Introduction, 65.
[884] Vgl. ebd. 130.

nis"[885]deutlich, die Ordnung des Auferbautwerdens zum Christen, die das Glaubensbekenntnis als Fundament voraussetzt. „,Wie sollen sie nun den anrufen, an den sie nicht glauben?' Deshalb habt zuerst ihr das Symbolum gelernt. Es ist die kurze und bedeutende Regel eures Glaubens: kurz durch die Zahl der Wörter, bedeutend durch das Gewicht ihrer Aussagen."[886]

So wie das Glaubensbekenntnis die Grundlage des Glaubens bildet, da es die ganze biblische Offenbarung zusammenfasst, ist für Augustinus das Herrengebet die Grundlage des christlichen Betens, weil es von Jesus Christus selbst stammt und durch die Apostel überliefert wurde.[887] Damit hat das Vaterunser seinen Ursprung in der göttlichen Offenbarung, die es zum Modell christlichen Betens schlechthin und zu einem Grundtext der Katechese macht.

Die fundamentale Bedeutung des Vaterunsers für das Christsein hebt Augustinus auf zweifache Weise hervor. Zunächst ist das Herrengebet der Ausdruck und die Vergegenwärtigung der sakramentalen Wirklichkeit, die den Christen in der Taufe geschenkt wird. Nur wer in der Taufe zum Kind Gottes geworden ist, kann das Vaterunser wirklich beten und so Gott seinen Vater nennen. Ohne die Taufe kann man zwar das Vaterunser aufsagen, aber nicht im eigentlichen Sinne beten:

„Die Gnade Gottes hat euch alle zu Söhnen gemacht. Darum werdet ihr dieses Gebet täglich sprechen auch nach der Taufe, ja recht erst nach der Taufe. Denn ihr werdet dieses Gebet erst nach der Taufe beten. In acht Tagen werdet ihr jenes Gebet aufsagen, aber nicht beten. Nach der Taufe werdet ihr jenes Gebet beten, denn wie kann jemand, der noch nicht wiedergeboren ist, ‚Vater unser' sagen."[888]

In dieser Ausführung zeigt sich, wie wenig Augustinus Katechese als ein bloßes Bewusstmachen dessen betrachtet, was schon immer im Leben vorhanden ist und nach dem Bewusstwerdungsprozess im Sakrament gefeiert werden kann. Das Sakrament der Taufe schafft erst die sakramentale Wirklichkeit der Gotteskindschaft, die vorher noch nicht vorhanden ist. Es ist das Handeln Gottes in der Tauffeier, das den Menschen befähigt, das Vaterunser zu beten, nicht die gelungenge katechetische Vermittlung. Von daher ist der Katechese auch die inhaltliche

---

[885] Vgl. s. 57,1 (= PL 38,386). Ein ähnliche Einleitung mit dem Zitat aus Röm 10,13–15 findet sich auch in s. 56,1 (= PL 38,377) und s. 58,1 (= PL 38,393).

[886] S. 59,1 (= SC 116,186): „*Quomodo inuocabunt in quem non crediderunt?*, ideo prius symbolum didicistis ubi est regula fidei uestrae breuis et grandis, breuis numero uerborum, grauis pondere sententiarum." Die Übersetzung stammt vom Autor der Arbeit.

[887] Vgl. S. 59,1 (= SC 116,186).

[888] S. 59,7 (= SC 116,194. 196): „Diuina gratia omnes filios fecit. Ergo quia cottidie dicturi estis etiam post baptismum et magis post baptismum – non enim orabitis hanc orationem nisi post baptismum, ad octo enim dies redditurii illam estis non oraturi; post baptismum illam orabitis, quomodo enim dicitur *pater noster* qui nondum est natus?" Die Übersetzung stammt vom Autor der Arbeit.

Aufgabe gegeben, dieses Handeln Gottes in den Vordergrund zu stellen. Nicht das Begreifen und Verstehen ist das Entscheidende und Eigentliche, sondern Gottes Wirken im Sakrament. Das Vaterunser muss gelernt werden, weil es die Grundlage christlichen Betens ist, aber letztlich bestimmend für das wirkliche Beten ist das Geschenk der Taufe, durch das Gott zum Vater der Getauften wird.

Die zweite Bedeutung des Vaterunsers im Leben des Christen sieht Augustinus in der Vergebung von Schuld. Durch das tägliche Beten des Vaterunsers werden auch die lässlichen Sünden, die die Christen täglich begehen, vergeben: „Im Gebet empfangen wir eine tägliche Reinigung, damit uns unsere Sünden täglich vergeben werden, aber nur wenn wir tun, was im Vaterunser folgt: ,wie auch wir vergeben unseren Schuldigern'."[889] Wie schon im vorangegangenen Zitat knüpft Augustinus an die Praxis des täglichen Betens des Vaterunsers an.[890] Schon allein durch die Häufigkeit des Betens wird damit auch die Wichtigkeit des Vaterunsers für das christliche Leben bewusst gemacht. Denn das Beten des Vaterunsers aktualisiert immer wieder neu das Geschehen der Taufe. Wie in der Taufe alle Sünden einmalig abgewaschen wurden, so schenkt das Vaterunser die täglich notwendige Vergebung für die Sünden des Alltags, die einen nicht vom Empfang der Sakramente ausschließen. Durch das Beten des Vaterunsers wird so beständig die Gotteskindschaft erneuert, die in der Taufe begründet wurde. Das Beten des Herrengebets dient der Vergegenwärtigung des in der Taufe geschenkten Heils und ist somit grundlegend für das Christsein.

Im *Enchiridion ad Laurentium de fide, spe et caritate* ordnet Augustinus, wie bereits dargelegt, das Vaterunser der Tugend der Hoffnung zu.[891] Dabei wird das Herrengebet für ihn zum Ausdruck der christlichen Hoffnung schlechthin: „Von all den Dingen übrigens, die mit gläubiger Gesinnung anzunehmen sind, gehören nur die zur Hoffnung, die im Herrengebet enthalten sind." [892] Er unterteilt das Vaterunser in die ersten drei Bitten, die die ewigen Dinge betreffen, nämlich die Heiligung des Namens Gottes, das Kommen des Reiches und das Geschehen des Willens Gottes, und die übrigen vier Bitten, die nur das irdische Leben betreffen.[893] Das Vaterunser lehrt den Menschen, die zeitlichen Güter ganz der christli-

---

[889] *S.* 59,7 (= SC 116,194): „[…] in oratione autem accipimus unde cottidie lauemur ut nobis peccata nostra cottidie dimittantur, sed si facimus quod sequitur: *sicut et nos dimittimus debitoribus nostris.*" Die Übersetzung stammt vom Autor der Arbeit.

[890] „Das V. [sc. Vaterunser] (in der Mt-Fassung) wurde seit frühester Zeit z. dreimaligen Gebet am Tag empfohlen (Did 8,3)" (*Wentz*, Vaterunser, 549).

[891] S.o. 260.

[892] *Enchir.* XXX,114 (= CCL 46,110). „Sed de his omnibus quae fideliter sunt credenda, ea tantum ad spem pertinent quae in oratione dominica continentur." Die Übersetzung ist entnommen *Barbel*, Übersetzung, 191.

[893] Vgl. *Enchir.* XXX,115 (= CCL 46,110–111). Diese Aufteilung der Bitten des Vaterunsers findet sich auch in den Predigten des Augustinus zum Vaterunser; vgl. *s.* 56,19 (= PL 38,386);

4.3 Die Sakramentenkatechese in der kirchlichen Tradition

chen Hoffnung zu unterwerfen, die in diesem Gebet zum Ausdruck kommt. Durch das Herrengebet erhält das christliche Leben somit eine Ausrichtung, die es immer mehr zu jenen ewigen Gütern hinführt, die am Anfang des Vaterunsers stehen.

Am ausführlichsten geht Augustinus auf die Bitte „dimitte nobis debita nostra" ein. In der Auslegung dieser Bitte finden sich wieder die beiden grundlegenden Bedeutungen des Vaterunsers für das christliche Leben, die schon anhand von Sermo 59 dargelegt wurden.

„Das tägliche Gebet der Gläubigen leistet schon Genugtuung für die flüchtigen und leichten täglichen Fehler, die nun einmal in unserem irdischen Leben unvermeidlich sind. Denn jenen, die durch einen solchen Vater wiedergeboren sinf aus dem Wasser und dem Geiste, steht es zu, nun auch zu sagen: ‚Vater unser, der du bist im Himmel.' Dieses Gebet tilgt die kleinen und läßlichen Sünden völlig."[894]

Das Vaterunser vergegenwärtigt das Heil, das in der Taufe geschenkt wurde, nämlich die Gotteskindschaft und die Vergebung der Sünden[895]. Von daher wird es zum täglichen Grundgebet, das das Wesen der christlichen Existenz zum Ausdruck bringt und prägt.

Für die Katechese bedeutet dies, dass sie das Vaterunser als zweiten wichtigen Grundlagentext neben dem Apostolischen Glaubensbekenntnis den Taufbewerbern zu erschließen hat. Es geht dabei nicht so sehr um ein kognitives Verstehen der Bitten, als vielmehr um eine Haltung des Betens, die das Vaterunser als Vergegenwärtigung der Taufgnade versteht, die uns zu Kindern Gottes macht. Dies begründet im Leben der Christen die Hoffnung auf Vollendung und diese Hoffnung soll sich durch das tägliche Beten des Vaterunsers immer mehr entfalten. In der Katechese gilt es, neben dem Erlernen der Worte des Vaterunsers zu dieser Gebetshaltung hinzuführen, die letztlich im Glauben wurzelt, dass Gott in den Initiationssakramenten in entscheidender und verändernder Weise an uns handelt und uns zu Kindern Gottes macht.

---

s. 58,12 (= PL 38,399); s. 59,8 (= SC 116,198). Sie stellt das Schema dar, nach dem Augustinus das Vaterunser üblicherweise gliedert; vgl. E. TeSeele, Fide spe et caritate (De -), 1327.

[894] *Enchir.* XIX,71 (= CCL 46,88). „De cotidianis autem breuibus leuibusque peccatis sine quibus haec uita non ducitur, cotidiana oratio fidelium satis facit. Eorum est enim dicere: *Pater noster qui es in caelis*, qui iam patre tali regenerati sunt ex aqua et spiritu sancto. Delet omnino haec oratio minima et cotidiana peccata." Die Übersetzung ist entnommen *Barbel*, Übersetzung, 129 u. 131.

[895] Zur Bedeutung der Sündenvergebung durch das Herrengebet bei Augustinus vgl *Barbel*, Übersetzung, 130–131 Anm. 106.

4.3.1.4 Die katechetische Bedeutung des Dekalogs

Während Augustinus eigene Katechesen zur Übergabe des Symbolums und des Vaterunsers kennt, sind uns solche Katechesen für den Dekalog nicht überliefert. Die von Paul Rentschka aufgestellte These, Augustinus hätte eigene Dekalogkatechesen gehalten, kann als widerlegt gelten.[896] Zwar kommt Augustinus in diesen Predigten auf den Dekalog zu sprechen, aber dies geschieht nie mit der Motivation, diesen als katechetisches Lehrstück einzuführen, das den Neugetauften zum Auswendiglernen übergeben wird. Der Dekalog ist in dieser Hinsicht bei Augustinus kein Bestandteil der katechetischen und liturgischen Praxis. „Wie sehr auch die ethische Belehrung im Unterricht der Taufbewerber eine Rolle gespielt haben mag und sicher gespielt hat: Eine regelmäßige, systematische oder auch nur punktuell nachweisbare Verwendung des Dekalogs als Teil der Unterweisung ist nicht erkennbar."[897]

Wenn Augustinus selbst den Text des Dekalogs wohl nicht für die Katechese der Taufbewerber benutzt hat, so haben doch seine Ausführungen im *Enchiridion ad Laurentium de fide, spe et caritate* wesentlich dazu beigetragen, dass in der folgenden kirchlichen Entwicklung der Dekalog zu einem der vier Hauptstücke der Katechese wurde.[898] Daher soll nun zunächst einmal anhand der Schrift *De fide et operibus*[899] dargestellt werden, welchen Stellenwert Augustinus allgemein der ethischen Unterweisung der Taufbewerber in der Katechese zumisst. Anschließend werden die Aussagen im *Enchiridion ad Laurentium de fide, spe et caritate* zum Dekalog näher untersucht.

Die Schrift *de fide et operibus* entstand im Jahr 413, als Augustinus von Laien einige Schriften, deren Verfasser wir leider nicht mehr kennen, zugesandt bekam

---

[896] Rentschka sieht in folgenden überlieferten Predigten Dekalogkatechesen, die alle am Freitag der Osteroktav gehalten worden seien: *s.* 8 (= PL 38,67–74); *s.* 9 (= PL 38,75–91); *s.* 33 (= PL 38,207–209); *s.* 109 (= PL 38,636–638); *serm.* 248–251 (= PL 38,1158–1171) (vgl. *Paul Rentschka*, Die Dekalogkatechesen des hl. Augustinus. Ein Beitrag zur Geschichte des Dekalogs, Kempten 1905, 56). Diese Auffassung vertritt ebenfalls *Bo Reicke*, Die zehn Worte in Geschichte und Gegenwart. Zählung und Bedeutung der Gebote in den verschiedenen Konfessionen (= BGBE 13), Tübingen 1973, 10.
Der These Rentschkas widersprechen mit stichhaltigen Argumenten *Franz Xaver Eggersdorfer*, Der heilige Augustinus als Pädagoge und seine Bedeutung für die Geschichte der Bildung (= Straßburger Theologische Studien Bd. 8 Heft 3 u. 4), Freiburg i. Br. 1907, 164–168; *Frits van der Meer*, Augustinus der Seelsorger. Leben und Wirken eines Kirchenvaters, 3. verb. u. erg. Aufl., Köln 1958, 361 u. 650 (Anm. 98); *Alfred Schindler*, Art. Decalogus, in: AugL Bd. 2 (1996–2002), 246–255, hier 249–250.
[897] *Schindler*, Decalogus, 249.
[898] Vgl. *TeSeele*, Fide spe et caritate, 1329.
[899] CSEL 41,33–97.

4.3 Die Sakramentenkatechese in der kirchlichen Tradition

und um Stellungnahme gebeten wurde.[900] In diesen Schriften wird die Auffassung vertreten, dass jemand, der sündig lebt, zur Taufe zugelassen werden muss, auch wenn er nicht bereit ist, nach der Taufe sein sündiges Leben zu ändern, was an der Frage der Zulassungen von wiederverheirateten Geschiedenen zur Taufe konkret wird.[901] Am Ende der Schrift *de fide et operibus* fasst Augustinus ihren Inhalt in drei Fragen zusammen: die Frage nach der Vermischung der Guten und der Bösen in der Kirche, die Frage, ob die Katechumenen vor der Taufe nur über den Glauben zu unterrichten sind, während die Unterweisung in der Sittenlehre erst nach der Taufe stattzufinden hat, und die Frage, ob der Empfang des Taufsakramentes für das ewige Leben ausreicht, auch wenn der Getaufte danach von seinem sündigen Lebenswandel nicht ablässt.[902]

Für die Katechese ist die zweite Frage von Bedeutung, die Augustinus in *De fide et operibus* VI,9–XIII,20[903] behandelt. Darin zeigt er auf, dass die Unterweisung in der Sittenlehre wesentlicher Bestandteil der Katechese der Taufbewerber ist. Die Gegner des Augustinus möchten jegliche Unterweisung in der christlichen Sittenlehre vor der Taufe unterlassen.[904] Dem widerspricht Augustinus, indem er zunächst auf den großen Eifer hinweist, mit dem die Taufbewerber erfahren wollen, wie sie ein wirklich christliches Leben führen sollen.[905] Er möchte die Lernbereitschaft der Taufbewerber nutzen, um auch ihre Lebensführung im christlichen Sinn zu prägen. Neben diesem lernpsychologischen Argument, das den Schwung der entschlossenen Hinwendung zum Christentum auch für die Vermittlung der christlichen Ethik nutzen möchte, begründet Augustinus natürlich vor allem mit biblischen Argumenten die Verbindung von Glaubens- und Sittenlehre in der Katechese. Im Zentrum seiner Überlegungen steht dabei das Doppelgebot der Gottes- und Nächstenliebe, das es unmöglich macht, Glaube und Lebensführung voneinander zu trennen.

„Und darum kann auch jenes erste Gebot, das ihrer Meinung nach für die Täuflinge gelten soll, keinesfalls ohne gute Sitten beobachtet werden. Ich will nicht weiter hierbei verweilen, denn bei sorgfältiger Überlegung der beiden Gebote ergibt sich, daß sie derart miteinander verknüpft erscheinen, daß weder die Gottesliebe in einem Menschen sein kann, wenn er nicht den Nächsten liebt, noch die Nächstenliebe, wenn er nicht Gott liebt." [906]

---

[900] Vgl. *Volker Henning Drecoll*, Art. Fide et operibus (De-), in: AugL Bd. 2 (1996–2002), 1305–1311, hier 1305–1306.
[901] Vgl. *fid. et op.* I,1 (= CSEL 41,35).
[902] Vgl. *fid. et op.* XXVII,49 (= CSEL 41,95–97).
[903] CSEL 41,44–61.
[904] Vgl. *fid. et op.* VI,9 (= CSEL 41,44).
[905] Vgl. *fid. et op.* VI,9 (= CSEL 41,44).
[906] *Fid. et op.* X,16 (= CSEL 41,54): „ac per hoc illud primum praeceptum, quod ad baptizandos pertinere arbitrantur, sine bonis moribus obseruari nullo pacto potest. nolo pluribus inmorari; nam diligenter considerata duo ista praecepta ita ex alterutro conexa reperiuntur, ut nec

4. Inhaltliche Mindestanforderungen an die Katechese

Diese Einheit der Gebote hat sich entsprechend im Leben der Gläubigen auszudrücken. Hier muss der Glaube an Jesus Christus sich in einer Lebensführung zeigen, die den christlichen Sittengeboten entspricht, um überhaupt echter Glaube zu sein: „Denn unzertrennlich ist das gute Leben vom Glauben, der durch die Liebe wirksam ist, ja mehr noch: er ist selbst das gute Leben."[907] Das Wort in Gal 5,6 vom „Glauben, der in der Liebe wirksam ist", wird für Augustinus zum Inbegriff des rechten Glaubensverständnisses, das er dem „toten Glauben"(Jak 2,26) ohne Werke gegenüberstellt. „Der recht verstandene Glaube ist nicht nur Erkenntnis Gottes, sondern ‚fides, quae per dilectionem operatur' (Gal 5,6). Dieses Zitat wird zum Hauptbeleg dafür, daß auch Paulus Rechtfertigungslehre, die in Anlehnung an *spir. et litt.* kurz skizziert wird, den Glauben von den Werken keineswegs trennen möchte."[908]

Für die Katechese bedeutet dies in der Konsequenz, dass sie sich nicht allein mit der Vermittlung des Glaubenswissens begnügen darf. Ihr Ziel muss vielmehr die Umgestaltung der Lebenspraxis durch den Glauben sein. Dazu bedarf es nicht nur einer Unterweisung in den Glaubenswahrheiten, wie sie das Symbolum als kurze Zusammenfassung bietet, sondern auch einer Einführung in die Sittenlehre, die deutlich macht, welche Lebensführung dem christlichen Glauben entspricht. Zu diesem „lebendigen Glauben" hat die Katechese die Taufbewerbern hinzuführen. Gerade die christliche Grundtugend der Liebe wird so erst durch das Erlernen und Halten der Gebote geweckt und gefördert.

Diese Sichtweise der Zusammengehörigkeit von Glaubens- und Sittenlehre, als Ausdruck der Zusammengehörigkeit von Glaube und Liebe, prägt auch die Spätschrift Augustins *Enchiridion ad Laurentium de fide, spe et caritate.*

„Denn wer in der rechten Weise liebt, der glaubt und hofft auch in der rechten Weise. Wer aber nicht liebt, dessen Glaube ist wertlos, auch wenn das, was er glaubt, wahr ist, und seine Hoffnung ist wertlos, auch wenn der Gegenstand seiner Hoffnung nach der (richtigen) Lehre zur wahren Glückseligkeit gehört. Es müßte denn sein, daß er an etwas glaubt oder auf etwas hofft, das zu lieben ihm auf seine Bitte hin geschenkt wird."[909]

---

dilectio dei possit esse in homine, si non diligit proximum, nec dilectio proximi, si non diligit deum." Die Übersetzung ist entnommen *Aurelius Augustinus*, Drei Bücher über den Glauben / De fide, übertragen von Carl Johann Perl, Paderborn 1968, 87–185, hier 119.

[907] *Fid. et op.* XXIII,42 (= CSEL 41,86): „inseparabilis est quippe bona uita a fide, quae per dilectionem operatur; immo uero ea ipsa est bona uita." Die Übersetzung ist entnommen *Perl*, Übersetzung, 167.

[908] *Drecoll*, Fide et operibus, 1307.

[909] *Enchir.* XXXI,117 (= CCL 46,111–112): „Nam qui recte amat procul dubio recte credit et sperat; qui uero non amat inaniter credit, etiam si sint uera quae credit; inaniter sperat, etiam si ad ueram felicitatem doceantur pertinere quae sperat, nisi et hoc credat ac speret, quod sibi petenti donari possit ut amet." Die Übersetzung ist entonmmen *Barbel*, Übersetzung, 193.

4.3 Die Sakramentenkatechese in der kirchlichen Tradition

Der Glaube verlangt nach der Vollendung in der Liebe und kommt erst darin zu seinem Ziel. Ausdruck der Liebe und Weg zu ihrer Erlangung sind für Augustinus die Gebote Gottes, die der Mensch mit Hilfe der göttlichen Gnade halten kann.

„Wenn Gott sich aber erbarmt und sich unserem Glauben als Helfer bei der Ausführung seiner Gebote offenbart und der Mensch unter dem Antrieb des Heiligen Geistes zu wirken beginnt, nimmt er den Kampf gegen das Fleisch auf mit der überlegenen Kraft der Liebe. Und obwohl dem Menschen immer noch etwas innewohnt, was dem Menschen widerstrebt, weil seine Gebrechlichkeit noch nicht ganz geheilt ist, so lebt doch der Gerechte aus dem Glauben, und er lebt als Gerechter in dem Maße, als er der bösen Begierlichkeit nicht nachgibt und die Freude an der Gerechtigkeit den Sieg davonträgt."[910]

Im Stand der Gnade drängt der Glaube zum Halten der Gebote, um sich so in der Liebe zu Gott und den Menschen zu vollenden. Alle Gebote können auf dieses Doppelgebot der Liebe zurückgeführt werden. „Alle göttlichen Gebote lassen sich auf die Liebe zurückführen, von der der Apostel sagt: ‚Ziel des Gebotes ist die Liebe aus reinem Herzen, einem guten Gewissen und einem Glauben ohne Falsch.' Die Liebe ist also das Ziel eines jeden Gebotes. Und das bedeutet, daß jedes Gebot auf die Liebe zurückgeführt wird."[911]

Durch diese erstmalige Einführung[912] der Gebote als Grundlagentext des christlichen Glaubens verhilft Augustinus in der folgenden Entwicklung dem Dekalog dazu, ein fester Bestandteil der christlichen Katechese zu werden. Er bringt die Zehn Gebote in Verbindung mit den christlichen Grundtugenden des Glaubens und der Liebe, indem er betont, dass in einem Leben nach den Geboten der Glaube in der Liebe seine Vollendung findet. So konnte Augustinus eine Entwicklung anstoßen, die den Dekalog zu einem „Hauptstück der Katechese" machte, weil er eine prägnante Zusammenfassung der christlichen Sittenlehre bot und die Tugend der Liebe exemplarisch entfaltete.

„Während das Glaubensbekenntnis und das Herrengebet bereits in der Katechese verwendet wurden, half das *Enchiridion* sicherzustellen, dass diese beiden Elemente genauso wie der Dekalog – wohl aufgrund Augustins Beispiel hinzugefügt – zur Grundlage der Volkskatechese im

---

[910] *Enchir.* XXXI,118 (= CCL 46,112): „Si autem respexerit deus ut ad implenda quae mandat ipse adiuuare credatur, et agi homo coeperit dei spiritu, concupiscitur aduersus carnem fortiore robore caritatis, ut quamuis adhuc sit quod homini repugnet ex homine, nondum tota infirmitate sanata, ex fide tamen iustus uiuat, iusteque uiuat in quantum non cedit malae concupiscientiae uincente delectatione iustitiae." Die Übersetzung ist entnommen *Barbel*, Übersetzung, 195.
[911] *Enchir.* XXXII,121 (= CCL 46,113): „Omnia igitur praecepta diuina referuntur ad caritatem, de qua dicit apostolus: *Finis autem praecepti est caritas de corde puro et conscientia bona et fide non ficta*. Omnis itaque praecepti finis caritas est, id est, ad caritatem refertur omne praeceptum." Die Übersetzung ist entnommen *Barbel*, Übersetzung, 199.
[912] Vgl. *TeSeele*, Fide spe et caritate, 1325.

Westen wurde, im besonderen Maße in den gedruckten Katechismen der Reformation und der Gegenreformation."[913]

Abschließend bleibt festzuhalten, dass für Augustinus die Sittenlehre ein wesentlicher Bestandteil der Katechese für die Taufbewerber ist. Nur ein Glaube, der auch zu einer entsprechenden christlichen Lebensweise führt, ist ein wahrhaftiger Glaube. Daher gehört die Unterweisung in der christlichen Ethik wesentlich zur Katechese. Der Dekalog wird durch Augustinus zur wichtigsten Zusammenfassung der christlichen Sittenlehre, auch wenn er ihn selbst wohl nie in seiner katechetischen Praxis als textliche Grundlage verwendet hat. Doch durch die Zuordnung des Dekalogs zur theologischen Tugend der Liebe in seiner Schrift *Enchiridion ad Laurentium de fide, spe et caritate* wird im Fortgang der kirchlichen Entwicklung der vier Hauptstücke der Katechese nur konsequenterweise zu Ende gebracht, was in den systematischen Erwägungen Augustins angelegt war.

4.3.1.5 Die katechetische Bedeutung der Sakramente

Im *Enchiridion ad Laurentium de fide, spe et caritate* wird die Bedeutung der Sakramente für den christlichen Glauben und seine katechetische Weitergabe nicht näher erläutert. Wie dargelegt, fasst Augustinus die christliche Lehre in den drei theologischen Tugenden zusammen und ordnet dem Glauben das Symbolum, der Hoffnung das Vaterunser und der Liebe den Dekalog zu. Welche Bedeutung den Sakramenten zukommt, um Glaube, Hoffnung und Liebe zu erlangen, wird nicht angesprochen.[914]

Die Wichtigkeit der Sakramente für das christliche Leben stellen die Predigten heraus, die Augustinus zum Empfang der Initiationssakramente gehalten hat. Hier wird auch die katechetische Bedeutung der Sakramente sichtbar. Leider sind uns keine Katechesen überliefert, die Augustinus für die Taufbewerber zum Ritus der Taufe und Firmung in der Osternacht gehalten hat, obwohl er selbst in seinen Osterpredigten von diesen eigentlichen Taufkatechesen spricht.[915] Erhalten geblie-

---

[913] „While the creed and the Lord's Prayer were already used in catechesis, the *ench.* helped to ensure that these as well as the <decalogus> – probably added because of A.'s example – would become the basis of popular instruction in the West, most notably in the printed catechisms of the Reformation and Counter-Reformation" (*TeSeele*, Fide spe et caritate, 1329).

[914] Lediglich auf das Sakrament der Taufe geht Augustinus in *enchir.*XIII,42–XIV,52 (= CCL 46,73–78) ein und legt dar, dass er die Taufe als Vergebung der Sünden und Teilnahme an Tod und Auferstehung Christi versteht. Dabei wird auch sein Verständnis der Erbsünde erkennbar. Allerdings erfolgt keine systematische Einordnung der Sakramente in das von ihm gewählte Gliederungsschema von Glaube, Hoffnung und Liebe. Einen Überblick über die Sakramentenlehre, die *enchir.* zugrunde liegt, bietet *Barbel*, Übersetzung, 90–91 Anm. 71.

[915] Vgl. *Hubertus R. Drobner*, Allgemeine Einleitung, in: Augustinus von Hippo, Predigten zum österlichen Triduum (Sermones 218–229/D). Einleitung, Text, Übersetzung und Anmerkun-

4.3 Die Sakramentenkatechese in der kirchlichen Tradition

ben sind aber einige Eucharistiekatechesen für die Neugetauften, die Augustinus wohl bei der Eucharistiefeier am Ostermorgen[916] gehalten hat. Dazu gehören *serm*. 227[917]; 228,3[918]; 228/B (= Denis 3)[919], 229 (= Denis 6)[920]; 229/A (= Guelf 7)[921].[922] Die inhaltliche Notwendigkeit der Sakramente für die Katechese soll anhand dieser Predigten aufgezeigt werden.

Schon der schlichte Stil der Belehrung, den Augustinus in diesen Predigten wählt, macht deutlich, dass er sich bemüht, das Geheimnis der Eucharistie so einfach wie möglich zu erklären, damit es auch ungebildete Neugetaufte verstehen.[923] Augustinus hält die Katechese über die Eucharistie für einen wesentlichen Bestandteil der Unterweisung der Neugetauften. Aus Gründen der Arkandisziplin war bisher mit den Taufbewerbern über die Eucharistie noch nicht gesprochen worden und sie waren immer vor dem eucharistischen Teil aus der Heiligen Messe entlassen worden.[924] Augustinus sieht daher in der Messfeier am Ostermorgen die erste Möglichkeit, seiner katechetischen Verpflichtung nachzukommen.

„Ich denke an mein Versprechen. Ich hatte nämlich euch, die ihr getauft worden seid, eine Predigt versprochen, in der ich das Sakrament des Tisches des Herrn erklären würde, das ihr auch jetzt seht und an dem ihr in der vergangenen Nacht Anteil erhalten habt. Ihr müsst wissen, was ihr empfangen habt, was ihr empfangen werdet und was ihr täglich empfangen sollt."[925]

---

gen, hg. v. Hubertus R. Drobner (= Patrologia XVI), Frankfurt a. M. u.a. 2006, 43–112, hier 52–53 u. 60–61. Wann in der Osternacht die Taufe und die dazugehörige Katechese erfolgte, ist umstritten. Eine eigene Firmkatechese gab es nicht, da der Ritus der Firmung vom Ritus der Taufe nicht klar unterschieden wurde (vgl. *Kleinheyer*, Sakramentliche Feiern I, 73).

[916] Dies war nach der Eucharistiefeier in der Osternacht das zweite Mal, an dem die Neugetauften an der Eucharistie teilnahmen. Zur Liturgie dieser Messe am Ostermorgen vgl. *Drobner*, Einleitung, 57–58.
[917] *Drobner*, Sermones 218–229/D, 409–428.
[918] Ebd. 436.
[919] Ebd. 449–460.
[920] Ebd. 461–474.
[921] Ebd. 475–486.
[922] Vgl. *Drobner*, Einleitung, 61.
[923] Vgl. ebd. 65–67.
[924] Vgl. *Drobner*, Sermones 218–229/D, 414. Zur Kritik an der Vorstellung von einer sogenannten Arkandisziplin in der Alten Kirche vgl. *Jacob*, Arkandisziplin.
[925] S. 227,1 (= *Drobner*, Sermones 218–229/D, 418): „Memor sum promissionis meae. Promiseram enim vobis, qui baptizati estis, sermonem quo exponerem mensae Dominicae Sacramentum, quod modo etiam videtis et cuius nocte praeterita participes facti estis. Debetis scire quid accepistis, quid accepturi estis, quid quotidie accipere debeatis." Die Übersetzung ist entnommen ebd. 419.
Mit einem Verweis auf die Verpflichtung zur Predigt über das Sakrament der Eucharistie beginnt auch s. 228,3 (= *Drobner*, Sermones 218–229/D, 436); s. 228/B,1 (= *Drobner*, Sermones 218–229/D, 452); s. 229/A,1 (*Drobner*, Sermones 218–229/D, 480).

4. Inhaltliche Mindestanforderungen an die Katechese

Die Neugetauften müssen von ihm über das Sakrament belehrt werden, weil sie verstehen sollen, was sie in der Eucharistiefeier tun, vor allem aber, was sie in ihr empfangen. Ohne die katechetische Unterweisung bleibt den Neophyten der tiefere Sinn versperrt, und es käme zu einer bloß äußerlichen Mitfeier und einem unwürdigen Empfang der Eucharistie. Augustinus spricht in Sermo 229/A,1[926] unter Verweis auf 1 Kor 10,17 von der „auctoritas Apostoli" – von der Autorität des Apostels Paulus – , die ihn zwingt, den Täuflingen das Sakrament des Tisches des Herrn zu erklären, damit sie es würdig mitfeiern und empfangen.

Augustinus erklärt daher in diesen Predigten die Bedeutung der Eucharistie, den Ritus der Messfeier und die rechte Haltung zum Empfang der Eucharistie. Diese drei Aspekte sollen anhand von Sermo 227 dargestellt werden. Zu den Lieblingsgedanken Augustins gehören die Einswerdung im Leib Christi und die Leib-Kirche-Symbolik, die Augustinus aus 1 Kor 10,17 und 1 Kor 12,12 entwickelt.[927]

„Jenes Brot, das ihr auf dem Altar durch das Wort Gottes geheiligt seht, ist der Leib Christi. Jener Kelch, vielmehr was der Kelch enthält, geheiligt durch das Wort Gottes, ist das Blut Christi. Durch diese Elemente wollte uns Christus der Herr seinen Leib und sein Blut anvertrauen, das er für uns vergossen hat zur Vergebung der Sünden. Wenn ihr es in rechter Weise empfangen habt, seid ihr, was ihr empfangen habt. Der Apostel sagt nämlich: *Ein Brot, ein Leib sind wir viele* (1 Kor 10,17). So stellte er das Sakrament des Tisches des Herrn dar: *Ein Brot, ein Leib sind wir viele*. Euch wird in diesem Brot ans Herz gelegt, wie ihr die Einheit lieben sollt."[928]

Nach dem Verständnis Augustins sind Sakramente heilige Zeichen, die aus einem natürlichen Element und dem hinzutretenden Wort des Glaubens zustande kommen, eine geistige Wirklichkeit bezeichnen und eine übernatürliche Wirkung hervorbringen.[929] „Die Eucharistie ist also Leib und Blut Christi und als solche Zei-

---

[926] Vgl. *Drobner*, Sermones 218–229/D, 480.
[927] Vgl. *Meer*, Augustinus, 389 u. 391.
[928] S. 227,1 (= *Drobner*, Sermones 218–229/D, 418): „Panis ille, quem videtis in altari sanctificatus per verbum Dei, corpus est Christi. Calix ille, immo quod habet calix, sanctificatum per verbum Dei, sanguis est Christi. Per ista voluit Dominus Christus commendare corpus et sanguinem suum, quem pro nobis fudit in remissionem peccatorum. Si bene accepistis, vos estis, quod accepistis. Apostolus enim dicit: *Unus panis, unum corpus multi sumus* (1 Cor 10,17). Sic exposuit sacramentum mensae Dominicae: *Unus panis, unum corpus multi sumus*. Commendatur vobis in isto pane quomodo unitatem amare debeatis." Die Übersetzung ist entnommen ebd. 419.
Diese Identifizierung des eucharistischen Leibes mit der Kirche findet sich auch in s. 228/B,3 (= *Drobner*, Sermones 218–229/D, 452 u. 454); s. 229,1–2 (= *Drobner*, Sermones 218–229/D, 466); s. 229/A,1 (= *Drobner*, Sermones 218–229/D, 480 u. 482). Eine gute Zusammenfassung des augustinischen Verständnisses der Eucharistie als Sakrament der Einheit findet sich bei *Felix Genn*, Trinität und Amt nach Augustinus (= Sammlung und Horizonte Bd. 23), Einsiedeln 1986, 227–228.
[929] Vgl. *Gerhard Ludwig Müller*, Katholische Dogmatik für Studium und Praxis der Theologie, Freiburg i. Br. 1995, 632–634.

chen der Einheit der Kirche und Mahnung zum Leben in vom Geist entfachter Liebe."[930] Augustinus fordert die Neugetauften, die im eucharistischen und ekklesiologischen Sinn zum Leib Christi geworden sind, auf, die Eucharistie als Sakrament der Einheit zu empfangen und diese geschenkte Einheit auch stets in der Liebe zu üben.[931] Das Sakrament der Eucharistie ist somit beides: kirchliche Einheit als Geschenk und als Verpflichtung.

Nach dieser Darlegung der Theologie des Sakramentes wendet sich Augustinus der Erklärung aller Elemente des Hochgebetes und der Wandlung bis hin zum Friedensgruß zu.[932] Er erteilt den Neugetauften nicht nur die notwendige Einführung in den Ritus der Messfeier, über den ihnen vor ihrer Taufe ja nichts mitgeteilt werden durfte, sondern erschließt ihnen auch den geistlichen Sinn der Eucharistiefeier, wobei auch hier die Identifizierung des eucharistischen Leibes Christi mit der Kirche die alles bestimmende Mitte bildet.[933] So deutet Augustinus den Einleitungsdialog des Hochgebets zwischen Priester und Gläubigen als Dialog zwischen Jesus Christus, dem Haupt der Kirche, und den Gliedern seines Leibes, eben den Gläubigen. „Zuerst, nach dem Gebet, werdet ihr ermahnt, das Herz in der Höhe zu haben; das gehört sich für Glieder Christi. Wenn ihr nämlich Glieder Christi geworden seid, wo ist euer Haupt? Glieder müssen ein Haupt haben. Wenn das Haupt nicht vorangegangen wäre, könnten die Glieder nicht folgen." [934] Augustinus geht in Sermo 227 dann noch weiter auf die Wandlung, das Vaterunser und den Friedensgruß ein, die er ebenfalls ganz von der Leib-Kirche-Symbolik her entfaltet.

„Das erste Stichwort ,post sanctificationem sacrificii dei' führt Augustinus aber zu einem Gedanken, den er bereits des öfteren dargelegt hat: Das Vaterunser wird deswegen erst nach der Wandlung gebetet, auch der Friedenskuß kann erst danach gegeben werden, weil die Gläubigen erst aufgrund der Heiligung durch das Wort Gottes *corpus Christi* sind, und erst die Eucharistie Gemeinschaft und Frieden stiftet. Dann aber beten sie das Vaterunser, damit Gott ihnen die eucharistische Gemeinschaft täglich schenke, denn Trennung von der Eucharistie würde Trennung von der Gemeinschaft der Kirche bedeuten."[935]

---

[930] *Drobner*, Sermones 218–229/D, 415.
[931] Vgl. *Drobner*, Einleitung, 95.
[932] Vgl. ebd.
[933] Vgl. *Drobner*, Sermones 218–229/D, 415.
[934] *S.* 227,2 (= *Drobner*, Sermones 218–229/D, 420): „Primo, post orationem, admonemini sursum habere cor; hoc decet membra Christi. Si enim membra Christi facti estis, caput vestrum ubi est? Membra habent caput. Si caput non praecessisset, membra non sequerentur." Die Übersetzung ist entnommen ebd. 421.
In allen Predigten, in denen Augustinus diesen Einleitungsdialog auslegt, macht er deutlich, dass das Erheben des Herzens zu Gott nicht das Werk des Menschen ist, sondern allein durch die Gnade Gottes möglich ist; vgl. *s.* 229,3 (= *Drobner*, Sermones 218–229/D, 468); *s.* 229/A,3 (= *Drobner*, Sermones 218–229/D, 482 u. 484).
[935] *Drobner*, Sermones 218–229/D, 416. Drobner erläutert hier auch die Echtheit dieser Textstelle und die sich ergebenden der Übersetzung.

Sinn seiner Eucharistiekatechese ist es also für Augustinus, die Neugetauften zu einer lebendigen täglichen Mitfeier der Eucharistie hinzuführen. Durch das Sakrament der Eucharistie vergegenwärtigen und vertiefen sie ihre Eingliederung in den Leib Christi, die Kirche.

Die Eucharistie wird somit zum Weg, auf dem die Gläubigen Anteil an der göttlichen Wirklichkeit erhalten, der sie einst vollständig im Himmel teilhaftig werden können. Augustinus betrachtet sie dabei weniger als Mittel auf dem Weg dorthin, denn als Ausdruck der Wirklichkeit der ewigen Freuden des Himmels. „Empfangt also so, daß ihr euch bedenkt, Einheit im Herzen habt und immer euer Herz in der Höhe bewahrt. Eure Hoffnung sei nicht auf der Erde, sondern im Himmel; euer Glaube an Gott stehe fest, sei Gott wohlgefällig. Denn was ihr hier zwar nicht seht und doch glaubt, werdet ihr dort sehen, wo eure Freude kein Ende haben wird."[936] Die Feier der Eucharistie begründet somit die Tugenden von Glaube, Hoffnung und Liebe, in denen sich der christliche Glaube zusammenfassen lässt, und ist, wenn sie mit aufrichtigem Herzen gefeiert wird, deren vollkommener Ausdruck.

In zwei Predigten kommt Augustinus am Ende auf die Kürze seiner Ausführungen zu sprechen und begründet sie damit, dass er den Neugetauften das Grundwissen über die Eucharistie mitteilen wollte, das sie auf jeden Fall behalten müssen. „Ihr habt Weniges, aber Wichtiges gehört. Es soll euch nicht wertlos scheinen wegen seiner Kürze, sondern wertvoll aufgrund seines Gewichtes. Gleichzeitig dürft ihr auch nicht überlastet werden, damit ihr das, was gesagt wurde, auch behalten könnt." [937] Zur Mitfeier der Sakramente genügt es nämlich für Augustinus nicht, durch das bloße Tun und Erleben eine Sicherheit im Ritus zu gewinnen, so wichtig dies auch ist. Aufgabe der Katechese ist immer auch die kognitive Erschließung der wesentlichen Glaubensinhalte, die mit diesem Sakrament verbunden sind. Dieser Verpflichtung darf sich die Katechese nicht entziehen. Sie stellt deren viertes „Hauptstück" dar und hat den Gläubigen bewusst zu machen, dass die Sakramente Ausdruck der christlichen Existenz sind und gerade die Eucharistie das Sein des Gläubigen als Teil des Leibes Christi vergegenwärtigt. Daher muss es eine Sakramentenkatechese geben, die sowohl den Ablauf der Messfeier als auch den theologischen Gehalt des Sakramentes darlegt.

---

[936] S. 227,3 (= *Drobner*, Sermones 218–229/D, 422): „Sic ergo accipite ut vos cogitetis, unitatem in corde habeatis, sursum cor semper figatis. Spes vestra non sit in terra, sed in caelo; fides vestra firma sit in Deum, acceptabilis sit Deo. Quia quod modo hic non videtis et creditis, visuri estis illic, ubi sine fine gaudebitis." Die Übersetzung ist entnommen ebd. 423.

[937] S. 229,3 (= *Drobner*, Sermones 218–229/D, 470): „Audistis pauca, sed magna; non vilescant paucitate, sed cara sint pondere. Simul etiam onerandi non estis, ut ea quae dicta sunt teneatis." Die Übersetzung ist entnommen ebd. 471.

4.3.1.6 Zusammenfassung:
Die wesentlichen Elemente der Katechese nach Augustinus

Die Darlegung der Inhalte der Katechese bei Augustinus hat gezeigt, wie sehr die Vorbereitung der Taufbewerber durch die vier Hauptstücke der Katechese geprägt war. Im Apostolischen Glaubensbekenntnis, dem Vaterunser, dem Dekalog und den Sakramenten wurden den Taufbewerbern die wesentlichen Grundlagen des Glaubens vermittelt. In seinem Spätwerk *Enchiridion ad Laurentium de fide, spe et caritate* ordnet Augustinus die theologischen Tugenden des Glaubens, der Hoffnung und der Liebe dem Glaubensbekenntnis, dem Vaterunser und dem Dekalog zu. Mit dieser systematisch-theologischen Einordnung schafft er die notwendige Begründung für die wesentlichen Elemente der Katechese, auf die auch in den folgenden Jahrhunderten immer wieder zurückgegriffen wird. Zwar haben diese katechetischen Elemente schon im Alten und Neuen Testament eine Grundlage, aber erst Augustinus legt durch seinen Verweis auf die drei theologischen Tugenden umfassend dar, warum das Apostolischen Glaubensbekenntnis, das Vaterunser und der Dekalog unverzichtbar für die Glaubensweitergabe sind. Auch die systematische Begründung der Sakramente als „viertes Hauptstück der Katechese" ist schon bei Augustinus angelegt, da für ihn die Sakramente Glaube, Hoffnung und Liebe im Menschen begründen und bestärken. Zusammenfassend lässt sich daher zu den vier „Hauptstücken der Katechese" in der Sichtweise Augustinus Folgendes feststellen:

– Das Apostolische Glaubensbekenntnis ist für Augustinus der wichtigste Text der gesamten Katechese. Es ist die Zusammenfassung der ganzen biblischen Offenbarung und die Kurzformel des christlichen Glaubens. Die Taufbewerber müssen dieses Bekenntnis auswendig lernen, damit sie einen Überblick über den Glauben erhalten und ihn in seinen wesentlichen Aussagen verstehen und wiedergeben können. Die Kenntnis des Glaubensbekenntnisses ist für Augustinus eine entscheidende Voraussetzung zur Erlangung des Heils, wie er unter Verweis auf Röm 10,10–15 immer wieder deutlich macht. Die Vermittlung des Glaubenswissens kann in der Katechese auch durch biblische Stoffe erfolgen, aber das Apostolische Glaubensbekenntnis muss als normative Zusammenfassung der Offenbarung der Maßstab bleiben, an dem sich die biblische Katechese orientiert.

– Das Vaterunser ist der bleibende Ausdruck der christlichen Hoffnung und Grundlage des christlichen Betens. Neben seinem Ursprung in Worten des Herrn ist dieses Gebet für Augustinus deshalb so wichtig, weil es die Würde der Gotteskindschaft und der Sündenvergeben, die durch die Taufe geschenkt sind, den Gläubigen ständig bewusst macht und dadurch zu einer Prägung des christlichen Lebens führt. Es geht Augustinus bei der Katechese zum Vaterunser nicht nur um die Vermittlung seines Wortlauts, sondern um die darin ausgedrückte Haltung des Betens, die für einen Christen grundlegend ist.

4. Inhaltliche Mindestanforderungen an die Katechese

– Der Dekalog führt nach Augustinus in die Tugend der Liebe, da jedes seiner Gebote Ausdruck der Gottes- und Nächstenliebe ist. Wenn Augustinus den Dekalog auch nicht selber als katechetischen Basistext verwendet hat, so führen doch die Überlegungen in seiner Schrift *Enchiridion ad Laurentium de fide, spe et caritate* dazu, dass die Zehn Gebote immer mehr zur Zusammenfassung der grundlegenden Sittenlehre der Kirche werden, die in der Katechese zu vermitteln ist.
– Die katechetische Bedeutung der Sakramente wird aus den Predigten ersichtlich, in denen Augustinus den Neugetauften die Eucharistie erklärt. Diese Eucharistiekatechesen sind notwendig, weil die neuen Christen verstehen müssen, was sie in der Heiligen Messe feiern. Nur so können die Initiationssakramente ihre Wirkung entfalten und die Neugetauften durch die Eucharistie zur vollkommenen Liebe gelangen. Die Sakramente bewirken somit die Tugenden von Glaube, Hoffnung und Liebe im Menschen und sind deren vollkommener Ausdruck. Daher muss in der Katechese auch das Grundwissen über die Sakramente vermittelt werden.
– Ziel der Katechese ist für Augustinus ein „Glaube, der in der Liebe wirksam ist", also eine gänzliche Umgestaltung des Lebens durch die theologischen Tugenden. Die Katechese soll zur Entwicklung und beständigen Entfaltung einer solchen christlichen Lebensgestaltung hinführen. Die wesentlichen Inhalte der Katechese – Glaubensbekenntnis, Vaterunser, Dekalog und Sakramente – dürfen daher nicht nur rein kognitiv vermittelt werden. Es geht bei diesen Inhalten nie nur um ein bloßes Kennen der Texte und ein ausschließlich verstandesmäßiges Verstehen. Ziel ist eine existentielle Aneignung, die zu einer bleibenden christlichen Lebensgestaltung führt. Für Augustinus ist aber klar, dass dieses Ziel ohne die inhaltliche Orientierung an den vier Hauptstücken der Katechese und deren kognitive Aneignung nicht erreicht werden kann. Das Erlernen des grundlegenden Glaubenswissens ist die unabdingbare Voraussetzung für die Neugestaltung des Lebens gemäß den Tugenden von Glaube, Hoffnung und Liebe.

4.3.2 Die wesentlichen Elemente der Katechese nach Thomas von Aquin

4.3.2.1 Die katechetischen Schriften

Augustins Darstellung der wesentlichen Elemente der Katechese war für den weiteren Verlauf der Theologiegeschichte so prägend, dass im Mittelalter die vier Hauptstücke der Katechese zu den bestimmenden Inhalten der Glaubensweitergabe wurden, wobei Thomas von Aquin einen maßgeblichen Anteil an dieser Entwicklung hatte.[938] Fünf kleinere Schriften hat Thomas von Aquin zu den

---

[938] Vgl. *Bellinger*, Katechismus, 1312–1313.

4.3 Die Sakramentenkatechese in der kirchlichen Tradition

Hauptstücken der Katechese verfasst: *In symbolum apostolicum scilicet „Credo in Deum" expositio*[939], *In orationem dominicam videlicet „Pater noster" expositio*[940], *In salutationem angelicam vulgo „Ave Maria" expositio*[941], *In duo praecepta caritatis et in decem legis praecepta expositio*[942] sowie *De articulis fidei et ecclesiae sacramentis*[943]. Bei den ersten vier Schriften handelt es sich wohl um Nachschriften von Vorträgen, die Thomas in der Fastenzeit 1273 in der Kirche San Domenico maggiore vor Studierenden und anderen Gläubigen in der Volkssprache gehalten hat.[944] Bei diesen Vorträgen legt Thomas von Aquin zwar auch das Ave Maria aus und unterstreicht damit dessen Bedeutung für das Gebetsleben der Christen, eine Begründung, warum die Kenntnis dieses Gebetes für das Christsein unbedingt notwendig ist, liefert er aber anders als beim Apostolischen Glaubensbekenntnis, dem Vaterunser und den Zehn Geboten nicht. Damit macht Thomas deutlich, dass das Ave Maria zwar ein bedeutendes Gebet ist, aber für die Katechese nicht den gleichen Rang wie das Vaterunser beanspruchen kann. Auf die Notwendigkeit eines grundlegenden Wissens über die Sakramente geht Thomas in der Schrift *De articulis fidei et ecclesiae sacramentis* ein, die wohl zwischen 1261 und 1268 entstanden sein dürfte, aber nicht sicher datiert werden.[945] Mit Hilfe der hier genannten Opuscula des Thomas von Aquin soll die katechetische Bedeutung, die er dem Glaubensbekenntnis, dem Vaterunser, den Zehn Geboten und den Sakramenten beimisst, herausgearbeitet werden.

In der Einleitung zur Schrift In duo praecepta caritatis et in decem legis praecepta expositio nennt Thomas von Aquin die wesentlichen Inhalte der Glaubensunterweisung: „Drei Stücke sind dem Menschen notwendig zum Heile, nämlich die Wissenschaft dessen, was er glauben; die Wissenschaft dessen, was er begehren, und die Wissenschaft dessen, was er tun soll. Das Erste wird gelehrt im Glaubensbekenntnis, worin uns die Glaubenslehren überliefert werden; das Zweite im Gebet des Herrn; das Dritte aber in den zehn Geboten."[946] Er greift damit

---

[939] Vgl. *Thomas von Aquin*, Opuscula theologica. Volumen II. De re spirituali, hg. v. Raimondo M. Spiazzi, Turin – Rom 1954, 191– 217.

[940] Vgl. ebd. 219–235.

[941] Vgl. ebd. 237–241.

[942] Vgl. ebd. 243–271.

[943] Vgl. *Thomas von Aquin*, Opera Omnia Editio Leonina Tomus XLII, Rom 1979, 212–257.

[944] Vgl. *Martin Grabmann*, Die Werke des Hl. Thomas von Aquin. Eine literaturhistorische Untersuchung und Einführung, 3. erweiterte Aufl., Münster 1949, 316–321; *Fritz Hoffmann*, Einführung, in: ders. / Alfred Kulok (Hg.), Thomas von Aquin als Seelsorger. Drei kleine Werke, Leipzig 1988, 9–30, hier 27.

[945] Vgl. *Grabmann*, Werke , 321.

[946] *In duo praecepta caritatis et in decem legis praecepta expositio*, Prologus I (= Opuscula theologica II, Nr. 1128): „*Tria* sunt homini necessaria ad salutem: scilicet scientia *credendorum*, scientia *desiderandorum*, et scientia *operandorum*. Primum docetur in *symbolo*, ubi traditur scientia de articulis fidei; *secundum* in *oratione dominica*; *tertium* autem in *lege*." Die Über-

4. Inhaltliche Mindestanforderungen an die Katechese

den systematischen Ansatz Augustins aus dem Enchiridion ad Laurentium de fide, spe et caritate auf und betont die Heilsnotwendigkeit der Kenntnis des Glaubensbekenntnisses, des Vaterunsers und der Zehn Gebote. Sie gehören zum Grundwissen eines jeden Christen, das in der Katechese zu vermitteln ist.

Thomas einleitende Ausführungen zum Glaubensbekenntnis in seiner Schrift In symbolum apostolicum scilicet „Credo in deum" expositio machen deutlich, dass der heilsnotwendige Glaube nicht nur im Vertrauen auf Gott besteht, sondern auch die Kenntnis der wesentlichen Glaubensinhalte, die im Apostolischen Glaubensbekenntnis dargelegt werden, voraussetzt. Beide Elemente, die „fides qua" und die „fides quae", bilden einen Einheit. Als ersten Nutzen des Glaubens nennt Thomas daher die Verbindung, die er durch das biblische Bild des Ehebundes näher kennzeichnet. „Das erste ist: Durch den Glauben wird die Seele mit Gott verbunden: denn durch den Glauben schließt die Seele des Christen gleichsam eine Ehe mit Gott, Hos 2,22: ,Ich traue dich mir an um den Brautpreis meiner Treue: dann wirst du den Herrn erkennen.'"[947] Gleichzeitig betont Thomas von Aquin, dass der Glaube kognitive Aspekte besitzt, die dazu dienen, sittlich gut zu leben und das Heil zu erlangen: „Der Glaube lehrt dagegen alles, was zu einem sittlich guten Leben notwendig ist."[948] Dies wird durch einem kühnen Vergleich anschaulich, mit dem Thomas aufzeigt, wie bedeutend die Erkenntnisse sind, die das Apostolische Glaubensbekenntnis allen Christen vermittelt: Ein einziges altes Mütterchen („una vetula") weiß nach der Ankunft Christi durch den Glauben mehr über Gott und das zum ewigen Leben Notwendige („de Deo et de necessariis ad vitam aeternam") als die vorchristlichen Philosophen durch ihre denkerischen Bemühungen.[949] Das Glaubensbekenntnis stellt somit eine kurze Zusammenfassung der gesamten Offenbarung dar, die jedem Christ zugänglich ist. Thomas erklärt das Apostolische Glaubensbekenntnis seinen Zuhörern, weil er dessen Kenntnis für heilsnotwendig hält.

---

setzung ist entnommen *Anton Portmann / Xaver Kunz*, Katechismus des hl. Thomas von Aquin oder Erklärung des apostolischen Glaubensbekenntnisses, des Vater unser, Ave Maria und der zehn Gebote Gottes, unv. Neuaufl. d. 1882 in Luzern ersch. Ausg., Kirchen / Sieg 1971, 16.

[947] *In symbolum apostolicum scilicet „Credo in deum" expositio*, Prologus (= Opuscula theologica. II, Nr. 860): „*Primum* est quod per fidem anima coniungitur Deo: nam per fidem anima christiana facit quasi quoddam matrimonium cum Deo: Oseae II,20: *,Sponsabo te mihi in fide'.*" Die Übersetzung ist entnommen *Fritz Hoffmann / Alfred Kulok* (Hg.), Thomas von Aquin als Seelsorger. Drei kleine Werke, Leipzig 1988, 33.

[948] *In symbolum apostolicum scilicet „Credo in deum" expositio*, Prologus (= Opuscula theologica. II, Nr. 862): „Fides autem docet omnia necessaria ad bene vivendum." Die Übersetzung ist entnommen *Hoffmann / Kulok*, Thomas von Aquin, 34.

[949] Vgl. In symbolum apostolicum scilicet „Credo in deum" expositio, Prologus (= Opuscula theologica II, Nr. 862).

4.3 Die Sakramentenkatechese in der kirchlichen Tradition

Bei seinen Darlegungen zum Vaterunser wendet sich Thomas zunächst den grundsätzlichen Vorzügen dieses Gebetes zu, die es vor allen anderen Gebeten auszeichnen und es zum Ausdruck christlichen Betens überhaupt machen. Er betont immer wieder den Ursprung dieses Gebets in den Worten Jesu und seine Kürze, die aber dennoch alles Wesentliche enthält. Aus fünf Gründen ist das Vaterunser für Thomas das Grundgebet der Christen schlechthin. „Unter den verschiedenen Gebeten ist das Gebet des Herrn das hervorragendste. Denn es besitzt die fünf Vorzüge, die ein Gebet haben soll. Ein Gebet muss nämlich zuversichtlich, moralisch gut, in rechter Ordnung, hingebungsvoll und demütig sein."[950] Thomas greift bei seiner theologischen Begründung, warum die Kenntnis des Vaterunsers für jeden Christen notwendig ist, auf Augustinus[951] zurück, wenn er im Herrengebet einen Ausdruck der Liebe zu Gott und dem Nächsten sieht.

„Die Andacht geht aber hervor aus der Liebe, die Gott und den Nächsten umfaßt, und diese zweifache Liebe kommt in diesem Gebet zum Ausdruck. Denn um die Liebe zu Gott anzudeuten, nennen wir ihn ‚Vater', und um die Liebe zum Nächsten auszudrücken, beten wir für alle gemeinsam ‚Vater unser' und ‚Vergib uns unsere Schulden…', wozu uns die Nächstenliebe treibt.[952]

Das Vaterunser wird somit zur Gebetsschule des Christen, die ihm den Weg zur rechten Hingabe an Gott und an den Nächsten weist und vollkommener Ausdruck dieser Hingabe ist.

Thomas hält das Vaterunser für heilsnotwendig und spricht ihm einen dreifachen Nutzen zu: Es ist ein Heilmittel gegen das Böse („remedium contra mala"), es ist ein Hilfsmittel, um das zu erreichen, was man gerechter Weise ersehnt („ad omina desideria obtinenda"), und es macht die Menschen zu Hausgenossen Got-

---

[950] *In orationem dominicam videlicet „Pater noster" expositio*, Prologus I (= Opuscula theologica II, Nr. 1019): „Inter alias orationes oratio dominica principalior invenitur. A) Habet enim *quinque* excellentia, quae in oratione requiruntur. Debet enim esse oratio *secura, recta, ordinata, devota* et *humilis*." Die Übersetzung ist entnommen *Hoffmann / Kulok*, Thomas von Aquin, 119.

[951] S.o. 262–265. Thomas von Aquin greift von Augustinus auch die Vorstellung auf, dass das Vaterunser die lässlichen Sünden tilgt: „Unde ab hac oratione numquam sine fructu receditur: nam per eam venialia dimittuntur, ut dicit Augustinus" (*In orationem dominicam videlicet „Pater noster" expositio*, Prologus I [= Opuscula theologica II, Nr. 1020]). – „Deshalb ist dieses Gebet auch niemals fruchtlos, denn es bewirkt, wie Augustinus lehrt, den Nachlaß der läßlichen Sünden" (*Hoffmann / Kulok*, Thomas von Aquin, 120).

[952] *In orationem dominicam videlicet „Pater noster" expositio*, Prologus I (= Opuscula theologica II, Nr. 1024): „Consurgit autem devotio ex caritate, quae est amor Dei et proximi: quorum utrumque in hac oratione ostenditur. Nam ad insinuandum divinum amorem, vocamus eum patrem; ad insinuandum autem amorem proximi, communiter pro omnibus oramus dicentes, ‚Pater *noster*, et dimitte nobis debita *nostra*': ad quod proximorum dilectio nos induit." Die Übersetzung ist entnommen *Hoffmann / Kulok*, Thomas von Aquin, 121.

tes („facit nos familiares Deo").⁹⁵³ Das Heil besteht für Thomas in der Gottesgemeinschaft, die er mit dem Bild der Hausgenossen Gottes zum Ausdruck bringt.⁹⁵⁴ Das Vaterunser führt den Menschen zu diesem Ziel und ist somit ein Grundbestand der Katechese. Thomas strebt nicht bloß eine Kenntnis des Vaterunsers an, sondern will letztendlich eine Gebetshaltung vermitteln, die in der wahren Hingabe an Gott besteht. Wiederum zeigt sich, dass Thomas keinen Gegensatz zwischen „fides qua" und „fides quae" aufbaut, sondern darlegt, was an Wissen in Bezug auf das Gebet unbedingt notwendig ist, um in die Freundschaft mit Gott zu finden.

In den Zehn Geboten sieht Thomas die Entfaltung des Doppelgebotes der Liebe, in dem das ganze Gesetz Christi besteht. Mit der Herleitung der Zehn Gebote aus dem Doppelgebot der Liebe greift Thomas wiederum auf Augustinus zurück.⁹⁵⁵ Deshalb wendet er sich in seiner Schrift *In duo praecepta caritatis et in decem legis praecepta expositio* zunächst auch der Darlegung des Gesetzes der Liebe zu, wie es Jesus im Gebot der Gottes- und Nächstenliebe ausdrückt. Dieses Gesetz der Liebe ist so knapp gefasst, damit alle Menschen es beobachten können. „Nun können aber nicht alle hierüber einem langen Studium obliegen, und deshalb hat Christus ein kurzes Gesetz gegeben, damit alle es kennen lernen und keiner die Nichtbeobachtung desselben mit Unwissenheit entschuldigen könnte. Und dieses Gesetz nun ist das der *göttlichen Liebe*."⁹⁵⁶ Das Gesetz der Liebe muss der Mensch kennen, da es Richtschnur („regula") jedes menschlichen Handelns sein soll und eine Tat nur dann gut und tugendhaft ist, wenn sie diesem Gesetz folgt. „Es müssen daher die menschlichen Handlungen, um gut zu sein, mit der Regel der göttlichen Liebe übereinstimmen."⁹⁵⁷

Die Zehn Gebote sind nun eine ausführliche Darlegung dieses Gesetzes der Liebe, das Christus im Gebot der Gottes- und Nächstenliebe den Menschen

---

⁹⁵³ Vgl. *In orationem dominicam videlicet „Pater noster" expositio*, Prologus II (= Opuscula theologica II, Nr. 1025–1027).

⁹⁵⁴ Thomas beschreibt grundsätzlich die Gemeinschaft des Menschen mit Gott mit dem Paradigma der Freundschaft, in das sich auch das Bild vom Hausgenossen einfügt (vgl. *Miriam Rose*, Fides caritate formata. Das Verhältnis von Glaube und Liebe in der Summa Theologiae des Thomas von Aquin [= Forschungen zur systematischen und ökumenischen Theologie 112], Göttingen 2007, 284–287).

⁹⁵⁵ S.o. 267–269.

⁹⁵⁶ *In duo praecepta caritatis et in decem legis praecepta expositio*, Prologus I (= Opuscula theologica II, Nr. 1137): „Sed manifestum est quod non omnes possunt scientiae insudare; et propterea a Christo data est lex brevis, ut ab omnibus posset sciri, et nullus propter ignorantiam possit ab eius observantia excusari. Et haec est lex divini amoris." Die Übersetzung ist entnommen *Portmann / Kunz*, Katechismus des hl. Thomas, 164.

⁹⁵⁷ *In duo praecepta caritatis et in decem legis praecepta expositio*, Prologus II (= Opuscula theologica II, Nr. 1138): „Ad hoc autem quod actus humani boni reddantur, oportet quod regulae divinae dilectionis concordent." Die Übersetzung ist entnommen *Portmann / Kunz*, Katechismus des hl. Thomas, 164.

4.3 Die Sakramentenkatechese in der kirchlichen Tradition

übergibt. Dies macht Thomas in der abschließenden Zusammenfassung der Auslegung des Dekalogs deutlich.

„Das nun sind die zehn Gebote, von denen der Herr sagt: ‚Willst du in's Leben eingehen, so halte die Gebote'. Die zwei Wurzeln aller Gebote sind die Liebe Gottes und des Nächsten. Der *Gottliebende* muss aber ein dreifaches tun: erstens darf er keinen anderen Gott haben und mit Bezug hierauf heisst es: ‚*Du sollst keine fremden Götter* ehren.' Zweitens muss er Gott ehren und in Bezug hierauf heisst es: ‚*Du sollst den Namen deines Gottes nicht eitel nennen.*' Drittens muss er gern in Gott ruhen, und in Bezug hierauf heisst es: ‚*Gedenke, dass du den Sabbat heiligest.*' Wer aber den *Nächsten lieben* will, muss ihm vorerst die gebührende Ehre erweisen, und deshalb heisst es: ‚*Du sollst Vater und Mutter* ehren.' Zweitens darf er ihm nichts Böses zufügen und zwar nicht in Werken, weshalb es heisst: ‚*Du sollst nicht töten*' – ein Unrecht, das man ihm an seiner eigenen Person zufügt, – ferner: ‚*Du sollst nicht ehebrechen*' – ein Unrecht, das man ihm an der mit ihm verbundenen Person zufügt, – endlich: ‚*Du sollst nicht stehlen*' – ein Unrecht, das man ihm an seinen äusseren Gütern zufügt. Desgleichen nicht durch *Worte*, weshalb es heisst: ‚*Du sollst nicht falsches Zeugnis geben*'; endlich auch nicht in *Gedanken* und in Bezug hierauf heisst es: ‚Du sollst nicht begehren deines *Nächsten Gut*', und ‚Du sollst nicht begehren deines *Nächsten Weib.*'"[958]

Mit den Zehn Geboten ist dem Christen für alle Lebensbereiche eine ethische Richtschnur gegeben, mit deren Hilfe er das Gesetz der Liebe Christi erfüllen kann. Wie schon bei der Erklärung des Glaubensbekenntnisses und des Vaterunsers wird auch bei der grundsätzlichen Überlegung, die Thomas zu den Zehn Geboten anstellt, deutlich, dass es ihm bei der katechetischen Vermittlung nie um ein rein materiales Glaubenswissen geht. Immer hat die kognitive Seite des Glaubens eine auf Beziehung hin zielende Sinnspitze. Das Kennen der Zehn Gebote ist notwendig, um Gott und dem Nächsten wirklich mit Liebe zu begegnen. Erst im Tun der Liebe kommt die Katechese der Zehn Gebote an ihr Ziel, da sie ja zur „scientia operandorum"[959] gehören.

---

[958] *In duo praecepta caritatis et in decem legis praecepta expositio,* de decimo praecepto (= Opuscula theologica II, Nr. 1332): „Haec ergo sunt decem verba, de quibus dicit Dominus, Matth. XIX, 17: ‚*Si vis ad vitam ingredi, serva mandata*'. Duae enim sunt radices principales omnium mandatorum, scilicet dilectio Dei et proximi. Diligenti autem Deum tria necesse est facere: scilicet quod non habeat alium Deum, et quantum ad hoc dicit: ‚Non coles deos alienos'. Secundo quod honoret eum; et quantum ad hoc dicit: ‚Non assumes nomen Dei tui in vanum'. Tertio quod libenter quiescat in eo; et quantum hoc dicit: ‚Memento ut diem sabbati sanctifices'. Diligentem autem proximum oportet quod primo faciat ei honorem debitum: unde dicit: ‚Honora patrem tuum'. Secundo quod abstineat a faciendo ei malum; et hoc vel facto: unde dicit: ‚Non occides', quod est in persona propria; ‚non adulterabis', quod est in persona coiuncta; ‚non furtum facies', quod est in rebus exterioribus. Item dicto, ibi, ‚Non falsum testimonium dices'; vel corde: et quantum ad hoc dicit: ‚Non concupisces rem proximi tui, et non desiderabis uxorem proximi tui'." Die Übersetzung ist entnommen *Portmann / Kunz*, Katechismus des hl. Thomas, 259.

[959] In duo praecepta caritatis et in decem legis praecepta expositio, Prologus I (= Opuscula theologica II, Nr 1128).

In seiner Erklärung des Apostolischen Glaubensbekenntnisses geht Thomas ausführlich auf die sieben Sakramente ein und zeigt damit, dass sie für ihn ein Grundbestandteil der Katechese sind.[960] In der kleineren Schrift *De articulis fidei et ecclesiae sacramentis* erörtert Thomas die grundlegende Bedeutung der sieben Sakramente für das christliche Leben. Er sieht die Sakramente als Mittel an, die dem Menschen und der Kirche zur Vervollkommung dienen, um das Ziel der Gemeinschaft mit Gott zu erreichen.

„Es gibt sieben Sakramente des Neuen Bundes, nämlich die Taufe, die Firmung, die Eucharistie, die Buße, die Letzte Ölung, die Weihe und die Ehe. Die ersten fünf sind eingesetzt zur Vervollkommnung des einzelnen Menschen in sich selbst, die anderen beiden aber zur Vervollkommnung und Vermehrung der ganzen Kirche. Denn das geistliche Leben wird durch das körperliche Leben vorausgebildet. Das körperliche Leben des Menschen ist als erstes geprägt durch die Zeugung, durch die er in diese Welt geboren wird, als zweites durch das Wachstum, durch das er zu Größe und vollendeter Kraft gelangt, als drittes durch die Nahrung, durch die das Leben und die Kraft des Menschen erhalten wird. Und diese würden ausreichen, wenn er niemals erkranken würde. Aber weil der Mensch häufig krank wird, braucht er viertens die Heilung. Ebenso ist es im geistlichen Leben."[961]

Die Mittel zum geistlichen Reifungsprozess des Menschen sind die Sakramente, die er für sein geistliches Leben ebenso braucht wie Nahrung und Medizin für sein körperliches Leben. Das Wissen über die Sakramente und ihre Wirkung ist daher für den einzelnen Christen notwendig, damit er sie zu seiner Vervollkommnung recht gebrauchen kann. Ziel der Sakramente ist das Erreichen der himmlischen Herrlichkeit. „Aber durch die Kraft dieser Sakramente wird der Mensch zur künftigen Herrlichkeit geführt, die aus sieben Gaben besteht, drei für die Seele und vier für den Leib."[962] Die drei Gaben, zu denen die Sakramente in der himmlischen Herrlichkeit die Seele hinführen, bestehen in Bezug auf Gott in

---

[960] Vgl. *In symbolum apostolicum scilicet „Credo in deum" expositio*, Articulus 10 (= Opuscula theologica II, Nr. 989–996).

[961] *De articulis fidei et ecclesiae sacramentis*, II. De Ecclesie sacramentis (= Opera Omnia XLII, 252–253): „Sunt autem huiusmodi sacramenta Noue legis septem, scilicet baptismus, confirmatio, eucharistia, penitentia, extrema unctio, ordo et matrimonium; quorum prima quinque ordinantur ad perfectionem unius hominis in se ipso, alia uero duo ordinantur ad perfectionem et multiplicationem totius Ecclesie. Vita enim spiritualis conformatur uite corporali. In uita autem corporali homo perficitur primo quidem per generationem qua nascitur in hoc mundo, secundo per augmentum quo perducitur ad quantitatem et uirtutem perfectam, tertio per cibum quo sustentatur hominis uita et uirtus. Et hec quidem sufficerent si numquam eum infirmari contingeret; sed quia frequenter homo infirmatur, quarto indiget sanatione. Sic est in vita spirituali." Die Übersetzung stammt vom Autor der Arbeit.

[962] *De articulis fidei et ecclesiae sacramentis*, II. De Ecclesie sacramentis (= Opera Omnia XLII, 257): „Horum autem uirtute sacramentorum homo perducitur ad futuram gloriam, que consistit in septem dotibus, tribus anime et quatuor corporis." Die Übersetzung stammt vom Autor der Arbeit.

der „visio", der „comprehensio" und der „fruitio".[963] Die Sakramente helfen dem Menschen, zur vollkommenen Gemeinschaft mit Gott zu gelangen und so das Ziel des christlichen Lebens zu erreichen. Sie gehören darum zum katechetischen Grundwissen, das unbedingt vermittelt werden muss, weil ohne sie die personale Wirklichkeit der vollendeten Gemeinschaft mit Gott nicht erreicht werden kann. Das Wissen um die Sakramente ist heilsnotwendig.

Der Blick auf die kleinen katechetischen Schriften, in denen Thomas auf das Glaubensbekenntnis, das Vaterunser, die Zehn Gebote und die sieben Sakramente eingeht, hat gezeigt, dass diese vier Elemente für Thomas zum Kernbestand der Katechese gehören. Sie bilden das Grundwissen, das einem jeden Christen vermittelt werden muss, weil er nur so das Heil erreichen kann. Die Untersuchungen zu Thomas haben aber auch deutlich gemacht, dass es ihm dabei nicht um eine rein kognitive Wissensvermittlung geht. Letztes Ziel des Glaubens ist für Thomas immer die Vervollkommnung der Liebe zu Gott und zum Nächsten, die zur vollendeten Gemeinschaft mit Gott führt. Das Grundwissen über die vier Hauptstücke der Katechese ist ein notwendiges Mittel, um dieses Ziel zu erreichen. Im Folgenden soll anhand einiger Aussagen aus der *Summa theologiae*[964] und den *Quaestiones disputatae de veritate*[965] vertieft dargestellt werden, welches explizite Glaubenswissen für Thomas heilsnotwendig ist. Dafür muss zunächst das Glaubensverständnis des Thomas von Aquin betrachtet werden, das von der wechselseitigen Beziehung der kognitiven und affektiven Aspekte des Glaubens geprägt ist.

4.3.2.2 Das Glaubensverständnis

In der *Summa theologiae*, mit deren Abfassung er wohl zum Ende seines Lebens ab 1266 begann[966], beschäftigt Thomas sich gleich zu Beginn der *Secunda Secundae* mit dem Glauben, da er diesen Teil nach den sieben Haupttugenden ordnet und daher mit dem Glauben als erster theologischer Tugend beginnt. Thomas bestimmt den Glaubenakt[967] als einen Verstandesakt, durch den man dem zustimmt,

---

[963] Vgl. *De articulis fidei et ecclesiae sacramentis*, II. De Ecclesie sacramentis (= Opera Omnia XLII, 257). Die Gaben für den Leib bestehen in der „impassibilitas", der „claritas", der „agilitas" und der „subtilitas".

[964] Vgl. *Thomas von Aquin*, Opera Omnia Editio Leonina Tomus IV-XII, Rom 1888–1906

[965] Vgl. *Thomas von Aquin*, Opera Omnia. Editio Leonina. Tomus XXII, Rom 1972.

[966] Vgl. *Grabmann*, Werke , 294–301.

[967] Zur ausführlichen Darstellung des Glaubensverständnisses bei Thomas vgl. *Eberhard Schockenhoff*, Bonum hominis. Die anthropologischen und theologischen Grundlagen der Tugendethik des Thomas von Aquin (= TTS 28), Mainz 1987; *Hans-Karl Rechmann*, Die Liebe als Form des Glaubens. Studien zum Glaubensbegriff bei Thomas von Aquin, hg. v. Aloysius Winter und Günter Stitz (= Beiträge zur Fundamentaltheologie und Religionsphilosophie Bd. 7), Neuried 2001; *Bruno Niederbacher*, Glaube als Tugend bei Thomas von Aquin. Erkennt-

4. Inhaltliche Mindestanforderungen an die Katechese

was man glaubt.⁹⁶⁸ In ST II-II, quaestio 2 definiert er den Akt des Glaubens als beistimmendes Überdenken („cum assensione cogitare").⁹⁶⁹ Mit dem Wort ‚Überdenken' wird der Glaube als geistige Suchbewegung des Menschen gekennzeichnet. „Die Grundbewegung des Glaubens ist also ein Suchen nach *Wahrheit als Wissen*, weil man der Wahrheit noch nicht *wissend* innegeworden ist."⁹⁷⁰ Der Begriff ‚Beistimmung' verdeutlicht, dass der Wille dem Verstand die Zustimmung zu den Glaubenssätzen mit derselben Bejahungsintensität befiehlt, die sonst nur dem Wissen und dem Einsehen zukommt.

„Der Akt aber, der glauben heißt, besagt festes Anhangen an eine Seite, worin der Glaubende mit dem Wissenden und dem Einsehenden übereinkommt. Und dennoch ist seine Erkenntnis noch nicht vermöge einsichtiger Schau vollkommen, worin er übereinstimmt mit dem Zweifelnden, dem Vermutenden und dem Meinenden. Demnach ist dem Glaubenden eigentümlich, daß er beistimmend überdenkt. Und dadurch unterscheidet sich der Akt, der glauben heißt, von allen Akten des Verstandes, die auf wahr oder falsch bezogen sind." ⁹⁷¹

Gegenstand des Glaubens ist zunächst die göttliche Wirklichkeit als solche, die Thomas als die erste Wahrheit („veritas prima") bezeichnet. Diese göttliche Wirklichkeit ist für Thomas etwas Einfaches, nicht Zusammengesetztes, da in Gott alle Eigenschaften eine Einheit bilden. Der Mensch vermag aber diese erste Wahrheit, Gott in seiner Einfachheit und Einheit, nicht zu erkennen.⁹⁷² Der menschliche Intellekt ist in seiner Erkenntnis immer auf zusammengesetzte Aussagen angewiesen, durch die der Verstand einem Subjekt ein Prädikat zuspricht oder nicht. Was in Gott eins ist, vervielfältigt sich daher in den Aussagen des menschlichen Ver-

---

nistheoretische und religionsphilosophische Interpretationen (= Münchner Philosophische Studien Bd. 24), Stuttgart 2004; *Albert Zimmermann*, Glaube und Wissen (S. th. II-II, qq. 1–9), in: Andreas Speer (Hg.), Thomas von Aquin: Die Summa theologiae. Werkinterpretationen, Berlin u.a. 2005, 271–297; *Jörg Disse*, Glaube und Glaubenserkenntnis. Eine Studie aus bibeltheologischer und systematischer Sicht (= Fuldaer Hochschulschriften 48), Frankfurt a. M. 2006, 116–155; *Rose*, Fides, 284–287.

⁹⁶⁸ Vgl. ST II-II, 1,4.
⁹⁶⁹ Ebd. 2,1.
⁹⁷⁰ *Rose*, Fides, 168.
⁹⁷¹ ST II-II, 2,1. „Sed actus iste qui est credere habet firmam adhaesionem ad unam partem, in quo convenit credens cum sciente et intelligente: et tamen eius cognitio non est perfecta per manifestam visionem, in quo convenit cum dubitante, suspicante et opinante. Et sic proprium est credentis ut cum assensu cogitet: et per hoc distinguitur iste actus qui est crede ab omnibus actibus intellectus qui sunt circa verum vel falsum." Die Übersetzung ist entnommen *Thomas von Aquin*, Summa Theologica / Die Deutsche Thomas-Ausgabe. Vollständige, ungekürzte deutsch-lateinische Ausgabe der Summa theologica Bd. 15, übersetzt von den Dominikanern und Benediktinern Deutschlands und Österreichs, hg. v. der Albertus-Magnus-Akademie Walberberg bei Köln, Graz u.a. 1950, 52.
⁹⁷² Vgl. ST II-II, 1,2.

standes über Gott.⁹⁷³ Somit werden die verschiedenen Glaubensartikel bezüglich Gott und der Dinge, die wie die Menschheit Christi und die Sakramente der Kirche auf Gott hingeordnet sind, zum unmittelbaren Gegenstand des Glaubens.⁹⁷⁴ Die Aussagen der Glaubensartikel sind aber nicht das Ziel des Glaubensakts, sondern nur ein Mittel der Erkenntnis, die immer auf Gott als die erste Wahrheit ausgerichtet bleibt, so dass er der eigentliche Gegenstand des Glaubens ist.⁹⁷⁵

Damit scheint für Thomas von Aquin der Glaube zunächst einmal ein Fürwahrhalten von Glaubenssätzen zu sein. Das verstandesmäßige Erkennen sowie das Glaubenswissen haben den Vorrang vor einem Verständnis des Glaubens, das vor allem die personale Beziehung zu Gott betont. Dies wäre tatsächlich der Fall, wenn Thomas nicht zwischen dem geformten und dem ungeformten Glauben unterscheiden würde. „Einen Glauben, der sich darauf beschränkt, ein verstandesmäßiges Führwahrhalten zu sein, nennt Thomas *fides informis*, einen ungeformten Glauben. Ein vollendeter Glaube ist aber erst ein geformter Glaube, *fides formata*, und ein solcher Glaube ist erst dann gegeben, wenn mit dem verstandesmäßigen Fürwahrhalten die Liebe (*caritas*) einhergeht."⁹⁷⁶ Dies liegt im eigentümlichen Charakter des Glaubensaktes begründet, der eben nicht ein reiner Akt des Verstandes ist, sondern der Verstand wird im Glaubensakt erst durch den Willen zur Zustimmung bewegt. Ziel des Willens ist aber immer das Gute, wobei Gott das höchste Gut für den Willen darstellt.⁹⁷⁷ Die vollkommene Hinordnung des Willens auf sein Ziel ist erst dann gegeben, wenn der Wille das Gute, auf das er ausgerichtet ist, auch liebt. Der Glaubensakt, an dem Verstand und Wille beteiligt sind, ist erst dann vollendet, wenn der Willensakt vollendet ist. Der vollendete Glaube, die *fides formata*, ist daher ein Akt der Liebe zu Gott und dem Nächsten.⁹⁷⁸

Die personale Dimension des Glaubensakts wird bei Thomas auch an der dreifachen Unterscheidung des Glaubensaktes in „*credere Deum*", „*credere Deo*" und „*credere in Deum*" deutlich, die er im Anschluss an Augustinus macht.⁹⁷⁹ Mit

---

973 Vgl. ebd.
974 Vgl. ebd. 1,6.
975 „Das Verhältnis beider Glaubensgegenstände ist aber so zu verstehen: Wir sind zwar im Glauben auf die einfache, erste Wahrheit ausgerichtet, diese aber bleibt unsichtbar, so dass der sich uns real bietende Glaubensgegenstand die verschiedenen Glaubensartikel sind. Die erste Wahrheit ist dennoch der eigentliche Gegenstand des Glaubens: Der Glaubensakt endet nicht in einer Aussage, sondern in der Sache selbst (*actus credentis non terminatur ad enuntiabile, sed ad rem*)" (*Disse*, Glaube, 128). Vgl. auch *Rose*, Fides, 165.
976 *Disse*, Glaube, 129. Zur Bedeutung der Liebe für den Glauben vgl. auch *Rose*, Fides, 206–218.
977 Vgl. ST II-II, 4,1 u. 4,3.
978 Vgl. ebd. 25,1.
979 Vgl. ST II-II, 2,2. Eine gute inhaltliche Übersicht über diese dreifache Unterscheidung im Glaubensakt findet sich bei *Niederbacher*, Glaube, 43–44.

„*credere Deum*" bezeichnet Thomas den inhaltlichen Gegenstand des Glaubens, also das Fürwahrhalten der ersten Wahrheit bzw. der Glaubensartikel. Mit „*credere Deo*" bezeichnet Thomas den „formgebenden Grund" und das „Erkenntnismittel"[980], also Gott als Zeuge und nicht als Gegenstand des Fürwahrhaltens. Man glaubt einen Glaubensinhalt, weil Gott ihn offenbart. Schon diese Unterscheidung macht deutlich, dass es sich beim Glauben um einen personalen Akt handelt. Zum einen ist der Gegenstand des Glaubens, die erste Wahrheit, ja nichts anderes als Gott in seiner personalen Fülle[981], zum anderen setzt das „*credere Deo*" eine personale Vertrauensbeziehung voraus, die gegeben sein muss, damit ich der Offenbarung Gottes glaube.[982] Im „*credere in Deum*" kommt der personale Charakter des Glaubensaktes am klarsten zum Vorschein, da hier Gott als Ziel des Glaubens in den Blick genommen wird. Gott als Ziel des Glaubens veranlasst erst den Willen, den Verstand zur Zustimmung zu bewegen. Die willentliche Zustimmung zum Glauben erfolgt nämlich dadurch, dass der Mensch Gefallen am Glauben findet, ihn zu lieben beginnt und so in Gott sein letztes Ziel setzt.[983] Der Wille führt den Verstand, weil er auf Gott als Gegenstand der Liebe ausgerichtet ist, so dass die eigentliche Form des Glaubens, die *fides formata*, gegeben ist.[984] Damit ist für Thomas der Glaubensakt, auch wenn er als Verstandesakt beschrieben wird, ein völlig personales Geschehen. Glaubenswissen und persönliche Gottesbeziehung bilden keinen Gegensatz, sondern bedingen einander. Ohne Ausrichtung auf Gott in Liebe ist für Thomas kein tugendhafter Glaube möglich. Allerdings gehört zum Glauben immer auch die Suche des Verstandes nach der Wahrheit, die sich in den Glaubensartikeln ausdrückt. Von daher ist nun zu fragen, was bei allen Christen als inhaltlicher Gegenstand des Glaubensaktes vorauszusetzen ist. Worin besteht der heilsnotwendige explizite Glaube eines jeden Christen, der dann auch in der Katechese zu vermitteln ist?

4.3.2.3 Die Heilsnotwendigkeit des expliziten Glaubens

Thomas geht in ST II-II 2,5 der Frage nach, ob es heilsnotwendig für den Menschen ist, irgendetwas explizit zu glauben, weil die Menschen vor Christus viele

---

[980] ST II-II, 2,2: „Aliud autem est formalis ratio obiecti, quod est sicut medium propter quod tali credibili assentitur." – „Das andere ist der formgebende Grund im Gegenstand, gleichsam das Erkenntnismittel, dessentwegen einem solchen Glaubenssatze zugestimmt wird." Die Übersetzung ist entnommen *Thomas von Aquin*, Deutsche Thomas-Ausgabe Bd. 15, 55–56.
[981] Zur Auslegung des „*credere Deum*" als personalen Akt vgl. *Jean Mouroux*, Ich glaube an Dich: Die personale Struktur des Glaubens (= Christ Heute, Zweite Reihe 2), Einsiedeln ²1951, 10–12.
[982] Zur Auslegung des „*credere Deo*" als personalen Akt vgl. *Mouroux*, Ich glaube an Dich, Einsiedeln ²1951, 12–19; *Schockenhoff*, Bonum hominis, 366–369.
[983] Vgl. *Niederbacher*, Glaube, 44.
[984] Vgl. *Disse*, Glaube, 134.

4.3 Die Sakramentenkatechese in der kirchlichen Tradition

zentrale Glaubensinhalte, wie die Trinität oder die Inkarnation, gar nicht explizit glauben konnten und auch nach Christus nicht einmal alle Getauften eine ausdrückliche Kenntnis über alle Inhalte der Offenbarung haben.

Thomas unterscheidet nun bei der theologischen Tugend des Glaubens zwischen dem, was der wesentliche Gegenstand des Tugendaktes ist, und dem, was außerwesentlich mit ihm verbunden ist.

> „Man muß also feststellen, daß das an sich Gegenstand des Glaubens ist, wodurch der Mensch selig wird (1,8). Außerwesentlich aber oder in zweiter Linie ist am Glaubensgegenstande alles beteiligt, was in der Schrift als von Gott überliefert enthalten ist; z.B. daß Abraham zwei Söhne hatte, daß David der Sohn Isais war, und anderes Derartiges. Was nun die erstgenannten Glaubensdinge angeht, welches die Glaubensartikel sind, so ist der Mensch verpflichtet, sie ausdrücklich für wahr zu halten, wie er überhaupt gehalten ist, Glauben zu haben. Hinsichtlich der anderen Glaubensdinge aber ist der Mensch nicht verpflichtet, sie ausdrücklich für wahr zu halten, sondern nur einschlußweise oder in der Bereitschaft des Geistes, insofern er bereit ist, alles zu glauben, was die göttliche Schrift enthält."[985]

Zum wesentlichen Gegenstand des Glaubens gehören also Gott als die erste Wahrheit, sowie die auf Gott hingeordneten Glaubensartikel, die sich im Apostolischen Glaubensbekenntnis finden. Alle anderen Inhalte der Offenbarung sind darin eingeschlossen und brauchen nicht ausdrücklich von jedem Christen geglaubt zu werden. Thomas verdeutlich noch einmal die Glaubensinhalte, die explizit zu glauben sind, indem er ausdrücklich die Heilsnotwendigkeit des Glaubens an die Inkarnation Christi[986] und die Dreifaltigkeit[987] betont.

In seinem Werk *Quaestiones disputatae de veritate*, das Thomas während seiner ersten Pariser Lehrtätigkeit in den Jahren 1256–1259 verfasste[988], geht er ausführlicher der Frage nach, was heilsnotwendig explizit von allen Christen zu glauben ist. Dazu klärt Thomas in *De veritate* 14,11 zunächst einmal, was er unter explizitem und implizitem Glauben versteht. Im Bereich der Körper bedeutet die Frage nach dem, was ein Gegenstand impliziert, die Frage nach den Teilen, die er enthält. Im Bereich der Erkenntnis verhält es sich ähnlich. Hier sind in den allgemeinen Aussagen schon die Konklusionen, die daraus abgleitet werden können,

---

[985] ST II-II, 2,5: „Dicendum est ergo quod fidei obiectum per se est id per quod homo beatus efficitur, ut supra dictum est. Per accidens autem vel secundario se habent ad obiectum fidei omnia quae in Scriptura divinitus tradita continentur: sicut, quod Abraham habuit duos filios, quod David fuit filius Isai, et alia huiusmodi. Quantum ergo ad prima credibilia, quae sunt articuli fidei, tenetur homo explicite credere, sicut et tenetur habere fidem. Quantum autem ad alia credibilia, non tenetur homo explicite credere, sed solum implicite vel in praeparatione animi, inquantum paratus est credere quidquid in divina Scriptura continetur." Die Übersetzung ist entnommen *Thomas von Aquin*, Deutsche Thomas-Ausgabe, 65–66.
[986] Vgl. ST II-II, 2,7.
[987] Vgl. ebd. 2,8.
[988] Vgl. *Grabmann*, Werke, 301–309.

enthalten. Wer also die allgemeinen Prinzipien erkennt, hat ein implizites Wissen von den Konklusionen, das erst dann explizit wird, wenn die Schlussfolgerungen tatsächlich im Denken aktuell vollzogen werden.

Thomas überträgt nun diese Einsicht auf den Glauben, der für ihn ja zum Bereich der geistigen Erkenntnis gehört: „Darum heißt es auch, daß wir etwas explizit glauben, wenn wir es aktuell denken und ihm dabei anhangen; implizit aber, wenn wir gewissen Wahrheiten anhangen, worin jenes wie in allgemeinen Prinzipien beschlossen ist; wer z.B. glaubt, daß der Kirchenglaube wahr ist, der glaubt damit implizit alles, was unter dem Kirchenglauben beschlossen ist."[989] Es gibt also auch im Glauben erste allgemeine Prinzipien, die wesentlichen Glaubensinhalte, in denen alles andere implizit enthalten ist. In Bezug auf diese wesentlichen Glaubensinhalte muss der Christ einen expliziten Glauben haben, da sonst gar keine weitere Glaubenserkenntnis möglich wäre. Dies macht Thomas durch einen Vergleich mit einem Schüler deutlich, dem der Lehrer zunächst ein Anfangswissen vermittelt, durch das er dann zu weiteren Erkenntnissen kommt:

„Daß irgendetwas von jedem Gläubigen explizit geglaubt werden muß, geht daraus hervor, daß sich die Annahme des Glaubens in uns zur letzten Vollendung verhält wie bei einem Schüler die Annahme dessen, was ihm zuerst vom Lehrer übermittelt wird und wodurch er zu dem Vorausliegenden (in anteriora) geführt wird. Er könnte aber nicht geführt werden, wenn er nicht irgend etwas aktuell ins Auge faßte. Darum muß der Schüler etwas empfangen, was er aktuell ins Auge fassen kann; und ebenso muß jeder beliebige Gläubige etwas explizite glauben. Und das sind die beiden Punkte, die der Apostel, Hebr. XI, 6 nennt: Wer zu Gott herantritt, muß glauben, daß Gott ist, und daß er die belohnt, die ihn suchen (Accedentem ad Deum oportet credere quia est, et inquirentibus se remunerator sit). Also ist jeder verpflichtet explizit und zu jeder Zeit zu glauben, daß Gott ist und daß Er Vorsehung bezüglich der menschlichen Dinge hat."[990]

---

[989] QVD 14,11: „Unde et explicite dicimur aliqua credere quando eis actu cogitatis adhaeremus, implicite vero quando adhaeremus quibusdam in quibus sicut in universalibus principiis ista continentur, sicut qui credit fidem Ecclesiae esse veram, in hoc quasi implicite credit singula quae sub fide Ecclesiae continentur." Die Übersetzung ist entnommen *Thomas von Aquin*, Untersuchungen über die Wahrheit (Quaestiones disputatae de veritate), in deutscher Übertragung von Edith Stein, Bd. 2 (Quaestiones 14–29), Breslau 1932, 39.

[990] QVD 14,11: „Quod enim oporteat omni tempore aliquid explicite credi a quolibet fideli, ex hoc apparet quia acceptio fidei se habet in nobis respectu ultimae perfectionis sicut acceptio discipuli de his quae sibi primo a magistro traduntur per quae in anteriora dirigitur; non posset autem dirigi nisi actu aliqua consideraret, unde oportet quod discipulus actualiter aliquid considerandum accipiat. Et similiter oportet quod fidelis quilibet aliquid explicite credat, et haec sunt duo illa quae Apostolus dicit Ad Hebr. XI⁶ ‚Accedentem ad Deum oportet credere quia est et diligentibus se remunerator est'; unde quilibet tenetur explicite credere, et omni tempore, Deum esse et habere providentiam de rebus humanis." Die Übersetzung ist entnommen *Thomas von Aquin*, Untersuchungen über die Wahrheit Bd. 2, 39–40.

4.3 Die Sakramentenkatechese in der kirchlichen Tradition

Der Glauben an die Existenz Gottes und seine Heilsvorsehung für den Menschen sind für Thomas von Aquin die grundlegenden Prinzipien des Glaubens, die zu jeder Zeit und von allem Menschen explizit geglaubt werden müssen, um das Heil zu erlangen. Diese grundlegenden Prinzipien erfahren in der Offenbarungsgeschichte eine Entfaltung, die dazu führt, dass auch die einfachen Gläubigen weitere Glaubensinhalte, die in diesen beiden Prinzipien enthalten sind, explizit glauben müssen, um das Heil zu erlangen.

„Zur Zeit der Gnade aber sind alle, Führer und Geführte, verpflichtet, bezüglich der Trinität und des Erlösers expliziten Glauben zu haben; doch nicht alle Glaubenswahrheiten über die Trinität und den Erlöser müssen die Geführten explizit glauben, sondern nur die Führer. Die Geführten aber sind verpflichtet, die allgemeinen Glaubensartikel explizit zu glauben, z.B. daß Gott dreieinig, daß der Sohn Gottes Mensch geworden und gestorben und auferstanden ist; und anderes dergleichen, was die Kirche festlich begeht (de quibus Ecclesia festa facit)."[991]

Für einen Christen ist es daher heilsnotwendig, auch die grundsätzlichen Glaubensaussagen über die Trinität und Jesus Christus explizit zu glauben. Dabei muss der einfache Christ kein vollständiges Wissen über die Glaubensaussagen haben, also z.B. nicht die Glaubenswahrheit der hypostatischen Union in allen Einzelheiten kennen und erklären können, wohl aber glauben und damit denkend erfassen, dass Gottes Sohn Mensch geworden ist. Für den einfachen Gläubigen genügt es, einen expliziten Glauben über die Glaubenswahrheiten bezüglich der Trinität und Jesus Christus zu haben, die im Apostolischen Glaubensbekenntnis enthalten sind. Das Apostolische Glaubensbekenntnis ist daher für Thomas die Grundlage jeder christlichen Katechese, wie es seine katechetischen Predigten deutlich zeigen.[992]

Bei der Beantwortung der Frage, ob etwas explizit zu glauben ist, geht Thomas auch knapp auf die Zehn Gebote ein. Diese müssen seiner Auffassung nach alle gewusst werden, weil sie nicht erst durch göttliche Offenbarung, sondern schon durch die natürliche Vernunft erkannt werden können. „Mit den zehn Geboten verhält es sich anders als mit den Glaubensartikeln, weil sie schon von der natürlichen Vernunft eingeschärft werden. Darum müssen sie von allen explizit erkannt werden."[993] Ein katechetischer Unterricht über die Zehn Gebote wäre somit

---

[991] QVD 14,11. „Tempore vero gratiae omnes, maiores et minores, de Trinitate et de Redemptore tenentur explicitam fidem habere: non tamen omnia credibilia circa Trinitatem vel Redemptorem minores explicite credere tenentur sed soli maiores; minores autem tenentur explicite credere generales articulos, ut Deum esse trinum et unum, Filium Dei esse incarnatum, mortuum, et resurrexisse, et alia huiusmodi de quibus Ecclesia festa facit." Die Übersetzung ist entnommen *Thomas von Aquin*, Untersuchungen über die Wahrheit Bd. 2, 41.

[992] S.o. 276–278.

[993] QVD 14,11 ad 3: „Ad tertium dicendum quod mandata Decalogi sunt de his quae naturalis ratio dictat; et ideo quilibet tenetur ea explicite cognoscere; nec est similis ratio de articulis fi-

eigentlich nicht notwendig. Doch gilt für die Zehn Gebote das, was Thomas über die Notwendigkeit des Glaubens bei Dingen, die sich durch die natürliche Vernunft erweisen lassen, sagt: Wegen der rascheren Erkenntnis der göttlichen Wahrheit, wegen der allgemeineren Erkenntnis, die auch weniger Begabte einschließt, und wegen der zweifelsfreieren Erkenntnis, die dem Menschen größere Sicherheit bietet, sind diese Einsichten der natürlichen Vernunft auch zu glauben.[994] Darum ist ein katechetischer Unterricht über die Zehn Gebote ebenfalls sinnvoll und notwendig.

4.3.2.4 Zusammenfassung: Die wesentlichen Elemente der Katechese nach Thomas von Aquin

Als Ergebnis der Untersuchung wesentlicher Aussagen Thomas von Aquins zum inhaltlichen Grundbestand des Glaubens und der Katechese lassen sich folgende Punkte festhalten:

– Das Glaubensverständnis des Thomas von Aquin hat eine intellektuelle und kognitive Prägung, da er den Glauben als beistimmendes Überdenken definiert. Thomas macht unmissverständlich klar, dass der denkerische und kognitive Aspekt wesentlich zum Glauben gehört. Damit wird aber Glauben nicht zu einem reinen Fürwahrhalten von Glaubensinhalten. Vielmehr schließt das auf den Verstand bezogene Glaubensverständnis die personale Dimension des Glaubens mit ein. In der liebenden Beziehung zu Gott findet der Glaube seine Vollendung. Die personale Beziehung zu Gott ist aber auf die vom Verstand erfassten Glaubensinhalte gegründet.

– Thomas hält einen expliziten Glauben über die grundlegenden Glaubensartikel bezüglich der Trinität sowie Person und Wirken Jesu Christi, wie sie im Apostolischen Glaubensbekenntnis dargelegt sind, für jeden Christen für heilsnotwendig. Die Artikel des Apostolischen Glaubensbekenntnisses stellen die grundsätzlichen Prinzipien des Glaubens dar, die von jedem ausdrücklich gewusst und geglaubt werden müssen. Ebenso hält Thomas einen expliziten Glauben bezüglich der Zehn Gebote für notwendig, die allerdings auch ohne die göttliche Offenbarung von der natürlichen Vernunft erkannt werden könnten.

– In den besprochenen katechetischen Schriften legt Thomas daher das Glaubensbekenntnis und die Zehn Gebote aus und ergänzt dieses für ihn grundlegende Glaubenswissen noch durch das Vaterunser und die Lehre über die sieben Sakramente. Das Vaterunser ist für Thomas die Grundlage allen christlichen Betens, das den Christen lehrt, worauf er hoffen und wie er in rechter Weise beten

---

dei qui sunt supra rationem." Die Übersetzung ist entnommen *Thomas von Aquin*, Untersuchungen über die Wahrheit Bd. 2, 42.

[994] Vgl. ST II-II, 2,4.

soll. Die Kenntnis der sieben Sakramente ist für jeden Christen notwendig, da sie das christliche Leben begründen, erhalten, vervollkommnen und zu seinem Ziel, der vollendeten Gemeinschaft mit Gott, führen. Die Heilsnotwendigkeit der Kenntnis des Vaterunsers und der sieben Sakramente formuliert Thomas nicht ausdrücklich. Sie ergibt sich jedoch daraus, dass das Vaterunser und die Sakramente den Willen des Menschen auf Gott als sein letztes Ziel hinlenken und so die Liebe zu Gott bewirken. Die Sakramente und das Gebet des Vaterunsers sind somit notwendig für die Vollendung des Glaubens. Thomas selbst verdeutlicht die heilsnotwendige Kenntnis der vier Hauptstücke der Katechese dadurch, dass er zu allen vier Elementen katechetische Predigten für einfache Gläubige hält. Damit setzt er die Entwicklung der vier Hauptstücke der Katechese, die mit Augustinus begonnen wurde, fort und liefert die vertiefte systematische Grundlage für die Konzentration der kirchlichen Glaubensweitergabe auf diese Elemente.

– Seit Thomas von Aquin existiert ein fest umrissenes inhaltliches Curriculum für die Katechese, das auf die Kenntnis der heilsnotwendigen Inhalte des Glaubens abzielt: das Apostolische Glaubensbekenntnis, das Vaterunser, die Zehn Gebote und die sieben Sakramente. Für Thomas ist klar, dass es nicht bei einem reinen Wissen über diese Glaubensgrundlagen bleiben darf. Das Vaterunser will Schule des Gebetes sein und als Grundlage der „scientia desiderarum" dem Leben die richtige Ausrichtung auf Gott hin geben. Die Zehn Gebote sind als Grundlage der „scientia operandum" immer auf die Umsetzung im Alltag ausgerichtet und die Sakramente müssen empfangen werden, damit sie den Christen zur vollendeten Gottesgemeinschaft führen können. Die Katechese hat für Thomas daher immer eine praktische Ausrichtung, die auf die konkrete Lebensgestaltung zielt. Dazu ist aber die kognitive Vermittlung der vier Hauptstücke der Katechese notwendig.

4.3.3 Die wesentlichen Elemente der Katechese nach Robert Bellarmin

4.3.3.1 Die theologische Begründung der vier Hauptstücke der Katechese

Robert Bellarmin (1542–1621) gehört zu den führenden Theologen der Gegenreformation, dessen kontroverstheologische Schriften die Auseinandersetzung mit dem Protestantismus über viele Generationen hinweg maßgeblich bestimmten.[995]

---

[995] Zur Lebensgeschichte Robert Bellarmins vgl. *Gustavo Galeota*, Art. Bellarmin, Roberto (1542–1621), in: TRE Bd. 5 (1979–1980), 525–531; *Thomas Dietrich*, Die Theologie der Kirche bei Robert Bellarmin (1542–1621). Systematische Voraussetzungen des Kontroverstheologen (= KKTS 69), Paderborn 1999, 20–61; *ders.*, Roberto Bellarmino. Zwischen Tradition

4. Inhaltliche Mindestanforderungen an die Katechese

Während in der ersten Hälfte seines Wirkens die wissenschaftliche Beschäftigung mit den Anfragen der Reformation an die katholische Lehre im Mittelpunkt seines Wirkens stand[996], wurde der spätere Kurienkardinal in seiner zweiten Lebenshälfte ganz vom Tagesgeschäft der römischen Kurie in Anspruch genommen, so dass er sich den Ruf eines ‚Faktotums der Kurie' erwarb. Die katechetischen Werke des Robert Bellarmin entstanden am Beginn dieser zweiten Lebenshälfte. Auf Bitten von Papst Clemens VIII. erschien 1597 der Kleine Katechismus *„Dottrina cristiana breve da imparasi a mente"*[997]. Ein Jahr später folgte der Große Katechesimus *„Dichiarazione più copiosa della dottrina cristiana"*[998]. Während seiner kurzen Zeit als Erzbischof von Capua veröffentlichte Bellarmin 1604 die Schrift *„Explicatio symboli apostolici" („Dichiarazione del simbolo")*[999], in der er für katechetische Predigten die einzelnen Artikel des Glaubensbekenntnisses auslegte. Diese katechetischen Schriften fanden eine weite Verbreitung. So wurde der Kleine Katechismus 400mal aufgelegt und in 60 Sprachen übersetzt, wobei er vor allem in der Mission eingesetzt wurde.[1000] Die katechetischen Schriften Robert Bellarmins stehen in der Tradition von Augustinus und Thomas von Aquin, was nicht nur ihr formaler Aufbau deutlich macht[1001], sondern auch an der theologischen Begründung der vier Hauptstücke der Katechese, die diese Werke einleiten, ablesbar ist.

In der Einleitung zu seinem Kleinen Katechismus *„Dottrina cristiana breve da imparasi a mente"* begründet Bellarmin dessen inhaltlichen Aufbau mit der Heilsnotwendigkeit der vier Hauptstücke der Katechese und greift damit auf die Argumentation Thomas von Aquins zurück, der das Apostolische Glaubensbe-

---

und Neuanfang, in: Peter Walter/Martin H. Jung (Hg.), Theologen des 17. und 18. Jahrhunderts. Konfessionelles Zeitalter – Pietismus – Aufklärung, Darmstadt 2003, 35–53; *Rita Haub*, Robert Bellarmin und der Katechismus nach dem Tridentinum, in: Robert Bellarmin, Katechismen. Glaubensbekenntnis. Vater Unser, übers. u. hg. v. Andreas Wollbold, Würzburg 2008, 25–34.

[996] Das kontroverstheologische Hauptwerk Bellarmins ist die zwischen 1586 und 1593 in drei Bänden verfasste Schrift *Disputationes de controversiis christianae fidei adversus huius temporis haereticos (Robert Bellarmin,* Disputationes de controversiis christianae fidei adversus huius temporis haereticos, in: Robertus Bellarminus Opera omnia, hg. v. Justinus Fèvre, Bd.1–6, Paris 1870–1874 [Neudruck Frankfurt a. M. 1965]).

[997] *Robert Bellarmin,* Dottrina cristiana breve da imparasi a mente, Robertus Bellarminus Opera omnia, hg. v. Justinus Fèvre, Bd. 12, Paris 1870–1874 (Neudruck Frankfurt a. M. 1965), 257–282.

[998] *Robert Bellarmin,* Dichiarazione più copiosa della dottrina cristiana, in: Robertus Bellarminus Opera omnia, hg. v. Justinus Fèvre, Bd. 12, Paris 1870–1874 (Neudruck Frankfurt a. M. 1965), 283–337.

[999] Vgl. *Robert Bellarmin,* Explicatio symboli apostolici, in: S. Roberti Card. Bellarmini Opera oratoria postuma, hg. v. Sebastian Tromp, Bd. 10, Rom 1968, 87–157.

[1000] Vgl. *Haub,* Robert Bellarmin, 28.

[1001] Vgl. *Bellinger,* Katechismus, 1313.

4.3 Die Sakramentenkatechese in der kirchlichen Tradition

kenntnis und die Zehn Gebote als heilsnotwendiges explizites Glaubenswissen definiert.[1002] Mit Augustinus nimmt er dann auf die drei göttlichen Tugenden Bezug, um zu begründen, warum die vier Hauptstücke der Katechese unbedingt der katechetischen Vermittlung bedürfen.

„Beim Unterricht in der christlichen Lehre für einfache Menschen muss man auf zweierlei achten, die Notwendigkeit und die Fassungskraft. Aufgrund der Notwendigkeit muss man wenigstens vier Punkte in den Unterricht einbeziehen: Zunächst das Glaubensbekenntnis, um das zu wissen, was man glauben muss. Sodann das Vater Unser mit dem Englischen Gruß, um das zu wissen, was man hoffen muss und zu wem man Zuflucht nehmen muss, um es zu erlangen. […] Drittens die zehn Gebote Gottes zusammen mit den Kirchengeboten, die alle angehen, um das zu kennen, was man entsprechend der Liebe zu Gott und dem Nächsten tun muss. Schließlich die sieben Sakramente, die die Werkzeuge darstellen, die Gott dazu eingesetzt hat, die Gnade und die himmlischen Gaben zu erwerben, zu bewahren und wachsen zu lassen, insbesondere die göttlichen Tugenden von Glaube, Hoffnung und Liebe zusammen mit der Vergebung der Sünden."[1003]

Der Große Katechismus *„Dichiarazione più copiosa della dottrina cristiana"*, der 1598 erschien und als Modell für die Vorbereitung des katechetischen Unterrichts gedacht war, beginnt mit der Frage des Glaubensschülers, ihm das heilsnotwendige Glaubenswissen zu erklären: „Weil ich begreife, dass es notwendig ist, die christliche Lehre zu kennen, um gerettet zu werden, möchte ich, dass Sie mir

---

[1002] S.o. 286–290.

[1003] *Bellarmin*, Opera omnia 12, 259: „Nell' insegnare la dottrina cristiana alle persone semplici, conviene aver riguardo a due cose, alla necessità, ed alla capacità. Per causa della necessità, bisogna insegnar almeno quattro cose: Primo il simbolo della fede per sapere quello, che si ha da credere. Di poi l'orazione domenicale, con la salutazione angelica per sapere quello, che si ha da sperare, e da chi si ha da far ricorso per ottenerlo. […] Terzo i dieci comandamenti di Dio con quelli della Chiesa, che appartengono a tutti per sapere quello, che si à da operare, conforme alla carità di Dio, e del prossimo Finalmente i sette sagramenti, che sono gl'istrumenti che Dio ha istituiti per acquistare, conservare, ed accrescere la grazia ed i doni celesti, ed in particolare le virtù teologali, fede, speranza e carità, con la remissione de'peccati." Die Übersetzung ist entnommen *Robert Bellarmin*, Katechismen. Glaubensbekenntnis. Vater Unser, übers. u. hg. v. Andreas Wollbold, Würzburg 2008, 37.

Bellarmin betrachtet das Ave Maria nicht als selbständiges Hauptstück der Katechese, sondern sieht es stets in enger Verbindung mit dem Vaterunser, wie er es in seinem Großen Katechesimus darlegt. „Wenn wir deshalb das Gebet gesprochen haben, das Christus uns gelehrt hat, wenden wir uns an die Mutter, damit sie uns mit ihrer Fürbitten hilft, das auch zu erlangen, worum wir im Vater Unser gebetet haben. In ganz ähnlicher Weise empfehlen wir ja in dieser Welt, nachdem wir eine Bittschrift an den Fürsten gerichtet haben, diese Angelegenheit dem Einflussreichsten am Hof" (*Bellarmin*, Katechismen, 100). Bellarmin sieht im Ave Maria also kein fünftes Hauptstück der Katechese, sondern eine Bekräftigung des Vaterunsers. Das Vaterunser ist das Grundgebet, das in das christliche Beten einführt.

erklären, was diese Lehre ist."[1004] Im weiteren Verlauf der Einleitung begründet der Lehrer die vier Hauptstücke der Katechese mit den drei göttlichen Tugenden.

„Weil es drei Haupttugenden gibt: Glaube, Hoffnung und Liebe. Das Glaubensbekenntnis ist notwendig für den Glauben, weil es uns lehrt, was wir glauben müssen. Das Vater Unser ist notwendig für die Hoffnung, weil es uns das lehrt, was wir hoffen müssen. Die zehn Gebote sind notwendig für die Liebe, weil sie uns das lehren, was wir tun müssen, um Gott zu gefallen. Die Sakramente sind notwendig, weil sie die Werkzeuge sind, mit denen man die Tugenden empfängt und bewahrt, die wie gesagt notwendig sind, um gerettet zu werden."[1005]

Mit dem sehr einprägsamen Bild vom Hausbau, das er von Augustinus übernimmt, schließt Bellarmin in seinem Großen Katechismus die Begründung der Notwendigkeit der vier Hauptstücke der Katechese ab und ermutigt die Glaubensschüler, im eigenen Leben das „Gebäude des Heils" zu errichten, indem sie das grundlegende Glaubenswissen erlernen.

„Der hl. Augustinus gibt uns den Vergleich mit einem Haus. Denn wie man beim Hausbau zuerst das Fundament legen, dann die Wände hochziehen und es am Ende mit einem Dach bedecken muss und wie man dazu einige Werkzeuge benötigt, so braucht man, um in der Seele das Gebäude des Heils zu errichten, das Fundament des Glaubens, die Mauern der Hoffnung, das Dach der Liebe sowie Werkzeuge dazu, nämlich die heiligen Sakramente."[1006]

Dieser kurze Überblick über die einleitende Begründung der vier Hauptstücke der Katechese in den beiden Katechismen Bellarmins macht die theologische Abhängigkeit von Augustinus und Thomas von Aquin deutlich, die sich in vier Punkten zusammenfassend darstellt:

[1004] *Bellarmin*, Opera omnia 12, 283: „Poichè intendo, che è necessario saper la dottrina Cristiana per salvarsi, desidero, che mi dichiariate, che cosa sia questa dottrina." Die Übersetzung ist ent-nommen *Bellarmin*, Katechismen, 65.

[1005] Ebd.: „Perchè tre sono le virtù principali, fede, speranza, e carità. Il Credo è necessario per la fede: perchè c'insegna quello, che abbiamo da credere. Il Pater noster è necessario per la speranza; perchè c'insegna quello, che abbiamo da sperare. Li dieci comandamenti sono necessari per la carità; perchè c'insegnano quello, che abbiamo da fare per piacer a Dio. I Sacramenti sono necessari, perchè sono gli strumenti, con i quali si ricevono e conservano le virtù, le quali abbiamo detto esser necessarie per salvarsi." Die Übersetzung ist entnommen *Bellarmin*, Katechismen, 65.

[1006] Ebd.: „ Santo Agostino ci dà la similitudine della casa; perchè siccome per far una casa è necessario metter prima il fondamento, e poi alzar le mura, ed alla fine coprirla col tetto: e per far queste cose ci bisognano alcuni strumenti: e così per fare nell'anima l'edifizio della salute, ci bisogna il fondamento della fede, le mura della speranza, il tetto della carità, e gl'istrumenti, che sono i santissimi Sacramenti." Die Übersetzung ist entnommen *Bellarmin*, Katechismen, 65.

- . Mit Thomas von Aquin geht Bellarmin von der Heilsnotwendigkeit eines expliziten Glaubenswissens aus und bestimmt die vier Hauptstücke der Katechese als dessen Inhalt. [1007]
- Wie im *Enchiridion ad Laurentium de fide, spe et caritate* Augustins werden das Glaubensbekenntnis, das Vaterunser und die Zehn Gebote von den drei theologischen Tugenden hergeleitet und als kurzer, aber dennoch allumfassender und grundlegender Ausdruck dessen betrachtet, was Christen zu glauben, zu hoffen und in Liebe zu tun haben.[1008]
- Die Sakramente sind die Werkzeuge, mit deren Hilfe man diese theologischen Tugenden erreicht. Hier sind deutliche Anklänge an die thomasische Sakramentenlehre erkennbar, die den werkzeuglichen Charakter der Sakramente für das christliche Leben, dessen Aufbau und Vollendung herausstellt.[1009]
- Die Bestimmung des Glaubensbekenntnisses als „scientia credendorum", des Vaterunsers als „scientia desiderandorum" und der Zehn Gebote als „scientia operandorum", die Thomas vornimmt[1010], greift Bellarmin ebenfalls in der Begründung der vier Hauptstücke der Katechese auf.

In seinen beiden Katechismen begründet Bellarmin so die Heilsnotwendigkeit der vier Hauptstücke der Katechese auf leicht verständliche Weise und nennt nur die wesentlichen Argumente ohne eine weitere theologische Erklärung oder den Verweis auf seine Quellen. Durch die Zielsetzung, praktische Werke für den katechetischen Unterricht zu schaffen, ist dieser Verzicht auf eine ausführliche theologische Begründung sehr verständlich, da Bellarmin auch Laien als Leser im Blick hat.

Die einführenden Bemerkungen zu seiner Erklärung des Glaubensbekenntnisses wenden sich dagegen zunächst an die Pfarrer der Diözese Capua, die diese Erklärung als Predigthilfe oder Predigtersatz an Hochfesten verwenden sollen, indem sie den zum Fest passenden Abschnitt vortragen.[1011] Aufgrund dieses Adressatenkreises geht Bellarmin ausführlich in seinem Vorwort darauf ein, warum die explizite Kenntnis des Glaubensbekenntnisses für alle Christen heilsnotwendig ist. Bellarmin bezeichnet das Glaubensbekenntnis als „kurze Zusammenfassung dessen, was Gott in der Heiligen Schrift durch die Apostel und Propheten zu offenbaren sich entschlossen hat"[1012]. Die Apostel selbst haben alles, was an heilsnot-

---

[1007] S.o. 286–290.
[1008] S.o. 275–276.
[1009] S.o. 282–283.
[1010] S.o. 277.
[1011] Vgl. *Bellarmin*, Opera oratoria postuma 10, 88; *Bellarmin*, Katechismen, 209.
[1012] *Bellarmin*, Opera oratoria postuma 10, 88: „...summa quaedam brevis earum rerum, quas Deus in Scripturis Sanctis revelare dignatus est per Apostolos et Prophetas." Die Übersetzung ist entnommen *Bellarmin*, Katechismen, 209.

4. Inhaltliche Mindestanforderungen an die Katechese

wendigem Wissen in der Schrift enthalten ist, in den zwölf kurzen Sätzen des Symbolums zusammengefasst, damit jeder Mensch das heilsnotwendige Glaubenswissen empfangen kann.[1013] Dies begründet Bellarmin nun auch mit einem ausdrücklichen Verweis auf die Darlegungen des Thomas von Aquin in der *Summa theologiae*[1014]: „Dieser implizite und allgemeine Glaube hat seinen Platz bei den Gegenständen, die jeder einzelne nicht explizit glauben muss. Die Teile dieses Glaubensbekenntnisses dagegen muss hingegen ausnahmslos jeder explizit glauben, wie der hl. Thomas in der *Summa Theologica* (II-II qu. 2, art. 5) lehrt."[1015]

Für Bellarmin ist die Kenntnis des Glaubensbekenntnisses darüber hinaus die notwendige Voraussetzung, um für den Sakramentenempfang recht disponiert zu sein:

„Es wäre sehr nützlich, wenn das, was bei der Taufe geschieht, auch bei den übrigen Sakramenten erfolgen würde: dass nämlich jemand, der das Glaubensbekenntnis nicht gelernt hätte, auch nicht zum Sakrament der Firmung, der Eucharistie, der Buße, der Weihe, der Ehe oder der Letzten Ölung zugelassen würde. Alle Sakramente sind nämlich dazu eingesetzt, dass sie als Mittel der göttlichen Barmherzigkeit und der Passion des Herrn die Gnade Gottes mitteilen. Die Gnade erfordert die ihr vorausgehenden Einstellungen, die gemäß der Lehre des *Allgemeinen Konzils* die Akte von Glaube, Hoffnung und Liebe sind. Wie kann jedoch jemand glauben, hoffen und lieben, der nicht weiß, was zu glauben, zu hoffen und zu lieben ist? Das ist auch der Grund, warum viele dazu verpflichtet sind, sich Mühe zu geben, dass diejenigen, die getauft werden, die Grundlagen des Glaubens erlernen […]."[1016]

Bellarmin erklärt im Anschluss an das Konzil von Trient[1017] Glaube, Hoffnung und Liebe zu notwendigen Voraussetzungen für den rechten Empfang eines jeden

---

[1013] Vgl. *Bellarmin*, Opera oratoria postuma 10, 88; *Bellarmin*, Katechismen, 209–210.
[1014] S.o. 286–287.
[1015] *Bellarmin*, Opera oratoria postuma X, 89: „Ista enim fides implicita et generalis locum habet in illis rebus, quas non tenentur singuli explicite credere; huius autem symboli partes tenentur omnes et singuli credere plane explicite, ut S. Thom. In 2ª parte 2ae partis *Summae* suae *Theologicae* docet q. 2, art. 5." Die Übersetzung ist entnommen *Bellarmin*, Katechismen, 210.
[1016] Opera oratoria postuma X, 89. „Et quod fit in Baptismo, omnino utiliter fieret in Sacramentis caeteris, ut videlicet non admitterentur ad Sacramentum confirmationis vel Eucharistiae vel poenitentiae, vel ordinis, vel matrimonii, vel extremae unctionis, qui symbolum fidei non didicissent. Siquidem Sacramenta omnia ad hoc instituta sunt, ut gratiam Dei conferant, ut instrumenta divinae misericodiae et passionis Dominicae. Gratia vero dispositiones suas praecedentes requirit, quae sunt ex doctrina *Concilii Generalis*, actus fidei, spei, dilectionis. Quomodo autem potest credere, sperare, diligere, qui nescit quid sit credendum, sperandum, diligendum? Atque haec est causa, cur multi teneantur dare operam, ut qui baptizantur, rudimenta fidei addiscant […]." Die Übersetzung ist entnommen *Bellarmin*, Katechismen, 210–211.
[1017] Vgl. DH 1526. Das Trienter Konzil beschreibt hier im Rechtfertigungsdekret die Wirkung der helfenden Gnade, die sich im Akt des Glaubens, der Hoffnung und der Liebe in Bezug auf Gott zeigt und dann zum Empfang des Taufsakramentes führt.

Sakraments. Diese drei theologischen Tugenden setzen jedoch eine Kenntnis des Glaubensbekenntnisses voraus. Erneut wird hier die theologische Nähe zu Thomas von Aquin sichtbar, für den der Glaube als kognitiver Akt immer an explizit gewusste Glaubensinhalte gebunden ist.[1018] Die Gnade Gottes, d.h. die Gemeinschaft mit Gott durch die Sakramente, ist daher ohne ein Mindestwissen im Glauben nicht möglich. Glaube als personale Gemeinschaft mit Gott („fides qua") setzt ein Mindestwissen an Glaubensinhalten („fides quae") voraus. Die enge Verbindung von Glaubensbekenntnis und Sakrament hat einen weiteren Grund im Kirchenbegriff Bellarmins, der durch die drei *vincula,* nämlich Glaubensbekenntnis *(vinculum symboli),* Sakramentenempfang *(vinculum liturgicum)* und kirchlicher Gehorsam *(vinculum hierachicum),* bestimmt wird.[1019] Jedes dieser drei *vincula* ist zur vollen Zugehörigkeit zur Kirche, die ja durch den Empfang der Sakramente ausgedrückt wird, notwendig.

Dieser kurze Vergleich der Einleitungen der katechetischen Schriften Robert Bellarmins hat die Abhängigkeit seiner theologischen Begründung der vier Hauptstücke der Katechese von Augustinus und Thomas von Aquin gezeigt. Bellarmin liefert keine völlig neue systematisch-theologische Herleitung dieser vier grundlegenden Elemente des Glaubensunterrichts, sondern greift auf die theologischen Einsichten der beiden Autoritäten zurück. Mit Thomas macht Bellarmin deutlich, dass es heilsnotwendig ist, über die Artikel des Apostolischen Glaubensbekenntnisses einen expliziten Glauben zu haben. Mit Augustinus und Thomas sieht er das Glaubensbekenntnis, das Vaterunser und die Zehn Geboten als die exemplarische Verwirklichung der theologischen Tugenden von Glaube, Hoffnung und Liebe. Das heilsnotwendige Wissen um die Sakramente wird mit deren werkzeuglichem Charakter in Bezug auf die göttliche Gnade begründet, wobei sich diese Argumentation vor allem auf Thomas stützt. Entscheidender als die theologische Begründung ist bei Bellarmin die praktische Umsetzung der vier Hauptstücke der Katechese, die er in seinen beiden Katechismen vornimmt. Anhand eines Vergleiches der beiden Katechismen soll nun das katechetische Profil Bellarmins aufgezeigt werden.

4.3.3.2 Die beiden Katechismen

Bei dem Kleinen Katechismus „*Dottrina cristiana breve da imparasi a mente*" handelt es sich, wie schon im Titel angegeben, um eine kurze Zusammenfassung des christlichen Glaubens, die zum Auswendiglernen durch den Glaubensschüler

---

[1018] S.o. 285–286.
[1019] Vgl. *Dietrich*, Theologie der Kirche, 469–488. Dabei geht es Bellarmin nicht nur darum, äußerliche Kennzeichen der Kirchenzugehörigkeit aufzustellen, sondern er hat genauso die innere Verbindung des Gläubigen mit Jesus Christus und seiner Kirche im Blick, die sich in den drei sichtbaren *vincula* widerspiegelt.

und zum anschließenden Abfragen durch den Pfarrer oder einen anderen katechetischen Lehrer gedacht ist. Bellarmin fügt im Kleinen Katechismus den heilsnotwendigen vier Hauptstücken der Katechese noch einige Lernstücke hinzu, die er als nützlich erachtet, um die notwendigen Lerninhalte besser zu verstehen, und die einfach genug sind, um die Glaubensschüler nicht zu überfordern: die Kardinaltugenden, die Gaben des Heiligen Geistes, die Werke der Barmherzigkeit, die Hauptsünden, die vier letzten Dinge und der Rosenkranz.[1020] So ergibt sich für den Kleinen Katechismus folgende Gliederung:[1021]

- Erste Stunde: das Ziel des Christen und das heilige Kreuzzeichen; die Erklärung des Glaubensbekenntnisses.
- Zweite Stunde: Erklärung des Vaterunsers und des „Gegrüßet seist du, Maria".
- Dritte Stunde: die Gebote Gottes; die Kirchengebote und die Räte; die Sakramente.
- Vierte Stunde: die göttlichen Tugenden und die Kardinaltugenden; die Gaben des Heiligen Geistes; die Werke der Barmherzigkeit; die Sünden; die vier letzten Dinge und der Rosenkranz.

An diese grundlegende Einführungskatechese schließen sich der Lernstoff für die Firmkatechese und die Eucharistiekatechese an:

- Unterricht für den, der gefirmt werden soll, und was er dafür wissen soll.
- Unterricht über die Sakramente: Die Beichte; die Eucharistie.
- Anleitung zum Ministrieren; Gebete und Gesänge.

Die einzelnen Kapitel des Kleinen Katechismus fassen das Wissen über die vier Hauptstücke der Katechese und die übrigen nützlichen Glaubensinhalte in einfachen, nur auf das Wesentliche konzentrierten Merksätzen zusammen und stellen überschaubare Lerneinheiten dar. Die einzelnen Lernkapitel beginnen meist mit einer allgemeinen Definition der behandelten Glaubenswahrheit, deren einzelne Elemente dann dargelegt werden, bevor Bellarmin weitere Präzisierungen, Anwendungen und Verständnishilfen bietet. Der Aufbau führt also vom Einfachen und Allgemeinen zum Komplexen und Differenzierten.[1022]

Der Kleine Katechismus ist von den Aspekten der Vollständigkeit, der Wesentlichkeit, der Anschaulichkeit und der Ausrichtung auf den praktischen Vollzug geprägt.

Die Vollständigkeit in Bezug auf die Lehre von Glaubensbekenntnis, Vaterunser, Zehn Geboten und Sakramenten zeigt sich darin, dass Bellarmin keinen

---

[1020] Vgl. *Bellarmin*, Opera omnia 12, 259; *Bellarmin*, Katechismen, 37.
[1021] Vgl. *Bellarmin*, Opera omnia 12, 257–282; *Bellarmin*, Katechismen, 37–63. Bei der Anleitung zum Ministrieren, den Gebeten und Gesängen handelt es sich teilweise wohl um spätere Zusätze.
[1022] Vgl. *Andreas Wollbold*, Bellarmins Katechismen und Auslegungen zum Glaubensbekenntnis und zum Vater Unser, in: Robert Bellarmin, Katechismen. Glaubensbekenntnis. Vater Unser, übers. u. hg. v. Andreas Wollbold, Würzburg 2008, 11–24, hier 21.

4.3 Die Sakramentenkatechese in der kirchlichen Tradition

Glaubensartikel und kein Sakrament bei der Erklärung übergeht. Es wird nicht mit Blick auf das Lebensalter von Kindern und Jugendlichen z.B. das Sakrament der Krankensalbung (‚Letzte Ölung') ausgelassen oder auf theologische Grundbegriffe wie ‚Dreifaltigkeit' oder ‚Person' im Zusammenhang mit der Trinitätslehre verzichtet. Dies liegt darin begründet, dass das Kriterium der Heilsnotwendigkeit seinen Maßstab an der Objektivität der Offenbarung nimmt und nicht auf abgeleitete Gestaltungsprinzipien wie Tod und Auferstehung Jesu als Zentrum der Heilsgeschichte, Vermittlung wichtiger biblischer Geschichten oder die Orientierungen an menschlichen Grunderfahrungen zurückgreift.[1023] Bei allem Bemühen um Vollständigkeit erkennt Bellarmin jedoch auch die Notwendigkeit der didaktischen Reduktion, da er die Fassungskraft auch einfacher Schüler nicht überfordern möchte und kein theologisches Kompendium verfassen will. Bellarmin verzichtet daher auf theologische Differenzierungen und schwierige Begrifflichkeiten, wie z.B. den Lernsatz zum 3. Artikel des Apostolischen Glaubensbekenntnisses, „Empfangen durch den Heiligen Geist, geboren von der Jungfrau Maria", zeigt: „Ich glaube, dass Jesus Christus nicht nur wahrer Gott ist, sondern auch wahrer Mensch. Denn er hat durch die Kraft des Heiligen Geistes aus der unbefleckten Jungfrau Maria Fleisch angenommen. Auf diese Weise wurde er auf Erden von einer Mutter ohne Vater geboren, so wie im Himmel von einem Vater ohne Mutter."[1024] Die Glaubensschüler müssen hier nicht Aussagen zur hypostatischen Union auswendiglernen, sondern nur die schlichte Erklärung des Glaubensartikels, die durch die Gegenüberstellung von der ewigen Zeugung des Sohnes aus dem Vater und seiner Menschwerdung aus der Jungfrau Maria sehr anschaulich wird.

Die Orientierung am heilsnotwendigen Glaubenswissen führt aber nicht zu einer Ausblendung der Lebenswirklichkeit des Glaubensschülers, sondern zu einer Synthese von Objektivität der Offenbarung und ihrer subjektiven Aneignung. „Diese Synthese ist nun keineswegs als ein Nacheinander von Inhalt und Vermittlung gedacht – zuerst die Offenbarung, dann die Frage, wie sie Lernenden beizubringen ist –, sondern beide verschmelzen zu einem Ganzen."[1025] Der konkrete Vollzug des Glaubenswissens im Subjekt, um die Tugenden von Glaube, Hoffnung und Liebe zu erlangen, bestimmt stets die Darlegung des Lernstoffes. Bellarmin versucht die Glaubensschüler zum Auswendiglernen der vier Hauptstücke der Katechese zu motivieren, indem er auf die Bedeutung für das tägliche Leben hinweist. So lautet die Antwort auf die Frage nach der Kenntnis des Vater-

---

[1023] Vgl. ebd. 20.
[1024] *Bellarmin*, Opera omnia 12, 262: „Io credo che Gesù Cristo, non solamente sia vero Dio, ma ancora vero uomo, perchè ha preso carne umana dall'immacolata Vergine Maria, per virtù dello Spirito santo, e così è nato in terra di madre senza padre, siccome in cielo era nato di padre senza madre." Die Übersetzung ist entnommen *Bellarmin*, Katechismen, 41.
[1025] *Wollbold*, Bellarmins Katechismen, 20.

unsers: „Ich kann es sehr gut, denn es ist das erste, was ich gelernt habe. Ich spreche es jeden Morgen und jeden Abend zusammen mit dem Gegrüßet seist du, Maria und dem Glaubensbekenntnis."[1026] Immer wieder hebt Bellarmin das Heil des Menschen hervor, das das Wissen um die „vier Hautstücke der Katechese" voraussetzt. So lautet die Schülerantwort zum zwölften Artikel des Glaubensbekenntnisses: „Ich glaube, dass es für die guten Christen ein ewiges Leben voll Glück jeder Art und frei von jeglichem Übel gibt. Ebenso gibt es umgekehrt für die Ungläubigen und für die bösen Christen den ewigen Tod voll von Elend jeder Art und ohne irgendein Gut."[1027] Hier werden Parallelen zur weisheitlichen Konzeption des Lernens im Alten Testament sichtbar, wo der Glaubensschüler auch zur Entscheidung für ein Leben mit der Weisheit aufgerufen wird. Die Lebensrelevanz des Glaubenswissens wird bei Bellarmin wie im Buch der Weisheit mit der Stillung der Sehnsucht des Menschen nach Glück und Heil begründet.

Trotz seiner Knappheit zeichnet sich der Kleine Katechismus des Robert Bellarmin durch große Anschaulichkeit aus. Dies zeigt schon in der ersten Unterrichtsstunde, in der er anhand des Kreuzzeichens die beiden grundlegenden und unterscheidenden christlichen Glaubenswahrheiten der Trinität und der Erlösung des Menschen durch Jesus Christus zeigt. Ohne die theologischen Inhalte zu verkürzen, erhalten diese beiden wesentlichen Aussagen des Christentums viel Anschaulichkeit und Relevanz für das alltägliche christliche Leben. Bellarmin liefert hier ein gelungenes Beispiel für eine christliche Symboldidaktik, die bewusst auf die Liturgie und die Volksfrömmigkeit zurückgreift.

„L [sc. Lehrer]: Wie sind diese beiden Geheimnisse im heiligen † Kreuzzeichen enthalten?

S [sc. Schüler]: Weil man das heilige Kreuzzeichen so macht:

Zuerst führt man die rechte Hand zur Stirn und sagt: ‚Im Namen des Vaters', dann an die Brust mit den Worten ‚und des Sohnes', schließlich von der linken zur rechten Seite mit den Worten ‚und des Heiligen Geistes. Amen.'

L: Wie zeigt sich darin also das erste Geheimnis, das der allerseligsten Dreifaltigkeit?

S: Weil das Wort ‚im Namen' die Einheit bedeutet und die übrigen Worte die Dreifaltigkeit.

L: Zeigt ihr jetzt auch das zweite Geheimnis?

[1026] *Bellarmin*, Opera omnia 12, 263: „Lo so benissimo, perchè questa è la prima cosa che ho imparato, e lo dico ogni mattina ed ogni sera, insieme con l'Ave Maria e con il Credo." Die Übersetzung ist entnommen *Bellarmin*, Katechismen, 43.

[1027] *Bellarmin*, Opera omnia 12, 262–263: „Io credo, che per i buoni cristiani vi è la vita eterna piena di ogni felicità e libera da ogni sorte di male: come al contrario per gl'infedeli, e per i mali cristiani vi è la morte eterna colma di ogni miseria, e priva di ogni bene." Die Übersetzung ist entnommen *Bellarmin*, Katechismen, 42–43.

4.3 Die Sakramentenkatechese in der kirchlichen Tradition

S: Das Aussehen des † Kreuzzeichens stellt den Tod des Heilands vor Augen. Er wurde Mensch, zeigte mit Lehren, Beispielen und Wundern den Weg zum Heil und starb schließlich am heiligen Holz des Kreuzes."[1028]

Die praktische Ausrichtung des katechetischen Unterrichts verstärkt die Anschaulichkeit und Lebensrelevanz des Kleinen Katechismus. Dies wird vor allem in den Abschnitten über die Firmung sowie die Beichte und die Eucharistie sichtbar. So geht Bellarmin bei der Firmung neben dem Ritus und der geistlichen Disposition darauf ein, welche leibliche Disposition der Firmling besitzen muss: Sie besteht für Bellarmin in einer angemessenen Kleidung und ordentlicher Körperpflege.[1029] Bei der Beichte legt Bellarmin genau dar, welche Sünden in welcher Form zu beichten sind und wie das Bekenntnis bei der Beichte zu erfolgen hat. Auch die Frage, wann das Bußwerk verrichtet werden soll, wird nicht ausgespart.[1030] Beim Sakrament der Eucharistie räumt Bellarmin den Fragen nach einer würdigen Form des Kommunionempfangs und einem entsprechenden Verhalten nach dem Kommunionempfang breiten Raum ein.[1031] Durch diese konkreten Anweisungen bezüglich des Empfangs der Sakramente will Bellarmin dem Glaubensschüler Sicherheit geben, ihm die Angst vor falschem Verhalten nehmen und ihn so zu einem wirklich geistlichen Empfang der Sakramente hinführen. Letztlich gründet die praktische Ausrichtung des Kleinen Katechismus darin, die Tugenden von Glaube, Hoffnung und Liebe zum Maßstab der didaktischen Reduktion zu machen. Damit ist für Bellarmin immer die Frage gegeben, wie der Glaubensschüler das dargelegte Glaubenswissen so in sein Leben umsetzen kann, dass es zur Ausbildung und zum Wachstum dieser theologischen Tugenden kommt. Bellarmin belässt es daher nicht bei einer rein kognitiven Aneignung des Lernstoffs, sondern strebt den praktischen Vollzug des Glaubenswissens im alltäglichen Leben an.

[1028] Opera omnia 12, 261: „M. Como sono rinchiusi questi due misteri nel segno della santa † Croce?
D. Perchè il segno della santa † Croce si fa mettendo prima la mano destrat al capo, dicendo, Del nome del Padre: poi sotto al petto, dicendo, E del Figliuolo: finalmente della spalla sinistra alla destra, dicendo, E dello Spirito santo. Amen.
M. Como dunque si mostra quì il primo mistero della santissima Trinità.
D. Perchè quella parola (in nome) significa l'unità, e le altre parole significano la Trinità.
M. Mostrate ora il secondo?
D. La figura della † Croce rappresenta la morte del Salvatore, il quale dopo essersi fatto uomo, ed avere insegnato la via della salute, con dottrine, con esempi, e con miracoli, morì nel santo legno della Croce."
Die Übersetzung ist entnommen *Bellarmin*, Katechismen, 39–40.

[1029] Vgl. *Bellarmin*, Opera omnia 12, 269; *Bellarmin*, Katechismen, 57.

[1030] Vgl. *Bellarmin*, Opera omnia 12, 269–270; *Bellarmin*, Katechismen, 57–61.

[1031] Vgl. *Bellarmin*, Opera omnia 12, 271; *Bellarmin*, Katechismen, 62–63.

Der Große Katechismus „*Dichiarazione più copiosa della dottrina cristiana*" übernimmt mit ganz geringen Erweiterungen den Aufbau des Kleinen Katechismus.[1032] Die Gestaltungsprinzipien des Kleinen Katechismus, nämlich Vollständigkeit des Inhalts, Einbeziehung der Lebenswirklichkeit des Glaubensschülers, Anschaulichkeit der Erklärungen und die praktische Ausrichtung des Lernstoffs, finden sich ebenfalls im Großen Katechismus. Der wesentliche Unterschied besteht in der unterschiedlichen Zielsetzung der beiden Katechismen. Der Kleine Katechismus, der zum Auswendiglernen gedacht ist, dient, wie die entsprechenden Kapitel an seinem Ende zeigen, der Vorbereitung auf den Empfang der Sakramente von Firmung, Erstbeichte und Erstkommunion. Dieser Katechismus richtet sich somit vor allem an Kinder und Jugendliche, die erstmalig in den Glauben und das sakramentale Leben eingeführt werden sollen, und will das grundlegende Glaubenswissen bieten, ohne damit einen Schüler intellektuell zu überfordern.[1033] Die damit verfolgte Zielsetzung beschreibt Wollbold so: „Vielmehr regt der Vortrag der Lehre im Kleinen Katechismus die Schüler zur eigenen Auseinandersetzung an, die dann mit Hilfe des Großen Katechismus dazu dient, den Glauben der Kirche im Sinne eines ‚intellectus fidei' tiefer zu verstehen."[1034] Der Große Katechismus bietet daher eine ausführliche Darlegung des Glaubens, die die Grundkenntnisse des Glaubens und ein entwickeltes Reflexionsniveau voraussetzt. Er wendet sich an den Glaubenslehrer, der hier eine ausführliche Modellkatechese findet, die ihm als Hilfe für die Vorbereitung seines eigenen Glaubensunterrichts dienen kann, und an den Glaubensschüler, der sich im Selbststudium die Fragen beantworten möchte, die sich aus dem erlernten Glaubenswissen ergeben.[1035] Der Unterschied zwischen den beiden Katechismen besteht also nicht in der Ausweitung der behandelten Glaubensthemen im Großen Katechismus, sondern in der Vertiefung der geistigen Durchdringung des heilsnotwendigen Glaubens.

Die unterschiedliche Zielsetzung der beiden Katechismen Bellarmins zeigt sich schon in ihrem formalen Aufbau. Im Kleinen Katechismus stellt der Lehrer die Fragen und der Glaubensschüler antwortet mit dem gelernten Grundwissen über den Glauben. Im Großen Katechismus sind es die Fragen des Schülers, die vom Lehrer des Glaubens eine Antwort verlangen. Ausgangspunkt ist das Interesse des Kindes oder Jugendlichen, den Glauben besser zu verstehen und intellektuell zu durchdringen. Der Lehrer versucht mit seinen Antworten die Fragen seiner Schüler möglichst umfassend und verständlich zu erklären.

[1032] Einen guten Vergleich des Aufbaus von Kleinem und Großem Katechismus bietet *Wollbold*, Bellarmins Katechismen, 19.
[1033] Vgl. ebd. 22.
[1034] *Wollbold*, Bellarmins Katechismen, 22.
[1035] Vgl. ebd.

4.3 Die Sakramentenkatechese in der kirchlichen Tradition

Wie Bellarmin im Großen Katechismus seine Glaubensschüler zu einem vertieften intellektuellen Verstehen der grundlegenden Glaubenswahrheiten führt, soll anhand der Erklärung des Kreuzzeichens aufgezeigt werden. Während sich der Kleine Katechismus bei dieser Thematik auf ganz knappe Aussagen beschränkt, nutzt der Große Katechismus das Symbol des Kreuzzeichens, um einen ersten umfassenden Überblick über die christliche Lehre zu geben.[1036] Ausgangspunkt ist dabei die Frage des Glaubensschülers, was die grundlegenden Wahrheiten des christlichen Glaubens seien. Die Erklärung des Katecheten, dass die zwei grundlegenden Wahrheiten des Glaubens die Einheit und Dreifaltigkeit Gottes und die Menschwerdung und der Tod des Erlösers seien, löst die weitere Frage aus, was denn die Begriffe ‚Einheit' und ‚Dreifaltigkeit' in Bezug auf Gott bedeuten. Bellarmin gibt im Folgenden eine erste vorläufige Antwort auf diese Frage, die zwar schon wesentliche Begriffe der christlichen Gotteslehre nennt und erklärt, aber auch darauf hinweist, dass es sich hierbei um ein sehr großes und schwieriges Glaubensgeheimnis handelt, das später noch ausführlich behandelt werden muss.[1037] Das Prinzip der ständig wachsenden geistigen Durchdringung der Glaubenslehre wird somit auch innerhalb des Großen Katechismus angewandt. So erfolgt in der Erklärung des ersten Glaubensartikels eine Darlegung des Wesens Gottes, das seine Einheit und Allmacht verdeutlicht.[1038] Der Abschnitt zum zweiten Glaubensartikel entfaltet dann durch den Vergleich mit dem Spiegelbild des Menschen die Beziehung von Vater und Sohn innerhalb der Trinität.[1039] In Bellarmins Ausführungen zum achten Glaubensartikel erfährt die Erklärung der Dreifaltigkeit ihren Abschluss.[1040]

Bei der ausführlichen Vermittlung der Glaubenslehre in seinem Großen Katechismus möchte Bellarmin das Interesse der Kinder und Jugendlichen am Verstehen des Glaubens wecken. Bellarmin geht davon aus, dass es ein wirkliches Interesse der systematischen Darlegung des Glaubens gibt. Durch das Erlernen des Kleinen Katechismus haben die Glaubensschüler die Heilsnotwendigkeit der vier Hauptstücke der Katechese erkannt. Aus diesem ersten Überblick ergeben sich nun Fragen, die Bellarmin nicht ignoriert, sondern zur weiteren Darlegung des Glaubens und als Motivation zur Entwicklung eines reflektierten Glaubens nutzt.

[1036] Vgl. *Bellarmin*, Opera omnia 12, 283–285; *Bellarmin*, Katechismen, 66–68.

[1037] *Bellarmin*, Opera omnia 12, 283–284: „M. Queste sono cose altissime, e pian piano si anderanno dichiarando nel progresso della dottrina; ma per ora basterà imparar i nomi, ed intender quel poco, che si potrà." – "Diese Dinge sind überaus erhaben, und sie werden nach und nach im Lauf dieser Lehre erklärt. Fürs erste wird es genügen, wenn ihr die Bedeutung der Worte kennenlernt und etwas Weniges davon, so weit es möglich ist, versteht." (*Bellarmin*, Katechismen, 66).

[1038] Vgl. *Bellarmin*, Opera omnia 12, 285–286; *Bellarmin*, Katechismen, 68–70.

[1039] Vgl. *Bellarmin*, Opera omnia 12, 286; *Bellarmin*, Katechismen, 70–71.

[1040] Vgl. *Bellarmin*, Opera omnia 12, 293–294; *Bellarmin*, Katechismen, 82–84.

304   *4. Inhaltliche Mindestanforderungen an die Katechese*

Bellarmin geht davon aus, dass sich wirklich weiterführende Fragen des Schülers erst aus dem Erfassen des ganzen heilsnotwendigen Glaubens ergeben.

Trotz der ausführlichen Darlegung des Glaubens verzichtet Bellarmin dabei auch im Großen Katechismus nicht auf die Anschaulichkeit der Darstellung. Er gebraucht viele Bilder und Vergleiche, um seine Ausführungen möglichst leicht verständlich und einprägsam zu machen, und erweist sich so als echter Meister der Didaktik.[1041] Einige Beispiele für diese gekonnte Darstellung des Glaubens seien genannt: das Bild vom Haus, das durch Glaube, Hoffnung und die Sakramente errichtet wird, wurde bereits erwähnt (Kapitel 1)[1042]; das Bild des Spiegels dient Bellarmin zur Erklärung der Einheit im Wesen und der Verschiedenheit der Personen in Bezug auf die Trinität (Kapitel 3, Artikel 2)[1043]; die jungfräuliche Empfängnis Mariens vergleicht Bellarmin mit dem Wachsen des Korns am Beginn der Schöpfung, ohne dass die Erde zuvor gepflügt, besät, bewässert oder erwärmt worden wäre (Kapitel 3, Artikel 3)[1044]; so wie der Purpurumhang eines König seinen Platz mit dem König auf dem Thron hat, so ist die Menschheit Christi mit der Gottheit Christi bei der Himmelfahrt erhöht worden (Kapitel 3, Artikel 6)[1045]; die Trias von Quelle, Fluss und See dient als Vergleich für die Einheit und Verschiedenheit von Gott Vater, Sohn und Heiliger Geist (Kapitel 3, Artikel 8)[1046]; das Schicksal von Lots Frau, die zur Salzsäule erstarrte, aber die gleiche äußere Gestalt behielt, wird zum Bild für die eucharistische Wandlung (Kapitel 9, Eucharistie)[1047]; Tugend ist für Bellarmin wie die Beherrschung eines Musikinstrumentes, das jemand scheinbar mühelos zu spielen versteht (Kapitel 10)[1048].

Die kurze Darstellung der beiden Katechismen lässt Bellarmin Größe als katechetischer Lehrer erkennen. Er vermag anschaulich und bildreich selbst schwierigste Glaubenswahrheiten zu vermitteln. Die bedeutendste Leistung Bellarmins in seinen beiden Katechismen ist jedoch die Synthese von Vollständigkeit des heilsnotwendigen Glaubenswissens und Orientierung am Subjekt, die ihm bei der Glaubensvermittlung gelingt. „Denn sie [sc. die Frage nach dem Heilsnotwendigen] nimmt ihren Ausgangspunkt in der Objektivität der Offenbarung, konzentriert das dabei Vorgelegte aber auf den Vollzug von Glauben, Hoffnung und Liebe im Subjekt."[1049] Korrelation bedeutet damit für Bellarmin nicht die Auswahl der Glaubensinhalte anhand menschlicher Grunderfahrungen, sondern die Ver-

---

[1041] Zu den Bildern und Vergleichen die Bellarmin verwendet vgl. *Wollbold*, Bellarmins Katechismen, 21–22.
[1042] Vgl. *Bellarmin*, Opera omnia 12, 283; *Bellarmin*, Katechismen, 65.
[1043] Vgl. *Bellarmin*, Opera omnia 12, 286; *Bellarmin*, Katechismen, 70–71.
[1044] Vgl. *Bellarmin*, Opera omnia 12, 287; *Bellarmin*, Katechismen, 70–73.
[1045] Vgl. *Bellarmin*, Opera omnia 12, 291; *Bellarmin*, Katechismen, 80.
[1046] Vgl. *Bellarmin*, Opera omnia 12, 292; *Bellarmin*, Katechismen, 82.
[1047] Vgl. *Bellarmin*, Opera omnia 12, 320; *Bellarmin*, Katechismen, 132–133.
[1048] Vgl. *Bellarmin*, Opera omnia 12, 325–326; *Bellarmin*, Katechismen, 142–43.
[1049] *Wollbold*, Bellarmins Katechismen, 20.

mittlung des vollständigen Glaubens im Blick darauf, dass Glaube, Hoffnung und Liebe entscheidende Wirklichkeiten im Leben eines jeden Menschen sind. Voraussetzung, um diese drei göttlichen Tugenden in seinem eigenen Leben zu erfahren, ist aber die Kenntnis der kirchlichen Glaubenslehre. Das Glaubenswissen der Kirche wird genutzt, um im Dialog neue Glaubenserfahrungen zu erschließen.[1050] Dies setzt natürlich eine entsprechende Motivation des Glaubensschülers voraus. Sie wird durch die praktische Ausrichtung der Katechismen erreicht. Es geht immer um ein Glaubenswissen, das notwendig ist, um das alltägliche Leben als Christ zu gestalten und am liturgischen Leben der Kirche teilzunehmen. Die Verbindung von Katechese, Liturgie und Volksfrömmigkeit ist in beiden Katechismen stets sichtbar.

4.3.3.3 Zusammenfassung: Die wesentlichen Elemente der Katechese nach Robert Bellarmin

Als Ergebnis der Untersuchung der katechetischen Schriften Robert Bellarmins lassen sich folgende Punkte zusammenfassen:
– Robert Bellarmins Begründung der vier Hauptstücke der Katechese steht in der Tradition von Augustinus und Thomas von Aquin. Mit Augustinus zeigt Bellarmin die Verbindung der vier Hauptstücke der Katechese mit den drei theologischen Tugenden auf: Das apostolische Glaubensbekenntnis ist Zusammenfassung und vollkommener Ausdruck des Glaubens, das Vaterunser ist Zusammenfassung und vollkommener Ausdruck der Hoffnung, die Zehn Gebote sind Zusammenfassung und vollkommener Ausdruck der Liebe und die sieben Sakramente dienen als Werkzeuge zur Erlangung dieser drei Tugenden. Die Betonung des werkzeuglichen Charakters der Sakramente weist auf Thomas von Aquin hin, der diesen Aspekt noch stärker als Augustinus hervorhebt. Die Abhängigkeit Bellarmins von Thomas zeigt sich aber vor allem in der Begründung der vier Hauptstücke der Katechese durch die Heilsnotwendigkeit eines expliziten Glaubenswissens.
– Indem Bellarmin das heilsnotwendige Glaubenswissen zum Maßstab der didaktischen Reduktion des Lernstoffs macht, gelingt es ihm, die Vollständigkeit der Inhalte und die Objektivität der Offenbarung zu bewahren. Durch den Bezug auf die drei theologischen Tugenden, deren Ausformung im Leben des Glaubensschülers die vier Hauptstücke der Katechese dienen, gelingt es Bellarmin, auch das Subjekt und die anthropologischen Grunderfahrungen des Menschen in die Gestaltung seiner beiden Katechismen einzubeziehen. Korrelation bedeutet demnach für Bellarmin, das objektive Glaubenswissen so darzulegen, dass Glaube, Hoffnung und Liebe im Leben des Glaubensschülers gefördert werden. Die objektiven

---

[1050] Vgl. zu diesem Verständnis von Korrelation *Wollbold*, Handbuch, 259–264.

Glaubenswahrheiten werden dem Menschen erschlossen, der das Heil erlangen möchte. Diese Sehnsucht des Menschen wird bei der Vermittlung berücksichtigt.
– Bellarmins Katechismen bestechen durch ihre anschauliche und bildreiche Sprache sowie ihre praktische Ausrichtung, die immer den Vollzug des Glaubens im Blick hat. In didaktischer Hinsicht kann Bellarmin heute zahlreiche Hilfen geben, um schwierige Glaubenswahrheiten, die gerne ausgeblendet werden, auf einfache und plastische Weise zu vermitteln.

4.3.4 Joseph Ratzinger: Die vier Hauptstücke als Hilfe zur Überwindung der Krise der Katechese in der Moderne

4.3.4.1 Die Bedeutung Joseph Ratzingers für die Katechese

Mit seiner 1983 in Lyon und Paris gehaltenen Rede *„Die Krise der Katechese und ihre Überwindung"*[1051] löste Joseph Ratzinger als neuer Präfekt der Glaubenskongregation eine Debatte über den Erfolg der subjekt- und erfahrungsorientierten katechetischen Neuansätze der beiden vergangenen Jahrzehnte aus und plädierte für eine Neuorientierung an den Inhalten der Katechese. Im deutschsprachigen Raum wurde diese Kritik Ratzingers weitgehend als römischer Versuch einer katechetischen Restauration abgewertet.

„Wenn jedoch das notwendige kritische Korrektiv durch das kirchliche Lehramt so blind ist für die tastenden Schritte der katechetischen Praxis und Theorie wie etwa in der bekannten Rede in Lyon ‚Die Krise der Katechese und ihre Überwindung' von *Joseph Kardinal Ratzinger* (1983) und die Versuche, die Glaubenswilligen als Subjekte ernstzunehmen, als ‚Fragmentarisierung der Glaubensaussagen' und als ‚Hypertrophie der Methode gegenüber den Inhalten' kurzerhand abgetan werden, dann verkümmern Solidarität und Dialog zwischen kirchlichem Lehramt und katechetischer Praxis – zum Nachteil von beiden."[1052]

Zu wenig kommt bei dieser Kritik in den Blick, dass sich hier Ratzinger keineswegs zum ersten Mal zur Frage der inhaltlichen Ausrichtung der Sakramentenkatechese äußert, sondern nur das als Präfekt der Glaubenskongregation sagt, was ihm auch schon als Theologieprofessor fraglich an der katechetischen Entwicklung nach dem Zweiten Vatikanischen Konzil erschien. Erst seit seiner Wahl zum

---

[1051] *Joseph Ratzinger*, Die Krise der Katechese und ihre Überwindung. Rede in Frankreich, Einsiedeln 1983.
[1052] *Gottfried Bitter*, Verdorren und Keimen. Was sich in der Katecheselandschaft zeigt, in: HerKorr 52 (1998), 34–39, hier 36; ebenfalls kritisch *Ulrich Hemel*, Zur katechetischen Rede Kardinal Ratzingers in Frankreich, in: KatBl 109 (1984), 35–42; *Dirk Ansorge*, J. Ratzingers Rede zur Krise der Katechese. Ein Schlüssel zum Verständnis des „Katechismus der katholischen Kirche", in: KatBl 119 (1994), 4–13.

4.3 Die Sakramentenkatechese in der kirchlichen Tradition

Papst am 19. April 2005 tritt wieder stärker ins Bewusstsein, dass es sich bei den katechetischen Überlegungen Ratzingers nicht bloß um Disziplinierungsversuche eines Kurienkardinals handelt, die der Kirchenpolitik geschuldet sind.[1053] Vielmehr hat sich Ratzinger schon als Hochschulprofessor intensiv mit Fragen der Weitergabe des Glaubens beschäftigt, so dass er auf dieser Grundlage dann als Präfekt der Glaubenskongregation vor allem im Zusammenhang mit der Erarbeitung, Veröffentlichung und Rezeption des *Katechismus der katholischen Kirche* immer wieder für eine Rückbesinnung auf die wesentlichen Inhalte der Katechese plädierte. Wollbold beschreibt diesen breiten Raum, den die Katechese in der wissenschaftlichen Arbeit Ratzingers einnimmt, sehr treffend.

„Bereits die gesamte Zeit des Wirkens Ratzingers als Hochschulprofessor durchzieht die Frage nach den Kriterien der rechten Zuordnung von Offenbarung, Schrift, Überlieferung, Kirche und Glauben. Zunehmend entwickelt sich eine Abgrenzung vom Versuch, angesichts der Vermittlungsschwierigkeiten des Glaubens ‚lieber das Dogma ganz beiseite[zu]lassen'. Vor allem um 1970 entstehen wichtige Beiträge zum christlichen Erfahrungsbegriff in seinem Verhältnis zum Glauben der Kirche, bildete diese Problematik doch die katechetische Grundfrage einer Zeit, in der sich die Korrelationsdidaktik weithin durchsetzte."[1054]

Die Arbeiten Ratzingers zur Katechese stellen einen grundlegenden Versuch dar, die kirchliche Tradition mit den vier Hauptstücken der Katechese für die Glaubensweitergabe in unserer Zeit nutzbar zu machen. Dabei werden die Ansätze einer anthropozentrischen, erfahrungsorientierten und traditionskritischen Katechese nicht einfach übergangen, sondern Ausgangspunkt einer Synthese von Inhalt und Erfahrung, wie sie Bellarmin mit seinen beiden Katechismen für die Zeit der Gegenreformation versucht hat.

Aus diesem Grund soll zunächst die grundsätzliche Kritik Joseph Ratzingers an den katechetischen Erneuerungsversuchen seit dem Zweiten Vatikanischen Konzil dargestellt werden. Die Rede „*Die Krise der Katechese und ihre Überwindung*" dient dabei als Ausgangspunkt, um aufzuzeigen, wo bereits in früheren Beiträgen dieselben Kritikpunkte von Ratzinger geäußert werden. Anschließend soll dargelegt werden, wie die vier Hauptstücke der Katechese nach Ansicht Ratzingers die „Krise der Katechese" überwinden können.

[1053] Vgl. *Andreas Wollbold*, Benedikt XVI. und die Katechese, in: MThZ 56 (2005), 485–497; *Frank Meier-Hamidi*, Dynamik des Weitergebens. Joseph Ratzinger und die Katechese, in: ders. / Ferdinand Schumacher (Hg.), Der Theologe Joseph Ratzinger (= QD 222), Freiburg i. Br. 2007, 129–142; *Michaela C. Hastetter*, Einheit aller Wirklichkeit. Die Bedeutung des symphonischen Denkens des „Mozarts der Theologie" für die Pastoral, in: dies. / Christoph Ohly / Georgios Valchonis (Hg.), Symphonie des Glaubens. Junge Münchner Theologen im Dialog mit Joseph Ratzinger / Benedikt XVI., St. Ottilien 2007, 15–50.

[1054] *Wollbold*, Benedikt XVI., 487–488.

4.3.4.2 Die Krise der Katechese seit dem Zweiten Vatikanischen Konzil

Ratzinger beginnt die Rede *„Die Krise der Katechese und ihre Überwindung"* mit einer Analyse der modernen Welt[1055], die von Technik, einem mathematisch-naturwissenschaftlichen Wirklichkeitsverständnis und dem Glauben an die Machbarkeit aller Dinge geprägt ist. Dies hat Auswirkungen auf das Verhältnis des Menschen zu Gott. „Darum richtet sich auch die Heilsfrage nicht auf den nirgends erscheinenden Gott, sondern wiederum auf das Können des Menschen, der zum Ingenieur seiner selbst und der Geschichte werden will."[1056] Die metaphysische Bindung des Menschen geht verloren und damit schwinden auch die moralischen Werte und Normen, die nur noch als Produkt menschlicher Übereinkunft gesehen werden. Gesellschaftlich hat dies zur Folge, dass die auf Bindung angelegten menschlichen Gemeinschaften zerbrechen, was sich sowohl im Blick auf die Familie als auch auf die Pfarrei zeigt. All dies führt zu einer Krise der Katechese, die „nicht mehr an die Erfahrung gelebten Glaubens in der lebendigen Kirche anknüpfen kann und so zur Sprachlosigkeit verurteilt scheint in einer Zeit, deren Sprache und Denken sich weithin bloß noch aus den Erfahrungen der selbstgemachten Welt des Menschen speist."[1057] Diese Kritik an der Moderne äußert Ratzinger bereits in seinem Buch „Einführung in das Christentum", in dem er ausführlicher darlegt, wie in der Geistesgeschichte der Neuzeit durch die Wende zum Historismus und ein rein technisches Denken die metaphysische Bindung des Menschen an Gott auflöst wird.[1058]

Aufgabe der heutigen Theologie ist es daher, eine Brücke für den Glauben in das geistige Umfeld der Moderne zu schlagen, ohne jedoch einfach ihr Verständnis von Historizität und technischer Machbarkeit zu übernehmen.

„Es ist in der Tat die Chance unserer geschichtlichen Stunde, daß wir von ihr her die Struktur des Glaubens zwischen Faktum und Faciendum ganz neu begreifen können; es ist die Aufgabe der Theologie, diesen Anruf und diese Möglichkeit wahrzunehmen und die blinden Stellen vergangener Perioden zu finden und zu füllen. Aber sowenig man hier mit schnellen Aburteilungen bei der Hand sein darf, so sehr bleibt die Warnung vor Kurzschlüssen geboten. Wo die beiden genannten Versuche exklusiv werden und den Glauben ganz auf die Ebene des Faktums oder der Machbarkeit verlegen, da wird zuletzt doch verdeckt, was es eigentlich heißt, wenn ein Mensch sagt: Credo – ich glaube."[1059]

[1055] Zur Kritik Joseph Ratzingers an der Moderne vgl. *Ulrich Ruh*, Joseph Ratzinger – der Kritiker der Moderne, in: Frank Meier-Hamidi / Ferdinand Schumacher (Hg.), Der Theologe Joseph Ratzinger (= QD 222), Freiburg i. Br. 2007, 119–128.

[1056] *Ratzinger*, Glaubensvermittlung, 14.

[1057] Ebd.

[1058] Vgl. Joseph Ratzinger, Einführung in das Christentum. Vorlesungen über das Apostolische Glaubensbekenntnis, München 1968, 33–43.

[1059] Ebd. 43.

4.3 Die Sakramentenkatechese in der kirchlichen Tradition

Ratzinger sieht eine zu voreilige Anpassung der Glaubenslehre an die Prinzipien der Moderne in der katechetischen Erneuerung nach dem Zweiten Vatikanischen Konzil gegeben. Seine Kritik lässt sich in drei Punkten zusammenfassen:
– Ratzinger bemängelt den Verzicht auf die vollständige und systematische Einführung in den Glauben, den er seit den siebziger und frühen achtziger Jahre des 20. Jahrhunderts in der katechetischen Entwicklung feststellt.

„Durch die Absage an eine strukturierte, aus dem Ganzen der Überlieferung schöpfende Grundgestalt der Glaubensvermittlung kam es zu einer Fragmentierung der Glaubensaussagen, die nicht nur der Beliebigkeit Vorschub leistete, sondern zugleich die Ernsthaftigkeit der einzelnen Inhalte fraglich werden ließ, die einem Ganzen zugehören und, von diesem losgelöst, zufällig und zusammenhanglos erscheinen."[1060]

Als Ursache für diese Fragmentierung des Glaubens macht Ratzinger aus, dass die Katechese seit dem Zweiten Vatikanischen Konzil auf eine inhaltliche Orientierung am grundlegenden Dogma der Kirche verzichtet, wie es im Apostolischem Glaubensbekenntnis, den Zehn Geboten, dem Vaterunser und den Sakramenten gegeben ist. Nicht mehr das Katechismuswissen soll jetzt die Weitergabe des Glaubens bestimmen, sondern allein die biblische Tradition. Die von der kirchlichen Tradition losgelöste und allein mit der historisch-kritischen Methode gelesene Schrift kann jedoch kein festes Fundament für die Katechese bieten. Dies führt dazu, dass der Glaube in einer Vielzahl unterschiedlicher Hypothesen zerfällt.

„Im Maß des Voranschreitens der Entwicklung zeigte es sich dann, daß die alleingelassene Schrift sich aufzulösen anfängt. Sie wird immer neuer ‚relecture' unterworfen; bei dem Versuch, das Vergangene zu vergegenwärtigen, wird zusehends die eigene Erfahrung zum entscheidenden Maßstab für das, was gegenwartsfähig ist. So entsteht eine Art von theologischem Empirismus, bei dem die Erfahrung der Gruppe, der Gemeinde oder der ‚Experten' (= der Verwalter von Erfahrungen) zur obersten Quelle wird."[1061]

[1060] *Ratzinger*, Glaubensvermittlung, 15.
[1061] Ebd. 21–22. Diese Kritik an einer heilsgeschichtlich orientierten Katechese, die das Verhältnis von kirchlich-dogmatischem Schriftverständnis und historisch-kritischer Methode ungenügend reflektiert, findet sich schon in einer früheren Beurteilung des „Holländischen Katechismus": „So aber wird der Eindruck erweckt, als ob Glaube und Historie im Grunde das Gleiche seien und Glaube schlicht auf der Ebene der erzählten Geschichte vorzufinden sei. Damit wird aber sowohl der Ernst des historischen Fragens wie der Ernst des Glaubensanspruchs verkürzt. Exegese und Dogma bestehen in einem völlig unreflektierten Kompromiß nebeneinander, der schließlich keinem von beiden ganz gerecht zu werden und keines ganz ernst zu nehmen vermag. Trotz aller Ausführlichkeit in der Berichterstattung über Jesus wird die christologische Frage weitgehend in einem Nebel belassen, der unvermeidbar ist, wenn man einerseits das deskriptiv-phänomenologische Denken nicht überschreiten, andererseits die kirchliche Überlieferung nicht antasten will" (Joseph Ratzinger, Dogma und Verkündigung, Donauwörth ⁴2005, 75). Zum grundsätzlichen Verhältnis von Heiliger Schrift und Kir-

4. Inhaltliche Mindestanforderungen an die Katechese

– Als Zweites kritisiert Ratzinger die Überordnung der Anthropologie über die Theologie. Eine praktische Theologie, die nicht mehr im kirchlichen Dogma und in der systematischen Theologie ihren Maßstab sehen will, orientiert sich nur noch an den menschlichen Erfahrungen und Gegebenheiten und führt zu einem „theologischen Empirismus".

„Mit alledem war zunächst eine weitgehende anthropologische Engführung gegeben: Vorrang der Methode vor dem Inhalt bedeutet Vorrang der Anthropologie vor der Theologie, die sich einer radikalen Anthropozentrik einordnen mußte. Mit dem Zerfall der Anthropologie traten dann neue Schwerpunkte auf: die Herrschaft der Soziologie oder auch der Primat der Erfahrung, die zum Maßstab für das Verständnis des ererbten Glaubens wurde."[1062]

Auf diese Problematik der anthropologischen Wende in der Katechese macht Ratzinger schon sehr früh, wiederum im Zusammenhang mit der Veröffentlichung des „Holländischen Katechismus", aufmerksam. Dieser Katechismus stellt einen der ersten Versuche dar, den Glauben ganz von der Erfahrung und Lebenswirklichkeit des Glaubensschülers her darzulegen und somit bei der Vermittlung des Glaubens nicht mehr vom Inhalt der Glaubenswahrheit her zu denken.[1063] Ratzinger sieht in diesem Ansatz, der allein auf der menschlichen Erfahrung beruht, keine Möglichkeit mehr, die Glaubenswahrheiten vollständig zu vermitteln.

„Das Problematische radikaler Anthropozentrik für die Theologie wird damit deutlich: Trägt christliche Verkündigung wirklich nichts an uns heran, was wir nicht schon selber kennen? Ist ihr Inhalt wirklich nur das Leben, das wir selbst schon leben? Und so sehr es wahr ist, daß der Glaube Antwort ist auf unser menschliches Fragen, kann man Katechese deshalb schon in das Schema von Angebot und Nachfrage einordnen? Oder muß sie gegen die oberflächlichen Fragen, in die der Mensch von der herrschenden Meinung verstrickt wird, ihn zu seinen wirklichen

---

che in der Theologie Ratzingers vgl. *Joseph Ratzinger / Benedikt XVI.*, Wort Gottes. Schrift – Tradition – Amt, hg. v. Peter Hünermann / Thomas Söding, Freiburg i. Br. 2005.

[1062] *Ratzinger*, Glaubensvermittlung, 16. Die Gefahren einer nur noch an der Praxis orientierten Theologie hat Ratzinger schon früher deutlich dargestellt: „Denn wo das Stichwort Orthopraxie radikal genommen wird, da wird vorausgesetzt, daß es eine der Praxis vorausgehende Wahrheit gar nicht gebe, sondern daß vielmehr Wahrheit erst herzustellen sei durch die richtige Praxis, die aus dem Unsinnigen und gegen das Unsinnige den Sinn erschaffen müsse. Theologie wird dann zur Handlungsanleitung, die jeweils aus der Reflexion der Praxis wieder neue Perspektiven der Praxis entwickelt. Wenn nicht nur die Erlösung, sondern die Wahrheit ‚nach vorne' verlegt wird, dann wird sie zum Produkt des Menschen. Der Mensch indes, der nicht mehr von der Wahrheit gemessen wird, sondern sie produziert, wird auch selbst zum Produkt" (*Joseph Ratzinger*, Theologische Prinzipienlehre. Bausteine zur Fundamentaltheologie, 2. unv. Aufl., Donauwörth 2005, 334–335).

[1063] Vgl. *Guus van Hermert*, Zur Struktur des Neuen Katechismus, in: Josef Dreißen, Diagnose des Holländischen Katechismus, Freiburg i. Br. 1968, 9–20.

Fragen befreien? Soll sie nur bestätigen und befestigen, was schon ist oder soll sie kritischen Durchbruch aus den Verblendungen einer Situation zur Eigentlichkeit anzielen."[1064]

Ratzinger wendet sich damit gegen ein allzu einfaches Modell der Korrelationsdidaktik, das jede Glaubenswahrheit aus der Lebenserfahrung von Kindern und Jugendlichen herleiten möchte und so unweigerlich eine Verkürzung der Glaubenswahrheiten in Kauf nimmt. Der Glaube, den eine solche Katechese vermittelt, verliert jegliche korrigierende Funktion und die Kraft zur Veränderung, weil er immer nur das bestätigt, was sich mit der Lebenserfahrung des Glaubensschülers verbinden lässt.[1065] Diese Überordnung der Erfahrung vor dem Dogma der Kirche führt zu einer dritten Fehlentwicklung in der Katechese der letzten drei Jahrzehnte des 20. Jahrhunderts.

– Wo auf diese Weise die Nachfrage das Angebot der Glaubensweitergabe bestimmt, tritt zwangsläufig das ‚Wie' der Glaubensvermittlung immer stärker in den Vordergrund. Die Methode der Glaubensvermittlung erhält so den Vorrang vor den Inhalten. Es kommt nicht mehr darauf an, dass die Katechese der kirchlichen Glaubenslehre entspricht, sondern dass sie gut gemacht ist. Hier wird ein Trend zur Machbarkeit aufgegriffen, der nach Ansicht Ratzingers dem Zeitgeist der Moderne entspricht.

„Zunächst gibt es da gewiß einen Zusammenhang mit der allgemeinen didaktischen und pädagogischen Entwicklung, die ganz generell durch eine Hypertrophie der Methode gegenüber den Inhalten gekennzeichnet war. Die Methode wurde zum Maßstab des Inhalts, nicht mehr zu seinem Vehikel: Das Angebot richtet sich nach der Nachfrage, so wurde im Zusammenhang des Holländischen Katechismus der Weg der neuen Katechese beschrieben. So mußte man beim unmittelbar Eingängigen stehenbleiben, anstatt Wege zu suchen, wie man es überschreiten und zum zunächst Unbegriffenen vorstoßen kann, das erst den Menschen und die Welt positiv verändert."[1066]

Auch diese Kritik an der Vorherrschaft der Methode in der Katechese hat Ratzinger bereits früher geäußert.

„Wo auf eine positivistische Weise unterstellt wird, daß es die Wahrheit ohnedies nicht einzusehen gebe und daß dies für möglich zu halten einem Angriff auf Toleranz und Pluralismus gleichkomme, da produziert sich die Methode ihre Wahrheit, das heißt von der Vermittelbarkeit aus wird dekretiert, *was* vermittelt werden soll, und nicht mehr von der Sache her gesucht, *wie* sie vermittelt werden kann. Die grundsätzliche Absage an einen Katechismus, die wir in den letzten zehn Jahren erlebt haben, ist wohl das deutlichste Beispiel für eine solche Einstellung,

---

[1064] *Ratzinger*, Dogma und Verkündigung, 70–71.
[1065] Zur kritischen Funktion, die der Glaube immer auch in Bezug auf die gängigen Erfahrungen und Lebensdeutungen hat, vgl. *Ratzinger*, Theologische Prinzipienlehre, 57–69.
[1066] *Ratzinger*, Glaubensvermittlung, 15–16.

die sich von der Praxis der Vermittlung her die Sache bestimmen läßt und nicht mehr von der Sache her nach deren möglichen Vermittlungen sucht."[1067]

Wo nur noch die Frage nach immer neuen und gegenwartsbezogeneren Formen der Vermittlung gestellt wird, verliert die Katechese ihre innere Mitte und wird zu einem leeren Kreisen um sich selber, das niemand für den Glauben zu begeistern vermag.[1068] Eine Katechese, die sich ausschließlich in der Diskussion um die besten Methoden ergeht, verliert ihre eigentliche Zielsetzung aus den Augen, nämlich die Einführung in den vollständigen Glauben.

Diese ausführliche Darstellung der Kritik Ratzingers an der katechetischen Entwicklung nach dem Zweiten Vatikanischen Konzil hat gezeigt, wie deutlich er schon in den siebziger Jahren auf die Schwachpunkte einer anthropologisch und erfahrungsbezogen ausgerichteten Glaubensweitergabe hinweist. Als Ausweg fordert er stets die Rückbesinnung auf die wesentlichen Inhalte der Katechese, die er in den vier Hauptstücken der Katechese gegeben sieht. Trotz dieser Betonung der Inhalte weiß Ratzinger um die Notwendigkeit einer zeitgemäßen Vermittlung der kirchlichen Glaubenslehre. Entgegen der anfangs zitierten Kritik Bitters geht es Ratzinger nicht darum, die Glaubenschülers zu Objekten der Vermittlung des Glaubenswissens zu machen. Auch er möchte die Menschen als Subjekte der Katechese ernstnehmen, dabei aber auch der kirchlichen Lehre gerecht werden. Nicht die Orientierung am Subjekt kritisiert Ratzinger, sondern die vorschnelle Preisgabe der vollständigen Glaubenslehre mit der Begründung, diese sei dem heutigen Menschen nicht mehr zu vermitteln. Ratzinger geht es um eine Katechese, die sowohl den menschlichen Grunderfahrungen als auch der Wahrheit der kirchlichen Lehre gerecht wird. Im Katechumenat und der darin enthaltenen Begründung der vier Hauptstücke der Katechese sieht Ratzinger das Vorbild für eine gelungene Katechese in unserer Zeit.

4.3.4.3 Katechismus und Katechumenat als inhaltlicher und didaktischer Maßstab zur Überwindung der Krise der Katechese

Zur Überwindung der katechetischen Krise plädiert Ratzinger nun nicht für eine schlichte Rückbesinnung auf die Vermittlung eines möglichst großen Katechismuswissens, sondern für eine Bestimmung der wesentlichen Inhalte der Katechese von ihrem Ziel her, der Einführung in den christlichen Glauben. Was zu dieser Einführung in den Glauben notwendig ist, lässt sich am besten vom Tauf-

---

[1067] *Ratzinger*, Theologische Prinzipienlehre, 335.
[1068] Ratzinger führt das Beispiel einer französischen Katechetin an, die nach einer Untersuchung der von ihr verwendeten Materialien zu diesem Ergebnis kam (vgl. *Joseph Ratzinger*, Hinführung zum Katechismus der katholischen Kirche, in: ders. / Christoph Schönborn [Hg.], Kleine Hinführung zum Katechismus der katholischen Kirche, München 1993, 7–34, hier 11–12).

4.3 Die Sakramentenkatechese in der kirchlichen Tradition

geschehen her ablesen. „Die Tauformel ist in ihrer ältesten Gestalt ein Glaubensbekenntnis gewesen. Und umgekehrt: Das Glaubensbekenntnis ist in seiner ältesten Form Teil des Sakraments gewesen, konkret sich vollziehender Akt der Bekehrung, der Neuorientierung der ganzen Existenz in den Glauben der Kirche hinein."[1069] Die Katechese muss Einübung in die Existenz des Getauften sein, die nur im Raum der Kirche möglich ist und zum Prozess der Bekehrung führt, der das ganze Leben im Sinne des Evangeliums umgestaltet und die lebenspraktischen Anwendung des erlernten Glaubenswissens zum Ziel hat. „Katechese ist Katechumenat. Sie ist nicht nur bloßer Religionsunterricht, sondern der Vorgang des Sichhineingebens und Hineingebenlassens in das Wort des Glaubens, in die Weggemeinschaft mit Jesus Christus. Zur Katechese gehört das innere Zugehen auf Gott."[1070] Ausdruck und Abschluss dieser umfassenden Wandlung des Menschen auf dem katechumenalen Weg ist das Sakrament der Taufe, das im Element des Wassers den Untergang des alten Menschen und das neue Leben in Christus darstellt und die Gleichförmigkeit mit Christus im Menschen anlegt.[1071] Durch das Taufbekenntnis ist auch das vorausgehende Katechumenat bei der Taufspendung präsent. Der Katechese eignet somit ein sakramentaler Charakter. „Einerseits ist Katechumenat demgemäß etwas ganz anderes als bloßer Religionsunterricht, es ist Teil eines Sakraments: nicht vorgelagerte Belehrung, sondern integrierender Bestandteil des Sakraments selbst. Andererseits ist das Sakrament nicht bloß liturgischer Vollzug, sondern ein Prozeß, ein langer Weg, der alle Kräfte des Menschen, Verstand, Wille, Gemüt einfordert."[1072]

Um die umfassende Bekehrung des Menschen und seine Gleichgestaltung mit Jesus Christus zu bewirken, hat das frühchristliche Katechumenat die vier Hauptstücke der Katechese als inhaltliches Gerüst herausgebildet.

„Das altchristliche Katechumenat hat die Grundelemente von der Schrift her zusammengestellt: Es sind der Glaube, die Sakramente, die Gebote, das Vaterunser. […] Das alles klingt vielleicht etwas äußerlich, aber es führt in die Tiefe des Wesentlichen: Um Christ zu sein, muß man glauben lernen; man muß die christliche Weise des Lebens erlernen, sozusagen den christlichen Lebensstil; man muß als Christ zu beten vermögen und muß sich schließlich in die Mysterien, in den Gottesdienst der Kirche einleben. Alle vier Stücke gehören innerlich zusammen: Die Einführung in den Glauben ist nicht Vermittlung einer Theorie […]. Einführung in den Glauben ist so selbst ‚Mystagogie', Hinführung zur Taufe, zum Vorgang der Bekehrung, in dem wir nicht nur selber handeln, sondern Gott an uns handeln lassen. So ist die Auslegung des Bekenntnisses mit der liturgischen Katechese, mit dem Zugang auf die gottesdienstliche Gemein-

---

[1069] *Ratzinger*, Theologische Prinzipienlehre, 35. Diese Herleitung des Glaubensbekenntnisses vom Taufgeschehen her, das als umfassende Bekehrung hin zu Jesus Christus gesehen wird, findet sich schon bei *Ratzinger*, Einführung, 54–69.
[1070] *Ratzinger*, Evangelium, 28.
[1071] Vgl. *Ratzinger*, Theologische Prinzipienlehre, 39–40.
[1072] Ebd. 36–37.

schaft engstens verbunden. ‚Liturgiefähig' werden heißt aber auch beten lernen, und beten lernen heißt leben lernen, es schließt die moralische Frage mit ein."[1073]

Ratzinger betrachtet die vier Hauptstücke der Katechese als das grundlegende ‚Lebenswissen', das der Mensch benötigt, um das neue Leben, das ihm in der Taufe geschenkt wird, zu erhalten und führen zu können. Wenn Ratzinger auch nicht von der Heilsnotwendigkeit dieser Elemente der kirchlichen Lehre spricht, ist doch die Nähe zur Lehre Thomas von Aquins vom notwendigen expliziten Glaubenswissen sichtbar.[1074] Wie bei Thomas handelt es sich dabei nicht um ein theoretisches Wissen, sondern um ein Wissen mit existentieller Relevanz. Die vier Hauptstücke der Katechese werden darum auch, der Tradition von Augustinus, Thomas von Aquin und Bellarmin entsprechend, in Beziehung zu den drei theologischen Tugenden gesetzt: Sie führen im Leben der Glaubensschüler zur Verwirklichung des Glaubens (Symbolum), der Hoffnung (Vaterunser) und der Liebe (Zehn Gebote), die nur im Raum der Kirche (Feier der Sakramente) gelebt werden können.[1075] Ratzinger wendet sich also keineswegs generell gegen eine anthropologische Ausrichtung der Katechese. Das Aufdecken der existentiellen Bedeutung des Glaubens stellt für ihn sogar eine hauptsächliche Aufgabe der Katechese dar. Allerdings geht es Ratzinger darum, die Lebensrelevanz des vollständigen kirchlichen Glaubens aufzuzeigen, wie ihn die vier Hauptstücke der Katechese darlegen. Er sieht sich hierbei in Einklang mit der kirchlichen Tradition.

„Der Katechismus [sc. *Catechismus Romanus*] will damit Inhalt und Zielsetzung aller Katechese klären und er klärt so auch grundlegend, was Glaube ist: Glaube zielt auf das Lebenkönnen. In ihm geht es nicht um irgendein Können, das man erwerben oder auch beiseitelassen kann, sondern eben darum, das Leben selbst zu erlernen, und zwar ein Leben, das wert und fähig ist, immer zu bleiben. [...] Wie der Glaube ein anderes Können meint als das Können einzelner Verrichtungen, nämlich das Lebenkönnen selbst, so betrifft er auch eine andere Ebene des Seins und des Erkennens als die Erkenntnis dieser und jener einzelnen Dinge, die Grunderkenntnis selbst, in der wir unseres Grundes innewerden, ihn anzunehmen lernen, und, weil wir einen Grund haben, leben können. Die wesentliche Aufgabe der Katechese ist es daher, zur Erkenntnis Gottes und seines Gesandten hinzuführen [...]."[1076]

Ausgangspunkt für die Lebensrelevanz der Katechese ist allerdings immer die elementare Glaubenserfahrung der Kirche. Auch für Ratzinger lässt sich daher die Katechese als „Lebenshilfe durch Glaubenshilfe"[1077] beschreiben, wie dies nach der Würzburger Synode im Zuge der anthropologischen und erfahrungsori-

---

[1073] *Ratzinger*, Hinführung zum Katechismus, 26–27.
[1074] S.o. 286–290.
[1075] Vgl. *Ratzinger*, Glaubensvermittlung, 32. Joseph Ratzinger greift hier auf die von Augustinus kommende Begründung der vier Hauptstücke der Katechese zurück (s.o. 254).
[1076] Ebd. 25–26.
[1077] *Emeis / Schmitt*, Gemeindekatechese, 30.

entierten Neuausrichtung der Glaubensweitergabe geschah. Er vertritt jedoch die Auffassung, dass von den Glaubensinhalten her, eine Umkehr des Menschen und eine Neuerschließung der Lebenswirklichkeit zu erfolgen hat, die dann zu einer immer größeren Gemeinschaft mit Jesus Christus führt. Die existentielle Erschließung des Glaubens setzt die Kenntnis seiner wesentlichen Inhalte voraus. Letztes Ziel der Katechese ist aber die erfahrungsbezogene Erschließung des Glaubenswissens, das in den vier Hauptstücken der Katechese zusammengefasst ist. So stellt Ratzinger in Bezug auf die Veröffentlichung des *Katechismus der katholischen Kirche* fest:

„Von der ganzen katechumenalen Tradition der Kirche her ist klar, daß der Katechismus als Buch nur *ein* Element in einem größeren Ganzen ist. [...] Der Katechismus braucht zum anderen den äußeren Lehrer, den Katecheten, und die mitgehende Jüngergemeinschaft. Ohne das lebendige Wort des Katecheten, der selbst – wie Apollos – ‚katechisiert ist nach dem Weg des Herrn' (Apg 18,25), bleibt das Buch stumm."[1078]

Die vier Hauptstücke der Katechese müssen durch das Zeugnis der Gemeinden und Katecheten zum Sprechen gebracht werden, um „[...] Türen in den Erfahrungsraum Kirche zu öffnen und dazu zu ermutigen, sich an ihrem Erfahrungsbereich zu beteiligen."[1079] Hierin liegt nun die eigentliche Herausforderung für die Katechese: Wie können in der heutigen Zeit die „Türen in den Erfahrungsraum Kirche" hinein geöffnet werden, damit das Glaubensbekenntnis, das Vaterunser, die Zehn Gebote und die Sakramente zur neuen Lebensgrundlage heutiger Glaubensschüler werden? Joseph Ratzinger nennt drei Zugänge, die die Bedeutung des christlichen Glaubens für die menschliche Existenz eröffnen können:

– Es braucht das Erleben der kirchlichen Gemeinschaft, damit der Glaube als „lebenstragende Kraft im Alltag" erfahren werden kann.[1080] Die Gemeinschaft der Kirche ist zunächst durch die Feier der Liturgie der maßgebliche Raum für die Katechese. Immer wieder weist Joseph Ratzinger auf die grundlegende Bedeutung des Gottesdienstes für das Christsein hin.[1081] Letztendlich ist für ihn die Liturgie der Kirche auch die entscheidende Erfahrung, die das Glaubensbekenntnis und das Gebet erschließt sowie zum rechten Handeln in der Liebe führt.

„In dem christologisch verfaßten Gottesdienst ist, wie wir sahen, einerseits die Trinität und so das grundlegende Glaubenbekenntnis mit eingeschlossen; mit ihm ist andererseits die Direktheit jedes einzelnen zu Gott ausgesagt; in ihm sind die Sakramente mitgesetzt, denn sie sind ja der Ausdruck dafür, daß hier nicht nur Menschen tastende Vorstöße zur Trans-

---

[1078] *Joseph Ratzinger*, Evangelium, 49–50.
[1079] *Ratzinger*, Theologische Prinzipienlehre, 368.
[1080] Vgl. ebd.
[1081] Vgl. *Joseph Ratzinger*, Der Geist der Liturgie. Eine Einführung, Freiburg i. Br. 2000.

zendenz versuchen, sondern daß die andere Seite zu uns aufgebrochen ist und an uns handelt. Darin ist schließlich Nachfolge Christi, Eintreten in sein Tun gegeben [...]."[1082]

Die kirchliche Gemeinschaft ist nicht nur durch die Feier des Gottesdienstes Ort wichtiger katechetischer Erfahrungen. Sie ist auch notwendig zur Ausformung eines christlichen Lebensstils, wie er grundlegend in den Zehn Geboten formuliert ist. „Diese Bedeutung moralischer Erziehung und einer sie stützenden Gemeinschaft, die bewußt gegen die als selbstverständlich betrachteten Maßstäbe der Umwelt anlebt, müssen wir auch heute neu erkennen und entsprechende Folgerungen ziehen."[1083]

- Der „wirklich Glaubende"[1084] stellt einen weiteren Zugang zur Glaubenserfahrung für diejenigen dar, die als Anfänger im Glauben einen Gewährsmann für die Wahrheit der Verheißung von echtem Leben brauchen. Die Glaubensschüler machen ihren Glauben und ihren Weg zum Christsein zunächst in diesem „wirklich Glaubenden" fest. „Es ist sozusagen zunächst ein geliehener Glaube, der noch nicht Einsicht in den Sachgehalt selbst, aber Vertrauen zu einer überzeugenden Lebensgestalt ist und damit dem Menschen einen Weg zum eigenen Wachsen gibt."[1085] Mit der Formulierung „wirklich Glaubender" benennt Ratzinger sehr treffend die Schlüsselqualifikation eines Katecheten: In seiner Lebensgestaltung müssen die vier Hauptstücke der Katechese erkennbar und ablesbar sein, um so für den Glaubensschüler Evidenz zu gewinnen. Die Erfahrung der Tragfähigkeit des Glaubens im Leben des Katecheten wird so zur Ermutigung, den eigenen Glaubensweg zu gehen und selbst diese Erfahrungen zu machen.

- In den Heiligen der Kirche erfährt dieses alltägliche Phänomen eines reifen Christen als Erfahrungsort des Glaubens eine nochmalige Steigerung. „Die Heiligen als die lebendigen Gestalten erfahrenen und bestandenen Glaubens, erfahrener und bewährter Transzendierung, sind sozusagen selbst Lebensräume, in die man einführen kann, in denen Glaube als Erfahrung gleichsam gespeichert, anthropologisch zubereitet und unserem Leben angenähert ist."[1086] Die Heiligen haben in ihrem Leben eine echte, eigenständige Gotteserfahrung gemacht, die das Ziel jeder Einführung in den Glauben ist. Dabei handelt es sich immer nur um kurzzeitige Höhepunkte des Glaubenslebens – „Taborerfahrungen" –, die geschenkt werden, „[...] um neu mit dem Wort Jesu Christi in den Alltag hi-

---

[1082] *Ratzinger*, Theologische Prinzipienlehre, 138.
[1083] *Joseph Ratzinger*, Schwierigkeiten mit der Glaubensvermittlung heute. Interview mit Joseph Kardinal Ratzinger, in: ders., Die Krise der Katechese und ihre Überwindung. Rede in Frankreich, Einsiedeln 1983, 63–79, hier 67.
[1084] *Ratzinger*, Theologische Prinzipienlehre, 368.
[1085] Ebd. 369.
[1086] Ebd.

neinzugehen und um zu begreifen, daß der Lichtkegel der göttlichen Nähe da ist, wo das Gehen mit dem Wort stattfindet."[1087]

Aus dem Beispiel des frühchristlichen Katechumenats lassen sich drei wichtige Prinzipien für die Neuorientierung der Katechese ableiten:
- Die vier Hauptstücke der Katechese stellen das inhaltliche Gerüst der Katechese dar, das deren Vollständigkeit und Treue zur göttlichen Offenbarung garantiert. Ohne diesen inhaltlichen Maßstab verliert sich die Katechese in reiner Methodik und Selbstbespiegelung des Menschen. Die vier Hauptstücke der Katechese stehen für eine theonom bestimmte Glaubensweitergabe.
- Die vier Hauptstücke der Katechese brauchen Erschließungsräume: das Zeugnis der christlichen Gemeinde, vor allem in der Liturgie, und das glaubhafte Lebenszeugnis reifer Christen. In der Katechese darf es nicht zu einer „Inflation ungedeckter Worte" kommen, sondern sie dient „[...] der katechumenalen Einübung in den Glauben als Stätte gemeinsamer Erfahrung des Geistes, die so zur Basis auch einer wirklichkeitshaltigen Reflexion werden kann."[1088]
- Der Maßstab einer gelungenen, inhaltlich orientierten Katechese ist immer der Mensch, der zu einer echten christlichen Lebenserfahrung gelangt. Insofern ist die Katechese immer auch anthropologisch ausgerichtet. Ihr letztes Ziel ist es, dass der Mensch in der lebendigen Bezeugung der Grundwahrheiten des Glaubens sich selbst und den Gott Jesu Christi als den Grund seines Seins erkennt. „Katechese muß in die Selbsterkenntnis, in die Entblößung des Ich hineinführen, das die Masken fallen läßt und sich aus dem Reich des Etwas in dasjenige des Seins begibt. Ihr Ziel ist die *Conversio*, das Sich-umdrehen des Menschen, das zur Folge hat, daß er vor sich selber steht."[1089]

4.3.4.4 Zusammenfassung: Die wesentlichen Elemente der Katechese nach Joseph Ratzinger

So ergibt sich nach Ratzinger für eine Katechese, die sich in der heutigen Zeit inhaltlich an den vier Hauptstücken der Katechese orientieren will, folgende Grundstruktur:
- Ratzinger kritisiert an der rein anthropologisch ausgerichteten Katechese, die sich seit den sechziger und siebziger Jahren des 20. Jahrhunderts entwickelte, den Verlust der inhaltlichen Vollständigkeit und ein Übergewicht der Methodik. Die Katechese führt somit nicht mehr zur Gemeinschaft mit dem lebendigen Gott, sondern wird ein Kreisen des Menschen um sich selbst. Mit dieser Kritik wendet

---

[1087] Ebd.
[1088] Ebd., 26.
[1089] Ebd. 372.

sich Ratzinger jedoch nicht grundsätzlich gegen eine Katechese, die dem Menschen die existentielle Bedeutung des Glaubens aufzeigen will. Das objektive Glaubenswissen und seine subjektive Aneignung dürfen keine Gegensätze bilden, sondern müssen zu einer Synthese geführt werden.

– Die vier Hauptstücke der Katechese – Apostolisches Glaubensbekenntnis, Vaterunser, Zehn Gebote und die sieben Sakramente – stellen das inhaltliche Gerüst dar, das die Katechese vollständig und systematisch als christliches Grundwissen zu vermitteln hat. Grundlagen für diesen katechetischen Unterricht sind der *Katechismus der Katholischen Kirche* und das dazugehörige *Kompendium*.

– Trotz der Notwendigkeit dieses Grundwissens bleibt die Katechese nicht ein kognitives Vermittlungsgeschehen, sondern will zu einer umfassenden Gottes- und Selbsterkenntnis führen, die eine echte Umkehr des gesamten Lebens zur Folge hat. Ziel der Katechese ist die Prägung des eigenen Lebens durch die drei theologischen Tugenden Glaube, Hoffnung und Liebe.

– Erreicht wird diese Lebensprägung durch die Vermittlung der christlichen Gemeinde und das Glaubenszeugnis reifer Christen. Die Gemeinde feiert und bezeugt in der Liturgie die Glaubenslehre, die in den vier Hauptstücken der Katechese zusammengefasst ist, und stützt durch die Erfahrung christlicher Gemeinschaft die Entwicklung einer christlichen Lebensform. Daher kommt der Teilnahme am Gottesdienst und der Erfahrung christlicher Gemeinschaft ein großer Stellenwert in der Katechese zu. Hier wird das im katechetischen Unterricht kognitiv vermittelte Glaubenswissen zu einer wirklichen Glaubenserfahrung. Reife Christen als Katecheten machen die Lebensrelevanz des Glaubens sichtbar und schenken dem Glaubensschüler das nötige Vertrauen, um selbst den Weg des Glaubens gehen zu können.

– Für Ratzinger sind die zwei Säulen der Katechese somit die Orientierung an den Grundinhalten der Katechese, den vier Hauptstücken der Katechese, und das Erfahren dieses katechetischen Grundwissens im Gottesdienst der Kirche, im Mitleben mit einer christlichen Gemeinde und im Lebens- und Glaubenszeugnis des Katecheten. Methodische Überlegungen nehmen nur einen zweitrangigen Platz ein und sind nie das tragende Fundament der Glaubensvermittlung.

Mit seiner Sichtweise von Katechese steht Ratzinger den Überlegungen recht nahe, die die deutschen Bischöfe in ihrem Schreiben *Katechese in veränderter Zeit* formuliert haben, wenn sie das Katechumenat als „Grundmuster"[1090] der Katechese bezeichnen und davon sprechen, dass in der Katechese Inhalt und Methode in Personen verkörpert sind.[1091] Ratzinger entwickelt mit seinen katechetischen Leitlinien noch keine praxistaugliche Umsetzung in ein katechetisches Modell,

---

[1090] Vgl. Katechese in veränderter Zeit, 15–18.
[1091] Vgl. ebd. 15–26.

bleibt aber auch nicht bei dem reinen Postulat der Notwendigkeit eines christlichen Grundwissens stehen. Er zeigt Wege auf, wie das elementare Glaubenswissen zu einer prägenden Glaubenserfahrung werden kann. Er stellt die kritische Anfrage an die inhaltliche Ausrichtung der katechetischen Materialien, das Verhältnis von Katechese und Liturgie und die Anforderung an die Katechetinnen und Katecheten in den Gemeinden, deren katechetischer Unterricht durch ein entsprechendes Lebenszeugnis gedeckt sein muss.

4.3.5 Zusammenfassung: Die Sakramentenkatechese in der kirchlichen Tradition

Der Blick auf die Sakramentenkatechese in der kirchlichen Tradition am Beispiel von Augustinus, Thomas von Aquin, Robert Bellarmin und Joseph Ratzinger – vier bedeutende Theologen, die stellvertretend für ihre jeweilige Epoche stehen und einen großen Einfluss auf die theologische Entwicklung ausgeübt haben und ausüben, lässt vier entscheidende Merkmale der Sakramentenkatechese erkennen:
– Die als wesentlich für den Glauben erachteten Inhalte sind der Ausgangspunkt der Katechese, die ein christliches Basiswissen vermittelt, das als Grundlage für eine entsprechende Lebensführung gelten kann. Als Maßstab für die Reduktion der christlichen Lehre gilt dabei die Frage nach dem heilsnotwendigen Glaubenswissen. Die kirchliche Tradition sieht im Glaubensbekenntnis, im Vaterunser, in den Zehn Geboten und in den sieben Sakramenten dieses heilsnotwendige Wissen gegeben, von dem her die Sakramentenkatechese konzipiert werden muss. Die Begründung dieser Elemente durch die drei theologischen Tugenden, die im Leben des Menschen verwirklicht sein müssen, um das Heil zu erlangen, weist seit Augustinus eine große Kontinuität auf. Das Apostolische Glaubensbekenntnis gilt als kurze und einprägsame Zusammenfassung der gesamten christlichen Lehre und als exemplarischer Ausdruck der theologischen Tugend des Glaubens. Dem Vaterunser kommt als Gebet, das Jesus Christus selbst seine Jünger gelehrt hat, ein einzigartiger Rang zu, der es zum christlichen Grundgebet schlechthin macht. Was ein Christ hoffen und worum er in rechter Weise beten soll, ist im Vaterunser ausgedrückt. Als Begründung der Zehn Gebote gilt die theologische Tugend der Liebe. Die Zehn Gebote stellen eine Konkretisierung des Doppelgebotes der Gottes- und Nächstenliebe dar und eignen sich somit hervorragend als Kurzfassung einer christlichen Ethik. Die Sakramente festigen und vermehren die theologischen Tugenden des Glaubens, der Hoffnung und der Liebe und sind darum ebenfalls ein wesentlicher Bestandteil der vier Hauptstücke der Katechese.
– Die Katechese erfährt durch diese primäre Orientierung an den Inhalten keine kognitive Verengung, sondern bleibt auf die persönliche Gotteserfahrung ausgerichtet. Bei keinem der dargestellten Theologen wird Katechese als bloße Wis-

sensvermittlung und reines Auswendiglernen verstanden. Die erlernten Glaubensinhalte sollen existentiell angeeignet werden, so dass sie das Leben des Glaubensschülers prägen und zu einer lebendigen Gottesbeziehung führen. Die theologische Herleitung der vier Hauptstücke der Katechese aus den theologischen Tugenden ist der eindeutige Beleg dafür. Es geht nicht um die Vermehrung von Wissen, sondern um die Ausbildung von Tugenden, die das Leben formen und zu Gott hinführen. Das katechetische Grundwissen ist dazu die Voraussetzung, aber nie das letzte Ziel. Dadurch erhält die Sakramentenkatechese eine anthropologische Ausrichtung und eine personale Zielsetzung: Es geht um die Lebensgemeinschaft mit dem dreifaltigen Gott, den uns Jesus Christus offenbart hat. Augustinus, Thomas von Aquin, Robert Bellarmin und Joseph Ratzinger verbinden somit in der Katechese die Objektivität der christlichen Offenbarungen (vier Hauptstücke der Katechese) mit der notwendigen Orientierung der Vermittlung auf das Subjekt (Verwirklichung der theologischen Tugenden) hin.

– Durch die Entstehung der vier Hauptstücke der Katechese aus dem frühchristlichen Katechumenat heraus besteht eine sehr enge Verbindung von Katechese und Liturgie. Bis auf die Zehn Gebote sind alle Elemente der vier Hauptstücke der Katechese feste Bestandteile des gottesdienstlichen Lebens der Kirche. Eine wesentliche Aufgabe der Katechese liegt daher darin, zur Liturgie hinzuführen und sie zu erklären.

– Die Sakramentenkatechese der kirchlichen Tradition besitzt eine Didaktik, die nicht einfach von einer Deckungsgleichheit der Lebenserfahrung des Glaubensschülers mit den zu vermittelnden Glaubensinhalten ausgeht. Eine Katechese, die sich an den vier Hauptstücken der Katechese orientiert, ist niemals in diesem schlichten Sinne Korrelationsdidaktik. Ausgangspunkt sind die Glaubensinhalte, die das Leben des Glaubensschülers prägen sollen, notwendigerweise zur Umkehr auffordern und damit ‚quer stehen' zu den bisher gültigen und bestimmenden Lebenserfahrungen. Damit dieser Prozess gelingt, braucht es die „geliehene Glaubenserfahrung"[1092] der christlichen Gemeinde und des Katecheten. Diese „geliehene Glaubenserfahrung" ermöglicht es den Glaubensschülern erst, selbst den Weg des Glaubens und der christlichen Lebensgestaltung zu gehen. Die Katechese benötigt den Katecheten als glaubwürdigen Zeugen, der durch seine gefestigte Glaubenserfahrung anderen eine solche ermöglicht. Hier wird ein Modell von Korrelation sichtbar, das durch das Beispiel des gereiften Glaubens des Katecheten die vollständige Vermittlung der Glaubensinhalte (vier Hauptstücke der Katechese) mit der anthropologischen Ausrichtung der Katechese (Lebenszeugnis des Katecheten) verbindet.

[1092] Vgl. *Ratzinger*, Theologische Prinzipienlehre, 369

4.4 Zusammenfassung: Inhaltliche Mindestanforderungen an die Katechese mit Kindern und Jugendlichen

Die kirchenrechtlichen, biblischen und systematischen Untersuchungen zu den inhaltlichen Mindestanforderungen an die Katechese mit Kindern und Jugendlichen haben als wesentliche Ergebnisse folgendes erbracht:

– Das Kirchenrecht macht keine detaillierten Vorgaben zur Gestaltung der Sakramentenkatechese mit Kindern und Jugendlichen, benennt jedoch richtungsweisende Mindestanforderungen an die Katechese: Kinder und Jugendliche sollen das nötige Grundwissen erhalten, um ein christliches Leben führen zu können. Die Katechese mit Kindern und Jugendlichen hat demnach eine kognitive und praktische Ausrichtung. Der CIC/1983 bestimmt als wesentliche Inhalte der Sakramentenkatechese mit Kindern das Apostolische Glaubensbekenntnis, die Person und das Leben Jesu Christi (Kenntnis des „mysteriums Christi") und die grundlegende Einführung in die Feier der Liturgie.

– Beim Blick auf die Glaubensweitergabe an Kinder und Jugendliche im Alten Testament wurden vier wesentliche Aspekte sichtbar: Die Glaubensweitergabe ist inhaltlich bestimmt, das Auswendiglernen ist die bevorzugte Methode, der eigentlich Lehrer ist Jahwe selbst und das Ziel ist die Lebensgestaltung gemäß der Tora. Religiöses Lernen wird im Alten Testament als theonom bestimmter Prozess betrachtet, der sich daher an den wesentlichen Texten der biblischen Offenbarung orientieren muss. Die Verinnerlichung der Tora durch das Auswendiglernen will zum einen zu einer vertieften Gottesbeziehung führen, zum anderen eine Umsetzung des Gelernten in den Alltag erleichtern.

– Das Neue Testament greift die alttestamentlichen Grundzüge des religiösen Lernens auf, so dass in der Katechese die Glaubensinhalte im Vordergrund stehen. Das Wissen um Jesus Christus bildet den Mittelpunkt der neutestamentlichen Katechese, wofür die frühen Zeugnisse der Bekenntnisbildung im Neuen Testament ein Beleg sind. Diese Bekenntnisse bildeten sich im Zusammenhang mit der Katechese und der Liturgie heraus und zeigen die enge Verbindung dieser beiden Bereiche. Das Wissen um Jesus Christus und sein Leben, ist für die Erlangung des Heils notwendig. Die Heilsnotwendigkeit erweist sich also schon in den Anfängen des Christentums als argumentative Basis, um kognitive Glaubensinhalte zu begründen. Das in der Katechese vermittelte Wissen dient dem Aufbau einer Christusbeziehung, die den Lebensalltag prägt. Von daher gewinnen persönliche Umkehr und praktische Lebensgestaltung eine große Bedeutung in der neutestamentlichen Sicht der Glaubensunterweisung. Im Neuen Testament geht es der Katechese also einerseits um eine existentielle Verinnerlichung der Wissensinhalte, andererseits besitzt sie einen personalen Charakter.

– Die kirchliche Tradition entwickelt aus den altestamentlichen und neutestamentlichen Vorgaben die vier Hauptstücke der Katechese, die zu den bestimmenden Elementen einer inhaltsorientierten Katechese werden. Das Apostolische Glaubensbekenntnis, das Vaterunser, die Zehn Gebote und die sieben Sakramente werden seit dem Katechumenat der frühen Kirche als heilsnotwendiges Grundwissen betrachtet, das es in der Sakramentenkatechese zu vermitteln gilt. Die vier Hauptstücke der Katechese werden mit den drei theologischen Tugenden begründet, die im Glaubensbekenntnis (Glaube), im Vaterunser (Hoffnung) und in den Zehn Geboten (Liebe) zusammengefasst sind und durch die Sakramente im Leben des Christen begründet und vertieft werden. Zur Verwirklichung der theologischen Tugenden, die zur Erlangung des Heils notwendig sind, muss der Christ die vier Hauptstücke der Katechese kennen. Neben dem katechetischen Unterricht, der entscheidend von der Person des Katecheten geprägt wird, kommt der Liturgie eine große Bedeutung bei der Vermittlung dieses Grundwissens zu. Ziel der von den Inhalten her konzipierten Katechese ist der Aufbau der Gottesbeziehung und die christliche Prägung des Lebensalltags, also die existentielle Verwirklichung des Glaubenswissens.

Aus diesen Ergebnissen lassen sich wichtige Schlussfolgerungen für die inhaltlichen Mindestanforderungen an die Sakramentenkatechese mit Kindern und Jugendlichen ableiten. Ausgangspunkt für die Sakramentenkatechese müssen die wesentlichen Inhalte des christlichen Glaubens sein, die die Tradition im Apostolischen Glaubensbekenntnis, im Vaterunser, in den Zehn Geboten und in den sieben Sakramenten erblickt. Diese Inhalte vermitteln das Wissen, das notwendig ist, um die heilvolle Gemeinschaft mit Jesus Christus zu erfahren. Nicht die Glaubensinhalte sind daher das Ziel der Katechese, sondern die Gottes- bzw. Christusbeziehung, die diese Inhalte voraussetzt. Auch die an den „vier Hauptstücken" orientierte Katechese hat somit eine personale Ausrichtung. Die Sakramentenkatechese mit Kindern und Jugendlichen muss sich daran messen lassen, inwieweit sie die Vermittlung der vier Hauptstücke der Katechese zu einer existentiellen Aneignung des Glaubens führt, die in allen Lebensbereichen sichtbar wird.

Die Ausrichtung der Katechese an den Inhalten der vier Hauptstücke der Katechese hat auch methodische Konsequenzen. Die Sakramentenkatechese mit Kindern und Jugendlichen darf nicht auf kognitive Methoden wie erklärende Vorträge, Lesen und Schreiben von Texten sowie Auswendiglernen verzichten. Wie wichtig die Methode des Auswendiglernens ist, hat sich gerade im Blick auf das Alte Testament gezeigt. Es handelt sich um mehr als nur um eine traditionelle Lernform. Das Auswendiglernen der religiösen Grundtexte ist im Alten Testament vor allem aus theologischen Gründen eine wesentliche Methode. Das Lernen hat einen rituellen Aspekt, indem der Lernende durch den Text hindurch Gott selbst als seinen Lehrer erfährt. Das Auswendiglernen zielt zudem auf die

4.4 Zusammenfassung

Verinnerlichung der wichtigsten Glaubenstexte, so dass sie einen prägenden Einfluss auf das Leben des Glaubensschülers ausüben können. Theozentrik und lebensprägende Kraft der Katechese werden durch diese Methode sichtbar.

Zielsetzung der Katechese ist es, dass das vermittelte Glaubenswissen zu einer echten Glaubenserfahrung wird. Dazu muss der Glaubensschüler erfahren können, dass man auf den vermittelten Inhalten wirklich sein Leben aufbauen kann. Er braucht die „geliehene Erfahrung" gelebten Christseins. Dies ist zunächst eine wichtige Aufgabe für jeden Katecheten und eine Grundvoraussetzung, um diese Aufgabe zu übernehmen. Ebenso wichtig ist aber die Erfahrung des gelebten Christseins in der Gemeinde. Dabei kommt dem Erfahrungsraum der Liturgie eine besondere Bedeutung zu, da dem Glaubensschüler hier in erster Linie eigene Gotteserfahrungen ermöglicht werden und er auf besonders eindrückliche Weise erfährt, dass Gott im Prozess der Katechese an ihm handelt und ihn unterweist. Die Inhalte der Katechese brauchen die lebendige Vermittlung durch Katecheten, das Gemeindeleben und die Liturgie, um zu Erfahrungswissen zu werden, das im Leben der Glaubensschüler verankert ist.

Diese Schlussfolgerungen machen deutlich, dass die Inhaltsorientierung der Katechese nicht im Widerspruch zur Katechese als Ort der Ermöglichung von Glaubenserfahrungen stehen muss. Die vier Hauptstücke der Katechese bedeuten nicht zwangsläufig eine kognitive Verengung der Katechese. Durch diese wesentlichen Inhalte soll vielmehr dem Glaubensschüler der Erfahrungsraum des Christseins eröffnet werden, so dass er eigene Glaubenserfahrungen machen kann. Die Korrelation von Glaubensinhalten und Erfahrungen des Glaubensschülers ist der biblischen Glaubensweitergabe und der kirchlichen Tradition ein Anliegen. Allerdings ist dazu immer die „geliehene Glaubenserfahrung" der Katecheten und der christlichen Gemeinde notwendig, die hilft Glaubensinhalte zu erschließen, die sich nicht einfach aus der Lebenserfahrung eines Kindes oder Jugendlichen ergeben oder zunächst die Umkehr auf dem eigenen Lebensweg voraussetzen.

Im abschließenden Kapitel dieser Arbeit sollen nun gezeigt werden, dass eine Ausrichtung an den vier Hauptstücken der Katechese helfen kann, der Sakramentenkatechese in Deutschland eine inhaltliche Profilierung zu geben, die ihr, wie die Ausführung zur katechetischen Entwicklung in Deutschland und die empirische Untersuchung im Dekanat Bad Kreuznach gezeigt haben, weitgehend fehlt. Es wird aufzuzeigen sein, dass der Ansatzpunkt bei den Inhalten der Katechese nicht dazu führt, die Verbindung von Glaube und Leben des Glaubensschülers, die der Katechese in Deutschland seit der Würzburger Synode ein besonderes Anliegen war, aufzulösen oder Elemente der Katechese, die eine besondere Wertschätzung genießen, einfach abzuschaffen. Es muss dargelegt werden, welche Konsequenzen eine Orientierung der Katechese an den „vier Hauptstücken" für die einzelnen Elemente eines sakramentenkatechetischen Kurses, für die

4. Inhaltliche Mindestanforderungen an die Katechese

zu behandelnden Inhalte, die zu verwendenden Methoden, die bestimmenden Akteure und die Feier des Sakramentes hat.

5 Die inhaltliche Profilierung der Sakramentenkatechese am Beispiel der Eucharistiekatechese

5.1 Die vier Hauptstücke der Katechese als Grundlage der Sakramentenkatechese in der heutigen Zeit

Im vierten Kapitel dieser Arbeit wurde anhand der biblischen und kirchlichen Tradition begründet, warum die vier Hauptstücke der Katechese die inhaltliche Grundlage jeder Katechese darstellen. Mit der Veröffentlichung des *Katechismus der Katholischen Kirche* und des *Kompendium zum Katechismus der Katholischen Kirche* wurde zudem auf weltkirchlicher Ebene die Bedeutung dieses christlichen Grundwissens für die Glaubensweitergabe in der heutigen Zeit unterstrichen. Diese beiden kirchenamtlichen Dokumente, die nach den vier Hauptstücken der Katechese gegliedert sind, deuten auf die Nähe dieser katechetischen Konzeption zum römischen Katecheseverständnis hin.[1093]

Wie die Untersuchung der katechetischen Entwicklung in Deutschland gezeigt hat, herrscht hier allerdings ein weites Katecheseverständnis vor, das eine Konzeption der Katechese von den Inhalten her weitgehend ablehnt und die Orientierung an den Erfahrungen der Glaubensschüler in den Vordergrund stellt.[1094] Katechese wird als Begleitung des Menschen auf seinem persönlichen Glaubensweg verstanden, die sich nicht an einem vollständig zu vermittelnden, objektiven Grundwissen orientieren kann. So favorisiert selbst die jüngste Veröffentlichung der deutschen Bischofskonferenz *Katechese in veränderter Zeit* das Modell einer „differenzierenden Katechese"[1095], die die Gestaltung des katechetischen Weges weitgehend der Verantwortung der Teilnehmer überlässt und inhaltlichen Mindestanforderungen eher skeptisch gegenübersteht. „Katechese kann in einem solchen Prozess nicht nur in der Aneinanderreihung von Inhalten und Themen eines zuvor fixierten Lernpensums bestehen – so sehr die zentralen Aussagen des christlichen Glaubens je nach dem katechetischen Kairos zur Sprache gebracht werden müssen –, sondern sie begleitet und fördert die persönliche Gottesbeziehung."[1096] Trotz dieser kritischen Haltung zu einem „fixierten Lernpensum" fordert die deutsche Bischofskonferenz eine Orientierung der Katechese an grund-

---

[1093] S.o. 56–57.
[1094] S.o. Kap. 114–118.
[1095] Vgl. Katechese in veränderter Zeit, 20.
[1096] Ebd. 21–22.

legenden Aussagen des christlichen Glaubens, wie sie im Apostolischen Glaubensbekenntnis und im Nizäno-konstantinopolitanischen Glaubensbekenntnis zu finden sind.[1097] Allerdings wird es auch hier der jeweiligen „Situation in der Katechese" überlassen, wie intensiv die einzelnen Aussagen des Glaubensbekenntnisses besprochen werden.[1098]

Diese in sich widersprüchlichen Aussagen von *Katechese in veränderter Zeit* machen deutlich, dass eine von den grundlegenden Inhalten des Glaubens her konzipierte Katechese im deutschsprachigen Raum im Verdacht steht, die Erfahrungen des Glaubensschülers und seine persönliche Entwicklung auf dem Glaubensweg zu wenig zu berücksichtigen. Es wird ein Gegensatz zwischen der Orientierung am Subjekt und der Vorgabe eine objektiven Glaubenswissens gesehen.[1099] Das abschließende Kapitel dieser Arbeit will nun darlegen, dass eine an den Inhalten orientierte Katechese durchaus die wesentlichen Impulse der anthropologischen und erfahrungsorientierten Katechese im deutschsprachigen Raum aufgreifen kann. Dies setzt allerdings ein Verständnis von Korrelation voraus, das nicht einfach jeden Glaubensinhalt mit einer bereits gemachten Erfahrungen des Glaubensschülers verbinden will, sondern davon ausgeht, dass die Katechese erst Erschließungsmöglichkeiten schaffen muss, damit eigene Glaubenserfahrungen anhand der dargestellten Inhalte möglich sind.

Die Befragung zur Erstkommunion in Dekanat Bad Kreuznach hat deutlich gezeigt, welche Elemente der Erstkommunionkatechese eine besondere Wertschätzung erfahren. Insbesondere die Vorbereitung der Erstkommunionkinder in kleinen Gruppen unter Leitung eines ehrenamtlichen Katecheten wird als wichtig betrachtet.[1100] Fast alle Elemente der Eucharistiekatechese, die den Befragten besonders wichtig waren, gehörten zum Bereich der „Familienreligiosität".[1101] Diese als positiv bewerteten Aspekte der bestehenden Gemeindekatechese dürfen bei einer inhaltsorientierten Neukonzeption der Sakramentenkatechese nicht unberücksichtigt bleiben. Sie sind wichtige Hilfen, um bei der katechetischen Umsetzung der Inhalte die Erwartungshaltungen der Kinder und Eltern sowie ihre Glaubenserfahrungen zu berücksichtigen.

[1097] Vgl. ebd. 23.
[1098] Vgl. ebd.
[1099] Gerade die Untersuchungen zu Robert Bellarmin (s.o 305) und Joseph Ratzinger (317-319) haben gezeigt, dass bei der Orientierung der Katechese an den vier Hauptstücken der Katechese kein Gegensatz zwischen objektivem Glaubenswissen und subjektiver Glaubenserfahrung bestehen muss. Im weiteren Verlauf der Arbeit wird dies noch ausführlich dargelegt werden.
[1100] S.o. 176 u. 180.
[1101] S.o. 198–201.

Der abschließende Teil der Arbeit soll daher aufzeigen, wie eine an den vier Hauptstücken der Katechese ausgerichtete Sakramentenkatechese mit Kindern und Jugendlichen unter Berücksichtigung der heutigen fehlenden Glaubenserfahrungen und Glaubensbedingungen möglich ist. Dazu soll zunächst dargelegt werden, welches Modell der Korrelation von Glaubensinhalt und Glaubenserfahrung diesem katechetischen Konzept zugrunde liegt. Anschließend sollen die Konsequenzen der Ausrichtung der Katechese an den „vier Hauptstücken" für die wesentlichen Elemente, die Themen, die Sozialformen, die Akteure und die Feier der Sakramente dargestellt werden. Dies geschieht exemplarisch für die Erstkommunionkatechese: zum einen, weil sich die Befragung im Dekanat Bad Kreuznach auf die Erstkommunionvorbereitung bezogen hat, zum anderen weil es sich hierbei um die erste grundlegenden Katechese für Kinder handelt, an der immer noch ein sehr hoher Prozentsatz teilnimmt, so dass diese als die ‚volkskirchlichste' Sakramentenkatechese bezeichnet werden kann.

5.2 Neue Modelle einer Korrelation von Inhalt und Erfahrung

Nach dem Zweiten Vatikanischen Konzil wurde die Korrelationsdidaktik nicht nur für den schulischen Religionsunterricht, sondern auch für die Gemeindekatechese zum bestimmenden didaktischen Konzept.[1102] Die Orientierung an der Erfahrungswelt der Schüler wurde zur Mitte der Katechese.[1103] Der Ansatz der Korrelationsdidaktik wird jedoch gerade in jüngster Zeit vermehrt von Seiten der Religionspädagogik in Frage gestellt. Dabei wird die zunehmende Säkularisierung der Schüler als Hauptschwierigkeit gesehen, einen Brückenschlag zwischen alltäglichen Erfahrungen und Glaubensinhalten herzustellen, der dem Glauben gerecht wird.[1104] Die grundsätzlichste Infragestellung des korrelationsdidaktischen

---

[1102] Vgl. *Georg Hilger*, Art. Korrelationsdidaktik, in: LexRP Bd. 1 (2001), 1106–1111; *Georg Baudler*, Korrelation von Glaube und Leben, in: Gottfried Bitter u.a. (Hg.), Neues Handbuch religionspädagogischer Grundbegriffe, München 2002, 446–451.

[1103] Vgl. *Lutz*, Katechese, 307–308. Zur Entwicklung der Korrelationsdidaktik vgl. *Felix Kucher*, Katechismus, Korrelation, Konstruktivismus, in: CPB 115 (2002), 172–176.

[1104] Vgl. *Rudolf Englert*, Die Korrelationsdidaktik am Ausgang ihrer Epoche. Plädoyer für einen ehrenhaften Abgang, in: Georg Hilger / George Reilly (Hg.), Religionsunterricht im Abseits? Das Spannungsfeld Jugend – Schule – Religion, München 1993, 97–110; *George Reilly*, Süß, aber bitter. Ist die Korrelationsdidaktik noch praxisfähig?, in: Georg Hilger/ders. (Hg.), Religionsunterricht im Abseits? Das Spannungsfeld Jugend – Schule – Religion, München 1993, 16–27; *Bernd Beuscher*, Zurück zur Fragwürdigkeit! Der Rücktritt der Korrelationsdidaktik – ein religionspädagogischer Fortschritt? Weitere Überlegungen zur religionspädagogischen

Ansatzes erfolgt durch Thomas Ruster, der durch die theoretische Grundlegung seiner Kritik die Schwachpunkte der Korrelationsdidaktik offenlegt und mit dem Modell der „Emergenz" auch einen ersten Lösungsansatz bietet. Ausgangspunkt von Rusters Kritik ist eine „Unterscheidung im Gottesverständnis"[1105]: Er unterscheidet zwischen Gott und den Göttern, dem „fremden" Gott und dem „vertrauten" Gott, der letztendlich ein Götze ist.[1106] Unter „Götter" versteht Ruster dabei „die höchste, alles bestimmende Wirklichkeit".[1107] Unsere Zeit sieht er geprägt von der „Religion des Kapitalismus"[1108]: „Dieser Religion gehören heute die allermeisten Menschen an, vermutlich auch wir, und damit bekommt die Unterscheidung im Gottesverständnis biblische Kontur: Sie ist zu vollziehen inmitten einer von den Göttern dominierten Welt, in der Götzendienst die Normalform von Religion ist."[1109] War es der christlichen Theologie in der Vergangenheit immer wieder gelungen, den „fremden" Gott der Bibel „in jeder Zeit als alles bestimmende Wirklichkeit, eben als ‚Gott' im vernünftigen Begriff verständlich"[1110] zu machen, wenn auch zum Preis der Verwechselbarkeit von Gott und Göttern, so scheitert sie jedoch heute an dieser Aufgabe, „weil der Gott der Bibel zu dem, was in unserer Zeit als alles bestimmende Wirklichkeit erfahren wird – das Geld – in keine vernünftige Beziehung mehr gesetzt werden kann."[1111] Die Aufgabe der gegenwärtigen Theologie liegt für Ruster daher in der Entflechtung von Christentum und Religion durch eine von Barth, Luther und der jüdischen Torafrömmigkeit inspirierte Relecture der Christologie. Es geht darum, im Anschluss an das 1. Gebot zu zeigen, „wie der Glaube an Jesus Christus Gott für die Christen so vor der Verwechslung mit den Götzen bewahrt wie es die Tora für die Juden tut."[1112]

Unter diesen Voraussetzungen kann natürlich die Alltagserfahrung der heutigen Menschen „nicht fraglos der Ausgangspunkt der christlichen Gotteserkennt-

---

Theoriebildung, in: RpB 24 (1994), 33–61; *Hubertus Halbfas*, Lehrpläne und Religionsbücher. Notizen zur didaktischen Theorie, in: rhs 33 (1990), 228–244.

[1105] *Thomas Ruster*, Der verwechselbare Gott. Theologie nach der Entflechtung von Christentum und Religion (= QD 181),Freiburg i. Br. 2000, 19.
[1106] Vgl. *Ruster*, Gott, 28.
[1107] *Thomas Ruster*, Die Welt verstehen ‚gemäß den Schriften'. Religionsunterricht als Einführung in das biblische Wirklichkeitsverständnis, in: rhs 43 (2000), 189–203, hier 189.
[1108] Vgl. *Ruster*, Gott, 140–142. Rusters These vom „Kapitalismus als Religion geht auf einen fragmentarischen Aufsatz von Walter Benjamin zurück (vgl. *Walter Benjamin*, Kapitalismus als Religion, in: ders., Gesammelte Schriften Bd. 6, hg. v. Rolf Tiedemann u. Hermann Scheppenhäuser, Frankfurt a.M. 1991, 100–103).
[1109] *Ruster*, Welt, 189.
[1110] Ebd. 190.
[1111] Ebd. 191.
[1112] *Ruster*, Gott, 193.

5.2 Neue Modelle einer Korrelation von Inhalt und Erfahrung

nis sein".[1113] Daher muss für Ruster eine Korrelationsdidaktik, die bei der Lebenserfahrung und dem Wirklichkeitsverständnis der Schüler ansetzt und diesem das Wirklichkeitsverständnis der Bibel und des biblischen Gottes aneignen und assimilieren möchte, scheitern. „Die pädagogisch angeblich unabweisliche Orientierung an den Erfahrungen und dem Wirklichkeitsverständnis der Schülerinnen und Schüler hat aber diese Frage immer schon entschieden, und zwar gegen die Tatsächlichkeit der Bibel."[1114]

Von daher sieht Ruster die Aufgabe einer Religionsdidaktik darin, die Schüler mit diesem fremden Wirklichkeitsverständnis der Bibel vertraut zu machen, ohne eine Korrelation von Alltagserfahrung und biblischer Erfahrung anzustreben. Vielmehr muss es um die Begegnung mit der „fremden" Erfahrungswelt der Bibel und die Begegnung mit dem biblischen Gott gehen.

> „Zur fremden Welt gehört auch ein fremder Gott. Auch er ist erst zu entdecken, auch in Bezug auf ihn ist unbedingt damit zu rechnen, dass er sich nicht an die Gesetze und Regeln hält, die in unserer (religiösen) Welt und in unseren Vorstellungen vom Göttlichen herrschen. So hätte die Unterscheidung im Gottesverständnis in einem so konzipierten Religionsunterricht ihren Platz. Dabei kann es sich nicht darum handeln, die Wirklichkeitsverhältnisse zwischen Gott und Welt abbilden zu wollen oder gar zu sagen, wie Gott *ist*. Aber die biblische Rede von Gott muss auf ihren bibelinternen Zeichenzusammenhang hin befragt werden, soll herauskommen, wie in ihr von Gott gedacht wird. Denn von außerbiblischen Voraussetzungen aus kann nichts über den Gott der Bibel erschlossen werden, auch nicht von den Symbolen und Metaphern aus, die gemeinhin auf Göttliches hindeuten."[1115]

Dieses Ziel kann erreicht werden, indem der Religionsunterricht sich nicht auf die Alltagserfahrungen der Schüler stützt, die in unserer technisierten und kapitalistisch ausgerichteten Gesellschaft immer von Prinzip des Machbaren, des Effizienten und des naturwissenschaftlich Evidenten geprägt sind, sondern vom Primat des biblischen Hörens bestimmt ist. „'Der Glaube kommt vom Hören' (Röm 10,17). Das ist eine treffende Bemerkung, denn das biblische Wirklichkeitsverständnis kommt aus der Sprache (der Tora), nicht aus der Natur, den Gegenständen. Gegenüber unserer empirischen Erkenntnisart vertritt die Bibel eine andere Wahrnehmungskultur. [...] Gottes Wort ist ihre innere Struktur."[1116]

So wichtig sicherlich das Hören auf das Wort Gottes für das biblische Wirklichkeitsverständnis ist, so problematisch ist Rusters radikale Trennung von biblischer Offenbarung und Natur, die noch nicht einmal Symbole wie ‚Sonne', ‚Meer'

[1113] Ebd. 194.
[1114] *Ruster*, Welt, 193.
[1115] Ebd. 194.
[1116] Ebd. 196. Dieser Ansatz Rusters deckt sich mit der Unterscheidung von „theonomem" und „autonomem" Lernen, den Koerrenz für die biblisch-jüdische und die hellenistisch-griechische Pädagogik herausarbeitet. Das Hören auf das Wort Gottes ist damit das entscheidende Kriterium einer biblischen Pädagogik (s.o. 215).

oder ‚Berg' als Wege zur Gotteserfahrung zulässt. Eva-Maria Faber fasst die schöpfungstheologische Anfrage an Rusters These vom „fremden Gott" so zusammen:

„Die Unterscheidung des Christlichen, so sehr sie gefordert ist, darf nicht den Boden des Schöpfungsglaubens unter den Füßen verlieren. Unsere Welt ist und bleibt die Welt Gottes; sie trägt das Eigentumszeichen, das ihr Schöpfer ihr eingeprägt hat. […] Oberflächlich gesehen mag die *erfahrene* alles bestimmende Wirklichkeit nicht Gott sein – dennoch *ist* Gott die alles bestimmende Wirklichkeit, und dies dürfte bei einem tieferen Schürfen in der menschlichen Erfahrung doch auch zutage treten." [1117]

Trotz dieser berechtigten Kritik bleibt es das Verdienst Rusters, die Gefahren einer zu schnellen Gleichsetzung von biblischem Wirklichkeitsverständnis und Erfahrungsmustern heutiger Menschen aufgezeigt zu haben. Ruster stellt die „Fremdheit" des biblischen Gottes in den Mittelpunkt, die jahrelang einfach aus den religionspädagogischen Überlegungen ausgeblendet wurde.

Ruster entwirft daher für den Religionsunterricht ein Modell der Aneignung des „fremden" Gottes der Bibel sowie des eigenständigen biblischen Wirklichkeitsverständnisses, das die Chance bietet, die Dichotomie zwischen ‚Subjekt' und ‚Sache' zu überwinden.[1118] Er skizziert diesen Prozess der Aneignung mit dem Begriff der „Emergenz", den er aus der Systemtheorie von Niklas Luhmann[1119] übernimmt. Lernen wird demnach als „eigenständige Leistung des menschlichen Gehirns" betrachtet, das als „autopoetisches System" in seinen Verarbeitungsoperationen und seiner Selbstorganisation von außen nicht zu beeinflussen ist.[1120] Die von außen gegebenen Informationen und Umweltwahrnehmungen werden im Gehirn auf unkalkulierbare Weise mit dem vorhandenen Wissen verbunden und so ganz neu zusammengesetzt. Dieser Prozess der eigenständigen Neubildung ist natürlich an die vorgegebenen Lerninhalte gebunden und geschieht nicht völlig losgelöst davon. Dennoch bleibt festzustellen: „Es wird nicht Wissen aufgenommen, neues Wissen entsteht. Neuerungen werden nicht empfangen, sondern hervorgebracht – eben emergiert."[1121]

Die Emergenz bietet damit ein Modell der Verbindung von Altem und Neuem, das die Unableitbarkeit des Neuen betont, aber doch an der Verbindung zum Alten festhält, das durch das Neue in völlig neuem Zusammenhang erscheint. Für die pädagogische Vermittlung des Glaubens bedeutet dies nun, dass die Verarbei-

---

[1117] *Eva-Maria Faber*, Bekehrung zum fremden Gott. Steht eine theo-logische Wende an?, in: GuL 74 (2001), 467–474, hier 471.
[1118] Vgl. *Ruster*, Welt, 200.
[1119] Vgl. *Niklas Luhmann*, Soziale Systeme. Grundriß einer allgemeinen Theorie, Frankfurt a.M. 1984, 650–653.
[1120] Vgl. *Ruster*, Welt, 200.
[1121] Ebd. 201.

5.2 Neue Modelle einer Korrelation von Inhalt und Erfahrung

tung der gegebenen Informationen und Lernerfahrungen durch die Kinder nicht planbar und von außen steuerbar ist, sondern völlig autonom innerhalb des eigenen Systems erfolgt. Damit ist für Thomas Ruster eine große Skepsis gegen alle Versuche der Elementarisierung, der Anpassung von Lerninhalten an den jeweiligen Entwicklungstand von Kindern und Jugendlichen und der Formulierung von Lernzielen gegeben.[1122] Gleichzeitig wird aber gerade dadurch die Möglichkeit eröffnet, Kinder und Jugendliche mit dem fremden biblischen Gott und dem fremden biblischen Wirklichkeitsverständnis vertraut zu machen. „Daraus folgt für mich das Recht, die Kinder mit der Welt der Bibel zu konfrontieren, ohne deren Aneignungs- und Verstehensbedingungen bei der Auswahl der Inhalte und den Formen der unterrichtlichen Vermittlung vorgängig zu berücksichtigen. Auswahl und Vermittlung muss vielmehr nach der Logik des Gegenstands geschehen."[1123]

Theologisch betrachtet bietet der Begriff der ‚Emergenz' eine Vermittlung zwischen ‚Gnade' und ‚Natur', da die Erfahrungen des Geistes Gottes in der Bibel, die zu einem neuen Wirklichkeits- und Selbstverständnis führen, eben als Hervorbringung des unableitbar Neuen durch eigenständige Umorganisierung des bereits vorhandenen Alten verstanden werden können. „Der ‚Code' des biblischen kulturellen Gedächtnisses, oder in anderen Worten: der heilige Geist hat es vielleicht an sich, dass er bei Menschen emergente Prozesse auslösen kann, die zu einer Umcodierung des bisherigen Selbst- und Weltbildes führen – wenn man diesen Code nur in seiner Fremdheit zur Wirkung kommen lässt und ihn nicht von vornerherein auf das Bekannte und Selbstverständliche zurückschneidet."[1124]

Ruster hat mit seiner grundsätzlichen Kritik an der Korrelationsdidaktik heftige Reaktionen hervorgerufen. Georg Baudler wirft ihm vor, die Schüler zur Ausbildung eines „Religionsstunden-Ichs" anzuleiten, das mit ihrer realen Lebenswelt in keinerlei Beziehung steht, so dass der Glaube für sie weltfern bleibt.[1125] Grundsätzlich sieht Baudler in der Kritik an der Korrelationsdidaktik im Religionsunterricht ein katechetisches Missverständnis vorliegen, da es ja nur Aufgabe des Religionsunterrichts sei, die Schüler für die Sinnfrage zu sensibilisieren und den christlichen Glauben dabei als mögliche Antwort darzulegen, nicht aber eine Einübung in den christlichen Glauben zu gewährleisten, was Aufgabe der Katechese sei.[1126] Baudler immunisiert damit die Korrealtionsdidaktik gegen jegliche Anfrage, ob sie mit ihren Vermittlungsversuchen dem christlichen Glauben wirklich gerecht wird. Ihm geht es im Religionsunterricht lediglich darum, die Tiefendimension des menschlichen Lebens und die damit verbundenen existentiellen

---

[1122] Vgl. ebd. 200–201.
[1123] Ebd. 201.
[1124] Ebd.
[1125] Vgl. *Baudler*, Korrelation, 448.
[1126] Vgl. *Georg Baudler*, Korrelationsdidaktik auf dem Prüfstand. Antwort auf ihre praktische und theologische Infragestellung, in: rhs 44 (2001),54–62, hier 54–59.

Fragen aufzudecken. Er verbleibt auf der Ebene, die Thomas Ruster als „Religion" bezeichnen würde und von der er den christlichen Glauben gerade abgrenzen will. Berechtigt ist Baudlers Kritik an der zu starren Trennung von ‚Natur' und ‚Offenbarung', die zur völligen Ausblendung der Sehnsucht des heutigen Menschen nach Heil führt.[1127]

Auch Hubertus Halbfas hinterfragt das didaktische Konzept von Ruster, das den „Primat der Übernatur" für den Religionsunterricht wiedergewinnen möchte und sich gegen einen „theologischen und religionspädagogischen Naturalismus" wendet.[1128] Halbfas erhebt den Vorwurf, dass die Kritik Rusters auf mangelnder Kenntnis der aktuellen Religionspädagogik beruht, die sich intensiv darum bemüht, die Schwachpunkte der Korrelationsdidaktik zu beheben.[1129] Halbfas erkennt zwar ebenfalls die Notwendigkeit an, die Schüler im Religionsunterricht mit der fremden Welt der Bibel vertraut zu machen, sieht aber schon in der Abgrenzung des Christentums von allen übrigen Religion einen sektiererischen Ansatz in der Konzeption Rusters, den er ablehnt. „Mit diesem Programm verabschiedet sich Ruster nicht nur von aller pragmatischen Vernunft, sondern auch von einer theologischen Tradition, die stets bemüht war, zusammenzuhalten, was zusammengehört: Gott und Schöpfung, Erfahrung und Glaube, die Einheit des Menschengeschlechts."[1130] Ohne Verbindung der fremden Wirklichkeit der Bibel mit der aktuellen Erfahrung wird diese für Halbfas zur „Wirklichkeit eines Gettos"[1131], die sich allein auf binnenkirchliche Traditionen und Sprachformen stützt.

Während Baudler und Halbfas letztlich dem Ansatz Rusters keine positiven Impulse für die pädagogische Vermittlung des Glaubens abgewinnen und ihre Auseinandersetzung mit ihm zu keiner Weiterentwicklung des Erfahrungsbegriffs führt, bietet Bernhard Grümme eine Neubestimmung, die der Kritik Rusters Rechnung trägt.[1132] Grümme bemängelt am emergenten Prozess des Glaubenlernens anhand fremder Erfahrung, den Ruster als Ersatz für die Korrelationsdidaktik vorschlägt, dass er ein subjekt- und freiheitstheologisches Defizit aufweist.[1133] Es gelingt Ruster nicht, die Bedeutung des Subjekts für die Vermittlung fremder Erfahrung aufzuzeigen. „Sein methodischer Primat des Erzählens nähert ihn jenen heteronomen, weil subjekt- und erfahrungslosen Konzepten nach Art des neuscholastischen Katechismusunterrichts oder der kerygmatischen Katechese an,

---

[1127] Vgl. ebd. 61.
[1128] Vgl. *Hubertus Halbfas*, Thomas Rusters ‚fällige Neubegründung des Religionsunterrichts'. Eine kritische Antwort, in: rhs 44 (2001), 41–53, hier 47.
[1129] Vgl. ebd. 43 u. 48.
[1130] Ebd. 53.
[1131] Ebd.
[1132] *Bernhard Grümme*, Vom Anderen eröffnete Erfahrung. Zur Neubestimmung des Erfahrungsbegriffs in der Religionsdidaktik (= Religionspädagogik in pluraler Gesellschaft Bd. 10), Gütersloh – Freiburg i. Br. 2007.
[1133] Vgl. ebd. 153.

5.2 Neue Modelle einer Korrelation von Inhalt und Erfahrung

die ja die Korrelationsdidaktik überwinden wollte."[1134] Dennoch sieht Grümme in Rusters Kritik an der Korrelationsdidaktik wichtige Impulse enthalten, um den Erfahrungsbegriff in der Glaubensvermittlung neu zu bestimmen.

Grümme stellt fest, dass die bisherige Religionspädagogik zu wenig die grundlagentheoretische Konzeption des Erfahrungsbegriffes bedacht hat und dadurch Subjekt und Objekt nicht im hinreichenden Maße miteinander vermittelt werden. „Die eigentliche Schwierigkeit liegt in der formalen Struktur einer streng reziproken Dialogizität von Subjekt und Objekt."[1135] Grümme formuliert dagegen auf der Grundlage des Erfahrungsdenkens von Rosenzweig und unter Rückgriff auf bestimmte Elemente der transzendentalen Hermeneutik einen Erfahrungsbegriff, der auf der Vorordnung des Anderen beruht.[1136] Die gängige Korrelationsdidaktik gestaltet die Vermittlung zwischen Subjekt und Objekt als „Austauschbeziehung", die sowohl die Würde und Einzigartigkeit des Subjekts als auch Würde und Bedeutung des Objekts für das Subjekt bedroht.[1137] Dies ist dadurch begründet, dass nicht die Fremdheit und Einzigartigkeit des Subjekts und des Objekts Grundlage dieser Austauschbeziehung sind, sondern das Allgemeine und Verbindende. „Mit Bernhard Waldenfels zugespitzt formuliert, handelt es sich dabei letztlich um einen ‚Monolog mit verteilten Rollen', weil die Dialogik letztlich von der Idee lebt, dass der Logos als leitende, schlichtende, harmonisierende und zentrierende Instanz ‚alle Differenzen überbrückt und alle Pluralitäten in sich versammelt'."[1138] Jedoch muss der Dialog zwischen Subjekt und Objekt nicht zwangsläufig streng rezi-prok gedacht werden. Die Dialogik von Franz Rosenzweig[1139] bietet hier für Grümme einen Ausweg, der der Einzigartigkeit und Fremdheit von Subjekt und Objekt gerecht wird.

„Im Widerspruch zur Dialogik Bubers bricht Rosenzweig durch die primordiale Vorordnung des Anderen im Dialog mit der strengen Wechselseitigkeit der Dialogik. Der Dialog geht vom Du aus, das Ich wird erst durch den Anruf des Du zum wahrhaft geschichtlichen Ich, das sich wiederum in der Frage nach dem Du, aber eben gerade nicht in dessen begrifflicher Erkenntnis gewinnt. Dabei wahrt Rosenzweig jedoch hinlänglich die Würde des Ich. Das Subjekt wird keinesfalls zum Resultat des Du. Erfahrung wird von Andersheit gestiftet, wird vom anderen je vorgängig schon eröffnet, so sehr sie auch vom Ich erfahren und zugeeignet werden muss. Diese Vorordnung des Du vor dem Ich imprägniert dem Dialog bei Rosenzweig eine asymmetrische Tinktur."[1140]

[1134] Ebd.
[1135] Ebd. 269.
[1136] Vgl. ebd. 269–294.
[1137] Vgl. ebd. 273.
[1138] Ebd. 269; vgl. *Bernhard Waldenfels*, Der Stachel des Fremden, Frankfurt a.M. 1990, 44.
[1139] Vgl. *Franz Rosenzweig*, Der Stern der Erlösung. Mit einer Einführung von R. Mayer und einer Gedenkrede von G. Scholem, Frankfurt a. M. 1990.
[1140] *Grümme*, Erfahrung, 273–274.

Auf der Grundlage dieser asymmetrischen Dialogizität im Verhältnis von Subjekt und Objekt entwickelt Grümme einen „alteritätstheoretischen Erfahrungsbegriff", durch den die vorrangige Eröffnung der Erfahrung durch eine andere Freiheit ausgedrückt werden soll: „Alteritätserfahrung ist vorwiegend die Erfahrung des Anderen, nicht von Andersheit. Das Subjekt ist einem Objekt konfrontiert, das seinerseits ein Subjekt ist. Mit dieser Vorordnung der Freiheit im Alteritätsbegriff will der alteritätstheoretische Erfahrungsbegriff sachontologische Reduktionismen vermeiden [...]."[1141] Damit kann der alteritätstheoretrische Erfahrungsbegriff sowohl die wechselseitige Dependenz und Vermittlung von Subjekt und Objekt sicherstellen als auch verhindern, dass beide in diesem Vermittlungsprozess aufgehen und so ihre Fremdheit, Eigenheit und Würde verlieren. Zudem wird der Widerfahrnischarakter der Erfahrung durch den Alteritätsbegriff hervorgehoben.[1142] Trotz einer notwendigen subjektiven Verstehensleistung kann das Subjekt Erfahrung doch nicht machen, sondern sie wird ihm von Anderen, vom Du eröffnet und hat somit Geschenkcharakter.

Grümme sieht in dem alteritätstheoretischen Erfahrungsbegriff die Aporien der bisherigen Korrelationsdidaktik überwunden. Die Fremdheit und kritische Autorität der Offenbarungs- und Glaubenstradition wird gewahrt, wie dies Ruster fordert, ohne jedoch in ein heteronomes Konzept des Glaubenlernens zu verfallen. Es ist somit eine Erfahrungsorientierung gegeben, die der Glaubenstradition als fremder Erfahrung mit kritischem Potential gerecht werden kann.[1143] Gleichzeitig ist die Subjektorientierung durch die Dialogik in diesem Erfahrungsbegriff gewährleistet. Das Subjekt, das selbst unter dem vorgängigen Anspruch der Andersheit steht und so in seiner Unkorrelierbarkeit ernst genommen wird, bleibt konstitutiv für die Herausbildung von Glaubenserfahrung.[1144] Der alteritätsorientierte Erfahrungsbegriff kann Glaubenlernen in der Nachfolge Jesu als das sich liebende Wegschenken an anderes verstehen.[1145] Er besitzt eine Pluralitätsfähigkeit, die in der Lage ist, fremde Erfahrung, gerade in Bezug auf andere Religionen, Kulturen und Lebenseinstellungen, ernst zu nehmen und nicht vorschnell durch Assimilation an die Kategorien des Subjekts zu vereinnahmen.[1146] Als Vermittlungskategorie von Fremdheit und subjektiver Erfahrung kommt für Grümme der Be- griff nicht in Frage, da er zu schnell zu einer eindeutigen Identifikation führt. Stattdessen spricht er sich für die ‚Metapher' als Vermittlungskategorie aus.

[1141] Ebd. 276.
[1142] Vgl. ebd. 281.
[1143] Vgl. ebd. 282–284.
[1144] Vgl. ebd. 284–285.
[1145] Vgl. ebd. 289.
[1146] Vgl. ebd. 291.

„Metaphern lassen damit eine sich zumutende Erfahrung von Andersheit, von radikaler, uneinholbarer Alterität gelten. Zudem halten die Metaphern die Wirklichkeit unabschließbar offen und bringen diese Unabschließbarkeit zur Sprache. Die Symbole der subjektiven Erfahrungen und damit das Subjekt selber werden dabei nicht schlechthin negiert, sondern von der begegnenden Alterität her in ein neues Licht gesetzt, verfremdet, zur Umkehr herausgefordert. Metaphern bringen Wirklichkeit nie in ungebrochener Verlängerung subjektiver Identitäten und Selbstdefinitionen zur Sprache."[1147]

Grümme gelingt es mit seinem Ansatz eines alteritätsbezogenen Erfahrungsbegriffs, dem berechtigten Anliegen der anthropologischen Wende in der Theologie Rechnung zu tragen. Das Subjekt wird in seiner Bedeutung für die Glaubenserfahrung gewürdigt und nicht nur zum Empfänger von fremden Glaubenswahrheiten gemacht. Gleichzeitig wird dieser Ansatz auch der Struktur des Glaubenlernens in der Bibel und der kirchlichen Tradition gerecht, die eben immer von einem Voraus des Glaubens sowie der bleibenden Transzendenz Gottes geprägt sind und nicht einfach mit den vorhandenen Erfahrungen des Subjekts verbunden werden können.

Kritisch bleibt anzufragen, ob wirklich nur die religiöse Metapher als Vermittlungskategorie des alteritätstheoretischen Erfahrungskonzepts möglich ist und welchen Stellenwert begriffliche Fixierung von Glaubensinhalten wie die vier Hauptstücke der Katechese für die Glaubensweitergabe haben. Stellt der ‚Begriff' wirklich nur eine Vereinnahmung des Objekts durch das Subjekt dar, oder ermöglichen nicht gerade theologische Begrifflichkeiten aus der kirchlichen Tradition eine Erfahrung der Unableitbarkeit und Eigenständigkeit, die eine ‚Metapher' nicht bieten kann. Die Mehrdeutigkeit der Metapher beinhaltet nämlich auch die Gefahr, sich nur auf die Aspekte einzulassen, die einem selbst bekannt und vertraut sind. Weiterhin ist kritisch zu Grümme anzumerken, dass er es bei den praktischen Konsequenzen, die der alteritätstheoretische Erfahrungsbegriff für die Glaubensvermittlung hat, bei sehr allgemeinen Positionen belässt, die letztlich auch die Korrelationsdidaktik für sich in Anspruch genommen hat. Unklar bleibt, was es konkret heißt, dass religiöse Erfahrung aus der nicht machbaren Begegnung mit dem anderen erwächst.

Was folgt nun aus der Diskussion um die Korrelationdidaktik der vergangenen Jahre für die Sakramentenkatechese? Die allein auf die Erfahrungen des Subjekts bezogene Korrelationsdidaktik wird selbst für den Bereich des schulischen Religionsunterrichts zunehmend in Frage gestellt. Stattdessen wird mehr und mehr die unkorrelierbare Fremdheit der biblischen und kirchlichen Glaubenstraditionen in den Blick genommen. Glaubenserfahrung erschließt sich nicht einfach aus den bisher gemachten Erfahrungen des Subjekts, sondern hat immer auch den Charakter eines Widerfahrnisses, das mit Neuem, Unbekanntem und Fremdem kon-

---

[1147] Ebd. 310–311.

frontiert und die eigene Erfahrung in Frage stellt.[1148] Glaubenserfahrung gründet auf vorgängigen Erfahrungen, so wie sie sich in der biblischen und kirchlichen Tradition zeigen. Diese neue Blickrichtung, die die Diskussion um die Korrelationsdidaktik eröffnet hat, legt es nun auch für die Katechese nahe, die wesentlichen Glaubensinhalte, wie sie sich in den vier Hauptstücken der Katechese zeigen, zur Grundlage der Konzeption einer Sakramentenkatechese mit Kindern und Jugendlichen zu machen. Das bedeutet nicht zwangsläufig die Rückkehr zu einer rein materialkerygmatischen Katechese, sondern führt zu einem Verständnis von Katechese als „Intervention", die den Glauben als umfassende Deutung des Lebens erschließen will.

„Katechese als Intervention verstanden, ermöglicht auch eine systematische Ausrichtung der Katechese – das Kennenlernen der Grunddaten des Glaubens, die selbst auf Erfahrungen von Menschen mit dem Heilswirken Gottes zurückgehen, mit dem Ziel ‚identitätsverbürgendes Lebenswissen' (Jürgen Werbick) übernehmen zu können. Zu einer systematischen Katechese gehören die Heilige Schrift als Quelle des Glaubens, die zentralen Texte als Ausdruck eines gemeinsamen Glaubensverständnisses (Credo, Vaterunser, Zehn Gebote) sowie das Verständnis der Sakramente."[1149]

Die materialkerygmatische Verengung und Fremdbestimmung des Glaubensschülers in der Katechese wird dadurch verhindert, dass die Erfahrung der Andersheit und Fremdheit des Glaubens zu einer wirklichen personalen Erfahrung des glaubenden Anderen wird. Die Inhalte der Glaubensvermittlung müssen eingebettet werden in ein soziales und personales Vermittlungsgeschehen, das von Katecheten und der Gemeinde getragen wird. Auf diese notwendige Einbettung der Glaubensvermittlung hat schon Klaus Hemmerle hingewiesen: „Aus der Mitte eines anderen, der mir eine Sache vermittelt, geht mir diese Sache in ihrer Mitte so auf, daß sie meine eigene Mitte trifft und aus ihr neu aufgeht."[1150] Eine inhaltlich orientierte Katechese, die mehr sein will als reine Wissensvermittlung, bedarf der Beziehung zwischen Glaubensschüler, Gemeinde und Katecheten. Darauf ver-

---

[1148] Faber verweist trotz der bleibenden Wertschätzung der anthropologischen Wende auf die Notwendigkeit einer neuen Akzentuierung der Theologie und der Verkündigung, die die Dimensionen der Fremdheit Gottes und der notwendigen Bekehrung stärker in den Vordergrund stellt. „Ist es nicht wegweisend, wenn die drei genannten Autoren [sc. Thomas Ruster, Reinhard Hempelmann und Thomas Freyer] mehr den Begegnungscharakter der Gnade, mehr die Heraus-Forderung durch den Anruf Gottes, mehr die Unterbrechung des alltäglichen Lebens durch das Widerfahrnis Gottes unterstreichen wollen? Welt und Geschichte sind ebensowenig wie das eigene Leben schon *ganz* von der Dynamik der Gnade getragen und vom göttlichen Leben durchdrungen – es bedarf der Bekehrung, es bedarf der Erschütterung durch den lebendigen Gott" (*Faber*, Bekehrung, 473).
[1149] *Claudia Hofrichter*, Dialogisches Miteinander. Plädoyer für eine katechetisch-religionspädagogische Theoriebildung, in: RpB 56 (2006), 63–74, hier 69–70.
[1150] *Hemmerle*, Überlegungen, 102.

5.2 Neue Modelle einer Korrelation von Inhalt und Erfahrung 337

weist für das Feld des schulischen Religionsunterrichts und die Aufgabe des Religionslehrers Reinhold Boschki, der im Begriff der ‚Beziehung' den Leitbegriff der Religionspädagogik sieht, ohne die Notwendigkeit der Vermittlung religiösen Grundwissens außer Acht zu lassen. *"‚Beziehung' darf nicht gegen Inhalte ausgespielt werden. Im Gegenteil, religiöse Inhalte können nur beziehungsorientiert vermittelt und angeeignet werden."*[1151] Für ihn wird somit der Religionslehrer zum Glaubenszeugen, der gerade so die wesentlichen Inhalte in das unterrichtliche Beziehungsgeschehen einbringen kann.[1152]

In diese Richtung gehen auch die Überlegungen von Andreas Wollbold, der Korrelation als sozialen Prozess versteht. Dieser benötigt die Offenheit und das Vertrauen des Glaubensschülers zum Glaubenslehrer und der christlichen Gemeinde, um durch deren Erfahrungsvorsprung das im Glauben erschließen zu können, was sie eben noch nicht erlebt haben.[1153] Für Wollbold gewinnt dadurch in der Katechese vor allem die Pfarrgemeinde eine entscheidende Bedeutung für die Vermittlung der wesentlichen Glaubensinhalte, wie sie in den vier Hauptstücken der Katechese zusammengefasst sind. Die Gemeinde bietet durch ihre gelebte Christlichkeit vor allem die Möglichkeit für Erschließungserfahrungen, die zum Glauben führen.[1154] Dieses Zeugnis der Gemeinde setzt reife, in den Glauben eingeführte Christen voraus, so dass die Pfarrgemeinde eine geistliche Lebenskultur ausstrahlen kann.[1155]

Die Notwendigkeit einer personalen Vermittlung der wesentlichen Glaubensinhalte durch christliche Gemeinschaften und überzeugende Katecheten hatte schon Ratzinger aufgrund seiner systematischen Überlegungen zu den vier Hauptstücken der Katechese betont.[1156] Er hebt sowohl die Notwendigkeit eines festumrissenen Inhalts der Katechese als auch die Vermittlung dieses Inhaltes

---

[1151] *Reinhold Boschki*, ‚Beziehung' als Leitbegriff der Religionspädagogik. Grundlegung einer dialogisch-kreativen Religionsdidaktik (= Glaubenskommunikation Reihe Zeitzeichen Bd. 13), Ostfildern 2003, 437. Allerdings räumt Boschki dem Subjekt bei der Konzeption der Katechese und der Verkündigung den Vorrang ein und steht von daher einer inhaltsorientierten Katechese skeptisch gegenüber (vgl. *ders.*, Religiöse Bildung als Fragment, in: Pastoralblatt für die Diözesen Aachen, Berlin, Essen, Hildesheim, Köln, Osnabrück 59 [2007], 195–202).

[1152] Mirjam Schambeck führt diesen Ansatz in ihrer Arbeit über mystagogisches Lernen weiter, wenn sie den Religionslehrer als „Mystagogen" beschreibt, der in der Außenperspektive als „Regisseur von Kommunikationsprozessen" wirkt und in der Innenperspektive durch seine „Spiritualität" und „Zeugenschaft" über seine Gotteserfahrung geprägt ist (vgl. *Mirjam Schambeck*, Mystagogisches Lernen. Zu einer Perspektive religiöser Bildung [= SThPS 62], Würzburg 2006, 389–398 u. 410–411).

[1153] Vgl. *Wollbold*, Handbuch, 263.

[1154] Vgl. *Wollbold*, Pfarrgemeinde, 55. Die bleibende Bedeutung der Pfarrgemeinde als Erschließungsraum des Glaubens betont auch *Monika Jakobs*, Eckpunkte einer Theorie der Gemeindekatechese, in: RpB 56 (2006), 83–92, hier vor allem 87–90.

[1155] Vgl. *Wollbold*, Pfarrgemeinde, 60.

[1156] S.o. 315–317.

durch das lebendige Zeugnis der Gemeinde und der Katecheten hervor. Die Sichtung der neueren religionspädagogischen und katechetischen Ansätze zur Vermittlung von Glaubensinhalt und Glaubenserfahrung hat zu einem ähnlichen Ergebnis geführt. Eine inhaltlich orientierte Katechese entgeht dann der Gefahr einer reinen Wissensvermittlung und Fremdbestimmung des Glaubensschülers durch die vier Hauptstücke der Katechese, wenn sie in das lebendige Beziehungsgeschehen der Gemeinde eingebunden ist und vom Glaubenszeugnis geeigneter Katecheten geprägt wird. Eine inhaltsorientierte Katechese muss von dieser personalen und sozialen Dimension bestimmt sein.

Nach diesen notwendigen Vorüberlegungen zur Verbindung von Glaubensinhalten und Glaubenserfahrung in der Katechese soll nun im folgenden eine inhaltsorientierte Katechese bezüglich der Elemente, Themen, Methoden, Akteure und Gestaltung der Eucharistiekatechese entwickelt werden.

5.3 Die vier Hauptstücke der Katechese – Praktische Konsequenzen für die Eucharistiekatechese mit Kindern

5.3.1 Die wesentlichen Elemente der Eucharistiekatechese

Die Befragung zur Erstkommunionkatechese im Dekanat Bad Kreuznach hat bezüglich der Elemente der Erstkommunionvorbereitung, die für eine inhaltliche Ausrichtung der Katechese an den „vier Hauptstücken" hilfreich sein können, drei wichtige Ergebnisse[1157] gebracht:

- Die inhaltliche Ausrichtung der Katechese hat einen guten Anknüpfungspunkt beim Verständnis der Katechese als wichtigem Bestandteil der religiösen Erziehung. Die Gruppenstunden der Kommunionkinder werden als das wichtigste Element der Erstkommunionvorbereitung betrachtet. 98,6% der Befragten bezeichnen den katechetischen Unterricht in Kleingruppen als wichtig oder sehr wichtig. Neben der hohen Akzeptanz der kleinen katechetischen Gruppe drückt sich darin auch ein Grundverständnis von Katechese aus: Erstkommunionkatechese wird als religiöser Unterricht gesehen, der Glaubenswissen vermitteln soll. Darauf weist auch die hohe Wichtigkeit hin, die der Arbeitsmappe für diese Gruppenstunden zugesprochen wird: 90,7% der Befragten beurteilen dieses Element als wichtig oder sehr wichtig.
- Die Erstkommunionvorbereitung dient vornehmlich der Glaubensunterweisung der Kinder. Dies macht die relativ große Gruppe der Eltern deutlich, die einen

[1157] S.o. 166–170.

Besuch der Eltern durch den Seelsorger mit 79,0% und Glaubensgespräche für Eltern mit 67,7% für weniger wichtig oder unwichtig halten. Nicht die Eltern sollen daher im Mittelpunkt der Erstkommunionvorbereitung stehen, sondern die Kinder.
- Die sakramentalen und liturgischen Elemente der Katechese spielen eine eher untergeordnete Rolle. Sowohl die Erstbeichte als auch der regelmäßige Besuch des Sonntagsgottesdienstes werden von einer relativ großen Gruppe der Eltern als unwichtig bewertet. 35,1% bezeichnen die Erstbeichte als unwichtig oder weniger wichtig. 28,1% treffen diese Aussage über den Besuch des Sonntagsgottesdienstes. Die Verbindung von Erstkommunionkatechese und regelmäßiger liturgischer und sakramentaler Praxis ist in vielen Familien nicht mehr vorhanden. Die Hl. Messe am Erstkommuniontag wird als einzelnes Ereignis von 97,4% als wichtig oder sehr wichtig eingestuft, aber nicht mehr im Zusammenhang mit der allsonntäglichen Eucharistiefeier gesehen.

Dieser kurze Rückblick auf die Befragung im Dekanat Bad Kreuznach skizziert die wesentlichen Anknüpfungspunkte und Aufgaben, vor denen eine an den „vier Hauptstücken" ausgerichtete Erstkommunionkatechese bezüglich der Elemente der Katechese steht: eine Profilierung der Gruppenstunden und der darin verwendeten Arbeitsmaterialien im Sinne eines grundlegenden Glaubensunterrichts, eine neue Verknüpfung der Eucharistiekatechese mit der Liturgie und die Neukonzeption der wesentlichen Elemente der Beichtkatechese.

5.3.1.1 Die katechetische Gruppenstunde als Glaubensunterricht

Der entscheidende Anknüpfungspunkt für eine inhaltlich orientierte Katechese ist in der hohen Wertschätzung der Gruppenstunden und der Arbeitsmappen für Kinder zu sehen, da diese beiden Elemente den unterrichtlichen Charakter der Erstkommunionkatechese betonen. Die Gruppenstunden und die Arbeitsmappen könnten dazu genutzt werden, die wesentlichen Inhalte der Katechese, also das Apostolische Glaubensbekenntnis, das Vaterunser, die Zehn Gebote und die Sakramente, hier vor allem die Sakramente der Beichte und Eucharistie, zu vermitteln. In den letzten Jahren haben die Arbeitsmaterialien und damit auch die Gruppenstunden eine stärkere inhaltliche Profilierung erhalten und sind so zu einem „kompakten Glaubenskurs" für Kinder geworden.[1158] Trotz dieser positiven Entwicklungen wird die Erstkommunionkatechese jedoch immer noch zu wenig als Glaubensunterricht[1159] und zu sehr als „Muttikirche"[1160], die vor allem

---

[1158] Vgl. *Lambrich*, Erstkommunionkurse, 199.
[1159] In der Befragung im Dekanat Bad Kreuznach werden alle schulischen Vermittlungsformen in der Erstkommunionkatechese als negativ bewertet (s.o. 176–180).
[1160] *Wollbold*, Handbuch, 279.

das Gefühl der Annahme und die Erfahrung menschlicher Gemeinschaft vermitteln möchte, betrachtet.

Eine an den vier Hauptstücken der Katechese orientierte Gruppenstunde wird sich demgegenüber um eine stärke Annäherung von katechetischem Unterricht und Religionsunterricht bemühen. Die Notwendigkeit einer solchen engeren Verbindung von Katechese und Religionsunterricht wird in den letzten Jahren vor allem im Blick auf die Öffnung von religiösen Erfahrungsmöglichkeiten im Religionsunterricht wie zum Beispiel durch liturgische Elemente und Glaubenstraditionen, die sonst eher dem Bereich der Katechese zugeordnet werden, diskutiert.[1161] Auf dem Feld der Katechese macht sich diese Annäherung dadurch deutlich, dass die Forderungen nach einer eigenständigen Didaktik der Gemeindekatechese vermehrt geäußert werden.[1162] Auch rückt durch Annäherung von Schule und Katechese der Aspekt des religiösen Lernens in der Katechese wieder stärker in den Vordergrund. So beschreibt Claudia Hofrichter Katechese als „intervenierende Lebensdeutung", die die Autonomie der Teilnehmer wahrt, an ihre Erfahrungen anknüpft, aber dennoch nicht auf eine systematische Erschließung der zentralen Glaubensaussagen, wie sie im Credo, im Vaterunser, den Zehn Geboten und der Lehre von Sakramenten enthalten sind, verzichtet und zu einer Handlungsorientierung der Teilnehmer an diesen Grundzügen des christlichen Glaubens führen will.[1163] Somit ist Katechese ein „organisierter und zielgerichteter Lernprozess einer Gruppe von Menschen."[1164]

Wollbold fordert aufgrund der notwendigen inhaltlichen Ausrichtung der Katechese als organisierter Lernprozess eine weitergehende Annäherung von Schule und Katechese, die zu neuen „Zwischenformen" führt und auch den Gruppenstunden der Eucharistiekatechese einen stärker unterrichtlichen Charakter geben kann.[1165] Wollbold nimmt dabei Lernformen, wie sie in der europäischen Diaspora üblich sind, in den Blick, die eine Mischung von Religionsunterricht und Ge-

---

[1161] Vgl. *Werner Simon*, ‚Katechetische Dimension' des Religionsunterrichts?, in: KatBl 130 (2005), 147–150; *Schambeck*, Mystagogisches Lernen, 411–415; *Hans Mendl*, Religionsunterricht inszenieren und reflektieren. Plädoyer für einen Religionsunterricht, der mehr ist als ‚reden über Religion', in: Ludwig Rendle (Hg.), Mehr als reden über Religion. 1. Arbeitsforum Religionspädagogik 21. bis 23. März 2006. Dokumentation, Donauwörth 2006, 10–41; *ders.*, Wie viel Annäherung ist gefragt?, in: KatBl 132 (2007), 92–94; *Helga Kohler-Spiegel*, Fremde Geschwister: Schule und Gemeinde, in: KatBl 132 (2007), 82–91.

[1162] Vgl. *Patrik Höring*, Überlegungen zu einer Didaktik der Gemeindekatechese, in: RpB 60 (2008), 45–52; *Angela Kaupp*, Fehlt der Gemeindekatechese eine Didaktik?, in: KatBl 132 (2007), 364–370; *Hofrichter*, Dialogisches Miteinander, 73–74; *dies.*, Agenda 2010, 140–141.

[1163] Vgl. *Hofrichter*, Dialogisches Miteinander, 68–70.

[1164] Vgl. *Claudia Hofrichter*, Quo vadis – Signaturen zu Katechese und Religionsunterricht, in: KatBl 132 (2007), 95–99, hier 97.

[1165] Vgl. *Wollbold*, Handbuch, 282.

5.3 Praktische Konsequenzen für die Eucharistiekatechese

meindekatechese darstellen.[1166] Vor allem das Modell der Sonntagsschule[1167] und der Unterrichtstage am Samstag[1168] erscheinen für die Gestaltung von Gruppenstunden, die sich inhaltlich an den vier Hauptstücken der Katechese orientieren, besonders geeignet. Bei dem in Dänemark und Lettland praktizierten Modell der Sonntagsschule kommen die Glaubensschüler ein- bis zweimal im Monat zu einer Unterrichtsstunde zusammen, die in Verbindung mit der sonntäglichen Eucharistiefeier, die als Familiengottesdienst gestaltet wird, stattfindet. Die Unterrichtstage am Samstag, die in Norwegen, Dänemark und Thüringen abgehalten werden, finden ebenfalls einmal im Monat statt und verknüpfen die kognitiven Formen religiösen Lernens mit der Erfahrung der Gemeinschaft und der Feier der Eucharistie. Der Vorteil dieser beiden Modelle liegt in der Verbindung von Wissensvermittlung und liturgischer Feier. Bei der Sonntagschule ist es darüber hinaus noch möglich, den Glaubensschülern eine Begegnung mit der Pfarrgemeinde zu ermöglichen. Die Problematik bei diesem Modell liegt darin, dass viele Familien gerade das Wochenende für gemeinsame Aktivitäten benutzen. Mit katechetischen Gruppenstunden am Samstag und Sonntag tritt damit die Sakramentenvorbereitung in Konkurrenz zur hohen Wertschätzung der Familie. Dem ist bei der Planung insoweit Rechnung zu tragen, dass in der Regel nur ein Sonntag oder Samstag im Monat für solche katechetischen Einheiten verwendet werden sollte, um die Akzeptanz zu erhöhen.

Das Modell des monatlichen katechetischen Samstags könnte zudem auch geeignet sein, die wöchentlichen Gruppenstunden ganz zu ersetzen. Dies hätte inhaltlich den Vorteil, dass der entsprechende Lernstoff der Katechese wirklich am Stück entfaltet werden könnte und genügend Zeit für praktische und handlungsorientierte Vermittlungsformen bliebe. Der enge zeitliche Rahmen einer wöchentlichen Gruppenstunde lässt oft nach einer relativ langen Phase des Ankommens – man betrachte nur die Fülle der Stilleübungen, die heutige Materialien zur Erstkommunionvorbereitung anbieten – nur wenig Zeit zur Behandlung des eigentlichen katechetischen Themas der Stunde. Die Erstkommunionkinder sind bei diesen an einem Nachmittag stattfindenden Gruppenstunden oft auch nicht sehr aufnahmefähig, da schon ein anstrengender Schultag hinter ihnen liegt und im Anschluss an die Katechese das Fußballtraining oder die Geigenstunde auf sie wartet. Ein ganzer Samstag bietet hier die Chance, mit der Erstkommunionkatechese an diesem Tag nicht in Konkurrenz zu Schule und Hobby treten zu müssen und so die ganze Aufmerksamkeit der Kinder zu haben. Ein immer gewichtigeres Argument für eine monatliche ganztägige Katechese ist die stetige Zunahme von Grundschulen, die zum verpflichtenden Ganztagsunterricht übergehen. Dies

---

1166 Vgl. *Annegret Beck / Andreas Wollbold*, Glauben lernen in der europäischen Diaspora, in: KatBl 126 (2001), 417–422.
1167 Vgl. ebd. 418.
1168 Vgl. ebd. 419–420.

macht wöchentliche Gruppenstunde außerhalb des schulischen Rahmens an Werktagen unmöglich. Der samstägliche Unterricht bietet somit eine Reihe von Vorteilen und kann mit der gemeinsamen Eucharistiefeier abgeschlossen werden, so dass die Einheit von Katechese und Gottesdienst für die Kinder immer deutlicher erfahrbar ist.

Das Modell der Sonntagschule oder des katechetischen Unterrichts am Samstag wäre nicht nur wegen der am Religionsunterricht ausgerichteten Weise der systematischen Vermittlung von Glaubensinhalten für die Gestaltung von Gruppenstunden in der Eucharistiekatechese von besonderer Bedeutung, er verhindert zudem die Trennung von katechetischer Gruppe, Gemeindeleben und gottesdienstlicher Feier, die Emeis schon vor Jahren beklagte. Zwar seien katechetische Gruppen als Glaubensorte in vielen Gemeinden entstanden, aber sie bildeten eher „Nebenräume neben dem Leben der Gemeinde als Eingangsräume zu den Glaubensorten in der Gemeinde"[1169].

Wie stark sich die sehr geschätzten Gruppenstunden zu „Nebenräumen" der Gemeinde entwickelt haben, zeigt in der Umfrage in Dekanat Bad Kreuznach die große Gruppe der Eltern, die die Mitfeier des Sonntagsgottesdienstes als unwichtiges oder weniger wichtiges Element der Erstkommunionvorbereitung betrachten (28,1%). Hier könnte eine Verbindung des hoch bewerteten Elementes der Gruppenstunde mit der Feier der Heiligen Messe am Sonntag eine wichtige Hilfe sein, um die Bedeutung der Liturgie für die Sakramentenkatechese zu betonen. Die Gruppenstunde würde dann nicht mehr isoliert als das Hauptelement betrachtet, das die wesentlichen Kenntnisse und Fertigkeiten für den ersten Eucharistieempfang vermittelt und die notwendige religiöse Bildung sicherstellt. Die Liturgie der Messfeier würde zum gleichberechtigten Element der Vorbereitung aufgewertet.

Zusammenfassend bedeutet eine Ausrichtung der Erstkommunionvorbereitung an den vier Hauptstücken der Katechese für die katechetische Gruppenstunde folgendes:
– die Gruppenstunde kann weiterhin im wöchentlichen Rhythmus stattfinden, wobei monatlich eine Unterrichtsstunde in Verbindung mit der Sonntagsmesse als „Sonntagsschule" gestaltet wird;
– zu favorisieren ist das Modell des „katechetischen Samstags", bei dem einmal im Monat ein ganzer Samstag zum katechetischen Unterricht genutzt wird und mit der gemeinsamen Feier der Messe abschließt;
– Schwerpunkt der Gruppenstunden und der Arbeitsmaterialien ist die inhaltliche Vermittlung der vier Hauptstücke der Katechese;
– die katechetischen Formen der Gruppenstunde nähern sich dem Religionsunterricht an.

[1169] *Emeis*, Sakramentenkatechese, 22.

5.3.1.2 Die liturgischen Elemente der Eucharistiekatechese

5.3.1.2.1 Das Verhältnis von Katechese und Liturgie

Ausgangspunkt der Überlegungen zu einem monatlichen katechetischen Samstag oder zur Sonntagsschule war zunächst die Profilierung der Gruppenstunden als systematischer Glaubensunterricht. Die Verbindung von Sonntagsmesse und Gruppenstunden, die sich dadurch ergibt, zeigt die Notwendigkeit, das Verhältnis von Katechese und Liturgie grundsätzlich zu bedenken und die Liturgie als Element der Sakramentenkatechese wiederzuentdecken. Von vielen Liturgiewissenschaftlern und Religionspädagogen wird beklagt, dass die katechetische Dimension der Liturgie aus dem Blick geraten ist und die Liturgie als Lernort des Glaubens gar nicht mehr wahrgenommen wird.[1170]

Gottfried Bitter sieht den Grund für den Abbruch des fruchtbaren Verhältnisses von Katechese und Liturgie im soziologischen Wandel, der dazu führt, dass Religiosität und kirchlich gelebter Glaube immer mehr zu zwei verschiedenen Größen werden. In vielen Gemeinden wird jedoch oft noch allzu fraglos von einer volkskirchlichen Konvergenz von Religiosität, christlichem Glauben und Liturgie ausgegangen.

„Stattdessen tun sich Differenzen, Dissonanzen, ‚Gräben‘ auf: zwischen Religion und Glaube, Christianität und Religiosität, vor allem auch zwischen Liturgie und Katechese. Die Liturgie ‚feiert‘ so ein vermutetes Leben und Glauben, das aber tatsächlich nicht/kaum anzutreffen ist; so ist Liturgie faktisch lebensfern, ‚wirklichkeitsflüchtig'. Damit verliert sie ihre katechetische Kompetenz, denn ihre Sprache und Gestik sind unverständlich. Umgekehrt wird die Katechese (in bester Absicht!) religionsoffen und zugleich kirchenfremd und damit zunehmend liturgieabstinent; sie versucht autark zu werden – um den Preis des Identitätsverlustes."[1171]

Bitter sieht allerdings auch Möglichkeiten einer neuen Verbindung von Katechese und Liturgie. Er verweist auf die Offenheit in der Katechese für Symbole und sinnliche Erfahrungen, möchte Elemente der Familienreligiosität in die Liturgie integrieren, sieht im Bild des begleitenden Gottes eine Möglichkeit, eine gemeinsame Sprache zu finden, die sowohl die Transzendenz Gottes, die die Liturgie betont, also auch seine Gegenwart im Alltag, die die Katechese in den Vordergrund stellt, zum Ausdruck bringt, und möchte verstärkt die karitativen Aktivitä-

---

[1170] Vgl. *Ralph Sauer*, Die Kunst Gott zu feiern. Liturgie wiederentdecken und einüben, München 1996; *Gerhards*, Katechese, 258– 269; *Richter*, Katechese, 194–208; *Gottfried Bitter*, Alte Abbrüche und neue Überbrückungen. Zum „garstigen Graben" zwischen Liturgie und Katechese, in: ThPQ 149 (2001), 43–55; *Claudia Hofrichter*, Nachdenken über das Verhältnis von Katechese und Liturgie, in: LKat 24 (2002), 1–3; *Friedrich Lurz*, Gelungene Verknüpfung von Liturgie und Katechese, in: LKat 24 (2002), 8–10.

[1171] *Bitter*, Abbrüche, 47.

ten der Gemeinde im Gottesdienst zur Sprache bringen.[1172] Dadurch will er die Krise von Katechese und Liturgie in der heutigen kirchlichen Situation überwinden.

„Sozialwissenschaftlich gesprochen: eine funktionsuntüchtige Liturgie inspiriert keine Katechese mehr und eine funktionsuntüchtige Katechese verliert ihr Interesse an Liturgie. Umgekehrt bringt eine Liturgie, die aufrichtig vor Gott und mit der Gemeinde ist, katechetische Impulse hervor, so wie eine ehrliche (sakramenten-)katechetische Gruppe ihren Dank und ihre Schuld, ihren ‚ungläubigen Glauben' (vgl. Mk 9,2) und ihren Traum vom Christ- und Gemeinde-Werden in die Liturgie trägt."[1173]

Allerdings zeigt dieser Lösungsvorschlag von Bitter, dass er die Hauptaufgabe einer neuen Annäherung von Katechese und Liturgie doch letztlich bei der Liturgie sieht, die das Leben der Mensch mehr in den Blick nehmen muss. Sein anthropologischer Ansatz in der Katechese ist kaum in der Lage, von den bestehenden Texten und Ritualen der Liturgie her die Inhalte der Katechese zu befruchten, von einem stärkeren Hervorheben liturgischer Symbole einmal abgesehen.[1174]

Weiterführend ist hier der Ansatz von Claudia Hofrichter. Sie bemängelt, dass die Sakramentenkatechese durch ihre Orientierung an den Lebens- und Erfahrungswelten der Kinder die Texte und Symbole der kirchlichen Liturgie oft als zu schwierig und fremd erachtet und daher durch eigene Rituale und Symbole ersetzt oder wortreich pädagogisiert. Den Grund für die Spannung zwischen Katechese und Liturgie sieht sie darin, dass die Liturgie das Wirken Gottes in der Welt fraglos voraussetzt und feiert, während die Katechese meist eine anthropologische Ausrichtung hat, die bei der mehrdeutigen Alltagserfahrung ansetzt. Sie plädiert dafür, die eigene Wirkkraft, die die Feier des Mysteriums Gottes in der Liturgie entfaltet, wieder neu zum Zug kommen zu lassen und dafür auf das Vorbild des Katechumenats der alten Kirche zurückzugreifen. „Eine Erinnerung an die mystagogische Praxis in der frühen Kirche hilft meines Erachtens aus der pädagogisch-theologischen Frontstellung und Zwickmühle heraus."[1175]

[1172] Vgl. ebd. 51–54.
[1173] Ebd. 54.
[1174] Diese Schwierigkeit ist immer dann geben, wenn mystagogische Ansätze in der Katechese und in der Liturgie zu vorschnell von der immer schon gegebenen Erfahrung der Nähe Gottes in unseren Alltagserfahrungen ausgehen und zu wenig die Fremdheit des christlich-biblischen Gottes in den Blick nehmen. In den kirchlich geprägten Glaubenstraditionen werden dann oft nur Mittel zur Indoktrinierung der Glaubensschüler gesehen. „Mystagogie verfehlt daher diese Grundsignatur der christlichen Glaubensbotschaft, wenn sie meint, von einem systematisch geordneten Lehrdepositum (man beachte den sachhaften Charakter dieses theologischen Fachausdrucks!) übernatürlicher Wahrheiten ausgehen zu müssen, deren Gesamtheit möglichst vollständig und unverkürzt weitergeben werden soll" (*Josef Schulte*, Katechese als Mystagogie, in: LKat 9 [1987], 16–22, hier 18).
[1175] *Hofrichter*, Nachdenken, 3.

5.3 Praktische Konsequenzen für die Eucharistiekatechese

Von Seiten der Liturgiewissenschaft sind es Albert Gerhards und Klemens Richter, die eine Verknüpfung von Katechese und Liturgie durch Formen einer liturgischen Bildung fordern, die sich an der Mystagogik des Katechumenats orientiert.[1176] Eine mystagogische Liturgie hat nach Ansicht beider Liturgiewissenschaftler die Aufgabe, durch die Art und Weise der Feier zu einem vertieften Verständnis der gefeierten Liturgie hinzuführen und durch die Auslegungen von liturgischen Texten in der Homilie den Sinn dieser Texte für das Leben der Gläubigen zu erschließen.[1177] Das Ziel einer solchen mystagogischen Liturgie formuliert Klemens Richter so: „Die Liturgie ist also dann eine mystagogische, wenn sie so gefeiert wird, daß sie Lebensveränderung in der Nachfolge Christi ist und bewirkt."[1178]

An diesen Ausführungen wird deutlich, dass die Hinführung zur Liturgie eine Kernaufgabe der Sakramentenkatechese ist, die nur durch eine enge Verzahnung der beiden Bereiche erfüllt werden kann. Die Katechese muss also verstärkt Elemente der liturgischen Bildung aufnehmen und die Liturgie als einen wichtigen Lernort neu erschließen. Wichtige Anregungen zur Umsetzung dieser notwendigen liturgischen Bildung hat in den letzten Jahren der Liturgiewissenschaftler Winfried Haunerland gegeben.[1179] Haunerland möchte dabei den auf Rahner gründenden Mystagogiebegriff, der weitgehend in der Pastoraltheologie und Religionspädagogik verwendet wird und der bei den transzendentalen Erfahrungen des Menschen ansetzt, zum Ansatz einer „genuin liturgischen Mystagogie" profilieren und die Liturgie als Ort der realen Gottesbegegnung herausstellen.

„Auch eine liturgische Mystagogie hat dabei das Ziel, dass den Mysten der Zugang zu der Erfahrung der Begegnung mit dem lebendigen Gott bzw. Jesus Christus eröffnet wird und dass sie dies nicht nur als eine liturgische Wirklichkeit erfahren. Ein solcher Ansatz hält aber fest, dass die Liturgie nicht nur bestätigt, was im Leben immer schon da ist, sondern selbst als performativer Akt eine Wirklichkeit setzt, die auch die Erfahrungen des alltäglichen Lebens noch einmal übersteigt."[1180]

[1176] Vgl. *Gerhards*, Katechese, 266–269; *Richter*, Katechese, 201–202.
[1177] Vgl. *Gerhards*, Katechese, 267; *Richter*, Katechese, 206.
[1178] *Richter*, Katechese, 206.
[1179] *Winfried Haunerland*, Mystagogie, liturgische Bildung und Feierkultur. Zur bleibenden Aufgaben der Liturgiereform, in: George Augustin u.a. (Hg.), Priester und Liturgie (= FS für Manfred Probst), Paderborn 2005, 343–367; *ders.*, Gottesdienst als ‚Kulturleistung'. Von der Notwendigkeit und den Zielen liturgischer Bildung, in: LJ 56 (2005), 67–81; *ders.*, Liturgische Bildung und Mystagogie. Von Notwendigem und Vermisstem, in: ders. / Alexander Saberschinsky (Hg.), Liturgie und Mystagogie, Trier 2007, 12–31; *ders.*, „Bedenke, was du tust…". Erkenntnisse und Aufgaben, in: ders. / Alexander Saberschinsky (Hg.), Liturgie und Mystagogie, Trier 2007, 193–211.
[1180] *Haunerland*, Liturgische Bildung, 24–25.

Um dieses Ziel zu erreichen, hat eine liturgische Mystagogie folgende Aufgabenstellungen zu erfüllen.

Liturgische Bildung hat zunächst eine kognitive Seite. Sie darf auf die Vermittlung der wesentlichen Glaubensinhalte nicht verzichten, da nur so die Inhalte der liturgischen Feiern verständlich sind.[1181] Ohne die Kenntnis der Aussagen des Glaubensbekenntnisses und der wesentlichen Aussagen über die Sakramente bleibt die kirchliche Liturgie unverständlich. Daneben ist es notwendig, die „Liturgiesprache" zu erlernen, die ja auch in der volkssprachlichen Liturgie nicht einfach mit der Alltagssprache identisch ist, sowie sich die „Zeichensprache" der Liturgie anzueignen.[1182]

Liturgische Bildung ist aber mehr als eine rein kognitive Vermittlung von Glaubenswissen, liturgischer Sprache und liturgischer Zeichen. Sie muss eine ganzheitliche Bildung sein, die zu einer tätigen Teilnahme hinführt. Daher ist das praktische Einüben liturgischer Gesten und Gebärden, wie Kreuzzeichen, Kniebeuge, Knien, Stehen oder Schreiten, notwendig. Auch das Einüben von Liedern und Übungen, die zur Stille, zum bewussten Hören und zur Schärfung der sinnlichen Wahrnehmung dienen, gehören in diesen Bereich des praktischen, handlungsorientierten Lernens.[1183]

Hauptsächlich muss eine liturgische Bildung, die Kopf, Herz und Hand ansprechen will, zum Glaubensvollzug hinführen. Die Feier der Liturgie erstreckt sich nicht im rein äußerlichen, zwischenmenschlichen Tun, sondern will zur Begegnung mit Gott hinführen. „Gottesdienstliches Handeln bleibt nicht der Welt immanent, sondern öffnet sich der Transzendenz. Alles, was hilft, diese sakramentale Struktur des Gottesdienstes tiefer zu erfassen und im Glauben mitzuvollziehen, hat mystagogische Qualität, ist Einführung in das *mysterium* der Liturgie."[1184] Eine liturgische Mystagogie verbindet damit die Gotteserfahrung im Alltag mit der Gotteserfahrung in der Liturgie, die kirchliche Spiritualität mit der Spiritualität des Einzelnen.[1185] Diese Aufgabe einer mystagogischen Liturgie schließt damit selbstverständlich eine Gebetserziehung mit ein.

Für die Sakramentenkatechese ist die Feier der Liturgie wieder stärker als Quelle und Ort der Katechese in den Blick zu nehmen. „Eine liturgische Dimension muss jede gemeindliche Sakramentenkatechese haben. Das gilt schon deshalb, weil die Sakramentenfeier selbst immer Liturgie ist und jede Sakramenten-

---

[1181] Vgl. *Haunerland*, Gottesdienst, 71–72.
[1182] Vgl. *Haunerland*, Liturgische Bildung, 16–17.
[1183] Vgl. ebd. 17–19.
[1184] Ebd. 22.
[1185] Zum Verhältnis von kirchlicher Spiritualität, wie sie sich in der Liturgie ausdrückt und Spiritualität des Einzelnen vgl. *Winfried Haunerland*, Spiritualität der Kirche und Spiritualität der Einzelnen – ein spannungsvolles und befruchtendes Verhältnis, in: ders. / Alexander Saberschinsky / Hans-Gerd Wirtz (Hg.), Liturgie und Spiritualität, Trier 2004, 11–31.

katechese doch zur Feier der Sakramente hinführen soll. Das gilt aber auch, weil Sakramentenkatechese nicht zu trennen ist von einer ganzheitlichen Glaubensschule. Zum christlichen Glauben aber gehört wesentlich die Feier dieses Glaubens in der Liturgie."[1186] Allerdings darf dies nicht dazu führen, dass die Liturgie ganz von der Katechese überlagert wird, so dass sie ihren Feiercharakter verliert durch ein Übermaß an Erklärungen.[1187]

Eine Eucharistiekatechese, die sich bei ihrer Konzeption an den „vier Hauptstücken", Apostolisches Glaubensbekenntnis, Vaterunser, Zehn Gebote und Sakramente, orientiert, ist aus mehreren Gründen sehr wohl in der Lage, das Anliegen einer mystagogischen Liturgiepastoral in ihre Konzeption zu integrieren:

- Die vier Elemente der Katechese sind aus dem Katechumenat der alten Kirche erwachsen, also selbst Furcht einer mystagogischen Liturgie und Katechese.[1188] Die Verzahnung von katechetischer Erklärung und liturgischer Feier lässt sich daher gerade bei den Elementen des Glaubensbekenntnisses und des Vaterunsers sehr leicht nach dem Vorbild des Katechumenats der frühen Kirche auch für unsere heutige Erstkommunionvorbereitung wiedergewinnen. Die Sakramente, die bei der Erstkommunion eine besondere Rolle spielen, Taufe, Eucharistie und Buße, müssen in die katechetische Planung miteinbezogen werden, so dass Erstkommunionkinder z.B. an Kindertaufen teilnehmen und die Erstbeichte in Form der gemeinschaftlichen Feier der Versöhnung mit Bekenntnis und Lossprechung der Einzelnen[1189] erfolgt.

- Eine systematisch orientierte Katechese liefert das notwendige Glaubenswissen, das für das Verständnis der Liturgie notwendig ist. Gerade die Katechese über das Glaubensbekenntnis eröffnet den Kindern die theologische und christologische Dimension der Liturgie, so dass deutlich wird, dass es sich bei der liturgischen Feier nicht nur um menschliches Tun handelt, sondern um die Begegnung mit dem lebendigen Gott. Die Untersuchung des Glaubensverständnisses bei Thomas von Aquin hat gezeigt, wie sehr Glaubenswissen und Glaubensvollzug zusammenhängen und eine Einheit bilden.[1190]

[1186] *Haunerland*, Gottesdienst, 80.
Wie eine solche durchgängige Verbindung von Sakramentenkatechese und Liturgie aussehen könnten, legt Jürgen Bärsch für die Firmkatechese dar. Er möchte alle Themen der Katechese aus der liturgischen Feier der Firmung ableiten. Vgl. *Jürgen Bärsch*, Die Feier als Maßstab. Überlegungen zum Verhältnis von Sakramentenkatechese und Sakramentenliturgie am Beispiel der Firmung, in: Winfried Haunerland / Alexander Saberschinsky (Hg.), Liturgie und Mystagogie, Trier 2007, 45–62, hier 53–54.

[1187] Vgl. *Haunerland*, Bedenke, 199.

[1188] S.o. 249–255.

[1189] Vgl. Die Feier der Buße nach dem neuen Rituale Romanum. Studienausgabe, hg. von den Liturgischen Instituten Salzburg – Trier – Wien, Freiburg i. Br. 1974, 35–47.

[1190] S.o. 283–286.

– Eine an den vier Hauptstücken der Katechese orientierte Eucharistievorbereitung ist offen für das praktische Einüben und Erklären liturgischer Gesten und Gebärden, wie die Untersuchungen zu den beiden Katechismen Robert Bellarmins gezeigt haben. Sie beschränkt sich nie allein auf eine kognitive Vermittlung von Wissen, sondern ist an der Umsetzung dieses Wissens, d.h. an der mitgefeierten Liturgie interessiert. Die Gesten und Gebärden der Liturgie geben ihr dann immer wieder die Möglichkeit zu systematischen Erklärungen des Glaubens, wie Robert Bellarmins Ausführungen zum Kreuzzeichen[1191] eindrucksvoll darlegen. So kann eine inhaltliche Katechese, die sich an den „vier Hauptstücken" orientiert, den praktischen und geistlichen Mitvollzug der Liturgie fördern.
– Welche Elemente der Eucharistiekatechese dieses Anliegen durch ihre Gestaltung besonders aufgreifen müssen, soll nun für die Eucharistiekatechese im folgenden Kapitel dargestellt werden.

5.3.1.2.2 Die Konsequenzen aus der Verbindung von Katechese und Liturgie

Wie im vorangegangenen Kapitel gezeigt, ist eine Eucharistiekatechese, die sich an den vier Hauptstücken der Katechese orientiert, immer schon auf die Liturgie bezogen und offen für die Anliegen einer mystagogischen Katechese sowie einer mystagogischen Liturgiepastoral. Dies muss vor allem im Bereich der sonntäglichen Eucharistiefeier zu praktischen Konsequenzen führen: Sie muss zum wesentlichen Element der Sakramentenvorbereitung werden. Dazu ist es notwendig, die Mitfeier der Heiligen Messe als die eigentliche Vorbereitung auf die Erstkommunion wieder deutlich bewusst zu machen. Hier erfolgt eine falsche Setzung der Gewichte zugunsten der katechetischen Gruppe. Die regelmäßige Mitfeier der Eucharistie sollte während der Erstkommunionvorbereitung für die Kinder eine Selbstverständlichkeit sein.

Die moderne Lebenswelt der Familien enthält eine Reihe von Hürden für den regelmäßigen Besuch der Sonntagsmesse der Erstkommunionkinder. Der Sonntag wird als einzig gemeinsamer freier Tag genutzt, um etwas mit allen Familienmitgliedern zu unternehmen. Der Besuch des Sonntagsgottesdienstes gerät deshalb in Konkurrenz zum Wunsch nach Erholung und vielfältigen Freizeitaktivitäten an diesem ‚Familientag'. Zu bedenken ist auch die Situation der Kinder, deren Eltern sich getrennt haben, und die daher an vielen Wochenenden das Elternteil besuchen, bei dem sie nicht leben. Somit ist klar, dass die Kommunionkinder nicht jeden Sonntag die Heilige Messe in der Pfarrei der Erstkommunionvorbereitung mitfeiern werden. Dennoch sollte ihnen bewusst gemacht werden, dass die Eu-

---

[1191] S.o. 300.

5.3 Praktische Konsequenzen für die Eucharistiekatechese

charistiefeier am Sonntag das eigentlich verpflichtende Element der Erstkommunionvorbereitung ist. Umsetzen ließe sich dies z.B. dadurch, dass der Besuch der Heiligen Messe durch eine Unterschrift in einem kleinen Heft, das den Verlauf der Erstkommunionvorbereitung dokumentiert, bescheinigt wird.[1192] Das ständige Fernbleiben von der Messfeier am Sonntag müsste auf jeden Fall dieselben Konsequenzen haben wie das ständige Fernbleiben von den Gruppenstunden. Eine an den „vier Hauptstücken" orientierte Katechese will ihre Inhalte nicht nur rein kognitiv vermitteln, sondern zur Feier des Glaubens in der Liturgie hinführen, da der Glaube sonst unanschaulich und fremd bleibt.

Dies bedeutet natürlich zunächst eine Anforderung an die Kinder und ihre Familien, die den bisherigen sonntäglichen Gewohnheiten vieler Familien widerspricht. Hier wird etwas eingefordert, das deutlich macht, dass die Eucharistiekatechese mehr sein will als die Stärkung der Familienreligiosität und die Pflege volkskirchlicher Traditionen. Sicherlich werden die Widerstände dagegen beachtlich sein, wie es die Umfrage im Dekanat Bad Kreuznach mit ihrer geringen Akzeptanz der Sonntagsmesse nahelegt. Sechs Punkte sind von Bedeutung, damit aus dieser stärkeren Gewichtung der Sonntagsmesse als Element der Eucharistiekatechese keine ‚Zwangsveranstaltung' wird, die dem eigentlichen Sinn der Eucharistiefeier widerspricht.

– Es dürfen von Seiten der Seelsorger, der Katecheten und der Gemeinde keine übersteigerten Erwartungen mit der stärkeren Gewichtung der sonntäglichen Eucharistiefeier verbunden sein. Auch dieses Element wird nicht dazu führen, dass alle Kommunionkinder nach der Erstkommunionvorbereitung regelmäßig mit ihren Eltern am Sonntagsgottesdienst teilnehmen. Dafür wird die Erstkommunionvorbereitung zu sehr als zeitlich befristete Dienstleistung für die Familie und ihre religiösen Bedürfnisse gesehen.[1193] Sicherlich wird die Intensivierung der gottesdienstlichen Praxis vor allem bei Kindern aus Familien, die schon eine engere Bindung an die Gemeinde haben, längerfristigen Erfolg zeigen. Für diese Familien, die immerhin rund 30% der Eltern[1194] darstellen, die an der Befragung im Dekanat Bad Kreuznach teilgenommen haben, sollte die Eucharistiekatechese Möglichkeiten zur Vertiefung des Glaubenslebens auch im liturgischen Bereich bieten. Für die Mehrzahl der Kinder kann die verpflichtende Teilnahme an der Sonntagseucharistie wohl lediglich das Ziel haben, ihnen eine umfassende und vollständige Einführung in den christlichen Glauben zu geben, die die Mitfeier der Sakramente miteinschließt. Es wird das Erlernen der rituellen Vollzüge bei der Feier der Heilige Messe angestrebt, so dass auf dieser Grundlage dann im späteren Leben aufgebaut werden kann.

[1192] Im evangelischen Bereich ist diese Praxis für den Konfirmandenunterricht sehr verbreitet.
[1193] S.o. 169.
[1194] S.o. 164.

– Es müssen Gespräche mit den Eltern geführt werden, die die unterschiedlichen Erwartungen bezüglich der Erstkommunionvorbereitung berücksichtigen und gleichzeitig die Verbindlichkeit der Mitfeier der Sonntagsmesse hervorheben. Untersuchungen zur Frömmigkeit von Katholiken, die nur noch zu bestimmten Kasualgottesdiensten wie Hochzeit, Taufe, Erstkommunion oder Beerdigung die Verbindung zur Kirche suchen, ergeben bei der Frage, inwieweit im Bereich des Gottesdienstes Zwang ausgeübt werden darf, ein zwiespältiges Bild. Zum einen bewerten die „Kasualienfrommen" den Druck in ihrer Kindheit, regelmäßig den Sonntagsgottesdienst besuchen zu müssen, als negativ. Zum anderen bewerten sie aber im Nachhinein viele Elemente ihrer religiösen Erziehung als positiv.[1195] Für ihre Kinder wünschen sich diese Eltern, dass sie eine ähnlich kirchlich sozialisierte Kindheit und Jugend wie sie selbst erfahren.[1196] Einige stellen dabei auch ausdrücklich das Lernen des Glaubens und den Kirchgang in den Vordergrund. Dennoch betont die Mehrheit, dass die Kinder bei dieser gewünschten kirchlichen Sozialisation nicht das Gefühl von Zwang haben sollen, sondern auch frei entscheiden können. „Für die Mehrheit der Eltern ist es aber bei aller religiösen Erziehung wichtig, keinen Zwang auf die Kinder auszuüben. Hier zeichnet sich ein deutlicher Paradigmenwechsel in der Erziehung ab. Trotz des Versuchs, die Kinder in die eigene religiöse Deutungswelt ‚neinwachsen' zu lassen, wird den Kindern mehrheitlich immer gleichzeitig die Möglichkeit zugebilligt, sich diesem Erziehungsangebot zu entziehen und zwar nicht erst als Erwachsener, wie im an drittletzter Stelle wiedergegebenen Zitat, sondern jederzeit."[1197] Dieses Ergebnis macht deutlich, dass eine verbindliche Teilnahme am Sonntagsgottesdienst während der Erstkommunionvorbereitung bei vielen Eltern auf Widerstand stoßen wird. Bei Elternabenden zu Beginn der Erstkommunionkatechese müssen die Verantwortlichen daher die Zielsetzung dieser Maßnahme verdeutlichen: das Hineinwachsen in den Glauben, das ohne die regelmäßige Teilnahme am Sonntaggottesdienst nicht möglich ist. Die Eltern sollten verstehen, dass ihr Wunsch nach religiöser Sozialisation des Kindes einen gewissen Grad an Verbindlichkeit verlangt. Den Eltern sollte deutlich werden, dass hier nicht religiöser Zwang ausgeübt wird, sondern Möglichkeiten für Glaubenserfahrungen eröffnet werden, die die Eltern selber wünschen.[1198] Wichtig ist zudem, dass beim ersten Elternabend

---

[1195] Vgl. *Först*, Unbekannte Mehrheit, 18–24.
[1196] Vgl. ebd. 28–29.
[1197] *Engelbrecht*, Pforten, 68.
[1198] „Bei der durchaus respektablen Einstellung liberaler und auch gläubiger Eltern, dass sich das Kind später ‚frei' für oder gegen eine Religion entscheiden können sollte, muss zumindest die Entwicklungslogik vor Augen stehen, dass man sich für oder gegen eine Religion kaum theoretisch entscheiden kann, sondern das unmittelbare Symbolgeschehen der Religion nur teilnehmend und identifizierend ‚erlernt' werden kann" (*Matthias Scharer*, „... und wenn euch eure Söhne [nicht mehr] fragen" [vgl. Ex 12,26], in: ThPQ 156 [2008], 142–149, hier 146).

5.3 Praktische Konsequenzen für die Eucharistiekatechese

die Erwartungshaltungen klar formuliert werden und es deutlich wird, dass ein ständiges Fernbleiben von der sonntäglichen Eucharistiefeier ebensowenig hingenommen werden kann wie ein ständiges Versäumen der Gruppenstunden. Dass viele „kasualienfromme" Katholiken ihre Kirchenmitgliedschaft nach dem Modell des ‚Kunden' gestalten, der vor allem die sakramentalen Angebote für sich in Anspruch nimmt, kann bei diesen Gesprächen sogar hilfreich sein, wenn von Anfang an deutlich wird, dass die Kirche als ‚Anbieter' der Sakramente die Wünsche der Familien nach Transzendenzerfahrung ernst nimmt, jedoch gleichzeitig eigene Zielsetzungen verfolgt, die über die hauptsächlichen Wünsche vieler Eltern hinaus gehen. Je klarer die unterschiedlichen Erwartungen formuliert werden, umso leichter akzeptieren die Eltern die kirchliche Position und damit auch die Verbindlichkeit der regelmäßigen Teilnahme am Gottesdienst.

– Es sollte eine Sonntagsmesse in jeder Pfarreiengemeinschaft oder Seelsorgeeinheit geben, zu der die Erstkommunionkinder in besonderer Weise eingeladen und und in der sie bei der Gestaltung der Messfeier berücksichtigt werden. Dies bedeutet nicht, dass diese Messfeier immer ein spezieller Kinder- oder Familiengottesdienst sein muss, was die Gefahr der Pädagogisierung und einer inhaltlichen Verkürzung in sich tragen würde.[1199] Vielmehr sollte auf die Erstkommunionkinder mit einem Element der Heiligen Messe besonders eingegangen werden, so dass Eltern und Kinder das Gefühl haben, ein wichtiger Teil der Gottesdienstgemeinde zu sein und nicht einfach ‚übersehen' zu werden. Ziel dieser regelmäßigen Sonntagsmesse ist das Vertrautwerden mit dem Ritus der Messfeier. Der gemeinsame Besuch der Sonntagsmesse mit der ganzen Familie stellt zudem eine Hilfe dar, ein wichtiges Anliegen „kasualienfrommer" Eltern zu verwirklichen: Die Sonntagsmesse für Erstkommunionkinder und ihre Familien kann zum Ort werden, an dem sich der Wunsch nach Stärkung und „Heiligung" der eigenen Familie[1200] und nach Erfahrung von Gemeinschaft[1201] in besonderer Weise erfüllen lässt.

– In der Eucharistiekatechese muss der Ritus der Messfeier erklärt und eingeübt werden. Dazu bieten mystagogische Katechesen vor oder nach dem sonntäglichen Gottesdienst für die Erstkommunionkinder eine gute Gelegenheit. Solche mystagogischen Katechesen könnten folgende Inhalte haben: das Schärfen der sinnlichen Wahrnehmung durch Stilleübungen; das praktische Einüben von Gesten und Haltungen wie Kniebeuge, Knien und Stehen; das textliche Erschließen und

---

[1199] Selbst Befürworter von regelmäßigen Kinder- und Familiengottesdiensten weisen immer wieder auf diese Gefahr hin: vgl. *Ralph Sauer*, Der Familiengottesdienst – Anspruch und Wirklichkeit, in: ders. (Hg.), Neue Glaubenswege erschließen. Gesammelte Beiträge zur religionspädagogischen Diskussion (= Vechtaer Beiträge zur Theologie Bd. 10), Münster 2004, 237–244, hier 239–240 und 242–243; *ders.*, Kunst, 244–245.
[1200] S.o. 191.
[1201] Vgl. *Först*, Unbekannte Mehrheit, 28.

Einüben von Liedern; das Gestalten liturgischer Elemente mit Kindern, wie z.B. eine Evangelien- oder Gabenprozession; die Erklärung des Kirchenraums.

– Zeichen, Gesten und Symbole der Liturgie sollten nicht nur in der Katechese erklärt, sondern in der gottesdienstlichen Feier selbst gedeutet werden.[1202] In der Erstkommunionkatechese ist es daher sinnvoll, mit allen Erstkommunionkindern eigene Gruppenmessen zu feiern, in denen jeweils ein Element der Messfeier ausführlich erschlossen wird.[1203] Für diese besondere Form der Liturgiekatechese in der Eucharistiekatechese mit Kindern hat sich der Begriff „Weggottesdienst" eingebürgert.[1204] Solche „Weggottesdienste" könnten einmal im Monat gefeiert werden. Eltern und andere Kinder der Gemeinde wären in den Kreis der Adressaten dieser Gottesdienstes mit einzubeziehen.

– Um die Akzeptanz des regelmäßigen Gottesdienstbesuches während der Erstkommunionvorbereitung zu erhöhen und die für die Eltern so wichtigen Gemeinschaftserfahrungen mit dem Besuch des Gottesdienstes zu verbinden, sollte im Anschluss an die sonntägliche Eucharistiefeier eine Möglichkeit zur Begegnung geboten werden. Sicherlich wird es nicht immer im Anschluss an einen Gottesdienst möglich sein, zu einer Tasse Kaffee einzuladen, aber wo sich dies organisieren lässt, helfen solche Treffen, eine ‚Sonntagskultur' in den Pfarrgemeinden zu schaffen, die dann auch für Kinder und Familien anziehend ist.

Eine Eucharistiekatechese, die sich an den vier Hauptstücken der Katechese orientiert, bemüht sich nicht nur um die regelmäßige Teilnahme der Erstkommunionkinder an der Sonntagsmesse, sondern gibt den entscheidenden Inhalten der Katechese auch einen liturgischen Rahmen, wie es den Anregungen des Katechumenates der Alten Kirche entspricht.[1205] Hierbei sind vor allem die liturgischen Feiern der Übergabe und Rückgabe des Apostolischen Glaubensbekenntnisses und des Vaterunsers als Vorbilder für eine Neugestaltung der Eucharistiekatechese in den Blick zu nehmen. So könnten, nach einer entsprechenden Vorbereitung in Gruppenstunden, das Apostolische Glaubensbekenntnis, das Vaterunser und der Dekalog den Erstkommunionkindern in einer Sonntagsmesse übergeben werden. Die katechetische Predigt in dieser Messe würde die Bedeutung des jeweiligen Textes für das Christsein noch einmal erschließen. Jedes Kind bekäme den entsprechenden Text in Form einer ansprechenden Urkunde überreicht. Nach

---

[1202] Vgl. *Hennecke*, Mystagogie, 9–11. Hier werden Anregungen vor allem für Gottesdienste einer mystagogischen Firmpastoral gegeben.

[1203] Gute Anregungen dazu finden sich bei *Theodor Kramer* unter Mitarbeit v. Ludger Büngener / Elke Luig / Peter Scheiwe / Stephan Winzek, Weggottesdienste in der Kommunionvorbereitung, hg. v. der Hauptabteilung Pastorale Dienste im Erzbischöflichen Generalvikariat Paderborn, München ³2006.

[1204] Vgl. *Stephan Winzek*, ‚Weggottesdienste' in der Kommunionvorbereitung, in: KatBl 129 (2004), 459–463.

[1205] S.o. 251–253.

5.3 Praktische Konsequenzen für die Eucharistiekatechese

einiger Zeit, in der die Kinder diesen Text auswendig lernen könnten, würden sie dann gemeinsam das Apostolischen Glaubensbekenntnis, das Vaterunser oder die Zehn Gebote feierlich im Sonntagsgottesdienst aufsagen und so ‚zurückgeben'. Die Inhalte der vier Hauptstücke der Katechese bekämen für die Kinder auf diese Weise eine biographische Bedeutung, ähnlich dem ersten Vorlesen aus der Tora bei einer jüdischen Bar Mizwa.

Die Vermittlung der übrigen Sakramente sollte möglichst mit deren liturgischem Vollzug verbunden werden. Dabei wird das Schwergewicht in der Eucharistiekatechese neben der Feier der Heiligen Messe sicherlich auf der Taufe und dem Sakrament der Buße liegen. Für den Bereich der Taufe bietet es sich an, dass die Erstkommunionkinder während der Vorbereitungszeit eine Tauffeier besuchen. Dies geschieht am besten in kleinen Gruppen, um die Kinder wirklich ‚hautnah' das Taufgeschehen erfahren zu lassen. Darüber hinaus sollte mit den Erstkommunionkindern ein Tauferneuerungsgottesdienst gefeiert werden oder in einem Sonntagsgottesdienst das liturgische Element des Taufgedächtnisses am Beginn der Messfeier besonders hervorgehoben werden. Der gesamte Komplex des Beichtunterrichts wird im nächsten Abschnitt noch ausführlich zu behandeln sein. Als liturgisches Element bietet sich hier die gemeinschaftliche Feier der Versöhnung mit Bekenntnis und Lossprechung der Einzelnen[1206] an. Auch der Bußakt der Messe könnte in der Eucharistiefeier einmal ein besonderes Gewicht erhalten.

Neben der offiziellen Liturgie müssten den Kindern in der Erstkommunionvorbereitung auch wichtige Formen der Volksfrömmigkeit vermittelt werden. Die Volksfrömmigkeit mit ihren Andachten, Sakramentalien, Bräuchen und Wallfahrten stellt eine Verlängerung der kirchlichen Sakramentenpraxis in die alltägliche Lebenswelt dar und macht den Glauben alltagsnah und alltagswirksam.[1207] Ludwig Mödl macht deutlich, dass die heutige Populär-Kultur mit ihrem Starkult und den dazugehörigen Ausdrucksformen wie Fanartikel und Massenveranstaltungen, die identitätsstiftenden Charakter haben, durchaus Anknüpfungspunkte zur Volksfrömmigkeit aufweisen. Sie bietet einfache Formen und Rituale, die im Alltag die Zugehörigkeit zu einer kirchlichen Gemeinschaft ausdrücken.[1208]

Eine inhaltsorientierte Katechese kann hier vor allem auf die traditionellen Gebetsformen der Volksfrömmigkeit zurückgreifen. Die Eucharistiekatechese kann dazu anregen, das Vaterunser und das Glaubensbekenntnis als täglich Morgen- und Abendgebet zu sprechen. Das Bekreuzigen mit Weihwasser als bewusste Erinnerung an die Taufe ist ebenfalls als morgendliches oder abendliches Ritual

---

[1206] Vgl. Bußrituale, 35–47.
[1207] Vgl. *Ludwig Mödl*, Den Alltag heiligen – Rituale, Segnungen, Sakramentalien. Die Bedeutung der Volksfrömmigkeit und praktische Vorschläge für die Seelsorge. Unter Mitarbeit von Tamara Steiner, Stuttgart 2008, 49.
[1208] Vgl. ebd. 91–95.

wiederzubeleben. Für die Erstkommunionvorbereitung sind darüber hinaus die Formen der eucharistischen Frömmigkeit von besonderer Bedeutung. Die Kniebeuge, Formen der eucharistischen Anbetung und den eucharistischen Segen helfen den Kommunionkindern, die Lehre von der Realpräsenz Christi in der Eucharistie zu begreifen, die sich allein in katechetischen Gruppenstunden wohl kaum vermitteln lässt.[1209]

Zusammenfassend sollte eine Eucharistiekatechese, die sich an den vier Hauptstücken der Katechese orientiert und daher eine Verbindung von Katechese und Liturgie anstrebt, folgende Elemente enthalten:
- regelmäßige Teilnahme an der sonntäglichen Eucharistiefeier;
- mystagogische Katechesen in Verbindung mit der Sonntagsmesse;
- monatliche Eucharistiefeiern speziell für die Erstkommunionkinder als mystagogische Weggottesdienste;
- liturgische Feier der Übergabe und Rückgabe des Apostolischen Glaubensbekenntnisses, des Vaterunsers und der Zehn Gebote im Sonntagsgottesdienst;
- Teilnahme an einer Tauffeier;
- eucharistische Andachten als Bestandteil der Erstkommunionvorbereitung;
- Morgen- und Abendrituale aus der Volksfrömmigkeit.

5.3.1.3 Der Beichtunterricht

In der Befragung im Dekanat Bad Kreuznach wird die Erstbeichte von einem Drittel (35,1%) der Befragten als weniger wichtiges oder unwichtiges Element der Eucharistiekatechese bewertet.[1210] Dieses Ergebnis kann nicht verwundern angesichts der massiven Krise, in der sich das Bußsakrament befindet. So stellen bereits die deutschen Bischöfe im Beschluss „Sakramentpastoral" der Würzbuger Synode fest: „Nun ist aber heute in der Kirche der Empfang des Bußsakramentes, den viele als die einzige Form der Buße betrachten, in eine tiefe Krise geraten. Viele kommen zu diesem Sakrament fast gar nicht mehr oder nur noch äußerst selten." [1211] Papst Johannes Paul II. spricht in seinem Apostolischen Schreiben *Misericordia Dei* sogar auf weltkirchlicher Ebene von der Krise der Beichte am Beginn des 3. Jahrtausends.[1212] Der Rückgang der Beichte wird in der Religionssoziologie als eines der deutlichsten Zeichen für die Auflösung des katholischen Milieus und des Wandels der Sozialgestalt der Kirche gewertet.[1213] Manche katholi-

---

[1209] Vgl. ebd. 94 u. 122.
[1210] S.o. 166.
[1211] Beschluss: Sakramentenpastoral, 258.
[1212] Vgl. *Johannes Paul II.*, Apostolisches Schreiben *Misericordia Dei* als „Motu proprio" erlassen über einige Aspekte der Feier des Sakramentes der Buße (= Verlautbarungen des Apostolischen Stuhls 153), Sekretariat der Deutschen Bischofskonferenz (Hg.), Bonn 7. April 2002, 4.
[1213] Vgl. *Ebertz*, Erosion, 194–195.

5.3 Praktische Konsequenzen für die Eucharistiekatechese

sche Eltern, die der Kirche heute fern stehen und nur aus Anlass von Kasualgottesdiensten den Kontakt zur Kirche suchen, verbinden zum Teil mit dem Sakrament der Beichte Erfahrungen von Zwang und übergroßer Strenge, die sie für die religiöse Erziehung ihrer Kinder ablehnen.[1214]

Diese Krise der Beichte hatte Auswirkungen auf die Gestaltung der Buß- und Beichterziehung. Im Anschluss an die Würzburger Synode dominierte auch in der Beichtkatechese ein anthropologischer Ansatz. Als Aufgabe des Beichtunterrichts wurde vor allem die Gewissensbildung erachtet und dabei ein großes Gewicht auf die entwicklungspsychologischen Erkenntnisse zur Gewissensbildung gelegt.[1215] Die bewusste Entscheidung für das Gute und Richtige durch die Bildung des eigenen Gewissens wurde zum zentralen Thema der Bußerziehung. Ein weiterer Schwerpunkt lag auf der Hervorhebung der verzeihenden Liebe Gottes, die dem Menschen im Sakrament der Beichte begegnet und das eigene Schuldbekenntnis als zweitrangig zurücktreten lässt. Die Erstbeichte wurde daher konsequent als „Fest der Versöhnung" gedeutet und jeder Anklang an einen richtenden Gott vermieden. „Wichtig ist, daß gerade bei der Erstbeichte das Ermutigende und Frohe erlebbar wird; sie sollte darum – wohlvorbereitet, von innen heraus, nicht als Gag – mit einer Feier abgeschlossen werden."[1216] Dem Beichtunterricht vor der Würzburger Synode wird dagegen vorgehalten, allein auf den Ritus und das Sündenbekenntnis fixiert zu sein. So kommt Konrad Baumgartner zu dem Vorurteil: „Die Praxis der Vorbereitung auf die Erstbeichte und diese selbst war weithin mechanisch-legalistisch und formal (,Beicht-Training' statt Bußerziehung)."[1217]

Auch neuere Versuche, die Kinderbeichte in die Erstkommunionvorbereitung zu integrieren, liegen ganz auf der oben skizzierten Linie der Betonung des Elements der Versöhnung, der unbedingten Annahme und des Festes. Fast in allen Arbeitsmaterialien zur Erstkommunionvorbereitung wird das Bußsakramenten in Verbindung mit dem Gleichnis vom verlorenen Sohn (Lk 15) oder der Bekehrung des Zöllners Zachäus (Lk 19) behandelt.[1218] Die Zehn Gebote spielen dagegen bei

---

[1214] Vgl. *Först*, Unbekannte Mehrheit, 18–19.

[1215] Vgl. *Bernhard Grom*, Gewissensentwicklung und Gewissensbildung oder Bußerziehung im weiteren Sinn, in: ders. u.a. (Hg.), Das ungeliebte Sakrament. Grundriß einer neuen Bußpraxis, 142–170.

[1216] Vgl. *Bernhard Grom*, Gewissensbesinnung und Beichte – Bußerziehung im engeren Sinn, in: ders. u.a. (Hg.), Das ungeliebte Sakrament. Grundriß einer neuen Bußpraxis, 171–186, hier 183.

[1217] *Konrad Baumgartner*, Geschichtliche und gegenwärtige Probleme der Erstbeichte, in: Karl Schlemmer (Hg.), Krise der Beichte – Krise des Menschen. Ökumenische Beiträge zur Feier der Versöhnung (= SThPS 36), Würzburg 1998, 156–163, hier 157.

[1218] Als ein Beispiel mag hier eine liturgische Hilfe zur Kinderbeichte dienen: vgl. *Michael Witti / Alois Weber*, Kinderbeichte. Den Weg der Versöhnung gehen, Regensburg 2003.

der Behandlung der Beichte eine untergeordnete Rolle.[1219] Sie scheinen nicht genug in der Lage zu sein, die verzeihende Liebe Gottes in den Vordergrund zu stellen.

Eine inhaltliche Katechese, die sich an den vier Hauptstücken orientiert, wird dagegen das Element der Bußerziehung mit der Behandlung der Zehn Gebote verknüpfen. Sie stellen den wesentlichen Inhalt der ethischen Erziehung dar und sind maßgeblicher Ausdruck der christlichen Lebensweise, wobei die Zehn Gebote seit Augustinus als Konkretisierung des Doppelgebotes der Gottes- und Nächstenliebe betrachtet werden.[1220] Die Erstkommunionkatechese wird folglich mit der Behandlung der Zehn Gebote beginnen, die als Erkennungsmerkmal des Christen im Alltag gelten können. Daran schließt sich der eigentliche Beichtunterricht mit der Erstbeichte an, der den Akzent der Barmherzigkeit Gottes, den die Bußkatechese seit der Würzburger Synode herausgearbeitet hat, aufgreift. Dabei sollte das Handeln Gottes, die wirkliche Vergebung, die in der Beichte gnadenhaft geschieht, im Mittelpunkt stehen. Das Erlernen der einzelnen Elemente des Beichtritus sollte nicht als rein „mechanisches Beichttraining" abgetan werden. Den Erstkommunionkindern wird durch das Einüben dieser Elemente Sicherheit im Ritus der Beichte gegeben. Wer den Ablauf beherrscht und nicht durch seine Unsicherheit gehemmt ist, erlebt auch das befreiende Handeln Gottes in diesem Sakrament bewusster. Die Erstbeichte sollte gruppenweise und im Rahmen einer gemeinschaftlichen Feier der Versöhnung mit Bekenntnis und Lossprechung der Einzelnen[1221] durchgeführt werden. Dabei stünde dann am Anfang ein Wortgottesdienst mit einer gemeinsamen Gewissenserforschung, gefolgt vom Beichtgespräch mit der Lossprechung. Die gemeinsame feierliche Danksagung für die im Sakrament empfangene Versöhnung bildet den Abschluss der Erstbeichte.

5.3.2 Die wesentlichen Inhalte der Eucharistiekatechese – Thematischer Modellverlauf

Wie schon bei den Elementen der Eucharistiekatechese hat die Ausrichtung der Katechese an den „vier Hauptstücken" für die inhaltliche Konzeption folgende Zielsetzung: Die einseitige Fixierung auf die emotionale Seite des Glaubens, vor allem die Erfahrung der Gemeinschaft und die Vermittlung sozialer Kompetenzen, muss aufgebrochen werden zugunsten einer systematischen und inhaltlich

---

[1219] Eine Ausnahme bildet hier der Kurs „Ich bin bei euch alle Tage", der versucht, die Zehn Gebote zum inhaltlichen Gerüst zu machen (vgl. *Hermine König / Karl Heinz König / Karl Joseph Klöckner*, Ich bin bei euch alle Tage. Handreichungen für Katechetinnen und Katecheten, München 1989, 14–16).

[1220] S.o. 269–270.

[1221] Vgl. Bußrituale, 35–47.

vollständigen Glaubensunterweisung.[1222] Worin die grundlegenden Inhalte des christlichen Glaubens bestehen, wurde mit der Herleitung der vier Hauptstücke der Katechese aus der biblischen und kirchlichen Tradition gezeigt. Sie müssen mit den positiven Errungenschaften der anthropologischen Wende in der Katechese seit der Würzburger Synode in Beziehung gesetzt werden. Zu leisten ist daher der thematische Entwurf einer Eucharistiekatechese, die die Inhalte des Apostolischen Glaubensbekenntnisses, des Vaterunsers, der Zehn Gebote und der Sakramentenlehre berücksichtigt, die kognitiven Fähigkeiten der Erstkommunionkinder und ihre Alltagserfahrungen im Blick hat sowie Anknüpfungspunkte an die bisher von vielen Eltern als positiv bewerteten Inhalte ‚Gemeinschaft' und ‚soziale Werte' bietet. Dabei wird die Hauptaufgabe in einer didaktischen Aufarbeitung der Inhalte der vier Hauptstücke der Katechese liegen, die dem Entwicklungsstand der Kinder entspricht und dennoch nicht eine Verkürzung der Inhalte darstellt. Ein weiteres wichtiges Moment für die thematische Konzeption ist natürlich die Dauer eines Erstkommunionkurses. Daher soll zuerst die Frage nach der möglichen zeitlichen Erstreckung der Erstkommunionkatechese beantwortet werden. Erst auf diesem Hintergrund ist es möglich, die wesentlichen Themen der Eucharistiekatechese und die Grundzüge ihrer didaktischen Aufbereitung darzustellen.

5.3.2.1 Der zeitliche Rahmen

In Deutschland besteht im Zusammenhang mit der Erstkommunionkatechese eine starke Tendenz zur Differenzierung des katechetischen Angebots in der Weise, dass es eine zeitlich sehr knappe Vorbereitung auf die Erstkommunion gibt, die für alle verbindlich ist, und anschließend eine ausführlichere Katechese für die Kinder angeboten wird, die eine tiefere Einführung in den christlichen Glauben wünschen.[1223] Die „differenzierende Katechese" bewerten die deutschen Bischöfe in ihrem Schreiben *Katechese in veränderter Zeit* als notwendige Anpassung der Sakramentenkatechese mit Kindern und Jugendlichen an die heutigen Gegebenheiten.[1224] Das Problem der Differenzierung der katechetischen Wege liegt bei der Katechese zur Erstkommunion darin, dass jeder dieser Wege die Erfüllung der notwendigen Voraussetzungen zur Zulassung zur Eucharistie garantieren muss. Daher wird eine Katechese, die sich den „vier Hauptstücken" als Zusammenfassung des notwendigen christlichen Grundwissens verpflichtet weiß, auf eine zu starke Differenzierung in der Katechese verzichten. So wünschenswert eine intensive nachbereitende Katechese nach dem Weißen Sonntag ist, darf dies

---

[1222] Die Fixierung auf die soziale und emotionale Seite des Glaubens zeigt deutliche die Befragung zur Erstkommunionvorbereitung im Dekanat Bad Kreuznach (s.o. 171).
[1223] S.o. 93–96.
[1224] Vgl. Katechese in veränderter Zeit, 16 u. 20.

doch nicht dazu führen, dass die Vorbereitung auf die Erstkommunion so stark verkürzt wird, dass wichtige Glaubensinhalte nicht mehr zur Sprache kommen. Eine intensivere katechetische Arbeit mit der großen Zahl von Kindern, die heute noch zur Erstkommunionvorbereitung kommen, wird ihre Wirkung entfalten, auch wenn nicht sofort sichtbare Veränderungen, etwa in der Gottesdienstpraxis nach dem Weißen Sonntag, auftreten. Vielmehr wird die Basis gelegt, die überhaupt erst Anschlussmöglichkeiten für eine spätere Katechese im Jugend- und Erwachsenenalter bietet. Die Untersuchungen zur „Kasualienfrömmigkeit" zeigen, dass sich selbst diese Form der Religiosität nicht aus einer natürlichen Veranlagung des Menschen ergibt, sondern Produkt einer oft intensiven religiösen Sozialisation ist.[1225]

Ein Beispiel für die inhaltliche Verkürzung der Erstkommunionkatechese durch eine zu starke zeitliche Straffung stellt der neue Erstkommunionkurs von Claudia Hofrichter und Elisabeth Färber „Wir feiern Erstkommunion" dar. Ganz bewusst konzentrieren sich die beiden Autorinnen auf die liturgische Erschließung der Sakramente der Taufe, der Buße und der Eucharistie, um die Forderungen nach einer knappen, mystagogisch orientierten Vorbereitung auf die Erstkommunion umzusetzen.[1226] Zeitlich ist dieser Kurs auf vier Monate begrenzt und beginnt mit den Elementen der Vorbereitung erst nach den Weihnachtsferien.[1227] Eine systematische Erschließung des Glaubensbekenntnisses oder der Zehn Gebote ist natürlich in dieser knappen Zeit nicht mehr möglich. Die Hinführung zum liturgischen Mitvollzug der Eucharistiefeier bildet den Schwerpunkt, wobei auch hier das Gewicht auf dem Aspekt der Gemeinschaft liegt, die die Eucharistie mit Christus und den Menschen stiftet.

Dieses Beispiel zeigt, dass eine Eucharistiekatechese, die systematisch ein christliches Grundwissen vermitteln möchte, einen längeren Zeitraum der Vorbereitung braucht. Eine Vorbereitung auf die Erstkommunion, die zwei Jahre umfasst, wäre für die Vermittlung der vier Hauptstücke der Katechese ein sehr sinnvoller Zeitraum, um eine wirklich prägende Einführung in die christliche Lehre, den christlichen Gottesdienst und die christliche Lebensweise zu geben, würde aber sicher auf großen Widerstand bei vielen Familien stoßen. Die Befragung zur Erstkommunionkatechese im Dekanat Bad Kreuznach und Forschungen zur Ka-

---

[1225] Vgl. *Engelbrecht*, Pforten, 67–69. Auf die Notwendigkeit einer religiösen Erziehung zur Gewinnung einer religiösen Sprachfähigkeit weist auch Eberhard Tiefensee immer wieder hin; vgl. *Eberhardt Tiefensee*, Vorsichtige Neugier. Glaubensvermittlung in radikal säkularen Kontexten, in: ThPQ 156 (2008), 150–158, hier 150–151; vgl. *ders.*, Religiös unmusikalisch?, 93; vgl. *ders.*, Areligiös, 56.
[1226] Vgl. *Claudia Hofrichter / Elisabeth Färber*, Wir feiern Erstkommunion. Handreichung für Katechetinnen und Katecheten, München 2007, 17–25.
[1227] Vgl. ebd. 44–48.

5.3 Praktische Konsequenzen für die Eucharistiekatechese

sualfrömmigkeit von Katholiken[1228] zeigen, dass bei vielen Familien die Relevanz der Erstkommunion für die eigene Biographie und der Wunsch nach der Erfahrung von Transzendenz im Zusammenhang mit der eigene Familien entscheidende Faktoren für die Feier der Erstkommunion sind. Eine zu lange Vorbereitungszeit würde diese Eltern überfordern und dazu führen, dass sie ihre Kinder nicht mehr zur Erstkommunion anmelden.[1229] Eine Eucharistiekatechese, die sich über zwei Jahre erstreckt, würde einen Bruch mit dem Prinzip der „sympathischen Pflege des volkskirchlichen Erbes"[1230] bedeuten, das bis heute die Sakramentenkatechese prägt. Dass die deutschen Bischöfe weiterhin keine „rigoristischen" Bedingungen in der Sakramentenkatechese aufstellen, sondern das „volkskirchliche Erbe" pflegen wollen, macht das jüngste Schreiben *Katechese in veränderter Zeit* deutlich.

„Das, was in der Erstkommunion- oder Firmkatechese häufig geschieht, entspricht kaum dem Auftrag der Katechese im engeren Sinn, sondern eher der Erstverkündigung als erster Stufe der Evangelisierung. Dennoch vermitteln solche ‚katechetischen' Treffen durchaus etwas vom Evangelium und vom christlichen Glauben; es bleibt vielfach die Erinnerung an die Begegnung mit sympathischen Menschen, an das Erleben in der kleinen Gruppe, an gelungene Unternehmungen – auch im religiösen Bereich. So kann eine Sympathie für das erreicht werden, wofür die Kirche steht."[1231]

Eine inhaltliche Eucharistiekatechese, die die praktischen Möglichkeiten der Umsetzung in Deutschland im Blick behält, wird darum auf eine zeitliche Verlängerung verzichten. Der bisherige Zeitraum von ungefähr sieben Monaten vom Ende der Sommerferien bis zum Weißen Sonntag ist gerade ausreichend, um die wesentlichen Inhalte der „vier Hauptstücke" der Katechese zu vermitteln und damit eine Grundlage zu schaffen, auf der spätere Sakramentenkatechesen und katechetische Angebote aufbauen können.

Üblicherweise finden in den meisten Gemeinden erst nach den Sommerferien die Anmeldung zur Erstkommunion und der erste Elternabend statt. Die eigentliche Erstkommunionkatechese beginnt dann nach den Herbstferien. Die katechetische Zielsetzung einer systematischen Einführung in den Glauben verlangt einen früheren Beginn. Die Anmeldung und der erste Elternabend müssen am Ende des zweiten Schuljahres erfolgen, damit nach den Sommerferien der katechetische

---

[1228] Vgl. *Först*, Unbekannte Mehrheit, 49–51.
[1229] Dies bestätigt auch ein Bericht eines deutschen Ruhestandsgeistlichen, der in der Diözese Málaga in Spanien lebt und dort in vielen Pfarreien gottesdienstlich eingebunden ist. Die Erstkommunionvorbereitung wurde in allen Pfarreien auf zwei Jahre verlängert. Dies führt dazu, dass einige Familien ihr Kind nicht mehr zur Erstkommunion anmelden, aber für das Kind das übliche Familienfest am Weißen Sonntag veranstalten. Es findet somit eine Erstkommunionfeier ohne wirkliche „Erstkommunion" statt.
[1230] *Emeis,* Ausverkauf, 38.
[1231] Katechese in veränderter Zeit, 17.

Unterricht sofort seinen Anfang nehmen kann. Der Arbeitsaufwand für die verpflichtende Erstkommunionvorbereitung wird für alle Beteiligten damit leicht erhöht, sprengt aber nicht den bisher üblichen Rahmen. Eine vertiefende, nachbereitende Katechese wäre sinnvoll, da sie sowohl eine Differenzierung der Katechese ermöglicht als auch eine wirkliche Beheimatung im christlichen Glauben sicherstellt. Dennoch darf durch den Wunsch nach einer solchen Differenzierung und Profilierung der Katechese nicht die Aufgabe einer vollständigen und systematischen Unterweisung für alle, die das Sakrament empfangen wollen, vernachlässigt werden.

Da der Schwerpunkt der Erstkommunionvorbereitung, die sich an den vier Hauptstücken der Katechese orientiert, nicht allein auf den Gruppenstunden liegen soll, sondern die Feier der Sonntagsmesse und zusätzliche katechetische Gottesdienste mit einbezieht, scheint ein Anzahl von 22 Unterrichtseinheiten von einer Dauer von 90 Minuten ausreichend zu sein. Diese können entweder als wöchentliche Gruppenstunde gehalten oder auf sieben „katechetische Samstage" verteilt werden. Einmal im Monat sollte in einer Sonntagsmesse eine mystagogische Katechese gehalten werden, an der alle Erstkommunionkinder teilnehmen und die die Inhalte der aktuellen Erstkommunionvorbereitung vertieft. Ebenfalls einmal im Monat werden mit den Kommunionkindern sogenannte „Weggottesdienste" gefeiert, die ein liturgisches Element besonders herausgreifen, es erklären und zum äußeren und inneren Vollzug hinführen.

Im folgenden Abschnitt wird nun die thematische Konzeption einer Eucharistiekatechese vorgelegt, die sich am Apostolischen Glaubensbekenntnisses, dem Vaterunsers, den Zehn Geboten und der Sakramentenlehre orientiert, den abgesteckten zeitlichen Rahmen berücksichtigt, den Entwicklungsstand der Kinder und ihre Alltagserfahrungen im Blick hat und die Vollständigkeit der zur vermittelnden Inhalte sicherstellen will.

5.3.2.2 Das Apostolische Glaubensbekenntnis

Gerade im Blick auf das Apostolische Glaubensbekenntnis zeigt sich die Schwierigkeit einer inhaltlichen Katechese, die sich um eine vollständige und systematische Weitergabe des Glaubens bemüht. Beim Apostolischen Glaubensbekenntnis handelt es sich selbst schon um eine Zusammenfassung der wesentlichen Glaubensaussagen des Christentums.[1232] Ein so elementarer Text kann nicht ohne inhaltliche Verkürzung auf einige wenige wesentliche Themen reduziert werden, die sich im knappen Zeitrahmen von sieben Monaten abhandeln lassen. Darum muss eine Eucharistiekatechese, die die vollständige und systematische Einführung in

---

[1232] Seit Augustinus wird das Apostolische Glaubensbekenntnis als Zusammenfassung der gesamten biblischen Offenbarung betrachtet (s.o. 256 u. 260).

5.3 Praktische Konsequenzen für die Eucharistiekatechese

den Glauben zum Ziel hat, zunächst einmal den gesamten Text des Apostolischen Glaubensbekenntnisses und seine Bedeutung für das Leben der Kirche behandeln. Durch den Verzicht auf eine vorschnelle Elementarisierung und didaktische Reduktion, wird den Erstkommunionkindern die Möglichkeit gegeben, das Glaubensbekenntnis als Gegenstand der objektiven, von Gott her kommenden Offenbarung wahrzunehmen.[1233]

Zunächst soll das Apostolische Glaubensbekenntnis von den Kindern als ganzes wahrgenommen werden, als geronnene Glaubenserfahrung, die das Grundwissen des Christentums zusammenfasst.[1234] Im Alten Testament ist das Hören und Verinnerlichen der zentralen Texte und Bekenntnisse des Glaubens die Grundlage des religiösen Lernens überhaupt.[1235] Diese biblische Methode der Verinnerlichung der wesentlichen Glaubenstexte, die der ausführlichen Erklärung vorangeht, stellt einen brauchbaren Ansatzpunkt für die Behandlung des Glaubensbekenntnisses in der Erstkommunionvorbereitung dar. Hier soll eine erste Begegnung mit diesem wichtigen Text erfolgen, der vor allem seine Aneignung und Verinnerlichung im Blick hat und sich bei der Erklärung und thematischen Aufarbeitung der Inhalte auf einige Aspekte beschränkt. So soll zunächst bedacht werden, wie ein Zugang zum vollständigen Apostolischen Glaubensbekenntnis für Kommunionkinder möglich ist.

Der Ritus des Sich-Bekreuzigens mit Weihwasser eignet sich daher sehr zum Einstieg in die Behandlung des Apostolischen Glaubensbekenntnisses. Zum einen ist diese einfache Form der Tauferinnerung leicht in jede Katechese einzubauen, zum anderen bietet das Kreuzzeichen mit seiner trinitarischen Formel eine gute Einführung in die innere Struktur und den Aufbau des Credos. Die katechetische Erschließung des Kreuzzeichens durch Robert Bellarmin zeigt, wie geeignet dieses grundlegende Zeichen des christlichen Glaubens für die Einführung in die grundlegenden Glaubenswahrheiten der Trinität und der Erlösung durch Jesus Christus ist.[1236] Das Miterleben einer Tauffeier stellt einen weiteren guten Einstieg dar, um mit den Kommunionkindern die Bedeutung des Apostolischen Glaubensbekenntnisses für den Anfang des Christseins und das gesamte weitere christliche Leben herauszuarbeiten. Den Kindern sollte dabei deutlich werden, dass sie nun in dem Alter sind, in dem sie das Taufbekenntnis, das ihre Eltern für sie gesprochen ha-

---

[1233] S.o. 334.
[1234] Gerade in jüngster Zeit wird die Bedeutung des Glaubensbekenntnisses für den Religionsunterricht und die Katechese wieder neu entdeckt: vgl. *Leo Karrer*, Glauben in Kurzform?, in: KatBl 134 (2009), 82–87; *Claudia Hofrichter*, Allzu bekannt und dennoch fremd, in: KatBl 134 (2009), 108–111.
[1235] S.o. 230–232.
[1236] S.o. 300; vgl. *Bellarmin*, Katechismen, 39–40 u. 66–68.

ben, selbst nachvollziehen können.[1237] Dies motiviert zu einer Beschäftigung mit dem Text des Apostolischen Glaubensbekenntnisses, in dem die Kinder dann auch die Struktur des Kreuzzeichens wiederentdecken können.

Die Behandlung des Glaubensbekenntnisses sollte in der Feier der Sonntagsmesse ihren Ausgangspunkt haben: Am Beginn dieser Messfeier steht das Element des Taufgedächtnisses, die folgende katechetische Predigt erschließt die Bedeutung des Credos, bevor der Text den Kindern in Form einer schön gestalteten Urkunde zum Auswendiglernen übergeben wird. Nach der Erschließung des Apostolischen Glaubensbekenntnisses in den Katechesen sollte dessen „Rückgabe" ebenfalls in einem Sonntagsgottesdienst erfolgen, indem die Kinder gemeinsam das Credo vor der Gemeinde aufsagen. Das Auswendiglernen von Gebeten und grundlegenden Glaubenstexten wird sicherlich von vielen Eltern äußerst kritisch bewertet werden, wie die Umfrage im Dekanat Bad Kreuznach zeigt.[1238] Der liturgische Rahmen, den das Auswendiglernen des Apostolischen Glaubensbekenntnisses erhält, kann helfen, die Akzeptanz dafür zu erhöhen. Es wird dadurch deutlich, dass es nicht darum geht, einen ‚schulischen' Leistungsdruck auf die Kinder auszuüben, sondern sie so in den Glauben einzuführen, dass sie ihn bekennen und bewusst feiern können.

Bei der inhaltlichen Erschließung des Credos bildet somit der Gesamttext des Apostolischen Glaubensbekenntnisses, dessen Bedeutung als zentraler Bekenntnistext der Christen herausgearbeitet wird, die Grundlage. Aus zeitlichen Gründen muss in der Eucharistiekatechese dann eine Entscheidung erfolgen, welche Glaubenswahrheiten ausführlich behandelt werden sollen. Die Gefahr bei dem Versuch einer Elementarisierung und didaktischen Reduktion der Aussagen des Apostolischen Glaubensbekenntnisses liegt in der allzu schnellen Ausklammerung von Themen, die als zu schwierig und für Kinder unverständlich angesehen werden.[1239]

Aufgrund der Ergebnisse der Entwicklungspsychologie und der Soziologie glauben Erwachsenen oft zu schnell, genau zu wissen, welche religiösen Themen für Kinder geeignet sind und welche nicht. In den letzten Jahren wird dem eigenständigen Nachdenken von Kindern über theologische Fragen in der Religionspädagogik ein immer größeres Gewicht eingeräumt und es wird unter dem Begriff

---

[1237] Der innere Zusammenhang von Taufe und Apostolischem Glaubensbekenntnis, den Ratzinger herausgearbeitet hat, sollte in dieser Hinsicht für die Eucharistiekatechese fruchtbar gemacht werden (s.o. 313–315).

[1238] 31,6% der Befragten halten das Auswendiglernen von Gebeten für unwichtig oder weniger wichtig (s.o. 171).

[1239] Auf diese Gefahr macht Christine Lambrich bei ihrer Sichtung von Erstkommunionkursen in Bezug auf die Eucharistiefeier aufmerksam (vgl. *Lambrich*, Erstkommunionkurse, 204).

5.3 Praktische Konsequenzen für die Eucharistiekatechese

„Kindertheologie" zum Gegenstand der wissenschaftlichen Diskussion.[1240] Henning Schluß weist in diesem Zusammenhang darauf hin, dass ein Ernstnehmen von Kindern als Theologen dazu führen muss, Kinder nicht vorschnell in das Raster der Entwicklungspsychologie einzuordnen und somit festlegen zu wollen, zu welchen Erkenntnissen und Aussagen sie im Bereich des Glaubens fähig sind. Er plädiert für eine symmetrische religiöse Kommunikation mit Kindern, die von einem „prinzipiellen Unbekanntsein" der Kindheit ausgeht und so die Grenzen der entwicklungspsychologischen Forschung ernst nimmt.[1241] „Durch dies ernst nehmen im Gespräch wird wieder klarer sichtbar, dass Kinder (wie auch Erwachsene) nicht auf bestimmte Stufen ihrer Entwicklung festgelegt sind, sondern sie in unterschiedlichen Gesprächen zu unterschiedlichen Argumentationen und Interpretationen fähig sind, die die Entwicklungspsychologie auf unterschiedlichen Stufen der Entwicklung verortet."[1242] Zudem gelangt auch die neuere Entwicklungspsychologie zu dem Ergebnis, dass Kinder schon vor dem 10. Lebensjahr in der Lage sind, abstrakte Gedanken und Vorstellungen nachzuvollziehen.[1243] Verminderte Reflexionsfähigkeit von Kindern im theologischen Bereich ist daher nicht in einem Mangel an Abstraktionsvermögen, sondern in einem Mangel an „bereichs- und domänenspezifischem Wissen" begründet.[1244] Eine Auseinandersetzung mit den grundlegenden Aussagen des Apostolischen Glaubensbekenntnisses überfordert daher Erstkommunionkinder nicht, sondern erschließt ihnen wichtiges religiöses Basiswissen, das ihre eigene theologische Reflexionsfähigkeit anregt.

Die Fähigkeit der Erstkommunionkinder, Theologie zu betreiben, erlaubt es, bei der Auswahl der Einzelthemen, die in Bezug auf das Apostolische Glaubensbekenntnis behandelt werden, die inhaltliche Aufarbeitung von den wesentlichen theologischen Aussagen her vorzunehmen. Hier wäre von der „Hierarchie der

---

1240 So erscheint seit 2002 regelmäßig ein Jahrbuch für Kindertheologie: vgl. *Anton Bucher u.a.* (Hg.), ‚Mittendrin ist Gott' – Kinder denken nach über Gott, Leben und Tod (= Jahrbuch für Kindertheologie Bd. 1), Stuttgart 2002. Zur theoretischen Grundlage der „Kindertheologie" vgl. auch *Karl Ernst Nipkow*, Theologie des Kindes und Kindertheologie, in: ZThK 103 (2006), 422–442; *Gerhard Büttner / Anton Bucher*, Kindertheologie – Eine Zwischenbilanz, in: EvErz 57 (2005), 35–46; *Henning Schluß*, Ein Vorschlag, Gegenstand und Grenze der Kindertheologie anhand eines systematischen Leitgedankens zu entwickeln, in: EvErz 57 (2005), 23–35; *Agatha Schnoz*, Kindertheologie: Ein Paradigmenwechsel in der Katechese?, in: Diak 38 (2007), 51–355.
1241 Hier trifft sich dieser Ansatz mit dem Modell einer Korrelation, die immer von der Fremdheit, Eigenständigkeit und bleibenden Andersheit des Gegenübers ausgeht, die sich einer vorschnellen Aneignung und Korrelation entzieht (s.o. 329–335).
1242 *Schluß*, Vorschlag, 31.
1243 Vgl. *Gerhard Büttner*, Religion als evolutionärer Vorteil?!, in: KatBl 130 (2005), 14–21, hier 18–19.
1244 Vgl. *Büttner / Bucher*, Kindertheologie, 40.

Wahrheiten" her zu fragen, was in der Erstkommunionvorbereitung an Inhalten besonders in den Blick genommen werden muss.[1245] Als zentrales Thema lässt sich, wie das Kreuzzeichen als Einführung in das Thema des Glaubensbekenntnisses gezeigt hat, das trinitarische Gottesbild bestimmen. Der dreifaltige Gott hat sich im Leben, Sterben und in der Auferstehung Jesu Christi offenbart, so dass dies in den Aussagen des Apostolischen Glaubensbekenntnisses zu Jesus Christus seinen entscheidenden Niederschlag gefunden hat. Wenn das *Allgemeine Direktorium für die Katechese* von der Glaubensunterweisung eine „trinitarische Christozentrik"[1246] fordert, dann darf dieser Anspruch auch an eine Katechese zum Apostolischen Glaubensbekenntnis gestellt werden.

In der Erstkommunionkatechese sollte dabei die Struktur des Credos aufgenommen und somit zunächst Gott als Schöpfer und Vater behandelt werden. Gerade der Schöpfungsglaube gehört in unserer Zeit zu den wesentlichen Wahrheiten, die das Christentum von einer rein materialistischen Weltsicht unterscheidet und deutlich macht, dass Religion nicht nur in den Bereich der symbolischen Weltdeutung gehört, sondern Aussagen über die Wirklichkeit macht.[1247] Der erste biblische Schöpfungsbericht dient dabei als zentraler Text für die Erschließung dieser ersten grundsätzlichen Aussage des Apostolischen Glaubensbekenntnisses.

Die christologische Ausrichtung der Katechese verlangt bei der Behandlung des Symbolums eine entsprechende Schwerpunktsetzung, die die bisherige Jesus-Katechese in der Erstkommunionvorbereitung verändert und nicht voll den Erwartungen der Eltern entspricht. Wie die Befragung im Dekanat Bad Kreuznach gezeigt hat, wünscht die überwältigende Mehrheit, dass Jesus Christus vor allem als Freund und Helfer der Menschen dargestellt wird (96,5%) und die entsprechenden biblischen Geschichten in der Erstkommunionkatechese behandelt werden (92,8%); die Göttlichkeit Jesu rangiert dagegen in der Bedeutsamkeit nur auf einem mittleren

---

[1245] Vgl. *Gotthard Fuchs*, Die „Hierarchie der Wahrheiten" als lebenspraktisches und katechetisches Konzentrationsprinzip, in: LKat 9 (1987), 83–91. Er bestimmt den Kern des christlichen Glaubens, auf den sich die christliche Glaubensweitergabe konzentrieren muss, wie folgt: „Die innerste Mitte des Ensembles unterschiedlicher Glaubenswahrheiten ist das Geheimnis des dreieinigen Gottes, der uns in seinem Sohn Jesus Christus begegnet ist und in seinem Geist und als dieser zur Gemeinschaft untereinander, mit sich und der Welt verbündet, wofür die Kirche ‚Zeichen und Werkzeug' ist" (ebd. 87).

[1246] Vgl. ADK 99; s.o. 47.

[1247] „Die Marginalisierung der Schöpfungslehre reduziert den Gottesbegriff und so gerade auch die Christologie. Das Religiöse wird eigentlich nur noch im psychologischen und im soziologischen Raum angesiedelt; die materielle Welt bleibt der Physik und der Technik überlassen. Aber nur wenn das Sein selbst einschließlich der Materie aus Gottes Händen kommt und in Gottes Händen steht, kann Gott auch wirklich unser Retter sein und uns Leben – das wirkliche Leben – schenken" (*Ratzinger*, Glaubensvermittlung, 34). Zur Notwendigkeit der Schöpfungslehre in der Katechese vgl. auch *Ratzinger*, Schwierigkeiten, 74–75.

Platz (81,0 %).[1248] Die Person Jesu wird somit zwar als der zentrale Inhalt der Katechese betrachtet, aber eben weniger unter der dogmatischen Perspektive, die das Apostolische Glaubensbekenntnis einnimmt, sondern unter der Betonung der Beziehungsebene, die ja auch der „Familienreligiosität", die viele Eltern mit der Feier der Erstkommunion ihrer Kinder verbinden, sehr gut entspricht. Diese Erwartung erfüllen daher die meisten auf dem Markt befindlichen Vorbereitungskurse: „Jesus immer, Christus kaum!"[1249] Dieses Schlagwort fasst gut zusammen, welche Sichtweise in den gängigen Arbeitsmappen für Kinder von Jesus Christus vermittelt wird.[1250] Eine Erstkommunionkatechese, die die christologischen Aussagen des Apostolischen Glaubensbekenntnisses vermitteln will und sich auf die Gottessohnschaft Jesu und die Heilsbedeutung seines Todes und seiner Auferstehung konzentriert, steht in einer gewissen Spannung zu den allgemeinen Erwartungen, die mit der Katechese über Jesus verbunden werden. Es ist daher sinnvoll, eine Heilungsgeschichte, eine Wundererzählung oder die Perikope über die Segnung der Kinder als Thema einer Katechese zu Jesus Christus aufzunehmen, um so dem hoch bewerteten Aspekt „Jesus als Freund" zu entsprechen. Dabei sollte in den Katechesen zu diesen Perikopen aber auch der messianische Anspruch herausgearbeitet werden, den Jesus gerade durch seine Wunder und Erheilungen erhebt.

Die Vermittlung der zentralen christologischen Aussagen sollte in der Eucharistiekatechese stets eine biblischen Grundlage haben, um die Konzeption des religiösen Lernens im Neuen Testament aufzugreifen, die im Erlernen der biblischen Jesusgeschichte den entscheidenden Zugang zu Jesus Christus sieht.[1251] Die systematischen Vorgaben des Taufbekenntnisses lassen sich sehr gut durch entsprechende biblische Texte vermitteln, so dass der Bezug zwischen dem kirchlichem Bekenntnis und seiner biblischen Grundlage für die Erstkommunionkinder ersichtlich wird. Die Verheißung der Geburt Jesu (Lk 1,26–38) und die lukanische Geburtsgeschichte (Lk 2,1–20) können als Ausgangspunkt dienen, um den Erstkommunionkindern zu erschließen, dass Jesus Christus wahrer Mensch und wahrer Gott ist. Diese eindrücklichen Erzählungen aus der Kindheitsgeschichte des Lukas verleihen den dogmatischen Aussagen des Glaubensbekenntnisses die nötige Anschaulichkeit. Die Heilsbedeutung des Todes und der Auferstehung Jesu Christi lässt sich am besten mit den Passionsgeschichten und den Auferstehungs-

---

[1248] S.o. 171.
[1249] *Ball*, Jesus Christus, 135.
[1250] Die Schwierigkeiten, die die meisten Erstkommunionkurse mit einem an dogmatischen Aussagen orientierten Jesusbild haben, zeigt sich auch bei der Behandlung der Eucharistie, hier wird der Aspekt des eucharistischen Opfers und der Feier der Selbsthingabe Jesu in der Heilige Messe oft völlig außer Acht gelassen (vgl. *Lambrich*, Erstkommunionkurse, 202–203). Sicherlich liegt dieses Defizit der Erstkommunionvorbereitung auch darin begründet, dass eine Katechese, die Jesus nur unter dem Aspekt der Freundschaft behandelt, schwerlich die soteriologische Bedeutung seines Todes herausarbeiten kann.
[1251] S.o. 233–236.

berichten der vier Evangelien verdeutlichen. Anhand von Mk 15,21–47 (Kreuzigung Jesu) und Mt 28,1–10 (Auferstehung Jesu) kann der Frage nachgegangen werden, warum Jesu Tod und Auferstehung für uns Christen immer noch von Bedeutung ist. Die lukanische Weihnachtsgeschichte und die Evangelienberichte über Tod und Auferstehung Jesu haben die christliche Kunst zu einer Fülle von Bildern angeregt, die für die Erschließung der christologischen Aussagen des Glaubensbekenntnisses herangezogen werden können und für die katechetische Verwendung gerade dieser Bibelstellen sprechen.

Die Aussagen des Apostolischen Glaubensbekenntnisses zum Heiligen Geist können in der Eucharistiekatechese nicht in gleicher Ausführlichkeit behandelt werden wie die Aussagen zu Jesus Christus. Hier bietet in einem späteren Lebensabschnitt die Katechese zur Firmung die Möglichkeit zu einer Schwerpunktsetzung auf die biblischen Zeugnisse zum Heiligen Geist und sein Wirken in der Kirche. In der Eucharistiekatechese ist es besonders wichtig, dass der pneumatologische Akzent der Schöpfungsgeschichte hervorgehoben wird; ebenso auch das Wirken des Heiligen Geistes bei der Menschwerdung Jesu, sowie in seinem Leben, seinem Sterben und seiner Auferstehung. Abschließend sollte dann eine einzelne Katechese die verschiedenen Bilder der kirchlichen Tradition für den Heiligen Geist erschließen, um dessen Bedeutsamkeit für das Leben der einzelnen Christen und der ganzen Kirche noch einmal unterstreichen.

So ergeben sich im Blick auf das Apostolische Glaubensbekenntnis folgende Themen für die Eucharistiekatechese, die in jeweils einer Unterrichtseinheit behandelt werden:
– Das Kreuzzeichen als grundlegendes Bekenntnis zum dreifaltigen Gott.
– Die Taufe als Ursprung des Glaubensbekenntnisses.
– Gott, der Schöpfer der Welt und Vater der Menschen.
– Jesus Christus ist der Sohn Gottes – die Verkündigung seiner Menschwerdung und seine Geburt (Lk 1,26–38 u. Lk 2,1–20).
– Jesus Christus ist der Freund der Menschen – Jesus heilt.
– Jesus Christus ist der Erlöser der Menschen – Jesu Tod am Kreuz (Mk 15,21–47).
– Jesus Christus ist der Erlöser der Menschen – Jesu Auferstehung (Mt 28,1–10).
– Der Heilige Geist – Bilder der kirchlichen Tradition.

5.3.2.3 Das Vaterunser

Das Vaterunser wurde seit Augustinus als die Grundlage jeder Katechese zum Gebet betrachtet, da in ihm alles zum Ausdruck gebracht wird, was wir Menschen erhoffen und erbitten dürfen, und da es somit zur theologischen Tugend der

5.3 Praktische Konsequenzen für die Eucharistiekatechese

Hoffnung hinführt.[1252] Die hohe Wertschätzung des Vaterunsers liegt natürlich auch darin begründet, dass Jesus Christus selbst dieses Gebet seinen Jüngern übergeben hat und es von daher einen zentralen Platz in der Liturgie des Stundengebets und der Eucharistiefeier einnimmt. Aus diesen Gründen behandeln alle gängigen deutschsprachigen Erstkommunionkurse im Zusammenhang mit der Darstellung des Lebens Jesu oder der Feier der Heiligen Messe das Vaterunser, wenn auch nicht immer als thematisch eigenständige Katechese. Eine Katechese, die sich an den „vier Hauptstücken" orientiert, nimmt das Vaterunser zum Anlass einer grundlegenden Einführung in das Gebet. Die Gebetserziehung steht in der heutigen Zeit vor mehreren Schwierigkeiten.

Beten wird heute als intime und persönliche Kommunikation mit Gott betrachtet, über die Erwachsene in der Regel nicht mit Kindern sprechen.[1253] Das Gespräch über das Beten mit den Erstkommunionkindern gestaltet sich so für viele Eltern und Katecheten schwierig. Auch die Praxis des Betens innerhalb der Familien ist sehr unterschiedlich und fällt in einer großen Zahl von Familien ganz aus. Wie eine empirische Studie zu Abendritualen und der Gebetspraxis in deutschschweizer Familien zeigt, wird in 37% der Familien abends mit Kindern im Alter von sechs bis neun Jahren gebetet.[1254] Dabei misst in Familien, in denen das Abendgebet zum festen Bestandteil des Nachtrituals gehört, wenigstens ein Elternteil der Religiosität eine hohe Bedeutung bei und stützt die Gebetspraxis auch durch Teilnahme an anderen kirchlichen Angeboten (z.B. Kindergottesdienste) ab.[1255] Auch andere empirische Studien zur Entwicklung des Betens bei Kindern zeigen, dass die religiöse Sozialisation in der Familie von großer Bedeutung ist.[1256] Je mehr die Praxis des Betens in den Familien ausfällt, desto schwieriger wird für die Katechese die Einführung in das Beten.

[1252] S.o. 264.
[1253] Vgl. *Peter Hundertmark / Thomas Kiefer*, In der Kommunionvorbereitung Beten lernen?, in KatBl 133 (2008), 145–149, hier 146–147.
[1254] Vgl. *Christoph Morgenthaler*, Abendrituale und Gebetspraxis bei Familien mit Kindern, in: KatBl 132 (2007), 166–170, hier 167.
[1255] Vgl. ebd. 169.
[1256] „Zusammenfassend lässt sich sagen, dass religiöse Sozialisation der anscheinend einflussreichste Faktor in der Entwicklung von individuellen Unterschieden in Kindergebeten ist. Kinder lernen, Standardgebete zu sprechen, gemeinsam zu beten und hilfesuchende sowie konversationsartige Gebete zu nutzen auf der Basis der religiösen Erziehung in der Familie" (*Simone A. de Roos / Eline Rottier / Jacomijn van der Kooij*, ‚Man kann Gott alles erzählen, schöne Dinge und nicht so schöne Dinge, auch kleine Geheimnisse'. Gedanken von Kindern zum Beten: Zusammenhänge zwischen religiöser Sozialisation und Bindungssicherheit, in: Anton Bucher u.a. [Hg.], ‚Man kann Gott alles erzählen, auch kleine Geheimnisse' – Kinder erfahren und gestalten Spiritualität [= Jahrbuch für Kindertheologie Bd. 6], Stuttgart 2007, 50–64, hier 64).

Ein weiteres Problem der Gebetserziehung in der Katechese besteht in dem hohen Stellenwert, der dem persönlichen Beten eingeräumt wird. Zum persönlichen Gebet ist aber eine allgemeine Hinführung und Unterweisung kaum möglich.[1257] Zwar wird der Wert der klassischen feststehenden Gebete, der in den sechziger und siebziger Jahre des 20. Jahrhunderts fast völlig negiert wurde, wieder erkannt, dennoch wird das eigentliche Ziel der Gebetserziehung immer noch im „freien Beten" erblickt, wobei die festen Gebetstexte eben dafür ein notwendiges Hilfsmittel darstellen.[1258] Die Gründe für die größere Wertschätzung, die die Einführung in das fest formulierte Gebet mittlerweile wieder erfährt, fasst Peter Hundertmark so zusammen:

„Selbstverständlich können Kinder vorformulierte Gebete lernen, die Grundgebete und das eine oder andere Gebet aus dem reichen Schatz der Gebetbücher für Kinder. Sie bekommen auf diese Weise ein erstes Vokabular für das Beten an die Hand und erspüren auch etwas von der Besonderheit religiöser Sprache. Mit einem großen Wort gesagt, finden Kinder, indem sie Gebete erlernen, einen ersten Anschluss an die spirituelle Tradition der Kirche. Formulierte Gebete haben zudem den großen Vorteil, dass sie ohne viel Aufwand gemeinsam gebetet werden können."[1259]

Gerade die vielfältigen Möglichkeiten, die hier das Vaterunser als christliches Grundgebet bietet, werden wieder deutlicher von der Religionspädagogik wahrgenommen.[1260] Die Befragung zur Erstkommunion im Dekanat Bad Kreuznach zeigt allerdings, dass die Wertschätzung traditioneller Gebete, die auswendig gelernt werden sollen, bei Eltern und Katecheten nicht sehr groß ist. 31,6% der Befragten betrachten dies als nebensächlichen Inhalt der Erstkommunionvorbereitung und 78,5% stehen generell der Methode des Auswendiglernens skeptisch gegenüber.[1261] Auch die Untersuchungen zu Abendritualen in deutschschweizerischen Familien legt die Vermutung nahe, dass Eltern dem freien Gebet einen größeren Stellenwert einräumen als traditionellen Gebeten.[1262] Entscheidend für die Akzeptanz des Erlernens traditioneller Gebet wird sein, dass Eltern den Wert dieser Gebete für die religiöse Erziehung ihrer Kinder erkennen. Entsprechende Aufklärungsarbeit ist daher auf dem ersten Elternabend zu leisten.

Eine Gebetskatechese, die das Vaterunser als ihre Grundlage und ihr eigentliches Ziel ansieht, wird auch das freie Gebet der Kinder aufgreifen, das in diesem Al-

---

[1257] Vgl. *Hundertmark / Kiefer*, Kommunionvorbereitung, 147.
[1258] Vgl. *Vreni Merz*, Lieber Gott, mach …!, in KatBl 132 (2007), 182–186, hier 182.
[1259] *Hundertmark / Kiefer*, Kommunionvorbereitung, 145.
[1260] Vgl. *Christian Grethlein*, Spirituelle Bildung – Gebet – Meditation, in: Gottfried Bitter u.a. (Hg.), Neues Handbuch religionspädagogischer Grundbegriffe, München 2002, 252–255, hier 254.
[1261] Vgl. S.o. 171 u. 176.
[1262] Vgl. *Morgenthaler*, Abendrituale, 169.

ter hauptsächlich ein Bittgebet ist.[1263] Allerdings bedarf dieses kindliche Beten der Weitung und Entwicklungsförderung im Sinne des Lob- und Dankgebets, damit die Gebetspraxis im Jugendalter nicht abbricht.[1264] Das Vaterunser eignet sich daher hervorragend als Gebetsschule für Erstkommunionkinder, da es als klassisches Bittgebet der häufigsten Gebetsform der Kinder entspricht, gleichzeitig aber auch lehrt, wie man Gott loben und danken kann. Somit ergeben sich für die Katechese zum Vaterunser zwei Ziele: einerseits die Hinführung zum Vaterunser und das Erlernen dieses Gebets, andererseits+ die Einführung in die drei entscheidenden Dimensionen des Betens, nämlich Bitte, Dank und Lobpreis.

Am Beginn der Katechese sollte auch hier wie beim Apostolischen Glaubensbekenntnis die feierliche Übergabe des Herrengebets an die Erstkommunionkinder stehen, die es am Ende der Vaterunser-Katechese wieder der Gemeinde ‚zurückgeben', indem sie das Vaterunser gemeinsam in der Sonntagmesse sprechen. Damit wird der Ritus der Übergabe des Vaterunsers aus dem Katechumenat des 4. und 5. Jahrhunderts aufgegriffen.[1265] In der Eucharistiefeier zur Übergabe des Vaterunsers kann dessen grundlegende Bedeutung für das Beten der Christen und die Feier der Liturgie erklärt werden. Wie beim Apostolischen Glaubensbekenntnis sollte das Vaterunser in Form einer schön gestalteten Urkunde an jedes einzelne Erstkommunionkind übergeben werden.

In der ersten Unterrichtseinheit nach der liturgischen Eröffnung der Vaterunser-Katechese wird zunächst die biblische Bitte der Jünger behandelt, dass Jesus sie beten lehren soll, die bei Lukas den Text des Vaterunsers einleitet (Lk 11,1–4). Anschließend wird die Bedeutung der Anrede Gottes als „Vater" thematisiert und dabei auf die Katechesen zum Apostolischen Glaubensbekenntnis zurückgegriffen. Es soll deutlich werden, dass die Basis des christlichen Betens der Glaube an den guten Schöpfergott ist, der sich durch Jesus Christus den Menschen als Vater zeigt. In der zweiten Unterrichtseinheit werden die einzelnen Bitten des Vaterunsers in den Blick genommen und verschiedenen Bereichen zugeordnet. Dabei sollen die Erstkommunionkinder erkennen, dass Gott, seine Größe und Verherrlichung, an erster Stelle steht. Erst dann kommen die konkreten Bitten, die das Leben des Einzelnen betreffen. Diese Struktur des christlichen Betens, das den Lobpreis Gottes und den Dank an die erste Stelle setzt und erst dann das Bittgebet für das eigene Leben folgen lässt, sollte Inhalt der dritten Unterrichtsstunde sein, in der zu jeder dieser drei Gebetsarten auch eigene Gebete formuliert werden können. Zusätzlich ist in dieser Einheit zu überlegen, wie das tägliche Gebet der Kinder zu Hause aus-

---

[1263] Vgl. *Merz*, Gott, 184.
[1264] Vgl ebd. 184.
[1265] S.o. 251–253 u. 262–263.

sieht und wie das Vaterunser ihnen beim täglichen Beten eine Hilfe sein kann.[1266] Somit besteht die Katechese zum Vaterunser aus drei Unterrichtseinheiten, die sich an die Behandlung des Apostolischen Glaubensbekenntnisses anschließen:
- Jesus lehrt die Jünger zum Vater beten (Lk 11,1–4).
- Das Vaterunser verherrlicht Gott und hat unseren Alltag im Blick.
- Lob – Dank – Bitte. Wie Christen beten sollen.

Dadurch, dass die Feier der Sonntagsmesse ein kontinuierliches Element der Erstkommunionvorbereitung ist, kann die katechetische Vermittlung des Vaterunsers sehr knapp gehalten werden. Wichtiger ist mehr die Praxis des Betens. Durch das regelmäßige Beten in den katechetischen Einheiten kann das Vaterunser den Kindern zum geistlichen Besitz werden. Außerdem könnten sie dadurch sie immer wieder zum täglichen Sprechen des Herrengebets angeleitet werden. In diesen Zusammenhang passt auch das Erlernen des Ave Maria und einiger Kommuniongebete. Insgesamt kann das alles mit den Hinführungen der Katechese dann auch zum Formulieren eigener kleiner Gebete im Alltag anregen.

5.3.2.4 Die Zehn Gebote

Schon bei der Darstellung der wesentlichen Inhalte der Erstkommunionvorbereitung wurde auf die Katechese zu den Zehn Geboten als erstem Schwerpunkt des Beichtunterrichts verwiesen.[1267] Die ethische Unterweisung spielte schon in der Missionstheologie des Apostels Paulus eine große Rolle, weil sie die Taufbewerber in die christliche Lebensführung einweisen sollte, die Ausdruck der ernstgemeinten Bekehrung zum Gott Jesu Christi war.[1268] Auch im Katechumenat der Alten Kirche stand die Unterweisung in der christlichen Lebensführung, die hauptsächlich auf Texten des Alten Testamentes gründete, im Mittelpunkt.[1269] Augustinus führte den Dekalog als viertes grundlegendes Element in die abendländische Katechese ein, weil er darin die Konkretisierung der theologischen Tugend der Liebe sah.[1270] Thomas von Aquin verhalf der Auffassung, dass die Zehn Gebote das Doppelgebot der Gottes- und Nächstenliebe entfalten und damit als grundlegende Maßgabe für die christliche Lebensführung jedem Getauften zu vermitteln sind, zum endgültigen Durchbruch.[1271] Erst mit der katechetischen Entwicklung im Anschluss an das Zweiten Vatikanische Konzil und die Würzbur-

---

[1266] Die bleibende Bedeutung des Vaterunsers für das tägliche Beten des Christen und die heutige Gebetserziehung betont *Winfried Haunerland*, Beten lernen. Beobachtungen und Impulse, in: Gd 37 (2003), 17–19, hier 18.
[1267] S.o. 356.
[1268] S.o. 236–238.
[1269] S.o. 251.
[1270] S.o. 267–270.
[1271] S.o. 280–282.

ger Synode verloren die Zehn Gebote ihre wesentliche Bedeutung für die Katechese in Deutschland.

Die Befragung im Dekanat Bad Kreuznach hat gezeigt, dass Elemente und Inhalte der Erstkommunionvorbereitung, die im Zusammenhang mit der Beichte stehen, von mehr als einem Drittel der Befragten als weniger wichtiger Bestandteil der Sakramentenkatechese betrachtet werden.[1272] Dies hängt zum einen damit zusammen, dass die größte Erwartung der Eltern nicht darin besteht, ihre Lebensführung im Sinne einer christlichen Lebenspraxis zu verändern, sondern das Ritual der Erstkommunion zur „Heiligung" ihrer Familie zu verwenden. In der Konzeption dieser Familienreligiosität[1273] hat ein Unterricht, der zu einer dezidiert christlichen Lebensführung und dem Sakrament der Beichte hinführen will, keine besonders wichtige Funktion. Untersuchungen zur Kasualienfrömmigkeit von Katholiken machen zudem deutlich, dass in der Biographie der Eltern die Beichte eher zu den Elementen der eigenen religiösen Erziehung gehört, die als negativ beurteilt werden.[1274] Das Thema Beichte und Gebote führt daher bei manchen Eltern zu Ablehnung und Widerstand, weil sie damit Fremdbestimmung und kirchlichen Druck verbinden. Eine Katechese zu den Zehn Geboten wird nur dann auf Akzeptanz stoßen, wenn sie aufzeigen kann, dass sie zu den Werten hinführt, die der Mehrheit der Eltern wichtig sind und sich unter den Stichworten ‚Halt', ‚Geborgenheit', ‚Sinngebung' und ‚Lebensbewältigung' zusammenfassen lassen.[1275] Eine Unterrichtseinheit zu den Zehn Geboten wird am ehesten dann angenommen, wenn sie zu den Ursprüngen dieses katechetischen Elements zurückkehrt und die Zehn Gebote als Konkretisierung der Gottes- und Nächstenliebe darstellt. Von der theologischen Tugend der Liebe aus lassen sich die Verbindungen zur emotionalen und sozialen Dimension des Glaubens leicht erschließen, ohne auf die Inhaltlichkeit der Zehn Gebote zu verzichten.

Am Beginn der Katechese zu den Zehn Geboten würde wiederum die liturgische Übergabe des Textes in einer sonntäglichen Eucharistiefeier stehen, die in der Verkündigung die Bedeutung der Zehn Gebote für eine christliche Lebensgestaltung unterstreicht. In der ersten Unterrichtseinheit sollte die biblische Grundlage der Zehn Gebote im Mittelpunkt stehen, wobei sowohl die Fassung aus Ex 20,1–21 als auch die Fassung aus Dtn 5,1–22 dazu verwendet werden können. Zunächst sollte mit dem einleitenden Satz der Zehn Gebote die grundlegende Heilserfahrung Israels thematisiert werden. Die Zehn Gebote wurzeln in der Exoduserfahrung, in der sich Gott als Retter und Befreier seines Volkes zeigt. Die Heilszusage Gottes, die Israel dadurch erfahren hat, ermutigt das Volk erst, Gottes Geboten zu gehorchen und seine Schuld einzugestehen. In einem zweiten Schritt sollen die Erstkommu-

---

[1272] S.o. 166 u. 171.
[1273] S.o. 133-138.
[1274] Vgl. *Först*, Mehrheit, 18–20.
[1275] Vgl. ebd. 30–33; s.o. 133–138 u. 171–176.

5. Inhaltliche Profilierung der Sakramentenkatechese

nionkinder in dieser ersten Einheit erkennen, dass die Zehn Gebote grundlegende Regeln für das Gelingen der Gemeinschaft mit Gott und der Gemeinschaft innerhalb des Volkes Israel aufstellen. Sie sind die Grundregeln des Bundes, den Gott mit dem Volk Israel schließt, und dienen dazu das Leben und die Freiheit zu bewahren, die Gott in der Exoduserfahrung schenkt. In der zweiten katechetischen Einheit wird das Doppelgebot der Liebe als Zusammenfassung der Zehn Gebote vorgestellt. Hier ist Mk 12,28–34, wo Jesus die Frage nach dem wichtigsten Gebot beantwortet, eine gute textliche Grundlage, um den Erstkommunionkindern das Verständnis der Zehn Gebote als konkrete Entfaltung der Liebe zu Gott und der Liebe zum Nächsten zu eröffnen. Christsein bedeutet damit, die Zehn Gebote in seinen Lebensalltag umzusetzen und so Jesus Christus nachzufolgen.[1276] Nachdem so das grundlegende biblische und kirchliche Verständnis der Zehn Gebote mit den Erstkommunionkindern erarbeitet wurde, behandeln die folgenden katechetischen Einheiten die einzelnen Gebote in ihrer Bedeutung für den Alltag der Kinder. Dabei muss in Anbetracht der zeitlichen Begrenzung des Erstkommunionkurses eine Auswahl erfolgen, die die Strukturierung der Zehn Gebote nach dem Schema Gottes- und Nächstenliebe sowie die Wichtigkeit der verschiedenen Gebote für die aktuelle Lebenssituation der Kinder berücksichtigt.

Für die Liebe zu Gott ist das dritte Gebot, das die Heiligung des Sabbats betrifft, in der heutigen Zeit von entscheidender Bedeutung. Bei der hier vorgelegten Konzeption der Eucharistiekatechese stellt die Mitfeier der Heiligen Messe am Sonntag das wesentliche Element der Vorbereitung auf die Erstkommunion dar.[1277] Dieses Anliegen wird durch die Behandlung der Sonntagsheiligung im Rahmen der Katechese zu den Zehn Geboten weiter gefördert. Allerdings sollte nicht nur isoliert die Feier des Sonntagsgottesdienstes in den Blick genommen werden, sondern im umfassenden Sinn versucht werden, Impulse für eine Sonntagskultur in den Familien zu geben.[1278] Gerade wenn die gemeinsame Gestaltung des Sonntags als „Familientag" in den Blick genommen wird, kann an die Lebenswirklichkeit der Kinder angeknüpft

---

[1276] Das Motiv der Nachfolge war für die neutestamentliche Konzeption des religiösen Lernens von entscheidender Bedeutung (s.o. 235–236).

[1277] S.o. 348.

[1278] Auf die Notwendigkeit, sich im umfassenden Sinn für diese Sonntagskultur einzusetzen, weist Papst Johannes Paul II. in seinem Apostolischen Schreiben *Dies Domini* hin: „Auch in unserem geschichtlichen Kontext bleibt die Verpflichtung bestehen, sich dafür einzusetzen, daß alle Freiheit, Ruhe und Entspannung erfahren können, die für ihre Würde als Menschen notwendig sind; eng verbunden mit dieser Würde sind die religiösen, familiären, kulturellen und zwischenmenschlichen Bedürfnisse und Ansprüche, die kaum befriedigt werden können, wenn nicht wenigstens ein Tag in der Woche sichergestellt wird, an dem man *miteinander* die Möglichkeit zum Ausruhen und zum Feiern genießen kann" (*Johannes Paul II.*, Apostolisches Schreiben *Dies Domini* über die Heiligung des Sonntags [= Verlautbarungen des Apostolischen Stuhl 133], Sekretariat der Deutschen Bischofskonferenz (Hg.), Bonn 31. Mai 1998, Nr. 66).

5.3 Praktische Konsequenzen für die Eucharistiekatechese 373

und der Erwartung der Eltern, dass die Erstkommunionvorbereitung den Zusammenhalt der Familie[1279] stärkt, entgegengekommen werden.

Bezüglich der Liebe zum Nächsten sollen das vierte, das achte und das zehnte Gebot in einzelnen Katechesen besonders behandelt werden. Das Gebot, die Eltern zu ehren, ist für Kinder, für die die Eltern und Geschwister die wichtigsten Bezugspersonen darstellen, sehr leicht mit ihrem Alltag zu verbinden. Konflikte und Problemfelder, die sich auf diesem Gebiet ergeben, dienen als Einstieg in diese Thematik, die auch das Verhältnis zu den Geschwistern berücksichtigen sollte. Bei der katechetischen Einheit zum achten Gebot dürfte es ebenfalls leicht fallen, aus dem Bereich der Familie, des Freundeskreises und der Schule Situationen aufzuzeigen, bei denen dieses Gebot für die Lebensgestaltung der Kinder wichtig wird und sie sich entscheiden müssen, ob sie die Wahrheit sagen oder aus Angst vor Tadel und Strafe lieber zu einer Notlüge greifen. Das zehnte Gebot wird gewählt, weil der Aspekt des Begehrens und der damit verbundene Versuch, die eigenen Bedürfnisse rücksichtslos zu befriedigen, schon Kindern in dieser Entwicklungsstufe vertraut ist. Immer wieder erfahren sie im Freundenskreis, wie das unkontrollierte Durchsetzen der eigenen Wünsche zu Auseinandersetzungen und Streit führt. Die Bedürfnisse anderer Menschen wahrzunehmen und zu respektieren, ist daher eine wichtige Aufgabe für die Kinder, die in der Katechese zu den Zehn Geboten behandelt werden sollte.

So ergibt sich für die Katechese zu den Zehn Geboten folgender inhaltlicher Verlauf:
– Die Zehn Gebote (Dtn 5 oder Ex 20) als Grundgesetz des Gottesvolkes – Gott stiftet die gute Gemeinschaft zwischen Gott und Mensch und den Menschen untereinander.
– Das Doppelgebot der Liebe als Zusammenfassung der Zehn Gebote (Mk 12,28–34).
– „Gedenke, dass du den Sabbat heiligst!" – Die Gestaltung des christlichen Sonntags.
– „Du sollst Vater und Mutter ehren!" – Ich bin verantwortlich für die gute Gemeinschaft in der Familie.
– „Du sollst kein falsches Zeugnis geben wider deinen Nächsten!" – Die Wahrheit als Grundlage der guten Gemeinschaft zwischen den Menschen.
– „Du sollst nicht begehren deines Nächsten Hab und Gut!" – Das Wahrnehmen und Respektieren der Bedürfnisse und Rechte anderer Menschen als Grundlage der guten Gemeinschaft zwischen den Menschen.

[1279] S.o. 133–138.

5.3.2.5 Die Sakramente

Die sieben Sakramente bilden das abschließende Element der vier Hauptstücke der Katechese, die die Eucharistiekatechese bestimmen sollen. Im Neuen Testament hatte die Feier der Liturgie einen großen Einfluss auf den katechetischen Unterricht und die Bekenntnisbildung.[1280] Augustinus führte die Neugetauften in das Sakrament der Eucharistie ein, damit sie verstehen, was sie feiern, und die Leib-Kirche-Symbolik der Eucharistiefeier erfassen.[1281] Die Katechese über die Eucharistie weist bei Augustinus auf die aufbauende und festigende Funktion der Sakramente für das christliche Leben und ihren Platz in der liturgischen Feier hin. Thomas von Aquin sieht in den Sakramenten die Mittel zur Vollendung des Menschen, die er für sein geistliches Leben ebenso braucht wie Nahrung oder Medizin für das körperliche, so dass für ihn das Wissen über die Sakramente zum Kernbestand der Katechese gehört.[1282] Die Feier der Liturgie ist für ihn sogar ein Maßstab für den heilsnotwendigen Glauben.[1283] Robert Bellarmin betont im Anschluss an Augustinus und Thomas von Aquin in der Einleitung zu seinem Kleinen Katechismus den werkzeuglichen Charakter der Sakramente, die helfen, das Haus des Glaubens auf das Fundament des Glaubenswissens aufzubauen.[1284] Bei der Katechese zu einzelnen Sakramenten erteilt Bellarmin immer wieder praktische Anweisungen, die die Feier der Sakramente betreffen.[1285] Für Joseph Ratzinger ist die Hinführung der Katechumenen zu den Initiationssakramenten der Maßstab der Katechese, so dass die Feier der Liturgie, insbesondere der Eucharistie, zum Kernbestand der christlichen Glaubensunterweisung gehört.[1286] Dieser knappe Überblick über die biblische und kirchliche Tradition bezüglich der Sakramente als Kernbestand der Katechese lässt zwei wichtige Zielsetzungen erkennen:

— Die Sakramente sollen als Hilfe für das christliche Leben verstanden werden. Das bedeutet zum einen, dass sie sich nicht nur in der Feier der Liturgie erschöpfen dürfen, sondern in ihrer Relevanz für den Alltag des Christen erfahrbar sein müssen. Zum anderen strebt die Feier der Sakramente eine durchgehende Prägung des Lebens an und will mehr sein als nur ein punktuelles biographisches Ereignis an bestimmten Wendepunkten des Lebens.

— Die liturgische Feier der Sakramente und ihr praktischer Mitvollzug haben den Vorrang vor lösgelösten und rein kognitiven Katechesen zu den Sakramenten. Das Erfahren und das Erklären der sakramentalen Feier sollen eine möglichst enge Verbindung eingehen.

[1280] S.o. 242 u. 245.
[1281] S.o. 270–275.
[1282] S.o. 282–283.
[1283] S.o. 290.
[1284] S.o. 294.
[1285] S.o. 300–301.
[1286] S.o. 315–316.

5.3 Praktische Konsequenzen für die Eucharistiekatechese

Aus diesen beiden Zielsetzungen ergeben sich Differenzen zu den Vorstellungen und Erwartungen einer großen Zahl von Eltern.

Das Ziel der Bindung an die Pfarrgemeinde und damit auch an das sakramentale Leben der Kirche wird von einem Drittel der Befragten zur Erstkommunionkatechese im Dekanat Bad Kreuznach als unwichtig oder weniger wichtig eingestuft.[1287] 26,4% beurteilen den regelmäßigen Besuch der Sonntagsmessen als nebensächlichen Inhalt der Erstkommunionvorbereitung.[1288] Für viele Eltern besteht das Ziel der Eucharistiekatechese nicht darin, zur lebensprägenden sakramentalen Gemeinschaft mit Jesus Christus und seiner Kirche hinzuführen, sondern die eigene Lebenswirklichkeit in der Familie im Sinne der „Familialisierung der Religion" durch die Feier der Erstkommunion zu transzendieren.[1289] Die Untersuchung von Först zur „Kasualfrömmigkeit" von Katholiken kommt ebenfalls zu dem Ergebnis, dass eine große Zahl von Katholiken die Sakramente lediglich als punktuelle Gestaltungselemente der eigenen Biographie betrachtet, die keinerlei Relevanz für die gottesdienstliche Praxis, insbesondere die Mitfeier der Sonntagsmesse haben.

„Denn aufgrund der Erwartung, dass sich kirchliche Spiritualitätsangebote biographisch plausibilisieren, fällt für sie der regelmäßige Sonntagsgottesdienst aus dem Relevanzgefüge von Lebensbewältigung, Biographie und Ritual heraus. Im Unterschied zum Kasualgottesdienst, der aufgrund des dahinterstehenden biographischen Ereignisses diesen Bezug herstellt, finden die Kasualienfrommen diesen Zusammenhang im ‚normalen' Sonntagsgottesdienst nicht."[1290]

Dieses biographieorientierte Sakramentenverständnis erschwert natürliche eine Katechese, die die Sakramente als Werkzeuge zum Aufbau eines christlichen Lebens versteht und die Notwendigkeit einer regelmäßigen Mitfeier der Sonntagsmesse betont. Eine Eucharistiekatechese, die grundlegend in die christliche Lebensweise einführen will, kann aber von diesem Ziel nicht abgehen.

Die Vermittlung der Sakramente in der Erstkommunionvorbereitung hat ihren eigentlichen Ort in der Feier der Sakramente. Reine Unterrichtseinheiten zu den Sakramenten werden nur dort durchgeführt, wo es um die Vermittlung von kognitiven Inhalten geht: den Ablauf der Beichte, den Ablauf der Heiligen Messe und wichtige theologische Begriffe. Ansonsten sollte die katechetische Unterweisung zu den Sakramenten ihren Platz bei der Feier der Sakramente selbst haben. Für die Taufe wurde dies ja schon bei der thematischen Erarbeitung des Glaubensbekenntnisses aufgezeigt.[1291] So steht die Teilnahme an einer Tauffeier an erster Stelle, wenn es um die katechetische Vermittlung dieses Sakramentes geht. Erst danach erfolgt dann in

---

[1287] S.o. 171.
[1288] S.o. 171.
[1289] S.o. 133–138.
[1290] *Först*, Unbekannte Mehrheit, 49.
[1291] S.o. 361.

einer Unterrichtseinheit die kognitive Vertiefung des erlebten Ritus im Blick auf die Bedeutung des Glaubensbekenntnisses.

Bei der Beichte schließt sich die konkrete Vorbereitung auf das Sakrament an die katechetische Behandlung der Zehn Gebote an. Bei den Unterrichtseinheiten bestimmt der konkrete Verlauf der Beichte die thematische Strukturierung der Inhalte. Am Anfang muss mit Hilfe der Zehn Gebote und des Doppelgebotes der Liebe ein erstes Verständnis von Sünde und Reue mit den Erstkommunionkindern erarbeitet werden. Eine zweite katechetische Einheit beschäftigt sich ausführlich mit dem Sündenbekenntnis und gibt dazu die notwendigen praktischen Anleitungen. In der dritten Unterrichtsstunde stehen die Lossprechung und das Bußwerk im Vordergrund. Abschließend erfolgt dann als liturgisches Element die Erstbeichte in Form der gemeinschaftlichen Feier der Versöhnung mit Bekenntnis und Lossprechung der Einzelnen.[1292] Dieser Gottesdienst kann z.B. mit Hilfe des Gleichnisses vom verlorenen Sohn (Lk 15,11–32) alle Elemente der Beichte aufgreifen, zur Gewissenserforschung hinführen und somit die Einzelbeichte vorbereiten. Den Abschluss dieses Gottesdienstes bildet die gemeinsame Danksagung für das Geschenk der Versöhnung, an die sich noch ein kleines Fest für die Kommunionkinder anschließen kann.[1293] Bei der gemeinschaftlichen Feier der Versöhnung mit Bekenntnis und Lossprechung der Einzelnen ist darauf zu achten, dass die Zahl der Kinder nicht zu groß wird. Eine Gruppe von 20 Kindern ist sicherlich für einen Priester bei der Erstbeichte die Obergrenze. Sind mehr Erstkommunionkinder in einem Jahrgang, müssen mehrere solcher Gottesdienste gefeiert werden oder mehrere Priester zum Hören der Beichte anwesend sein.

Die katechetische Hinführung zum Sakrament der Eucharistie erfolgt größtenteils in der Feier der Heiligen Messe selbst. Dazu dient hauptsächlich die Feier der Sonntagsmesse, die das bestimmende Element der Eucharistiekatechese ist. Die Feier der Gemeindemesse am Sonntag kann aber nicht immer katechetische Elemente enthalten, da dies zu einer ungut en ‚Pädagogisierung' der Eucharistiefeier führen würde.[1294] Sinnvoll ist es daher, die Katechese zum Sakrament der Eucharistie mit sogenannten Weggottesdiensten zu verbinden, die einmal im Monat mit den Erstkommunionkindern gefeiert werden: „Sie sollen schrittweise in die Grundvollzüge der Liturgie einführen (Stille halten, hören, antworten, beten, gehen …) und

---

[1292] Vgl. Bußrituale, 35–47.

[1293] Eine gute Orientierung für eine kindgerechte gemeinschaftliche Feier der Versöhnung mit Bekenntnis und Lossprechung der Einzelnen anhand der Zachäusgeschichte (Lk 19,1–10) bietet *Witti / Weber*, Kinderbeichte, 33–48.

[1294] Im Anschluss an die Sonntagsmesse kann mit den anwesenden Erstkommunionkindern eine gemeinsame Katechese gehalten werden. Neben dem Kirchenraum und dem Kirchenjahr bildet dabei sicherlich die Feier der Heiligen Messe den dritten Schwerpunkt. Allerdings ist der Zeitraum nach der Heiligen Messe meist so knapp bemessen, dass hier sicherlich nicht die grundlegende Katechese zur Eucharistie möglich ist.

mit wesentlichen Elementen der Eucharistiefeier vertraut machen."[1295] Von den möglichen sieben katechetischen Gottesdiensten wird einer für die Teilnahme an einem Taufgottesdienst (erster Weggottesdienst) und einer für die Feier der Beichte (zweiter Weggottesdienst) verwendet. Somit bleiben fünf Gottesdienste (3.-7. Weggottesdienst), in denen den Erstkommunionkindern das Sakrament der Eucharistie und die Feier der heiligen Messe erschlossen werden kann.

Die thematische Gestaltung der fünf Weggottesdienste orientiert sich am Verlauf der Eucharistiefeier. Das jeweilige Element, das erklärt wird, steht dabei sowohl in der katechetischen Predigt also auch in der liturgischen Gestaltung im Mittelpunkt. Die Ausgestaltung des jeweiligen Elementes kann in der nächsten Sonntagsmesse mit den anwesenden Erstkommunionkindern wiederholt werden. Am Ende des Gottesdienstes erhalten die Kinder entsprechendes Arbeitsmaterial, das ihnen das jeweilige Element der Messfeier noch einmal erklärt und eine kleine Hausaufgabe enthält.

Der dritte Weggottesdienst beschäftigt sich mit dem Eröffnungsteil der Heiligen Messe. In einer einführenden Katechese vor der eigentlichen Feier der Messe wird den Erstkommunionkindern die liturgische Begrüßung, das Kyrie und das Tagesgebet erklärt und deutlich gemacht, dass Jesus Christus uns als seine Gemeinde um den Altar versammelt. Die feierliche Einzugsprozession mit Kreuz, Weihrauch und Kerzen, an der alle Erstkommunionkinder teilnehmen, und die eine entsprechend ausgeweitete Kyrielitanei als Prozessionsgesang begleitet, dient als liturgisches Gestaltungselement dieses Gottesdienstes. Die Lesungstexte der Messfeier (z.B. Offb 7,2–4.9–14 und Mt 14,13–21) sollten so gewählt werden, dass von ihnen her in einer kurzen Predigt gezeigt werden kann, dass Jesus Christus uns als seine Gemeinde um den Altar versammelt.

Der vierte Weggottesdienst beschäftigt sich mit dem Wortgottesdienst der Heiligen Messe und sollte daher drei biblische Lesungen enthalten. Eine Stilleübung vor dem Gottesdienst kann zum Thema ‚Hören auf das Wort Gottes' hinführen. Vor der alttestamentlichen und der neutestamentlichen Lesung erfolgt eine kurze Einführung, die erklärt, warum aus dem entsprechenden Teil der Heiligen Schrift vorgelesen wird. Die Lesungstexte (z.B. Neh 8,1–9; 2 Petr 1,16–21 und Joh 1,1–18) sollten von diesem Gesichtspunkt her gewählt werden. Als liturgisches Element wird die Evangelienprozession mit allen Erstkommunionkindern feierlich gestaltet. Die anschließende katechetische Predigt stellt heraus, dass das Hören auf das Wort Gottes zur Feier eines jeden Sakramentes dazugehört.

Der fünfte Weggottesdienst hat den Mahlcharakter der Heiligen Messe zum Thema und stellt das liturgische Element der Gabenbereitung in den Mittelpunkt.[1296] Als Lesungstexte werden der Bericht über das Paschamahl aus dem Buch

---

[1295] *Winzek*, Weggottesdienste, 462.
[1296] Vgl. *Gunda Brüske*, „Herr, wir bringen in Brot und Wein...", in: GD 42 (2008), 112–113.

Exodus (Ex 12,1–14) und die Vorbereitung des Paschamahls sowie der Einsetzungsbericht nach Matthäus (Mt 26,17–29) verwendet. Die katechetische Predigt erschließt den Mahlcharakter der Messe, indem sie den Altar als Tisch und das Herbeibringen der Gaben als Bereitung dieses Tisches deutet, weist aber auch auf die notwendige innere Vorbereitung zu diesem Mahl hin, die mit dem Herzen geschehen muss, wie der Einleitungsdialog der Präfation deutlich macht. Die Gabenprozession schließt sich unmittelbar an die katechetische Predigt an. Sie wird zur einer anschaulichen Altarbereitung erweitert, indem auch Altardecke, Kreuz, Blumen und Kerzen herbeigebracht werden So wird der leere Altar vor den Augen der Kinder für die Feier der Heiligen Messe bereitet. Anschließend folgt die eigentliche Gabenprozession.

Der sechste Weggottesdienst hat die Aufgabe nach dem Mahlcharakter den Erstkommunionkindern die Feier der Heiligen Messe als Gedächtnisfeier und bleibende Vergegenwärtigung des Todes und der Auferstehung Jesu zu erschließen.[1297] Der Opfercharakter und die pneumatologische Dimension der Eucharistie kommen in vielen Vorbereitungskursen auf die Erstkommunion zu kurz.[1298] Die textliche Erschließung des eucharistischen Hochgebets hilft, alle theologischen Dimensionen der Eucharistiefeier zu berücksichtigen. Die Erstkommunionkinder sollten vor allem die anamnetische und epikletische Struktur des Hochgebets entdecken.[1299] In einer katechetischen Unterrichtseinheit wird vor dem fünften Weggottesdienst diese Struktur des eucharistischen Hochgebets anhand der Textvorlage eines der Hochgebete für Messfeiern mit Kindern[1300] erarbeitet. Diese Hochgebete sind für Kinder leicht verständlich, so dass sie einerseits anhand des Textes wiederholen können, was sie bereits über Jesus Christus und den Heiligen Geist aus der Eucharistiekatechese wissen, und andererseits die anamnetische und epikletische Struktur des Hochgebets leicht erkennen können.[1301] In dieser Katechese kann noch einmal der

---

      Hier wird ein gutes Beispiel aus dem Bereich der Erwachsenenkatechese für eine mystagogische Katechese zur Gabenbereitung gegeben.

[1297] Vgl. SC 47.

[1298] Vgl. *Lambrich*, Erstkommunionkurse, 202–203.

[1299] „Die *literarische und theologische Gesamtstruktur* des Hochgebetes ist unter liturgiegeschichtlicher und -theologischer Rücksicht die einer an Gott gerichteten und durch Stiftung Jesu autorisierten Sprechhandlung, durch die im lobpreisenden Gedenken (anamnetischer Teil) und darauf gründenden Bitten (epikletischer Teil) durch den Hl. Geist Gemeinschaft mit dem Herrn und Teilhabe an seinem Erlösungswerk erbeten und erlangt wird" (*Hans Bernhard Meyer*, Eucharistie. Geschichte, Theologie, Pastoral. Mit einem Beitrag von Irmgard Pahl [= GdK 4], Regensburg 1989, 344).

[1300] Fünf Hochgebete. Hochgebet zum Thema „Versöhnung". Hochgebete für Messfeiern mit Kindern. Studienausgabe für die Bistümer des deutschen Sprachgebietes mit einem Anhang: Hochgebet für Meßfeiern mit Gehörlosen. Approbierter und konfirmierter Text, hg. v. den Liturgischen Instituten Salzburg, Trier und Zürich, Einsiedeln u.a. 1981.

[1301] Vgl. *Winfried Haunerland*, Das eine Herrenmahl und die vielen Eucharistiegebete. Traditionen und Texte als theologische und spirituelle Impulse, in: ders. (Hg.), Mehr als Brot und

5.3 Praktische Konsequenzen für die Eucharistiekatechese

gesamte Aufbau der Heiligen Messe wiederholend dargestellt werden. Abschließend sollte in dieser Unterrichtseinheit dann auf dem Empfang der Heiligen Kommunion eingegangen werden, da die Mahlgemeinschaft mit Jesus Christus wesentlich zur Feier der Heiligen Messe gehört. Der auf diese Katechese folgende Weggottesdienst greift die biblischen Lesungen des fünften „Weggottesdienstes" (Ex 12,1–14; Mt 26,17–29) erneut auf und deutet sie nun im Sinne der Vergegenwärtigung des Todes und der Auferstehung Jesu Christi. Als zusätzlicher Text sollte in der Katechese die Akklamation nach der Wandlung aufgegriffen werden, da sie den anamnetischen Teil des Hochgebetes einleitet und thematisch vorwegnimmt.[1302] Die Akklamation dient dann auch als liturgisches Element, das in besonderer Weise während des Hochgebetes aufgegriffen wird. Hier bietet sich vor allem das dritte Hochgebet für Meßfeiern mit Kindern mit seiner dreimal wiederholten Akklamation nach der Wandlung als Möglichkeit an.

Der siebte Weggottesdienst behandelt das Thema der Realpräsenz und bietet eine Einführung in die Form der eucharistischen Anbetung.[1303] Am Beginn dieses Gottesdienstes, der als Andacht und nicht als Eucharistiefeier gestaltet wird, steht zunächst eine biblische Lesung, die Jesu beständige Gegenwart und Hilfe für seine Jünger zum Thema hat (z.B. Mt 28,16–20). Anschließend kann in der Katechese auf die Bedeutung des Tabernakels, der Kniebeuge und des Kniens als Zeichen der Anbetung eingegangen werden. Auch die Monstranz wird erklärt, da dieser kostbare Gegenstand für Kinder erfahrungsgemäß eine große Anziehungskraft besitzt. Bei dieser Gelegenheit werden die Kinder dann auch in die Form des eucharistischen Segens eingeführt. Die folgende eucharistische Anbetung besteht zum einen aus gestalteten Elementen, die auf jeden Fall das Vaterunser und das Glaubensbekenntnis enthalten sollten. Auch ein kindgemäßes Beten des Rosenkranzes wäre hier denkbar. Ebenso eine Zeit der stillen Anbetung und selbstformulierten Dank- und Bittgebete der Kinder. Auf diese Weise werden die unterschiedlichen Formen der eucharistischen Anbetung erfahrbar, die der deutlich-ste Ausdruck des Glaubens an die Gegenwart Jesu Christi in der Eucharistie sind. Mit dem eucharistischen Segen schließt dieser letzte Weggottesdienst.

Den Abschluss der Einheit zu den Sakramenten innerhalb der Erstkommunionvorbereitung bildet eine Unterrichtsstunde, die noch einmal alle sieben Sakramente in den Blick nimmt. Es bietet sich an, diese Gesamtdarstellung der Sakramente mit dem Lebensweg des Menschen zu verbinden, um so deutlich werden zu

---

Wein. Theologische Kontexte der Eucharistie, Würzburg 2005, 119–144, hier 135–136 u. 142.

[1302] Vgl. *Meyer*, Eucharistie, 347.

[1303] Gerade in den letzten Jahren wird der Wert der eucharistischen Anbetung für eine lebendiges Gebetsleben und die Mitfeier des Gottesdienstes wieder neu entdeckt (vgl. *Eduard Nagel*, „Tut dies ...". Eucharistische Frömmigkeit – gestern, heute, morgen, in: Gd 40 [2006], 137–139).

lassen, dass Sakramente eine intensive und lebenslange Beziehung zu Jesus Christus stiften und Gott durch die Sakramente im Leben der Menschen handelt. Dieser biographische Ansatz kommt zum einen dem Verständnis vieler an der Erstkommunion beteiligter Familien recht nahe, die die Rituale der Kirche allein nach der Relevanz für die eigene Biographie beurteilen. Zum anderen bietet sich hier aber die Möglichkeit einer Weitung dieses Verständnisses, um gerade im Bezug auf die Eucharistie die Notwendigkeit der Pflege der Beziehung zu Jesus Christus zu unterstreichen.

Für die Unterrichtseinheit über die Sakramente ergibt sich somit folgender thematischer Verlauf in der Eucharistiekatechese:

Taufe
(im Rahmen der Einheit zum Glaubensbekenntnis)
– Teilnahme an einer Tauffeier (1. Weggottesdienst).
– Die Taufe als Ursprung des Glaubensbekenntnisses (Unterrichtseinheit).

Beichte
– Menschen werden schuldig und bereuen ihre Sünden – Gewissenserforschung anhand der Zehn Gebote (Unterrichtseinheit).
– In der Beichte können wir Gott alles sagen – Praktische Anleitung zum Bekenntnis in der Beichte (Unterrichtseinheit).
– In der Beichte erfahren wir Gottes Vergebung (Unterrichtseinheit)
– Die Feier der Erstbeichte (2. Weggottesdienst).

Eucharistie
– Der Eröffnungsteil der Heiligen Messe – Unser Herr Jesus Christus versammelt uns als seine Gemeinde zum Gottesdienst (3. Weggottesdienst).
– Der Wortgottesdienst der Heiligen Messe – Wir hören Gottes Wort für unser Leben (4. Weggottesdienst).
– Die Gabenbereitung in der heiligen Messe – Die Heilige Messe als Gastmahl Jesu (5. Weggottesdienst).
– Der Aufbau des Hochgebets der Heiligen Messe und der Empfang der Eucharistie (Unterrichtseinheit).
– Das Hochgebet der Heiligen Messe – Durch die Kraft des Heiligen Geistes feiern wir in der Heiligen Messe Jesu Tod und Auferstehung (6. Weggottesdienst).
– Die Feier der eucharistischen Anbetung – In der Eucharistie ist Jesus Christus für immer bei uns (7. Weggottesdienst).

Allgemeine Hinführung zu den Sakramenten
– Die sieben Sakramente verbinden unseren Lebensweg mit Jesus Christus. (Unterrichtseinheit)

5.3.2.6 Zusammenfassung: Thematischer Modellverlauf der Eucharistiekatechese

Nachdem in den vorangehenden vier Abschnitten gezeigt wurde, wie sich die vier Hauptstücke der Katechese thematisch in einer Eucharistiekatechese von sieben Monaten umsetzen lassen, soll zusammenfassend der thematische und zeitliche Ablauf dargestellt werden. Der Beginn der Erstkommunionkatechese wird dabei in den September gelegt, wenn in allen Bundesländern die Schule nach den Sommerferien wieder begonnen hat. Die Feier des Weißen Sonntags ist in der Regel in der zweiten Aprilhälfte, so dass der gesamte März noch zur Erstkommunionvorbereitung genutzt werden kann. Wie bereits erwähnt, wird dem monatlichen katechetischen Unterricht am Samstag der Vorzug gegeben vor einer wöchentlichen Gruppenstunde.[1304] An einem solchen „katechetischen Samstag", der einen ganzen Vormittag und Nachmittag umfassen sollte, müssten dann jeweils drei bis vier Unterrichtseinheiten behandelt werden. Die Eucharistiekatechese hat dann folgenden Verlauf.

September:
- 1. Weggottesdienst: Teilnahme an einer Tauffeier mit anschließender Einteilung der katechetischen Gruppen.
- Das Kreuzzeichen als grundlegendes Bekenntnis zum dreifaltigen Gott.
- Die Taufe als Ursprung des Glaubensbekenntnisses.
- Gemeinsamer Sonntagsgottesdienst mit Übergabe des Apostolischen Glaubensbekenntnisses .
- Gott, der Schöpfer der Welt und Vater der Menschen.
- Jesus Christus ist der Sohn Gottes – die Verkündigung seiner Menschwerdung und seine Geburt (Lk 1,26–38 u. Lk 2,1–20).

Oktober (Herbstferien):
- Jesus Christus ist der Freund der Menschen – Jesus heilt.
- 2. Weggottesdienst: Der Eröffnungsteil der Heiligen Messe – Unser Herr Jesus Christus versammelt uns als seine Gemeinde zum Gottesdienst.

November:
- Gemeinsamer Sonntagsgottesdienst mit Rückgabe des Glaubensbekenntnisses durch die Kinder.
- Jesus Christus ist der Erlöser der Menschen – Jesu Tod am Kreuz (Mk 15,21–47).
- Jesus Christus ist der Erlöser der Menschen – Jesu Auferstehung (Mt 28,1–10).
- Der Heilige Geist – Bilder der kirchlichen Tradition.

[1304] S.o. 341.

– 3. Weggottesdienst: Der Wortgottesdienst der Heiligen Messe – Wir hören Gottes Wort für unser Leben.

Dezember (Weihnachtsferien):
– Gemeinsamer Sonntagsgottesdienst mit Übergabe des Vaterunsers.
– Jesus lehrt die Jünger zum Vater beten.
– Das Vaterunser verherrlicht Gott und hat unseren Alltag im Blick.
– Lob – Dank – Bitte. Wie Christen beten sollen.

Januar:
– Gemeinsamer Sonntagsgottesdienst mit Rückgabe des Vaterunsers und Übergabe der Zehn Gebote.
– 4. Weggottesdienst: Die Gabenbereitung in der heiligen Messe – Die Heilige Messe als Gastmahl Jesu.
– Die Zehn Gebote (Dtn 5 oder Ex 20) als Grundgesetz des Gottesvolkes – Gott stiftet die gute Gemeinschaft zwischen Gott und Mensch und den Menschen untereinander.
– Das Doppelgebot der Liebe als Zusammenfassung der Zehn Gebote (Mk 12,28–34).
– „Gedenke, dass du den Sabbat heiligst!" – Die Gestaltung des christlichen Sonntags.

Februar:
– „Du sollst Vater und Mutter ehren!" – Ich bin verantwortlich für die gute Gemeinschaft in der Familie.
– „Du sollst kein falsches Zeugnis geben wider deinen Nächsten!" – Die Wahrheit als Grundlage der guten Gemeinschaft zwischen den Menschen.
– „Du sollst nicht begehren deines Nächsten Hab und Gut!" – Das Wahrnehmen und Respektieren der Bedürfnisse und Rechte anderer Menschen als Grundlage der guten Gemeinschaft zwischen den Menschen.

März:
– Menschen werden schuldig und bereuen ihre Sünden – Gewissenserforschung anhand der Zehn Gebote.
– In der Beichte können wir Gott alles sagen – Praktische Anleitung zum Bekenntnis in der Beichte.
– In der Beichte erfahren wir Gottes Vergebung.
– 5. Weggottesdienst: Die Feier der Erstbeichte.

April:
- Der Aufbau des Hochgebets der Heiligen Messe und der Empfang der Eucharistie.
- 6. Weggottesdienst: Das Hochgebet der Heiligen Messe – Durch die Kraft des Heiligen Geistes feiern wir in der Heiligen Messe Jesu Tod und Auferstehung.
- Die sieben Sakramente verbinden unseren Lebensweg mit Jesus Christus.
- 7. Weggottesdienst: Die Feier der eucharistischen Anbetung – In der Eucharistie ist Jesus Christus für immer bei uns.
- Mitfeier der Liturgie der Kar- und Ostertage.
- Unmittelbare Vorbereitung auf den Weißen Sonntag (Probe des Ablaufs der Hl. Messe am Weißen Sonntag und praktische Fragen des ersten Empfangs der Hl. Kommunion).

5.3.3 Die wesentlichen Methoden der Eucharistiekatechese

Eine Ausrichtung der Eucharistiekatechese an den vier Hauptstücken der Katechese muss auch zu einer Veränderung der vorherrschenden Methoden führen. Die meisten gängigen Kurse zur Erstkommunionvorbereitung sind hauptsächlich handlungsorientiert und symboldidaktisch ausgerichtet und vernachlässigen die kognitiven Methoden im katechetischen Unterricht.[1305] In einer inhaltsorientierten Katechese gewinnen gerade jene Methoden wieder an Gewicht, die der kognitiven Aneignung von Glaubenswissen dienen. Es handelt sich dabei vor allem um die grundlegenden Methoden zur Texterschließung.[1306] Das Lesen, das Deuten und das Erlernen der „vier Hauptstücke" bilden den methodischen Kern der Sakramentenkatechese, der durch weitere vielfältige Methoden zur Texterschließung ergänzt werden kann.[1307] Die Sakramentenkatechese nähert sich dadurch den Methoden des schulischen Religionsunterrichts an.

Durch die Stärkung der kognitiven Methoden in der Katechese sollen die handlungsorientierten und symboldidaktischen Vermittlungswege keineswegs verdrängt werden. So bietet die Symboldidaktik für Erstkommunionkinder sehr gute Erschließungsmöglichkeiten gerade im Blick auf die biblischen Texte, die als

---

[1305] Vgl. *Blechschmidt / Kaufmann / Fackler*, Kommunionkurs, 6–9. Dieser Erstkommunionkurs wird in vielen Gemeinden im Bistum Trier verwendet und verzichtet aufgrund seines ganzheitlichen symboldidaktischen Ansatzes weitgehend auf die kognitive Erschließung von Texten und die klassischen Methoden der Textarbeit. Für die Familienkatechese ist es Hauf, der durch die Ablehnung einer inhaltsorientierten Katechese auch die entsprechenden Methoden ablehnt (vgl. *Hauf,* Katechese, 281).

[1306] Vgl. *Franz Wendel Niehl*, Umgang mit Texten, in: Gottfried Bitter u.a. (Hg.), Neues Handbuch religionspädagogischer Grundbegriffe, München 2002, 485–489.

[1307] Vgl. *Franz Wendel Niehl / Arthur Thömmes*, 212 Methoden für den Religionsunterricht, München ⁵2002, 108–144.

Grundlage für die Katechesen zum Apostolischen Glaubensbekenntnis dienen.[1308] Die Erstkommunionkurse von Elsbeth Bihler[1309] sowie von Meinulf Blechschmidt, Esther Kaufmann und Marianne Fackler[1310] geben sehr gute methodische Anregungen, wie biblische Texte symboldidaktisch vermittelt werden können. Die handlungsorientierten Methoden eignen sich in besonderer Weise für die katechetischen Einheiten zum Ablauf der Messfeier, da hier das Einüben der liturgischen Vollzüge im Mittelpunkt steht.[1311] Allerdings vernachlässigen diese Methoden sehr stark das Glaubenswissen, das objektiv vermittelt und angeeignet werden kann, zugunsten der subjektiven Glaubenserfahrungen. Hier gilt es, methodisch wieder stärker die Erlernbarkeit der objektiven Religion in den Vordergrund zu stellen, die in der Religionspädagogik und Katechetik in den letzten Jahrzehnten aus dem Blick geraten ist.[1312]

Rudolf Englert möchte methodisch dieser Entwicklung durch die Förderung religiöser Rationalität, insbesondere einer begründungspflichtigen religiösen Gesprächskultur, entgegenwirken.[1313] Die Erstkommunionkatechese kann dazu einen entscheidenden Beitrag leisten, indem sie den Erstkommunionkindern nicht nur subjektive religiöse Erfahrung ermöglicht, sondern ihnen hilft, sich die nötigen Wissensstrukturen im Bereich der christlichen Religion anzueignen.[1314] Dem Erlernen der grundlegenden Texte des Christentums, wie sie die vier Hauptstücke der Katechese darstellen, kommt somit eine elementare Rolle für die subjektive Aneignung des christlichen Glaubens zu, weil dadurch das bereichsspezifische Wissen gewonnen wird, das komplexere religiöse Denkprozesse erst möglich macht

Die neueren entwicklungspsychologischen Forschungsansätze führen zu einer Wertschätzung des Auswendiglernens, die in der biblischen Tradition seit den Tagen des Alten Testaments verankert ist. Das Alte Testament sieht den Vorteil des Auswendiglernens aber nicht nur im Erwerben wichtiger begrifflicher und kognitiver Strukturen. Hier gewinnt das Auswendiglernen der wesentlichen Glaubensgrundlagen eine spirituelle Dimension und wird selbst zu einem religiösen Akt, in dem wahre Gottesbegegnung geschieht. Im Hören, Wiederholen und sich

---

[1308] S.o. 365.
[1309] Vgl. *Elsbeth Bihler*, Kommt und seht. Werkbuch zur Erstkommunion für Eltern und Kinder, Limburg ⁹1998.
[1310] Vgl. Blechschmidt / Kaufmann / Fackler, Kommunionkurs.
[1311] S.o. 375–380.
[1312] „Während vor 100 Jahren, mindestens im katholischen Bereich, das institutionelle und dogmatische Gewicht der objektiven Religion die subjektive Religion schier zu erdrücken schien, ist es heute eher umgekehrt: Die objektive Religion, in Gestalt etwa verbindlichen Bekenntnisses und kirchlichen Lebens, rückt für viele an den Rand ihrer Wahrnehmung, während die subjektive Religion gewissermaßen luxuriert" (*Englert*, Grundfragen, 214).
[1313] Vgl. *Englert*, Grundfragen, 215.
[1314] Vgl. ebd. 216; *Büttner / Bucher*, Kindertheologie, 40.

5.3 Praktische Konsequenzen für die Eucharistiekatechese

Vertiefen in den biblischen Text wird Gott selbst zu meinem Lehrer.[1315] Dabei wird die lebensprägende Kraft des religiösen Grundwissens erfahren, die die gesamte Lebenswirklichkeit erfasst und umgestaltet: Je mehr sich der Glaubensschüler mit den Worten eines Glaubenstextes beschäftigt und ihn verinnerlicht, umso mehr erfährt er die Nähe Gottes und die Relevanz dieses Textes für sein Leben. Von diesem biblischen Denkansatz her war es das Ziel der christlichen Katechese, durch das Auswendiglernen der vier Hauptstücke der Katechese Kinder so zu prägen, dass eine entsprechende Vertiefung dieser Glaubensgrundlagen in späteren Lebensphasen möglich ist.[1316] Die römischen Dokumente zur Katechese versuchen daher immer wieder, der Tendenz zur Zurückdrängung des Auswendiglernens entgegenzuwirken und seinen Wert für die Vermittlung des Glaubens zu betonen: Die Kinder und Jugendlichen erlernen die Sprache des Glaubens und gewinnen einen verinnerlichten ‚Vorrat' an Glaubenswissen, der in der weiteren biographischen Entwicklung seine Lebensrelevanz erweisen kann.[1317]

Eine Katechese, die sich inhaltlich an den vier Hauptstücken der Katechese orientiert, wird das Auswendiglernen der vier grundlegenden Texte als Methode betonen und auch andere wichtige Texte der Bibel oder der Liturgie den Kindern als Lernstoff an die Hand geben. Das Erlernen der vier Hauptstücke der Katechese sollte nicht mit Formen der Leistungskontrolle, wie mündliches oder schriftliches Abfragen der Kinder, verbunden werden, die in unguter Weise zur Verschulung der Katechese führen. Sinnvollerweise wird das gemeinsame Beten dieser Texte im Vordergrund stehen. Damit knüpft man an das alttestamentliche Verständnis des Lernens an, das im Verinnerlichen religiöser Grundlagentexte einen wichtigen Weg zur Gottesbegegnung sah: Das Lernen wurde zum Gebet.

Im Hinblick auf die Erwartungshaltung der Eltern, wie sie sich in der Befragung zur Erstkommunionkatechese im Dekanat Bad Kreuznach zeigt, erweist sich die Verwendung schulischer Lernmethoden in der Katechese als problematisch, denn alle Methoden, die zu sehr an den schulischen Unterricht erinnern, erfahren eine deutliche Ablehnung: So wird die Arbeit mit den Erstkommunionkindern in großen katechetischen Gruppen (über 10 Kinder) von 92,4% der Befragten als unwichtig oder weniger wichtig betrachtet; das Auswendiglernen erfährt mit 78,5% und der schulische Charakter mit 73,3% eine ähnliche Bewertung.[1318] So gerät eine Sakramentenkatechese mit Kindern und Jugendlichen, die sich an den vier Hauptstücken der Katechese orientiert, bei einer großen Zahl von Eltern im methodischen Bereich unter Rechtfertigungsdruck und benötigt eine entsprechende Erklärung und Einführung. Die kleine katechetische Gruppe, die von 93,9% der Befragten im Dekanat Bad Kreuznach als wichtig oder sehr wichtig

---

[1315] S.o. 219–220 u. 223.
[1316] Vgl. *Ryan*, Lehren, 88–90.
[1317] Vgl. CT 55; ADK 154–155.
[1318] S.o. 176.

eingeschätzt wird, wird daher notwendigerweise weiterhin ein bestimmendes Element des Erstkommunionunterrichts bleiben, um die nötige Akzeptanz der Eltern zu gewinnen.[1319] Die große katechetische Gruppe von 20 bis 30 Kindern ist aber als Ergänzung im Bereich der Einführung in die Sakramente und der Mitfeier der Eucharistie an Bedeutung notwendig, wenn man die Feier der Liturgie zu einem wesentlichen Element der Eucharistievorbereitung machen will.

Die kognitiven Methoden in der Erstkommunionvorbereitung und die größeren Gruppen in der Erstkommunionkatechese werden dann von den Eltern angenommen werden, wenn deutlich wird, dass nicht Leistungsbewertung und Leistungsmessung im Vordergrund stehen, sondern die Grundlagen für die Mitfeier der Heiligen Messe und die christliche Lebensgestaltung gelegt werden. Die Einsicht der Eltern muss geweckt werden, dass ein solides religiöses Grundwissen erworben werden muss, um eine Beheimatung im Glauben zu erfahren. Dass ein solches Werben um mehr schulische und kognitive Methoden in der Erstkommunionvorbereitung auch bei lediglich „kasualienfrommen" Eltern Anknüpfungspunkte finden kann, zeigen die entsprechenden Untersuchungen zu diesem Bereich. Neben der Wahlfreiheit, die diese Eltern für ihre Kinder im religiösen Bereich erwarten, steht eben auch der Wunsch nach Kontinuität in der religiösen Sozialisation.[1320] Im Gespräch mit den Eltern gilt es aufzuzeigen, dass eine echte Wahlmöglichkeit nur besteht, wo ein wirkliches Kennenlernen der christlichen Grundlagen stattgefunden hat. Dies setzt gewisse Anforderungen voraus, die Kinder in diesem Alter sicherlich nicht immer freiwillig erfüllen. Das gilt aber für alle Bildungsprozesse. Optionalität und Freiheit in der Sakramentenkatechese anzuerkennen, kann keine einseitige Forderung an die Kirche sein, sondern verlangt ebenso von den Eltern eine Wahl und verbindliche Entscheidungen: Möchte ich eine fundierte religiöse Sozialisation oder die größtmögliche Freiheit für mein Kind? Beides zusammen ist in methodischer Hinsicht nicht in der Erstkommunionvorbereitung zu erreichen. Eine Eucharistiekatechese, die sich an den „vier Hauptstücken" orientiert, bedarf kognitiver Methoden, die Kinder in der Ausbildung religiösen Wissens und religiöser Denkstrukturen fördern und fordern.[1321]

[1319] S.o. 176.
[1320] „Obwohl die Befragten in der Mehrheit die Ansicht teilen, *das muss man praktisch als Kind schon gelebt haben, dass man da schön neiwachsen kann*' (G-05, EW, 117), lehnen sie es überwiegend ab, ihre Kinder in einer ähnlichen Weise zu einer kirchlichen Praxis zu nötigen, wie sie sie in ihrer eigenen Kindheit erlebten" (*Engelbrecht*, Pforten, 73).
[1321] Vgl. *Englert*, Grundfragen, 215–216.

5.3.4 Die wesentlichen Akteure der Eucharistiekatechese

Die Befragung im Dekanat Bad Kreuznach hat gezeigt, dass die ehrenamtlichen Katechetinnen und Katecheten als die wichtigsten Akteure der Erstkommunionkatechese wahrgenommen werden: 79,9% aller Befragten nennen sie als Hauptverantwortliche, während nur 57,3% der Befragten dem Pfarrer die Hauptaufgabe in diesem Bereich zusprechen.[1322] Hierin zeigt sich ein Erfolg der Gemeindekatechese der siebziger und achtziger Jahre des 20. Jahrhunderts, die in besonderer Weise die ehrenamtlichen Katechetinnen und Katecheten gefördert hat und die Hauptaufgabe der Pfarrer sowie der hauptamtlichen Seelsorger und Seelsorgerinnen in der Begleitung der ehrenamtlichen Mitarbeiterinnen und Mitarbeiter sah.[1323] Die Wertschätzung der ehrenamtlichen Katecheten verdeutlicht noch einmal, dass viele Befragten die Erstkommunionvorbereitung mit dem katechetischen Unterricht in kleinen Gruppen gleichsetzen und die liturgische Dimension der Erstkommunionkatechese, insbesondere die Mitfeier der Sonntagsmesse, außer Acht lassen.[1324]

Eine Eucharistiekatechese, die sich an den vier Hauptstücken der Katechese orientiert, macht die Mitfeier der Liturgie wieder zu einem wesentlichen Element der Erstkommunionvorbereitung und verleiht der Person des Pfarrers in der Erstkommunionvorbereitung erneut Bedeutung.[1325] Die Erstkommunionkinder erleben in den „Weggottesdiensten" und in der Feier der Sonntagsmesse den Priester in besonderer Weise als Katecheten, der die mystagogischen Erschließung der Liturgie vornimmt.[1326] Diese Aufgabe ergibt sich aus den Bestimmungen des Kirchenrechts, die dem Pfarrer mehr als eine begleitende Rolle zuschreiben,[1327] und dem *Allgemeinen Direktorium für die Katechese*, das ihm aufträgt, „für die Verbindung zwischen Katechese, Sakramenten und Liturgie zu sorgen"[1328]. Daran anknüpfend betonen auch die deutschen Bischöfe in ihrem jüngsten Schreiben zur Katechese, dass sich Priester, Diakone und hauptamtliche Seelsorgerinnen und Seelsorger nicht nur als Begleiter ehrenamtlicher Katecheten sehen sollen, sondern selbst die Rolle der Katecheten im Prozess der Glaubensweitergabe übernehmen müssen.[1329]

[1322] S.o. 180.
[1323] Vgl. *Emeis / Schmitt*, Gemeindekatechese, 103; *Lutz*, Katechese, 307; ders., Gemeindekatechese, 437; *Strifler*, Mitarbeiter, 50–53.
[1324] S.o. 170–171.
[1325] S.o. 348.
[1326] S.o. 345–347.
[1327] S.o. 212.
[1328] ADK 225.
[1329] Vgl. Katechese in veränderter Zeit, 39.

Trotz des verstärkten Gewichts, das der Pfarrer in einer inhaltsorientierten Katechese erhält, bleiben die ehrenamtlichen Katechetinnen und Katecheten weiterhin von großer Bedeutung. Ihre Wichtigkeit wird nicht nur in der deutschen Gemeindekatechese herausgestellt, sondern gerade von römischen Dokumenten betont: „Da die Laienkatecheten die gleiche Lebensform haben wie ihre Adressaten, haben sie einen besonderen Sinn dafür, das Evangelium im konkreten Leben der Menschen zu inkarnieren. Die Katechumenen und die Glaubensschüler können in ihnen ein christliches Modell für ihre eigene Glaubenszukunft finden."[1330] Auf das Glaubenszeugnis der ehrenamtlichen Katechetinnen und Katecheten kann daher eine inhaltsorientierte Katechese nicht verzichten, wenn sie durch das Wissens um die wesentlichen Inhalte des Glaubens das Leben der Glaubensschüler prägen und im christlichen Sinn umgestalten will. Allerdings haben Kinder ein waches Gespür dafür, ob ehrenamtliche Katechetinnen und Katecheten die Glaubensgrundlagen, die sie vermitteln sollen, selbst in ihrem Leben umsetzen. Die Katechese setzt Glaubenszeugen voraus, die wirklich eine lebendige Begegnung mit der Welt des Glaubens, die für viele Kinder fremd ist, ermöglichen können. Will man den Glauben, in seiner Eigenständigkeit und fremdartigen Neuheit vermitteln,[1331] bedarf es der personalen Begegnung mit einem gläubigen Menschen.

Im Schreiben *Katechese in veränderter Zeit* bringen die deutschen Bischöfe den Zusammenhang von Person, Inhalt und Methode treffend zum Ausdruck: „Katechese ist zuerst ein interpersonales Geschehen. Im ganzheitlich verstandenen katechetischen Lernen vermitteln sich sowohl das ‚Was' – die Inhalte – als auch das ‚Wie' – die Methoden – durch die beteiligten Personen in ihrer Bedeutung als Glaubenszeugen."[1332] Daraus ergeben sich drei Anforderungen an das Zeugnis der ehrenamtlichen Katechetinnen und Katecheten:

- es muss ein „authentisches Zeugnis" sein, das von einer echten persönlichen Überzeugung getragen wird;
- es muss ein „identisches Zeugnis" sein, das den Glauben der Kirche zum Ausdruck bringt;
- es muss ein „verständliches Zeugnis" sein, das die Lebens- und Glaubenssituation der Adressaten im Blick hat.[1333]

Diese Kriterien, die die deutschen Bischöfe als notwendige Voraussetzung für die Mitarbeit in der Katechese aufstellen, bieten ein gutes Raster, um katechetische Begabungen in den Gemeinden zu entdecken und zu fördern.[1334] Sie machen aber auch deutlich, dass die ehrenamtliche Mitarbeit in der Katechese kein Weg sein kann, um kirchenferne Eltern wieder an den christlichen Glauben heranzuführen.

[1330] ADK 230.
[1331] S.o. 329–335.
[1332] Katechese in veränderter Zeit, 25.
[1333] Vgl. ebd. 25–26.
[1334] Vgl. ebd. 38.

5.3 Praktische Konsequenzen für die Eucharistiekatechese

Es geht bei der Förderung der ehrenamtlichen Katecheten und Katechetinnen nicht um den Aufbau einer persönlichen Glaubensgrundlage, sondern um die Vertiefung eines gereiften Glaubens und die Entwicklung didaktischer Fähigkeiten im Bezug auf die Glaubensweitergabe. Ehrenamtliche Katechetinnen und Katecheten müssen schon im Glauben verwurzelt sein, um ihre Aufgabe erfüllen zu können.[1335]

Die inhaltsorientierte Katechese verlangt somit im starken Maße eine Profilierung der ehrenamtlichen Katechetinnen und Katecheten. Es wird daher zu einer Hauptaufgabe der verantwortlichen Priester sowie der hauptamtlichen Seelsorger und Seelsorgerinnen in der Sakramentenkatechese, einen festen Stamm von ehrenamtlichen Katecheten und Katechetinnen heranzubilden, der den Anforderungen an ein authentisches Glaubens- und Lebenszeugnis genügt und fest im kirchlichen Glauben sowie im Leben der Gemeinde verwurzelt ist Die deutsche Gemeindekatechese sah leider zunächst nur die Chancen, die die ehrenamtlichen Katechetinnen und Katecheten für die Aktivierung des Gemeindelebens und das Bewusstwerden des gemeinsamen Priestertum aller Gläubigen boten, vernachlässigte aber die Formulierung von Qualifikationsmerkmalen für Katecheten, gerade was die Teilnahme am Gottesdienst und Gemeindeleben betrifft.[1336] Eine Förderung der Charismen von Getauften im katechetischen Bereich, wie die deutsche Forschung im katechetischen Bereich sie immer wieder anmahnt[1337], setzt zunächst eine sorgfältige Prüfung voraus, ob das entsprechende Charisma auch vorliegt. Nur dann ist eine Förderung in der Begleitung der ehrenamtlichen Katechetinnen und Katecheten möglich, die sie zu eigenständigen Mitarbeiterinnen und Mitarbeitern in der Erstkommunionvorbereitung werden lässt.[1338]

[1335] Auf die Schwierigkeiten bei der Auswahl der Katecheten, gerade wenn es sich um Eltern der Kommunionkinder handelt, weist deutlich ein so erfahrener Religionspädagoge wie Gottfried Bitter hin: „Aber nicht immer trifft man mit der Wahl dieser sich freiwillig meldenden Eltern die richtige Person. Im Gegenteil, manchmal weiß man sogar im Voraus, diese oder jene Person hat eher einen Hang zur sozialen Aktivität, aber der Sache der Gemeinde oder des christlichen Glaubens steht sie deutlich distanziert gegenüber. Und doch wird sie oder er zum katechetischen Dienst bestellt" (*Garhammer*, Gespräch, 32). Gottfried Bitter stellt daher für ehrenamtliche Katechetinnen und Katecheten drei Qualitätsstandards auf, die denen der deutschen Bischöfe sehr ähneln:
- Bereitschaft zum Lebens- und Glaubenszeugnis
- Lebens- und Glaubenskompetenz
- gelebte Kirchengemeinschaft.

[1336] Beispielhaft kommt dies zum Ausdruck bei *Johannes Spölgen*, Ehrenamtliche Katechetinnen und Katecheten, in: LKat 14 (1992), 46–49, und bei *Emeis*, Grundriß, 86–88.

[1337] Vgl. *Lutz*, Perspektiven, 249; ders., Katechese, 307; ders., Gemeindekatechese, 436; *Strifler*, Mitarbeiter, 52.

[1338] Vgl. *Strifler*, Mitarbeiter, 52.

5. Inhaltliche Profilierung der Sakramentenkatechese

Die Förderung der ehrenamtlichen Katecheten besteht zunächst in der inhaltlichen Auseinandersetzung mit den vier Hauptstücken der Katechese, die in ihrer Bedeutung für das eigene Leben erschlossen werden müssen. Dabei werden sich sicher auch bei kirchlich engagierten Katecheten Fragen zum persönlichen Glaubensleben ergeben, die einer intensiven Bearbeitung bedürfen. Wie der Rückgang der Beichtpraxis zeigt, wird sich gerade in diesem Bereich die Notwendigkeit ergeben, hier ehrenamtliche Katecheten wieder an das Bußsakrament heranzuführen. Darüber hinaus sind die ehrenamtlichen Katechetinnen und Katecheten mit den Grundlagen der kindlichen Entwicklung und der Didaktik vertraut zu machen. Ein fester katechetischer Kreis, der durch eine sorgfältige Auswahl und Ausbildung aus der Mitte der Gemeinde erwächst, kann zu einer Brücke zwischen Erstkommunionkindern, Eltern und Gemeinde werden. Das hohe Ideal der Gemeindekatechese, die die Gemeinde als eigentliches Subjekt der Katechese ansah und sich durch den Einsatz von ehrenamtlichen Katechetinnen und Katecheten eine Weiterentwicklung von der „versorgten" zur „sorgenden" Gemeinde versprach, kann so verwirklicht werden.[1339]

Fur die Väter und Mütter, die in der Katechese mitarbeiten möchten, aber nicht die notwendigen Qualifikationen zur Übernahme des katechetischen Dienstes besitzen, sollten andere Möglichkeiten der Beteiligung eröffnet werden. Bei vielen Eltern findet sich eine Bereitschaft zur Mitarbeit, die mehr von der Sorge um das eigene Kind und dem Wunsch, sich sozial zu engagieren, motiviert ist als vom Willen und Vermögen, ein ernsthaftes Zeugnis christlicher Lebensweise zu geben.[1340] Hier sind vor allem Formen der Mithilfe möglich, die sich auf rein pädagogische oder organisatorische Aufgaben beziehen. Auch ein Modell, das die Leitung einer Kindergruppe einem erfahrenen Katecheten und einem kaum kirchlich gebundenen Elternteil anvertraut, kann ein Weg sein, den Wunsch von Eltern nach Mitarbeit nicht einfach schroff abzuweisen. Ein solches Modell bedarf allerdings einer sehr genauen Absprache, was die jeweilige Rolle und die Kompetenzen der ehrenamtlichen Katecheten und der helfenden Eltern betrifft: Der ehrenamtliche Katechet hat aufgrund der genannten Qualifikationen die Leitungsrolle inne und ist hauptverantwortlich für die Durchführung der Katechese.

Die Befragung im Dekanat Bad Kreuznach hat gezeigt, dass 79,9% der Befragten die Erstkommunionvorbereitung nicht als hauptsächliche Aufgabe der Eltern ansehen. Diese Passivität der Eltern in der Erstkommunionkatechese versucht der familienkatechetische Ansatz von Biesinger zu überwinden.[1341] Eine Pilotstudie des Lehrstuhls für Religionspädagogik belegt die Förderung der religi-

---

[1339] Eine gute Darstellung der Erwartungen der Gemeindekatechese in Bezug auf die Entwicklung der Gemeinden findet sich bei *Andreas Wollbold*, Kirche als Wahlheimat. Beitrag zu einer Antwort auf die Zeichen der Zeit (= SThPS 32), Würzburg 1998, 367–369.
[1340] Vgl. *Garhammer*, Gespräch, 32.
[1341] S.o. 96–99.

5.3 Praktische Konsequenzen für die Eucharistiekatechese

ösen Kommunikation in den Familien durch das familienkatechetische Modell.[1342] Eine inhaltsorientierte Katechese kann allerdings die Eucharistiekatechese nicht hauptsächlich den Eltern überlassen, weil dann die systematische Vermittlung von Inhalten völlig hinter die Förderung der religiösen Kommunikation in den Familien zurücktritt.[1343] Dennoch stellen die Elterngespräche, die die religiöse Kompetenz und Sprachfähigkeit der Eltern stärken und zur Glaubenskommunikation mit den eigenen Kindern ermutigen wollen, eine wichtige Anregung für die Sakramentenkatechese dar. Biesinger ist zuzustimmen, wenn er darauf verweist, dass es nicht sinnvoll ist, nur die religiöse Kompetenz der Kinder in der Eucharistiekatechese zu fördern, ohne die Familiensysteme, in denen diese Kinder leben und die ihren Alltag entscheidend prägen, im Blick zu haben.[1344] Die systematische Einführung der Kinder in den Glauben wird umso nachhaltiger sein, je mehr es gelingt, auch die religiöse Kompetenz der Eltern zu fördern. Darum haben die deutschen Bischöfe die Erwachsenenkatechese auch zu einem Schwerpunkt der katechetischen Arbeit der nächsten Jahre gemacht.[1345]

Indem die Eucharistiekatechese, die sich an den vier Hauptstücken orientiert, die Mitfeier der Liturgie, insbesondere die Feier der Sonntagsmesse, als wesentliches Element in den Mittelpunkt stellt, eröffnet sie den Eltern neue Zugangsmöglichkeiten zum kirchlichen Leben und Glauben, wenn sie ihre Kinder regelmäßig begleiten. Schon beim ersten Elternabend empfiehlt es sich, darauf hinzuweisen, dass die gemeinsame Mitfeier der Sonntagsmesse Eltern und Kindern die Chance bietet, den Glauben erneut ins Gespräch zu bringen. Als Anregung aus der Familienkatechese werden darüber hinaus monatliche katechetische Treffen für die Eltern der Erstkommunionkinder angeboten. Dies stellt für die Pfarrer und hauptamtlichen Seelsorgerinnen und Seelsorger keine zu große Belastung dar, zumal auch ehrenamtliche Katechetinnen und Katecheten in die Vorbereitung und Durchführung dieser Treffen miteinbezogen werden können. Folgende Themen bieten sich für diese Elterntreffen an:
– Die Bedeutung der Taufe – Grundlage des christlichen Lebens.
– Einführung in die Feier der Heiligen Messe – Mein Verhältnis zur sonntäglichen Eucharistiefeier.

[1342] Vgl. *Biesinger / Gaus / Stroezel*, Erstkommunion, 80–94.
[1343] S.o. 101–102. Dies wird auch in den neueren Veröffentlichungen Biesingers zum Thema Familienkatechese deutlich: „Dabei begeben sich Menschen mit ihren Kindern und anderen auf einen gemeinsamen religiösen Lernweg, indem sie sich gegenseitig den Glauben weitergeben, soweit sie in ihn eingedrungen sind. Ziel ist es, wegzukommen von einer ‚Du-sollst-Katechese' hin zu einer ‚Wie-du-es-kannst-Katechese'" (*Biesinger / Gaus / Stroezel*, Erstkommunion, 78).
[1344] Vgl. *Biesinger / Gaus / Stroezel*, Erstkommunion, 76–77.
[1345] Vgl. Katechese in veränderter Zeit, 18.

– Das Glaubensbekenntnis der Kirche – Welche Aussagen sind mir darin besonders wichtig?
– Das Vaterunser – Schule des Betens. Wie kann ich beten?
– Die Zehn Gebote – Regeln für mein alltägliches Leben?!
– Mein Verhältnis zur Beichte – Neue Zugänge zum Sakrament der Buße.

Die Formulierung der einzelnen Themen zeigt, dass es bei diesen Elterntreffen nicht nur um die Vermittlung von Glaubenswissen geht, sondern der persönliche Austausch der Eltern in kleinen Gesprächgruppen angestrebt wird. Am Anfang eines solchen Treffens steht eine 20–30minütige Katechese. Anschließend wird in Kleingruppen Raum zur Diskussion gelassen, um die Sprachfähigkeit in Glaubensfragen und die Reifung des eigenen Glaubens zu fördern. Dabei sollte in diesen Kleingruppen zum Abschluss immer überlegt werden, welche konkreten Schritte Eltern und Kinder gemeinsam in Bezug auf das besprochene Thema gehen können. Mit dieser konkreten Zielsetzung wird verhindert, dass es nur zu einem unverbindlichen Austausch der eigenen Glaubenseinsichten kommt, sondern die Glaubenspraxis in den Familien erneuert wird.

Für die Eucharistiekatechese, die sich an den vier Hauptstücken der Katechese orientiert, ergibt sich in Bezug auf die Akteure folgende Aufgabenverteilung:
– Pfarrer und zugeordnete Priester: Der Pfarrer und andere in der Pfarrei tätige Priester sind aktiv als Katecheten für Kinder und Eltern an der Eucharistiekatechese beteiligt und nehmen diese Aufgabe vor allem in der Liturgie wahr. Sie nehmen teil an der Begleitung der ehrenamtlichen Katechetinnen und Katecheten und der Durchführung der Elterntreffen, ohne jedoch unbedingt für diese Bereiche die Hauptverantwortung übernehmen zu müssen.
– Hauptamtliche Seelsorgerinnen und Seelsorger: Ihre Aufgabe besteht hauptsächlich in der Begleitung der ehrenamtlichen Katechetinnen und Katecheten sowie der Durchführung und Organisation der Elterntreffen. Dabei sollten sie auch selbst als Katecheten, vor allem in der Elternarbeit, tätig werden.
– Ehrenamtliche Katechetinnen und Katecheten: Wie in der Gemeindekatechese bleibt die Hauptaufgabe dieser Gruppe die Durchführung der Katechese in kleinen Gruppen, wobei dieses Element der Eucharistiekatechese zugunsten der Mitfeier der Liturgie eine Reduzierung erfährt. Ehrenamtliche Katechetinnen und Katecheten können in die Elternarbeit mit einbezogen werden, indem sie die Leitung von kleinen Gesprächsgruppen übernehmen. Die ehrenamtlichen Katechetinnen und Katecheten sollten einen festen Kreis bilden, da eine inhaltsorientierte Katechese ein authentisches Glaubenszeugnis verlangt. Eine regelmäßige Teilnahme an der sonntäglichen Eucharistiefeier und ein gelebter kirchlicher Glaube sind die notwendigen Voraussetzungen für die ehrenamtliche Mitarbeit als Katechet oder Katechetin.
– Die Eltern haben als wesentliche katechetische Aufgabe die aktive Begleitung der Erstkommunionvorbereitung ihrer Kinder durch den Besuch der Gottes-

dienste, die religiöse Praxis in den Familien und das Gespräch über den Glauben mit ihren Kindern. Dazu sollen die angebotenen Elterntreffen eine Hilfe sein. Darüber hinaus können alle Eltern auch einfache organisatorische oder pädagogische Aufgaben übernehmen.

5.3.5 Die Gestaltung der Festmesse am Weißen Sonntag

Die Feier des Weißen Sonntags[1346] stellt den Abschluss der Eucharistiekatechese dar. Die Befragung im Dekanat Bad Kreuznach hat gezeigt, dass dieser Tag als „Fest des Glaubens" (93,4% Zustimmung) und als „Fest der Kinder" (92,2% Zustimmung) betrachtet wird, aber seine Bedeutung für das Leben einer Pfarrgemeinde aus dem Blick gerät: Für 47,8% der Befragten ist der Weiße Sonntag nicht ein „Fest der Pfarrgemeinde".[1347] Die Feier der Erstkommunion ist für die meisten Eltern ein Ritual der Familienreligiosität, bei der nicht die kirchliche Bindung, sondern die Sinnstiftung für die eigene Familie im Vordergrund steht.[1348] Diese Verengung der kirchlichen Rituale auf die Relevanz für die eigene Biographie wird nicht als defizitär erlebt, sondern als vollwertige Zugehörigkeit zur kirchlichen Gemeinschaft eingeschätzt.[1349]

Die Feier des Weißen Sonntags bündelt somit alle Schwierigkeiten und gegensätzlichen Erwartungen, die mit dem hier dargestellten Konzept einer Eucharistiekatechese, die sich an den vier Hauptstücken der Katechese ausrichtet, verbunden sind. Ein Grundprinzip der inhaltsorientierten Katechese muss es sein, dass die „kasualienfrommen" und „familienreligiösen" Zugänge vieler Eltern zur Erstkommunion weder rigoristisch abgewertet noch zum bestimmenden Maßstab der Katechese gemacht werden. Von Seiten der Inhalte erfolgt immer ein Brücken-

---

[1346] Der Begriff „Weißer Sonntag", der der klassische Name für den zweiten Sonntag der Osterzeit ist, wird vom Autor in dieser Arbeit generell als Bezeichnung für den Tag der Erstkommunionfeier verwendet, auch wenn diese in vielen Pfarreien nicht mehr am zweiten Sonntag der Osterzeit stattfindet, sondern an einem anderen Sonntag oder sogar am Ostermontag oder an Christi Himmelfahrt. Der Autor dieser Arbeit wählt die volkstümliche Begriffsbezeichnung „Weißer Sonntag" in dieser Studie, um bei der Durchführung der Befragung im Dekanat Bad Kreuznach gerade bei kirchenfernen Familien keine unnötigen fachsprachlichen Barrieren aufzubauen.

[1347] S.o. 188.

[1348] S.o. 195–196.

[1349] „Die ‚Kasualienfrommen' fühlen sich mit ihrer Orientierung völlig ‚normal'. Sie deuten sich selbst nicht unter den Kategorien einer Erosion des Kirchlichen oder eines Defizits an Wissen um Glaube und Kirche. Was aus der Perspektive manch kirchlicher und religionssoziologischer „Expert/inn/en" vielleicht eher inhaltsarm anmutet und im Lichte seltener Beteiligung am kirchlichen Leben als Desinteresse interpretiert wird, ist aus der Binnenperspektive der „Kasualienfrommen" ein ernsthafter Entwurf, der tief in die existentielle Welt- und Lebensdeutung hineinreicht" (*Först*, Unbekannte Mehrheit, 49–50).

schlag zu den beschriebenen Erwartungen und Vorstellungen der Eltern, um zu einer Weitung des Verständnisses zu führen. Die rein „kasualienfromme" Sichtweise der Erstkommunion wird daher nicht einfach als ‚mangelhaft' gebrandmarkt, sondern es werden Verbindungen zu den kirchlichen Erwartungen und Vorgaben bezüglich der Erstkommunionvorbereitung gesucht. Dieses Prinzip des Respekts vor der Religiosität der Eltern bei gleichzeitigem Vorrang der inhaltlichen Vorgaben einer systematischen Katechese muss sich auch in der Feier des Weißen Sonntags widerspiegeln. Für die Gestaltung des Weißen Sonntags sind daher zwei Aspekte bestimmend: Die Erstkommunion muss als biographierelevantes Familienfest und als Sonntagsgottesdienst der Gemeinde erlebbar sein. Der Schwerpunkt liegt in Konfliktfällen auf dem zweiten Aspekt, weil sich die Katechese in erster Linie dem Inhalt, hier also der Liturgie der Kirche, verpflichtet weiß.

Dies hat zunächst Konsequenzen für den äußeren Rahmen der Heiligen Messe am Tag der Erstkommunion. Die Festmesse am Weißen Sonntag muss als Gemeindegottesdienst erfahrbar sein: Er findet Sonntagvormittag am besten zu der in der Pfarrei üblichen Zeit statt. Die allgemein üblichen Platzreservierungen für die Familien der Erstkommunionkinder sind möglichst gering zu halten und auf den engsten Familienkreis zu begrenzen. Die Gemeinde wird gezielt eingeladen, an diesem Festgottesdienst teilzunehmen. Es gilt, in den Pfarrgemeinden wieder den Sinn dafür zu wecken, dass der Weiße Sonntag nicht nur ein Festgottesdienst für die Familien der Erstkommunionkinder, sondern die Feier der Aufnahme in die sonntägliche Eucharistiegemeinschaft ist. Die Menschen, die sich Sonntag für Sonntag in einer Pfarrei zur Eucharistiefeier versammeln, müssen daher gerade am Weißen Sonntag einen Platz in der Festgemeinde einnehmen. Dies entspricht dem großen Stellenwert, den die Gottesdienst feiernden Gemeinde in der inhaltsorientierten Eucharistiekatechese hat.

Bei den übrigen äußeren Gestaltungsfragen des Weißen Sonntags sollte „familienreligiösen" Erwartungen der Eltern entgegengekommen werden. Den Eltern muss die Möglichkeit gelassen werden, in der Wahl der festlichen Kleidung ihren Vorstellungen von einem Familienfest, an dem sie in besonderer Weise ihr Kind „erleben" möchten, Ausdruck zu geben. Auch der Wunsch der Familien, den Festgottesdienst mit Hilfe von Fotos und Filmen als wichtiges Ereignis der ‚Familiengeschichte' festzuhalten, darf vom Gesichtspunkt der „Kasualienfrömmigkeit" und „Familienreligiosität" nicht völlig negativ betrachtet werden. Hier gilt es Absprachen zu treffen, die die Würde der Eucharistiefeier respektieren und sie nicht zu einem ‚Medienereignis' verkommen lassen, gleichzeitig aber dem Bedürfnis der Eltern und Kinder nach Erinnerungsmöglichkeiten an dieses wichtige Ereignis im eigenen Lebenslauf Rechnung tragen.

Bei der inhaltlichen Gestaltung der Eucharistiefeier steht die Liturgie der Eucharistiefeier im Vordergrund und betont die Elemente, die in der Eucharistieka-

5.3 Praktische Konsequenzen für die Eucharistiekatechese

techese von Bedeutung waren. Wie die ganze Erstkommunionvorbereitung der Verbindung von Katechese und Liturgie ein neues Gewicht gegeben hat, so muss auch die Feier der Erstkommunion selbst versuchen, den inneren Gehalt der Zeichen und Riten dieser Feier mystagogisch zu erschließen. Die Feier der Erstkommunion am Weißen Sonntag unter ein besonderes Thema zu stellen und dafür auf ein Symbol zurückzugreifen, ist nicht notwendig.[1350] Der Gottesdienst gewinnt seine Festlichkeit dadurch, dass der Einzug der Kinder in die Kirche, das Entzünden der Kerzen, das Glaubenbekenntnis, die Gabenprozession, das Vaterunser und der Empfang der Erstkommunion als besondere Elemente hervorgehoben werden. Hier besteht die Möglichkeit, die Erstkommunionkinder in besonderer Weise am Gottesdienst zu beteiligen und so dem „familienreligiösen" Wunsch der Eltern nach dem Erleben des eigenen Kindes im Gottesdienst zu entsprechen. Weitere Symbole oder Zeichen überdecken nur das Eigentliche, nämlich die volle Gemeinschaft der Kinder an der Eucharistiefeier und den Empfang der Heiligen Kommunion, die an diesem Tag im Mittelpunkt stehen.

Der Verzicht auf die besondere Gestaltung des Erstkommuniongottesdienstes mit einem Thema oder einem Symbol wird sicherlich von Eltern und Katecheten zunächst kritisch betrachtet werden, da eine breite Zustimmung zu dieser Praxis vorliegt.[1351] Symbole und thematische Gestaltungselemente gelten als kindgerecht und leicht zu vermitteln. Der kirchlichen Liturgie und den biblischen Texten wird unterstellt, dem Anliegen, den Weiße Sonntag zum „Fest der Kinder" zu machen, nicht gerecht zu werden. Eine an den „vier Hauptstücken" orientierte Eucharistiekatechese muss hier korrigierend eingreifen und die klärende Auseinandersetzung mit Eltern und Katecheten suchen. Aufgrund der inhaltlichen Konzeption des Kurses und der Elternarbeit dürften aber alle an der Erstkommunion Beteiligten für den Wert der Liturgie sensibilisiert sein. Es gilt, deutlich zu machen, dass der Ablauf der Eucharistiefeier auch ohne zusätzliche Symbole, katechetische Anspiele und erklärende Texte genügend Möglichkeiten bereit- hält, den Gottesdienst festlich und kindgerecht zu gestalten. Dies soll anhand der Elemente aufgezeigt werden, die in einem engen Bezug zu der hier dargestellten Eucharistiekatechese stehen.

Der feierliche Einzug der Erstkommunionkinder bietet eine Fülle von Möglichkeiten zur mystagogischen Gestaltung, die vor allem die Verbindung zwischen Erstkommunion und Taufe sichtbar machen können. Durch das Taufgedächtnis am Beginn des Festgottesdienstes wird den Kindern und der ganzen Gemeinde deutlich, dass die Erstkommunion die Fortsetzung des Weges ist, der mit der Taufe begonnen wurde. Die Erstkommunionkinder können an dieser Stelle auch ihr

---

[1350] Eine Kritik dieser Praxis findet sich bei *Norbert Bauer*, Leuchtturm Jesus? Gegen eine Überfrachtung der Erstkommunion mit Symbolen, in: Gd 40 (2006), 4–5.
[1351] S.o. 193.

Taufbekenntnis erneuern, wodurch das Element des Apostolischen Glaubensbekenntnisses aus der Eucharistiekatechese aufgegriffen wird. Durch das eigenständige Entzünden der Erstkommunionkerzen an der Osterkerze kann dieser Bezug zur Taufe noch verstärkt werden. So wird der Einzug der Kommunionkinder zum Bild für das Hineingehen und das Hineingenommenwerden in eine immer engere Lebensgemeinschaft mit Jesus Christus und seiner Kirche, die das ganze Leben prägt.

Bei den Fürbitten und der Gabenbereitung in Form einer Gabenprozession können viele Kinder aktiv an der Gestaltung der Heiligen Messe beteiligt werden. Diese Elemente werden daher genutzt, um den „familienreligiösen" Wunsch der Eltern nach Präsentation des eigenen Kindes zu erfüllen. Eine kurze Einleitung kann helfen, den tieferen Sinn der Gabenbereitung mit den Kindern zu erschließen: Sie ist ein Bild für die innere Bereitung des Herzens auf die Begegnung mit Jesus Christus. Die Kinder bringen die liturgischen Gefäße und Gaben zum Altar und zeigen damit, dass sie sich auch selbst ganz hineingeben in das Geschehen der Heiligen Messe und die frohe Erwartung haben, diese Gaben später als Leib und Blut des Herrn zu empfangen.[1352]

Das Vaterunser als wesentliches Element der Eucharistiekatechese kann dadurch hervorgehoben werden, dass die Erstkommunionkinder bei diesem Gebet die Orantenhaltung einnehmen, was so bereits vorher in der sonntäglichen Messe eingeübt werden kann. Die Orantenhaltung ist ein schöner Ausdruck für die Bereitschaft der Kinder, offen zu sein für Gott und den Empfang der eucharistischen Gaben. Besser als eine aufwendige ‚Choreographie' von Gesten können die ausgebreiteten Arme und offenen Hände den Sinn des Vaterunsers als „Tischgebet" vor dem Kommunionempfang deutlich machen.

Der erste Empfang der heiligen Kommunion wird in vielen Gemeinden als gemeinschaftlicher Empfang aller Erstkommunionkinder gestaltet: Der Priester reicht allen zuerst den Leib des Herrn, bevor sie gemeinschaftlich kommunizieren. Bei dieser Form des Kommunionempfangs wird der gemeinschaftliche Mahlcharakter betont, während die individuelle Gemeinschaft mit Jesus Christus in den Hintergrund tritt. Es besteht die Gefahr, dass der Empfang der Eucharistie anthropologisch verkürzt wird, als ob es nur um die Gemeinschaft ginge, die wir Menschen selber schaffen. Der Empfang der Heiligen Kommunion bedeutet jedoch, dass Gott auf einmalige Weise in meine höchst eigene Lebenswirklichkeit kommt

---

[1352] „Zu Beginn der Gabenbereitung bringen die Gläubigen in einer Prozession Brot und Wein zum Altar und legen sie in die Hände des Priesters. Sie bringen damit ihre Bereitschaft zum Ausdruck, sich ganz in das Opfer Christi hineinzubegeben. Mit Jesus werden sie aufgrund ihres Glaubens und der Taufe zu einer Schicksalsgemeinschaft mit seinem Leiden und seiner Auferstehung. Sie erwarten die Anteilgabe an Jesu Gemeinschaft mit dem Vater im Empfang der eucharistischen Gaben" (*Gerhard Ludwig Müller*, Die Messe. Quelle christlichen Lebens, Augsburg 2002, 130).

5.3 Praktische Konsequenzen für die Eucharistiekatechese

und so an mir handelt, dass ich Teil der großen Gemeinschaft des Leibes Christi, nämlich der Kirche, werde.[1353] Die Eucharistiekatechese, die sich an den vier Hauptstücken der Katechese ausrichtet, wird die Theozentrik und Christozentrik des ersten Empfangs der Heiligen Kommunion betonen. In der Festmesse am Weißen Sonntag wird die personale Gemeinschaft des einzelnen Kindes mit Jesus Christus im Vordergrund stehen: Einzeln oder in ihren katechetischen Kleingruppen treten die Erstkommunionkinder zum Altar und empfangen die Heilige Kommunion. Jeder Eindruck von Hektik oder rascher Abfertigung sollte dabei vermieden werden.

Die hier skizzierte Gestaltung der Festmesse am Weißen Sonntag versteht sich als Modell, das so sicherlich nicht in allen Gemeinden durchzuführen ist. Vielmehr sollten hier beispielhaft die wesentlichen Aspekte verdeutlicht werden, die sich aufgrund einer inhaltsorientierten Katechese in der Feier der Erstkommunion widerspiegeln müssen:
- Bei der Feier des Weißen Sonntags hat die Liturgie den Vorrang vor symboldidaktischen oder thematischen Gestaltungsversuchen.
- Die „familienreligiösen" und „kasualienfrommen" Vorstellungen bezüglich der Festmesse werden berücksichtigt, soweit sie sich mit der Liturgie der Eucharistiefeier verbinden lassen, um das „volkskirchliche Erbe" zu pflegen.
- Die Elemente der Eucharistiekatechese fließen in die Gestaltung der Festmesse mit ein.
- Das Handeln Gottes an den Menschen in den Sakramenten wird betont, also hier die Begegnung der Erstkommunionkinder mit Jesus Christus in der Eucharistie.

Die Feier des Weißen Sonntag bündelt somit die wesentlichen Aspekte der Erstkommunionvorbereitung und macht noch einmal sichtbar, dass die Feier der Erstkommunion zu einer grundlegenden Prägung des Lebens durch die Gemeinschaft mit Jesus Christus führen möchte.

[1353] „Der Mensch kommuniziert in personaler Gemeinschaft mit Gottes Leben. Gottes Liebeswillen kommt ihm entgegen. Gottes Liebe erreicht den Menschen als Heil dann, wenn der Mensch ihm mit dem ganzen Willen seiner Liebe antwortet." (*Müller*, Messe, 153).

6 Resümee

6.1 Zusammenfassung der Ergebnisse

Mit dem Modell einer Eucharistiekatechese auf der Grundlage der vier Hauptstücke der Katechese wurde der Versuch unternommen, die biblischen und kirchlichen Traditionen bezüglich der Katechese für die heutige kirchliche Situation in Deutschland fruchtbar zu machen. Ausgangspunkt für diese Überlegungen war zunächst der Blick auf die römischen Dokumente und ihr Katecheseverständnis.

Im ersten Kapitel dieser Studie wurde aufgezeigt, dass in den nachkonziliaren römischen Dokumenten vom *Allgemeinen katechetischen Direktorium* aus dem Jahr 1971 bis zu dem 1997 erschienenen *Allgemeinen Direktorium für die Katechese* ein einheitlicher Katechesebegriff verwendet wird, der unter Katechese die systematische, strukturierte und grundlegende Einführung in die wesentlichen Inhalte und Vollzüge des Glaubens versteht.[1354] Die Katechese ist der elementare Glaubensunterricht, der die Erstverkündigung des Glaubens und dessen Annahme voraussetzt. 1975 betrachtet Papst Paul VI. in *Evangelii nuntiandi* die Katechese als eine Stufe im Evangelisierungsprozess, die sich in besonderer Weise der inhaltlichen Vermittlung des Glaubenswissens verpflichtet weiß.[1355] Im Schreiben *Catechesi tradendae* von Papst Johannes Paul II. erfolgt 1979 eine ganz klare Unterscheidung zwischen Erstverkündigung und Katechese, die ihre je eigene Aufgabe im umfassenden Prozess der Evangelisierung haben.[1356] In den römischen Dokumenten findet somit eine klare begriffliche Trennung zwischen ‚Evangelisierung', ‚Erstverkündigung' und ‚Katechese' statt. Der Begriff der Katechese wird in den römischen Dokumenten eng gefasst und klar definiert: Die Katechese hat immer einen inhaltlichen Schwerpunkt, der das gesamte Glaubensgut umfasst, alle didaktisch-methodischen Überlegungen bestimmt, und dem systematischen Erlernen des Glaubens dient. Die römischen Dokumente blenden die notwendige Verbindung von Glauben und menschlicher Erfahrung nicht aus, sehen aber nur in der vollständigen Vermittlung der wesentlichen Glaubensinhalte die Möglichkeit zu einer echten Glaubenserfahrung gewährleistet.[1357] Sie plädieren für die Entwicklung einer „genuinen Glaubenspädagogik", die diesem Verhältnis von objektivem Glaubensinhalt und subjektiver menschlicher Erfahrung Rech-

---

[1354] S.o. 56–57.
[1355] S.o. 27–35.
[1356] S.o. 36–46.
[1357] S.o. 23–24.

nung trägt.¹³⁵⁸ Ein Mangel der römischen Dokumente besteht darin, dass sie zu sehr auf die Vollständigkeit der Inhalte bedacht sind und zu wenig hervorheben, worin das wesentliche Glaubenswissen besteht.¹³⁵⁹

Im zweiten Kapitel dieser Studie wurde die katechetische Entwicklung in Deutschland seit der Würzburger Synode (1971–1975) dargestellt. Die katechetische Entwicklung in Deutschland im Zuge der Würzburger Synode weist zwei gravierende Unterschiede zu den römischen Dokumenten auf: die Begriffe ‚Evangelisierung', ‚Erstverkündigung' sowie ‚Katechese' werden nicht klar voneinander abgegrenzt, so dass Evangelisierung zum Synonym für Katechese wird und die anthropologische Ausrichtung der Katechese zum Vorrang der menschlichen Erfahrung gegenüber dem kirchlich überlieferten Glaubenswissen führt.¹³⁶⁰ Das Arbeitspapier *Das katechetische Wirken der Kirche* von 1973 definiert das Ziel der Katechese in Bezug auf den Glaubensschüler folgendermaßen: „Das oberste Ziel des katechetischen Wirkens besteht darin, dass sein Leben gelingt, indem er auf den Zuspruch und den Anspruch Gottes eingeht."¹³⁶¹ Damit werden die Inhalte der Katechese in bewusste Abhängigkeit zur Lebenssituation gebracht und eine strikt anthropologische Ausrichtung der Katechese wird eingeleitet.¹³⁶² Die Korrelationsdidaktik wird aufgrund dieser Zielsetzung zur theoretischen Grundlage vieler sakramentenkatechetischer Modelle mit Kindern und Jugendlichen, da sie besonders geeignet erscheint, eine Verbindung von Lebenswelt und Glaubenswelt herzustellen.¹³⁶³ Die Hoffnung, die man mit der anthropologischen Wende der Gemeindekatechese¹³⁶⁴ für eine Verlebendigung des Glaubens in den Gemeinden verband, erfüllte sich jedoch nicht, sondern wich der Ernüchterung. *„Gemeindekatechese an ihren Grenzen?"*¹³⁶⁵, lautet schon 1992 die Frage, die sich im Hinblick auf die katechetische Entwicklung in Deutschland stellte. Die Reformversuche in den folgenden Jahren führten zu einer Weiterentwicklung der Ansätze der Würzburger Synode, die zu einer völlig einseitigen Konzentration auf den Bereich der menschlichen Erfahrung führt und die Rückbindung der anthropologisch ausgerichteten Katechese an die kirchliche Glaubensüberlieferung nahezu vollständig aufgibt: Katechese wird so zur Erstverkündigung und sieht in der

---

[1358] S.o. 41.
[1359] S.o. 56.
[1360] S.o. 114–118.
[1361] *Arbeitspapier: Katechetisches Wirken*, 41. S.o. 58–67.
[1362] „Die inhaltliche Komponente tritt gegenüber der anthropologischen Fokussierung zwangsläufig in den Hintergrund; maßgeblich für die Ausgestaltung von Inhalten ist demnach nicht das Prinzip der ‚Vollständigkeit', sondern der Gebundenheit an den personalen Kontext" (*Scheuchenpflug*, Katechese, 373). S.o. 67.
[1363] S.o. 62–63.
[1364] S.o. 70–82.
[1365] Vgl. *DKV*, Gemeindekatechese, 368–374.

Begleitung der Glaubensschüler auf ihrem Lebensweg ihr eigentliches Ziel.[1366] Erst mit dem Schreiben der deutschen Bischöfe *Katechese in veränderter Zeit* von 2004 wird der zaghafte Versuch unternommen, die Inhalte der Katechese neu zu betonen, ohne diese Orientierung an den Inhalten jedoch zum tragenden Prinzip des Schreibens zu machen.[1367]

Vom Autor dieser Studie wurde dargelegt, dass der enggefasste, inhaltsorientierte, römische Katechesebegriff eine wichtige Korrektur des weitgefassten, gänzlich an der menschlichen Erfahrung orientierten, deutschen Katechesebegriffs darstellt, um der Sakramentenkatechese mit Kindern und Jugendlichen eine neue inhaltliche Ausrichtung zu geben.[1368] Allerdings gilt es auch, die deutsche Kritik zu berücksichtigen, dass das Kriterium der Vollständigkeit der Glaubensinhalte zu weit gefasst ist, um eine praktische Umsetzung unter den Gegebenheiten der deutschen Kirche zu ermöglichen.

Das dritte Kapitel dieser Studie stellte die theoretische Grundlegung und die Ergebnisse einer Befragung zur Eucharistiekatechese dar, die im März 2005 im Dekanat Bad Kreuznach durchgeführt wurde, um nicht nur rein theoretisch die Notwendigkeit einer inhaltlichen Neuausrichtung der Sakramentenkatechese mit Kindern und Jugendlichen aufzuzeigen und einen Einblick in die konkrete gegenwärtige katechetische Situation zu erhalten. Vier wichtige Ergebnisse können aus dieser Befragung festgehalten werden:[1369]

– Die „Kundenperspektive" ist beherrschend für die Sichtweise auf die Erstkommunion. Gesucht wird von vielen Eltern nicht der kirchliche Glaube, sondern die Befriedigung der eigenen „Familienreligiosität", die der Familie Stabilität, Geborgenheit und Heiligung des Alltags gewährt.[1370]
– Glaubensinhalte und die liturgischen Vollzüge des Glaubens werden von der Mehrheit der Befragten in der Erstkommunionvorbereitung als zweitrangig betrachtet, wenn auch eine relativ große Minderheit von 20 – 30% diese Aspekte für sehr wichtig hält. Insbesondere die Mitfeier der Sonntagsmesse wird nicht als wesentlicher Bestandteil der Eucharistiekatechese wahrgenommen.[1371]
– Die soziale Dimension der Erstkommunionvorbereitung wird dagegen sehr betont, so dass ‚gute Gemeinschaft' zum wichtigsten Leitbegriff für die Eucharistiekatechese wird. Die kleine katechetische Gruppe mit ihren wöchentlichen Treffen wird zum Inbegriff der Vorbereitung auf die Erstkommunion, weil hier besonders intensiv Geborgenheit und soziale Gemeinschaft erfahren wird.[1372]

[1366] S.o. 90–96.
[1367] S.o. 106–114.
[1368] S.o. 117–118.
[1369] S.o. 198–201.
[1370] S.o. 195 u. 191–196.
[1371] S.o. 169 u. 171.
[1372] S.o. 169 u. 166–171.

Alles, was für die Vermittlung dieser sozialen und emotionalen Werte als störend betrachtet wird, insbesondere schulische Lernformen und Leistungsdruck, wird im Rahmen der Eucharistiekatechese abgelehnt.[1373]
- Die momentane Form der Erstkommunionvorbereitung findet bei den Befragten im Dekanat Bad Kreuznach ein hohes Maß an Zustimmung. Fast 90% sind in Bezug auf Inhalt und Methode mit der Eucharistiekatechese zufrieden.[1374] Die Sakramentenkatechese wird von der überwältigenden Mehrheit keineswegs als defizitär erlebt, sondern entspricht den „familienreligiösen" und „kasualienfrommen" Erwartungen.[1375]

Die Befragung im Dekanat Bad Kreuznach zeigt die Notwendigkeit einer inhaltlichen Profilierung, wenn unter ‚Katechese' mehr zu verstehen ist als eine unverbindliche Erstverkündigung des Glaubens und man dem kirchlichen Sakramentenverständnis gerecht werden will. Sie macht aber auch sichtbar, dass eine inhaltsorientierte Katechese in einem Spannungsverhältnis zu „familienreligiösen" Erwartungen der Eltern und der hohen Akzeptanz der verbreiteten katechetischen Modelle steht.

Im vierten Kapitel dieser Studie wurde die Frage nach den inhaltlichen Mindestanforderungen an die Sakramentenkatechese mit Kindern und Jugendlichen im Blick auf die kirchenrechtlichen Vorgaben, die biblischen Grundprinzipien der Glaubensweitergabe und der inhaltlichen Ausprägung der Katechese in der kirchlichen Tradition beantwortet. Im ersten Teilabschnitt des vierten Kapitels wurde zunächst von kirchenrechtlicher Seite versucht, die Inhalte der Katechese zu bestimmen. Dabei zeigte sich, dass der CIC/1983 die Katechese mit Kindern und Jugendlichen als Einführung in die christliche Lebensweise versteht, die sich auf die Bereiche der Liturgie, des Gebetes, der sittlichen Lebensführung und der Glaubenslehre erstrecken muss.[1376] Eine inhaltliche Konkretisierung findet für die Firmkatechese durch die Nennung des Apostolischen Glaubensbekenntnisses statt.[1377] Für die Eucharistiekatechese erwähnt der CIC/1983 die Kenntnis des „mysterium Christi", den Ablauf der Eucharistiefeier, die Verehrung der Eucharistie und den Beichtunterricht als wesentliche Inhalte.[1378] Das Kirchenrecht lässt hinter seinen Formulierungen erkennen, dass es zwar die vier Hauptstücke der Katechese bei der Beschreibung der wesentlichen Inhalte im Blick hat, bleibt aber zu ungenau für eine direkte Ableitung der Inhalte der Sakramentenkatechese aus seinen Vorgaben.[1379]

[1373] S.o. 176–180.
[1374] S.o. 175 u. 179.
[1375] Zu diesem Ergebnis kommt auch *Först*, Unbekannte Mehrheit, 49–50.
[1376] S.o. 213–212.
[1377] S.o. 208–209.
[1378] S.o. 210–213.
[1379] S.o. 214.

Im zweiten Teilabschnitt des vierten Kapitels wurden die Grundprinzipien der Glaubensweitergabe in der Heiligen Schrift dargelegt. Für das Alte Testament konnte aufgezeigt werden, dass das religiöse Lernen von Kindern und Jugendlichen sich an festen, religiösen Traditionen, insbesondere an Texten der Tora, orientierte. Maßgebend für die alttestamentliche Überlieferung ist dabei die Konzeption des Lernens im Buch Deuteronomium.[1380] Hier wird grundgelegt, was die weisheitliche Konzeption in nach-exilischer Zeit weiter entfaltet.[1381] Wesentlich für die Entwicklung der christlichen Katechese sind dabei die prinzipielle Sichtweise des religiösen Lernens und die daraus folgenden methodischen Konsequenzen. Zum einen wird das religiöse Lernen als theonomer Prozess begriffen, in dem sich durch das Lernen und Verinnerlichen der Inhalte hindurch eine wirkliche Gottesbegegnung ereignet: Gott selbst wird dabei zum Lehrer des Gläubigen wird.[1382] Zum anderen wird das Glaubenswissen im Alten Testament nie als rein theoretische Größe betrachtet, sondern drängt zu praktischen Konsequenzen, die seine lebensverändernde und lebensprägende Kraft zum Vorschein bringen.[1383] Wenn Kohelet dem weisheitlichen Lernkonzept sehr kritisch gegenübersteht, weil er dessen liturgisches, quasi-sakramentales Verständnis des Erlernens der traditionellen Glaubenstexte ablehnt, bleibt doch auch bei ihm das religiöse Lernen traditionsgebunden und letztlich theonom bestimmt.[1384]

Die alttestamentlichen Grundprinzipien des religiösen Lernens erfahren im Neuen Testament ihre christliche Ausprägung, die für die Inhalte der Katechese von grundlegender Bedeutung sind. Zentrum der Katechese ist nun die Person Jesu Christi, der zum eigentlichen Lehrer wird, dem es nachzufolgen gilt.[1385] Während für Judenchristen eine weiterreichende Einführung in den Glauben nicht nötig war, war dagegen bei der Heidenmission ein umfassender katechetischer Unterricht geboten. Die Briefe des Apostels Paulus lassen erkennen, dass diese Katechese neben dem Bekenntnis zu Jesus Christus auch das monotheistische Bekenntnis zum Gott Israels sowie die grundlegenden Weisungen der Tora, wie sie die Zehn Gebote darstellen, beinhaltete.[1386] Es konnte gezeigt werden, dass für das Glaubensverständnis des Apostels Paulus die persönliche Glaubensbeziehung zu Jesus Christus im Vordergrund steht, die aber ein Mindestmaß an Wissen über die Person Jesu und seine soteriologische Bedeutung voraussetzt. In der paulinischen Konzeption des Glaubens bleibt die stark betonte subjektive Glaubenser-

---

[1380] S.o. 216–220.
[1381] S.o. 221–224.
[1382] S.o. 222–223.
[1383] S.o. 220.
[1384] S.o. 224–228.
[1385] S.o. 233–236.
[1386] S.o. 237–238.

fahrung abhängig von der Kenntnis objektiver Glaubensinhalte.[1387] Insgesamt lassen sich im Neuen Testament eine Fülle von Bekenntnisformeln finden, die alle christologisch geprägt sind. Vor allem die Glaubensformeln, die die heilsgeschichtlichen Ereignisse im Leben Jesu Christi zusammenfassen, hatten sicherlich schon eine katechetische Funktion.[1388] Die neutestamentlichen Zeugnisse zeigen somit eine eindeutige inhaltliche Ausrichtung der Katechese, die zur umfassenden Prägung des Lebens durch die heilsrelevante Kenntnis der Person Jesu Christi und seiner Botschaft hinführen will und die ethische Unterweisung miteinschließt.

Der dritte Teilabschnitt des vierten Kapitels zeichnete exemplarisch die Entstehung und Entwicklung der vier Hauptstücke der Katechese im Laufe der Kirchengeschichte nach, indem mit Augustinus, Thomas von Aquin, Robert Bellarmin und Joseph Ratzinger vier herausragende Theologen, die für die katechetische Entwicklung in ihrer Zeit maßgebend waren, ausgewählt wurden. Im vierten Jahrhundert n. Chr. sind die ethische Unterweisung, das Apostolische Glaubensbekenntnis, das Vaterunser und die mystagogische Katechese im Anschluss an den Empfang der Initiationssakramente die wesentlichen Elemente der Katechese.[1389] Auf dieser Grundlage entwickelt Augustinus zum ersten Mal in der Theologiegeschichte in seiner Schrift *Enchiridion ad Laurentium de fide, spe et caritate* eine theoretische Grundlegung über die wesentlichen Inhalte der Katechese. Im Glaubensbekenntnis sieht Augustinus eine kurze Zusammenfassung der gesamten Offenbarung und somit den grundlegenden Text zur Erlangung der theologischen Tugend des Glaubens.[1390] Das Vaterunser ist als Herrengebet für Augustinus Modell des christlichen Betens schlechthin und Ausdruck der theologischen Tugend der Hoffnung.[1391] Der Dekalog fasst die Gründzüge der christlichen Ethik zusammen, indem er das Doppelgebot der Liebe für das alltägliche Leben konkretisiert.[1392] Die Bedeutung der Sakramente für die Katechese arbeitet Augustinus im *Enchiridion ad Laurentium de fide, spe et caritate* nicht heraus. Aus zahlreichen Predigten zu den Initiationssakramenten, in denen er deren Bedeutung für das Christsein erschließt, wird aber deutlich, dass er sie als Mittel begreift, die Tugenden Glaube, Hoffnung und Liebe im Menschen zu begründen und zu festigen.[1393] Mit Augustinus beginnt eine Entwicklung, die dazu führt, dass das Apostolische Glaubensbekenntnis, das Vaterunser, die Zehn Gebote und die sieben Sakramente als die vier Hauptstücke der Katechese zur inhaltlichen Grundlage der Glaubensweitergabe werden.

[1387] S.o. 240.
[1388] S.o. 243–246.
[1389] S.o. 249–255.
[1390] S.o. 255–262.
[1391] S.o. 262–265.
[1392] S.o. 266–270.
[1393] S.o. 274.

In der Tradition Augustins stehend betrachtet Thomas von Aquin das Apostolische Glaubensbekenntnis, das Vaterunser und die Zehn Gebote als Zusammenfassung und maßgeblichen Ausdruck der drei theologischen Tugenden und die Sakramente als Werkzeuge, um diese Tugenden zu erlangen.[1394] Thomas von Aquin vertieft durch seine Überlegungen zum Glaubensverständnis und zur Notwendigkeit des expliziten Glaubens die systematische Begründung der vier Hauptstücke der Katechese. Für ihn ist der Glaube ein Verstandesakt und hat zunächst eine kognitive Ausrichtung. Das letzte Ziel dieses Verstandesaktes ist die Liebe zu Gott und zu dem Nächsten, so dass der Glaube in einem zutiefst personalen Akt seine Vollendung findet.[1395] Deshalb gibt es bei Thomas keinen Gegensatz zwischen „*fides quae*" und „*fides qua*", sondern beide bilden eine unauflösliche Einheit. Die vollendete Gottesbeziehung braucht gewisse Glaubensinhalte als Fundament. In diesem Sinn definiert Thomas von Aquin den für jeden Christen heilsnotwendigen Glauben durch die vier Hauptstücke der Katechese.[1396]

Robert Bellarmin ist in der systematischen Herleitung der vier Hauptstücke der Katechese von Augustinus und Thomas von Aquin abhängig: Er begründet die „vier Hauptstücke" mit den drei theologischen Tugenden und betont die Heilsnotwendigkeit ihrer Kenntnis.[1397] Bellarmin verbindet die Objektivität der Glaubensinhalte mit deren subjektiver Aneignung durch die Ausbildung der drei theologischen Tugenden im eigenen Leben. Das Glaubenswissen führt hin zur eigenen Glaubenserfahrung.[1398] Seine beiden Katechismen stellen für diese Zielsetzung eine noch heute beispielhafte katechetische Umsetzung der vier Hauptstücke der Katechese dar.[1399] Bellarmin gelingt es, mit leicht verständlichen Bildern und in einfacher Sprache das Grundwissen des Glaubens zu vermitteln, wobei seine Katechesen immer auf den Mitvollzug der Liturgie sowie der Sakramente und die praktische Gestaltung des alltäglichen Lebens ausgerichtet sind.

Für die heutige Zeit wurde mit Joseph Ratzinger ein Theologe dargestellt, der sich bereits in den siebziger Jahren des 20. Jahrhunderts, also unmittelbar nach dem Zweiten Vatikanischen Konzil, gegen eine anthropologische Engführung der Katechese wandte und für eine inhaltsorientierte Katechese plädierte, die das Apostolische Glaubensbekenntnis, das Vaterunser, die Zehn Gebote und die Lehre von den Sakramenten als Grundlage hat.[1400] Ratzinger kritisiert, dass durch die Fokussierung auf die Erfahrungen der Glaubensschüler letztendlich nur noch me-

---

[1394] S.o. 276–283.
[1395] S.o. 283–286.
[1396] S.o. 286–290.
[1397] S.o. 291–297.
[1398] S.o. 305.
[1399] S.o. 297–305.
[1400] S.o. 312–314.

thodische Überlegungen die Katechese bestimmen.[1401] Nur die Frage der Vermittelbarkeit entscheidet über die Inhalte der Glaubensweitergabe an Kinder und Jugendliche. Damit erfolgt in der Katechese nicht mehr die systematische und vollständige Einführung von Kindern und Jugendlichen in den Glauben. Ratzinger begründet die notwendige Rückbesinnung auf die Inhalte des Glaubens mit dem Sakrament der Taufe. Das Bekenntnis des Glaubens in Form des Apostolischen Glaubensbekenntnisses und die Spendung der Taufe gehören im Innersten zusammen, so dass die inhaltsorientierte Katechese selbst sakramentalen Charakter besitzt.[1402] Wie die Vertreter einer anthropologisch ausgerichteten Katechese verfolgt Ratzinger das Ziel einer Verbindung von Glauben und Erfahrung sowie der persönlichen Aneignung der kirchlichen Glaubenslehre. Allein durch einen Bezug auf die elementaren Erfahrungen des Menschen ist dies jedoch nicht zu erreichen. Es bedarf des „Erfahrungsraums" der Kirche, um das eigene Leben mit dem Glauben zu verbinden.[1403] Aus diesem Grund sind für Ratzinger die Teilnahme am kirchlichen Leben, insbesondere an der sonntäglichen Eucharistiefeier, und das glaubwürdige Zeugnis der Katecheten entscheidend für die Vermittlung der katechetischen Inhalte.[1404]

In der Zusammenfassung des vierten Kapitels dieser Studie wurde gezeigt, dass das Kirchenrecht, die Heilige Schrift und die kirchliche Tradition in den wesentlichen inhaltlichen Grundzügen der Glaubensweitergabe eine große Kontinuität erkennen lassen.[1405] Die Katechese will eine lebendige Gottesbeziehung ermöglichen, indem sie zu einer Prägung des gesamten Lebens durch den Glauben führt. Dazu ist die Vermittlung eines religiösen Grundwissens notwendig, das dem Menschen erst die angestrebte Erfahrung der Wirklichkeit Gottes im eigenen Leben gewährt. Das Glaubenswissen wird als Voraussetzung der Glaubens-, Heils- und Gotteserfahrung gesehen. Der Glaubenszeuge und die Glaubensgemeinschaft sind für den Glaubensschüler dabei unbedingt notwendig, um die Relevanz des religiösen Wissens für sein eigenes Leben zu entdecken. Ohne diesen ‚Vorsprung' an Glaubenserfahrung ist religiöses Lernen nicht möglich. Die kirchliche Tradition hat in den vier Hauptstücken der Katechese – Apostolisches Glaubensbekenntnis, Vaterunser, Zehn Gebote, sieben Sakramente – den bleibenden Ausdruck dieser wesentlichen Glaubenserfahrungen gesehen, die es zu vermitteln gilt.

Im fünften Kapitel dieser Studie wurden die praktischen Konsequenzen für Elemente, Inhalte, Methoden und Akteure der Sakramentenkatechese mit Kindern und Jugendlichen sowie für die Gestaltung der sakramentalen Feier aufge-

---

[1401] S.o. 311–312.
[1402] S.o. 312–314.
[1403] S.o. 315–317.
[1404] S.o. 319.
[1405] S.o. 321–324.

zeigt, die eine Orientierung an den „vier Hauptstücken der Katechese" hat. Ein konkreter Modellverlauf wurde für die Eucharistiekatechese erarbeitet, weil sich so am besten Bezüge zu der Umfrage im Dekanat Bad Kreuznach darstellen lassen und dadurch Schwierigkeiten und Probleme, vor denen eine inhaltsorientierte Katechese steht, deutlicher zu Tage treten.[1406] Vor dieser praktischen Erschließung der vier Hauptstücke der Katechese für die heutige katechetische Situation war im zweiten Teilabschnitt des fünften Kapitels das Verhältnis von objektivem Glaubenswissen und subjektiver Glaubenserfahrung zu klären, um den wesentlichen Impuls der anthropologisch ausgerichteten katechetischen Entwicklung in Deutschland aufzugreifen. Das einfache Modell der Korrelation von Glaubensinhalt und Glaubenserfahrung, wie es für die anthropologisch ausgerichtete Katechese bestimmend war, wird von der Religionspädagogik immer häufiger hinterfragt. Das Fremde und Eigenständige der biblischen Offenbarung, das nicht aus der menschlichen Erfahrung hergeleitet werden kann, rückt wieder neu in den Blick.[1407] Von daher kann man auch in der Religionspädagogik Versuche einer „theologischen Wende"[1408] erkennen. Grümme entwickelt mit seinem „alteritätstheoretischen Erfahrungsbegriff" eine Konzeption, die den Wunsch der Korrelationsdidaktik nach Selbstbestimmung und eigener Glaubenserfahrung aufgreift, gleichzeitig aber die Fremdheit und die kritische Autorität der kirchlichen Glaubenstradition ernst nimmt, die dem Subjekt vorausgeht und sich nicht schlechthin vollständig mit dessen Erfahrungswelt korrelieren lässt.[1409] Damit wird der Katechese ein Weg eröffnet, den Glaubensinhalten den Vorrang zu geben, ohne die Erfahrungen des Subjekts sowie das Ziel eigener Glaubenserfahrung zu vernachlässigen.

Im dritten Teilabschnitt des fünften Kapitels werden die Konsequenzen aufgezeigt, die eine Orientierung an den vier Hauptstücken der Katechese für die Elemente, die Inhalte, die Methoden und Akteure der Eucharistiekatechese sowie für die Feier des Weißen Sonntags hat. Bezüglich der Elemente der Katechese zeigt sich vor allem die Notwendigkeit einer stärkeren Verzahnung von Katechese und Liturgie.[1410] Der Sonntagsgottesdienst als „Erfahrungsraum" des Glaubens wird dadurch aufgewertet, dass er zum verbindlichen Element der Erstkommunionvorbereitung wird, das gleichberechtigt neben der katechetischen Gruppenstunde steht.[1411] Die Feier der Heiligen Messe wird den Erstkommunionkindern mystagogisch erschlossen, so dass nicht ein theoretisches Wissen über die Heilige Messe vermittelt wird, sondern das bewusste Erleben der gefeierten Liturgie im

---

[1406] S.o. 325–327.
[1407] S.o. 327–329.
[1408] Vgl. *Faber*, Bekehrung, 467–474.
[1409] S.o. 333–335.
[1410] S.o. 343–348.
[1411] S.o. 348–352.

6.1 Zusammenfassung der Ergebnisse

Vordergrund steht.[1412] Die Verbindung von Liturgie und Katechese ist auch das grundlegende Prinzip für die Gestaltung des Beichtunterrichts. Die größere Bedeutung, die der Mitfeier der Liturgie in der katechetischen Vorbereitung auf die Erstkommunion zugesprochen wird, bedarf der werbenden Einführung und der sorgfältigen Begründung. Es muss deutlich werden, dass die Mitfeier der Sonntagsmesse und der Empfang des Bußsakraments für eine grundlegende Einführung in den Glauben notwendig sind.[1413]

Die größten Auswirkungen hat die Neuorientierung an den vier Hauptstücken der Katechese auf die Inhalte der Eucharistiekatechese. Der Anspruch auf die vollständige Vermittlung dieser Inhalte würde eine zeitliche Verlängerung der Eucharistiekatechese auf zwei Jahre nahelegen. Da aber zum einen in absehbarer Zeit nicht davon auszugehen ist, dass sich die deutschen Bischöfe zu einer solchen Verlängerung entschließen, und zum anderen die praktische Anwendbarkeit des hier vorgelegten Modells einer Eucharistiekatechese beabsichtigt war, wurde auf die Ausarbeitung eines zweijährigen Kurses zur Erstkommunionkatechese verzichtet.[1414] Die zeitliche Beschränkung auf das dritte Schuljahr als Zeitrahmen, also einer maximal achtmonatigen Vorbereitungszeit, macht eine starke didaktische Reduktion bei der thematischen Auseinandersetzung mit den vier Hauptstücken der Katechese notwendig. Aus diesem Grund wird in jeweils einer katechetischen Unterrichtseinheit der vollständige Text des Apostolischen Glaubensbekenntnisses, des Vaterunsers und der Zehn Gebote behandelt und alle sieben Sakramente in ihrer Bedeutung für den christlichen Lebensweg erklärt. In den übrigen katechetischen Einheiten werden dann die „vier Hauptstücke" unter thematischen Schwerpunkten behandelt, die sich aus ihrer inneren Struktur ergeben.

Für das Apostolische Glaubensbekenntnis stellt das Bekenntnis zum dreifaltigen Gott den Ansatzpunkt für die didaktische Reduktion dar, so dass Gott als Schöpfer, Jesus Christus als Sohn Gottes und Erlöser der Menschen und der Heilige Geist als Gabe Gottes an die Menschen, für dessen Wirken die biblische und kirchliche Tradition vielfältige Bilder gefunden hat, betrachtet wird.[1415] Anhand des Vaterunsers wird die Struktur des christlichen Betens aufgezeigt, das zuerst die Verherrlichung Gottes und seinen Lobpreis im Blick hat, bevor es sich im Bittgebet den Sorgen und Nöten des menschlichen Lebens zuwendet.[1416] Die Zehn Gebote werden als konkrete Ausgestaltung des Doppelgebotes der Gottes- und Nächstenliebe dargestellt. Bei der Auswahl der einzelnen Gebote, die intensiver behandelt werden, wird auf die konkrete Lebenssituation der Kinder und ihre

---

[1412] S.o. 351–352.
[1413] S.o. 354–356.
[1414] S.o. 357–359.
[1415] S.o. 360–366.
[1416] S.o. 366–370.

Alltagserfahrungen Bezug genommen.[1417] Von den sieben Sakramenten werden nur die Taufe, die Eucharistie und die Buße ausführlich behandelt.[1418] Die Auswahl ergibt sich aus der konkreten Notwendigkeit der Vorbereitung auf die Erstbeichte und den Empfang der ersten Heiligen Kommunion. Die Taufe wird aufgrund ihrer elementaren Bedeutung für das gesamte christliche Leben näher besprochen. Auf die ausführliche Katechese zu den übrigen Sakramenten kann bei der Eucharistiekatechese verzichtet werden, weil im späteren Lebensverlauf noch entsprechende Vorbereitungen zu diesen Sakramenten erfolgen.

Die katechetischen Unterrichtseinheiten zur Heiligen Messe haben die Form mystagogischer Katechesen und finden weitestgehend im Rahmen der Eucharistiefeier statt: Das Erleben und die Feier, nicht das Erklären der Sakramente steht im Vordergrund.[1419] Mit der Vergegenwärtigung des Kreuzesopfers Jesu und der eucharistischen Anbetung werden im Bezug auf das Sakrament der Eucharistie Themen aufgegriffen, die in einer anthropologisch ausgerichteten Katechese eher ausgeblendet werden. Aus der hier dargestellten thematischen Aufarbeitung der vier Hauptstücke der Katechese konnte der Modellverlauf einer inhaltsorientierten Eucharistiekatechese entwickelt werden, die ein dreiviertel Jahr in Anspruch nimmt.[1420]

Die Methodik der Eucharistiekatechese erfährt durch die vier Hauptstücke der Katechese eine stärkere kognitive Ausrichtung und eine Angleichung an schulische Vermittlungsformen. Neben den selbstverständlichen Methoden der Texterfassung und Texterarbeitung wie Lesen und Schreiben gewinnt vor allem das Auswendiglernen neu an Gewicht.[1421] Der Glaubensschüler, der wichtige Glaubenstexte auswendig lernt, muss sich längere Zeit mit ihnen beschäftigen, erwirbt dadurch wichtiges bereichsspezifisches Wissen, um seinen religiösen Verstehenshorizont zu erweitern, und prägt diese Texte oftmals seinem Langzeitgedächtnis ein.[1422] Das Auswendiglernen bietet so eine gute Möglichkeit, den Kindern und Jugendlichen wichtige Glaubensinhalte auf ‚Vorrat' mitzugeben, die in späteren Lebensabschnitten von großer Relevanz sein werden. Das auswendiggelernte Glaubenswissen kann auf diese Weise zu einer lange wirkenden, lebensprägenden Kraft in der Biographie des Glaubensschülers werden. Eine Schwierigkeit bei der Umsetzung dieser kognitiven Vermittlungsformen in der Eucharistiekatechese stellt die weitgehende Trennung von Schule und Katechese gerade im Bereich der Methoden dar. Die Befragung im Dekanat Bad Kreuznach zeigt, dass schulische Methoden in der Katechese von einer sehr großen Mehrheit abgelehnt werden.

[1417] S.o. 370–373.
[1418] S.o. 374–377.
[1419] S.o. 375–380.
[1420] S.o. 381–383.
[1421] S.o. 383–386.
[1422] S.o. 384–385.

6.1 Zusammenfassung der Ergebnisse

Damit kommt auf die Elternarbeit wiederum die Aufgabe zu, durch eine sorgfältige Erklärung des Konzepts Widerstände abzubauen und jeden Eindruck von Leistungsdruck in der Katechese zu vermeiden.[1423]

Als hauptsächliche Akteure der Eucharistiekatechese werden im Zuge der gemeindekatechetischen Entwicklung die ehrenamtlichen Katechetinnen und Katecheten betrachtet. Die ehrenamtlichen Katecheten sollen auch weiterhin einen wichtigen Platz in der Sakramentenkatechese behalten. Allerdings ist in besonderer Weise auf ihre Qualifikation zu achten. Hier sind neben der pädagogischen Eignung vor allen Dingen die Mitfeier des sonntäglichen Gottesdienstes und die aktive Teilnahme am Leben der Gemeinde zu nennen, die unabdingbare Voraussetzungen sind, um ein glaubwürdiges Zeugnis abgeben zu können.[1424] Allein die kognitive Vermittlung der „vier Hauptstücke" der Katechese ist nämlich nicht ausreichend. Die Glaubensschüler benötigen die gereifte Glaubenserfahrung des Katecheten und dessen konkretes Lebensbeispiel für die eigene Umsetzung des religiösen Grundwissens in seinem Alltag. Daher ist die Bildung eines festen Kreises von ehrenamtlichen Katecheten, der diese Aufgabe dauerhaft übernimmt, notwendig. Die Rolle der Pfarrer und der übrigen in der Katechese tätigen Priester wird durch das stärkere Gewicht der Liturgie in der Erstkommunionvorbereitung unterstrichen. Sie sind durch die Hervorhebung der Eucharistiefeier und die mystagogischen Katechesen wieder stärker in der direkten Arbeit mit den Kindern präsent.[1425] Die Begleitung und Weiterbildung der ehrenamtlichen Katecheten, worin die Gemeindekatechese die hauptsächliche Aufgabe der Priester und hauptamtlichen Seelsorger sieht, bleibt erhalten. Die Aufgabe der Eltern wird nicht in erster Linie im Einsatz als Katecheten oder Katechetinnen gesehen. Für die eigentliche Aufgabe der Glaubensweitergabe fehlen bei vielen Eltern die nötigen Voraussetzungen, da sie nicht mehr oder nur unregelmäßig am Gottesdienst teilnehmen. Dennoch könnten sie für organisatorische oder rein pädagogische Aufgaben im Rahmen der Eucharistiekatechese herangezogen werden.[1426] Dennoch ist die Elternarbeit von außerordentlicher Bedeutung. Die Eltern sollen dadurch befähigt werden, den katechetischen Prozess ihres Kindes zu begleiten und ihre Verantwortung für die religiöse Erziehung wahrzunehmen. In diesem Bereich werden somit berechtigte Anliegen des familienkatechetischen Modells, das zur Glaubenskommunikation in den Familien anregen will, aufgegriffen.[1427]

[1423] S.o. 385–386.
[1424] S.o. 387–390.
[1425] S.o. 387.
[1426] S.o. 390.
[1427] S.o. 390–392.

Die Feier der Festmesse am Weißen Sonntag soll die Prinzipien einer Eucharistiekatechese, die sich an den vier Hauptstücken der Katechese orientiert, in ihrer Gestaltung widerspiegeln. Dies bedeutet, dass die liturgischen Elemente der sonntäglichen Eucharistiefeier nicht durch andere Symbole oder Gestaltungselemente überlagert werden. Stattdessen kommt dem Taufgedächtnis, der Erneuerung des Taufversprechens, dem Apostolischen Glaubensbekenntnis, dem Vaterunser und dem eigentlichen Kommunionempfang ein besonderes Gewicht zu. Durch deren Betonung wird auf die wesentlichen Inhalte der Eucharistiekatechese verwiesen, tritt das Handeln Gottes an den Erstkommunionkindern in den Vordergrund und erhält der Gottesdienst seine Festlichkeit.[1428] Der kirchlichen Liturgie wird der ihr gebührende Rang nicht streitig gemacht und katechetische Verzweckungen der Feier des Weißen Sonntags werden vermieden.

6.2 Chancen und Grenzen einer inhaltsorientierten Katechese

„Gemeindekatechese an ihren Grenzen"[1429] – diese Feststellung des Deutschen Katecheten-Vereins aus dem Jahr 1992 beendete endgültig die große Euphorie, die mit dem Projekt der Gemeindekatechese und der damit verbundenen anthropologischen Wende in der Katechese verbunden war. Es ist deutlich geworden, dass allein ein neues katechetisches Konzept nicht in der Lage ist, die vielfältigen Umbrüche der kirchlichen Landschaft in der Bundesrepublik zu verändern oder langfristige Entwicklungen umzukehren. Die „Kundenperspektive" und die „Familienreligiosität" vieler Eltern lassen die Sakramentenkatechese mit Kindern und Jugendlichen immer mehr zu einem ‚fragwürdigen' Unternehmen werden, bei dem man kaum mit Erfolg rechnen darf.[1430] Der Konflikt zwischen kirchlicher Erwartung an die Spendung eines Sakramentes und den „kasualienfrommen und familienreligiösen Kundenwünschen" wird in Deutschland nur dadurch entschärft, dass inhaltliche Mindestanforderungen in der Katechese nicht gesetzt werden: Der Weg wird so zum Ziel der katechetischen Vorbereitung von Kindern und Jugendlichen auf die Sakramente.

Das in dieser Studie dargestellte Modell einer Sakramentenkatechese regt dagegen zur offenen Auseinandersetzung mit den vielfältig anders gelagerten Erwartungen von Eltern und Kindern an. Durch die klare Ausrichtung der Katechese auf die systematische und vollständige Vermittlung eines christlichen

---

[1428] S.o. 393–397.
[1429] Vgl. *DKV*, Gemeindekatechese, 368–374.
[1430] Vgl. Katechese in veränderter Zeit, 17.

6.2 Chancen und Grenzen einer inhaltsorientierten Katechese 411

Grundwissens wird insoweit eine Abkehr von der anthropologischen Wende in der Sakramentenkatechese vollzogen, als dass die menschliche Erfahrungswelt nicht mehr Ausgangspunkt für die Konzeption der Katechese ist. Die Katechese wird erneut „theonom" bestimmt, indem die wesentlichen Inhalte des christlichen Glaubens am Anfang aller katechetischen Vermittlungsversuche stehen: Die Sakramentenkatechese wird von den Inhalten her konzipiert. Dass dies nicht zwangsläufig zu einer materialkerygmatischen Engführung und Fremdbestimmung der Katechese führen muss, sondern durchaus die Möglichkeiten zur Entwicklung eigenständiger Glaubenserfahrung bietet, wurde ausführlich dargelegt.[1431] Entscheidend für das Gelingen dieses Konzeptes ist dabei, dass der „Erfahrungsraum" des kirchlichen Glaubens durch das Zeugnis der Katecheten und das Erleben des gefeierten Glaubens in der Liturgie geöffnet wird. Es geht nie um eine rein theoretische Rezeption der Glaubensinhalte, die sich aus den vier Hauptstücken der Katechese ergeben, sondern um die persönliche Aneignung dieser Inhalte, die dem Schatz der kirchlichen Glaubenserfahrung entstammen.

Die hier vorgestellte inhaltsorientierte Sakramentenkatechese antwortet auf die vielfältigen Veränderungen der kirchlichen Sozialstrukturen und die „kasualienfrommen" und „familienreligiösen" Erwartungen vieler ihrer Mitglieder mit der ‚zumutbaren Herausforderung' des kirchlichen Glaubens. Es werden keine rigoristischen Zulassungsbeschränkungen erhoben, die von vornehrein für viele Familien aufgrund ihrer mangelnden kirchlichen Bindung oder ihrer familiären und sozialen Situation nicht zu erfüllen sind. Vielmehr wird versucht, unter den bisherigen äußeren Rahmenbedingungen eine grundlegende Einführung in den christlichen Glauben zu ermöglichen, die sich an den inhaltlichen Mindestanforderungen orientiert. Die Kinder und ihre Eltern müssen sich wirklich dem „Erfahrungsraum" des kirchlichen Lebens aussetzen, die Liturgie mitfeiern und sich mit dem ihnen oft fremden kirchlichen Glauben beschäftigen. Von daher versucht auch das hier vorgestellte sakramentenkatechetische Modell eine „sympathische Pflege des volkskirchlichen Erbes"[1432].

Die Situation vieler Familien, die mit der Erstkommunion oder Firmung primär völlig andere Erwartungen verbinden als die vollständige Einführung in den kirchlichen Glauben, soll dabei ernst genommen werden. Es geht nicht um die Abwertung der Wünsche nach Biographierelevanz der kirchlichen Rituale und Heiligung und Sinnstiftung für den eigenen Alltag. Dennoch soll eine Weitung dieses Verständnisses erreicht werden, indem sich der Glaubensschüler auf das ‚Mehr' des christlichen Glaubens einlassen muss. Dies setzt natürlich zu Beginn eine wirklich werbende Vermittlung voraus, die unterschiedliche Erwartungen und Formen der kirchlichen Mitgliedschaft nicht einfach übergeht, sondern deutlich

---

[1431] S.o. 327–338.
[1432] *Emeis*, Ausverkauf, 38.

macht, dass die Sakramentenkatechese dem kirchlichen Glauben gerecht werden muss und nicht einfach ‚Erfüllungsgehilfe' der „kasualienfrommen" und „familienreligiösen" Wünsche sein kann.

Klar ist, dass auch eine inhaltsorientierte Katechese an Grenzen stoßen wird, weil die katechetische Erneuerung allein nicht in der Lage sein kann, die Probleme zu lösen, die sich aus dem tiefgreifenden Wandeln der Sozialgestalt der Kirche in Deutschland ergeben.[1433] Dennoch bietet das hier vorgestellte Modell einer Sakramentenkatechese die Möglichkeit einer inhaltlichen Profilierung, die zur Bildung kirchlicher Gemeinschaft und zur Neuevangelisierung beitragen kann: Eine Entscheidung für den kirchlichen Glauben ist nur dort möglich, wo man ihn in seinen wesentlichen Grundzügen kennengelernt hat. Dieses Anliegen muss zur entscheidenden Zielrichtung der Sakramentenkatechese für Kinder und Jugendliche werden, wenn sie nicht in eine unbestimmte Beliebigkeit verfallen will.

Neben dieser großen Chance für die Profilierung der Katechese und der Verlebendigung des Glaubens müssen aber die Grenzen der inhaltsorientierten katechetischen Erneuerung in den Blick genommen werden:

– Die Sakramentenkatechese hat zum Ziel, eine vollständige Einführung in den christlichen Glauben zu geben. Die verpflichtende Sakramentenkatechese ist auf den festen Zeitraum eines Dreivierteljahres beschränkt und erhebt auch nur für diesen Zeitraum den Anspruch auf Verbindlichkeit. Diese klare Abgrenzung ist notwendig, um Überforderung auf Seiten der Kinder, Jugendlichen und Eltern und Enttäuschungen auf Seiten der für die Katechese Verantwortlichen zu vermeiden.

– Allein die Sakramentenkatechese mit Kindern und Jugendlichen kann keine dauerhafte kirchliche Bindung und keine bleibende Ausformung eines christlichen Lebensstils erreichen. Es bedarf fortführender Angebote für Kinder und Jugendliche, die sich näher mit den Glauben befassen wollen und eine engere Anbindung an die Pfarrgemeinde suchen, um das in der Sakramentenkatechese vermittelte Grundwissen zu vertiefen. Hier gilt es zunächst, die schon bestehenden Angebote in der Kinder- und Jugendarbeit zu nutzen und auszubauen. In erster Linie ist an die Messdienerarbeit zu denken, die immer wieder Gelegenheiten bietet, außer Aktivitäten zur Freizeitgestaltung auch Katechesen zu Glau-

---

[1433] Zu Recht weist Faber darauf hin, dass in der Sakramentenpastoral Gelassenheit notwendig ist und nicht vorschnell Abschied von der Volkskirche genommen werden sollte: „Statt einen Übergang von Volks- zur Entscheidungskirche zu erwarten und zu erhoffen, scheint es mir realistischer und überdies theologisch und pastoral wünschenswert, sich auf eine bleibende Spannung zwischen Volks- und Entscheidungskirche einzustellen. Beide, Volkskirche und Entscheidungskirche, sind dabei positiv zu deuten" (*Eva-Maria Faber*, Plädoyer für Gelassenheit in der Sakramentenpastoral, in: Pastoralblatt für die Diözesen Aachen, Berlin, Essen, Hildesheim, Köln, Osnabrück 60 [2008], 227–233, hier 232).

6.2 Chancen und Grenzen einer inhaltsorientierten Katechese 413

bensfragen und zur Liturgie anzubieten.[1434] Für die in vielen Pfarreien existierenden Kinder- und Jugendchöre können ebenfalls solche katechetische Angebote gemacht werden, die den Glauben vertiefen. Neue Möglichkeiten einer Fortführung der Sakramentenkatechese stellen Kurzkatechesen im Anschluss an die Sonntagsmesse dar, die auch dann gehalten werden können, wenn in der Pfarrei gerade kein Vorbereitungskurs auf die Erstkommunion oder auf die Firmung stattfindet. Ein arbeitsintensives, aber auch sehr gewinnbringendes Instrument würde die Fortführung von katechetischen Gruppen mit monatlichen Treffen bedeuten.

– Auch einer inhaltsorientierten Katechese wird es wohl kaum gelingen, bei einer großen Zahl von Eltern und Kindern die Einstellung zur Teilnahme am kirchlichen Leben grundlegend zu verändern. Der eigentliche Gewinn der inhaltsorientierten Katechese liegt im Erwerb eines soliden christlichen Grundwissens.

Trotz dieser Grenzen, die einer inhaltsorientierten Sakramentenkatechese mit Kindern und Jugendlichen gesetzt sind, gewinnt sie ihre Hoffnung auf Wirksamkeit und Neubelebung der Katechese vor allem aus dem Vertrauen auf die kirchliche Überlieferung selbst. Zu Recht sieht Joseph Ratzinger den tiefsten Grund für die „Krise der Katechese" in einer „Krise der Glaubens": „Daß man den Glauben nicht mehr als organische Ganzheit aus sich selbst darzustellen wagte, sondern nur noch in ausschnitthaften Spiegelungen von einzelnen anthropologischen Erfahrungen her, beruhte letztlich darauf, daß man zu dieser Ganzheit kein Zutrauen mehr hatte. Es beruhte auf einer Krise des Glaubens, genauer: des Mitglaubens mit der Kirche aller Zeiten."[1435] Die Sakramentenkatechese, die sich an den vier Hauptstücken der Katechese orientiert, entscheidet sich wieder für das „Mitglauben mit der Kirche aller Zeiten", weil sie dem Glauben zutraut auch in unserer Zeit das Leben der Menschen im christlichen Sinn umzugestalten.

Allerdings konnten in dieser Studie nicht alle offenen Fragen behandelt werden, die zu einer inhaltsorientierten Neuausrichtung der Sakramentenkatechese mit Kindern und Jugendlichen notwendig wäre. Folgende Themengebiete bedürfen noch der weiteren wissenschaftlichen Erforschung:

– Trotz der Befragung im Dekanat Bad Kreuznach zur Erstkommunionvorbereitung fehlt es an weiterreichenden empirischen Untersuchungen zur Sakramentenkatechese mit Kindern und Jugendlichen. So wäre es sinnvoll, die quantitative Methode der Fragebögen durch die qualitative Methode von ausführlichen Interviews zu ergänzen. Gerade die unterschiedlichen Erwartungen, die Eltern, Pfarrer, hauptamtliche Seelsorger und ehrenamtliche Katecheten bezüglich der Sakramentenkatechese haben, könnten genauer gefasst werden. Hilfreich wären

---

[1434] Wichtige Anregungen für die liturgische Bildung in der Messdienerarbeit gibt *Sauer*, Kunst, 223–238.
[1435] *Ratzinger*, Glaubensvermittlung, 16.

auch Interviews mit den Erstkommunion-kindern oder Firmlingen, die ihre Erwartungen und Bewertungen bezüglich der Katechese darstellen könnten.
- Auf empirischem Gebiet müssten neue Methoden zur Qualitätskontrolle bei der Sakramentenkatechese entwickelt werden. Hier gilt es, Instrumente zu entwickeln, die eine Evaluation der Sakramentenkatechese möglich machen. Für die inhaltliche Seite der Katechese böte sich eine Art „Pisa-Test" für Erstkommunionkinder und Firmlinge an. Befragungen zur Bewertung der Methodik und Didaktik der Sakramentenkatechesen sind ebenso notwendig. Erst die genaue Kenntnis dessen, was in der Sakramentenkatechese vermittelt wird, ermöglicht eine inhaltliche und methodische Verbesserung.
- Das Verhältnis von Glaubensinhalten und der daraus erwachsenden eigenen Glaubenserfahrung konnte in dieser Arbeit nur ansatzweise dargestellt werden. Es wäre ausführlicher darzulegen, wie das bisher vorherrschende Modell der Korrelationsdidaktik durch eine andere didaktische Konzeption ersetzt werden kann, die den Vorrang der Glaubensinhalte anerkennt und somit als methodisch-didaktische Grundlage für eine inhaltsorientierte Sakramentekatechese dienen kann. Dies wäre ein wichtiger Beitrag zur Ausbildung einer eigenständigen „Glaubenspädagogik", wie sie die römischen Dokumente fordern.
- Die vorliegende Arbeit hat die Wichtigkeit der Katecheten für die Sakramentenkatechese deutlich gemacht. Es wäre daher genauer zu untersuchen, welche Voraussetzungen für die Übernahme des Katechetenamtes notwendig und wie neue Katecheten für ihre Aufgabe zu qualifizieren sind.
- Die Liturgie gehört zu den wichtigsten Elementen der Sakramentenkatechese, um einen Erfahrungsraum für den Glauben zu eröffnen. Der Ansatz der Alten Kirche, durch mystagogische Katechesen eine tragfähige Verbindung zur Liturgie zu schaffen, müsste für unsere Zeit neu fruchtbar gemacht werden.
- Weiterhin müsste in Bezug auf eine inhaltsorientierte Sakramentenkatechese ein zusammenhängendes Konzept entwickelt werden, das einen katechetischen Weg von der Taufvorbereitung bis zur Firmung aufzeigt. In dieser Arbeit konnte dazu nur ein erster Baustein für die Eucharistiekatechese geliefert werden, da die empirische und systematische Begründung einer Sakramentenkatechese, die sich an den vier Hauptstücken orientiert, im Vordergrund stand.
- Der zeitliche Ansatz der Firmung im Verlauf dieses katechetischen Weges wäre noch einmal genau zu bedenken. Ziel dieser Arbeit war es nicht, die Notwendigkeit einer Verlegung der Firmung vor die Erstkommunion nachzuweisen. Allerdings sprechen aus systematischer Sicht viele Argumente für eine solche Neuordnung der Initiationssakramente in Deutschland.[1436] Ein erstes Modell für die Firmung von Kindern im Alter von acht oder neuen Jahren und die zeitlich spätere Erstkommunion mit 12 Jahren hat aus pastoraltheologischer

---

[1436] Vgl. *Hauke*, Firmung.

6.2 Chancen und Grenzen einer inhaltsorientierten Katechese

Sicht Andreas Wollbold entwickelt.[1437] Eine weiter-führende systematische und pastoraltheologische Untersuchung, die die Möglichkeiten dieser Umstellung für eine kontinuierliche, inhaltsorientierte Sakramentenkatechese aufzeigt, steht noch aus.

– Hilfreich wäre auch eine didaktische Erschließung des *Katechismus der Katholischen Kirche* und des dazugehörigen *Kompendiums* für die Katechese. *Das Allgemeine Direktorium für die Katechese* verweist auf deren grundlegende Bedeutung für die Katechese.[1438] Für den deutschen Sprachraum sind die Möglichkeiten, die dieser Katechismus und das dazugehörige Kompendium für die Weitergabe des Glaubens an Kinder und Jugendliche bedeutet, noch darzulegen. Für eine Katechese, die sich an den „vier Hauptstücken" orientiert, wäre dies ein großer Gewinn.

Der hier vorgelegte Entwurf einer inhaltsorientierten Sakramentenkatechese, die die vier Hauptstücke der Katechese zur Grundlage hat, versteht sich somit als ein erster Baustein zu einer thematischen Neuorientierung und Profilierung der Katechese in Deutschland. Der kirchliche Glaube wird Kindern und Jugendlichen in der Weise ‚angeboten', wie es die französischen Bischöfe in ihrem Schreiben von 1996 angeregt haben.[1439] Dass es bei diesem Anbieten des Glaubens um mehr gehen muss als um die unverbindliche Auswahl religiöser Themen, die sich scheinbar leicht vermitteln lassen und bei Kindern und Jugendlichen ankommen, machen die deutschen Bischöfe in ihrem Schreiben „Katechese in veränderter Zeit" deutlich: „Verkündigung unter dem Vorzeichen des ‚Anbietens' – gemeint ist das freimütige, engagierte Zeugnis des Glaubens in der heutigen Gesellschaft – muss sich auf das Wesentliche konzentrieren und den Bezug zum Kern der Botschaft deutlich machen."[1440] Das in dieser Arbeit vorgestellte Modell einer Sakramentenkatechese, die sich inhaltlich am Apostolischen Glaubensbekenntnis, dem Vaterunser, den Zehn Gebote und den sieben Sakramenten ausrichtet, will ein solches Angebot des Glaubens sein, das sich auf das Wesentliche konzentriert, ohne auf die notwendige Vollständigkeit zu verzichten. Dabei macht diese Form der Katechese zugleich deutlich, dass der Glaube kein unverbindliches, sondern ein herausforderndes Angebot ist, das Konsequenzen für die eigene Lebensgestaltung hat und zur Entscheidung ruft.

„Wir haben kühn und siegessicher die Tür einer vergangenen Epoche zugemauert und was dahinter lag als aufgelöst und verschwunden erklärt. Es gibt in der konziliaren und nachkonziliaren Literatur unübersehbar das Genus der Verspottung, mit dem wir wie erwachsene Schüler

---

[1437] Vgl. *Wollbold*, Handbuch, 459–463.
[1438] Vgl. ADK 120.
[1439] Vgl. Den Glauben anbieten in der heutigen Gesellschaft. Brief an die Katholiken Frankreichs von 1996 (= Stimmen der Weltkirche 37), Sekretariat der Deutschen Bischofskonferenz (Hg.), Bonn 2000.
[1440] Katechese in veränderter Zeit, 10.

von den veralteten Schulbüchern Abschied nehmen wollten. Aber inzwischen ist uns ein anderer Spott in die Ohren und in die Seele gedrungen, der mehr verspottet, als wir gemeint und gewollt hatten. Und langsam ist uns das Lachen vergangen; langsam haben wir gemerkt, daß hinter den verschlossenen Türen auch solches steckte, das unverloren bleiben muß, wenn wir nicht unsere Seele verlieren wollen. Gewiß, wir können nicht zurück ins Vergangene, und das wollen wir auch nicht. Aber wir müssen zu neuer Besinnung bereit sein, auf das, was im Wechsel der Zeiten das wahrhaft Tragende ist. Das unbeirrbar zu suchen und die Narrheit des Wahren heiteren Herzens ohne Abstrich zu wagen, scheint mir die Aufgabe für heute und morgen: der wahre Kern des Weltdienstes der Kirche, *ihre* Antwort auf ‚Freude und Hoffnung, Trauer und Angst des Menschen von heute'."[1441]

Mit diesen Worten endet eine Bilanz von Joseph Ratzinger zur Situation der Kirche zehn Jahre nach dem Zweiten Vatikanischen Konzil. „Verschlossene Türen", die den Weg zu dem versperren, was tragend und für das Heil der Seele notwendig ist – ein treffendes Bild für die Art und Weise, wie in den letzten Jahrzehnten in Deutschland mit der katechetischen Tradition der Kirche umgegangen wurde. Die hier vorgelegte Studie will helfen, diese Türen wieder zu öffnen, ohne sich in die scheinbar so „behaglichen Räume" der Volkskirche der fünfziger und sechziger Jahre des 20. Jahrhunderts zurückzuziehen. Ziel war es, die vier Hauptstücke der Katechese wieder nutzbar zu machen für eine Sakramentenkatechese unter den Bedingungen des frühen 21. Jahrhunderts und damit einen Beitrag zu leisten für die Zukunft der Katechese und die Zukunft des Glaubens.

[1441] *Ratzinger*, Prinzipienlehre, 411.

Abkürzungsverzeichnis

Alle Abkürzungen von Zeitschriften, Reihen und Büchern entsprechen:

KASPER, WALTER U.A. (HG.), Lexikon für Theologie und Kirche. Band 11. Dritte, völlig neu bearbeitete Auflage, Freiburg i. Br. 2001, 689*-746*.

Darüberhinaus wurden folgenden Abkürzungen verwendet:

ADK	Kongregation für den Klerus, Allgemeines Direktorium für die Katechese vom 15. August 1997 (= Verlautbarungen des Apostolischen Stuhls 130), Sekretariat der Deutschen Bischofskonferenz (Hg.), Bonn 1997.
AKD	Hl. Kongregation für den Klerus, Allgemeines Katechetisches Direktorium, 11. April 1971, in: Sekretariat der Deutschen Bischofskonferenz (Hg.), Nachkonziliare Texte zu Katechese und Religionsunterricht (= Arbeitshilfen 66), Bonn 1. Mai 1989, 13–116.
CT	Johannes Paul II., Apostolisches Schreiben Catechesi Tradendae über die Katechese in unserer Zeit, 16. Oktober 1979, in: Sekretariat der Deutschen Bischofskonferenz (Hg.), Nachkonziliare Texte zu Katechese und Religionsunterricht (= Arbeitshilfen 66), Bonn 1. Mai 1989, 193–261.
DKV	Vorstand des Deutschen Katecheten-Vereins
EN	Paul VI., Apostolisches Schreiben Evangelii nuntiandi an den Episkopat, den Klerus und alle Gläubigen der Katholischen Kirche über die Evangelisierung in der Welt von heute, 8. Dezember 1975, in: Sekretariat der Deutschen Bischofskonferenz (Hg.), Nachkonziliare Texte zu Katechese und Religionsunterricht (= Arbeitshilfen 66), Bonn 1. Mai 1989, 117–191.
LKStKR I	Campenhausen, Axel v. u.a. (Hg.), Lexikon für Kirchen- und Staatskirchenrecht, Bd. I (A-F), Paderborn u. a. 2000.
LKStKR II	Campenhausen, Axel v. u.a. (Hg.),, Lexikon für Kirchen- und Staatskirchenrecht, Bd. II (G-M), Paderborn u. a. 2002.
LexRP	Mette, Norbert / Rickers, Folkert (Hg.), Lexikon der Religionspädagogik, Neukirchen-Vluyn 2001.
PG	Pfarreiengemeinschaft

Literaturverzeichnis

Bibel

DIE BIBEL. Altes und Neues Testament. Einheitsübersetzung, Freiburg i. Br. 1980.

Kirchliche Dokumente

Arbeitspapier: Das katechetische Wirken der Kirche, in: Ludwig Bertsch u.a. (Hg.), Gemeinsame Synode der Bistümer in der Bundesrepublik Deutschland. Ergänzungsband: Arbeitspapiere der Sachkommissionen. Offizielle Gesamtausgabe II, Freiburg i. Br. 1977, 37–97. [Arbeitspapier: Katechetisches Wirken]

Beschluß: Der Religionsunterricht in der Schule, in: Ludwig Bertsch u.a. (Hg.), Gemeinsame Synode der Bistümer in der Bundesrepublik Deutschland. Beschlüsse der Vollversammlung. Offizielle Gesamtausgabe I, Freiburg i. Br. 1976, 123–152. [Beschluss: Religionsunterricht]

Beschluß: Schwerpunkte heutiger Sakramentenpastoral, in: Ludwig Bertsch u.a. (Hg.), Gemeinsame Synode der Bistümer in der Bundesrepublik Deutschland. Beschlüsse der Vollversammlung. Offizielle Gesamtausgabe I, Freiburg i. Br. 1976, 238–275. [Beschluss: Sakramentenpastoral]

Beschluß: Unsere Hoffnung. Ein Bekenntnis zum Glauben in dieser Zeit, in: Ludwig Bertsch u.a. (Hg.), Gemeinsame Synode der Bistümer in der Bundesrepublik Deutschland. Beschlüsse der Vollversammlung. Offizielle Gesamtausgabe I, Freiburg i. Br. 1976, 84–111. [Beschluss: Unsere Hoffnung]

BISCHOF REINHARD MARX, Dekret über die Aufhebung der Dekanate im Bistum Trier v. 15. März 2004, in: Kirchliches Amtsblatt für das Bistum Trier 148 (2004), 110. [Marx, Dekret Aufhebung Dekanate]

DERS., Dekret über die Aufhebung der Regionen im Bistum Trier v. 15. März 2004, in: Kirchliches Amtsblatt für das Bistum Trier 148 (2004), 110. [Marx, Dekret Aufhebung Regionen]

DERS., Dekret über die Errichtung des Dekanates Bad Kreuznach – Bad Sobernheim v. 15. März 2004, in: Kirchliches Amtsblatt für das Bistum Trier 148 (2004), 120. [Marx, Dekret Bad Kreuznach]

Christus Dominus. Das Dekret über die Hirtenaufgabe der Bischöfe in der Kirche, in: LThK² Bd. 13, 127–247.

Codex des Kanonischen Rechtes, Lateinisch-deutsche Ausgabe mit Sachverzeichnis, hg. im Auftrag der Deutschen und der Berliner Bischofskonferenz, der Österreichischen Bischofskonferenz, der Schweizer Bischofskonferenz sowie der Bischöfe von Bozen-Brixen, von Luxemburg, von Lüttich, von Metz und von Straßburg, 3., verb. u. vermehrte Aufl., Kevelaer 1989. [CIC/1983]

Dei Verbum. Dogmatische Konstitution über die göttliche Offenbarung, in: LThK² Bd. 13, 497–583. [DV]

Den Glauben anbieten in der heutigen Gesellschaft. Brief an die Katholiken Frankreichs von 1996, hg. v. Sekretariat der Deutschen Bischofskonferenz (= Stimmen der Weltkirche 37), Bonn 2000. [Den Glauben anbieten]

DER BISCHOF VON HILDESHEIM (HG.), Optionen für eine mystagogische Sakramentenpastoral. Orientierungsrahmen für die Sakramentenpastoral im Bistum Hildesheim, Hildesheim 2003. [Optionen für eine mystagogische Sakramentenpasotral]

DIE DEUTSCHEN BISCHÖFE – PASTORALKOMMISSION, Sakramentenpastoral im Wandel. Überlegungen zur gegenwärtigen Praxis der Feier der Sakramente – am Beispiel von Taufe, Erstkommunion und Firmung, (= Erklärungen der Kommissionen Nr. 12), Sekretariat der Deutschen Bischofskonferenz (Hg.), Bonn 1993. [Sakramentpastoral im Wandel]

DIE DEUTSCHEN BISCHÖFE, „Zeit zur Aussaat". Missionarisch Kirche sein. 26. November 2000 (= Hirtenschreiben, Erklärungen 68), Sekretariat der Deutschen Bischofskonferenz (Hg.), Bonn 2000. [Zeit zur Aussaat]

DIE DEUTSCHEN BISCHÖFE, Katechese in veränderter Zeit. 22. Juni 2004 (= Hirtenschreiben, Erklärungen 75), Sekretariat der Deutschen Bischofskonferenz (Hg.), Bonn 2004. [Katechese in veränderter Zeit]

Die Feier der Buße nach dem neuen Rituale Romanum. Studienausgabe, hg. von den Liturgischen Instituten Salzburg – Trier – Wien, Freiburg i. Br. 1974. [Bußrituale]

Die Feier der Firmung in den katholischen Bistümern des deutschen Sprachgebietes, hg. im Auftrag der Bischofskonferenzen Deutschlands, Österreichs und der Schweiz und der Bischöfe von Bozen-Brixen und von Luxemburg, Einsiedeln u.a. 1973. [Firmrituale 1973]

Die Feier der Kindertaufe in den katholischen Bistümern des deutschen Sprachgebietes, hg. im Auftrag der Bischofskonferenzen Deutschlands, Österreichs und der Schweiz und des Bischofs von Luxemburg, Einsiedeln u.a. 1971. [Taufrituale 1971]

ECCLESIA CATHOLICA, Katechismus der Katholischen Kirche. Kompendium, München 2005. [Kompendium]

ECCLESIA CATHOLICA, Katechesimus der Katholischen Kirche. München u.a. ²2003. [KatKK]

HL. KONGREGATION FÜR DEN KLERUS, Allgemeines Katechetisches Direktorium, 11. April 1971, in: Sekretariat der Deutschen Bischofskonferenz (Hg.), Nachkonziliare Texte zu Katechese und Religionsunterricht (= Arbeitshilfen 66), Bonn 1. Mai 1989, 13–116. [AKD]

HL. SAKRAMENTENKONGREGATION, Dekret „Quam singulari" v. 8. August 1910, in: AAS 2 (1910), 577–583. [Dekret „Quam singulari"]

Hochgebet für Meßfeiern mit Gehörlosen. Approbierter und konfirmierter Text, hg. v. den Liturgischen Instituten Salzburg, Trier und Zürich, Einsiedeln u.a. 1981.

JOHANNES PAUL II., Apostolisches Schreiben *Misericordia Dei* als „Motu proprio" erlassen über einige Aspekte der Feier des Sakramentes der Buße (= Verlautbarungen des Apostolischen Stuhls 153), Sekretariat der Deutschen Bischofskonferenz (Hg.), Bonn 7. April 2002. [Misericordia Dei]

DERS., Apostolisches Schreiben *Catechesi Tradendae* über die Katechese in unserer Zeit, 16. Oktober 1979, in: Sekretariat der Deutschen Bischofskonferenz (Hg.), Nachkonziliare Texte zu Katechese und Religionsunterricht (= Arbeitshilfen 66), Bonn 1. Mai 1989, 193–261. [CT]

DERS., Apostolisches Schreiben *Dies Domini* über die Heiligung des Sonntags (= Verlautbarungen des Apostolischen Stuhl 133), Sekretariat der Deutschen Bischofskonferenz (Hg.), Bonn 31. Mai 1998. [Dies Domini]

KONGREGATION FÜR DEN KLERUS, Allgemeines Direktorium für die Katechese vom 15. August 1997 (= Verlautbarungen des Apostolischen Stuhls 130), Sekretariat der Deutschen Bischofskonferenz (Hg.), Bonn 1997. [ADK]

Lumen gentium. Die dogmatische Konstitution über die Kirche, in: LThK² Bd. 12, 137–347. [LG]

Ordo confirmationis. Editio typica, Vaticano 1973. [Ordo confirmationis]
PAUL VI., Apostolisches Schreiben *Evangelii nuntiandi* an den Episkopat, den Klerus und alle Gläubigen der Katholischen Kirche über die Evangelisierung in der Welt von heute, 8. Dezember 1975, in: Sekretariat der Deutschen Bischofskonferenz (Hg.), Nachkonziliare Texte zu Katechese und Religionsunterricht (= Arbeitshilfen 66), Bonn 1. Mai 1989, 117–191. [EN]
Sacrosanctum Concilium. Konstitution über die heilige Liturgie, in: LThK² Bd. 12, 9–109. [SC]
Unitatis Redintegratio. Das Dekret über den Ökumenismus, in: LThK² Bd. 13, 9–125. [UR]

Antike, mittelalterliche und neuzeitliche Quellen

Ambrosius:

AMBROSIUS, De mysteriis, in: ders., De sacramentis / Über die Sakramente. De mysteriis / Über die Mysterien, übersetzt und eingeleitet von Josef Schmitz (= FC 3), Freiburg i. Br. 1990, 205–255. [myst.]
DERS., De sacramentis, in: ders., De sacramentis / Über die Sakramente. De mysteriis / Über die Mysterien, übersetzt und eingeleitet von Josef Schmitz (= FC 3), Freiburg i. Br. 1990, 75–203. [sacr.]
DERS., Explanatio symboli, in: Sancti Ambrosii Opera 7, hg. v. Otto Faller (= CSEL 73), Wien 1955, 1–12. [symb.]
DERS., Expositio evangelii secundum Lucam, in: Sancti Ambrosii Mediolanensis Opera 4, hg. v. Marc Adriaen (= CCL 73), Turnhout 1957, 1–400. [in Luc.]

Augustinus:

De catechizandibus rudibus:
AUGUSTINUS, De catechizandibus rudibus, in: Aurelius Augustinus Opera (Pars XIII,2), hg. v. I. Bauer (= CCL 46), Turnhout 1969, 115–178. [cat. rud.]
AURELIUS AUGUSTINUS, Vom ersten katechetischen Unterricht. Neu übersetzt von Werner Steinmann, bearbeitet von Otto Wermelinger (= Schriften der Kirchenväter Bd. 7), München 1985. [Steinmann, Übersetzung]
Enchiridion ad Lauretium de fide, spe et caritate:
AUGUSTINUS, Enchiridion ad Lauretium de fide et spe et caritate in: Aurelius Augustinus Opera (Pars XIII,2), hg. v. E. Evans (= CCL 46), Turnhout 1969, 21–114. [enchir.]
AURELIUS AUGUSTINUS, Enchiridion de fide, spe et caritate / Handbüchlein über Glaube, Hoffnung und Liebe. Text und Übersetzung mit Einleitung und Kommentar, hg. v. Joseph Barbel (= Testimonia Bd. 1), Düsseldorf 1960. [Barbel, Übersetzung]
De fide et operibus:
AUGUSTINUS, De fide et operibus, in: Sancti Aureli Augustini Sectio V Pars III , hg. v. Joseph Zycha (= CSEL 41), Prag – Wien – Leipzig. 1900 , 33–97. [fid. et. op.]
AURELIUS AUGUSTINUS, Drei Bücher über den Glauben / De fide, übertragen von Carl Johann Perl, Paderborn 1968, 87–185. [Perl, Übersetzung]

De fide et symbolo:

AUGUSTINUS, De fide et symbolo, in: Sancti Aureli Augustini Sectio V Pars III , hg. v. Joseph Zycha (= CSEL 41), Prag – Wien – Leipzig. 1900 , 1–32. [fid. et. symb.]

Sermones:

AUGUSTINUS VON HIPPO, Predigten zum österlichen Triduum (Sermones 218 – 229/D). Einleitung, Text, Übersetzung und Anmerkungen, hg. v. Hubertus R. Drobner (= Patrologia 16), Frankfurt a.M. u.a. 2006. [Drobner, Sermones 218–229/D]

AUGUSTINUS, Sermo 56, in: Sancti Aurelii Augustini Hipponensis episcopi Opera Omnia 5 (pars prior), hg. v. Jacques-Paul Migne (= PL 38), Paris 1841, 377–386. [s. 56]

DERS., Sermo 57, in: Sancti Aurelii Augustini Hipponensis episcopi Opera Omnia 5 (pars prior), hg. v. Jacques-Paul Migne (= PL 38), Paris 1841, 386–393. [s. 57]

DERS., Sermo 58, in: Sancti Aurelii Augustini Hipponensis episcopi Opera Omnia 5 (pars prior), hg. v. Jacques-Paul Migne (= PL 38), Paris 1841, 393–400. [s. 58]

DERS., Sermo 59, in: Augustin d'Hippone, Sermons pour la pâque. Introduction, texte critique, traduction, notes et index, hg. v. Suzanne Poque (= SC 116), Paris ²2003, 186–199. [s. 59]

AUGUSTINUS, Sermo 212, in : Augustin d'Hippone, Sermons pour la pâque. Introduction, texte critique, traduction, notes et index, hg. v. Suzanne Poque (= SC 116), Paris ²2003, 174–185. [s. 212]

DERS., Sermo 215, in: Sancti Aurelii Augustini Hipponensis episcopi Opera Omnia 5 (pars prior), hg. v. Jacques-Paul Migne (= PL 38), Paris 1841, 1072–1076. [s. 215]

DERS., Sermo 227, in: Augustinus von Hippo, Predigten zum österlichen Triduum (Sermones 218 – 229/D). Einleitung, Text, Übersetzung und Anmerkungen, hg. v. Hubertus R. Drobner (= Patrologia 16), Frankfurt a.M. u.a. 2006, 409– 428. [s. 227]

DERS., Sermo 228,3, in: Augustinus von Hippo, Predigten zum österlichen Triduum (Sermones 218 – 229/D). Einleitung, Text, Übersetzung und Anmerkungen, hg. v. Hubertus R. Drobner (= Patrologia 16), Frankfurt a.M. u.a. 2006, 436. [s. 228,3]

DERS., Sermo 228/B (= Denis 3), in: Augustinus von Hippo, Predigten zum österlichen Triduum (Sermones 218 – 229/D). Einleitung, Text, Übersetzung und Anmerkungen, hg. v. Hubertus R. Drobner (= Patrologia 16), Frankfurt a.M. u.a. 2006, 449–460. [s. 228/B (= Denis 3)]

DERS., Sermo 229 (= Denis 6), in: Augustinus von Hippo, Predigten zum österlichen Triduum (Sermones 218 – 229/D). Einleitung, Text, Übersetzung und Anmerkungen, hg. v. Hubertus R. Drobner (= Patrologia 16), Frankfurt a.M. u.a. 2006, 461–474. [s. 229 (= Denis 6)]

DERS., Sermo 229/A (= Guelf 7), in: Augustinus von Hippo, Predigten zum österlichen Triduum (Sermones 218 – 229/D). Einleitung, Text, Übersetzung und Anmerkungen, hg. v. Hubertus R. Drobner (= Patrologia 16), Frankfurt a.M. u.a. 2006, 475– 486. [s. 229/a (= Guelf 7)]

De trinitate:

AUGUSTINUS, De trinitate, in: Aurelius Augustinus Opera (Pars XIII,2), hg. v. W. J. Mountain/F. Glorie (= CCL 50 – 50 A), Turnhout 1968. [trin.]

Bellarmin:

Disputationes de controversiis:

BELLARMIN, ROBERT, Disputationes de controversiis christianae fidei adversus huius temporis haereticos, in: Robertus Bellarminus Opera omnia, hg. v. Justinus Fèvre, Bd.1–6, Paris 1870–1874 (Neudruck Frankfurt a. M. 1965).

Katechetische Werke:

BELLARMIN, ROBERT, Dichiarazione più copiosa della dottrina cristiana, in: Robertus Bellarminus Opera omnia , hg. v. Justinus Fèvre, Bd. 12, Paris 1870–1874 (Neudruck Frankfurt a. M. 1965), 283–337.

DERS., Dottrina cristiana breve da imparasi a mente, Robertus Bellarminus Opera omnia, hg. v. Justinus Fèvre, Bd. 12, Paris 1870–1874 (Neudruck Frankfurt a. M. 1965), 257–282.

DERS., Explicatio symboli apostolici, in: S. Roberti Card. Bellarmini Opera oratoria postuma, hg. v. Sebastian Tromp, Bd. 10, Rom 1968, 87–157.

DERS., Katechismen. Glaubensbekenntnis. Vater Unser, übers. u. hg. v. Andreas Wollbold, Würzburg 2008.

Cyrill von Jerusalem:

CYRILL VON JERUSALEM, Mystagogicae catechesis / Mystagogische Katechesen, übersetzt und eingeleitet von Georg Röwekamp (= FC 7), Freiburg i. Br. 1992. [myst. cat.]

Thomas von Aquin:

Opsucula:

HOFFMANN, FRITZ / KULOK, ALFRED (Hg.), Thomas von Aquin als Seelsorger. Drei kleine Werke, Leipzig 1988. [Hoffman/Kulok, Thomas von Aquin]

PORTMANN, ANTON / KUNZ, XAVER, Katechismus des hl. Thomas von Aquin oder Erklärung des apostolischen Glaubensbekenntnisses, des Vater unser, Ave Maria und der zehn Gebote Gottes, unv. Neuaufl. d. 1882 in Luzern ersch. Ausg., Kirchen / Sieg 1971. [Portmann/Kunz, Katechesimus des hl. Thomas]

THOMAS VON AQUIN, De articulis fidei et ecclesiae sacramentis, in: ders., Opera Omnia Editio Leonina Tomus XLII, Rom 1979, 212–257. [de articulis fidei et ecclesiae sacramentis]

DERS., In duo praecepta caritatis et in decem legis praecepta expositio, in: ders., Opuscula theologica. Volumen II. De re spirituali, hg. v. Raimondo M. Spiazzi, Turin-Rom 1954, 243–271. [in duo praecepta caritatis et in decem legis praecepta expositio]

DERS., In orationem dominicam videlicet „Pater noster" expositio, in: ders., Opuscula theologica Volumen. II. De re spirituali, hg. v. Raimondo M. Spiazzi, Turin-Rom 1954, 219–235. [in orationem dominicam videlicet „Pater noster" expositio]

DERS., In salutationem angelicam vulgo „Ave Maria", in: ders., Opuscula theologica. Volumen II. De re spirituali, hg. v. Raimondo M. Spiazzi, Turin-Rom 1954, 237–241. [In salutationem angelicam vulgo „Ave Maria"]

DERS., In symbolum apostolicum scilicet „Credo in Deum" expositio, in: ders., Opuscula theologica. Volumen II. De re spirituali, hg. v. Raimondo M. Spiazzi, Turin-Rom 1954, 191–217. [In symbolum apostolicum scilicet „Credo in Deum" expositio]

DERS., Opuscula theologica. Volumen II. De re spirituali, hg. v. Raimondo M. Spiazzi, Turin-Rom 1954. [Opuscula theologica II]

Quaestiones disputatae de veritate:

THOMAS VON AQUIN, Quaestiones disputatae de veritate, in: ders., Opera Omnia. Editio Leonina. Tomus XXII, Rom 1972. [QVD]

DERS., Untersuchungen über die Wahrheit (Quaestiones disputatae de veritate), in deutscher Übertragung von Edith Stein, Bd. 2 (Quaestiones 14–29), Breslau 1932. [Thomas von Aquin, Untersuchungen über die Wahrheit Bd. 2]

Summa theologiae:

THOMAS VON AQUIN, Summa theologiae, in: ders., Opera Omnia Editio Leonina Tomus IV-XII, Rom 1888–1906. [ST]

DERS., Summa Theologica / Die Deutsche Thomas-Ausgabe. Vollständige, ungekürzte deutsch-lateinische Ausgabe der Summa theologica Bd. 15, übersetzt von den Dominikanern und Benediktinern Deutschlands und Österreichs, hg. v. der Albertus-Magnus- Akademie Walberberg bei Köln, Graz u.a. 1950. [Thomas von Aquin, Deutsche Thomas-Ausgabe Bd. 15]

Traditio apostolica:

Traditio apostolica / Apostolische Überlieferung übersetzt und eingeleitet von Wilhelm Geerlings, in: Didache / Zwölf-Apostel-Lehre. Traditio apostolica / Apostolische übersetzt und eingeleitet von Wilhelm Geerlings / Georg Schöllgen (= FC 1), Freiburg i. Br. 1991, 141–313. [trad. apost.]

Weitere Literatur

AHLERS, REINHILD, Art. Erstkommunion, in: LKStKR I (2000), 618. [Ahlers, Erstkommunion]
ALEXANDER, HANAN A., Lernen aus jüdischer Sicht, in: EvErz 51 (1999), 366–377. [Alexander, Lernen]
ALTHAUS, RÜDIGER, Kommentar zu cann. 834 -1045, in: Münsterischer Kommentar zum Codex Iuris Canonici unter besonderer Berücksichtigung der Rechtslage in Deutschland, Österreich und der Schweiz. Bd. 4 (cann. 834 – 1310). Hg. v. Klaus Lüdicke, Loseblattwerk, Essen 1986ff. [Althaus, Münsterischer Kommentar]
ANSORGE, DIRK, J. Ratzingers Rede zur Krise der Katechese. Ein Schlüssel zum Verständnis der „Katechismus der katholischen Kirche", in: KatBl 119 (1994), 4–13. [Ansorge, Rede]
ARMBRUSTER, KLEMENS, Was ist Evangelisierung? Eine fruchtbare Alternative zur herkömmlichen Gemeindepastoral, in: LKat 21 (1999), 126–132. [Armbruster, Evangelisierung]
ASSMANN, JAN, Das kulturelle Gedächtnis. Schrift, Erinnerung und politische Identität in frühen Hochkulturen, München ²1997. [Assmann, Gedächtnis]
AYMANS, WINFRIED, Kanonisches Recht. Lehrbuch aufgrund des Codex Iuris Canonici. Begründet von Eduard Eichmann, fortgeführt von Klaus Mörsdorf, neu bearbeitet von Winfried Aymans. Bd. III, Verkündigungsdienst und Heiligungsdienst, Paderborn 2007. [Aymans, Kanonisches Recht]
BACKHAUS, FRANZ JOSEF, „Denn Zeit und Zufall trifft sie alle". Studien zur Komposition und zum Gottesbild im Buch Qohelet, (= BBB 83), Frankfurt a. M. 1993. [Backhaus, Zeit]

DERS., „Es gibt nichts Besseres für den Menschen" (Koh 3,22). Studien zur Komposition und Weisheitskritik im Buch Kohelet (= BBB 121), Bodenheim 1998. [Backhaus, Studien]

BACKHAUS, KNUT, Art. Glaubensbekenntnis. II. Biblisch. 3. Neues Testament, in: LThK³ Bd. 4 (1995), 702–70. [Backhaus, Glaubensbekenntnis]

BALL, MATTHIAS, Katechese im Umbruch. Für Dieter Emeis zum 65. Geburtstag, in: Lkat 21 (1999). [Ball, Katechese]

DERS., Jesus Christus in der Eucharistiekatechese – eine kritische Sicht, in: LKat 20 (1998), 130–135. [Ball, Jesus Christus]

DERS., Was ist Familienkatechese?, in: LKat 21 (1999), 77–80. [Ball, Familienkatechese]

DERS. / TEBARTZ-VAN ELST, FRANZ-PETER / WAIBEL, ARTUR / WERNER, ERNST. Erwachsenen auf dem Weg zur Taufe. Werkbuch Erwachsenenkatechumenat, München 1997. [Ball / Tebartz-van Elst / Waibel / Werner, Erwachsene]

BARBEL, JOSEPH, Einleitung, in: Aurelius Augustinus, Enchiridion de fide, spe et caritate / Handbüchlein über Glaube, Hoffnung und Liebe. Text und Übersetzung mit Einleitung und Kommentar, hg. v. Joseph Barbel (= Testimonia Bd. 1), Düsseldorf 1960, 5–20. [Barbel, Einleitung]

BÄRSCH, JÜRGEN, Die Feier als Maßstab. Überlegungen zum Verhältnis von Sakramentenkatechese und Sakramentenliturgie am Beispiel der Firmung, in: Winfried Haunerland / Alexander Saberschinsky (Hg.), Liturgie und Mystagogie, Trier 2007, 45–62. [Bärsch, Feier]

BARTHOLOMÄUS, WOLFGANG, Gemeindekatechese. Eine Problemübersicht, in: ThQ 162 (1982). [Bartholomäus, Gemeindekatechese]

BAUDLER, GEORG, Korrelationsdidaktik auf dem Prüfstand. Antwort auf ihre praktische und theologische Infragestellung, in: rhs 44 (2001),54–62. [Baudler, Korrelationsdidaktik]

DERS., Korrelation von Glaube und Leben, in: Gottfried Bitter u.a. (Hg.), Neues Handbuch religionspädagogischer Grundbegriffe, München 2002, 446–451. [Baudler, Korrelation]

BAUER, NORBERT, Leuchtturm Jesus? Gegen eine Überfrachtung der Erstkommunion mit Symbolen, in: Gd 40 (2006), 4–5. [Bauer, Leuchtturm]

BAUMANN, GERLINDE, Die Weisheitsgestalt in Proverbien 1–9. Traditionsgeschichtliche und theologische Studien (= Forschungen zum Alten Testament 16), Tübingen 1996, 294–300. [Baumann, Weisheitsgestalt]

BAUMGARTNER, KONRAD, Geschichtliche und gegenwärtige Probleme der Erstbeichte, in: Karl Schlemmer (Hg.), Krise der Beichte – Krise des Menschen. Ökumenische Beiträge zur Feier der Versöhnung (= SThPS 36), Würzburg 1998, 156–163. [Baumgartner, Erstbeichte]

BAUSENHART, GUIDO, Theologischer Kommentar zum Dekret über das Hirtenamt der Bischöfe in der Kirche Christus Dominus, in: Peter Hünermann / Bernd Jochen Hilberath (Hg.), Herders Theologischer Kommentar zum Zweiten Vatikanischen Konzil Bd. 3, Freiburg i. Br. 2005, 225–313. [Bausenhart, Kommentar CD]

BECK, ANNEGRET / WOLLBOLD, ANDREAS, Glauben lernen in der europäischen Diaspora, in: KatBl 126 (2001), 417–422. [Beck / Wollbold, Glauben]

BELLINGER, GERHARD J., Art. Katechismus. I. Begriff – II. Geschichte – III. K. in der Glaubensverkündigung, in: LThK³ Bd. 5 (1996), 1311–1315. [Bellinger, Katechismus]

BENDEL, HERBERT, „Glaube liegt in der Luft". Kommunionweg als Familienkatechese, in: Albert Biesinger / Herbert Bendel (Hg.), Gottesbeziehung in der Familie. Familienkatechetische Orientierungen von der Kindertaufe bis ins Jugendalter, Ostfildern 2000, 295–322.[Bendel, Glaube]

DERS. / BIESINGER, ALBERT, Familienkatechese, in: Gottfried Bitter u.a. (Hg.), Neues Handbuch religionspädagogischer Grundbegriffe, München 2002, 310–313. [Biesinger / Bendel, Familienkatechese]
BENJAMIN, WALTER, Kapitalismus als Religion, in: ders., Gesammelte Schriften Bd. 6, hg. v. Rolf Tiedemann u. Hermann Scheppenhäuser, Frankfurt a.M. 1991, 100–103. [Benjamin, Kapitalismus]
BETZ, HANS DIETER, Nachfolge und Nachahmung Jesu Christi im Neuen Testament (= BHTh 37), Tübingen 1967. [Betz, Nachfolge]
BEUSCHER, BERND, Zurück zur Fragwürdigkeit! Der Rücktritt der Korrelationsdidaktik – ein religionspädagogischer Fortschritt? Weitere Überlegungen zur religionspädagogischen Theoriebildung, in: RpB 24 (1994), 33–61. [Beuscher, Fragwürdigkeit]
BIEMER, GÜNTER, Katechetik der Sakramente, Freiburg i. Br. 1983. [Biemer, Katechetik]
DERS., Symbole des Glaubens leben – Symbole des Lebens glauben. Sakramentenkatechese als Lernprozess. Taufe, Firmung, Eucharistie, Ostfildern 1999. [Biemer, Symbole]
DERS. / KRAUS, BERNHARD, Eucharistiekatechese. Hinführung zum Geheimnis der Eucharistie in der jüngeren Katechesegeschichte, in: KatBl 112 (1987), 392–397. [Biemer / Kraus, Eucharistiekatechese]
BIESINGER, ALBERT, Auf dem Weg zur Erstkommunion. Leitfaden für Eltern und Paten, Freiburg i. Br. 1998. [Biesinger, Weg]
DERS., Chancen der Familienkatechese. 20 Thesen, in: LKat 21 (1999), 33–35. [Biesinger, Chancen]
DERS., Erstkommunion als Familienkatechese. Zur Relevanz von „Catequesis familiar", in: ThQ 174 (1994), 120–135. [Biesinger, Erstkommunion]
DERS., „Kinder nicht um Gott betrügen. Anstiftungen für Väter und Mütter." Was daraus geworden ist, in: LKat 21 (1999), 88–91. [Biesinger, Anstiftung]
DERS., Gott in die Familie. Erstkommunion als Chance für Eltern und Kinder, München 1996. [Biesinger, Gott in die Familie]
DERS., Gott mit Kindern wiederfinden. Ein Leitfaden für Mütter und Väter, Freiburg i. Br. 1998. [Biesinger, Gott mit Kindern]
DERS., „Herr Pfarrer, jetzt haben wir Familienkatechese gemacht, jetzt halten Sie am Sonntag den Gottesdienst aber auch so, dass wir mit unseren Kindern kommen können.", in: LS 56 (2005), 12–16. [Biesinger, Herr Pfarrer]
DERS., Katechese in größer werdenden Seelsorgeeinheiten. Wie könnte ein zukunftsfähiges Konzept für unsere Seelsorgeräume aussehen?, in: LS 56 (2005), 2–7. [Biesinger, Katechese]
DERS., Kinder nicht um Gott betrügen. Anstiftung für Mütter und Väter, Freiburg i. Br. 1994. [Biesinger, Kinder]
DERS. / BENDEL, HERBERT (Hg.), Gottesbeziehung in der Familie, Familienkatechetische Orientierungen von der Kindertaufe bis ins Jugendalter, Ostfildern 2000. [Biesinger / Bendel, Gottesbeziehung]
DERS. / BENDEL, HERBERT / BIESINGER, DAVID, Gott mit neuen Augen sehen. Wege zur Erstkommunion, 4 Bd., München 1999. [Biesinger / Bendel / D. Biesinger, Gott mit neuen Augen sehen]
DERS. / GAUS, RALPH, Wie Gemeindekatechese Zukunft hat, in: RpB 56 (2006), 75–82. [Biesinger / Gaus, Gemeindekatechese]
DERS. / GAUS, RALPH / STROEZEL, HOLGER, Erstkommunion als Familienkatechese. Fundierungen, Konkretionen und empirische Ergebnisse, in: Walter Kasper / Albert Biesinger /

Alois Kothgasser (Hg.), Weil Sakramente Zukunft haben. Neue Wege der Initiation in Gemeinden, Ostfildern 2008, 70–95. [Biesinger / Gaus / Stroezel, Erstkommunion]
DERS. / SCHMITT, CHRISTOPH, Gottesbeziehung. Hoffnungsversuche für Schule und Gemeinde. Handbuch, Freiburg i. Br. 1998. [Biesinger/Schmitt, Hoffnungsversuche]
BIHLER, ELSBETH, Kommt und seht. Werkbuch zur Erstkommunion für Eltern und Kinder, Limburg ⁹1998. [Bihler, Kommt und seht]
BISCHÖFLICHES GENERALVIKARIAT TRIER (Hg.), Personalschematismus und Anschriftenverzeichnis des Bistums Trier für das Jahr 2006, Trier 2006. [Generalvikariat Trier, Schematismus 2006]
BITTER, GOTTFRIED, Alte Abbrüche und neue Überbrückungen. Zum „garstigen Graben" zwischen Liturgie und Katechese, in: ThPQ 149 (2001), 43–55. [Bitter, Abbrüche]
DERS., Art: Catechesi tradendae, in: LexRP Bd. 1 (2001), 261–162. [Bitter, Catechesi tradendae]
DERS., Welche Katechese hat Zukunft? Praktisch-theologische Mutmaßungen, in: Joachim Theis (Hg.), Die Welt geht rascher als die Kirche (= FS für Wolfgang Lentzen-Deis), Trier 2004, 212–223. [Bitter, Zukunft]
DERS., Verdorren und Keimen. Was sich in der Katecheselandschaft zeigt, in: HerKorr 52 (1998), 34–39. [Bitter, Verdorren und Keimen]
DERS. / HUNZE, GUIDO, Art. Vaterunser. II. Historisch-Theologisch, in: LThK³ Bd. 10 (2001), 548–549. [Bitter / Hunze, Vaterunser]
BLECHSCHMIDT, MEINULF / KAUFMANN, ESTHER / FACKLER, MARIANNE, Heute noch muß ich in deinem Haus zu Gast sein. Kommunionkurs für Kinder und Gemeinde. Teil II – Katechesen, Landshut ³1992. [Blechschmidt / Kaufmann / Fackler, Kommunionkurs]
BÖCKLER, ANNETTE M., Beten als Lernen – Lernen als Mitzwa. Das Gebetbuch als Lernbuch im Judentum, in: Beate Ego / Helmut Merkel (Hg.), Religiöses Lernen in der biblischen, frühjüdischen und frühchristlichen Überlieferung (= WUNT 180), Tübingen 2005, 157–173. [Böckler, Beten]
BOGENBERGER, HUGO, Warum fragen Menschen nach Sakramenten?, in: LKat 14 (1992), 85–90. [Bogenberger, Menschen]
BÖHME, MICHAEL, Einschulung. Anmerkungen zu einem Statusübergang aus der Sicht der Seelsorge, in: ders. u.a. (Hg.), Entwickeltes Leben. Neue Herausforderungen für die Seelsorge, Leipzig 2002, 263–281. [Böhme, Einschulung]
BORTZ, JÜRGEN / DÖRING, NICOLA, Forschungsmethoden und Evaluation für Human- und Sozialwissenschaftler, 4. überarbeitete Aufl., Heidelberg 2006. [Bortz / Döring, Forschungsmethoden]
BOSCHKI, REINHOLD, ‚Beziehung' als Leitbegriff der Religionspädagogik. Grundlegung einer dialogisch-kreativen Religionsdidaktik (= Glaubenskommunikation Reihe Zeitzeichen Bd. 13), Ostfildern 2003. [Boschki, Beziehung]
DERS., Religiöse Bildung als Fragment, in: Pastoralblatt für die Diözesen Aachen, Berlin, Hildesheim, Köln, Osnabrück 59 (2007), 195–202. [Boschki, Bildung]
BRANDTSCHEIDT, RENATE, Weltbegeisterung und Offenbarungsglaube. Literar-, form- und traditionsgeschichtliche Untersuchung zum Buch Kohelet (= TThSt 64), Trier 1999. [Brandtscheidt, Weltbegeisterung]
BRANTZEN, HUBERTUS, Das Leben anhalten und deuten. Feste in der Familie, in: LS 40 (1989), 272–276. [Brantzen, Leben]
BRAULIK, GEORG, Das Deuteronomium und die Bücher Ijob, Sprichwörter, Rut. Zur Frage früher Kanonizität des Deuteronomiums, in: Erich Zenger (Hg.), Die Tora als Kanon für

Juden und Christen (= Herders Biblische Studien Bd. 10), Freiburg i. Br. 1996, 61–138. [Braulik, Deuteronomium]

DERS., Das Deuteronomium und die Gedächtniskultur Israels. Redaktionsgeschichtliche Beobachtungen zur Verwendung von למד, in: ders., Studien zum Buch Deuteronomium (= SBS 24), Stuttgart 1997, 119–146. [Braulik, Gedächtniskultur]

BRIELMAIER, BEATE, Die Feier der Erstkommunion, Stuttgart 2006. [Brielmaier, Erstkommunion]

BUCHER, ANTON U.A. (HG.), ‚Mittendrin ist Gott' – Kinder denken nach über Gott, Leben und Tod (= Jahrbuch für Kindertheologie Bd. 1), Stuttgart 2002. [Bucher, Mittendrin]

DERS., Religion in der Kindheit, in: Gottfried Bitter u.a. (Hg.), Neues Handbuch religionspädagogischer Grundbegriffe, München 2002, 194–198. [Bucher, Religion]

BÜTTNER, GERHARD / BUCHER, ANTON, Kindertheologie – Eine Zwischenbilanz, in: Zeitschrift für Pädagogik und Theologie (EvErz) 57 (2005), 35–46. [Büttner / Bucher, Kindertheologie]

DERS., Religion als evolutionärer Vorteil?!, in: KatBl 130 (2005), 14–21. [Büttner, Religion]

BUNKE, ANNE-DORE, Lehren und Lernen als Thema der Evangelien, in: EvErz 53 (2001), 126–132. [Bunke, Lehren]

BYRSKOG, SAMUEL, Das Lernen der Jesusgeschichte nach den synoptischen Evangelien, in: Beate Ego / Helmut Merkel (Hg.), Religiöses Lernen in der biblischen, frühjüdischen und frühchristlichen Überlieferung (= WUNT 180), Tübingen 2005, 191–209. [Byrskog, Lernen]

COMMISION EPISCOPALE DE LA CATECHESE ET DU CATECHUMENAT, Aller au coeur de la foi. Questions d'avenir pour la catéchèse, Paris 2003. [Commision épiscopale, coeur de la foi]

DANNECKER, KLAUS PETER, Taufe, Firmung und Erstkommunion in der ehemaligen Diözese Konstanz. Eine liturgiegeschichtliche Untersuchung der Initiationssakramente (= LWQF 92), Münster 2005. [Dannecker, Taufe]

DAVIE, GRACE, Religion in modern Europe. A memory mutates, Oxford 2000. [Davie, Religion]

DIETRICH, THOMAS, Die Theologie der Kirche bei Robert Bellarmin (1542–1621). Systematische Voraussetzungen des Kontroverstheologen (= KKTS 69), Paderborn 1999. [Dietrich, Theologie der Kriche]

DERS., Roberto Bellarmino. Zwischen Tradition und Neuanfang, in: Peter Walter / Martin H. Jung (Hg.), Theologen des 17. und 18. Jahrhunderts. Konfessionelles Zeitalter – Pietismus – Aufklärung, Darmstadt 2003, 35–53. [Dietrich, Roberto Bellarmino]]

DIMPFLMAIER, ANTON, Neues Testament und Glaubensweitergabe. Zum Problem der Begründung theologischer Inhalte in der Religionspädagogik (= STP 43), St. Ottilien 1993. [Dimpflmaier, Glaubensweitergabe]

DISSE, JÖRG, Glaube und Glaubenserkenntnis. Eine Studie aus bibeltheologischer und systematischer Sicht (= Fuldaer Hochschulschriften 48), Frankfurt a. M. u.a. 2006. [Disse, Glaube]

DOMSGEN, MICHAEL, Familie und Religion, Grundlagen einer religionspädagogischen Theorie der Familie (= Arbeiten zur praktischen Theologie 26), Leipzig 2004. [Domsgen, Familie]

DRECOLL, VOLKER HENNING, Art. Fide et operibus (De-), in: AugL Bd. 2 (1996–2002), 1305–1311. [Drecoll, Fide et operibus]

DREHER, BRUNO, Katechese im Organismus der Gesamtseelsorge, in: ders. / Adolf Exeler/ Klemens Tilmann (Hg.), Katechese und Gesamtseelsorge (= Klärung und Wegweisung 6), Würzburg 1966, 63–101. [Dreher, Katechese]

DROBNER, HUBERTUS R., Allgemeine Einleitung, in: Augustinus von Hippo, Predigten zum österlichen Triduum (Sermones 218 – 229/D). Einleitung, Text, Übersetzung und Anmerkungen, hg. v. Hubertus R. Drobner (= Patrologia XVI), Frankfurt a.M. u.a. 2006, 43–112. [Drobner, Einleitung]

DUJARIER, MICHEL, A history of the catechumenate. The first six centuries, New York 1979. [Dujarier, catechumenate]

EBERTZ, MICHAEL N., Erosion der Gnadenanstalt? Zum Wandel der Sozialgestalt von Kirche, Freiburg i. Br. 1998. [Ebertz, Erosion]

DERS., ‚Heilige Familie' – ein Auslaufmodell? Religiöse Kompetenz der Familie in soziologischer Sicht, in: Albert Biesinger / Herbert Bendel (Hg.), Gottesbeziehung in der Familie. Familienkatechetische Orientierungen von der Kindertaufe bis ins Jugendalter, Ostfildern 2000, 16–43. [Ebertz, Heilige Familie]

DERS., Hinaus in alle Milieus? Zentrale Ergebnisse der Sinus-Milieu-Kirchenstudie, ders. / Hans-Georg Hunstig (Hg.), Hinaus ins Weite. Gehversuche einer milieusensiblen Kirche, Würzburg 2008, 17–34. [Ebertz, Milieus]

DERS., Zerstörung der ganzen Gesellschaft? Das Bündnis von Kirche und Familie könnte ein Auslaufmodell sein, in: Zeitzeichen 3 Heft 7 (2002), 36–38. [Ebertz, Zerstörung]

DERS. / HUNSTIG, HANS-GEORG (Hg.), Hinaus ins Weite. Gehversuche einer milieusensiblen Kirche, Würzburg 2008. [Ebertz/Hunstig, Hinaus ins Weite]

EGGERSDORFER, FRANZ XAVER, Der heilige Augustinus als Pädagoge und seine Bedeutung für die Geschichte der Bildung (= Straßburger Theologische Studien Bd. 8 Heft 3 u. 4), Freiburg i. Br. 1907. [Eggersdorfer, Augustinus]

EGO, BEATE, Zwischen Aufgabe und Gabe. Theologische Implikationen des Lernens in der alttestamentlichen und antik-jüdischen Überlieferung, in: dies. / Helmut Merkel (Hg.), Religiöses Lernen in der biblischen, frühjüdischen und frühchristlichen Überlieferung (= WUNT 180), Tübingen 2005, 1–26. [Ego, Aufgabe]

EICHENSEER, CAELESTIS, Das Symbolum apostolicum beim heiligen Augustinus. Mit Berücksichtigung des dogmengeschichtlichen Zusammenhangs (= Kirchengeschichtliche Quellen und Abhandlungen 4), St. Ottilien 1960. [Eichenseer, Symbolum]

EISENBACH, FRANZISKUS, Einleitung zum Synodenbeschluß „Schwerpunkte heutiger Sakramentenpastoral", in: Ludwig Bertsch u.a. (Hg.), Gemeinsame Synode der Bistümer in der Bundesrepublik Deutschland. Beschlüsse der Vollversammlung. Offizielle Gesamtausgabe I, Freiburg i. Br. 1976, 227–238. [Eisenbach, Einleitung]

EKD (Hg.), Fremde Heimat Kirche. Ansichten ihrer Mitglieder, Hannover 1993. [EKD, Heimat 1993]

EMEIS, DIETER, Das katechetische Wirken der Kirche – Ein Papier und die Praxis, in: KatBl 99 (1974), 130–135. [Emeis, Wirken]

DERS., Die Gemeinde als Voraussetzung und Ziel der Katechese, in: KatBl 101 (1976), 192–197. [Emeis, Gemeinde]

DERS., Art. Erstkommunion I. Pastoral, in LThK³ Bd. 3 (1995), 834–835. [Emeis, Erstkommunion]

Art: Evangelisation, Evangelisierung. III. Praktisch-theologisch, in: LThK³ Bd. 3 (1995), 1035. [Emeis, Evangelisation]

DERS., Evangelisierung und Katechese unter dem Zeitdruck „sakramentaler Termine", in: LS 38 (1987), 155–160. [Emeis, Evangelisierung]

DERS., Grundriss der Gemeinde- und Sakramentenkatechese. Mit Beiträgen von Franz-Peter Tebartz-van Elst und Thomas Kiefer, München 2001. [Emeis, Grundriss]

DERS., Sakramentenkatechese, Freiburg i. Br. 1991. [Emeis, Sakramentenkatechese]
DERS., Sakramentenkatechese als Symboldidaktik, in: LKat 22 (2000), 1–5. [Emeis, Symboldidaktik]
DERS., Zwischen Ausverkauf und Rigorismus. Zur Krise der Sakramentenpastoral, Freiburg i. Br. 1991. [Emeis, Ausverkauf]
EMEIS, DIETER / SCHMITT, KARL-HEINZ, Grundkurs Gemeindekatechese, Freiburg i. Br. 1977. [Emeis / Schmitt, Gemeindekatechese]
DIES., Grundkurs Sakramentenkatechese, Freiburg i. Br. 1980. [Emeis / Schmitt, Grundkurs Sakramentenkatechese]
DIES., Handbuch der Gemeindekatechese, Freiburg i. Br. 1986. [Emeis / Schmitt, Handbuch]
ENGELBRECHT, MARTIN, Pforten im Niemandsland? Die Kasualien als brüchiges Band an die Kirchen im Lichte älterer und neuerer Ritualtheorien, in: Johannes Först / Joachim Kügler (Hg.), Die unbekannte Mehrheit. Mit Taufe, Trauung und Bestattung durchs Leben? Eine empirische Untersuchung zur „Kasualfrömmigkeit" von KatholikInnen- Bericht und interdisziplinäre Auswertung (= Werkstatt Theologie Bd. 6), Berlin 2006, 55–76. [Engelbrecht, Pforten]
ENGLERT, RUDOLF, Die Korrelationsdidaktik am Ausgang ihrer Epoche. Plädoyer für einen ehrenhaften Abgang, in: Georg Hilger / George Reilly (Hg.), Religionsunterricht im Abseits? Das Spannungsfeld Jugend – Schule – Religion, München 1993, 97–110. [Englert, Korrelationsdidaktik]
DERS., Religionspädagogische Grundfragen. Anstöße zur Urteilsbildung (= Praktische Theologie heute Bd. 82), Stuttgart 2007. [Splögen, Katechetinnen]
EXELER, ADOLF, Das katechetische Wirken der Kirche, in: Dieter Emeis / Burkard Sauermost (Hg.), Synode – Ende oder Anfang. Ein Studienbuch für die Praxis in der Bildungs- und Gemeindearbeit, Düsseldorf 1976, 108–116. [Exeler, Wirken]
DERS., Gemeindekatechese – Verschiedene Konzeptionen, in: KatBl 99 (1974), 140–145. [Exeler, Gemeindekatechese]
DERS., Kommentar, in: Zur Freude des Glaubens hinführen. Apostolisches Schreiben Papst Johannes Pauls II. über die Katechese heute, Freiburg i. Br. 1980, 115–170. [Exeler, Kommentar]
DERS., Wesen und Aufgabe der Katechese. Eine pastoralgeschichtliche Untersuchung, Freiburg i. Br. 1966. [Exeler, Wesen}
EYT, PIERRE, Überlegungen von Pierre Eyt, in: Joseph Ratzinger, Die Krise der Katechese und ihre Überwindung. Rede in Frankreich, Einsiedeln 1983, 40–62. [Eyt, Überlegungen]
FABER, EVA-MARIA, Bekehrung zum fremden Gott. Steht eine theo-logische Wende an?, in: GuL 74 (2001), 467–474. [Faber, Bekehrung]
DIES., Einführung in die katholische Sakramentenlehre, Darmstadt 2002. [Faber, Einführung]
DIES., Plädoyer für Gelassenheit in der Sakramentenpastoral, in: Pastoralblatt für die Diözesen Aachen, Berlin, Essen, Hildesheim, Köln, Osnabrück 60 (2008) 227–233. [Faber, Plädoyer]
FAßNACHT, MARTIN, Das paulinische Wissenskonzept und seine soteriologische Relevanz, in: Karl Löning / ders. (Hg.), Rettendes Wissen. Studien zum Fortgang weisheitlichen Denkens im Frühjudentum und im frühen Christentum (= AOAT 300 [= Veröffentlichungen des Arbeitskreises zur Erforschung der Religions- und Kulturgeschichte des Antiken Vorderen Orients und des Sonderforschungsbereichs 493 Bd. 3]), Münster 2002. [Faßnacht, Wissenskonzept]
FIEDROWICZ, MICHAEL, Theologie der Kirchenväter. Grundlagen frühchristlicher Glaubensreflexion, Freiburg i. Br. 2007. [Fiedrowicz, Theologie]

FINSTERBUSCH, KARIN, Das Kind als Teil der Gemeinde im Spiegel des Deuteronomiums, in: Matthias Augustin / Hermann Michael Niemann (Hg.), Basel und Bibel (= Beiträge zur Erforschung des Alten Testaments und des Antiken Judentums 51), Frankfurt a. M. u.a., 2004, 71–81. [Finsterbusch, Kind]

DIES., Die kollektive Identität und die Kinder. Bemerkungen zu einem Programm im Buch Deuteronomium, in: JBTh 17 (2002), 99–120. [Finsterbusch, Identität]

FISCHER, GEORG / LOHFINK, NORBERT, Diese Worte sollst du summen. Dtn 6,7 w^edibbartā bām – ein verlorener Schlüssel zur meditativen Kultur in Israel, in: ThPh 62 (1987), 59–72. [Fischer / Lohfink, Worte]

FOCKE, PETRA, Vom Brot, das wir teilen, Freiburg i. Br. 2007. [Focke, Brot]

FÖRST, JOHANNES, Die unbekannte Mehrheit. Sinn- und Handlungsorientierungen ‚kasualienfrommer' Christ/inn/en, in: ders. / Joachim Kügler (Hg.), Die unbekannte Mehrheit. Mit Taufe, Trauung und Bestattung durchs Leben? Eine empirische Untersuchung zur „Kasualfrömmigkeit" von KatholikInnen- Bericht und interdisziplinäre Auswertung (= Werkstatt Theologie Bd. 6), Berlin 2006, 13–53. [Först, Unbekannte Mehrheit]

DERS. KÜGLER, JOACHIM (Hg.), Die unbekannte Mehrheit. Mit Taufe, Trauung und Bestattung durchs Leben? Eine empirische Untersuchung zur „Kasualfrömmigkeit" von KatholikInnen- Bericht und interdisziplinäre Auswertung (= Werkstatt Theologie Bd. 6), Berlin 2006. [Först/Kügler, Mehrheit]

FRISCH, HERMANN-JOSEF, Kommunionkurs „Gemeinschaft mit Jesus", Düsseldorf 1987. [Frisch, Kommunionkurs]

FUCHS, GOTTHARD, Die „Hierarchie der Wahrheiten" als lebenspraktisches und katechetisches Konzentrationsprinzip, in: LKat 9 (1987), 83–91.

DERS., Der bittende Gott und der erhörende Mensch. Das Wirkzentrum im (Re-) Evangelisierungsprozeß, in: LKat 11 (1989), 85–91. [Fuchs, Gott]

FUCHS, OTTMAR, Ist der Begriff der ‚Evangelisierung' eine ‚Stopfgans'?, in: KatBl 112 (1987), 498–514. [Fuchs, Evangelisierung]

FUCHS-HEINZ, WERNER, Religion, in: Deutsche Shell (Hg.), Jugend 2000. Band 1, Opladen 2000, 157–180. [Fuchs-Heinz, Religion]

GABRIEL, KARL, Christentum zwischen Tradition und Postmoderne, Freiburg i. Br. 1992. [Gabriel, Christentum]

DERS., Familie im Überdruck gesellschaftlicher Erwartungen, in: Arbeitsgemeinschaft der katholischen Verbände für Erziehung und Schule (Hg.), Zukunft bejahen – Erziehung wagen, Bonn – Bad Godesberg, 1994, 4–12. [Gabriel, Familie]

DERS., Neue Nüchternheit. Wo steht die Religionssoziologie in Deutschland?, in: HerKorr 54 (2000), 581–586. [Gabriel, Nüchternheit]

DERS., Religiöser Pluralismus. Die Kirchen in Westdeutschland, in: Religionsmonitor 2008, Gütersloh 2007, 76–84. [Gabriel, Pluralismus]

GALEOTA, GUSTAVO, Art. Bellarmin, Roberto (1542–1621), in: TRE Bd. 5 (1979–1980), 525–531. [Galeota, Bellarmin]

GARHAMMER, ERICH, Ein Gespräch mit Franz-Xaver Kaufmann, in: LS 57 (2006), 239–241. [Garhammer, Gespräch Kaufmann]

DERS., Ein Gespräch mit Gottfried Bitter, in: LS 56 (2005), 29–32. [Garhammer, Gespräch]

GÄRTNER, CLAUDIA, Kirchen – Räume für Religionsunterricht und Katechese, in: LS 56 (2005), 17–22. [Gärtner, Kirchen]

GEERLINGS, WILHELM, Augustinus. Lehrer der Gnade, in: ders. (Hg.), Theologen der christlichen Antike. Eine Einführung, Darmstadt 2002, 148–167. [Geerlings, Augustinus]

GEIS, WOLFGANG, Erstkommunion feiern. Vorbereitungsfeiern, Festgottesdienste, Dankandachten, Freiburg i. Br. 2004. [Geis, Erstkommunion]
GENN, FELIX, Trinität und Amt nach Augustinus (= Sammlung und Horizonte Bd. 23), Einsiedeln 1986. [Genn, Trinität]
GENSICKE, THOMAS, Jugend und Religiosität, in: Shell Deutschland Holding (Hg.), Jugend 2006. Eine pragmatische Generation unter Druck, Frankfurt a.M. 2006, 203–239. [Gensicke, Jugend]
GERHARDS, ALBERT, Katechese und Liturgie – ein schwieriges Verhältnis?, in: Gottfried Bitter / ders. (Hg.), Glauben lernen – Glauben feiern. Katechetisch-liturgische Versuche und Klärungen (Praktische Theologie heute Bd. 30), Stuttgart – Berlin – Köln, 1998, 258–269. [Gerhards, Katechese]
GILGENREINER, DORIS, Ein Fenster zum Himmel. Symbolische Gestaltungen von Elementen aus der Eucharistiefeier für Schule und Kindergruppen, in: KatBl 133 (2008), 189–193. [Gilgenreiner, Fenster]
Glaubwürdige und fruchtbare Sakramentenpastoral? Eine Anfrage an die deutschen Bischöfe, in: Anzeiger für die Seelsorge 100 (1991), 50–52. [Glaubwürdige Sakramentenpastoral]
GNILKA, JOACHIM, Paulus von Tarsus, Apostel und Zeuge (= HThK Suppl. 6), Freiburg i. Br. 1996. [Gnilka, Paulus]
GRABMANN, MARTIN, Die Werke des Hl. Thomas von Aquin. Eine literaturhistorische Untersuchung und Einführung, 3. erweiterte Aufl., Münster 1949. [Grabmann, Werke]
GRETHLEIN, CHRISTIAN, Spirituelle Bildung – Gebet – Meditation, in: Gottfried Bitter u.a. (Hg.), Neues Handbuch religionspädagogischer Grundbegriffe, München 2002, 252–255. [Grethlein, Bildung]
GROM, BERNHARD, Gewissensbesinnung und Beichte – Bußerziehung im engeren Sinn, in: ders. u.a. (Hg.), Das ungeliebte Sakrament. Grundriß einer neuen Bußpraxis, 171– 186. [Grom, Gewissensbesinnung]
DERS., Gewissensentwicklung und Gewissensbildung oder Bußerziehung im weiteren Sinn, in: ders. u.a. (Hg.), Das ungeliebte Sakrament. Grundriß einer neuen Bußpraxis, 142–170. [Grom, Gewissensentwicklung]
DERS., Religiöse Sozialisation in der Familie. Zur Bedeutung eines unterschätzten Lernorts, in: StZ 214 (1196), 601–610. [Grom, Sozialisation]
GRÜMME, BERNHARD, Vom Anderen eröffnete Erfahrung. Zur Neubestimmung des Erfahrungsbegriffs in der Religionsdidaktik (= Religionspädagogik in pluraler Gesellschaft Bd. 10), Gütersloh – Freiburg i. Br. 2007. [Grümme, Erfahrung]
GRÜNEISEN, VERONIKA, Familien gestern und heute – Wunsch und Wirklichkeit, in: Wege zum Menschen 53 (2001), 86–97. [Grüneisen, Familien]
GUGGENMOS, GLAUDIA / KARBACH, STEFAN, Eine halbe Stunde oder ein halbes Jahr. Firmvorbereitung als Bestärkung in der Identitätsfindung Jugendlicher, in: LKat 23 (2001), 28–30. [Guggenmos / Karbach, Firmvorbereitung]
HAHN, FERDINAND, Bekenntnisformeln im Neuen Testament, in: Johannes Brantschen / Pietro Selvatio (Hg.), Unterwegs zur Einheit (= FS für Heinrich Stirnimann), Freiburg i. d. Schweiz – Freiburg i. Br.- Wien 1980, 200–214. [Hahn, Bekenntnisformeln]
DERS., Christologische Hoheitstitel. Ihre Geschichte im frühen Christentum, 5. erweiterte Aufl., Göttingen 1995. [Hahn, Hoheitstitel]
HALBFAS, HUBERTUS, Lehrpläne und Religionsbücher. Notizen zur didaktischen Theorie, in: rhs 33 (1990), 228–244. [Halbfass, Lehrpläne]

DERS., Thomas Rusters ‚fällige Neubegründung des Religionsunterrichts'. Eine kritische Antwort, in: rhs 44 (2001), 41–53. [Halbfass, Neubegründung]

HASLINGER, HERBERT, Was ist Mystagogie? Praktisch-theologische Annäherung an einen strapazierten Begriff, in: Stefan Knobloch / Herbert Haslinger (Hg.), Mystagogische Seelsorge. Eine lebensgeschichtlich orientierte Pastoral, Mainz 1991, 15–75. [Haslinger, Mystagogie]

HASTETTER, MICHAELA C., Einheit aller Wirklichkeit. Die Bedeutung des symphonischen Denkens des „Mozarts der Theologie" für die Pastoral, in: dies. / Christoph Ohly / Georgios Valchonis (Hg.), Symphonie des Glaubens. Junge Münchner Theologen im Dialog mit Joseph Ratzinger / Benedikt XVI., St. Ottilien 2007, 15–50. [Hastetter, Einheit]

HAUB, RITA, Robert Bellarmin und der Katechismus nach dem Tridentinum, in: Robert Bellarmin, Katechismen. Glaubensbekenntnis. Vater Unser, übers. u. hg. v. Andreas Wollbold, Würzburg 2008, 25–34. [Haub, Robert Bellarmin]

HAUF, JÖRN, Familienbiographische Katechese. Unterwegs mit Familien in der Erziehungsphase, (= Glaubenskommunikation Reihe Zeitzeichen Bd. 17), Ostfildern 2004. [Hauf, Katechese]

HAUKE, MANFRED, Die Firmung. Geschichtliche Entfaltung und theologischer Sinn, Paderborn, 1999. [Hauke, Firmung]

HAUNERLAND, WINFRIED, „Bedenke, was du tust…". Erkenntnisse und Aufgaben, in: ders. / Alexander Saberschinsky (Hg.), Liturgie und Mystagogie, Trier 2007, 193–211. [Haunerland, Bedenke]

DERS., Beten lernen. Beobachtungen und Impulse, in: Gd 37 (2003), 17–19. [Haunerland, Beten]

DERS., Das eine Herrenmahl und die vielen Eucharistiegebete. Traditionen und Texte als theologische und spirituelle Impulse, in: ders. (Hg.), Mehr als Brot und Wein. Theologische Kontexte der Eucharistie, Würzburg 2005, 119–144. [Haunerland, Herrenmahl]

DERS., Gottesdienst als ‚Kulturleistung'. Von der Notwendigkeit und den Zielen liturgischer Bildung, in: LJ 56 (2005), 67–81. [Haunerland, Gottesdienst]

DERS., Liturgische Bildung und Mystagogie. Von Notwendigem und Vermisstem, in: ders. / Alexander Saberschinsky (Hg.), Liturgie und Mystagogie, Trier 2007, 12–31. [Haunerland, Bildung]

DERS., Mystagogie, liturgische Bildung und Feierkultur. Zur bleibenden Aufgaben der Liturgiereform, in: George Augustin (Hg.) u.a., Priester und Liturgie (= FS für Manfred Probst), Paderborn 2005, 343–367. [Haunerland, Mystagogie]

DERS., Spiritualität der Kirche und Spiritualität der Einzelnen – ein spannungsvolles und befruchtendes Verhältnis, in: ders. / Alexander Saberschinsky / Hans-Gerd Wirtz (Hg.), Liturgie und Spiritualität, Trier 2004, 11–31. [Haunerland, Spiritualität]

DERS. / SABERSCHINSKY, ALEXANDER (HG.). Liturgie und Mystagogie, Trier 2007. [Haunerland / Saberschinsky, Liturgie]

HEIDENREICH, HARTMUT, „Evangelisierung in Europa". Zur Thematik der Tagung der Konferenz deutschsprachiger Pastoraltheologen in Wien 1987, in: PThI 8 (1988), 25–39. [Heidenreich, Evangelisierung]

HEINZ, ANDREAS, Art. Erstkommunion II. Liturgisch, in LThK³ Bd. 3 (1995), 835. [Heinz, Erstkommunion]

HEMEL, ULRICH, Zur katechetischen Rede Kardinal Ratzingers in Frankreich, in: KatBl 109 (1984), 35–42. [Hemel, Katechetische Rede]

HEMMERLE, KLAUS. Propädeutische Überlegungen zur Glaubensvermittlung, in: KatBl 113 (1988), 101–108. [Hemmerle, Überlegungen]

HENNECKE, CHRISTIAN, Mystagogie konkret. Gedanken zu neuen/alten Wegen in der Sakramentenpastoral, in: Gd 38 (2004), 9–11. [Hennecke, Mystagogie]
HERMERT, GUUS VAN, Zur Struktur des Neuen Katechismus, in: Josef Dreißen, Diagnose des Holländischen Katechismus, Freiburg i. Br. 1968, 9–20. [Hermert, Struktur]
HERVIEU–LEGER, DANIELE, La religion pour mémoire, Paris 1993. [Hervieu-Legér, religion]
DIES., Pilger und Konvertit. Religion in Bewegung (= Religion in der Gesellschaft 17), Würzburg 2004. [Hervieu–Legér, Pilger]
HIEROLD, ALFRED E., Taufe und Firmung, in: HdbKathKR², 807–823. [Hierold, Taufe]
HILGER, GEORG, Art. Korrelationsdidaktik, in: LexRP Bd. 1 (2001), 1106–1111. [Hilger, Korrelationsdidaktik]
HOFFMANN, FRITZ, Einführung, in: ders./Alfred Kulok (Hg.), Thomas von Aquin als Seelsorger. Drei kleine Werke, Leipzig 1988, 9–30. [Hoffmann, Einführung]
HOFFSÜMMER, WILLI, Zehn weitere Erstkommunionfeiern. Festgottesdienst, Andacht und Dankmesse unter einem Symbol, Aachen 1996. [Hoffsümmer, Zehn Erstkommunionfeiern]
HOFFSUMMER, WILLI, Zwölf Erstkommunionfeiern. Festgottesdienst, Andacht und Dankmesse unter einem Symbol, Aachen ²1992. [Hoffsümmer, Zwölf Erstkommunionfeiern]
HOFRICHTER, CLAUDIA, Allzu bekannt und dennoch fremd, in: KatBl 134 (2009), 108–111. [Hofrichter, Allzu bekannt]
DIES., Dialogisches Miteinander. Plädoyer für eine katechetisch-religionspädagogische Theoriebildung , in: RpB 56 (2006), 63–74. [Hofrichter, Miteinander]
DIES., Jahrgangsweise Hinführung zur Erstkommunion – ein Weg für die Zukunft?, in: LKat 22 (2000), 22–25. [Hofrichter, Hinführung]
DIES., Leben – Bewußtwerden – Deuten – Feiern, Rezeption und Neuformulierung eines katechetischen Modells am Beispiel „Taufgespräche in Elterngruppen" (= Glaubenskommunikation Reihe Zeitzeichen Bd. 2), Ostfildern 1997. [Hofrichter, Leben]
DIES., Nachdenken über das Verhältnis von Katechese und Liturgie, in: LKat 24 (2002), 1–3. [Hofrichter, Nachdenken]
DIES., Quo vadis – Signaturen zu Katechese und Religionsunterricht, in: KatBl 132 (2007), 95–99. [Hofrichter, Signaturen]
DIES. / FÄRBER, ELISABETH, Wir feiern Erstkommunion. Handreichung für Katechetinnen und Katecheten, München 2007. [Hofrichter / Färber, Erstkommunion]
DIES. / STRIFLER, BARBARA, (Hg.) Firmvorbereitung mit Esprit. Bd. 1 Grundlegung (= Feiern mit der Bibel Bd. 12), Suttgart 2001. [Hofrichter/Strifler, Firmvorbereitung]
HÖHN, HANS-JOACHIM, Krise der Säkularität. Perspektiven einer Theorie religiöser Dispersion, in: Karl-Gabriel / ders. (Hg.), Religion heute. Öffentlich und politisch. Provokationen, Kontroversen, Perspektiven, Paderborn u.a. 2008, 37–57. [Höhn, Krise]
HOLTZ, TRAUGOTT, Der erste Brief an die Thessalonicher (= EKK 13), Zürich u.a. 1986. [Holtz, 1. Thessalonicher]
HOPING, HELMUT, Theologischer Kommentar zur Dogmatischen Konstitution über die göttliche Offenbarung Dei Verbum, in: Peter Hünermann / Bernd Jochen Hilberath (Hg.), Herders Theologischer Kommentar zum Zweiten Vatikanischen Konzil Bd. 3, Freiburg i. Br. 2005, 695–831. [Hoping, Kommentar DV]
HÖRING, PATRIK, Überlegungen zu einer Didaktik der Gemeindekatechese, in: RpB 60 (2008), 45–52. [Höring. Überlegungen]

HÜNERMANN, PETER, Schwerpunkte heutiger Sakramentenpastoral, in: Dieter Emeis / Burkard Sauermost (Hg.), Synode – Ende oder Anfang. Ein Studienbuch für die Praxis in der Bildungs- und Gemeindearbeit, Düsseldorf 1976, 119–137. [Hünermann, Schwerpunkte]

DERS., Theologischer Kommentar zur dogmatischen Konstitution über die Kirche Lumen gentium, in: ders. / Bernd Jochen Hilberath (Hg.), Herders Theologischer Kommentar zum Zweiten Vatikanischen Konzil Bd. 2, Freiburg i. Br. 2004, 263–582. [Hünermann, Kommentar LG]

HUNDERTMARK, PETER / KIEFER, THOMAS, In der Kommunionvorbereitung Beten lernen?, in: KatBl 133 (2008), 145–149. [Hundertmark / Kiefer, Kommunionvorbereitung]

INSTITUT FÜR DEMOSKOPIE ALLENSBACH, Trendmonitor 'Religiöse Kommunikation 2003'. Bericht über eine repräsentative Umfrage unter Katholiken zur medialen und personalen Kommunikation (Kommentarband), München 2003. [Allensbach, Trendmonitor]

JACOB, CHRISTOPH, ‚Arkandisziplin', Allegorese, Mystagogie. Ein neuer Zugang zur Theologie des Ambrosius von Mailand (= Theopaneia 32), Frankfurt a. M. 1990. [Jacob, Arkandisziplin]

JAKOBS, MONIKA, Eckpunkte einer Theorie der Gemeindekatechese, in: RpB 56 (2006), 83–92. [Jakobs, Eckpunkte]

JUNGMANN, JOSEF ANDREAS, Katechetik. Aufgabe und Methodik der religiösen Unterweisung, Freiburg i. Br. ²1955. [Jungmann, Katechetik]

KACZYNSKI, REINER, Einleitung, in: Johannes Chrysostomus, Catecheses Baptismales / Taufkatechesen. Erster Teilband, übersetzt und eingeleitet von Reiner Kaczynski (= FC 6/1), Freiburg i. Br. 1992, 9–104, hier 75–76. [Kaczynski, Einleitung]

KALTEYER, ANTON, Katechese in der Gemeinde. Glaubensbegleitung von Erwachsenen, Frankfurt a. M. 1976. [Kalteyer, Glaubensbegleitung]

DERS., Katechese in der Gemeinde. Hinführung der Kinder zur Eucharistie. Ein Werkbuch, Frankfurt a. M. 1974. [Kalteyer, Katechese]

DERS. / STEPHAN, RAINER / WERNER, GABRIELE, Kommunionkurs „Für euch – für dich – für alle". Kursleiterbuch, Mainz ²2003. [Kalteyer / Stephan / Werner, Kommunionkurs]

KARRER, LEO, Glauben in Kurzform?, in: KatBl 134 (2009), 82–87. [Karrer, Glauben]

KASPER, WALTER, Warum mir als Bischof die Katechese am Herzen lag, in: ders. / Albert Biesinger / Alois Kothgasser, Weil Sakramente Zukunft haben. Neue Wege der Initiation in Gemeinden, Ostfildern 2008, 12–24. [Kasper, Bischof]

KAUFMANN, FRANZ-XAVER, Wie überlebt das Christentum?, Freiburg i. Br. 2000. [Kaufmann, Christentum]

KAUNE, MATTHIAS, Katechese in veränderter Zeit – missionarisch und mystagogisch, in: Pastoralblatt für die Diözesen Aachen, Berlin, Essen, Hildesheim, Köln, Osnabrück 60 (2008), 99–106. [Kaune, Katechese]

KAUPP, ANGELA, Fehlt der Gemeindekatechese eine Didaktik?, in: KatBl 132 (2007), 364–370. [Kaupp, Gemeindekatechese]

DIES., Religionspädagogisch relevante Publikationen zur Gemeindekatechese, in: RpB 56 (2006), 91–101. [Kaupp, Publikationen]

KEHL, MEDARD, Die Kirche. Eine katholische Ekklesiologie, Würzburg 1992. [Kehl, Kirche]

KELLER, ERWIN, Die Konstanzer Liturgiereform unter Heinrich Ignaz von Wessenberg (= Freiburger Diözesanarchiv 85), Freiburg i. Br. 1965. [Keller, Liturgiereform]

KELLY, JOHN NORMAN D., Altchristliche Glaubensbekenntnisse. Geschichte und Theologie, Göttingen 1972. [Kelly, Glaubensbekenntnisse]

KIRCHHOFF, RENATE, Was lernten die verschiedenen Anfängerinnen und Anfänger im Glauben bei Paulus, in: EvErz 53 (2001), 153–161. [Kirchhoff, Anfängerinnen]
KLEIN, STEPHANIE, Das Lebenszeugnis als Glaubenszeugnis, in: ThPQ 156 (2008), 123–131. [Klein, Lebenszeugnis]
DIES., Religiöse Erziehung in der Familie, in: Gottfried Bitter u.a. (Hg.), Neues Handbuch religionspädagogischer Grundbegriffe, München 2002, 295–300. [Klein, Erziehung]
DIES., Religiöse Tradierungsprozesse in Familien und Religiosität von Männern und Frauen, in: RpB 43 (1999), 25–40. [Klein, Tradierungsprozesse]
KLEINHEYER, BRUNO, Sakramentliche Feiern I. Die Feiern der Eingliederung in die Kirche (= GdK Bd. 7/1), Regensburg 1989. [Kleinheyer, Sakramentliche Feiern I]
KLINGENHÄGER, GREGOR, Als der Apostel Johannes den Ratsherrn Nikodemus traf... Kommunionvorbereitung im Seelsorgsbereich Holweide, in: Pastoralblatt für die Diözesen Aachen, Berlin, Essen, Hildesheim, Köln, Osnabrück 54 (2002), 152–156. [Klingenhäger, Kommunionvorbereitung]
KNOBLAUCH, HUBERT / SCHNETTLER, BERNT, Die Trägheit der Säkularisierung und die Trägheit des Glaubens. Der „Trendmonitor Religiöse Kommunikation 2003" und die Kommunikation über Religion heute, in: Hans-Georg Ziebertz (Hg.) Erosion des christlichen Glaubens? Umfragen, Hintergründe und Stellungnahmen zum „Kulturverlust des Religiösen"(= Wissenschaft aktuell Theologie Bd. 4), Münster 2004, 5–14. [Knoblauch/Schnettler, Trägheit]
KNOBLOCH, STEFAN, Verschleudern wir die Sakramente? Die Feier der Sakramente als lebensgeschichtliche Mystagogie, in: ders. / Herbert Haslinger (Hg.), Mystagogische Seelsorge. Eine lebensgeschichtlich orientierte Pastoral, Mainz 1991. [Knobloch, Verschleudern]
KÖCHER, RENATE, Probleme und Chancen religiöser Kommunikation. Erkenntnisse aus Allensbacher Langzeituntersuchungen, in: ComSoc 33 (2000), 276–295. [Köcher, Probleme]
KOERRENZ, RALF, Das hebräische Paradigma der Pädagogik, in: EvErz 50 (1998), 331–342. [Koerrenz, Paradigma]
DERS., Prophetie und Lernen, in: EvErz 52 (2000), 21–31. [Koerrenz, Prophetie]
KOHLER-SPIEGEL, HELGA, Fremde Geschwister: Schule und Gemeinde, in. KatBl 132 (2007), 82–91. [Kohler-Spiegel, Geschwister]
KÖNIG, HERMINE / KÖNIG, KARL HEINZ / KLÖCKNER, KARL JOSEPH, Ich bin bei euch alle Tage. Handreichungen für Katechetinnen und Katecheten, München 1989. [König / König, K. H. / Klöckner, Ich bin bei euch]
DIES., Tut dies zu meinem Gedächtnis. Handreichungen für Katechetinnen und Katecheten. Neuausgabe, München 2005. [H. König / K. H. König / Klöckner, Gedächtnis]
KOPP, THOMAS, Katechumenat und Sakrament – nicht aber Sakramentenspendung an Ungläubige, in: Anzeiger für die Seelsorge 97 (1988), 35–38. [Kopp, Katechumenat]
KRÄMER, PETER, Kirchenrecht I. Wort – Sakrament – Chrisma (= Kohlhammer-Studienbücher Theologie Bd. 24,1), Stuttgart – Berlin – Köln 1992. [Krämer, Kirchenrecht]
KRAMER, THEODOR, unter Mitarbeit v. Ludger Büngener / Elke Luig / Peter Scheiwe / Stephan Winzek, Weggottesdienste in der Kommunionvorbereitung, hg. v. der Hauptabteilung Pastorale Dienste im Erzbischöflichen Generalvikariat Paderborn, München ³2006. [Kramer, Weggottesdienste]
KREMER, JAKOB, Das älteste Zeugnis von der Auferstehung Christi (= SBS 17), Stuttgart 1966. [Kremer, Zeugnis]
KRETSCHMAR, GEORG, Die Geschichte des Taufgottesdienstes in der alten Kirche, in: Karl Ferdinand Müller / Walter Blankenburg (Hg.), Leiturgia. Handbuch des evangelischen Gottes-

dienstes, Bd. 5: Der Taufgottesdienst, Kassel 1970. [Kretschmar, Geschichte des Taufgottesdienstes]
KRIEGER, WALTER, Und er bewegt uns doch. Einführung in den neuen Katechismus der katholischen Kirche, Leipzig 1994. [Krieger, Einführung]
KRÜGER, THOMAS, Die Rezeption der Tora im Buch Kohelet, in: Ludger Schwienhorst-Schönberger (Hg.), Das Buch Kohelet. Studien zur Struktur, Geschichte, Rezeption und Theologie (= BZAW 254/1997), 303–325. [Krüger, Rezeption]
DERS., Kohelet (Prediger) (= BK.AT XIX [Sonderband]), Neukirchen-Vlyn 2000. [Krüger, Kohelet]
KUCHER, FELIX, Katechismus, Korrelation, Konstruktivismus, in: CPB 115 (2002), 172–176. [Kucher, Katechismus]
LAARMANN, HERIBURG, Wir feiern Erstkommunion. Gottesdienstmodelle, Freiburg i. Br. 1988. [Laarmann, Erstkommunion]
LAMBRICH, CHRISTINE, Erstkommunionkurse – quer gelesen, in: KatBl 133 (2008), 199–204. [Lambrich, Erstkommunionkurse]
LANG, BERNHARD, Glaubensbekenntnisse im Neuen Testament, in: Conc (D) 14 (1978), 499–503. [Lang, Glaubensbekenntnisse]
Lebendige Katechese 11 (1989), Heft 2: Evangelisierung. [LKat, Evangelisierung]
Lebendige Seelsorge 57 (2006), Heft 4, „Kirche in (aus) Milieus". [LS, Kirche in (aus) Milieus]
Lebendiges Zeugnis 56 (2001), Heft 3: Evangelisierung im Missionsland Europa. [LebZeug, Evangelisierung]
LEHMANN, KARL, Auferweckt am dritten Tag nach der Schrift (= QD 38), Freiburg i. Br. ²1969. [Lehmann, Auferweckt]
DERS., Einleitung zum Arbeitspapier „Das katechetische Wirken der Kirche", in: Ludwig Bertsch u.a. (Hg.), Gemeinsame Synode der Bistümer in der Bundesrepublik Deutschland. Ergänzungsband: Arbeitspapiere der Sachkommissionen. Offizielle Gesamtausgabe II, Freiburg i. Br. 1977, 31–36. [Lehmann, Einleitung]
LOHFINK, GERHARD, Braucht Gott die Kirche? Zur Theologie des Volkes Gottes, Freiburg i. Br. 1998. [Lohfink, Kirche]
LOHFINK, NORBERT, Der Glaube und die nächste Generation. Das Gottesvolk der Bibel als Lerngemeinschaft, in: ders., Das Jüdische am Christentum. Die verlorene Dimension, Freiburg i. Br. 1987, 144–166. [Lohfink, Glaube]
LOHSE, EDUARD, Paulus. Eine Biographie, München 1996. [Lohse, Paulus]
LÖRSCH, MARTIN, Kirchen-Bildung. Eine praktisch-theologische Studie zur kirchlichen Organisationsentwicklung (= SThPS 61), Würzburg 2005. [Lörsch, Kirchen-Bildung]
LUCKMANN, THOMAS, Privatisierung und Individualisierung. Zur Sozialform der Religion in spätindustrieller Gesellschaft, in: Karl Gabriel / Hans-Richard Reuter (Hg.), Religion und Gesellschaft, Paderborn u.a. 2004, 136–148. [Luckmann, Privatisierung]
LUHMANN, NIKLAS, Soziale Systeme. Grundriß einer allgemeinen Theorie, Frankfurt a.M. 1984. [Luhmann, Systeme]
LURZ, FRIEDRICH, Gelungene Verknüpfung von Liturgie und Katechese, in: LKat 24 (2002), 8–10. [Lurz, Verknüpfung]
LUTZ, BERND, Gemeindekatechese zwischen Abbruch und Aufbruch, in: KatBl 128 (2003), 430–437. [Lutz, Gemeindekatechese]
DERS., Katechese in der Gemeinde, in: Gottfried Bitter u.a. (Hg.), Neues Handbuch religionspädagogischer Grundbegriffe, München 2002, 305–309. [Lutz, Katechese]

DERS., Perspektiven einer lebensbegleitenden Gemeindekatechese, in: Gottfried Bitter / Albert Gerhards (Hg.), Glauben lernen – Glauben feiern. Katechetisch-liturgische Versuche und Klärungen (= Praktische Theologie heute Bd. 30), Stuttgart – Berlin – Köln, 1998, 235–252. [Lutz, Perspektiven]

DERS., ...Und was heißt das nun konkret? Überlegungen zu den Konsequenzen von „Katechese in veränderter Zeit", in: LS 56 (2005), 39–43. [Lutz, Überlegungen]

MARSCHÜTZ, GERHARD, Art. Ehrfurcht, in: LThK³ Bd. 3 (1995), 512–513. [Marschütz, Ehrfurcht]

DERS., Zur Zukunft der Familie. Soziologische Befunde – theologische Herausforderungen, in: ThPQ 149 (2001), 57–65. [Marschütz, Zukunft]

MARX, REINHARD, Kirche – als Volk Gottes auf dem Weg, in: Paulinus 133 Nr. 2 (14. Januar 2007), 8. [Marx, Kirche]

MAX, MICHAEL, Die Weitergabe des Glaubens in der Liturgie. Einr hidtorisch-theologische Untersuchung zu den Übergaberiten des Katechumenats (= Studien zur Pastoralliturgie 20), Regensburg 2008. [Max, Weitergabe]

MAYER, CORNELIUS, Art. Cathecizandibus rudibus (De-), in: AugL Bd. 1 (1986–1994), 794–806. [Mayer, cath. rud.]

MEER, FRITS VAN DER, Augustinus der Seelsorger. Leben und Wirken eines Kirchenvaters, 3. verb. u. erg. Aufl., Köln 1958. [Meer, Augustinus]

MEIER-HAMIDI, FRANK, Dynamik des Weitergebens. Joseph Ratzinger und die Katechese, in: ders. / Ferdinand Schumacher (Hg.), Der Theologe Joseph Ratzinger (= QD 222), Freiburg i. Br. 2007, 129–142. [Meier-Hamidi, Dynamik]

MEIJERING, EGINHARD P., Augustine, De fide et symbolo. Introduction, translation, commentary, Amsterdam 1987. [Mejering, De fide et symbolo]

MENDL, HANS, Religionsunterricht inszenieren und reflektieren. Plädoyer für einen Religionsunterricht, der mehr ist als ‚reden über Religion', in: Ludwig Rendle (Hg.), Mehr als reden über Religion. 1. Arbeitsforum Religionspädagogik 21. bis 23. März 2006. Dokumentation, Donauwörth 2006, 10–41. [Mendel, Religionsunterricht]

DERS., Wie viel Annäherung ist gefragt?, in: KatBl 132 (2007), 92–94. [Mendel, Annäherung]

MENKE, KARL- HEINZ, Gemeinsames und besonderes Priestertum, in: IkaZ 28 (1999), 330–345. [Menke, Priestertum]

MERZ, VRENI, Lieber Gott, mach ...!, in KatBl 132 (2007), 182–186. [Merz, Gott]

MESSNER, REINHARD, Der Gottesdienst in der vornizänischen Kirche, in: GCh Bd. 1, Altertum 1. Die Zeit des Anfangs (bis 250), Freiburg i. Br. 2003, 340–441. [Messner, Gottesdienst]

METTE, NORBERT, Art. Familie (Elternhaus), in: LexRP Bd. 1 (2001), 542–548. [Mette, Familie]

MEYER, HANS BERNHARD, Eucharistie. Geschichte, Theologie, Pastoral. Mit einem Beitrag von Irmgard Pahl (= GdK 4), Regensburg 1989. [Meyer, Eucharistie]

MIGGELBRINK, RALF, Milieutranszendenz. Eine praktische Forderung aus der Sinus-Milieu-Studie, in: LS 58 (2007), 260–264. [Miggelbrink, Milieutranszendenz]

MÖDL, LUDWIG, Den Alltag heiligen – Rituale, Segnungen, Sakramentalien. Die Bedeutung der Volksfrömmigkeit und praktische Vorschläge für die Seelsorge. Unter Mitarbeit von Tamara Steiner, Stuttgart 2008. [Mödl, Alltag]

MORGENTHALER, CHRISTOPH, Abendrituale und Gebetspraxis bei Familien mit Kindern, in: KatBl 132 (2007), 166–170. [Morgenthaler, Abendrituale]

MOSER, MARTIN, Evangelisierung und Gemeindekatechese. Kriterien zur Gestaltung eines katechetischen Prozesses, in: LKat 11 (1989), 103–108. [Moser, Evangelisierung]

MOUROUX, JEAN, Ich glaube an Dich: Die personale Struktur des Glaubens (= Christ Heute, Zweite Reihe 2), Einsiedeln ²1951. [Mouroux, ich glaube an Dich]

MÜLLER, GERHARD LUDWIG, Die Messe. Quelle christlichen Lebens, Augsburg 2002. [Müller, Messe]

DERS., Katholische Dogmatik für Studium und Praxis der Theologie, Freiburg i. Br. 1995. [Müller, Dogmatik]

MÜLLER, JOSEF, Sakramente im Lebenszusammenhang, in: LKat 14 (1992), 100–104. [Müller, Sakramente]

NAGEL, EDUARD, „Tut dies ...". Eucharistische Frömmigkeit – gestern, heute, morgen, in: Gd 40 (2006), 137–139. [Nagel, Tut dies]

NASSEHI, ARMIN, Erstaunliche Religiöse Kompetenz. Qualitative Ergebnisse des Religionsmonitors, in: Bertelsmann Stiftung (Hg.), Religionsmonitor 2008, Gütersloh 2007, 113–132. [Nassehi, Kompetenz]

NASTAINCZYK, WOLFGANG, Katechese: Grundfragen und Grundformen, Paderborn 1993. [Nastainczyk, Katechese]

NAUCK, BERNHARD, Der Wert von Kindern für ihre Eltern. ‚Value of Children' als spezielle Handlungstheorie des generativen Verhaltens und von Generationsbeziehungen im interkulturellen Vergleich, in: KZfSS 53 (2001), 407–435. [Nauck, Wert]

NIEDERBACHER, BRUNO, Glaube als Tugend bei Thomas von Aquin. Erkenntnistheoretische und religionsphilosophische Interpretationen (= Münchner Philosophische Studien Bd. 24), Stuttgart 2004. [Niederbacher, Glaube]

NIEHL, FRANZ WENDEL, Umgang mit Texten, in: Gottfried Bitter u.a. (Hg.), Neues Handbuch religionspädagogischer Grundbegriffe, München 2002, 485–489. [Niehl, Umgang]

NIEHL, FRANZ WENDEL / THÖMMES, ARTHUR, 212 Methoden für den Religionsunterricht, München ⁵2002, 108–144. [Niehl / Thömmes, Methoden]

NIPKOW, KARL ERNST, Theologie des Kindes und Kindertheologie, in: ZThK 103 (2006), 422–442. [Nipkow, Theologie]

OCHOA, XAVERIUS, Index verborum ac locutionum Codicis Iuris Canonici. Editio secunda et completa, Rom – Vatikan ²1984. [Ochoa, Index]

OHLY, CHRISTOPH, Der Dienst am Wort. Eine rechtssystematische Studie zur Gestalt von Predigt und Katechese im kanonischen Recht (= MThS.K 63), St. Ottilien 2008. [Ohly, Dienst]

OSCHWALD, HANSPETER / LANGE, KLAUS M., Glaube in Deutschland (FOCUS Fakten), Mannheim u.a. 2001. [Oschwald / Lange, Glaube]

PICKEL, GERT / MÜLLER, OLAF. Ostdeutschland – entkirchlicht, entchristlicht oder säkularisiert, in: Hans-Georg Ziebertz (Hg.), Erosion des christlichen Glaubens? Umfragen, Hintergründe und Stellungnahmen zum „Kulturverlust des Religiösen"(= Wissenschaft aktuell Theologie Bd. 4), Münster 2004., 57– 69. [Pickel / Müller, Ostdeutschland]

PIETRON-MENGES, ANNEGRET, Kommunionkurs „Shalom!", Düsseldorf 2001. [Pietron-Menges, Kommunionkurs]

PISSAREK-HUDELIST, HERLINDE, Ein Einwegmodell von Kommunikation? Zur Stellungnahme Kardinal Ratzingers zum Projekt eines „Weltkatechismus", in HerKorr 44 (1990), 389–388. [Pissarek-Hudelist, Einwegmodell]

DIES., Ein Katechismus für die Weltkirche? Bemerkungen und Rückfragen zu einem römischen Entwurf, in: HerKorr 44 (1990), 237–242. [Pissarek-Hudelist, Katechismus]

PLÖGER, OTTO, Sprüche Salomos (proverbia) [= BK.AT 17], Neukirchen-Vluyn 1984. [Plöger, Sprüche]

POHLE, LUTZ, Arkandisziplin und Sakramenten, in: LS 38 (1987), 160–166. [Pohle, Arkandisziplin]
DERS., Zwischen Verkündigung und Verrat. Zur Gewissenskrise des Priesters heute, in: GuL 60 (1987), 334–354. [Pohle, Verkündigung]
POLLACK, DETLEF, Der Wandel der religiös-kirchlichen Lage in Ostdeutschland nach 1989. Ein Überblick, in: ders. / Gert Pickel (Hg.), Religiöser und kirchlicher Wandel in Ostdeutschland 1989–1999 (= Veröffentlichungen der Sektion „Religionssoziologie" der Deutschen Gesellschaft für Soziologie Bd. 3), Opladen 2000, 18–47. [Wandel, Säkularisierung]
DERS., Säkularisierung – ein moderner Mythos, Tübingen 2003. [Pollack, Säkularisierung]
POQUE, SUZANNE, Introduction. La prédication pascale, in: Augustin d'Hippone, Sermons pour la pâque. Introduction, texte critique, traduction, notes et index, hg. v. Suzanne Poque (= SC 116), Paris ²2003, 9–143. [Poque, Introduction]
POSSMANN, NORBERT, Erstkommunion feiern mit Symbolen. Vorbereitung – Gottesdienst – Nachbereitung. Mit katechetischen Bildern von Gudrun Klöckner, Kevelaer 1998. [Possmann, Erstkommunion]
RAHNER, KARL, Grundkurs des Glaubens. Einführung in den Begriff des Christentums, Freiburg i. Br. ⁶1976. [Rahner, Grundkurs]
DERS., Priester und Dichter, in: ders., Schriften zur Theologie III, Einsiedeln ⁵1962, 349–375. [Rahner, Priester]
RATZINGER, JOSEPH, Der Geist der Liturgie. Eine Einführung, Freiburg i. Br. 2000. [Ratzinger, Geist der Liturgie]
DERS., Die Krise der Katechese und ihre Überwindung. Rede in Frankreich, Einsiedeln 1983. [Ratzinger, Krise der Katechese]
DERS., Dogma und Verkündigung, Donauwörth ⁴2005. [Ratzinger, Dogma und Verkündigung]
DERS., Einführung in das Christentum. Vorlesungen über das Apostolische Glaubensbekenntnis, München 1968. [Ratzinger, Einführung]
DERS., Ein Versuch zur Frage des Traditionsbegriffs, in: ders., Wort Gottes. Schrift – Tradition – Amt, hg. v. Peter Hünermann/Thomas Söding, Freiburg i. Br. 2005, 37–81. [Ratzinger, Versuch]
DERS., Evangelisierung, Katechese und Katechismus, in: ThGl 84 (1994), 273–288. [Ratzinger, Evangelisierung]
RATZINGER, JOSEPH, Evangelium, Katechese, Katechismus. Streiflichter auf den Katechismus der katholischen Kirche, München 1995. [Ratzinger, Evangelium]
DERS., Glaubensvermittlung und Glaubensquellen, in: ders., Die Krise der Katechese und ihre Überwindung. Rede in Frankreich, Einsiedeln 1983, 13–39. [Ratzinger, Glaubensvermittlung]
DERS., Hinführung zum Katechismus der katholischen Kirche, in: ders. / Christoph Schönborn (Hg.), Kleine Hinführung zum Katechismus der katholischen Kirche, München 1993. [Ratzinger, Hinführung zum Katechismus]
DERS. / BENEDIKT XVI., Jesus von Nazareth. Erster Teil. Von der Taufe im Jordan bis zur Verklärung, Freiburg i. Br. 2007. [Ratzinger, Jesus von Nazareth]
DERS., Schwierigkeiten mit der Glaubensvermittlung heute. Interview mit Joseph Kardinal Ratzinger, in: ders., Die Krise der Katechese und ihre Überwindung. Rede in Frankreich, Einsiedeln 1983, 63–79. [Ratzinger, Schwierigkeiten]
DERS., Theologische Prinzipienlehre. Bausteine zur Fundamentaltheologie, 2. unv. Aufl., Donauwörth 2005, 334–335. [Ratzinger, Theologische Prinzipienlehre]

DERS. / BENEDIKT XVI., Wort Gottes. Schrift – Tradition – Amt, hg. v. Peter Hünermann / Thomas Söding, Freiburg i. Br. 2005. [Ratzinger, Wort Gottes]

RECHMANN, HANS-KARL, Die Liebe als Form des Glaubens. Studien zum Glaubensbegriff bei Thomas von Aquin, hg. v. Aloysius Winter und Günter Stitz (= Beiträge zur Fundamentaltheologie und Religionsphilosophie Bd. 7), Neuried 2001. [Rechmann, Liebe]

REICKE, BO, Die zehn Worte in Geschichte und Gegenwart. Zählung und Bedeutung der Gebote in den verschiedenen Konfessionen (= BGBE 13), Tübingen 1973. [Reicke, Zehn Worte]

REIL, ELISABETH, Aurelius Augustinus. De catechizandis rudibus. Ein religionsdidaktisches Konzept (= SPTh 33), St. Ottilien 1989. [Reil, Augustinus]

REILLY, GEORGE, Süß, aber bitter. Ist die Korrelationdidaktik noch praxisfähig?, in: Georg Hilger / ders. (Hg.), Religionsunterricht im Abseits? Das Spannungsfeld Jugend – Schule – Religion, München 1993, 16–27. [Reilly, Korrelationsdidaktik]

RENTSCHKA, PAUL, Die Dekalogkatechesen des hl. Augustinus. Ein Beitrag zur Geschichte des Dekalogs, Kempten 1905. [Rentschka, Dekalogkatechesen]

RICHTER, KLEMENS, Katechese und Liturgie, in: Franz-Peter Tebartz-van Elst (Hg.) Katechese im Umbruch. Positionen und Perspektiven (= FS für Dieter Emeis), Freiburg i. Br. 1998, 194–208. [Richter, Katechese]

RIEDEL-SPANGENBERGER, ILONA, Art. Erstbeichte, in: LKStKR I (2000), 616–617. [Riedel-Spangenberger, Erstbeichte]

DIES., Art. Katechese, in: LKStKR. II (2002), 388–390. [Riedel-Spangenberger, Katechese]

RIEDL, GERDA, Hermeneutische Grundstrukturen frühchristlicher Bekenntnisbildung (= Theologische Bibliothek Töpelmann 123), Berlin – New York 2004. [Riedl, Grundstrukturen]

RIESNER, RAINER, Jesus als Lehrer. Eine Untersuchung zum Ursprung der Evangelien-Überlieferung (= WUNT II/7), Tübingen ³1988. [Riesner, Jesus als Lehrer]

ROOS, SIMONE A. DE / ROTTIER, ELINE / KOOIJ, JACOMIJN VAN DER, ‚Man kann Gott alles erzählen, schöne Dinge und nicht so schöne Dinge, auch kleine Geheimnisse'. Gedanken von Kindern zum Beten: Zusammenhänge zwischen religiöser Sozialisation und Bindungssicherheit, in: Anton Bucher u.a. (Hg.), ‚Man kann Gott alles erzählen, auch kleine Geheimnisse' – Kinder erfahren und gestalten Spiritualität (= Jahrbuch für Kindertheologie Bd. 6), Stuttgart 2007, 50–64. [Roos / Rottier / Kooij, Gott]

ROSE, MIRIAM, Fides caritate formata. Das Verhältnis von Glaube und Liebe in der Summa Theologiae des Thomas von Aquin (= Forschungen zur systematischen und ökumenischen Theologie 112), Göttingen 2007. [Rose, Fides]

ROSENZWEIG, FRANZ, Der Stern der Erlösung. Mit einer Einführung von R. Mayer und einer Gedenkrede von G. Scholem, Frankfurt a. M. 1990. [Rosenzweig, Stern]

RÖWEKAMP, GEORG, Einleitung, in: Cyrill von Jerusalem, Mystagogicae catechesis / Mystagogische Katechesen. Übersetzt und eingeleitet von Georg Röwekamp (= FC 7), Freiburg i. Br. 1992, 7–91. [Röwekamp, Einleitung]

RUH, ULRICH, Der Weltkatechismus. Anspruch und Grenzen, Freiburg i. Br. 1993. [Ruh, Weltkatechismus]

DERS., Joseph Ratzinger – der Kritiker der Moderne, in: Frank Meier-Hamidi / Ferdinand Schumacher (Hg.), Der Theologe Joseph Ratzinger (= QD 222), Freiburg i. Br. 2007, 119–128. [Ruh, Joseph Ratzinger]

RUSTER, THOMAS, Der verwechselbare Gott. Theologie nach der Entflechtung von Christentum und Religion (= QD 181),Freiburg i. Br. 2000. [Ruster, Gott]

DERS., Die Welt verstehen ‚gemäß den Schriften'. Religionsunterricht als Einführung in das biblische Wirklichkeitsverständnis, in: rhs 43 (2000), 189–203. [Ruster, Welt]

RYAN, DERMONT, „Die Lehren aus der Vergangenheit ziehen" (Ps 72,2), in: Joseph Ratzinger, Die Krise der Katechese und ihre Überwindung. Rede in Frankreich, Einsiedeln 1983, 80–98. [Ryan, Lehren]

SAUER, RALPH, Der Familiengottesdienst – Anspruch und Wirklichkeit, in: ders. (Hg.), Neue Glaubenswege erschließen. Gesammelte Beiträge zur religionspädagogischen Diskussion (= Vechtaer Beiträge zur Theologie Bd. 10), Münster 2004, 237– 244. [Sauer, Familiengottedienst]

DERS., Die Familie – eine „Kirche im Kleinen"?, in: Pastoralblatt für die Diözesen Aachen, Berlin, Essen, Hildesheim, Köln, Osnabrück 53 (2001), 227–238. [Sauer, Familie]

DERS., Die Kunst Gott zu feiern. Liturgie wiederentdecken und einüben, München 1996. [Sauer, Kunst]

DERS., Katechese in Deutschland als Spezifikum im Kontext anderer europäischer Kirchen, in: Franz-Peter Tebartz-van Elst (Hg.), Katechese im Umbruch. Positionen und Perspektiven (– FS für Dieter Emeis), Freiburg i. Br. 1998, 282–295. [Sauer, Katechese]

DERS., Traditionelle und neue Lernorte des Glaubens, in: Bertram Pittner / Andreas Wollbold (Hg.), Zeiten des Übergangs (= FS für Franz Georg Friemel zum 70. Geburtstag [= Erfurter Theologische Studien 80]), Leipzig 2000, 308–314. [Sauer, Lernorte]

SCHAMBECK, MIRJAM, Mystagogisches Lernen. Zu einer Perspektive religiöser Bildung (= SThPS 62), Würzburg 2006. [Schambeck, Lernen]

SCHARER, MATTHIAS, „... und wenn euch eure Söhne (nicht mehr) fragen" (vgl. Ex 12,26), in: ThPQ 156 (2008), 142–149. [Scharer, Söhne]

SCHEIDLER, MONIKA, Catequesis Familiar in Peru. Anregungen für differenzierte Wege der Erstkommunionvorbereitung im deutschsprachigen Raum, in: KtBl 124 (1999), 207–216. [Scheidler, Catequesis]

DIES., Eucharistiekatechese als Familienkatechese – zwischen Theorie und Wirklichkeit, in: LKat 25 (2003), 46–50. [Scheidler, Eucharistiekatechese]

DIES., Konkurrenz zwischen Gemeindekatechese und Familienkatechese? Monika Scheidler im Gespräch mit Dieter Emeis und Albert Biesinger, in: KatBl 124 (1999), 199–206. [Scheidler, Konkurrenz]

DIES., Religiöse Erziehung als Lebens- und Wortzeugnis, in: LKat 21 (1999), 50–53. [Scheidler, Erziehung]

SCHEUCHENPFLUG, PETER, Katechese im Kontext von Modernisierung und Evangelisierung. Pastoralsoziologische und pastoraltheologische Analysen ihres Umbruchs in Deutschland vom Ende des Zweiten Weltkrieges bis zur Gegenwart, (= SThPS 57), Würzburg 2003. [Scheuchenpflug, Katechese im Kontext]

DERS., Konturen lebendiger Katechese, in: LS 55 (2004), 188–192. [Scheuchenpflug, Konturen]

SCHINDLER, ALFRED, Art. Decalogus, in: AugL Bd. 2 (1996–2002), 246–255. [Schindler, Decalogus]

DERS., Art. Fide et symbolo (De -), in: AugL Bd. 2 (1996–2002), 1311–1317. [Schindler, Fide et Symbolo]

SCHLADOTH, PAUL, Katechese und Religionsunterricht. Ansätze und Wege unterschiedlicher Verhältnisbestimmungen heute, in: Franz-Peter Tebartz-van Elst, Katechese im Umbruch. Positionen und Perspektiven (= FS für Dieter Emeis), Freiburg i. Br. 1998, 45–68. [Schladoth, Katechese]

SCHLUSS, HENNING, Ein Vorschlag, Gegenstand und Grenze der Kindertheologie anhand eines systematischen Leitgedankens zu entwickeln, in: Zeitschrift für Pädagogik und Theologie (EvErz) 57 (2005), 23–35. [Schluß, Vorschlag]

SCHMÄLZLE, UDO FRIEDRICH, Von der Vermittlung zur Aneignung. Überlegungen zum Paradigmenwechsel in der Katechese, in: Franz-Peter Tebartz-van Elst (Hg.), Katechese im Umbruch. Positionen und Perspektiven (= FS für Dieter Emeis), Freiburg i. Br. 1998, 32–44. [Schmälzle, Vermittlung]

SCHMITT, KARL-HEINZ, Die Katechese: Eine Etappe der Evangelisierung. Situation in der gegenwärtigen Katechese, in: LKat 8 (1986), 4–10. [Schmitt, Etappe]

DERS., Art. Evangelii Nuntiandi, in: LexRP Bd. 1 (2001), 505–506. [Schmitt, Evangelii nuntiandi]

DERS., Gemeindekatechese nur Sakramentenkatechese? Anmerkungen zu einem katechetischen ‚Grundprogramm' in den Gemeinden, in: KatBl 101 (1976), 577–584. [Schmitt, Gemeindekatechese]

DERS., Katechese im Schwung des Zweiten Vatikanums und der Würzburger Synode. Theologische Erinnerungen und praktische Konsequenzen wider die Resignation, in: Franz-Peter Tebartz-van Elst (Hg.), Katechese im Umbruch. Positionen und Perspektiven (= FS für Dieter Emeis), Freiburg i. Br. 1998, 18–31. [Schmitt, Katechese]

DERS., Zur gegenwärtigen Situation der Gemeindekatechese in den Deutschen Bistümern, in: KatBl 105 (1980), 750–760. [Schmitt, Situation]

SCHMITT, FRIEDRICH, Der Raum des heutigen Landkreises Bad Kreuznach vor 1815, in: Beiträge zur Geschichte des Landkreises Bad Kreuznach (= Heimatkundliche Schriftreihe des Landkreises Bad Kreuznach Bd. 31), Bad Kreuznach 2000, 37–117. [Schmitt, Landkreis]

SCHMITZ, JOSEF, Einleitung, in: *Ambrosius*, De sacramentis / Über die Sakramente. De mysteriis / Über die Mysterien. Übersetzt und eingeleitet von Josef Schmitz (= FC 3), Freiburg i. Br. 1990, 7–68. [Schmitz, Einleitung]

SCHNOZ, AGATHA, Kindertheologie: Ein Paradigmenwechsel in der Katechese?, in: Diak 38 (2007), 51–355. [Schnoz, Kindertheologie]

SCHOCKENHOFF, EBERHARD, Bonum hominis. Die anthropologischen und theologischen Grundlagen der Tugendethik des Thomas von Aquin (= TTS 28), Mainz 1987. [Schockenhoff, Bonum hominis]

SCHOLL, NORBERT, Der Weltkatechismus – ein brauchbares Instrument für Religionsunterricht und Gemeindekatechese?, in: KatBl 118 (1993), 768–777. [Scholl, Weltkatechismus]

SCHOMAKER, MARTIN FRIEDRICH, Die Bedeutung der Familie in katechetischen Lernprozessen von Kindern. Eine inhaltsanalytische Untersuchung von Konzepten zur Hinführung der Kinder zu den Sakramenten der Beichte und der Eucharistie (= Theologie und Praxis Bd. 2), Münster – Hamburg – London 2002. [Schomaker, Bedeutung]

SCHRAGE, WOLFGANG, Der erste Brief an die Korinther. 4. Teilband. 1 Kor 15,1–16,24 (= EKK 7.4), Zürich u.a. 2001. [Schrage, 1. Korinther]

SCHRÖTER, JENS, Jesus als Lehrer nach dem Zeugnis des Neuen Testaments, in: EvErz 53 (2001), 107–115. [Schröter, Jesus als Lehrer]

SCHULTE, JOSEF, Katechese als Mystagogie, in: LKat 9 (1987), 16–22. [Schulte, Katechese]

SCHULZ, EHRENFRIED (Hg.), Ein Katechismus für die Welt. Informationen und Anfragen, Düsseldorf 1994. [Schulz, Katechismus]

DERS., Art. Evangelisierung, Evangelisation. Katholisch, in: LexRP Bd. 1 (2001), 529–532. [Schulz, Evangelisierung]

SCHWAB, ULRICH, Familienreligiosität. Religiöse Traditionen im Prozeß der Generationen (= Praktische Theologie heute Bd. 23), Stuttgart – Berlin – Köln 1995, 279. [Schwab, Familien religiosität]
SCHWEITZER, FRIEDRICH, Unsichtbare Religion. Die Tradierung von Religion in den ersten Lebensjahren wird zunehmend privatisiert, in: Zeitzeichen 5 Heft 7 (2004), 18–21. [Schweitzer, Religion]
SCHWIENHORST-SCHÖNBERGER, LUDGER, Den Ruf der Weisheit hören. Lernkonzepte in der alttestamentlichen Weisheitsliteratur, in: Beate Ego/Helmut Merkel (Hg.), Religiöses Lernen in der biblischen, frühjüdischen und frühchristlichen Überlieferung (= WUNT 180), Tübingen 2005, 68–82. [Schwienhorst-Schönberger, Ruf]
DERS., Kohelet (= HThK.AT 29), Freiburg i. Br. 2004. [Schwienhorst-Schönberger, Kohelet]
DERS., „Nicht im Menschen gründet das Glück" (Koh 2,24) Kohelet im Spannungsfeld jüdischer Weisheit und hellenistischer Philosophie (= Herders Biblische Studien Bd. 2), Freiburg i. Br. 1994. [Schwienhorst-Schönberger, Nicht im Menschen]
SEKRETARIAT DER DEUTSCHEN BISCHOFSKONFERENZ – REFERAT STATISTIK (Hg.), Kirchliches Leben 2005 im Bistum Trier, Bonn 14. Juli 2006. [Sekretariat der Deutschen Bischofskonferenz, 2005 Bistum Trier]
SEKRETARIAT DER DEUTSCHEN BISCHOFSKONFERENZ (Hg.), Katholische Kirche in Deutschland. Statistische Daten 2003 (= Arbeitshilfen 193), Bonn März 2003. [Sekretariat der Deutschen Bischofskonferenz, Statistische Daten 2003]
SHUPAK, NILI, Learning methods in ancient Israel, in: VT 53 (2003), 416–426. [Shupak. Methods]
SIEVERNICH, MICHAEL, Neue Evangelisierung in der späten Moderne. Zu einem Leitbegriff gegenwärtiger Pastoral, in: LebZeug 56 (2001), 165–175. [Sievernich, Evangelisierung]
SIMON, WERNER, ‚Katechetische Dimension' des Religionsunterrichts?, in: KatBl 130 (2005), 147–150. [Simon, Dimension]
SPÖLGEN, JOHANNES, Ehrenamtliche Katechetinnen und Katecheten, in: LKat 14 (1992), 46–49.
STATISTISCHES LANDESAMT RHEINLAND-PFALZ, Kreisfreie Städte und Landkreise in Rheinland-Pfalz. Ausgabe 2005. Ein Vergleich in Zahlen, Bad Ems 2005. [Statistisches Landesamt Rheinland-Pfalz, Ausgabe 2005]
STEMBERGER, GÜNTER, Kinder lernen Tora. Rabbinische Perspektiven, in: JBTh 17 (2002), 121–137. [Stemberger, Kinder]
DERS., Schaff dir einen Lehrer, erwirb dir einen Kollegen" (mAv 1,6) – Lernen als Tradition und Gemeinschaft, in: Beate Ego / Helmut Merkel (Hg.), Religiöses Lernen in der biblischen, frühjüdischen und frühchristlichen Überlieferung (= WUNT 180), Tübingen 2005, 141–155. [Stemberger, Lehrer]
STIFTUNG FÜR ZUKUNFTSFRAGEN, Forschung aktuell (Newsletter), Ausgabe 209, 29. Jg. (17.10.2008); in: http://www.stiftungfuerzukunftsfragen.de/de/forschung/aktuelle-untersuchungen (01.03.2009). [Stiftung für Zukunftsfragen, Forschung]
STOCKMEIER, PETER, Frühchristliche Taufkatechese, in: LKat 9 (1987), 12–15. [Stockmeier, Taufkatechese]
STRIFLER, BARBARA, Hauptberufliche und ehrenamtliche MitarbeiterInnen in der Katechese, in: LKat 25 (2003), 50–53. [Strifler, Mitarbeiter]
TEBARTZ-VAN ELST, FRANZ-PETER, Gemeindliche Katechese, in: Hans-Georg Ziebertz / Werner Simon (Hg.), Bilanz der Religionspädagogik, Düsseldorf 1995, 467–487. [Tebartz-van Elst, Gemeindliche Katechese]

DERS., Katechese im Umbruch. Positionen und Perspektiven (= FS für Dieter Emeis), Freiburg i. Br. 1998. [Tebartz-van Elst, Katechese im Umbruch]
DERS. / FISCHER, BALTHASAR, Art. Katechumenat. I. Historisch, in: LThK³ Bd. 5 (1996), 1318–1321. [Tebartz-van Elst/Fischer, Katechumenat]
TESEELE, EUGENE, Fide spe et caritate (De -), in: AugL Bd. 2 (1996–2002), 1323–1330. [TeSeele, Fide spe et caritate]
TIEFENSEE, EBERHARD, Gesellschaft ohne Religion. Das Erbe von 40 Jahren DDR, in: Eckhard Jaschinski (Hg.), Das Evangelium und die anderen Botschaften. Situation und Perspektiven des christlichen Glaubens in Deutschland, Nettetal 1997, 55–86. [Tiefensee, Gesellschaft]
DERS., Homo areligiosus, in: LebZeug 56 (2001), 188–203. [Tiefensee, Homo]
DERS., Religiös unmusikalisch? Folgerungen aus einer weithin krisenfesten Areligiosität, in: KatBl 125 (2000), 88–95. [Tiefensee, Religiös unmusikalisch]
DERS., „Religiös unmusikalisch" – Zu einer Metapher Max Webers, in: Bertram Pittner / Andreas Wollbold (Hg.), Zeiten des Übergangs (= FS für Franz Georg Friemel zum 70. Geburtstag [= EThS 80]), Leipzig 2000, 119–136. [Tiefensee, Metapher]
DERS., So areligiös wie Bayern katholisch ist. Zur konfessionellen Lage im Osten Deutschlands, in: Karl Schlemmer (Hg.), Auf der Suche nach dem Menschen von heute. Vorüberlegungen für alternative Seelsorge und Feierformen (= Andechser Reihe Bd. 3), St. Ottilien 1999, 50–66. [Tiefensee, Areligiös]
DERS., Vorsichtige Neugier. Glaubensvermittlung in radikal säkularen Kontexten, in: ThPQ 156 (2008), 159–165. [Tiefensee, Neugier]
THEIS, JOACHIM / FLECK, CAROLA, Leitlinien für Eucharistiekatechese, in: TThZ 117 (2008), 322–337. [Theis / Fleck, Leitlinien]
TZSCHEETZSCH, WERNER, Eucharistiekatechese als Familienkatechese – Kritische Würdigung, in: Günter Biemer, Symbole des Glaubens leben – Symbole des Lebens glauben. Sakramentenkatechese als Lernprozess. Taufe, Firmung, Eucharistie, Ostfildern 1999, 290–294. [Tzscheetzsch, Eucharistiekatechese]
DERS., Von der Mono- zur Polyperspektivität der Katechese: Eindrücke zu Albert Biesingers Plädoyer für die Familienkatechese. Werner Tzscheetzschs Replik auf „Katechese in größer werdenden Seelsorgeeinheiten", in: LS 56 (2005), 8–11. [Tzscheetzsch, Polyperspektivität]
VERWEYEN, HANSJÜRGEN, Der Weltkatechismus. Therapie oder Symptom einer kranken Kirche, Düsseldorf 1993. [Verweyen, Weltkatechismus]
DERS., Zur Hermeneutik des Weltkatechismus, in: ZKTh 115 (1993), 320–326. [Verweyen, Hermeneutik]
VETTER, DIETER, Lernen und Lehren. Skizze eines lebenswichtigen Vorgangs für das Volk Gottes, in: Rainer Albertz / Friedemann W. Golka / Jürgen Kegler (Hg.), Schöpfung und Befreiung (= FS für Claus Westermann zum 80. Geburtstag), Stuttgart 1989, 220–232. [Vetter, Lernen]
VINZENT, MARKUS, Art. Symbol, in: LThK³ Bd. 9 (2000), 1164–1165. [Vinzent, Symbolum]
VONACH, ANDREAS, Nähere dich um zu hören. Gottesvorstellungen und Glaubensvermittlung im Koheletbuch (= BBB 125), Berlin – Bodenheim 1999. [Vonach, Nähere dich]
VORSTAND DES DEUTSCHEN KATECHETEN-VEREINS, Gemeindekatechese an ihren Grenzen? Einladung zum aufrechten und aufrichtenden Dialog, in: KatBl 117 (1992), 368–374. [DKV, Gemeindekatechese]
WALDENFELS, BERNHARD, Der Stachel des Fremden, Frankfurt a.M. 1990. [Waldenfels, Stachel]

WALTER, SUSANNE, ‚Grundschulweg', Ein sakramentaler Weg mit Kindern im Grundschulalter, in: Albert Biesinger / Herbert Bendel (Hg.), Gottesbeziehung in der Familie. Familienkatechetische Orientierungen von der Kindertaufe bis ins Jugendalter, Ostfildern 2000, 279–286. [Walter, Grundschulweg]

WEGENAST, KLAUS, Lehren und Lernen in den synoptischen Evangelien – Anleitung für religiöse Bildung im 3. Jahrtausend oder historische Spurensuche?, in: EvErz 53 (2001), 133–144. [Wegenast, Lehren]

WEGENAST, PHILIPP, Neue Bibeln für Kinder und Jugendliche, in: KatBl 130 (2005), 128–131. [Wegenast, Bibeln]

WEHRLE, PAUL, Hören auf die Gegenwart Gottes. Zum Text der deutschen Bischöfe „Katechese in veränderter Zeit" (2004), in: LS 56 (2005), 87–94. [Wehrle, Hören]

DERS., Katechese vor neuen Chancen. Zum Text der deutschen Bischöfe „Katechese in veränderter Zeit" (2004), in: LS 56 (2005), 33–38. [Wehrle, Katechese]

WERNER, ERNST, Katechese in der Spannung zwischen Offenheit und Identität, in: Franz-Peter Tebartz-van Elst (Hg.), Katechese im Umbruch. Positionen und Perspektiven (= FS für Dieter Emeis), Freiburg i. Br. 1998, 296–306. [Werner, Katechese]

DERS., Was besagt Evangelisieren? Elemente der Evangelisierung und ihre katechetische Relevanz, in: LKat 11 (1989), 80–84. [Werner, Evangelisieren]

WENTZ, ROBERT, Art. Vaterunser. III. Liturgisch, in: LThK³ Bd. 10 (2001), 549–550. [Wentz, Vaterunser]

WERMELINGER, OTTO, Erläuterungen zum Autor und zum Text, in: Aurelius Augustinus, Vom ersten katechetischen Unterricht. Neu übersetzt von Werner Steinmann, bearbeitet von Otto Wermelinger (= Schriften der Kirchenväter Bd. 7), München 1985, 95–122. [Wermelinger, Erläuterungen]

WIEDEMER, ADELHEID / WIEDEMER,GOTTFRIED, Der Weiße Sonntag in der Familie, in: LS 40 (1989), 277–280. [A. Wiedemer/G. Wiedemer, Weißer Sonntag]

WILSON, BRYAN R., Contemporary transformation of religion, Oxford 1976. [Wilson, Transformation]

WINZEK, STEPHAN, ‚Weggottesdienste' in der Kommunionvorbereitung, in: KatBl 129 (2004), 459–463. [Winzek, Weggottesdienste]

WIPPERMANN, CARSTEN, Lebensweltliche Perspektiven auf Kirche, in: LS 57 (2006), 226–234. [Wippermann, Perspektiven]

DERS. / MAGALHAES, ISABEL, Milieuhandbuch „Religiöse und kirchliche Orientierungen in den Sinus Milieus 2005". Ein Projekt der Medien-Dienstleistung GmbH in Kooperation mit der Katholischen Sozialethischen Arbeitsstelle e.V., München 2005. [Wippermann / Magalhaes, Sinus-Milieu-Kirchenstudie]

WITTI, MICHAEL / WEBER, ALOIS, Kinderbeichte. Den Weg der Versöhnung gehen, Regensburg 2003. [Witti / Weber, Kinderbeichte]

WOLF, CHRISTOF, Religion und Familie in Deutschland, in: ZEE 47 (2003), 53–71. [Wolf, Religion]

WOLLBOLD, ANDREAS, Bellarmins Katechismen und Auslegungen zum Glaubensbekenntnis und zum Vater Unser, in: Robert Bellarmin, Katechismen. Glaubensbekenntnis. Vater Unser, übers. u. hg. v. Andreas Wollbold, Würzburg 2008, 11–24. [Wollbold, Bellarmins Katechismen]

DERS., Benedikt XVI. und die Katechese, in: MThZ 56 (2005), 485–497. [Wollbold, Benedikt XVI.]

DERS., Kirche als Wahlheimat. Beitrag zu einer Antwort auf die Zeichen der Zeit (= SThPS 32), Würzburg 1998. [Wollbold, Kirche]

DERS., Kontemplative Pastoral, in: MThZ 56 (2005), 134–147. [Wollbold, Pastoral]

DERS., „Nach den Zeichen der Zeit zu forschen und sie im Licht des Evangeliums zu deuten". Nachfragen zur Methode der Pastoraltheologie in: Bertram Pittner/ders. (Hg.), Zeiten des Übergangs (= FS für Franz Georg Friemel zum 70. Geburtstag [= EThSt 80]), Leipzig 2000, 354–366. [Wollbold, Zeichen]

DERS., Handbuch der Gemeindepastoral, Regensburg 2004. [Wollbold, Handbuch]

DERS., Pfarrgemeinde als Lernort des Christwerdens, in: LS 54 (2003), 54–60. [Wollbold, Pfarrgemeinde]

DERS., Sakrament des Anfangs. Eine Zwischenbilanz zur Taufpastoral, in: TThZ 104 (1995), 256–271. [Wollbold, Sakrament]

DERS., Therese von Lisieux. Eine mystagogische Deutung ihrer Biographie (= StSS 11), Würzburg 1993. [Wollbold, Therese Lisieux]

DERS., Was ist Katechese. Vortrag zum Silbernen Priesterjubiläum von Bischof Dr. Reinhard Marx am 02. Juni 2004 in: http://www.bistum-trier.de/upload/dokumente/10368.pdf (01.03.2009), 1–17. [Wollbold, Katechese]

www.infothek.statistik.rlp.de./lis/MeineRegion/index.asp (01.03.2009).

ZENGER, ERICH, JHWH als Lehrer des Volkes und der Einzelnen im Psalter, in: Beate Ego/Helmut Merkel (Hg.), Religiöses Lernen in der biblischen, frühjüdischen und frühchristlichen Überlieferung (= WUNT 180), Tübingen 2005, 46–67. [Zenger, Lehrer]

ZERFAß, ROLF, Zum pastoralen Stellenwert der Gemeindekatechese, in KatBl 99 (1974), 136–139. [Zerfaß, Stellenwert]

ZIEBERTZ, HANS-GEORG, Gibt es einen Tradierungsbruch? Befunde zur Religiosität der jungen Generation, in: Bertelsmann Stiftung (Hg.), Religionsmonitor 2008, Gütersloh 2007, 44–63. [Ziebertz, Tradierungsbruch]

ZIEBERTZ, HANS-GEORG / HEIL, STEFAN / PROKOPF, ANDREAS, Gewagte Hypothesen – Abduktion in der Religionspädagogik, in: dies. (Hg.), Abduktive Korrelation. Religionspädagogische Konzeption, Methodologie und Professionalität im interdisziplinären Dialog, Münster-Hamburg-London 2003, 11–31. [Ziebertz/Heil/Prokopf, Hypothesen]

ZIEBERTZ, HANS-GEORG / RIEGEL, ULRICH / KALBHEIM, BORIS, Religiöse Signaturen heute. Ein religionspädagogischer Beitrag zur empirischen Jugendforschung unter Mitarbeit von Andreas Prokopf, Gütersloh 2003. [Ziebertz/Riegel/Kalbheim, Signaturen]

ZIMMERMANN, ALBERT, Glaube und Wissen (S. th. II-II, qq. 1–9), in: Andreas Speer (Hg.), Thomas von Aquin: Die Summa theologiae. Werkinterpretationen, Berlin u.a. 2005, 271–297. [Zimmermann, Glaube]

ZIMMERMANN, DIETRICH, Glaubensbegleiter / Glaubensschüler, in; Gottfried Bitter / Gabriele Miller (Hg.), Handbuch religionspädagogischer Grundbegriffe, Bd. 1, München 1986, 42–44. [Zimmermann, Glaubensbegleiter]

DERS., Leben – Glauben – Feiern. Dimensionen eines Glaubensweges, in: LS 29 (1978) 148–15. [Zimmermann, Leben]

Abbildungs- und Tabellenverzeichnis

Abbildungen im Textcorpus

Abb. 1: Die Stufen des Evangelisierungsprozesses, in: *Dieter Emeis*, Grundriss der Gemeinde- und Sakramentenkatechese. Mit Beiträgen von Franz-Peter Tebartz-van Elst und Thomas Kiefer, München 2001, 19.

Abb. 2: Die Unterscheidung von Erstverkündigung und Katechese; vgl. *Andreas Wollbold*, Handbuch der Gemeindepastoral, Regensburg 2004, 181.

Abb. 3: Das Beziehungsgeflecht der Familienkatechese in: *Albert Biesinger*, Erstkommunion als Familienkatechese. Zur Relevanz von „Catequesis familiar", in: ThQ 174 (1994) 120–135, 124.

Abb. 4: Katholikenanteil in den Pfarreiengemeinschaften.

Abb. 5: Synopse der Katechesetypen.

Abb. 6: Diagramm über den Anteil der Seelsorgebezirke und Pfarreiengemeinschaften an der Katholikenzahl des Dekanats und an der Befragung.

Abb. 7: Diagramm über den Gottesdienstbesuch von Eltern und Katecheten.

Abb. 8: Diagramm über die Wichtigkeit der Elemente der Erstkommunionkatechese.

Abb. 9: Diagramm über die Wichtigkeit der Inhalte in der Erstkommunionkatechese.

Abb. 10: Diagramm über die Wichtigkeit der Methoden in der Erstkommunionkatechese.

Abb. 11: Diagramm über die Verantwortung für die Erstkommunionkatechese.

Abb. 12: Diagramm über die Verbreitung der Katechesetypen.

Abb. 13: Diagramm über die Bedeutung der Erstkommunionfeier.

Abb. 14: Diagramm über die Elemente der Gestaltung der Hl. Messe am Weißen Sonntag.

Tabellen im Anhang

Tab. A 1:	Name der Pfarrei
Tab. A 2:	Ich bin bei der Erstkommunion und ihrer Vorbereitung beteiligt als
Tab. A 3:	Geschlecht
Tab. A 4:	Haben Sie die deutsche Staatsangehörigkeit?
Tab. A 5:	Konfession
Tab. A 6:	Alter
Tab. A 7:	Schulabschluss
Tab. A 8:	Ausbildungsabschluss
Tab. A 9:	Arbeitsverhältnis
Tab. A 10:	Monatliches Familieneinkommen (netto)
Tab. A 11:	Wie wichtig ist für Sie das Themenfeld Glaube / Religion / Spiritualität?
Tab. A 12:	Wie schätzen Sie selbst Ihre kirchliche Bindung ein?
Tab. A 13:	Sind Sie ehrenamtlich in einer Pfarrgemeinde oder einem kirchlichen Verband tätig?
Tab. A 14:	Wie regelmäßig nehmen Sie an einem Gottesdienst am Sonntag / Feiertag teil?
Tab. A 15:	Elternabend zu Beginn der Erstkommunionvorbereitung
Tab. A 16:	Weitere Elternabende zu wichtigen Inhalten der Erstkommunionvorbereitung
Tab. A 17:	Glaubensgespräche für Eltern zum persönlichen Austausch über eigene Glaubensfragen
Tab. A 18:	Besuch der Eltern durch Seelsorger
Tab. A 19:	Katechetenrunden
Tab. A 20:	Gruppenstunden der Kommunionkinder
Tab. A 21:	Arbeitsmappe für Kinder
Tab. A 22:	Wochenende für Kommunionkinder
Tab. A 23:	Vorstellung von Gruppen, die in der Pfarrei aktiv sind
Tab. A 24:	Gottesdienstbesuch am Sonntag
Tab. A 25:	Besondere Veranstaltungen für alle Kommunionkinder
Tab. A 26:	Sternsingeraktion und andere ähnliche Kinderaktionen
Tab. A 27:	Erstbeichte
Tab. A 28:	Hl. Messe am Tag der Erstkommunion

Abbildungs- und Tabellenverzeichnis 449

Tab. A 29:	Feier im Familienkreis
Tab. A 30:	Angebote kirchliche Jugendarbeit (Messdiener / Kinderchor / Gruppenstunden für Kinder) nach der Erstkommunion
Tab. A 31:	Während der Erstkommunionvorbereitung lernen die Kinder alle wichtigen Personen und Gruppen der Pfarrei kennen
Tab. A 32:	In der Erstkommunionvorbereitung wird das soziale Verhalten der Kinder (Sinn für Gemeinschaft, Streitkultur, Hilfsbereitschaft) als Grundvoraussetzung für jede weitere inhaltliche Arbeit betrachtet.
Tab. A 33:	Die Erstkommunionvorbereitung ist geprägt von biblischen Geschichten, die wesentlichen Ereignisse aus dem Leben Jesu berichten
Tab. A 34:	In der Erstkommunionvorbereitung erzählen die Kinder sehr viel von ihrem Leben und ihren eigenen Erfahrungen in Familie, Freundeskreis und Schule.
Tab. A. 35:	Der Beichtunterricht ist ein verbindlicher Bestandteil der Erstkommunionvorbereitung.
Tab. A 36:	Die Erstkommunionvorbereitung betont, dass Jesus ein Mensch ist, und spricht nur von „Jesus".
Tab. A 37:	Die Erstkommunionvorbereitung betont, dass Jesus der Sohn Gottes ist, und spricht oft von „Jesus Christus".
Tab. A 38:	Die Erstkommunionvorbereitung stellt Jesus als Freund und Helfer der Menschen dar.
Tab. A 39:	Die Interessen der Kinder bestimmen die Inhalte der Erstkommunionvorbereitung.
Tab. A 40:	Die Kinder lernen wichtige Gebete in der Erstkommunionvorbereitung auswendig.
Tab. A 41:	Die Erstkommunionvorbereitung bindet die Kinder und ihre Familien eng an die Pfarrgemeinde.
Tab. A 42:	Die Erstkommunionvorbereitung stärkt den Zusammenhalt der eigenen Familie.
Tab. A 43:	Die Kinder gestalten während der Erstkommunionvorbereitung die Gottesdienste aktiv mit (Fürbitten, Lieder, Anspiele; Gebete etc.).
Tab. A 44:	Der regelmäßige Besuch der Sonntagsmesse ist Bestandteil der Erstkommunionvorbereitung.
Tab. A 45:	Die Kinder verstehen die Messe als Mahl, das Gemeinschaft unter den Menschen stiftet.
Tab. A 46:	Bei der diesjährigen Erstkommunionvorbereitung wurden meine Vorstellungen bezüglich des Inhalts in folgendem Grad erfüllt.
Tab. A 47:	Die Vorbereitung beinhaltet fast ausschließlich kreative Elemente (Malen, Spielen, Basteln, Backen, Singen, Aktionen).

Tab. A 48:	Die Vorbereitung hat einen stark schulischen Charakter.
Tab. A 49:	Die Vorbereitung stellt eine ausgewogene Mischung aus kreativen Methoden (Spielen, Basteln, Musizieren, sonstige Projekte) und Methoden, die hauptsächlich den Verstand ansprechen (Lesen, Schreiben), dar.
Tab. A 50:	Die Methoden der Erstkommunionvorbereitung orientieren sich ganz an den Kindern und ihren Interessen.
Tab. A 51:	In der Erstkommunionvorbereitung ist das Auswendiglernen eine wichtige Methode.
Tab. A 52:	Der Besuch von Gruppen der Pfarrei (Messdienergruppen, Kinderchor, Pfadfinder, Seniorengruppen) ist eine bevorzugte Methode der Erstkommunionvorbereitung.
Tab. A 53:	Die Vorbereitung findet in Kleingruppen (6–10 Kinder) stattfinden.
Tab. A 54:	Die Vorbereitung findet in einer Großgruppe (über 10) statt.
Tab. A 55:	Bei der diesjährigen Erstkommunionvorbereitung wurden meine Vorstellungen bezüglich der Methoden in folgendem Grad erfüllt.
Tab. A 56:	Die Erstkommunionvorbereitung ist hauptsächlich Aufgabe des Pfarrers.
Tab. A 57:	Ehrenamtliche Katecheten / Katechetinnen übernehmen den größten Teil der Erstkommunionvorbereitung.
Tab. A 58:	Pastoralreferenten/-tinnen oder Gemeindereferenten/-tinnen führen die Erstkommunionvorbereitung hauptsächlich durch.
Tab. A 59:	Die Eltern übernehmen die Aufgabe der Vorbereitung ihrer Kinder zum größten Teil selbst.
Tab. A 60:	Pfarrer, Pastoralreferenten/-tinnen, Gemeindereferenten/-tinnen, ehrenamtliche Katecheten / Katechetinnen und Eltern übernehmen zu gleichen Teilen die Vorbereitung der Kinder auf die Erstkommunion.
Tab. A 61:	Der Pfarrer leitet die Katechetenrunden.
Tab. A 62:	Pastoralreferenten/-tinnen oder Gemeindereferenten/-tinnen leiten die Katechetenrunden.
Tab. A 63:	Die Erstkommunion ist das Fest der Familie.
Tab. A 64:	Die Erstkommunion ist das Fest der Kinder.
Tab. A 65:	Die Erstkommunion ist das Fest der Pfarrgemeinde.
Tab. A 66:	Die Erstkommunion ist das Fest des Glaubens.
Tab. A 67:	Die Erstkommunion ist das Fest eines Schuljahrgangs.
Tab. A 68:	Die Erstkommunion ist der feierliche Abschluss der Vorbereitungszeit.
Tab. A 69:	Die Erstkommunion ist die feierliche Aufnahme in die Gemeinde, die sich sonntags zum Gottesdienst versammelt.
Tab. A 70:	Die Hl. Messe am Weißen Sonntag ist ein besonders festlicher Gottesdienst.

Tab. A 71:	Die Hl. Messe am Weißen Sonntag unterscheidet sich nicht von übrigen Festgottesdiensten in dieser Gemeinde.
Tab. A 72:	Die Hl. Messe am Weißen Sonntag findet zur üblichen Zeit der Sonntagsmesse statt.
Tab. A 73:	Die Kinder stehen in der Hl. Messe am Weißen Sonntag im Mittelpunkt.
Tab. A 74:	Die Eltern und Katecheten sind an der Vorbereitung der Hl. Messe am Weißen Sonntag beteiligt.
Tab. A 75:	Die Kinder sind in der Hl. Messe am Weißen Sonntag aktiv beteiligt.
Tab. A 76:	Die Hl. Messe am Weißen Sonntag steht unter einem besonderen Thema, das den ganzen Gottesdienst bestimmt.
Tab. A 77:	Die Hl. Messe am Weißen Sonntag wird mit Symbolen / Themen gestaltet die eng mit der Messfeier in Verbindung stehen (Brot, Wein, Ähren, Trauben, Kelch, Einladung durch Jesus, Gemeinschaft etc.)
Tab. A 78:	Die Hl. Messe am Weißen Sonntag wird mit Symbolen / Themen gestaltet, die als schön empfunden werden, ohne eine enge inhaltliche Verbindung zur Messfeier aufzuweisen.
Tab. A 79:	Die Menschen, die auch sonst regelmäßig die Sonntagsmesse der Gemeinde besuchen, sind bei der Hl. Messe am Weißen Sonntag anwesend.

Anhang

Fragebogen zur Erstkommunionkatechese im Dekanat Bad Kreuznach

Sehr geehrte Damen und Herren,
mein Name ist Volker Malburg, ich bin Schulpfarrer am Bischöflichen Angela-Merici-Gymnasium Trier und promoviere zur Zeit im Fach Pastoraltheologie an der Universität München bei Professor Dr. Andreas Wollbold. Ziel meiner Arbeit ist es, Möglichkeiten aufzuzeigen, wie sich die Vorbereitung auf die Sakramente der Taufe, Eucharistie und Firmung weiterentwickeln und verbessern lässt. Eine wichtige Voraussetzung dafür ist, zu untersuchen, wie die Vorbereitung auf diese Sakramente von hauptamtlichen Seelsorgerinnen und Seelsorgern, Katechetinnen und Katecheten, Müttern und Vätern von Kommunionkindern bewertet wird. Bisher gibt es zum Themenfeld der Sakramentenkatechese kaum Befragungen der beteiligten Personen. Der vorliegenden Fragebogen will helfen, diese Lücke zu schließen. Damit das gelingt, bin ich auf Ihre Unterstützung angewiesen. Ich bitte Sie daher mit diesem Brief, sich die Zeit zu nehmen, diesen Fragebogen zu beantworten. Durch Ihre Teilnahme helfen Sie mit, wichtige Anstöße für die Kommunionvorbereitung zu geben. Schon jetzt möchte ich Ihnen dafür herzlich danken. Ich versichere Ihnen, dass jeder Fragebogen anonym ausgewertet wird und die Bestimmungen des Datenschutzes genau eingehalten werden. Ich werde Ihnen die Ergebnisse dieser Umfrage im Herbst 2005 in einem kleinen Bericht zugänglich machen.
Nun noch einige Hinweise zum Ausfüllen des Fragebogens:
Lesen Sie sich zunächst die Fragen einmal durch.
Beim zweiten Lesen kreuzen Sie bitte jeweils eine die angegebenen Bewertungen an.
Bei Fragen, zu denen Ihnen keine Bewertung möglich ist, können Sie Ihr Kreuzchen weglassen und zur nächsten Frage übergehen.
Stecken Sie bitte den Fragebogen am Ende in den dafür vorgesehen Umschlag
Bei Ehepaaren, die in einem Haushalt leben: Bitte füllen Sie nicht gemeinsam einen Fragebogen aus, sondern jeder getrennt ein eigenes Exemplar. Beide Bögen dann in einen Umschlag stecken.
Bitte geben Sie den Umschlag mit dem ausgefüllten Fragebogen **Ihrem Kind zur nächsten Gruppenstunde oder zum nächsten Termin** der Erstkommunionvorbereitung mit.
Ich danke Ihnen schon jetzt für Ihre Teilnahme und Ihr Interesse an dieser Umfrage. Ich wünsche Ihnen noch eine gute Zeit während der Erstkommunionvorbereitung und Ihnen und Ihren Kindern eine schöne Feier der Ersten Hl. Kommunion.

Mit freundlichen Grüßen
Volker Malburg

Fragebogen zur Erstkommunionkatechese

1. Teil: Fragen zur Person

Pfarrei:_____

1.) Ich bin bei der Erstkommunion und ihrer Vorbereitung beteiligt als
- **Elternteil**
- **allein erziehend**
- **verheiratet**
- **Katechet/Katechetin**
- **hauptamtlicher Seelsorger/ hauptamtliche Seelsorgerin**
- **Diakon/Priester**

2.) Geschlecht
- **männlich**
- **weiblich**

3.) Haben Sie die deutsche Staatsangehörigkeit?
- **ja**
- **nein**

4.) Konfession
- **römisch katholisch**
- **evangelisch**
- **orthodox**
- **anderes christliches Bekenntnis**
- **Moslem**
- **Jude**
- **Angehöriger einer anderen nicht-christlichen Religionsgemeinschaft**
- **konfessionslos**

5.) Alter
- **20 – 30 Jahre**
- **31 – 40 Jahre**
- **41 – 50 Jahre**
- **51 – 60 Jahre**
- **61 – 70 Jahre.**
- **über 70 Jahre**

6.) Schulabschluss (bitte nur letzten Abschluss angeben)
- **kein Schulabschluss**
- **Hauptschulabschluss**
- **Mittlere Reife**
- **Allg. Hochschulreife/ Fachhochschulreife**

7.) Ausbildungsabschluss (bitte nur letzten Abschluss angeben)

○ keine berufliche Ausbildung   ○ abgeschlossene Lehre/ Gesellenbrief u.ä.

○ Meisterbrief /Techniker u.ä.   ○ Diplom(Uni/FH)/Magister/Staatsexamen

○ Promotion /Habilitation

8.) Arbeitsverhältnis

○ nicht berufstätig   ○ arbeitsuchend

○ Arbeiter   ○ Angestellter

○ Beamter u.ä.   ○ Freiberufler/selbstständig

9.) Monatliches Familieneinkommen (netto)

○ unter 2000 €   ○ 2000 -3000 €   ○ 3001 – 4000 €   ○ über 4000

10.) Wie wichtig ist für Sie das Themenfeld Glaube/Religion/ Spiritualität?

○ unwichtig   ○ weniger wichtig   ○ wichtig   ○ sehr wichtig

11.) Wie schätzen Sie selbst Ihre kirchliche Bindung ein?

○ sehr locker   ○ locker   ○ eng   ○ sehr eng

12.) Sind Sie ehrenamtlich in einer Pfarrgemeinde oder einem kirchlichen Verband tätig?

○ ja   ○ nein

13.) Wie regelmäßig nehmen Sie an einem Gottesdienst am Sonntag/Feiertag teil?

○ nie   ○ einmal im Jahr

○ mehrmals im Jahr   ○ einmal im Monat

○ mehrmals im Monat   ○ jeden Sonntag

Fragebogen zur Erstkommunionkatechese   455

2. Teil: Erstkommunionvorbereitung

1.) Wie wichtig sind für Sie folgende Elemente der Erstkommunionvorbereitung, sofern sie in Ihrer Gemeinde durchgeführt werden?

Elternabend zu Beginn der Erstkommunionvorbereitung

o unwichtig	o weniger wichtig	o wichtig	o sehr wichtig

weitere Elternabende zu wichtigen Inhalten der Erstkommunionvorbereitung

o unwichtig	o weniger wichtig	o wichtig	o sehr wichtig

Glaubensgespräche für Eltern zum persönlichen Austausch über eigene Glaubensfragen

o unwichtig	o weniger wichtig	o wichtig	o sehr wichtig

Besuch der Eltern durch Seelsorger

o unwichtig	o weniger wichtig	o wichtig	o sehr wichtig

Katechetenrunden

o unwichtig	o weniger wichtig	o wichtig	o sehr wichtig

Gruppenstunden der Kommunionkinder

o unwichtig	o weniger wichtig	o wichtig	o sehr wichtig

Arbeitsmappe für Kinder

o unwichtig	o weniger wichtig	o wichtig	o sehr wichtig

Wochenende für Kommunionkinder

○ unwichtig	○ weniger wichtig	○ wichtig	○ sehr wichtig

Vorstellung von Gruppen, die in der Pfarrei aktiv sind

○ unwichtig	○ weniger wichtig	○ wichtig	○ sehr wichtig

Gottesdienstbesuch am Sonntag

○ unwichtig	○ weniger wichtig	○ wichtig	○ sehr wichtig

Besondere Veranstaltungen für alle Kommunionkinder

○ unwichtig	○ weniger wichtig	○ wichtig	○ sehr wichtig

Sternsingeraktion und andere ähnliche Kinderaktionen

○ unwichtig	○ weniger wichtig	○ wichtig	○ sehr wichtig

Erstbeichte

○ unwichtig	○ weniger wichtig	○ wichtig	○ sehr wichtig

Hl. Messe am Tag der Erstkommunion

○ unwichtig	○ weniger wichtig	○ wichtig	○ sehr wichtig

Feier im Familienkreis

○ unwichtig	○ weniger wichtig	○ wichtig	○ sehr wichtig

Fragebogen zur Erstkommunionkatechese

Angebote kirchliche Jugendarbeit (Messdiener/Kinderchor/Gruppenstunden für Kinder) nach der Erstkommunion

○ unwichtig	○ weniger wichtig	○ wichtig	○ sehr wichtig

2.) Bewerten Sie folgende Aussagen zur inhaltlichen Gestaltung der Erstkommunionvorbereitung. Wie wichtig ist es Ihnen, dass die folgenden Aussagen bei der inhaltlichen Gestaltung der Erstkommunionvorbereitung beachtet werden?

Während der Erstkommunionvorbereitung lernen die Kinder alle wichtigen Personen und Gruppen der Pfarrei kennen.

○ unwichtig	○ weniger wichtig	○ wichtig	○ sehr wichtig

In der Erstkommunionvorbereitung wird das soziale Verhalten der Kinder (Sinn für Gemeinschaft, Streitkultur, Hilfsbereitschaft) als Grundvoraussetzung für jede weitere inhaltliche Arbeit betrachtet.

○ unwichtig	○ weniger wichtig	○ wichtig	○ sehr wichtig

Die Erstkommunionvorbereitung ist geprägt von biblischen Geschichten, die wesentliche Ereignisse aus dem Leben Jesu berichten.

○ unwichtig	○ weniger wichtig	○ wichtig	○ sehr wichtig

In der Erstkommunionvorbereitung erzählen die Kinder sehr viel von ihrem Leben und ihren eigenen Erfahrungen in Familie, Freundkreis und Schule.

○ unwichtig	○ weniger wichtig	○ wichtig	○ sehr wichtig

Der Beichtunterricht ist ein verbindlicher Bestandteil der Erstkommunionvorbereitung.

○ unwichtig	○ weniger wichtig	○ wichtig	○ sehr wichtig

Die Erstkommunionvorbereitung betont, dass Jesus ein Mensch ist, und spricht nur von „Jesus".

○ unwichtig	○ weniger wichtig	○ wichtig	○ sehr wichtig

Die Erstkommunionvorbereitung betont, dass Jesus der Sohn Gottes ist, und spricht oft von „Jesus Christus".

| ○ unwichtig | ○ weniger wichtig | ○ wichtig | ○ sehr wichtig |

Die Erstkommunionvorbereitung stellt Jesus als Freund und Helfer der Menschen dar.

| ○ unwichtig | ○ weniger wichtig | ○ wichtig | ○ sehr wichtig |

Die Interessen der Kinder bestimmen die Inhalte der Erstkommunionvorbereitung.

| ○ unwichtig | ○ weniger wichtig | ○ wichtig | ○ sehr wichtig |

Die Kinder lernen wichtige Gebete in der Erstkommunionvorbereitung auswendig.

| ○ unwichtig | ○ weniger wichtig | ○ wichtig | ○ sehr wichtig |

Die Erstkommunionvorbereitung bindet die Kinder und ihre Familien eng an die Pfarrgemeinde.

| ○ unwichtig | ○ weniger wichtig | ○ wichtig | ○ sehr wichtig |

Die Erstkommunionvorbereitung stärkt den Zusammenhalt der eigenen Familie.

| ○ unwichtig | ○ weniger wichtig | ○ wichtig | ○ sehr wichtig |

Die Kinder gestalten während der Erstkommunionvorbereitung die Gottesdienste aktiv mit (Fürbitten, Lieder, Anspiele; Gebete etc.).

| ○ unwichtig | ○ weniger wichtig | ○ wichtig | ○ sehr wichtig |

Der regelmäßige Besuch der Sonntagsmesse ist Bestandteil der Erstkommunionvorbereitung.

| ○ unwichtig | ○ weniger wichtig | ○ wichtig | ○ sehr wichtig |

Fragebogen zur Erstkommunionkatechese

Die Kinder verstehen die Messe als Mahl, das Gemeinschaft unter den Menschen stiftet.

○ unwichtig	○ weniger wichtig	○ wichtig	○ sehr wichtig

3.) Abschließende Bewertung zum Inhalt

Bei der diesjährigen Erstkommunionvorbereitung wurden meine Vorstellungen bezüglich des Inhalts in folgendem Grad erfüllt.

○ nicht erfüllt	○ wenig erfüllt	○ erfüllt	○ völlig erfüllt

4.) Bewerten Sie folgende Sätze zur Methode der Erstkommunionvorbereitung. Wie wichtig ist es Ihnen, dass folgende Aussagen in der Erstkommunionvorbereitung beachtet werden?

Die Vorbereitung beinhaltet fast ausschließlich kreative Elemente (Malen, Spielen, Basteln, Backen, Singen, Aktionen).

○ unwichtig	○ weniger wichtig	○ wichtig	○ sehr wichtig

Die Vorbereitung hat einen stark schulischen Charakter.

○ unwichtig	○ weniger wichtig	○ wichtig	○ sehr wichtig

Die Vorbereitung stellt eine ausgewogene Mischung aus kreativen Methoden (Spielen, Basteln, Musizieren, sonstige Projekte) und Methoden, die hauptsächlich den Verstand ansprechen (Lesen, Schreiben), dar.

○ unwichtig	○ weniger wichtig	○ wichtig	○ sehr wichtig

Die Methoden der Erstkommunionvorbereitung orientieren sich ganz an den Kindern und ihren Interessen.

○ unwichtig	○ weniger wichtig	○ wichtig	○ sehr wichtig

In der Erstkommunionvorbereitung ist das Auswendiglernen eine wichtige Methode.

○ unwichtig	○ weniger wichtig	○ wichtig	○ sehr wichtig

Der Besuch von Gruppen der Pfarrei (Messdienergruppen, Kinderchor, Pfadfinder, Seniorengruppen) ist eine bevorzugte Methode der Erstkommunionvorbereitung.

○ unwichtig	○ weniger wichtig	○ wichtig	○ sehr wichtig

Die Vorbereitung findet in Kleingruppen (6–10 Kinder) stattfinden.

○ unwichtig	○ weniger wichtig	○ wichtig	○ sehr wichtig

Die Vorbereitung findet in einer Großgruppe (über 10) statt.

○ unwichtig	○ weniger wichtig	○ wichtig	○ sehr wichtig

5.) Abschießende Bewertung zur Methode

Bei der diesjährigen Erstkommunionvorbereitung wurden meine Vorstellungen bezüglich der Methoden in folgendem Grad erfüllt.

○ nicht erfüllt	○ wenig erfüllt	○ erfüllt	○ völlig erfüllt

6.) Wer soll an der Erstkommunionbereitung beteiligt sein? Bewerten Sie folgende Aussagen, die sich mit dieser Thematik beschäftigen.

Die Erstkommunionvorbereitung ist hauptsächlich Aufgabe des Pfarrers.

○ stimme nicht zu	○ stimme weniger zu	○ stimme zu	○ stimme völlig zu

Fragebogen zur Erstkommunionkatechese 461

Ehrenamtliche Katecheten/Katechetinnen übernehmen den größten Teil der Erstkommunionvorbereitung.

| ○ stimme nicht zu | ○ stimme weniger zu | ○ stimme zu | ○ stimme völlig zu |

Pastoralreferenten/-tinnen oder Gemeindereferenten/-tinnen führen die Erstkommunionvorbereitung hauptsächlich durch.

| ○ stimme nicht zu | ○ stimme weniger zu | ○ stimme zu | ○ stimme völlig zu |

Die Eltern übernehmen die Aufgabe der Vorbereitung ihrer Kinder zum größten Teil selbst.

| ○ stimme nicht zu | ○ stimme weniger zu | ○ stimme zu | ○ stimme völlig zu |

Pfarrer, Pastoralreferenten/-tinnen, Gemeindereferenten/-tinnen, ehrenamtliche Katecheten/Katechetinnen und Eltern übernehmen zu gleichen Teilen die Vorbereitung der Kinder auf die Erstkommunion.

| ○ stimme nicht zu | ○ stimme weniger zu | ○ stimme zu | ○ stimme völlig zu |

Der Pfarrer leitet die Katechetenrunden.

| ○ stimme nicht zu | ○ stimme weniger zu | ○ stimme zu | ○ stimme völlig zu |

Pastoralreferenten/-tinnen oder Gemeindereferenten/-tinnen leiten die Katechetenrunden.

| ○ stimme nicht zu | ○ stimme weniger zu | ○ stimme zu | ○ stimme völlig zu |

3. Teil: Erstkommunionfeier

1.) Wie bewerten Sie folgende Aussagen zur Erstkommunionfeier?

Die Erstkommunion ist das Fest der Familie.

| ○ stimme nicht zu | ○ stimme weniger zu | ○ stimme zu | ○ stimme völlig zu |

Die Erstkommunion ist das Fest der Kinder.

| ○ stimme nicht zu | ○ stimme weniger zu | ○ stimme zu | ○ stimme völlig zu |

Die Erstkommunion ist das Fest der Pfarrgemeinde.

| ○ stimme nicht zu | ○ stimme weniger zu | ○ stimme zu | ○ stimme völlig zu |

Die Erstkommunion ist das Fest des Glaubens.

| ○ stimme nicht zu | ○ stimme weniger zu | ○ stimme zu | ○ stimme völlig zu |

Die Erstkommunion ist das Fest eines Schuljahrgangs.

| ○ stimme nicht zu | ○ stimme weniger zu | ○ stimme zu | ○ stimme völlig zu |

Die Erstkommunion ist der feierliche Abschluss der Vorbereitungszeit.

| ○ stimme nicht zu | ○ stimme weniger zu | ○ stimme zu | ○ stimme völlig zu |

Die Erstkommunion ist die feierliche Aufnahme in die Gemeinde, die sich sonntags zum Gottesdienst versammelt.

| ○ stimme nicht zu | ○ stimme weniger zu | ○ stimme zu | ○ stimme völlig zu |

Fragebogen zur Erstkommunionkatechese 463

2.) Wie bewerten Sie folgende Aussagen zur Hl. Messe am Weißen Sonntag? Wie wichtig ist Ihnen, dass die folgenden Aussagen bei der Gestaltung der Hl. Messe am Weißen Sonntag berücksichtigt werden?

Die Hl. Messe am Weißen Sonntag ist ein besonders festlicher Gottesdienst.

○ unwichtig	○ weniger wichtig	○ wichtig	○ sehr wichtig

Die Hl. Messe am Weißen Sonntag unterscheidet sich nicht von übrigen Festgottesdiensten in dieser Gemeinde.

○ unwichtig	○ weniger wichtig	○ wichtig	○ sehr wichtig

Die Hl. Messe am Weißen Sonntag findet zur üblichen Zeit der Sonntagsmesse statt.

○ unwichtig	○ weniger wichtig	○ wichtig	○ sehr wichtig

Die Kinder stehen in der Hl. Messe am Weißen Sonntag im Mittelpunkt.

○ unwichtig	○ weniger wichtig	○ wichtig	○ sehr wichtig

Die Eltern und Katecheten sind an der Vorbereitung der Hl. Messe am Weißen Sonntag beteiligt.

○ unwichtig	○ weniger wichtig	○ wichtig	○ sehr wichtig

Die Kinder sind in der Hl. Messe am Weißen Sonntag aktiv beteiligt.

○ unwichtig	○ weniger wichtig	○ wichtig	○ sehr wichtig

Die Hl. Messe am Weißen Sonntag steht unter einem besonderen Thema, das den ganzen Gottesdienst bestimmt.

○ unwichtig	○ weniger wichtig	○ wichtig	○ sehr wichtig

Die Hl. Messe am Weißen Sonntag wird mit Symbolen/Themen gestaltet, die eng mit der Messfeier in Verbindung stehen (Brot, Wein, Ähren, Trauben, Kelch, Einladung durch Jesus, Gemeinschaft etc.)

○ unwichtig	○ weniger wichtig	○ wichtig	○ sehr wichtig

Die Hl. Messe am Weißen Sonntag wird mit Symbolen/Themen gestaltet, die als schön empfunden werden, ohne eine enge inhaltliche Verbindung zur Messfeier aufzuweisen.

○ unwichtig	○ weniger wichtig	○ wichtig	○ sehr wichtig

Die Menschen, die auch sonst regelmäßig die Sonntagsmesse der Gemeinde besuchen, sind bei der Hl. Messe am Weißen Sonntag anwesend.

○ unwichtig	○ weniger wichtig	○ wichtig	○ sehr wichtig

Herzlichen Dank für Ihre Mitarbeit!

Auswertung der Befragung im Dekanat Bad Kreuznach

Tab. A 1: Name der Pfarrei

	Häufigkeit	Prozent	Gültige Prozente	Kumulierte Prozente
BK Heiligkreuz	8	1,9	1,9	1,9
BK St. Franziskus	16	3,7	3,8	5,6
Bk St. Nikolaus	17	4,0	4,0	9,6
Bk St. Wolfgang	13	3,0	3,1	12,7
Bad Sobernheim St. Matthäus	6	1,4	1,4	14,1
Becherbach Maria Himmelfahrt	2	0,5	0,5	14,6
Bingerbrück St. Ruppert	10	2,3	2,4	16,9
Braunweiler St. Josef	8	1,9	1,9	18,8
Bretzenheim	11	2,6	2,6	21,4
Daxweiler Maria Geburt	6	1,4	1,4	22,8
Dörrebach Maria Himmelfahrt	9	2,1	2,1	24,9
Guldental St. Jakobus	7	1,6	1,6	26,6
Guldental St. Martin	13	3,0	3,1	29,6
Kirn St. Pancratius	27	6,3	6,4	36,0
Kirn Sulzbach St. Josef C.	2	0,5	0,5	36,5
Langenlonsheim St. Johannes	11	2,6	2,6	39,1
Meisenheim St. Antonius	2	0,5	0,5	39,5
Münster-Sarmsheim St. Peter und Paul	29	6,8	6,8	46,4
Norheim Kreuzerhöhung	9	2,1	2,1	48,5
Oberhausen Maria Himmelfahrt	6	1,4	1,4	49,9
Roxheim St. Sebastian	35	8,2	8,2	58,1
Rümmelsheim St. Laurentius	20	4,7	4,7	62,8
Schöneberg Kreuzauffindung	10	2,3	2,4	65,2
Spabrücken Maria Himmelfahrt	24	5,6	5,6	70,8
Stromberg St. Jakobus	16	3,7	3,8	74,6
Waldalgesheim St. Dionysius	11	2,6	2,6	77,2
Waldböckelheim St. Bartholomäus	2	0,5	0,5	77,6
Wallhausen St. Laurentius	41	9,6	9,6	87,3
Weiler St. Maria Magdalena	11	2,6	2,6	89,9
Windesheim St. Martin	6	1,4	1,4	91,3

Pg. Bad Kreuznach	9	2,1	2,1	93,4
Pg. Kirn	8	1,9	1,9	95,3
Pg. Langenlonsheim	6	1,4	1,4	96,7
Pg. Norheim	3	0,7	0,7	97,4
Pg. Stromberg	5	1,2	1,2	98,6
Pg. Waldalgesheim	1	0,2	0,2	98,8
Pg. Windesheim	5	1,2	1,2	100,0
Gesamt	425	99,3	100,0	
Keine Angaben	3	0,7		
Gesamt	428	100,0		

Tab. A 2: Ich bin bei der Erstkommunion und ihrer Vorbereitung beteiligt als

		Häufigkeit	Prozent	Gültige Prozente	Kumulierte Prozente
Gültig	Elternteil	306	71,5	76,3	76,3
	Katechet/-in	89	20,8	22,2	98,5
	Laien-Seelsorger	3	0,7	0,7	99,3
	Diakon/Priester	3	0,7	0,7	100,0
	Gesamt	401	93,7	100,0	
Fehlend	k.a.	27	6,3		
Gesamt		428	100,0		

		Häufigkeit	Prozent	Gültige Prozente	Kumulierte Prozente
Gültig	allein erziehend	30	7,0	10,6	10,6
	verheiratet	254	59,3	89,4	100,0
	Gesamt	284	66,4	100,0	
Fehlend	k.a.	144	33,6		
Gesamt		428	100,0		

Tab. A 3: Geschlecht

		Häufigkeit	Prozent	Gültige Prozente	Kumulierte Prozente
Gültig	männlich	164	38,3	39,3	39,3
	weiblich	253	59,1	60,7	100,0
	Gesamt	417	97,4	100,0	
Fehlend	k.a.	11	2,6		
Gesamt		428	100,0		

Tab. A 4: Haben Sie die deutsche Staatsangehörigkeit?

		Häufigkeit	Prozent	Gültige Prozente	Kumulierte Prozente
Gültig	deutsch	398	93,0	96,4	96,4
	nicht deutsch	15	3,5	3,6	100,0
	Gesamt	413	96,5	100,0	
Fehlend	k.a.	15	3,5		
Gesamt		428	100,0		

Tab. A 5: Konfession

		Häufigkeit	Prozent	Gültige Prozente	Kumulierte Prozente
Gültig	Röm.-kath.	351	82,0	84,2	84,2
	evang.	51	11,9	12,2	96,4
	Orthodox	3	0,7	0,7	97,1
	anderes christl. Bekenntnis	2	0,5	0,5	97,6
	Konfessionslos	10	2,3	2,4	100,0
	Gesamt	417	97,4	100,0	
Fehlend	k.a.	11	2,6		
Gesamt		428	100,0		

Tab. A 6: Alter

		Häufigkeit	Prozent	Gültige Prozente	Kumulierte Prozente
Gültig	20–30 Jahre	6	1,4	1,4	1,4
	31–40	227	53,0	54,3	55,7
	41–50	173	40,4	41,4	97,1
	51–60	12	2,8	2,9	100,0
	Gesamt	418	97,7	100,0	
Fehlend	k.a.	10	2,3		
Gesamt		428	100,0		

Tab. A 7: Schulabschluss

		Häufigkeit	Prozent	Gültige Prozente	Kumulierte Prozente
Gültig	kein Abschluss	1	0,2	0,2	0,2
	Hauptschule	127	29,7	31,2	31,4
	mittl. Reife	149	34,8	36,6	68,1
	allg. Hochschulreife	130	30,4	31,9	100,0
	Gesamt	407	95,1	100,0	
Fehlend	k.a.	21	4,9		
Gesamt		428	100,0		

Tab. A 8: Ausbildungsabschluss

		Häufigkeit	Prozent	Gültige Prozente	Kumulierte Prozente
Gültig	keine berufliche Ausbildung	19	4,4	4,8	4,8
	abgeschl. Lehre	239	55,8	59,9	64,7
	Meister/Techniker	49	11,4	12,3	76,9
	Diplom/Magister/Staatsexamen	84	19,6	21,1	98,0
	Promotion/Habilitation	8	1,9	2,0	100,0
	Gesamt	399	93,2	100,0	
Fehlend	k.a.	29	6,8		
Gesamt		428	100,0		

Tab. A 9: Arbeitsverhältnis

		Häufigkeit	Prozent	Gültige Prozente	Kumulierte Prozente
Gültig	nicht berufstätig	85	19,9	21,0	21,0
	arbeitssuchend	9	2,1	2,2	23,2
	Arbeiter	57	13,3	14,1	37,3
	Angestellter	176	41,1	43,5	80,7
	Beamter	31	7,2	7,7	88,4
	Freiberufler	47	11,0	11,6	100,0
	Gesamt	405	94,6	100,0	
Fehlend	k.a.	23	5,4		
Gesamt		428	100,0		

Tab. A 10: Monatliches Familieneinkommen (netto)

		Häufigkeit	Prozent	Gültige Prozente	Kumulierte Prozente
Gültig	unter 2000 Euro	102	23,8	35,8	35,8
	2000–3000 Euro	93	21,7	32,6	68,4
	3001–4000 Euro	57	13,3	20,0	88,4
	über 4000 Euro	32	7,5	11,2	99,6
	Gesamt	284	66,4	100,0	
Fehlend	k.a.	144	33,6		
Gesamt		428	100,0		

Tab. A 11: Wie wichtig ist für Sie das Themenfeld Glaube / Religion / Spiritualität?

		Häufigkeit	Prozent	Gültige Prozente	Kumulierte Prozente
Gültig	unwichtig	8	1,9	2,0	2,0
	weniger wichtig	86	20,1	21,0	23,0
	wichtig	258	60,3	63,1	86,1
	sehr wichtig	57	13,3	13,9	100,0
	Gesamt	409	95,6	100,0	
Fehlend	k.a.	19	4,4		
Gesamt		428	100,0		

Tab. A 12: Wie schätzen Sie selbst Ihre kirchliche Bindung ein?

		Häufigkeit	Prozent	Gültige Prozente	Kumulierte Prozente
Gültig	sehr locker	38	8,9	9,2	9,2
	locker	227	53,0	55,1	64,3
	eng	123	28,7	29,9	94,2
	sehr eng	24	5,6	5,8	100,0
	Gesamt	412	96,3	100,0	
Fehlend	k.a.	16	3,7		
Gesamt		428	100,0		

Tab. A 13: Sind Sie ehrenamtlich in einer Pfarrgemeinde oder einem kirchlichen Verband tätig?

		Häufigkeit	Prozent	Gültige Prozente	Kumulierte Prozente
Gültig	ja	79	18,5	19,1	19,1
	nein	336	78,5	80,9	100,0
	Gesamt	415	97,0	100,0	
Fehlend	k.a.	13	3,0		
Gesamt		428	100,0		

Tab. A 14: Wie regelmäßig nehmen Sie an einem Gottesdienst am Sonntag / Feiertag teil?

		Häufigkeit	Prozent	Gültige Prozente	Kumulierte Prozente
Gültig	nie	9	2,1	2,2	2,2
	einmal im Jahr	36	8,4	8,7	10,9
	mehrmals im Jahr	153	35,7	37,0	47,8
	einmal im Monat	53	12,4	12,8	60,6
	mehrmals im Monat	116	27,1	28,0	88,6
	jeden Sonntag	47	11,0	11,4	100,0
	Gesamt	414	96,7	100,0	
Fehlend	k.a.	14	3,3		
Gesamt		428	100,0		

Auswertung der Befragung

Tab. A 15: Elternabend zu Beginn der Erstkommunionvorbereitung

		Häufigkeit	Prozent	Gültige Prozente	Kumulierte Prozente
Gültig	unwichtig	11	2,6	2,6	2,6
	weniger wichtig	32	7,5	7,6	10,2
	wichtig	222	51,9	52,5	62,6
	sehr wichtig	158	36,9	37,4	100,0
	Gesamt	423	98,8	100,0	
Fehlend	k.a.	5	1,2		
Gesamt		428	100,0		

Tab. A 16: weitere Elternabende zu wichtigen Inhalten der Erstkommunionvorbereitung

		Häufigkeit	Prozent	Gültige Prozente	Kumulierte Prozente
Gültig	unwichtig	20	4,7	4,7	4,7
	weniger wichtig	101	23,6	23,9	28,7
	wichtig	216	50,5	51,2	79,9
	sehr wichtig	85	19,9	20,1	100,0
	Gesamt	422	98,6	100,0	
Fehlend	k.a.	6	1,4		
Gesamt		428	100,0		

Tab. A 17: Glaubensgespräche für Eltern zum persönlichen Austausch über eigene Glaubensfragen

		Häufigkeit	Prozent	Gültige Prozente	Kumulierte Prozente
Gültig	unwichtig	56	13,1	13,4	13,4
	weniger wichtig	227	53,0	54,3	67,7
	wichtig	110	25,7	26,3	94,0
	sehr wichtig	25	5,8	6,0	100,0
	Gesamt	418	97,7	100,0	
Fehlend	k.a.	10	2,3		
Gesamt		428	100,0		

Tab. A 18: Besuch der Eltern durch Seelsorger

		Häufigkeit	Prozent	Gültige Prozente	Kumulierte Prozente
Gültig	unwichtig	103	24,1	24,9	24,9
	weniger wichtig	224	52,3	54,1	79,0
	wichtig	69	16,1	16,7	95,7
	sehr wichtig	18	4,2	4,3	100,0
	Gesamt	414	96,7	100,0	
Fehlend	k.a.	14	3,3		
Gesamt		428	100,0		

Tab. A 19: Katechetenrunden

		Häufigkeit	Prozent	Gültige Prozente	Kumulierte Prozente
Gültig	unwichtig	18	4,2	4,6	4,6
	weniger wichtig	68	15,9	17,4	22,0
	wichtig	209	48,8	53,5	75,4
	sehr wichtig	96	22,4	24,6	100,0
	Gesamt	391	91,4	100,0	
Fehlend	k.a.	37	8,6		
Gesamt		428	100,0		

Tab. A 20: Gruppenstunden der Kommunionkinder

		Häufigkeit	Prozent	Gültige Prozente	Kumulierte Prozente
Gültig	weniger wichtig	6	1,4	1,4	1,4
	wichtig	170	39,7	40,3	41,7
	sehr wichtig	246	57,5	58,3	100,0
	Gesamt	422	98,6	100,0	
Fehlend	k.a.	6	1,4		
Gesamt		428	100,0		

Tab. A 21: Arbeitsmappe für Kinder

		Häufigkeit	Prozent	Gültige Prozente	Kumulierte Prozente
Gültig	unwichtig	3	0,7	0,7	0,7
	weniger wichtig	36	8,4	8,6	9,3
	wichtig	223	52,1	53,0	62,2
	sehr wichtig	159	37,1	37,8	100,0
	Gesamt	421	98,4	100,0	
Fehlend	k.a.	7	1,6		
Gesamt		428	100,0		

Tab. A 22: Wochenende für Kommunionkinder

		Häufigkeit	Prozent	Gültige Prozente	Kumulierte Prozente
Gültig	unwichtig	40	9,3	9,9	9,9
	weniger wichtig	159	37,1	39,4	49,3
	wichtig	145	33,9	35,9	85,1
	sehr wichtig	60	14,0	14,9	100,0
	Gesamt	404	94,4	100,0	
Fehlend	k.a.	24	5,6		
Gesamt		428	100,0		

Tab. A 23: Vorstellung von Gruppen, die in der Pfarrei aktiv sind

		Häufigkeit	Prozent	Gültige Prozente	Kumulierte Prozente
Gültig	unwichtig	24	5,6	5,9	5,9
	weniger wichtig	141	32,9	34,8	40,7
	wichtig	202	47,2	49,9	90,6
	sehr wichtig	38	8,9	9,4	100,0
	Gesamt	405	94,6	100,0	
Fehlend	k.a.	23	5,4		
Gesamt		428	100,0		

Tab. A 24: Gottesdienstbesuch am Sonntag

		Häufigkeit	Prozent	Gültige Prozente	Kumulierte Prozente
Gültig	unwichtig	13	3,0	3,1	3,1
	weniger wichtig	104	24,3	24,9	28,1
	wichtig	234	54,7	56,1	84,2
	sehr wichtig	66	15,4	15,8	100,0
	Gesamt	417	97,4	100,0	
Fehlend	k.a.	11	2,6		
Gesamt		428	100,0		

Tab. A 25: Besondere Veranstaltungen für alle Kommunionkinder

		Häufigkeit	Prozent	Gültige Prozente	Kumulierte Prozente
Gültig	unwichtig	8	1,9	1,9	1,9
	weniger wichtig	77	18,0	18,4	20,3
	wichtig	258	60,3	61,7	82,1
	sehr wichtig	75	17,5	17,9	100,0
	Gesamt	418	97,7	100,0	
Fehlend	k.a.	10	2,3		
Gesamt		428	100,0		

Tab. A 26: Sternsingeraktion und andere ähnliche Kinderaktionen

		Häufigkeit	Prozent	Gültige Prozente	Kumulierte Prozente
Gültig	unwichtig	12	2,8	2,8	2,8
	weniger wichtig	52	12,1	12,3	15,1
	wichtig	254	59,3	60,0	75,2
	sehr wichtig	105	24,5	24,8	100,0
	Gesamt	423	98,8	100,0	
Fehlend	k.a.	5	1,2		
Gesamt		428	100,0		

Tab. A 27: Erstbeichte

		Häufigkeit	Prozent	Gültige Prozente	Kumulierte Prozente
Gültig	unwichtig	41	9,6	9,7	9,7
	weniger wichtig	107	25,0	25,4	35,1
	wichtig	179	41,8	42,4	77,5
	sehr wichtig	95	22,2	22,5	100,0
	Gesamt	422	98,6	100,0	
Fehlend	k.a.	6	1,4		
Gesamt		428	100,0		

Tab. A 28: Hl. Messe am Tag der Erstkommunion

		Häufigkeit	Prozent	Gültige Prozente	Kumulierte Prozente
Gültig	weniger wichtig	11	2,6	2,6	2,6
	wichtig	117	27,3	27,7	30,3
	sehr wichtig	295	68,9	69,7	100,0
	Gesamt	423	98,8	100,0	
Fehlend	k.a.	5	1,2		
Gesamt		428	100,0		

Tab. A 29: Feier im Familienkreis

		Häufigkeit	Prozent	Gültige Prozente	Kumulierte Prozente
Gültig	unwichtig	1	0,2	0,2	0,2
	weniger wichtig	27	6,3	6,4	6,7
	wichtig	201	47,0	47,9	54,5
	sehr wichtig	191	44,6	45,5	100,0
	Gesamt	420	98,1	100,0	
Fehlend	k.a.	8	1,9		
Gesamt		428	100,0		

Tab. A 30: Angebote kirchliche Jugendarbeit (Messdiener / Kinderchor / Gruppenstunden für Kinder) nach der Erstkommunion

		Häufigkeit	Prozent	Gültige Prozente	Kumulierte Prozente
Gültig	unwichtig	9	2,1	2,2	2,2
	weniger wichtig	66	15,4	15,9	18,1
	wichtig	243	56,8	58,7	76,8
	sehr wichtig	96	22,4	23,2	100,0
	Gesamt	414	96,7	100,0	
Fehlend	k.a.	14	3,3		
Gesamt		428	100,0		

Tab. A 31: Während der Erstkommunionvorbereitung lernen die Kinder alle wichtigen Personen und Gruppen der Pfarrei kennen

		Häufigkeit	Prozent	Gültige Prozente	Kumulierte Prozente
Gültig	unwichtig	9	2,1	2,2	2,2
	weniger wichtig	92	21,5	22,1	24,2
	wichtig	236	55,1	56,6	80,8
	sehr wichtig	80	18,7	19,2	100,0
	Gesamt	417	97,4	100,0	
Fehlend	k.a.	11	2,6		
Gesamt		428	100,0		

Tab. A 32: In der Erstkommunionvorbereitung wird das soziale Verhalten der Kinder (Sinn für Gemeinschaft, Streitkultur, Hilfsbereitschaft) als Grundvoraussetzung für jede weitere inhaltliche Arbeit betrachtet.

		Häufigkeit	Prozent	Gültige Prozente	Kumulierte Prozente
Gültig	unwichtig	1	0,2	0,2	0,2
	weniger wichtig	27	6,3	6,5	6,8
	wichtig	231	54,0	55,9	62,7
	sehr wichtig	154	36,0	37,3	100,0
	Gesamt	413	96,5	100,0	
Fehlend	k.a.	15	3,5		
Gesamt		428	100,0		

Auswertung der Befragung

Tab. A 33: Die Erstkommunionvorbereitung ist geprägt von biblischen Geschichten, die wesentliche Ereignisse aus dem Leben Jesu berichten

		Häufigkeit	Prozent	Gültige Prozente	Kumulierte Prozente
Gültig	unwichtig	1	,2	,2	,2
	weniger wichtig	29	6,8	6,9	7,2
	wichtig	245	57,2	58,5	65,6
	sehr wichtig	144	33,6	34,4	100,0
	Gesamt	419	97,9	100,0	
Fehlend	k.a.	9	2,1		
Gesamt		428	100,0		

Tab. A 34: In der Erstkommunionvorbereitung erzählen die Kinder sehr viel von ihrem Leben und ihren eigenen Erfahrungen in Familie, Freundeskreis und Schule.

		Häufigkeit	Prozent	Gültige Prozente	Kumulierte Prozente
Gültig	unwichtig	6	1,4	1,4	1,4
	weniger wichtig	72	16,8	17,3	18,8
	wichtig	234	54,7	56,2	75,0
	sehr wichtig	104	24,3	25,0	100,0
	Gesamt	416	97,2	100,0	
Fehlend	k.a.	12	2,8		
Gesamt		428	100,0		

Tab. A. 35: Der Beichtunterricht ist ein verbindlicher Bestandteil der Erstkommunionvorbereitung.

		Häufigkeit	Prozent	Gültige Prozente	Kumulierte Prozente
Gültig	unwichtig	38	8,9	9,0	9,0
	weniger wichtig	133	31,1	31,7	40,7
	wichtig	176	41,1	41,9	82,6
	sehr wichtig	73	17,1	17,4	100,0
	Gesamt	420	98,1	100,0	
Fehlend	k.a.	8	1,9		
Gesamt		428	100,0		

Tab. A 36: Die Erstkommunionvorbereitung betont, dass Jesus ein Mensch ist, und spricht nur von „Jesus".

		Häufigkeit	Prozent	Gültige Prozente	Kumulierte Prozente
Gültig	unwichtig	11	2,6	3,0	3,0
	weniger wichtig	81	18,9	21,8	24,8
	wichtig	228	53,3	61,5	86,3
	sehr wichtig	51	11,9	13,7	100,0
	Gesamt	371	86,7	100,0	
Fehlend	k.a.	57	13,3		
Gesamt		428	100,0		

Tab. A 37 Die Erstkommunionvorbereitung betont, dass Jesus der Sohn Gottes ist und spricht oft von „Jesus Christus".

		Häufigkeit	Prozent	Gültige Prozente	Kumulierte Prozente
Gültig	unwichtig	12	2,8	3,2	3,2
	weniger wichtig	60	14,0	15,9	19,1
	wichtig	201	47,0	53,1	72,2
	sehr wichtig	105	24,5	27,8	100,0
	Gesamt	378	88,3	100,0	
Fehlend	k.a.	50	11,7		
Gesamt		428	100,0		

Tab. A 38: Die Erstkommunionvorbereitung stellt Jesus als Freund und Helfer der Menschen dar.

		Häufigkeit	Prozent	Gültige Prozente	Kumulierte Prozente
Gültig	unwichtig	2	0,5	0,5	0,5
	weniger wichtig	12	2,8	3,0	3,5
	wichtig	204	47,7	50,9	54,4
	sehr wichtig	183	42,8	45,6	100,0
	Gesamt	401	93,7	100,0	
Fehlend	k.a.	27	6,3		
Gesamt		**428**	**100,0**		

Auswertung der Befragung

Tab. A 39: Die Interessen der Kinder bestimmen die Inhalte der Erstkommunionvorbereitung.

		Häufigkeit	Prozent	Gültige Prozente	Kumulierte Prozente
Gültig	unwichtig	13	3,0	3,2	3,2
	weniger wichtig	113	26,4	27,8	31,0
	wichtig	174	40,7	42,8	73,7
	sehr wichtig	107	25,0	26,3	100,0
	Gesamt	407	95,1	100,0	
Fehlend	k.a.	21	4,9		
Gesamt		428	100,0		

Tab. A 40: Die Kinder lernen wichtige Gebete in der Erstkommunionvorbereitung auswendig.

		Häufigkeit	Prozent	Gültige Prozente	Kumulierte Prozente
Gültig	unwichtig	20	4,7	4,8	4,8
	weniger wichtig	111	25,9	26,8	31,6
	wichtig	211	49,3	51,0	82,6
	sehr wichtig	72	16,8	17,4	100,0
	Gesamt	414	96,7	100,0	
Fehlend	k.a.	14	3,3		
Gesamt		428	100,0		

Tab. A 41: Die Erstkommunionvorbereitung bindet die Kinder und ihre Familien eng an die Pfarrgemeinde.

		Häufigkeit	Prozent	Gültige Prozente	Kumulierte Prozente
Gültig	unwichtig	13	3,0	3,2	3,2
	weniger wichtig	125	29,2	30,6	33,8
	wichtig	237	55,4	58,1	91,9
	sehr wichtig	33	7,7	8,1	100,0
	Gesamt	408	95,3	100,0	
Fehlend	k.a.	20	4,7		
Gesamt		428	100,0		

Tab. A 42: Die Erstkommunionvorbereitung stärkt den Zusammenhalt der eigenen Familie.

		Häufigkeit	Prozent	Gültige Prozente	Kumulierte Prozente
Gültig	unwichtig	13	3,0	3,3	3,3
	weniger wichtig	89	20,8	22,6	26,0
	wichtig	218	50,9	55,5	81,4
	sehr wichtig	73	17,1	18,6	100,0
	Gesamt	393	91,8	100,0	
Fehlend	k.a.	35	8,2		
Gesamt		428	100,0		

Tab. A 43: Die Kinder gestalten während der Erstkommunionvorbereitung die Gottesdienste aktiv mit (Fürbitten, Lieder, Anspiele; Gebete etc.).

		Häufigkeit	Prozent	Gültige Prozente	Kumulierte Prozente
Gültig	Unwichtig	3	0,7	0,7	0,7
	weniger wichtig	36	8,4	8,7	9,4
	Wichtig	235	54,9	56,8	66,2
	sehr wichtig	140	32,7	33,8	100,0
	Gesamt	414	96,7	100,0	
Fehlend	k.a.	14	3,3		
Gesamt		428	100,0		

Tab. A 44: Der regelmäßige Besuch der Sonntagsmesse ist Bestandteil der Erstkommunionvorbereitung.

		Häufigkeit	Prozent	Gültige Prozente	Kumulierte Prozente
Gültig	unwichtig	14	3,3	3,4	3,4
	weniger wichtig	96	22,4	23,1	26,4
	wichtig	227	53,0	54,6	81,0
	sehr wichtig	79	18,5	19,0	100,0
	Gesamt	416	97,2	100,0	
Fehlend	k.a.	12	2,8		
Gesamt		428	100,0		

Auswertung der Befragung

Tab. A 45: Die Kinder verstehen die Messe als Mahl, das Gemeinschaft unter den Menschen stiftet.

		Häufigkeit	Prozent	Gültige Prozente	Kumulierte Prozente
Gültig	unwichtig	4	0,9	1,0	1,0
	weniger wichtig	44	10,3	11,1	12,1
	wichtig	253	59,1	63,6	75,6
	sehr wichtig	97	22,7	24,4	100,0
	Gesamt	398	93,0	100,0	
Fehlend	k.a.	30	7,0		
Gesamt		428	100,0		

Tab. A 46: Bei der diesjährigen Erstkommunionvorbereitung wurden meine Vorstellungen bezüglich des Inhalts in folgendem Grad erfüllt.

		Häufigkeit	Prozent	Gültige Prozente	Kumulierte Prozente
Gültig	nicht erfüllt	1	0,2	0,3	0,3
	Wenig erfüllt	45	10,5	11,8	12,0
	Erfüllt	255	59,6	66,8	78,8
	Völlig erfüllt	81	18,9	21,2	100,0
	Gesamt	382	89,3	100,0	
Fehlend	k.a.	46	10,7		
Gesamt		428	100,0		

Tab. A 47: Die Vorbereitung beinhaltet fast ausschließlich kreative Elemente (Malen, Spielen, Basteln, Backen, Singen, Aktionen).

		Häufigkeit	Prozent	Gültige Prozente	Kumulierte Prozente
Gültig	unwichtig	16	3,7	4,0	4,0
	weniger wichtig	110	25,7	27,2	31,1
	wichtig	195	45,6	48,1	79,3
	sehr wichtig	84	19,6	20,7	100,0
	Gesamt	405	94,6	100,0	
Fehlend	k.a.	23	5,4		
Gesamt		428	100,0		

Tab. A 48: Die Vorbereitung hat einen stark schulischen Charakter.

		Häufigkeit	Prozent	Gültige Prozente	Kumulierte Prozente
Gültig	unwichtig	80	18,7	19,8	19,8
	weniger wichtig	217	50,7	53,6	73,3
	wichtig	86	20,1	21,2	94,6
	sehr wichtig	22	5,1	5,4	100,0
	Gesamt	405	94,6	100,0	
Fehlend	k.a.	23	5,4		
Gesamt		428	100,0		

Tab. A 49: Die Vorbereitung stellt eine ausgewogene Mischung aus kreativen Methoden (Spielen, Basteln, Musizieren, sonstige Projekte) und Methoden, die hauptsächlich den Verstand ansprechen (Lesen, Schreiben), dar.

		Häufigkeit	Prozent	Gültige Prozente	Kumulierte Prozente
Gültig	unwichtig	7	1,6	1,7	1,7
	weniger wichtig	44	10,3	10,9	12,7
	wichtig	240	56,1	59,6	72,2
	sehr wichtig	112	26,2	27,8	100,0
	Gesamt	403	94,2	100,0	
Fehlend	k.a.	25	5,8		
Gesamt		428	100,0		

Tab. A 50: Die Methoden der Erstkommunionvorbereitung orientieren sich ganz an den Kindern und ihren Interessen.

		Häufigkeit	Prozent	Gültige Prozente	Kumulierte Prozente
Gültig	unwichtig	9	2,1	2,3	2,3
	weniger wichtig	115	26,9	28,9	31,2
	wichtig	204	47,7	51,3	82,4
	sehr wichtig	70	16,4	17,6	100,0
	Gesamt	398	93,0	100,0	
Fehlend	k.a.	30	7,0		
Gesamt		428	100,0		

Tab. A 51: In der Erstkommunionvorbereitung ist das Auswendiglernen eine wichtige Methode.

		Häufigkeit	Prozent	Gültige Prozente	Kumulierte Prozente
Gültig	unwichtig	105	24,5	25,4	25,4
	weniger wichtig	219	51,2	53,0	78,5
	wichtig	74	17,3	17,9	96,4
	sehr wichtig	15	3,5	3,6	100,0
	Gesamt	413	96,5	100,0	
Fehlend	k.a.	15	3,5		
Gesamt		428	100,0		

Tab. A 52: Der Besuch von Gruppen der Pfarrei (Messdienergruppen, Kinderchor, Pfadfinder, Seniorengruppen) ist eine bevorzugte Methode der Erstkommunionvorbereitung.

		Häufigkeit	Prozent	Gültige Prozente	Kumulierte Prozente
Gültig	unwichtig	45	10,5	11,5	11,5
	weniger wichtig	206	48,1	52,4	63,9
	wichtig	121	28,3	30,8	94,7
	sehr wichtig	21	4,9	5,3	100,0
	Gesamt	393	91,8	100,0	
Fehlend	k.a.	35	8,2		
Gesamt		428	100,0		

Tab. A 53: Die Vorbereitung findet in Kleingruppen (6–10 Kinder) stattfinden.

		Häufigkeit	Prozent	Gültige Prozente	Kumulierte Prozente
Gültig	unwichtig	2	0,5	0,5	0,5
	weniger wichtig	23	5,4	5,6	6,1
	wichtig	187	43,7	45,3	51,3
	sehr wichtig	201	47,0	48,7	100,0
	Gesamt	413	96,5	100,0	
Fehlend	k.a.	15	3,5		
Gesamt		428	100,0		

Tab. A 54: Die Vorbereitung findet in einer Großgruppe (über 10) statt.

		Häufigkeit	Prozent	Gültige Prozente	Kumulierte Prozente
Gültig	unwichtig	191	44,6	55,7	55,7
	weniger wichtig	126	29,4	36,7	92,4
	wichtig	20	4,7	5,8	98,3
	sehr wichtig	6	1,4	1,7	100,0
	Gesamt	343	80,1	100,0	
Fehlend	k.a.	85	19,9		
Gesamt		428	100,0		

Tab. A 55: Bei der diesjährigen Erstkommunionvorbereitung wurden meine Vorstellungen bezüglich der Methoden in folgendem Grad erfüllt.

		Häufigkeit	Prozent	Gültige Prozente	Kumulierte Prozente
Gültig	nicht erfüllt	4	,9	1,0	1,0
	wenig erfüllt	38	8,9	9,9	11,0
	erfüllt	270	63,1	70,7	81,7
	völlig erfüllt	70	16,4	18,3	100,0
	Gesamt	382	89,3	100,0	
Fehlend	k.a.	46	10,7		
Gesamt		428	100,0		

Tab. A 56: Die Erstkommunionvorbereitung ist hauptsächlich Aufgabe des Pfarrers.

		Häufigkeit	Prozent	Gültige Prozente	Kumulierte Prozente
Gültig	stimme nicht zu	63	14,7	15,6	15,6
	stimme weniger zu	169	39,5	41,7	57,3
	stimme zu	118	27,6	29,1	86,4
	stimme völlig zu	55	12,9	13,6	100,0
	Gesamt	405	94,6	100,0	
Fehlend	k.a.	23	5,4		
Gesamt		428	100,0		

Tab. A 57: Ehrenamtliche Katecheten / Katechetinnen übernehmen den größten Teil der Erstkommunionvorbereitung

		Häufigkeit	Prozent	Gültige Prozente	Kumulierte Prozente
Gültig	stimme nicht zu	23	5,4	5,7	5,7
	stimme weniger zu	99	23,1	24,4	30,0
	stimme zu	226	52,8	55,7	85,7
	stimme völlig zu	58	13,6	14,3	100,0
	Gesamt	406	94,9	100,0	
Fehlend	k.a.	22	5,1		
Gesamt		428	100,0		

Tab. A 58: Pastoralreferenten/-tinnen oder Gemeindereferenten/-tinnen führen die Erstkommunionvorbereitung hauptsächlich durch.

		Häufigkeit	Prozent	Gültige Prozente	Kumulierte Prozente
Gültig	stimme nicht zu	49	11,4	12,7	12,7
	stimme weniger zu	146	34,1	37,7	50,4
	stimme zu	166	38,8	42,9	93,3
	stimme völlig zu	26	6,1	6,7	100,0
	Gesamt	387	90,4	100,0	
Fehlend	k.a.	41	9,6		
Gesamt		428	100,0		

Tab. A 59: Die Eltern übernehmen die Aufgabe der Vorbereitung ihrer Kinder zum größten Teil selbst.

		Häufigkeit	Prozent	Gültige Prozente	Kumulierte Prozente
Gültig	stimme nicht zu	155	36,2	38,8	38,8
	stimme weniger zu	164	38,3	41,1	79,9
	stimme zu	73	17,1	18,3	98,2
	stimme völlig zu	7	1,6	1,8	100,0
	Gesamt	399	93,2	100,0	
Fehlend	k.a.	29	6,8		
Gesamt		428	100,0		

Tab. A 60: Pfarrer, Pastoralreferenten/-tinnen, Gemeindereferenten/-tinnen, ehrenamtliche Katecheten / Katechetinnen und Eltern übernehmen zu gleichen Teilen die Vorbereitung der Kinder auf die Erstkommunion.

		Häufigkeit	Prozent	Gültige Prozente	Kumulierte Prozente
Gültig	stimme nicht zu	37	8,6	9,1	9,1
	stimme weniger zu	88	20,6	21,6	30,7
	stimme zu	185	43,2	45,5	76,2
	stimme völlig zu	97	22,7	23,8	100,0
	Gesamt	407	95,1	100,0	
Fehlend	k.a.	21	4,9		
Gesamt		428	100,0		

Tab. A 61: Der Pfarrer leitet die Katechetenrunden.

		Häufigkeit	Prozent	Gültige Prozente	Kumulierte Prozente
Gültig	stimme nicht zu	49	11,4	13,0	13,0
	stimme weniger zu	79	18,5	21,0	34,0
	stimme zu	179	41,8	47,6	81,6
	stimme völlig zu	69	16,1	18,4	100,0
	Gesamt	376	87,9	100,0	
Fehlend	k.a.	52	12,1		
Gesamt		428	100,0		

Tab. A 62: Pastoralreferenten/-tinnen oder Gemeindereferenten/-tinnen leiten die Katechetenrunden.

		Häufigkeit	Prozent	Gültige Prozente	Kumulierte Prozente
Gültig	stimme nicht zu	48	11,2	13,2	13,2
	stimme weniger zu	110	25,7	30,1	43,3
	stimme zu	177	41,4	48,5	91,8
	stimme völlig zu	30	7,0	8,2	100,0
	Gesamt	365	85,3	100,0	
Fehlend	k.a.	63	14,7		
Gesamt		428	100,0		

Tab. A 63: Die Erstkommunion ist das Fest der Familie.

		Häufigkeit	Prozent	Gültige Prozente	Kumulierte Prozente
Gültig	stimme nicht zu	13	3,0	3,2	3,2
	stimme weniger zu	71	16,6	17,7	20,9
	stimme zu	218	50,9	54,2	75,1
	stimme völlig zu	100	23,4	24,9	100,0
	Gesamt	402	93,9	100,0	
Fehlend	k.a.	26	6,1		
Gesamt		428	100,0		

Tab. A 64: Die Erstkommunion ist das Fest der Kinder.

		Häufigkeit	Prozent	Gültige Prozente	Kumulierte Prozente
Gültig	stimme nicht zu	9	2,1	2,2	2,2
	stimme weniger zu	23	5,4	5,6	7,8
	stimme zu	200	46,7	48,9	56,7
	stimme völlig zu	177	41,4	43,3	100,0
	Gesamt	409	95,6	100,0	
Fehlend	k.a.	19	4,4		
Gesamt		428	100,0		

Tab. A 65: Die Erstkommunion ist das Fest der Pfarrgemeinde.

		Häufigkeit	Prozent	Gültige Prozente	Kumulierte Prozente
Gültig	stimme nicht zu	58	13,6	14,4	14,4
	stimme weniger zu	134	31,3	33,3	47,8
	stimme zu	181	42,3	45,0	92,8
	stimme völlig zu	29	6,8	7,2	100,0
	Gesamt	402	93,9	100,0	
Fehlend	k.a.	26	6,1		
Gesamt		428	100,0		

Tab. A 66: Die Erstkommunion ist das Fest des Glaubens.

		Häufigkeit	Prozent	Gültige Prozente	Kumulierte Prozente
Gültig	stimme nicht zu	3	,7	,7	,7
	stimme weniger zu	24	5,6	5,9	6,6
	stimme zu	219	51,2	53,7	60,3
	stimme völlig zu	162	37,9	39,7	100,0
	Gesamt	408	95,3	100,0	
Fehlend	k.a.	20	4,7		
Gesamt		428	100,0		

Tab. A 67: Die Erstkommunion ist das Fest eines Schuljahrgangs.

		Häufigkeit	Prozent	Gültige Prozente	Kumulierte Prozente
Gültig	stimme nicht zu	224	52,3	57,3	57,3
	stimme weniger zu	118	27,6	30,2	87,5
	stimme zu	41	9,6	10,5	98,0
	stimme völlig zu	8	1,9	2,0	100,0
	Gesamt	391	91,4	100,0	
Fehlend	k.a.	37	8,6		
Gesamt		428	100,0		

Tab. A 68: Die Erstkommunion ist der feierliche Abschluss der Vorbereitungszeit.

		Häufigkeit	Prozent	Gültige Prozente	Kumulierte Prozente
Gültig	stimme nicht zu	36	8,4	9,0	9,0
	stimme weniger zu	59	13,8	14,7	23,7
	stimme zu	189	44,2	47,1	70,8
	stimme völlig zu	117	27,3	29,2	100,0
	Gesamt	401	93,7	100,0	
Fehlend	k.a.	27	6,3		
Gesamt		428	100,0		

Tab. A 69: Die Erstkommunion ist die feierliche Aufnahme in die Gemeinde, die sich sonntags zum Gottesdienst versammelt.

		Häufigkeit	Prozent	Gültige Prozente	Kumulierte Prozente
Gültig	stimme nicht zu	24	5,6	5,9	5,9
	stimme weniger zu	70	16,4	17,3	23,2
	stimme zu	192	44,9	47,4	70,6
	stimme völlig zu	119	27,8	29,4	100,0
	Gesamt	405	94,6	100,0	
Fehlend	k.a.	23	5,4		
Gesamt		428	100,0		

Tab. A 70: Die Hl. Messe am Weißen Sonntag ist ein besonders festlicher Gottesdienst.

		Häufigkeit	Prozent	Gültige Prozente	Kumulierte Prozente
Gültig	unwichtig	1	0,2	0,2	0,2
	weniger wichtig	13	3,0	3,1	3,4
	wichtig	153	35,7	36,9	40,2
	sehr wichtig	248	57,9	59,8	100,0
	Gesamt	415	97,0	100,0	
Fehlend	k.a.	13	3,0		
Gesamt		428	100,0		

Tab. A 71: Die Hl. Messe am Weißen Sonntag unterscheidet sich nicht von übrigen Festgottesdiensten in dieser Gemeinde.

		Häufigkeit	Prozent	Gültige Prozente	Kumulierte Prozente
Gültig	unwichtig	132	30,8	38,5	38,5
	weniger wichtig	102	23,8	29,7	68,2
	wichtig	62	14,5	18,1	86,3
	sehr wichtig	47	11,0	13,7	100,0
	Gesamt	343	80,1	100,0	
Fehlend	k.a.	85	19,9		
Gesamt		428	100,0		

Tab. A 72: Die Hl. Messe am Weißen Sonntag findet zur üblichen Zeit der Sonntagsmesse statt.

		Häufigkeit	Prozent	Gültige Prozente	Kumulierte Prozente
Gültig	unwichtig	86	20,1	21,8	21,8
	weniger wichtig	167	39,0	42,4	64,2
	wichtig	109	25,5	27,7	91,9
	sehr wichtig	32	7,5	8,1	100,0
	Gesamt	394	92,1	100,0	
Fehlend	k.a.	34	7,9		
Gesamt		428	100,0		

Tab. A 73: Die Kinder stehen in der Hl. Messe am Weißen Sonntag im Mittelpunkt.

		Häufigkeit	Prozent	Gültige Prozente	Kumulierte Prozente
Gültig	unwichtig	1	0,2	0,2	0,2
	weniger wichtig	7	1,6	1,7	1,9
	wichtig	121	28,3	29,1	31,0
	sehr wichtig	287	67,1	69,0	100,0
	Gesamt	416	97,2	100,0	
Fehlend	k.a.	12	2,8		
Gesamt		428	100,0		

Tab. A 74: Die Eltern und Katecheten sind an der Vorbereitung der Hl. Messe am Weißen Sonntag beteiligt.

		Häufigkeit	Prozent	Gültige Prozente	Kumulierte Prozente
Gültig	unwichtig	14	3,3	3,4	3,4
	weniger wichtig	78	18,2	19,0	22,4
	wichtig	207	48,4	50,5	72,9
	sehr wichtig	111	25,9	27,1	100,0
	Gesamt	410	95,8	100,0	
Fehlend	k.a.	18	4,2		
Gesamt		428	100,0		

Tab. A 75: Die Kinder sind in der Hl. Messe am Weißen Sonntag aktiv beteiligt.

		Häufigkeit	Prozent	Gültige Prozente	Kumulierte Prozente
Gültig	unwichtig	3	0,7	0,7	0,7
	weniger wichtig	17	4,0	4,1	4,8
	wichtig	169	39,5	40,8	45,7
	sehr wichtig	225	52,6	54,3	100,0
	Gesamt	414	96,7	100,0	
Fehlend	k.a.	14	3,3		
Gesamt		428	100,0		

Tab. A 76: Die Hl. Messe am Weißen Sonntag steht unter einem besonderen Thema, das den ganzen Gottesdienst bestimmt.

		Häufigkeit	Prozent	Gültige Prozente	Kumulierte Prozente
Gültig	unwichtig	8	1,9	1,9	1,9
	weniger wichtig	54	12,6	13,1	15,1
	wichtig	211	49,3	51,3	66,4
	sehr wichtig	138	32,2	33,6	100,0
	Gesamt	411	96,0	100,0	
Fehlend	k.a.	17	4,0		
Gesamt		428	100,0		

Tab. A 77: Die Hl. Messe am Weißen Sonntag wird mit Symbolen / Themen gestaltet die eng mit der Messfeier in Verbindung stehen (Brot, Wein, Ähren, Trauben, Kelch, Einladung durch Jesus, Gemeinschaft etc.)

		Häufigkeit	Prozent	Gültige Prozente	Kumulierte Prozente
Gültig	unwichtig	5	1,2	1,2	1,2
	weniger wichtig	29	6,8	7,1	8,3
	wichtig	219	51,2	53,5	61,9
	sehr wichtig	156	36,4	38,1	100,0
	Gesamt	409	95,6	100,0	
Fehlend	k.a.	19	4,4		
Gesamt		428	100,0		

Tab. A 78: Die Hl. Messe am Weißen Sonntag wird mit Symbolen/Themen gestaltet, die als schön empfunden werden, ohne eine enge inhaltliche Verbindung zur Messfeier aufzuweisen.

		Häufigkeit	Prozent	Gültige Prozente	Kumulierte Prozente
Gültig	unwichtig	146	34,1	39,1	39,1
	weniger wichtig	130	30,4	34,9	74,0
	wichtig	78	18,2	20,9	94,9
	sehr wichtig	19	4,4	5,1	100,0
	Gesamt	373	87,1	100,0	
Fehlend	k.a.	55	12,9		
Gesamt		428	100,0		

Tab. A 79: Die Menschen, die auch sonst regelmäßig die Sonntagsmesse der Gemeinde besuchen, sind bei der Hl. Messe am Weißen Sonntag anwesend.

		Häufigkeit	Prozent	Gültige Prozente	Kumulierte Prozente
Gültig	unwichtig	21	4,9	5,3	5,3
	weniger wichtig	103	24,1	25,9	31,2
	wichtig	214	50,0	53,8	84,9
	sehr wichtig	60	14,0	15,1	100,0
	Gesamt	398	93,0	100,0	
Fehlend	k.a.	30	7,0		
Gesamt		428	100,0		

Vorbereitung auf Erstkommunion und Kinderbeichte

Marcus Lautenbacher
Erstkommunion miteinander vorbereiten
Gottesdienste und Gruppenstunden

144 Seiten, kart.
ISBN 978-3-7917-2056-2

Marcus Lautenbacher zeigt einen neuen Weg der Erstkommunionvorbereitung, der zugleich intensive Erfahrungen mit Glaube und Kirche ermöglicht, den Kindern einen Zugang zu verschiedenen Gottesdienstformen bahnt, die ganze Gemeinde mit einbindet und für die SeelsorgerInnen und KatechetInnen zeit- und arbeitsökonomisch gut zu bewältigen ist.

Michael Witti, Alois Weber
Kinderbeichte
Den Weg der Versöhnung gehen

2. Auflage, 96 Seiten, kart.
ISBN 978-3-7917-1859-0

Michael Witti und Alois Weber zeigen ein neues Weg-Modell für die Feier der Versöhnung mit Kindern. Das Buch stellt das Konzept vor und bietet eine kurze Einführung in die Beichttheologie und -pädagogik. Zudem enthält es einen detailliert ausgearbeiteten Beichtweg-Gottesdienst zur Erstbeichte sowie weitere Modelle und Anregungen für Beichtweg-Gottesdienste mit Kindern verschiedener Altersstufen. Ergänzt wird dies durch ein Modell für einen Elternabend vor der Erstbeichte sowie einen ausführlichen Material-Anhang.

Verlag Friedrich Pustet   www.verlag-pustet.de

Pastoralpraxis für Studierende, Berufsanfänger und Seelsorger

Andreas Wollbold
Handbuch der Gemeindepastoral

472 Seiten, Hardcover
ISBN 978-3-7917-1935-1

Alle, die mit beiden Beinen in der Praxis stehen oder sich darauf vorbereiten, werden das Handbuch der Gemeindepastoral wegen seiner Inspirationen, Provokationen, seinem spirituellen Tiefgang, seinem nüchternen Realismus und seinem Humor im Nachzeichnen des Gemeindealltags schätzen.

Andreas Wollbold
Als Priester leben
Ein Leitfaden

304 Seiten, kartoniert
ISBN 978-3-7917-2285-6

Was ist ein katholischer Priester? Wie lebt er? Was ist Berufung? Welche Rolle spielt Spiritualität im priesterlichen Alltag? Sind die Anforderungen an Priester noch zu bewältigen? Wie gehen Priester mit Sexualität um? Ist der Zölibat (noch) lebbar? Priester und Alkohol – eine ernste Frage? Solchen und vielen anderen Fragen geht Andreas Wollbold in seinem Buch nach, um zu zeigen, wie ein Leben als Priester in der Gesellschaft von heute glaubwürdig, unverkrampft und erfüllt gelingen kann.

Verlag Friedrich Pustet www.verlag-pustet.de